U0360623

历史理性批判论集

何兆武 著

清华大学出版社
北京

内 容 简 介

何兆武（1921—2021），中国历史学家、思想文化史学家、翻译家，清华大学教授。何兆武先生一生从事历史理论与思想史研究，对于历史知识的理论反思形成了独有的理解和风格，其作品融合中西文化不同的思维特性，于历史知识的本质有极富洞见的省察与深思。

本书编选了何兆武先生最具系统性、最能代表其学术观点、最具有影响力的作品，分为"思想与历史"和"书前与书后"两编。"思想与历史"文章体现他对历史经验的深刻理解，别具只眼。"书前与书后"文章则以其丰富的人生阅历、思想者的理性反思，给普通读者留下了他关于何谓自由、何谓幸福、何谓文明的感悟与理解。

图书在版编目（CIP）数据

历史理性批判论集 / 何兆武著.— 北京：清华大学出版社，2022.5

（清华史学文库）

ISBN 978-7-302-60441-9

Ⅰ.①历… Ⅱ.①何… Ⅲ.①史学—文集 Ⅳ.①K0-53

中国版本图书馆CIP数据核字（2022）第052841号

责任编辑： 梁 斐
封面设计： 傅瑞学
责任校对： 王淑云
责任印制： 杨 艳

出版发行： 清华大学出版社
   网　　址： http://www.tup.com.cn, http://www.wqbook.com
   地　　址： 北京清华大学学研大厦A座 **邮　　编：** 100084
   社 总 机： 010-83470000   **邮　　购：** 010-62786544
   投稿与读者服务： 010-62776969, c-service@tup.tsinghua.edu.cn
   质量反馈： 010-62772015, zhiliang@tup.tsinghua.edu.cn
印 装 者： 三河市东方印刷有限公司
经　　销： 全国新华书店
开　　本： 165mm×235mm **印　　张：** 41.5 **字　　数：** 592千字
版　　次： 2022年5月第1版   **印　　次：** 2022年5月第1次印刷
定　　价： 149.00元

产品编号：097352-01

目　录

思想与历史

书前与书后

思想与历史

历史理性批判论集

对历史学的若干反思

　　本文试图对历史学是不是科学以及在多大程度上是科学这一问题，做一些初步的阐释。本文认为历史学是一种人文知识（Geisteswissenschaft），而不是自然科学（Naturwissenschaft）意义上的那种科学。作为学术（知识）或科学（Wissenschaft），两者有其共同的科学规范、纪律或准则；但作为不同的知识或学科，历史学的性质便有别于自然科学那种意义上的科学的性质。历史现象和自然现象一样，乃是客观存在；但对于历史现象的认识、理解和表达（这是历史学），则是历史学家心灵劳动（或活动）的结果，是要取决于历史学家的人生体验的。

　　历史具有两重性。一方面它是自然世界的一部分，要受自然界的必然律所支配；另一方面它又是人的创造，是不受自然律所支配的。因此，历史学就包括有两个层次，第一个层次是对史实的认知，第二个层次是对第一个层次所认定的史实的理解和诠释。第一个层次属于自然世界，它是科学的；第二个层次属于人文世界，它是人文的。历史学之成其为历史学，全恃第二个层次赋给它以生命。第二个层次包含两个部分，即理性思维和体验能力，两者的综合就成为历史理性。理性思维是使历史学认同于科学的东西；体验能力是使它有别于科学的东西。历史学既是科学，又不是（或不仅仅是）科学；它既需要有科学性，又需要有科学之外的某些东西。科学性是历史学的必要条件，但不是它的充分条件。历史学家不但应该重视科学性，同时还更应该重视其中非科学性的成分。

通常我们所使用的"历史"一词包含有两层意思，一是指过去发生过的事件，一是指我们对过去事件的理解和叙述。前者是史事，后者是历史学，有关前者的理论是历史理论，有关后者的理论是史学理论。历史理论是历史的形而上学，史学理论是历史学的知识论。两者虽然都可以用"历史哲学"一词来概括，但大抵前者即相当于所谓的"思辨的历史哲学"，而后者则相当于所谓"分析的历史哲学"。

我们通常说的"一部中国史"，可以是指中国过去所发生过的种种事件，也可以是指对这些事件的阐述和解说。史实并不等于我们对史实的理解。事实本身并不能自行给出理解，否则的话就没有进行任何历史学研究的必要了。我们可以认为有如此这般的事件发生过，它就是历史。这个历史是客观存在着的；但我们对这个历史的认识和理解，则是仅只能在我们的思想之中进行的。它本身并不存在于客观世界之中。如果说史实作为材料乃是客观给定的，那么有关它的理论，或者说其中的道理，归根到底都是我们思想构造出来的产物。它不是现成摆在那里的，而是我们思想劳动的结果。

有人认为我们的思想就是客观存在的反映，它即使没有完全地、精确地反映客观的真实，至少也是不断地在趋近于那个真实。那个真实我们习惯上就称之为"真理"。不过，这就要涉及一部例如《真理论》之类的皇皇巨著了。就目前和我们这里的主题有关的而论，这里只想明确一点，即所谓的真理并没有一种客观意义上的定位。真理不是北极。如果你是走向北极，你可以向北走，走到了某一点，你就可以说：瞧，这就是北极，再走任何一步就都是脱离了北极而在朝南走了。但是，我们大概永远都不能说：瞧，这就是真理，你再多走一步就背离真理了。人们的认识永远是在前进的，是一个永远无休止的积累历程，它不会停留在某一点上而不再前进。它永远都在脱离它原来所已经达到的那一点，不断地在超过它自己，有时候甚至于是革命式的超越，革命性地推翻原来的体系，另起炉灶。这种情形就连最严谨的自然科学也不例外。

能说我们的认识尽管目前还没有完全精确地反映真理，但却是不断地在趋近真理吗？北极，你可以确切地知道它在哪里，你可以确切地给它定位；因此你虽然还没有走到北极，却可以知道你是在不断地趋近于北极。但真理不像北极，我们无法给它定位，无法确定它到底是在哪里。如果我们没有资格指着某一点说：瞧，这就是真理，再多走一步就是背离它了。如果我们无法肯定这一点是在哪里的话，我们又根据什么来肯定我们是在不断地趋近于这一点呢？

我们历史认识的进步或改变，是受到三个方面条件的制约的。正由于这三方面条件本身都在不断地发展和变化，所以历史学本身也就在不断发展和变化，而不可能是一旦达到某一点就停留下来不再前进。三个方面的条件如下：一是新材料的发现。这一点的重要性是不言而喻的，无待多说。二是已往的历史事实并非就已经死去了。它们在尔后的历史发展中仍然在起作用。我们往往要根据它们的后来的效果去理解和评论它们。历史是个不断的长流，已往的史实（例如孔子）对后来直迄今天和今后的作用和影响都是不断在变化着的。从而我们对历史事实的理解和看法也就随之而变。盖棺并不能就论定。三是历史学家作为已往历史事件的解说者，要受其本人思想认识的制约。一个历史学家永远不可能超出自己的思想水平之上和感受能力之外去理解历史。或者说，一个历史学者之理解历史，要取决于他自己的水平和能力。犹忆自己做学生时，姚从吾先生（北京大学历史学系主任）总是要我们读《资治通鉴》，我读起来总觉得满书不是老子杀儿子，就是儿子杀老子，毫无趣味可言，远不如看那些缠绵悱恻的小说令人销魂。只是后来自己年龄大了些，生活体验也多了些，才愈来愈感觉到看什么小说都不如看《资治通鉴》那么真实感人，它比什么小说都更加引人入胜。世上没有人能掌握全部知识的奥妙，历史学家不是万能的，无法掌握历史的全部真实，何况人类知识又是不断进步、永无止境的。没有一个历史学家的灵心善感能够是如此的广博而又深切，足以领会全部的人类思想感情。历史终究是人创造出来的，不能领会前人的思想感情（如老子杀儿子，儿子杀老子之类），那么最多只能说他知道了（kennen）历史事实，但不能说理解了或懂得了（wissen）历史。

史料或事实本身并不能自行给出一幅历史学家所悬之为鹄的历史构图。

历史学家心目之中的历史乃是（或者至少应该是）一幅历史构图，而这幅图画最后是由历史学家的思维和想象所构造出来的。如果同样的史料或史实就自行能得出同样的结论，那么只要根据一致同意的史料，历史学家就不会有各种不同的意见了。史实本身也不能自行给出任何理论来，理论总归是人的思想的产品。历史事件之作为事实，其本身并没有高下之别，但是历史学作为对史实的理解和阐释则有高下之别，它是以史家本人思想与感受能力的水平为转移的。因此，对历史学的形成（即根据史料形成为一幅历史构图）而言，更具决定性的因素乃是历史学家的思想和感受力，而非史料的积累。各种史料都是砖瓦，建立起来一座已往历史的大厦的，则有待于历史学家这位建筑师心目之中所构思的蓝图。那是他思想劳动的成果，而不是所谓的事实在他心目之中现成的反映。

　　历史学是科学吗？大概这个问题在很多人看来会显得是多余的。因为多年以来人们已经形成了一种根深蒂固的思维定式，也许可以称之为唯科学观点，即一切都应该以科学性为其唯一的准则，一切论断都须从科学出发，并且以科学为唯一的归宿。只要一旦被宣布为"不科学"，这条罪状就足以把一切理论打翻在地，永世不得翻身。历史学仿佛理所当然地就应该是科学，完全地而又彻底地（正有如柏里所声称的"历史学是科学，不多也不少"）。然而，实际情形却是，历史学比科学既多了点什么，又少了点什么。历史学既有其科学的一面，又有其非科学的一面。历史学（作为一种人文学科）因为是科学的，所以它不是反科学的；又因为它是非科学的，所以它就不是或不完全是科学的。恰好是这两个方面的合成，才成其为历史学。凡是认为历史学是科学或应该成为科学的人，于此都可以说是未达一间，正如长期以来我国史学界所表现的那样。尤其是，有些史家虽然号称高擎历史学的科学性这面旗帜却没有认真朝着科学性的方向迈步。现代自然科学和社会科学的各种观点和方法，我国史学界不但很少有人问津，甚至于显得是不屑一顾。例如，定量化是每一种科学的必由之径，可是它在我国史学研究中的应用尚未真正开始，这方面的研究还谈不到有什么重大成果为史学界所普遍重视。

　　正如在物质生活史的层次上，我国史学界对自然科学的大多数观点和方法是绝缘的；在精神生活史的层次上，我国史学界对社会科学、人文科学或精神科学的大多数观点和方法也大抵是同样地绝缘。历史乃是自由人所创造的自由事业，不是大自然先天就规定好了非如此不可的必然。否则的话，人们的"决心"、"努力"、"奋斗"、"争取"之类，就变成毫无意义的空话了。人既然是历史的主人，是所谓"创造历史的动力"，他的全部精神能量及其活动（即历史）就应该成为历史研究的核心。已往的历史研究大多只限于表层的记叙，只把历史现象归结为某些抽象的词句或概念，就此止步。但历史的主人是有血有肉的心灵，而不是抽象概念的化身或体现，历史研究最后总需触及人们灵魂深处的幽微，才可能中肯。一个对艺术缺乏感受力的人不可能真正理解艺术。但是不理解一个时代的艺术，又怎么有可能把握一个时代的精神呢？一个对权力欲茫然无知的人，大概也不大可能很好地理解古代专制帝王以至现代大独裁者的心态。他尽管知道奥斯维辛和布痕瓦尔德屠杀了多少万人，但是他还需要能充分解释（理解）何以法西斯对于异己的人们怀有那么大的仇恨（并且还煽动了那么多的德国人）？历史学家当然不需要亲自去体验那种生活，何况亲自体验历史也是不可能的事；但是，他必须有能力领会那种精神的实质，而不只是停留在字面上。多年来史学界虽然也研究过不少历史人物，但超越概念而论及他们具体的心灵活动的，仍然十分罕见。对历史学家而言，看来理论思想的深度和心灵体会的广度要比史料的积累来得更为重要得多。史料本身并不能自行再现或重构历史，重建历史的乃是历史学家的灵魂能力（Seelensvermögen）。对历史的理解是以历史学者对人生的理解为其基础的。或者说对人生的理解，乃是对历史理解的前提。对人生有多少理解，就有可能对历史有多少理解。对于人生一无所知的人，对于历史也会一无所知；虽说他可以复述许多辞句，但是历史学乃是一种理解，而决不是以寻章摘句为尽其能事的。

　　史料本身是不变的，但是历史学家对史料的理解则不断在变，因为他的思想认识不断在变。历史事实是一旦如此就永远如此。布鲁塔斯刺死了恺撒，一旦发生了这桩事，就永远都是如此，永远是布鲁塔斯刺死了恺撒，而不是恺撒刺死了布鲁塔斯。但是对于它的理解却永远都在变化。例如，布鲁塔斯是个反专制独裁的共和主义者，抑或是个背叛者和阴谋家？恺撒是个伟大的领袖和君主，抑或是个野心家和大独裁者？这里，历史学本身就包含有两个层次，第一个层次（历史学Ⅰ）是对史实或史料的知识或认定，第二个层次（历史学Ⅱ）是对第一个层次（历史学Ⅰ）的理解或诠释。历史学Ⅰ在如下的意义上可以认为是客观的和不变的，即大家可以对它有一致的认识（例如，是布鲁塔斯刺死了恺撒）。但历史学Ⅱ也是客观的和不变的吗？我们对史实的理解和诠释，乃是我们的思想对历史学Ⅰ所给定的数据加工炮制出来的成品，它是随着我们的思想的改变而改变的。假如它也像是历史学Ⅰ那样地一旦如此就永远如此，那么它就不会因时、因人而异了。在这种意义上，它是思想的产物，而并没有客观的现实性。然而历史学之成其为历史学，却完全有待于历史学Ⅱ给它以生命。没有这个历史理性的重建，则历史只不过是历史学Ⅰ所留给我们的一堆没有生命的数据而已。

历史学Ⅱ也包含有两个部分，即理性思维和体验能力，二者的综合就成为历史理性。理性思维是使它认同于科学的东西；体验能力是使它认同于艺术，从而有别于科学的东西，或者不妨说是某种有似于直觉的洞察力的能力。因此，历史学既是科学，同时又不是科学；它既需要有科学性，又需要有科学性之外的某些东西。没有科学性就没有学术纪律可言，它也就不能成为一门科学或学科。但是仅仅有科学性，还不能使它就成其为历史学。历史学的世界是外在世界和内在世界的统一体。我们对外在世界（客观存在）的认识需要科学，我们对内在世界（主观存在）的认识还需要有科学之外的某些东西。这里的"某些东西"，即我们对认识历史所需要的那种心灵体验的敏感性，那实质上有似于艺术的敏感性。我们对外界的认识要凭观察，我们对历史的认识还要凭人生的体验，否则就做不到真正的理解。这一点或许可以说是科学（自然科学和社会科学）与人文学科（为避免与科学一词相混淆，我们姑称之为学科而不称为科学）的根本分野之一。

　　科学研究过程的本身，在价值上自始至终都是中立的。科学家作为人可以有他自己的价值观，但他的价值观并不渗入到研究过程里去。而历史研究的性质却与此不同。历史学家在进行历史学Ⅰ的研究时，在价值上也是中立的，这一点和科学并无不同，因为这时他所从事的工作就是科学的工作。例如，考订一件古物的年代，那推理方式和操作方法，其性质就完全是科学的。然而过渡到下一个阶段，即历史学Ⅱ时，那情形便不同了。这后一种工作就需要历史学家以自己的心灵去捕捉历史的精神，正如有的诗人是以自己的心灵去拥抱世界。这个过程自始至终都贯穿着历史学家个人的世界观和价值观、他的思想和他的精神。这时候对前言往事的理解，其深度和广度大抵上就要取决于历史学家本人对人生体会的深度和广度了。当然，这并不意味着历史学家在思想或感情上一定要同意或同情古人的思想或感情，但是他必须理解他们。历史学家是以自己的心灵境界在拥抱世界和人生的。在某种意义上，历史学家对过去所构思出来的那幅历史图像，乃是他自己思想的外烁。如果他是积极进取的，他所描绘的历史图像也必然是美妙动人的，如果他是消极悲观的，则他所描绘的历史图像也必然是阴暗惨淡的。

　　史家治史包括三个方面的内涵。第一个方面是认识史料，即上面所说的历史学Ⅰ。这方面的操作程序是纯科学的，或者说是完全科学的。第二个方面是在确认史料之后，还必须对它做出解释，这个工作是理解的工作，仅仅有科学的态度和方法是不够的。此外，还需要有一种人文价值的理想或精神贯彻始终。人文的价值理想和精神固然是古已有之，但它是随着历史的发展而发展的，它本身就构成历史和历史学的一个最重要的构成部分，甚至于是历史精神的核心。科学不能自行给出人文价值的理想和精神。它虽然不是科学，但是没有它，科学就无所附丽，就失去了依托。此外，历史学的研究在某种意义上也是人性学的研究，因此，除了科学和人文价值的理想和精神而外的第三个方面，便是史家对人性的探微。人性探微自然也是古已有之，然而，只是到了近代哲人们的手里，它才获得了长足的进步，人们才知道原来人性里面还有那么多幽微的丘壑和阴影。这种探讨有一部分和科学（如心理科学）重叠，但大部分却是独立于科学之外的。以上三个方面的综合就构成为近代的历史学和史学思想。而每一个方面如果没有结合其他两方面，都不足以单独支撑起近代史学的大厦。我们正是凭借它们，才能分析和掌握过去的历史，而且正是因此，我们的理解才能不断前进。

所以历史研究的工作，最后就归结为历史学家根据数据来建构一幅历史图画。每一个个人、学派、时代都是以自己的知识凭借和思想方式来构思的，因而其所构造出来的画卷必然各不相同。他或他们不可能超越自己知识和思想的能力之外和水平之上去理解历史。当然，科学家之理解世界也要受到自己知识和思想的制约，不过他们不是作为思想和行动的主体的人在从事于了解自己的本性，也没有人文价值的问题，所以科学之间就有一种一致公认的规范和准则，而人文学科则没有，也不可能有。人文学科（历史学）认识的主体（人）是要了解人自己的思想和活动（历史），这种了解是彻头彻尾受到他自己的生活体验、心灵感受和价值观的制约的。这就使得历史学不断地改写历史。实证派的史学家们每每喜欢标榜"客观如实"。而他们恰好就在这个"实"字上面绊倒了。历史学Ⅰ所给定的数据可以为有一个"实"，即一个大家一致（或可以达成一致）的看法。但历史学Ⅱ并没有。数据提供给我们若干个点，而我们构思所用以扫描这些个点的曲线却不止于一条。虽则它们之间也可以有高下和优劣之分，但这种区分大抵相应于历史学家对人生的知识和思想，没有哪一条有资格可以声称自己是最后的、唯一的。历史学Ⅱ本质上是一种思维构造过程，它受到历史学家个人思想的制约。

一个画家画竹，须是胸中先有成竹。竹子只是同一株，而每个画家胸中的成竹则各不相同。历史学家的成竹就是他心中所构造的那幅历史图画。他的工作的完成，就在于最终把它传达给别人，让别人也看到他所构思的那同一幅历史画卷。这里的这个"传达"工作，严格说来，乃是一种艺术表现；因此也就并没有所谓的"如实"。诗无达诂，读者所理解或感受于原诗的，未必即是作者的原意；同理，读者由阅读史书而理解的过去的历史，未必（甚至于必然不会）就是作者所要传达给读者的那同一幅画面。同样地，无论是作者或读者所构思的画面或者是所理解的历史，也不会就吻合人们通常所假设的"历史的本来面貌"。所谓本来面貌只不过是片断的数据，而不可能呈现一幅完整的画面。所谓历史的本来面貌实际上乃是史家所企图传达给读者的那幅面貌。这里面已经经过了历史学家的理解、诠释和他的表达以及读者的理解三重炮制。而最后在读者心目中所呈现的那幅图画，才可以称为是历史学最后所得到的唯一结果。数据只是死数字，是经过了以上的重重炮制才赋给它们有血有肉的生命，使之转化为活生生的人的历史活动。这些都是由于历史理性在进行思维（历史学Ⅱ）的结果。

上述的"传达"，就是历史学的第三个方面。历史是一个故事，讲述这个故事就是历史学。但历史学只是在讲述故事，而不是历史故事本身。历史上有一个鸿门宴的故事，但我们所知道有关鸿门宴的故事则是根据史家（如太史公）的表述。而历史学家的表述则是根据他自己的理解。这样被表述的故事本身，自然也要受到史家思想的制约。可以说历史学Ⅱ自始至终都是受史家本人思想水平和表达能力的约束的。迄今为止，历史学的载运工具基本上还是日常生活的语言文字。这是一种极大的局限。以日常生活的语言文字作为载运和表达的工具，从根本上说，就还没有（而且不可能）摆脱古来文史不分的传统而使历史学跻身于科学之林（历史学不是科学，但又是科学。这里我们是就后一意义而言的）。假如将来有一天我们能找到或者发明另一种有效的符号系统来表达历史学的涵义，有如数学符号之应用于数学上那样，那么也许可望历史学能摆脱艺术表现形式的藩篱；不过直到今天它还只能不但是以艺术的形式来传达，而且也以这种方式而为人所理解，——无论是史家对历史的理解，还是读者对史家著作的理解。这种理解的性质也就是我们对于艺术作品（例如对贾宝玉和林黛玉、对罗密欧和朱丽叶）的理解。我们大概永远不会达到"历史的本来面貌"，正如我们对外在世界永远也达不到最终的真理。我们对于历史所能做到的，只是我们目前思想认为是可以满意的答案。

理性主义的思潮，曾经为人类文明史做出过了不起的贡献。都是由于理性主义信念的引导，人类才摆脱愚昧、敢于启蒙、敢于认识，人类才有了近代科学革命和思想革命，人类历史从此步入了一个崭新的阶段。但是和历史上其他一切思想体系一样，理性主义也是有利有弊、有得有失的。理性主义之弊、之失就在于它恰好忽视或抹杀了人生中非理性成分的地位和作用。能够理性地正视非理性的成分，这才是真正科学的理性主义者。非理性的成分在人生（从而也就在历史）中，乃是同样必不可少的。人终究并不是（或不完全是）一架计算机；除了合理地运用工具理性而外，他还要受到种种心灵的、感情的、愿望的、理想的乃至欲念的支配。忽视这些因素，恰好不是一种理性主义的态度。科学地对待历史学，就必须承认历史学中的非科学成分。只有科学地承认这些非科学的成分，才配得上称为真正科学的态度。以"不科学"的罪名把科学以外的一切成分一笔抹杀，这不是一种科学的态度，而是一种唯科学的态度。真正的"科学"或"客观"，就不应该"唯科学"或"唯客观"。当代哲学中的分析派和生命派两大潮流各行其是，当代历史哲学也有分析的历史哲学与思辨的历史哲学两大潮流分道扬镳的趋势。分析的历史哲学视思辨的历史哲学为形而上学的呓语。这种批评在一定程度上有其道理。如果我们不科学地分析我们的历史知识以及有关的概念和命题的意义及其有效性，就径直武断地肯定历史的实质是什么，那诚然无异于痴人说梦。一切历史学的概念和命题，都必须先经过一番逻辑的洗炼，才配得上称为有意义的和科学的。这一点大概是我国史学界（从传统到当代）所最为缺欠而急需补课的一方面。但是历史学却不能到此为止，它终究还要继续探讨历史本身的客观性以及历史知识的客观性。思辨的历史哲学不能跳过分析的历史哲学这一步，然而历史学又并非是到此止步，而是在跨过这一关之后还需要为历史本身锤炼出一套思想体系来。如前所述，分析的历史哲学是对历史的知识论，思辨的历史哲学是历史的形而上学。只有经过知识论锤炼出来的形而上学才是真正的哲学，也是真正的历史哲学。

　　人文学科之不同于科学（自然科学和社会科学），就在于它的人文性。其中包括我们上述种种伦理道德的、审美的、欲念的以及个人的和集体的好恶和偏见。历史学家永远都渗透着、饱含着种种非科学的、非纯理性的情调和色彩。即使是历史学Ⅰ中的原始数据，也不可能完全不受到这些人文因素的加工或扭曲。历史本是无限丰富多彩的，但历史学家的知识总是有限的，他的思想不可能总结万有、包罗万象。他的历史构图注定了只能是限于一隅，他那宏观的世界历史构图充其极也只能是一孔之见的管窥蠡测。历史学家应该在自己的无知和无能的面前低下头来，这会有助于历史学家提高自己的思想境界，而且这也就会有助于历史学家提高自己的历史理解，因为历史理解是以理解者的思想境界为转移的。所以未经批判的、武断的决定论，就是对克里奥女神最大的僭越和不敬。以往号称是懂得了历史的历史学家们，不知有多少豪言壮语式的历史预言都相继一一破了产——这正是克里奥女神对于无知与狂妄的惩罚。历史学家的理解终究只能是限于他本人的体验与思想的范围之内、他本人所可能思想与理解的经验对象之内，他那历史构图只能限于他的思想水平之上，他的表达只能限于他的表现能力之内。读者则只限于以自己所可能的理解和感受去接受（或改造）他的陈述。历史事实是客观的，但对历史事实的认识和理解则是人的思想的工作。那既不是天生来就有的，也不是客观世界所给定的，而是我们心灵能力所构造的。

　　什么是历史？什么是历史学？历史知识和理解的性质是什么？倘若不首先认真考虑并确切回答这些问题，就径直着手研究历史；那种历史知识就必然是盲目的而又混乱的，有如盲人摸象。那样的历史学就连所谓"科学的"历史学都谈不到，更遑论"人文的"（它是科学与非科学兼而有之，所以是超科学的，但不是反科学的）历史学了。当代我国史学界有人喜欢侈谈中国历史的特点以及人类历史的普遍规律之类，而对于作为其先决条件的，即什么是历史的和历史学的本性和特点，却毫不措意，这又怎么能够把历史学和历史认识建立在一种健全的基础之上呢？历史理性批判这项工作乃是历史学研究的一项前导或先行（prolegomenon），不首先进行这项工作，历史学就等于没有受洗礼，就没有资格侧身于学术的殿堂。我国近代的新史学，从梁启超、王国维一辈奠基人算起，迄今恰已满一个世纪，马克思主义理论之作为我国历史学的主导（至于号称马克思主义的，究竟是不是，以及有多少是马克思主义，则另当别论），亦已有半个世纪之久。其贡献是有目共睹的，缺欠和不足则有待于我们继续前进和超越。历史学家不应停留在前人的水平上，原地不动；而前进的第一步就应该是认真反思历史和历史学究竟是什么？

历史哲学之区别为思辨的和分析的，并非是说这两种路数的区分就是穷尽的和互不相容的。相反，在历史学中，史实和对史实的理解以及对这种理解的反思，在历史学家的思想意识里是交互为一体的，它们统一于历史学家的人文价值观，而任何人文价值的理想（如人人平等）都只是一种形而上学的假设，它不可能由经验加以证实和证伪，它也不是一种可能经验的对象，所以也就不是历史或历史学的对象。然而它（或它们）对于历史学却是不可或缺的前提。没有这个前提，就没有历史学家的思想，而历史学也就无由成立。对于这种前提，任何纯理性、纯科学或纯技术的操作都是无能为力的。那些操作可以有助于澄清我们的思路，但不能提供给我们思想或价值观。那些操作并不干预人文价值的理想，双方各自独立、并行不悖而又互不干涉。但历史学之成其为历史学则恰在一切操作既已完成之后，最后还要联系到并归结为人文价值的理想。一切历史和人们对历史的体验（历史学）都要由历史学家的人文价值的理想加以统一。在这种意义上，每个历史学家首先都是一个历史哲学家，历史学的对象是一堆史实，历史学家则是用自己的哲学按自己心目中的蓝图把这一堆材料构筑成一座大厦。因此，历史学家就其本性而言，就既不可能是实证主义的（科学的），也不可能是理性主义的（逻辑的）。对历史的理解，取决于历史学家对人性（人所表现的一切性质）的理解，其中既有经验的因素，又复有非经验的因素；这两种因素大抵即相当于人们确实都做了些什么（史实）以及人们应该都做些什么(人文价值的理想)。一个艺术家对于人生和世界的理解，取决于他自己思想的深度和广度，一个历史学家对于历史亦然。通常的看法总以为所谓历史学就是（或主要的就是）历史学Ⅰ，而不知道历史学之成为历史学，其关键乃在于历史学Ⅱ，而不在于历史学Ⅰ。历史学Ⅰ是科学，历史学Ⅱ是哲学。就此而言，历史学家的哲学思想就远比史料的累积更为重要得多。史料学不是历史学，也不能现成地给出历史学。

任何科学或学科都包括材料与理论二者的统一。历史事实一旦如此就永远如此而无可更改，但历史学（即对历史事实的理解和诠释）却必然不断地在更新。一旦我们的思想观念更新了，原来的史料就被转化为新史料并被给予新的诠释而获得新的意义。我国传统史料的积累之丰富，可以说是得天独厚，但是在现代史学理论的开拓上则未免有点相形见绌。友人庞朴先生尝谈到，历史学界今天的当务之急是史学理论的建设，我自己也有同感。理论和材料（数据）从来相辅相成。我们不应该把理论看成是现成的、给定的、永恒不变的，而历史研究的任务则只不外是再多找几条史料来填充这个理论的框架而已。科学的进步，当然包括历史学在内，这一点好像很多人并没有怎么意识到；而历史学又不仅仅是一种科学而已，同时还是一种人文学科，这一点好像就连大多数历史学家都还不曾意识到，好像是一种传习的势力在引导着历史学家们只满足于研究形而下的器，而不肯去思考自己事先所假定的形而上的道（即王国维所说的"其自身所赖以立论之根据"）；于是也就不能不受到形而上学的惩罚。历史学不是经学，它那研究不能出之以说经的方式，所以我们既不能以经讲史，也不能以史证经；但历史学同时还是一门人文学科，所以它就不能出之以实证的方式，它既不能证明什么，也不能证伪什么。（如有的历史学家喜欢说的，这就证明了什么什么云云。）历史学所研究的，一是人性所扫描的轨迹，二是历史学本身。历史学可以说是对人性的行程——那是一场永不休止的实验——的反思，在这种反思中它也必须反思这种反思本身。这里需要的是历史的一种觉醒或者警觉性，同时也就是历史学的一种觉醒或者警觉性，是历史学家对于历史以及历史学的一种灵心善感。缺少了这一点，死材料就永远不可能呈现为真正具有生命的活历史。并不是有了活生生的历史，就会有活生生的历史学；而是只有有了活生生的历史学，然后才会有活生生的历史。

原载《史学理论研究》1996 年第 2 期

历史学两重性片论 *

一

　　人是自然界的一部分。人类作为自然界的一部分，其历史当然也是自然史的一部分。正如一切物种都有它们的自然史一样，人类也有其自身的自然史。但是人类的自然史只是人类的史前史。我们通常所谓的人类历史，并不是指人类这个物种的自然史，而是指人类的文明史。这是人类历史有别于其他一切物种历史的特征之所在。一切其他物种的历史都仅仅是自然史，唯有人类在其自然史的阶段之后，继之以他们的文明史。文明不是自然的产物而是人的创造。也可以说，文明史是自然史的一种外化或异化。一旦人类的历史由自然史外化为文明史，它就在如下的意义上对自然史宣告了独立：那就是，它不再仅仅表现为是受自然律所支配的历史，同时它还是彻头彻尾贯穿着人文动机的历史。人文动机一词是指人类的理想、愿望、热情、思辨、计较、考虑、推理、猜测、创造乃至野心、贪婪、阴谋、诡计，等等。总之，是人类的思想，是为人类所独有而为其他物种所没有的思想——好的和坏的，正确的和错误的。没有人类的思想就没有人类所创造的事业，就没有人类的文明史，而只有和其他物种一样的单纯的自然史。没有人类的思想，就没有、也不可能有人类的物质文明和精神文明（或者不文明）的历史。都是由于人类有了思想活动的缘故，人类才有了文明史。在这种意义上，一部人类文明史也可以说就是一部人类的思想史，是人类

---

*　　本文系为《西方近代思潮史》一书所写的序。

思想活动（及其表现为行动）的历史。

思想一旦出现在人类历史舞台之上，它就赋予历史以生命和生机，于是就有了文明史。思想是使人这个物种有别于其他物种的要素。或者说，人是一种能思想和有思想的动物。而思想之所以能够创造文明，那奥秘就在于思想是可以积累的。其他的物种都没有思想的积累，所以每一代都只能是简单地重复他们前一代的活动，那只是自然的或本能的活动，而不是思想的或（广义的）理性的活动。唯其是思想的或（广义的）理性的活动，所以人的知识就是可以积累的，每一代人都有可能利用此前一切文明的成果，所以人类文明就有了不断的进步。每一代人都在前人的基础之上进行创造性的活动，所以每一代人都比前人来得更加高明。自然史本身虽然也有变化，但是并没有进步可言。都是有了思想，人类文明才有可能，而且确实是在不断地进步和创新。

思想之表现为文明史，可以是在物质方面，也可以是在精神方面；而这两方面又是综合为一个不可分割的整体的。这个整体就成其为人类的文明史。所以历史学不能单纯考虑物质方面，也不能单纯考虑精神方面，而是要把二者综合为一个整体；思想史则是其中最本质、最核心的部分。物质与精神双方的互相渗透、交融和影响，我们下面还要谈到。

二

历史（当然是指人类的文明史）是人类有思想的活动的历史，所以思想史就是通史而不是专史。专史研究的是历史上人类活动的某一个专门的方面，如数学史、音乐史，等等。通史研究的则是把人类有思想的活动——没有思想的活动便只是自然史——作为一个整体来看待。思想当然是一定历史现实的产物，没有一定的历史现实作为基础，也就不会有某种特定的思想。但是反过来，现实历史也是思想的产物。没有某种特定的思想，也就不会有某种特定的历史现实。就我们所要谈论的近代思想而论，牛顿和瓦特或卢梭和亚当·斯密，固然他们的思想都是近代西方历史的产物；但是反过来，近代西方历史也是他们思想的产物，他们的思想对于近代西方历史所起的作用和影响，是我们无论如何也不会估计过高的。没有牛顿的经典力学就没有近代科学，没有瓦特的蒸汽机就没有近代的工业革命。没有法国启蒙运动的思想，就不会爆发法国大革命那样的革命。驱动人们去创造历史的乃是人的思想。历史（人类文明史）并不是自然而然的产物，而是人为的、有目的的、有计划的创造的结果。

　　但是作为通史研究的中轴线的思想史研究之占有其在历史学中应有的位置，却是很晚的事。真正近代意义上的思想史研究在我国的正式确立，要从侯外庐先生有关中国思想通史的系列著作算起。至于有关西方思想史的研究，在二三十年代之交，曾有 Merz 的《十九世纪思想史》的中译本问世，此后就几乎成为绝响，再也无人问津，既没有专著，也没有译著。一些参考书目中常见的几种西方流传的著作，也都还没有中译本行世。不过近半个世纪以来，国内对中国哲学史的研究已经逐步形成为一门显学，而且其范围也远远超出了专史，在很多方面都与中国思想史互相重叠，乃至有日益趋同与混一之势，甚而连太平天国和义和团也都被揽入了哲学史。其实，太平天国和义和团的理论都只是民间信仰，是不能算作哲学的；如果硬要总结出其中的哲学，那也只能是后人所强加之于前人的哲学理论而已。哲学史是专史。专史是从专业的角度考察问题的，带有很强的技术性，它考虑的是哲学问题（正如数学史所考虑的是数学问题），它并不考察人（作为历史的主人）的全部思想网络。它是从专业技术的角度回答专业技术的问题的，而不是从人类整体的发展脉络上解说人类的思想历程。当然，专史也要结合历史背景加以考察，但它所考察的并不是历史本身，而只是历史为专业问题提供了什么背景条件。例如，修筑河堤需要多少土方，这在数学上是一个三次方程的问题，它诱发了人们对三次方程进行研究和解答。数学史家只是着眼于它如何解决了三次方程，他研究的不是河工工程在历史上的作用和地位。中世纪天主教的神学家们是不谈世界观的问题的，因为世界观是圣书里面早已经给定好了的，神学家们已没有再加置喙的余地。神学家们的工作只是在这个前提之下去论证或阐发它是如何如何的正确而已。这里就是专史和思想史的区别所在。哲学史只研究哲学观念与问题的演变，思想史的对象则是一切人文动机（人们的思想、理论、见解、愿望等等）如何参与并形成了历史的整体。思想与现实综合成为一个浑然不可分的历史整体。读者必须联系到历史现实才能理解一个时代的思想，同时又必须联系到一个时代的思想，才能理解该时代的历史现实。

专史所考察的专业问题，其本身具有独立于历史现实之外的价值，那是不以历史现实条件为转移的。例如欧几里得几何或阿基米德原理，它们虽然是在一定的历史条件下产生的，但是它们一旦产生就向产生了它们的母体宣告独立，它们的价值就只存在于它们本身，而与产生它们的历史现实无关。我们今天仍然在学习它们并且理解它们、运用它们。但是哪怕对于一个研究科学史的人来说，也并没有必要深入理解它们和古希腊史之间的关系，科学史家也只考虑它们对于科学本身发展的贡献和价值。思想史的研究则不然。它不仅考虑观念本身的价值，而且要考虑各种观念具体的历史内涵和意义。如果脱离了具体的历史网络或语境去研究它们，那么我们对它们就只会停留在字面的认识上，而没有达到真正意义上的认识。例如，历史学家在解说法国大革命的原因时，或则强调人民所受的压迫和剥削以及他们生活的困苦，或则强调启蒙运动对他们的思想启发。实际上，历史总是人们物质生活与精神生活的统一体。人民生活优裕固然不至于爆发革命，但是缺乏启蒙的觉悟，安于自己思想之被奴役的蒙昧状态，也难于爆发革命。即以法国大革命而论，难道当时法国近邻的德国人民或西班牙人民，其物质生活水平就高于法国吗？为什么恰好革命是在法国而不是在德国或西班牙爆发呢？酝酿了几近一个世纪之久的启蒙哲学，不能不说是一剂强而有力的催化剂。综观古往今来的史乘，革命并非只是在生活最贫困的时刻和地点爆发。这正是思想史或观念史（history of ideas）所要研究的课题，但它不是专史的课题。专史不能代替思想史，正如思想史之不能代替专史。

思想史所论述的是人们的想法和看法，包括最广泛意义的世界观和人生观。这正是人之异于禽兽的所在。因为人的一切活动（也就是历史）都是有思想的活动；在这种意义上，我们可以同意"一切历史都是思想史"的提法。历史抽掉了思想，就不成其为历史。单纯的自然史并不是历史，即不是我们通常所谓的历史（即人文史或人类文明的历史）。人是有思想的动物，人类的历史是贯穿着人的思想活动的历史。正因为思想史的这种特性，所以它不是任何专史，如哲学史或数学史等等。哲学或数学当然也是思想，所以也属于思想史的范围，但是思想却并不必须采取哲学的或数学的（或其他任何专业）的思维形式。古希腊谚语说：上帝以几何规范了全世界。世界上的一切事物都必然要符合几何学的规划，这当然是对的。但是我们却不能用几何学的规则或者万有引力定律或其他的任何规律来解说历史，因为历史毕竟是人的创造物，是人的有思想、有意识的创造物。贯穿着人的全部物质的和精神的活动的是人的思想的整体，这就是我们所谓的思想史。

一个历史时代的思想活动，总会表现为诸多方面，但在许多方面之中我们又往往发现有某种或某些总的趋势或倾向，可以称之为潮流或主流。这就是人们所说的思潮，或者大致上就相当于德国史学家所喜欢用的Zeitgeist（时代精神）一词。中国近代曾经历过许多次巨大的历史动荡或变革，每一次都可以说有一股强而有力的思潮或时代精神荡漾其间。这种现象，古人也称之为气数转移，其实那不过是少数人率先登高一呼，他们的呼声响应了时代的要求，于是数十百万人就风起云涌，汇为巨流，思想也就由学术圈子扩大为一个时代的潮流。从专业的技术角度而言，有些可能谈不到什么哲学（例如前面提到的太平天国和义和团）；但就思想史的角度而言，它们都是一个历史时代的重大见证。属于同一个思潮的，不仅有观点和见解相同的人。有时候也会出现这种情况：貌似针锋相对或截然相反的两个极端，却都属于同一个思想潮流的不同侧面；这倒更会有助于我们看清楚一个时代思潮的真相所在。例如在一个极其动荡的时刻，往往会同时出现两种极端：一种是极端激进，要砸烂一切，从头开始；一种是极端保守，要维护一切现状，万世不变。其实，双方有一个共同的出发点，那就是对现状的任何可能改善或进步的绝望心态，结果双方都是要复古，要把一切推回到原点上去。他们都不大相信人类的思想文化是不断积累的。

三

人类的思想文化不妨划分为两类，一类是积累的，一类是非积累的。科学技术是一代一代层层积累的，愈积累就愈丰富也愈高明。这一点在历史上是灼然无疑的。没有17世纪的经典物理学，就没有18、19世纪在它基础之上发展出来的分析学派，而没有18、19世纪分析学派的成果和贡献，就没有尔后19、20世纪之交的物理学革命。但是历史中的人文成分是积累的呢，还是非积累的呢？后人的道德、伦理、审美情操和心灵境界，是不是也由于代代积累而一代胜于一代呢？对这个问题似乎不如前一个问题那么容易地给出明确的答案了。

属于人文范围的成分，大抵也可以分为两类：一类是涉及知识性的和技术性的，一类是涉及非知识性和非技术性的。前一类是可以积累的，后一类则否。属于后一类的是个性的创造、个人思想与风格、人格修养、道德情操与心灵境界，这些是不能继承的，所以是无法积累的。

爱因斯坦比牛顿高明，牛顿比伽里略高明，一代胜过一代；这是毫无疑义的，因为知识是积累的，后人总比前人高明。但是今天作诗填词的人却未必就比李杜晏欧的境界更高；高谈修养或精神文明的人，也未必就比2000多年前颜回一箪食、一瓢饮来得更高，因为这方面是非积累的。这后一方面每一个人都必须是从头开始，薪尽则火熄，是不可能传给后世的。例如，在艺术和哲学中就都包括有这两类成分。没有巴赫、莫扎特，就没有贝多芬；没有贝多芬就没有19世纪古典音乐的一系列大师。他们有许多知识性和技术性的东西是代代积累的，但是他们每个人的人格、品性和思想境界却是完全个性化的而又各不相同的，在这方面没有积累的问题。再如在哲学上，没有经验派和理性派，也就没有德国古典哲学；但是当时的每一位德国古典哲学家又是完全个性化的和各不相同的。就思想文化的积累和继承而言，砸烂或抛掉一切已有的成果，在理论上是错误的，在实践上是行不通的，在感情上则是虚无与绝望的心态的表现。如果借用当今的一个流行术语，抱有这种情怀的人不妨称之为思想上的"旁客"（intellectual punk）①。只有对人类的历史文化，因而同时也就是对自身丧失了信心的人，才会沦为思想上的"旁客"。他们既不接受人类历史文化的滋养，也不是人类历史文化的传承者，他们属于垮了的一代。事实上，所有形形色色的独断论者、唯我独尊论者，均可以作如是观。他们一点也不比他们所要打倒的对象更加仁慈，更为无害。这种虚无思想的发展，结果只能是使人类文化倒退到文明史以前的蒙昧状态。人类思想文化的前进只能是靠继承发展和不断创新，而绝不可能以任何方式彻底砸烂。谈到思想史研究的社会功能，则怎样珍惜和运用这份人类历史文化的宝贵遗产，应该是其中最为重要的一个部分。

我们可以承认，属于人文范围的，既有积累的部分，也还有非积累的或不可积累的部分。这后一部分大抵涉及人们的价值观、道德取向和人生境界。它们之间的高下和优劣，往往难以进行比较，有时候甚至根本是无法比较的。诗人陶渊明曾着力描写了一幅桃花源的生活，把它美化为自己的理想国。那里的人们竟然"乃不知有汉，无论魏晋"。但是哲学家康德却不赞成这样的理想国，他认为天生我材必有用，而一种阿迦狄亚式（Arcadian，亦即桃花源式）的生活，却只能使人安于怠惰，无所作为，所以无法激发人们天赋才智的充分发展，因而就是不可取的。这两种不同的价值观和理想国，究竟哪一种更优越、更美好、更值得向往呢？以斗争或进取为乐的人大概愿意选择康德的那一种，而以淡泊和宁静为高的人大概愿意选择陶渊明的那一种。我们可以找到无数这类事例来表明，在涉及价值观的问题上是无法进行比较和评价的。我们很难说，哪一种就更值得向往。

---

① 　这种"旁客"往往是五颜六色、装束怪异的青年们，百无聊赖地聚集在街头；他们是思想上垮了的一代。

就可积累的文化而言，人类历史的进步是毫无疑义的；物质方面的如飞机、汽车、电讯、传媒等等，精神方面的如科学、哲学的许多研究以及种种艺术表现手段都是日新月异，为古人梦想所不能企及的。然而人类的精神境界也是在不断进步、今胜于昔吗？古人看见一个孺子跌入于井，还不免有恻隐之心前去救护，今天不是也还有报道有关见死不救的事例的吗？孔夫子听说马厩失火，只问人，不问马。今天一个仓库失火，记者大加报道和表扬的却是为了抢救财产而牺牲生命的烈士。也许两种不同的态度各有其道理，那只取决于该选择哪一种价值坐标：是人道主义的（仁者爱人），还是集体主义的（无条件奉献自己的一切）。一个原教旨主义者要把自己的一切毫无保留地全部献给某某人或某个组织；而在一个人权论者的眼里，则个人的天赋权利乃是绝对不可剥夺的和不可转让的。双方的前提假设不同，他们之间并没有一个共同的尺度或坐标。在这方面，人类大概永远也无法找到一个可以进行推论的共同前提和共同尺度。不同的文化精神和不同的价值观，往往是不可比较的。问题的症结就在于道德或精神境界并不是积累的，所以它的发展过程就并不发生今不如昔或今胜于昔的问题。因此在有关积累性的思想文化方面，我们可以有一个坐标来衡量孰高孰低，孰优孰劣。而在非积累性的方面，因为人们不是在前人的基础之上更进一步，所以我们只能承认这里存在着不同的参照系，其中没有一个有权声称自己是唯一正确的。我们如果不能同时看到文明史进展历程的这两个方面，就不免有失于片面性的危险。如果我们能从阅读人类思想史中知道有更多的各种不同的思想、思潮和思维方式以及价值观念，这虽然未必就能使我们更有智慧，但至少可以使我们在古往今来的各种思想面前更加谦虚，更少一点自以为是。这可以有助于提高我们的精神境界。人类的进步应该不只是物质文明的进步，也还有精神文明的进步。然而仿佛是近代物质文明进步的步伐太快了，精神文明似乎跟不上去，望尘莫及，于是便出现了各式各样思想意识上的问题，使得人们往往有惶惑、苦闷和莫知所从之感。

四

众所周知的一个基本历史事实是：在古代，中国文明曾经在世界历史上居于领先地位，她和古埃及、古巴比伦和古印度并称为人类的四大古文明，再加上较后起的希腊、罗马一起，代表着人类古典文明的高峰。但是后来，其他的古文明，埃及的、巴比伦的、印度的、希腊、罗马的都告衰歇，或则是被吸收入别的文明，或则是从此光沉响绝。其间唯独有中国的文明一直延续下来，不但迄未中断，而且还不断发展，出现了尔后中世纪的汉唐盛世和宋代灿烂的文化。这一人类文明史上独一无二的现象，堪称一大奇迹。在此后漫长的中世纪，中国文明仍然在世界历史上遥遥领先于其他一切文明，其间也许只有阿拉伯文明差可望其项背，而此时的西欧则正处于所谓"黑暗时代"。

然而同样为众所周知的历史事实是：到了近代，中国落后了，比起西方来是落后了。近代科学在中国的出现要比西方晚了两个世纪，近代工业比西方晚了两个世纪，近代的意识形态或思想体系大体上也要比西方晚两个世纪。西方的近代化过程要从16世纪算起，中国近代化起步要迟至19世纪末才正式开始。据有人说，那原因在于中国资本主义的不发达，但又据说中国资本主义在16世纪已经萌芽了。按马克思本人的论断，西欧资本主义的萌芽在15世纪末散见于地中海沿岸的若干城市，到了16世纪的最初30年就已大规模发展起来。然则，中国资本主义的萌芽何以竟迟迟不能开花结果乃至于长达4个世纪之久？当然，我们也可以反问，不开花结果的，究竟能不能算是萌芽？

中国何以以及怎样由先进而沦于落后的这一历史事实，是值得考虑的。通史的分期通常是三分法，即古代、中世纪和近代。三代各有其不同的思想文化，并非仅仅是时间上距离的远近而已。当近代的思想意识觉醒之后，西方知识分子自以为自己是启蒙了的，而把过去漫长的中世纪视之为愚昧和黑暗，他们转而从古典的古代去寻求某些文化传统，由此开辟了一个崭新的历史时代，即近代。古代、中世纪和近代的区别，在当时人们的心目之中非仅是指时间的远近，而尤其在于它们精神面貌的不同。中国历史上所缺少的正是这种意义上的"近代"，也就是缺少了一个拥有近代物质文明和近代思想意识的历史时代。中国历史如果也想步入近代，就必须要经历一番近代物质文明与近代思想意识的洗礼，这就是所谓"近代化"的内容。我们今天所使用的"现代化"一词，其实是包括了两个步骤在内的，第一步是"近代化"，待到"近代化"已告完成之后，便是下一个阶段，即"现代化"。

一个社会的形态和性质，是由其生产关系所制约的，而生产关系又是随着生产力的发展和变化而发展变化的。在生产力和生产关系二者的综合体中，即在生产方式中，生产力永远是最活泼、最积极、最主动的因素。而在生产力之中，科学技术又是第一生产力。所以大体上，有什么样的科学技术，就会有与之相适应的社会形态和思想体系。在历史发展的过程之中，最显著的变化首先就表现为科学技术。人类有了农业，就有了定居生活和传统社会；有了近代的科学和工业，就有了近代社会和近代思想。近代史稳固地占领了历史舞台，是和 17 世纪的科学革命和 18 世纪的工业革命分不开的，由此而形成了近代社会生活与近代精神面貌。近代社会有它自己一系列独特的、与传统社会迥然不同的思想意识。近代科学技术之高速度与加速度的发展，是古代、中世纪传统所无从梦想的，它那与之相应的政治社会和思想意识也是前人所未尝梦见的。就思想史的角度而言：宇宙的无限性及其运动的规律、机械论、分析的方法、进化论、个人主义以及由此而产生的人权论、人民主权论、自由主义、理性主义、科学主义、实证主义、社会主义等等思潮都是由近代化所产生的，而为传统社会所不可能出现的。但是西方近代化的产物，并不必然就是一切民族的近代化过程所必不可缺少的一环。这是摆在中国近代化过程面前的难题。西方历史近代化过程所出现的一切事物，中国在她的近代化的过程中并没有必要全盘照搬，这样做不但是不可取的，也是不可能的。因为它的移植总有一个适应于本土的过程，那当然也就是一个改造西方舶来品的原装的过程。问题是在西方的近代化过程，必然有许多西方的因素夹杂其间，那些因素并不必然是为其他民族所需要的。但是在西方的近代化的过程中又必然有许多近代化的因素，这些因素是为一切民族的近代化所必不可少的。这后一点在科学技术的层次上表现得特别明显。当然，某些社会体制的思想理论也是必不可少的。这就需要比较历史学进行深入的探索了。

以下我们将简略地回顾一下近代西方历史发展过程中的某些重要的思潮。它们都是西方近代思想中的重要组成部分，但并不一定就是思想近代化的必要条件和内涵。没有它们之中的某些就不成其为近代思想，但是没有它们之中的另外某些并不就不成其为近代思想或近代化的思想或思想的近代化。我们应该仔细分辨其中哪些对于近代化是有普遍意义的，因而是必不可少的，哪些并不具有普遍意义而是西方所特有的，因而对近代化就并非是必要的。这里既需要有科学判断，也需要有价值取舍。我们只能希望努力做到忠实于其原来思想面貌的介绍，而尽量不作价值判断。不过，人文学科的特点之一也许恰好就在于它有其不可离弃的价值观贯彻始终，而不可能做到像是自然科学那样纯客观的探讨。

五

人类的知识是一个不断积累的过程，所以总的说来总是后胜于前，今胜于昔的。这是人文史之有别于自然史的所在，这就保证了文明——至少是在物质方面以及诸多社会生活和学术思想方面，虽然不见得是在道德伦理和心灵境界方面——的不断进步。自然史的演进只是客观的事实，其间无所谓高下之别；但是人文史或人类的文化——至少有许多方面——是可以比较的，大抵是从较低朝着较高的水平演进的。从这个角度来说，也许人类文明之由传统社会步入近代社会乃是一个必然的趋势；因为当它积累到一定高度时，它就会突破传统而进入一个更高的级别，即近代。尤其是当近代文明已由西欧一隅扩展到了世界范围时，——这场扩展应该承认是一个不可避免的世界历史趋势，——全世界所有的地区就都被迫也被纳入近代化的进程。这是一种不可阻挡而又不可逆转的世界历史趋势。这场世界性的近代历史进程应该从 15、16 世纪之交的西欧算起，而由文艺复兴、地理发现和宗教改革三场同时在改变世界历史面貌——从传统步入近代——的运动正式揭幕。对于这样一场世界历史性的大变革，也许在全世界的所有民族中要数中国文化及其心态是最难以适应的了。因为大体上自从有文明史以来，中国文化不但始终在世界上居于领先地位，而且和其他传统的古文明不同，她从未死去而是始终绵延不断地在成长和发展。毫无疑义，几千年来，她一直是世界上最大的而且是文化最发达的国家。这可以说明，为什么直到 18 世纪英国使臣马嘎尔尼觐见乾隆皇帝时，中国方面仍然是以天朝上国自居，而视当时的英国——毫无疑问它已经是当时世界最先进、最发达的国家——为蛮夷之邦。

为什么在 16 世纪之前，中国文化在世界上领先，而到了近代之后局势竟然发生了逆转呢？有人认为这是中国的资本主义不发达所致。然则，资本主义为什么在中国不发达或者发达不起来呢？据说是受到了落后的生产关系束缚的缘故。但是随着科学技术的发展，生产力为什么就突不破落后的生产关系的束缚呢？按理说，先进的生产力是完全应该，而且必然会突破落后的生产关系的。这里在理论上就陷入了一种逻辑上的兜圈子，似乎难以自圆其说。无论如何，从此以后几百年的漫长历史时期中，中国在近代化的进程上就落后于西方，不但在物质的层次上，也在思想的层次上。我们到 19 世纪，还在补 17、18 世纪的课；到 20 世纪还在补 19 世纪的课。直到 19 世纪中叶，我们才开始憬然于"船坚炮利"的夷人长技对中国也是不可或缺的东西。随后才开始觉悟到不单是技术层次的东西，还有基础科学也是同样需要的，于是引进了近代的声光化电和经典力学体系。到了 19 世纪末期，才又进一步认识到，在物质层面的后面，也还有社会政治体制的问题，于是提出了近代代议制的纲领，要求变法维新。同时稍后，又意识到不仅有社会政治体制问题，也还有思想理论方面的问题，于是 20 世纪初就看到大量宣扬西方思想理论的潮流，而到了五四运动达到一个高峰。不过当时所谓的民主和科学（即德先生、赛先生），其主要内容仍不出 18 世纪的人权论和 19 世纪实证主义的科学观。这一点，观乎当时所谓的国民教育纲领和科玄论战即可知。然而无论如何，中国必须近代化却是一个不可阻挡的历史潮流。"打倒孔家店"对于摆脱前近代的传统束缚是功不可没的。当然，砸烂一切旧传统和崇古与复古一样，是永远不符合时代进步的要求的。人类的进步需要的是不断在已有的基础之上前进。人们不可能脱离文化传统而生活，也不可能局守在旧文化传统之中而生活。

六

大体上，近代化进程最关键性的契机乃是科学技术的进步及其所引发的社会生活和思想意识方面的根本变化。但同时它也造成了一种副作用，即它使得人们力争把全部人文生活都以科学为依归，无形之中形成了一种根深蒂固的（18 世纪的）理性主义和（19 世纪的）科学主义或实证主义。但是人们的现实生活中却既包括有理性的成分，也包括有非理性的成分。理性主义者只看到、并只承认理性的成分，而不承认其中非理性成分的合法与合理的地位，——这本身就是非理性的态度。一个真正的理性主义者必须承认非理性成分的合法与合理的地位。同样，真正的科学主义或科学态度，就必须承认人生中（例如在宗教信仰中或爱情中）某些非科学（但不是反科学）成分的合法地位，否则就不是真正的科学态度。理性或科学是人类文明（尤其是近代文明）中最重要的、必不可少的因素，没有它，人类文明不仅不可能进步，而且根本就不可能存在；但它绝不是唯一在起作用的因素。人类的文明史永远不是、也不可能是科学或理性的一统天下。崇拜理性或科学过了头，就成为理性崇拜或科学崇拜，其结果就会走火入魔而成为和各色传统迷信一样的另一种迷信。事实上，自从 17 世纪近代思想和近代思维方式在西方奠基以来，西方思潮就沿着两条不同的，而且互相对立的途径在开展：一条是由笛卡尔所开创的理性思维的道路，另一条则是由与他同时的帕斯卡（帕氏也是最卓越的数学家和实验物理学家）所开创的"以心思维"的道路。在近代史上，17~19 世纪由于科学取得的巨大成功及其深远的影响，似乎前者占了上风，科学似乎渗入了人们生活的每一个细胞；于是一切似乎最后都要以科学为唯一的准则和归宿。但是后一条思想路线却也不绝如缕，直到19世纪末叶科学发生了另一次革命，人们的观念才又开始转变。在中世纪，科学曾经是神学的婢女，为神学而服务。到了近代，情形似乎颠倒了过来，人们一切思想活动都应该成为科学的奴婢，都要以科学为其最高统治者；——这里面同样包含着对思想、对人道的一种扭曲，即要把人生的全部都置于科学的绝对权威之下。世界上没有绝对的权威，权威只能是相对于一定的领域或范畴而言的。正是针对科学的这种绝对权威的专横跋扈或者说科学至上主义，从19世纪末就在各个领域（甚至也在科学的领域）出现了抗议的声音，当代欧洲各派大陆哲学都可以视为它的代言人。

　　近代科学的腾飞同样也似乎加深了物质文明与人文价值的分裂。物质文明先进的西方，是不是在精神文化方面也优异于世界其他地区，特别是中国呢？世界文明的近代化和一体化，是不是必然要排斥文化的多元论或多中心论呢？抑或两者可以并行不悖，甚至于是相辅相成呢？假如近代化和一体化就意味着一致、同一和齐一，那么世界文化将会再没有一片百花齐放丰富多彩的园地，思想和文化将会由于僵化而枯萎。整体的繁荣正是有待于其中每一个成员、每一种文化都尽量充分发挥自己的光芒。每一种文化乃至统一的世界文化，应该是一个多样性的统一体，一中有多，多中有一。其中的每一个成员、每一个组成部分都交光互影，彼此促进。秦代的思想专制、以吏为师，罗马帝国的皇权神化、定于一尊，都导致了文化的衰落，成为国家亡覆的前奏。反之，我们也可以在历史上看到各种不同文化因素交光互影的效应。假如，没有印刷术的发明，在西方就不可能有知识的下移，从而有可能使文艺复兴和宗教改革揭开近代化的第一幕。印刷术、造纸、罗盘和火药并称中国文明史上的四大发明。罗盘的西传就为地理大发现准备了极其重要的技术条件；火药的西传则使得市民阶级得以战胜中世纪封建领主们不可攻克的堡垒。从中国文明对于世界近代化所起的作用，可以看出各个民族、各种不同文化会怎样地丰富世界历史的整体。一花独放，永远都不会是春天。一是多的综合，不是多的消亡。一寓于多，多寓于一，五音齐奏，和而不同，才能奏出一曲扣人心弦的宏伟交响乐。

　　要把个人、各个不同的文化综合为一个整体，就必须有一种思想上的凝聚力；当这种凝聚力形成一股强大的力量时，我们就称之为思潮。单纯靠专制主义所达成的一致是不会巩固和持久的，因为它缺乏内在的向心力：这类事例古今中外的历史上不胜枚举。但是能够成其为这种思想凝聚力的统一，又必须是能最大限度地培育只有思想自由才能带来的创造性。思想自由曾经是西欧近代化的极重要的条件，一切民族的近代化当然并不需要全盘西化，但思想自由却应不失为其中一个普遍有效的条件。对任何一个问题，人们的意见和见解必然不会是完全一致，所以越是能包涵各种不同意见和见解而达到的统一，才会是最有生命力的统一。它那生命力的苗壮就在于它那包容性的广泛。它能最大限度地吸收各种不同的营养，正有如江海之大正是以其涓滴不弃故能成其大。这里不但是民主社会的魅力和奥秘之所在，更是任何优异的思想体系的魅力和奥秘之所在。

　　上面所提到的笛卡尔的思想方法（laméthode cartésienne）和帕斯卡的思想方法（laméthode pascalienne）双方的对峙，在近代思想史上呈现为一幕引人入胜的景象。近代自然科学的和启蒙运动的成功直到进化论和实证主义的胜利，都可以看作是一曲笛卡尔路线的凯歌。它也可以理所当然地称之为近代化的古典思维模式。要到19世纪末叶这种思维模式才开始受到正面的挑战，——既在科学上（自然科学和社会科学），也在艺术上和哲学上。这是一种反上述近代古典传统的思维方式，为了方便起见也可以称之为现代化的思潮。我们只需看一下现代绘画和古典绘画的区别，或听一下现代音乐和古典音乐的区别，就会憬然于两者之间的反差之大。这一反差不仅表现在形象思维上，而尤其表现在理性思维上。这个现代化的热潮是力图在近代的古典思维方式之外另辟蹊径。近代化的思潮在其反对中世纪信仰主义思潮的斗争中，曾立下了伟大的功绩。但是它自己一旦占有统治地位以后，它也同样地不能容忍任何不同意它那理性思维路线的垄断地位的意见。理性和科学当然是近代文明所必不可少的，是应该极端受到珍视的。但是正当的理性和科学，也必须承认非理性和非科学的因素在人类历史中的地位和作用。非理性和非科学并不是指反理性和反科学，而是指理性的科学领域之外的东西，因为理性和科学并不能包揽、包办或囊括历史和人生的一切。非理性和非科学的各种成分，同样也参与了历史的演出和人生的活动。

无论如何，在承认近代的古典思想对人类文明史所做出的史无前例的贡献的同时，我们也必须承认它也有它自己的局限；它那局限性就在于它并没有能认识自己的局限。结果是中世纪圣徒们的信仰崇拜到了近代就变成了理性崇拜，在法国大革命时期甚至于法典化和仪式化成为罗伯斯庇尔对"理性"神的宗教崇拜。对科学的宗教式的崇拜其本身就是反科学的；或者说理性崇拜或科学崇拜的本身，就是反理性和反科学的。因而这一现代化的思潮，在一定意义上正是对近代化的古典思潮的一种反弹或反拨。

我们在考察近代化的思潮时，也不妨预料：未来的现代化思潮如果想要取得健全的发展的话，它将不会是简单地全盘否定理性与科学和一切近代化的思维方式，而是趋于更高一级的综合，把理性的思维和非理性的（但不是反理性的）思维双方更完美地结合在一起，而无片面化的偏颇之弊。

七

正由于中国传统的文化几千年来一直处于世界领先地位，所以自然而然地培养成了她自高自大睥睨群伦的心态；到了近代一旦面临"两千年未有之变局"——遇到了不仅在武力上而且在文化上高出于自己的对手时——她的心态就怎么也无法调整到位了。从某一个角度而言，一个半世纪以来中国历史的症结也可以归结到一点，即怎样设法摆正她自己对外（主要是对西方）关系的位置，不仅在政治上而且在文化上。摸索到这样一个正确的位置并不是件容易的事，往往总是从一个极端跳到另一个极端，她的 100 多年的历史就表现为一幅在两极之间摇摆的历史，在仇洋排外和崇洋媚外、自高自大和自卑自贱两极之间的反复摇摆。从某种意义说，中国近代史与近代化史的问题就出在这里，即总是摆不好自己的地位。到了现在，中西思想文化正面的交流和冲撞又面临一个新的阶段，再要回到闭关自守的老路上去，看来是不再可能了。是不是我们在心态上也应该更加成熟而不再在片面化和极端化的误区之中摸索了呢？

从近代中西思想文化接触的一开始，中国方面就陷入了一个形而上学的思想误区而不能自拔，即她给学术思想划定了一条截然不可逾越的分界线，认定了有所谓中学、西学之分。应该承认学术与思想可以有高下之分，优劣之分，正确与错误之分，但在本质上并无所谓中西之分。假如说有所谓的中学、西学，那只能是指某种学术或思想是在某个特定的时间、地点和历史条件之下形成的，而在任何意义上都绝不意味着它在本质上是专属于某一个民族的文化所独有的。几何学是希腊人的创造，代数学是阿拉伯人的贡献，但是我们没有任何理由说几何学是"希学"或代数学是"阿学"。明末徐光启学习利玛窦所传入的几何学，并没有遇到什么不可克服的困难，从此几何学就加入了中学行列。直到今天，所有的中国中学生都在学几何学，而且学得很好。船坚炮利、声光化电之学，固然最早出现于近代西方，但是并没有理由说它们是西学，因为别的民族也完全可以赶上并且超过他们。近代经济学诞生于英国，但不能说它是"英学"。近代人权理论鼎盛于法国，但不能说它就是"法学"。仁义道德和三纲五常也并不就是"中学"。德国古典哲学家也大谈特谈仁义道德，而西方中世纪的学者们也在大肆弘扬君权神授的理论，并且在生活中推行男尊女卑的实践。即使是当今的思想也不例外。法西斯主义源出于意大利，但是随后德国的纳粹主义也被认同是法西斯，而中国的蒋介石政权和"四人帮"也都被认为是封建法西斯专政；可见法西斯主义也并非就是"意学"或"西学"。由于从一种错误的形而上学观念出发，好像中学、西学双方本质上是不可变更的实体，其间有一道不可逾越的鸿沟，双方之间就像是吉卜林（R. Kipling）诗句所说的："东方是东方，西方是西方，它们永远也不会汇合。"

从这样一个毫无根据的前提出发，就引向了形形色色纠缠不清的思想死结。只要我们抛弃这一荒诞的前提假设，许多毫无意义的争论就可以迎刃而解。

　　各个民族的思想是否有其先天的或本质上的差异？这个问题似尚有待探讨。不过，它们之间有时代性的——大抵上亦即传统的和近代化的——差异，则是明显的事实。传统社会是一个集体主义的时代，近代社会则是个人主义的时代。由传统走入近代，就是所谓的"从身份到契约"，在思想体系上则是走出集体主义而步入高扬个人价值的时代。近代所谓的"天赋人权"，如经典性的文献中所标榜的生命权、自由权和追求幸福之权等等，所指的都是个人的权利；这种权利被认为是天赋的、神圣不可侵犯的、不可剥夺的和不可转让的。而在集体主义的思想体系中则个人首先是从属于集体的，个人的一切必须无条件地奉献给集体就成为一种天然的义务。在中世纪，一切都赋有（或者被赋予了）神圣性，从中世纪走入近代也就是由神圣走入世俗。然则，历史由近代步入现代，是否意味着又得回到集体主义去呢？索罗金（Sorokin）的历史哲学就认为历史的旅程又将从世俗性的个人主义回归到神圣性的集体主义，——他的术语叫作从感性的（Sensate）的文化再回到理念的（Ideational）文化。这很可能只不过是他个人对近代文明失望之余的一种揣测或向往。然而如果我们面对当今历史时代禅递之际的大变革，而仍然回过头去采取100多年前我们先人那场中西之分与体用之争的大辩论的立场，那就未免显得有点幼稚，甚至于滑稽可笑了。今人的身体不宜再穿着古人的服装，今人的思想也不宜再穿着古人的服装。当时所谓的中学和西学尽管有其颇为明确的具体内涵，但那不过是时代不同的产物而非中西不同的产物；更何况时至今日那些具体的内涵早已不复存在了。我们不应该再在所谓中西体用这类的假问题上面继续纠缠不清。

　　一个民族的历史毕竟是一个统一的整体。千百年所形成的生活习惯、价值观念和思想方式，比起近代以来日新月异的科学技术和物质生活的进步，总不免是一种消极的、滞后的因素，总不免有赶不上时代步伐之苦。

所以相对于传统社会而言，近代思想所面临的最迫切的问题之一就是如何弥缝飞速的物质进步和人文价值牛步迟迟二者之间日益加大的差距。传统社会进步的节奏是缓慢的，与之相应而形成的种种思想意识也是相对地稳定的。假如近代历史不能解决这个日益加大的差距，那么近代化的文明就有陷于自我分裂和毁灭的危险。近代化必须要能做到使上层建筑和物质基础二者之间大致保持同步，否则它就会在自己亲手所建造的迷宫里迷失自己正确的道路。思想史的研究自然无力只手担当如此之重大的一项任务，但是它可能有助于丰富我们的知识和智慧。如果我们能从世界历史的角度来看，那么所谓中学西学的体用之争，倒不如说是传统与近代化或近代化自身内在的矛盾之争。

思想和现实构成为一个整体，这就是所谓的历史及其内涵。思想是历史的产物，但是它一旦形成之后就不但宣告自己的独立，而且还参与创造历史并成为历史的一部分，所以它并不仅仅是消极地、被动地单纯反映现实而已，而是积极参与着创造现实。它一旦脱离母体，就获得了自己独立的生命，它也就在某种程度上遵循着思想自身的逻辑线索在发展。甚而思想家的个性、风格、气质和情操也必然影响到他的思想的构成。所以我们也应该从多方面或者说全方位地对思想史进行考察。既然思想也参与历史的演出，而历史又总是不断在发展和变化，故而思想在不同的时刻所起的作用也不相同。随之而来的结论就是：我们对前人思想的理解和评价也并非一成不变，而是要根据后世的或当前的尺度或坐标为古人及其思想定位。我们是根据自己今天的认识和理解在观察和评判过去的。不这样也是不可能的。

但是以今衡古也遇到一个理论上的难点。历史学并不是一门实证的科学，你无法进行可控的实验来证实它或者证伪它。眼前就有一个现成的例子。东亚国家大多具有悠久的儒教文化传统，近年来东亚地区经济起飞，于是号称新儒家或现代儒家的人们就论证：是儒家思想促进了这些地区的现代化。但是，是不是同样也可反过来论证：正是由于长期受儒家思想的影响，所以它们迟迟未能大踏步迈上近代化和现代化的大道；而又正是由于到了现代，儒家的统治衰落了，东亚的经济才得以腾飞。双方的不同论断大概是无法由辩论来解决的。过去的思想的影响也是不断在变化着的，并非是一旦如此就永远如此。我们的思想日新又新，我们对过去的理解也日新又新，所以历史学就永远不断在改写过去的历史。今人可能视古人为荒唐，古人从他们的前提出发，也同样可能视今人为荒唐。今人以为无限地忠君孝亲是愚忠愚孝，古人则可以认为无父无君是禽兽也，真是罪该万死。许多类似的论断和道德信念，彼此相异或相反，看来并没有一个共同的基准标尺。它们可以各自有其不可动摇的而又无需或无法验证的前提假设。有一个谚语说："趣味无争辩"，事实上信念也是无争辩的。于是剩下来的就只有一种纯形式的共同尺度，那就是一种思想理论越是能容纳可能之多的不同思想内涵就越值得尊敬。现代化的思想如其能够健康地发展的话，就必须一方面尽最大可能吸取已往各种思想的智慧，一方面又在此基础上不断地开拓创新。没有继承就不可能有进一步的创新；同样，没有创新，思想文化就会停滞僵化而丧失其生命力。新的总是从旧的里面产生的，但又不仅是原有的、旧的之简单的重复。思想文化永远是全人类的共业，——尽管其中每个人或每个民族的贡献或大或小、或多或少、或直接或间接。

就物质层次的历史而言，事物的发展有其必然的规律；但就人文层次的历史而言，则其发展并没有物质事物发展那种意义上的必然规律；——否则历史就不是人的创造而是上帝或大自然所预先规定的了。现代化的历史学正在要求人们放弃前一个时期近代化史学思想所要求于人们的，对所谓历史规律也像对自然科学规律那样的无限崇拜和无限信仰。如果我们能破除近代以来这一根深蒂固的迷信，也许我们就能更好地审视并解答我们当前所考察的问题。有时候，人生之模仿艺术远过于艺术之模仿人生，如果我们把思想史也看成是一门艺术，那么或许也有时候是人生之模仿思想史远过于思想史之反映人生。以历史上的英雄人物作为自己的人生理想，是常见的事。一个人的思想更多地也许只是模仿前人的思想更甚于创造自己的思想。因此，过去的历史就并非是死去的化石而是今天仍然融化在我们的血液里，落实在我们的行动中。现在是从过去之中成长出来的，过去就活在现在之中。没有过去的思想，也就没有今天的思想。

在近代化的行程上，是西方思想曾经领了先，这对于中国思想的发展既是一个挑战，也是一个机遇。问题全在于我们怎样善于吸收和利用一切前人的成果，在近代化和现代化的进程中开创自己思想上的新局面。

原载《史学理论研究》1998 年第 1 期

历史两重性片论

一

近代西方思想在 18、19 世纪达到了这样的一个高度，以至于人们真诚地相信思辨理性和科学正在把人类带入一个地上的天堂。从孔多塞到斯宾塞都深信不疑并且期待着人类正在一往无前、义无反顾地渐入佳境。但是20 世纪的第一次世界大战粉碎了这种乐观主义的美妙梦想。恰好在这个关头问世的斯宾格勒《西方的没落》一书，与其说是一个历史哲学家的推论，不如说是一个悲观主义者的一曲感伤的挽歌。第一次世界大战后，梁启超去了一趟欧洲，归来写了一篇《欧游心影录》，慨叹西欧科学万能之迷梦的破产，是一篇对当时西方心态的写照。梁老先生不失为思想界一位感受敏锐的先行者。然而由于当时中国近代化的进程落后了一步，当时所需要的仍然是上一个世纪的思辨理性、民主和科学。于是，在随之而来的科玄论战中，宣扬生命哲学的张君劢就成了人人喊打的玄学鬼，诚可谓是良有以也。

人类历史就是在二律背反之中前进的，古今中外都不例外，只不过中国比西方的调子慢了一拍而已。当时对西方来说，基督死去了，19 世纪天真而乐观的科学主义和实证主义也死去了。到了 20 世纪 20、30 年代，传统的自由、民主的价值观也日益褪色和淡出，似乎正让位于某些新的激情。自从现代化思潮步近代化思潮的后尘而来，在哲学领域里分析学派、语言学派、存在主义、结构主义等等各种新学说、新理论层出不穷，使人目不暇接，但又往往各领风骚三五年。它们的生命力究竟如何？有的早已不过是昙花一现，有的也尚待时间的考验，迄今似乎还没有一种近代思潮能够持续近一个世纪之久而深入人心的。在这个从近代化到现代化转型期的思想状态中，有哪些是西方思想史所特有的现象，又有哪些是对全世界具有普遍意义的现象？这是一个尚待解答的问题，也是一个涉及历史哲学的问题，即人类向何处去的问题。

如果人类历史的行程也遵循一条自然而又必然的规律，那么这个问题是可以解答的，是可以预见的。如果人类历史的行程是人类自己所选择、所决定的，即人类是创造自己历史的主人，那么这个问题就是无法回答也无法预见的。也许在这里，我们不妨同意历史具有其两重性的论点，即作为自然人，人的历史是服从自然和必然的规律的，但作为自由和自律的人，他又是自己历史的主人，是由他自己来决定自己的取向的。作为自然人，人对自己历史的所作所为不负任何责任，但同时作为自己历史的主人，人却要对自己的历史负全部的责任。向何处去的问题，是要自己作出抉择的，历史哲学家或历史科学家是无法越俎代庖事先作出预言的。就前一方面而言，思辨理性（科学）就是必要的，是须臾不可离弃的。一些现代思想家企图彻底否定科学思维，表面上极端激进，而实际上却使自己陷入极端保守主义，事实上倒退到前近代化乃至史前的原始思维状态。

同时我们也要看到，单靠思辨理性还是远远不够的；全部已往的历史和当代的历史都可以表明，人类并没有仅仅因为科学的进步，就能保证自己的生活更美满、更幸福。美好的生活、美好的社会和美好的历史前景，并不仅仅依赖于我们必须是"能人"，还更加有赖于我们必须是"智人"，是真正有智慧的人。知识就是力量，但力量并不意味着就是美好和幸福，它也可以意味着邪恶和灾难，人类掌握核能就是一例。理想主义者不顾现实，每每流于空想和幻想，有时候直如梦呓；而现实主义者又每每缺乏理想，苟且度日，缺少为任何真正的美好和幸福所必需付出的崇高精神。思想是行动的先导，衡量一家思想时，重要之点是要看它能否找到这二者之间最佳的结合。

前不见古人，历史学不能复活古人；后不见来者，历史学也不能预示来者。但无论如何，前人的思想和行为、经验和教训对我们不失为一种启迪，使我们对世界、对人生可以有更深的体会乃至智慧。也许这不失为思想史的功用之所在。

二

据福音书记载，耶稣说他的天国不是在这个世界。在这一点上，基督教颇有契于希腊的思想。从柏拉图起，希腊人就明确划定了两个世界。完美的理念世界并不是，也不能等同于现实生活中的不完美的世界。这种两个世界的观念似乎从不曾为中国的哲人所认可。中国哲人只有一个世界，那就是我们所生活于其中的这个唯一的现实世界，他们的理想国只能落实到这个现实世界，而不是在任何的彼岸或彼岸的任何地方，——哪怕那是一个最能体现道体的"小国寡民"、"邻国相望，鸡犬之声相闻，民至老死不相往来"的理想国。当然，这个区分也不可绝对化。理想国在此岸迟迟不能实现，难免令人失望；但是仅仅对彼岸的憧憬又不能解决现实生活中的苦难。于是我们就在历史上随时随地都看到有二者的交叉：即使在人欲横流的时代，我们也仍然看到有伟大的精神上的执着和追求；即使在无限崇拜与信仰的时代，也仍然看到有极端的不平等和人欲横流。这是古今中外莫不皆然的。能意识到这一点，就可以使我们对历史有更深切的体会。18 世纪的"哲学家"以他们理性主义的思维构筑了一座天城，他们的天城正和历史上一切伟大的思想和观念一样，曾对人类的文化史作出了不可磨灭的贡献。但同时他们的局限性也应该使今人引以为戒。一种理想被强调到极端、被绝对化，就要转化成自己的反面，博大转化为褊狭，自由变成专制，等等。我们今天应该警惕不要再犯历来思想家们所轻易犯的那种错误，即以一种古波斯拜火教式的思维方式，要求思想做到非此即彼、有或全无的清一色。我们应该学会正视人间的缺点和弱点，这可以提高我们的认识和境界，也是一切时代健全的精神文明之所必需。在理想和现实之间怎样保持一种最佳状态的和谐与平衡，——这应该成为衡量一切思想体系的一条准则。

历史上总是有些乐观主义者天真地认为人性中所潜存的理性成分终将会逐步充分地发展出来，最终能克服一切阻力而步入人间天堂。果真如此的话，历史进入了近代和现代，就不应该有那么多惨痛的灾难了。人如果完全能听从思辨理性的引导，世界上大概根本就不会有战争。自古某些哲人们所相信的种种廉价的性善说和进化论，看来毫无理论上的和事实上的根据。当然，这并不意味着相反的观点——人性是彻头彻尾的恶——就是正确的。18世纪对于启蒙和理性的天真信仰，今天已经成为往事了；19世纪科学主义和实证主义的进步信念，今天也已经式微。继此而后在现代化的西方，各种新思想、新学说层出不穷、纷然并陈，它们之中的某些科学成分将不会失去其持久的价值，但其中不科学的成分却可能只不过是对前一个时期占统治地位的思想意识的一种短期的反弹或反拨而已。

人性大致可以分为三个组成部分，即：1. 自然属性，它大体上是不变的，或者至少可以说历史还太短，不足以使我们看出它有什么变化；2. 社会属性，它是特定的社会条件之下形成的，社会在变，人性的这部分也因之而变；3. 个性，这主要是个人自身努力或者有意识地造成的。在同样的自然的和社会的条件之下，各人之间的差异仍然是显著的，体现为不同的思想、性格和作风。前两种组成部分是不自由、不自主、被天赋或被环境所决定的；而个性则在很大程度上是自我造就、自我规范、自我决定或自律的，是人的创造性的用武之地。创造性当然也要在一定的基础和条件上进行，不能一空傍依，但原有基础和条件只是外部的制约，并不必然会产生出某种创造性。创造有恃于人为的、自觉而自律的努力，但机械式的决定论或进步观，却每每忽略了这一点。人的创造并不都是必然的，所以历史的面貌也并不都是必然的。创造性往往带有极大的个性，它是一场"思想的冒险"（怀特海语）。每个人各不相同，所以每个人所创造的历史也各不相同。人性中的这部分创造性，乃是历史行程中最无法预料的部分。人性的全面发展曾经是近代许多哲人（包括马克思在内）的向往，但单纯的知识或科学或善意或奉献或忠诚或热情等等，都不足以语此。看来任何现代化的思想体系如想获得成功，就必须对此提出更高明的看法和更切实际的方案。

三

全部的人类文明史实质上只经历了两大阶段：传统社会（前近代化社会）和近代化社会。

人生来是万有不齐的，没有两个人完全一样，也没有两个集体完全一样。任何以某种抽象的道德概念（如勇敢与怯懦、勤劳与懒惰、大公无私与唯利是图等等）来概括并两分各色人等，总会难免不确切。但在人们的千别万殊之中却又并不是完全没有某些普遍性可寻，也并不是完全没有某些共同的价值取向。如若不然，社会就成了一盘散沙，无法结合为一体了。当然，每个民族、每个集体、每个个人都必然有其特性，但那比起普遍性的规律和价值来，终究是第二位的、次要的。世界上不可能有脱离普遍规律与价值之外的特性；任何特殊性必须服从普遍性，特殊性乃是普遍性之下的特殊而不是普遍性之外或之上的特殊。普遍性是普遍的、必然的、放之四海而皆准的，特殊性则是特定条件下的产物，特定条件改变了，特殊性也就随之而变。总之，特殊性虽有其特殊的领域，却不能自外于普遍性的规律与价值。但是在有关近代化的进程问题上，这里也涉及一个比较难于解决的问题。

近代的西方思想文化领先于世界。西方在近代化过程中之领先于世界，是以它的近代化的思想文化为其前导的。然而其中有些具有普遍性，是任何其他民族由传统走入近代所必须采用和遵循的，又另有一些是特殊性的事例、可以各自走自己的道路，是先进的西方所不可能、也不应该强加于别的民族的。关于物质生活方面的进步，大抵可以认为是带普遍性的，是所有走上近代化道路的民族都必须遵守的，因为没有一个民族可以说自己就是以其贫穷和落后而完成了近代化的转化历程的，而要摆脱贫穷和落后，就必须依靠科学和工业，所以科学化和工业化就是近代化的必由之路。但是要满足这些物质层次的需要，又必须有相应的社会体制与之配套，因而某些社会体制也就是必要的，如法制，如"由身份到契约"的公民社会，如较为普及的教育和相应的社会福利体系，等等。但是这些最初产生于西方的体制，是不是对近代化全部都属必要呢？还是可以有所选择并加以改变呢？比如，宪法是规范一个近代化国家制度之所必需，然而是否一定要采用三权分立的体制，抑或一元化的领导也可以行得通呢？再进一步，则建立在近代西方社会文化背景之上的种种思想体系、人文价值以及艺术观念，显然并不是全部都需要的，但或许也并不是全部都不需要的或要不得的，至少还需要它们作为参考和借鉴之用。有无这些参考和借鉴，其结果是大不相同的。最初出现于西方的内燃机、无线电等等是任何民族的近代化所必需的，但是莎士比亚的诗歌、贝多芬的音乐是否也是一切民族近代化之所必需呢？一个民族自然要受自己传统思想文化的制约，要抛弃这个传统使自己全盘西化是不可能的，个人和民族永远都无法摆脱自己过去的历史。然而仍然要完全闭关自守、与世隔绝，则其结果便只会是永远落后于时代、落后于世界，连追随近代化的影子都谈不上。不学习先进，就永远要落后。一个半世纪以来中国思想文化的焦灼不安，实质上就是它在近代化进程中所引发的焦灼不安。究竟近代西方思想文化中有哪些是应该吸收的，哪些是可以参考和借鉴的，哪些又是需要拒斥的？

事实上，推动人类历史前进的，大抵要靠两种东西，一种是科学思想（思辨理性），一种是人文思想（非思辨理性）。前者是和人类物质文明的面貌紧密联系着的，后者则系于人类精神文明的面貌。但两者间并没有一条截然的分界线，它们是互为条件、互相制约的一个综合体。物质需要决定了精神文明的面貌，但它不是唯一的决定因素；精神活动也在调节着物质生活的形态。例如一项政策的制定，可以有利于或不利于科学技术的发展；又如18世纪西方所要求的只是政治的民主，19世纪的经济活动已由自由主义逐步趋向于社会计划，到了20世纪则经济民主的要求来得似乎比政治的民主更为迫切和重要。经济民主是政治社会民主的物质保证，没有经济上的民主，政治和社会上的民主就会落空。1941年《大西洋宪章》

于政治自由之外，特标"免于匮缺的自由"，可以看作是反映这种思想演变的一项正式公告。

　　展望未来，或许有理由可以说，由于科学的进步，世界日益紧密地联结为一体的趋势是越来越明显了，而且这个趋势看来是无可逆转的。然则是不是世界的思想文化也相应地必然要趋于一体化呢？答案是：也必然要趋于一体化，不过它绝不是以消灭各民族的各个不同的思想文化为其代价。恰好相反，一个一体化的世界恰好就在于其中的各个成员（个人、集体、民族）各以其独特的创造性而赋予它以朝气蓬勃的生命力。没有个体和个性的充分发展，集体就不会有生命力。一个美好的世界中的每个成员都应以自己的贡献来丰富它的内涵，同时在这个一体化的世界中每个成员也就反过来可以更多、更频繁，而且更方便地汲取自身以外的营养。他们可以更好地互相影响、渗透、交融和促进，在这种意义上也可以说，那将是一个在社会生活上一体化的世界，但在思想文化上却是一个多元化的世界，因为统一不是齐一，而是多寓于一、一寓于多。一个一体化的世界将更密切地联系在一起，它有别于传统世界中那种各个独立的单细胞式的文化，但它只能是通过其各个成员各不相同的思想文化的百花争妍来充实它自己。

　　任何清明的理智必须放弃思想上的片面化和绝对化，过分的理想化往往不切实际，乃至流为骗局，这就要求人们的思维方式更加科学化。科学在近代已经取得了无与伦比的胜利，但是它还没能完全克服人们思想中的褊狭、愚昧和迷信，它还需更好地认识它自己的有效性的范围，承认在自己的领域之外的其他各种非科学思想的合法地位，包括道德、伦理、信念、理想、感情等等在内。现代化的某些思想往往带有反科学的色彩和倾向，这毋宁可以看作是对唯科学主义的专制的一种反抗。科学是不能反对的，也是无法反对的。科学思维方式是近代化历史进程中最伟大的因素，并获得了最可贵的成绩，在我们现代化的进程中也只能是发扬它而绝不可反对它。然而，正确地认识自己的有效性的范围，也应该属于科学和科学思想的任务。

　　仅仅有科学是不够的。科学只是人生和历史的构成成分之一，哪怕它是最重要而可珍贵的成分之一。人的价值以及人的历史意义（假如历史有意义的话），并不是由科学所规定或所给定的。人作为自由的主体乃是自行规定的，正因为如此，他才需要对自己的行为负责，负道德上的和法律上的责任。如果那是属于自然史的必然性之列，他就无需（而且也不应该）负任何的责任了。自然史属于必然性的领域，它的全过程（如日食、地震、山崩、海啸等等）并没有任何的目的存乎其间。我们通常问自然现象是"为什么"，那只是在问，它是"由于什么原因"而出现的，而不是问它"为着一个什么目的"。自然史本身没有目的。人文史则正好相反，它的全历程自始至终都是贯彻着人的目的，人文史没有一桩事件是没有目的的。研究自然界不能采用任何目的论的观点，否则就会像伏尔泰所嘲笑的那样，老鼠天生就是为了给猫吃的，乃至于世上的万事万物都是为了一个好得不能再好的目的而造就的。然而，研究人文历史却片刻都不能脱离目的论的观点，因为人的一切活动都是有思想、有目的的，或者说是为了实现一个目的而采取的有思虑、有计较、有计划的行动。离开目的论，我们就无从理解人文历史，正犹如有了目的论，我们就无法理解自然的历史。据说达尔文提出进化论之后，就有神学家出来反驳说，那些古老化石的遗迹就正是上帝创世纪时故意那么创造出来的。

　　目的是历史中的人的因素，没有这个因素，物本身是不会创造历史的。所谓历史是人创造的，亦即是由人的目的所驱动的。人通过物的手段，努力要达到人的目的，这就成其为历史。自然世界的物独立于人之外，而且与人无涉。而历史世界的物则是人实现自己目的的手段，它不是独立于人之外而是与人合为一体的。这样结合在一起的历史共同体就突出地表现为近代的科学与工业。也可以说作为历史主人的人所追求的，乃是物（科学技术作为手段）与人文价值（目的）二者相结合的最佳值。一切人文价值——自由、平等、博爱、生命权、财产权与追求幸福之权以及英明远见、大公无私、毫不利己专门利人乃至一切精神境界与道德情操，都不是、也不可能是从科学里面推导出来的结论。它们是信念、是理想，而不是客观给定的事实和规律。但是没有这样最本质的一点，人就不成其为人，也就没有人文史或文明史而只有和其他一切物种一样的自然史了。因此要理解历史，我们就需要还有科学之外以至之上的某些东西：价值、目的、理想、信念。它们不属于科学实证的范畴之内，是科学所不能证实或证伪的，却又是人生和人的历史所非有不可的东西。我们需要它们，丝毫不亚于我们之需要科学。

展望现代思想文化的前景，也许我们可以初步作这样两点设想：第一，它将是一个日益一体化的世界，但并不是一个日益一元化的世界，而是一个多元化或多极化的世界，统一性要求并且包括最大限度地发展个性；第二，除了科学的进步，它还必须努力保持人文学术的同步发展，没有人文学术的健全、发展，科学（知识就是力量）一旦失控，将不但不是造福于人类，反而很有可能危害于人类。

原载《学术月刊》1998 年第 2 期

可能性、现实性和历史构图

科学现代化，理所当然地包括历史科学的现代化。

前现代化的历史学研究大抵是着眼于历史事实，而很少把眼界扩大到既成事实之外的一切可能性。本文的主旨在于说明史学研究的范围应该提高一个数量级，把一切可能都作为自己探讨的对象，这样才有助于促使历史学现代化。历史学的对象和范围必须突破历史事实的狭隘视野。

一

可能性是潜在，现实性是实现。构成历史学整体的是它们两者，而不仅仅是现实。

在历史研究中，如果没有穷尽一切的可能性，我们就不能很好地理解现实性。不了解它的潜能，我们就不能很好地了解它的实现。

历史的可能永远不止于一种，否则就只有必然性而没有可能性了。可能性是客体的属性，但对可能性的认识则是主体的属性。认识了可能性（而不仅仅是现实性），主观才能与客观相符合。

历史的客观存在性，就包括它一切物质上的可能性在内。作为历史主体的人，就包括他一切思想上的可能性在内。历史研究决不应只限于已经成为既成事实的东西。

历史事实只是所有可能之中已经实现了的那种可能，这在任何意义上都不意味着其他的可能是不能实现的。不能实现的乃是不可能，而不是可能。历史学既然探讨可能，它也就探讨了不可能；正如它探讨了什么是事实，它也就探讨了什么不是事实。

历史学应穷尽一切可能的情况，而不只局限于讨论已成为现实的情况。前者的准则是"只要不违反可能"，后者的准则是"不可逾越现实"。事实是：只有逾越现实并穷尽现实之外的一切可能，才能走向真正地认识现实。正像在几何学中对一个问题的讨论的充分展开，就必须考虑它的一切可能情况一样。

我们不能脱离现实而思想可能，我们也不能脱离可能而思想现实。所以历史学家必须探讨一切现实，也探讨一切可能。我们不能脱离与历史现实相关联的可能性去思想历史现实。

仅仅现实并不就构成历史，历史包括现实以及没有成为现实的一切可能，即已经成为现实的和可能（但并未）成为现实的。只有放在其全部可能出现（可能成为现实）的情况的背景之中，我们才能理解历史的现实。换句话说，历史的现实是可能通过历史的可能而加以理解的。

有了可能并不就等于有了现实，因此，就还需要解释为什么出现了这种现实，而不是其他某种可能的现实。

所谓可能就包含着：事实是可以这样的，也可以不是这样的而是那样的。只有研究了一切可能之后，历史学家才有资格可以说，它为什么是这样的而不是那样的，以及它为什么也可能是那样的而不是这样的。

可能的世界远远大于现实的世界。部分只有放在全体的背景里才能加以理解。不把现实世界放在一个更广阔的可能背景里，就不能很好地理解现实世界。

自然界有成功的物种，也有不成功的物种；成功的物种和不成功的物种在它们同属于自然界不可或缺的一部分这一点上，是等值的。人的思想有实现了的，也有没有实现的；在它们同属历史世界不可或缺的一部分这一点上，它们是等值的。如果人类的历史，像康德所说的，可以视之为"一幕大自然的隐蔽计划的实现"，那么这个计划的实现之中就包括没有实现的思想在内。

一切已成为事实的，并不就是过去历史的全貌；必须再加上一切可能成为事实的，才是过去历史的全貌。一部真正的历史著作乃是一部探讨了一切可能性的历史。

可能情况的总和才是历史。历史学应该探讨的不仅是什么是事实、什么不是事实，而且应该探讨什么是可能、什么是不可能。历史研究不能把自己局限于只研究朴素的史实，也不能局限于只研究已经在现实世界中出现了的现实。

全部的事实都是历史，但历史并不全部都是事实，它也是全部的可能。因此，历史学家应该极大地开拓他们的视野。他们应该不仅探讨事实，而且探讨可能。探讨事实只能使他们看到历史的局部，探讨可能则可以把他们提高到观察历史的整体。

可能的世界既然远远大于现实的世界，因此以可能的世界为对象的历史学，其领域就远远大于以现实的世界为对象的历史学的领域。就其并未实现而言，可能的世界并不就是现实的世界；但就其可能实现而言，它并不就是不现实的世界。历史世界不仅包括现实的世界，也包括可能的世界。

史学家的职责也可以说就是要解释：为什么实现了的恰好是这样一种可能而不是另外一种可能。

历史学要研究的不仅是史实，还有史实以外的东西。可能性就是在史实之外的，人们对史实的理解也是在史实之外的。史学包括史实和史实以外的东西，史实却不包括史学和史实以外的东西。

要从历史的经验世界中籀绎出一套概念结构，就必须穷尽它的全部可能性或盖然性，否则朴素的事实和概念的体系就会分为两橛而不能在逻辑上统一；因为逻辑必须穷尽一切可能性。

仅仅把自己局限于史实的历史学家，就是一个没有思想的历史学家。因为历史学家的任务就是要思索一切可能性和它们的全部系论；一个历史学家而不能这样地思想的，就应该谥之以歌德的诗句："你只是个忧郁的过客，在这阴暗的尘寰。"

在历史中，可能性本身并不是或然的，一切可能性都是当然的。偶然的只是某种可能之转化为现实。如果这个转化是必然的，那么其他的可能性就是不可能性而不是可能性了。

　　"历史的必然"作为历史学中的一条指导原则是能够成立的，但只能是在更高一层的意义上：那就是，它是非必然性的必然，是承认可能性的必然。

二

　　在历史学中，问题有真的，也有假的。对假问题是给不出真答案的。或者说，一个真问题就是一个可以给出真答案的问题；否则就是假问题。历史学是靠提出真问题并对真问题做出真答案而取得进步的。

　　对真问题所做的答案可以构成一幅历史图像，对假问题所做的答案也可以构成一幅历史图像。但是其间却有这样一个不同：前者并不一定是真确的，后者却一定是虚构的。因为对真问题可以做假答案，对假问题却不能做出真答案。

　　对假问题只能给出假答案。对于一个假问题，任何答案都是等值的：它们是对假问题的答案，所以就都是假答案。

三

　　物理世界只包括物，历史世界还包括人，或康德所谓的"全部的心灵能力或能量"。

　　我们可以想象：物理世界没有或然只有必然，从而我们便不能以或然去思想物理世界，概率只是我们对物理世界行将出现的某种现象的期待值；它是我们心理的准则，而非物理事件的准则。但是我们不能想象：历史世界只有必然；我们也不能仅仅以必然去思想历史世界。可能性在历史世界并非是主观的心理准则而是客观的物理准则。从广义上来说，人类的历史也是自然世界的一部分，也要服从自然律的支配；但它是自然世界中具有人为的成分的那一部分。可以说，物理世界是由必然性的自然律所支配的，历史世界是由非必然性的自然律所支配的。

一切物理事件的总和，或者说全部的物理事实，就是物理世界。但是一切人世事件的总和，或者说全部的历史事实，并不就是历史世界。物理世界等于物理事实的总和，历史世界大于历史事实的总和。

人的思想有些是实现了的，也有些是没有实现的（可能实现的和不可能实现的）；这些都包括在历史世界之内。

历史世界也有它的质点和它的场。它的场就是史实之间的一切事实上的和可能的联系或网络——无论是在思想上的，还是在时空之中的。由于这样的联系，原子就成为新化合物，史实就获得它的意义。

四

史实是客观存在的，但根据史实所构造出来的历史图像则存在于历史学家的心目之中。如果历史图像是存在于历史学家的心目之中，那么历史学家要说自己所构造的图像反映历史的真实，他就必须提出一条检验其真确性的尺度；而且这一尺度必须为所有的人（尤其是反对者）所承认，否则他就没有一条公认的尺度可以论证它的真确性。

假如历史学家承认自己永远不能达到真实而只能不断地接近于真实，那么他就必须给出充分理由来说明：既然是永远达不到，他又是怎么知道存在着这种真实而且自己是在不断地接近于它的？

历史图像乃是历史学家的构思，历史学家的构思根据史实，但史实仅仅是根据。根据本身并不自行呈现为一幅历史图像。单纯的史实本身只能消极地反证一幅历史图像的不正确，但不能正面证明它的正确。因此，说历史事实证明了一幅如此这般的历史构图，这种说法就是不能成立的。

实际存在是成其为史实的唯一条件，但它并不是历史学家构造他的历史图像的唯一条件。史实的总和并不就自行形成为一幅历史构图。

历史学并不仅仅包括许多史实的元件而已，一大堆史实作为元件并不自行形成为对历史的理解。对历史的理解才形成为历史图像。

史实本身并不形成一幅历史图像，所以历史学家根据同样的史实可以构成不同的历史图像。

历史学就是史学家为史实而构造图像，——并且往往免不了是被扭曲了的图像；因而谦逊的历史学家就承认自己的构图最多也只是近似值。史实是点，图像是史学家描绘出的曲线。点是事实在时空坐标系中的定位，史学家以自己思想绘出扫描这些点的曲线。

历史是由朴素的事实构成的。历史学是由史学家的思想、价值观以及感情的好恶等等所构成的；朴素的事实本身并不能自动提供诸如此类的东西。历史和历史学不但属于两个不同的层次，而且是两种不同性质的事物。做出这一分辨，就不至于把史学家的思想认识简单地等于历史事变的朴素的反映。这只不过是常识，但历史学家却往往就在常识上绊倒。

历史图像不能脱离史实，但史实并不就是历史图像。一幅历史图像同时也是一套概念结构。历史图像也就是把史实安排在一个概念结构里；史实本身并不呈现为概念结构。

史实是历史学家赖以构造历史图像的原料，原料是给定的，所以并不有赖于史家的构图如何。但原料只是既成事实，史家构图还须考虑一切可能。既成事实既不是一切可能之中唯一的，也不一定是最大的可能。

有各种不同的可能性，也有各种不同的历史构思或历史图像。逻辑能够先天地表明历史构思的错误（例如，如下的典型的错误说法：有了某种可能，于是就有了某种现实），但不能先天地表明它的正确。

结构方式——至少在大多数情况下——不止一种，严肃的历史学家必须探讨它们之中的每一种：可能的和不可能的，实现了的和没有实现的。

思想本身也是历史图像的一个组成部分，所以历史图像就不仅仅以既成事实的历史事件为对象。历史学也要研究历史学家的思想结构。

逻辑的严密性是一幅好的历史构图的必要条件，但不是它的充分条件。我们可以想象与某一史实相反的史实，但我们不能思想一种与逻辑相反的构思。史实以它自身的存在保证它自身的真实性，构图则以它自身的可能性辩护它自身的合法性。

在不同的构图能够包容同样的史实的情况下，不同构图的优劣就取决于它们逻辑的严密性和简捷性。

历史图像并不一定是唯一无二的，但它必须扫描给定的史实，否则它就不是一幅历史图像。在给定的史实不变的情况下，历史学家仍在永远不断地更新着历史图像。历史学的变化和进步，也就表现为历史图像的变化和进步。

史实是一旦如此就永远如此，历史图像则是永远在变化着的。史实是永远不变的单子，但历史学家对它们的认识则在不断地更新。史学就是史学家为史实进行构图的方式。史实作为元件是中性的、单纯的、朴素的，史学作为认识则是有色彩的、构造的、合成的。划清历史和历史学之间的区别和界限，——这是保证历史学家不致陷入谬误的根本前提之一。

前人曾认为历史学只是记诵之学，那是由于他们混淆了历史和历史学。史实要靠记忆，史学则是构造性的。

历史学家所做出的判断是采取命题的形式，这些命题被纳入他的世界观、价值观以及感情因素的体系之中。朴素的史实则否。

历史学家在自己的思想中所构造的历史图像和作为历史学公认的前提条件的史实，二者之间总是有出入的。在这种意义上，有多少历史学家，就有多少种历史构图。在这里，朴素的史实作为原材料，并不能决定历史构图。

如果一幅历史图像能够被纳入另一幅而成为它的一个组成部分，前一幅就是一个低层的，后一幅则是一个更高一层的历史图像。

五

历史事实或事件，如果不被放在一个思想的网络或模型里，就不能获得任何意义。历史的意义不是由史实给定的，而是从史学中借取的或派生的。

史实只是数据。数据本身没有意义，它的意义是从它在一个更大的整体之中所处的地位而获得的。一个字的意义，得自它在句子中所处的地位；一个语句的意义，得自它在整篇文章中所处的地位。一件史实的意义，得自它在整个历史图像中所处的地位。

历史的意义是从整个历史构图之中获得的。荆轲没有刺死秦王嬴政、布鲁塔斯刺死了恺撒，都只不过是数据。数据只有在被纳入一个思想结构之中才能有意义；意义是被思想结构所赋予的。单纯数据，无论多么多，都不可能有意义。

因此，在如下的意义上，并且仅仅在如下的意义上，一切历史都是思想史：那就是，历史数据是由人们的思想赋之以意义的；否则，它就只是纯粹自然事件，而没有历史学上的意义。

史实本身没有其固有的意义，意义是由历史学家的理解或思想所赋予的。所以在理解或思想改变时——正如它们必定会不断在改变着那样，人们所赋给它的意义也就随之而变。客观的史实因之也就在我们的思想里不断地变形并获得新的意义。史实并没有改变，但史学家的思想不断在改变，历史学不断在改变，历史也就不断在改写。历史事实本身只有有无或是否；对历史的判断则是由历史学家做出的，而不是由历史本身做出的。

史实本身没有意义，意义出自历史构图。史实只有有或无，历史构图则有真或伪。史实的有无不能从根本上决定历史图像的真伪。

历史事件只不过是经验中的事实。经验中的事实由于可以同样地被纳入不同的图像或结构之中，所以它就并不证明什么。

历史证明了什么什么云云，乃是一个假答案。因为容纳同样历史事实的，可以有不止于一种图像或结构。所以并不是"历史证明了"某种历史图像，而最多只是"某个历史学家的某种历史图像更好地说明了"某些史实。这样，后来的历史图像或结构才能超越以前的历史图像或结构。不然的话，人们对历史的理解或思想，就会是一旦如此便永远如此了。

作为数据，史实本身是中性的，并不具有所谓历史意义。我们不能仅仅根据史实就断言：历史证明了什么什么。历史事实或事件本身不能进行证明。史实是客观存在的，但人们对史实的理解并不是客观给定的；如果说它也是客观存在，那么至少它并不是在史实是客观存在的那种意义上的客观存在。所谓历史证明了云云，只意味着某个历史学家认为某些史实是可以以一定的方式纳入他的历史构图的。史实本身是不变的，史家对它的解释却永远在变。这种变化也是历史学进步或不进步的标志之一。

历史并不证明什么。如果认为它证明了什么，那就意味着把一个预先构造好的历史图像强加在历史身上。

在这种意义上，历史图像乃是而且也只是一种拟制。

六

自然本身不能进行证明或论证，是自然科学家根据自己所理解的自然事实或现象在进行证明或论证。历史事实本身不能进行证明或论证，进行证明或论证的乃是历史学家而不是历史。历史学的进步表现在历史学家的思维上。

历史事件作为经验中的事实，并不表明必然性。历史事实，至少在大多数的情况下，决不表明它非如此不可。

以认定它非如此不可的那种思想方式，去思想并不是非如此不可的历史事件，——从其中所得出的就不是真正的历史知识而是虚构的历史知识。

历史数据只有纳入历史学家的构图或思想的网络里，才成为历史学。这幅历史构图包括现实世界和可能世界。我们不能抛弃现实而思想历史，正如我们不能抛弃可能而思想历史。历史学在量上的进步可以表现在史料的不断丰富上，但它在质上的进步则表现在史学家的构图或思想网络不断提升到更高的水平上。

在这一点上，过去的历史学家们往往不免陷于一场智性的分裂。他们在客观上做不到区分历史学中的可能和现实，但是他们却意识不到这一点而在主观上极力要把自己局限于现实世界的狭隘领域之内，并把可能世界排摈于视野之外。

如果历史学的领域要从现实世界扩大到可能的世界，那么，与此相应，历史学在其思维方式上就必须有一个突破，达到一个更高的数量级。以往那种根据必然性进行推论的方式，就应该让位给一种新的推论方式；这种新的推论方式既包括以往那种根据必然性的推论方式，但同时（或许更为重要的是）又包括根据非必然性进行推论的思维方式，也就是非决定论的思维方式。这两者并不互相排斥，而是相互依存于历史学的统一体之中。这种根据决定论与非决定论的两重性思维方式将取代决定论的单一性思维方式而成为历史学中的主要思维方式。因为历史就包括必然与或然、现实与可能。

历史学是一种经验科学，它不能（像数学那样）单凭逻辑来保证它的真实性。它要随着经验之不断变化而变化。换句话说，历史构图的真确性是没有先天的保证或检验的，它随时要受逻辑和事实两者的修正。

神学推论的方式是：正面的事例就从正面证实了某个论点，反面的事例则从反面证实了同一个论点。历史学的推论方法却应该是：如果说正面的事例从正面证实了某个论点，那么反面的事例就是从反面证伪了同一个论点。这个区别是经验知识与先验知识之间的区别。在历史学中，原子并不能先验地表明由原子所构成的化合物的性质；史实并不能逻辑地证明历史图像的真确性。

历史科学的首要问题就是要考察历史科学是如何成为可能的。历史科学首先就要对自己的认识能力进行批判和反思。历史学家不先考察自己的认识能力的性质，就断言历史是如此这般的，他就会犯不可救药的形而上学的错误。

如果说，科学家在某种意义上是自然界的立法者，那么就更有理由可以说，历史学家在更完全的意义上乃是人事世界的立法者。

历史学家的任务应该是首先确立自己作为人事世界的立法者的尊严。

七

以上全部立论的出发点，是大多数人所认为常识的东西，即设定历史事件是客观存在而且可以为人们所认识；虽则这个认识要加以主观条件的限定或制约，而这些主观的限定或制约往往不为天真的实证派历史学家所承认。但是撇开构思的主观性这一点不谈，人们仍可以进一步完全不同意上述的出发点。

不同意这个出发点，在逻辑上是完全可能的；即可以认为并不存在脱离于认识之外的纯粹客观的历史事件，而且历史图像根本上取决于构图者的思想创造。根据这种出发点，历史学家也可以构造一种或多种非常识性的历史图像。可以是庄周梦为蝴蝶，也可以是蝴蝶梦为庄周；二者在逻辑上是等值的，逻辑并不能保证前者的真确性大于后者；肯定前者而否定后者的并不是逻辑，而是人们根据体验所得的信念。在逻辑上，几何学应该同等地容许欧氏几何和非欧几何，历史学也应该同等地容许常识性的历史构图和非常识性的历史构图。历史学所要探讨的是现实世界以及可能世界，其中就包括一切既有的和一切可能的常识性的和非常识性的历史构图在内。

如果采取一种非常识性的历史构图，本文的论点就应当全盘作废或彻底加以修改。但即使是在这种情况下，本文的论点仍然可以承认或包容非常识性的构图，而一种非常识性的构图却不能承认或包容本文的论点。

原载《学术月刊》1998 年第 2 期

"普遍的历史观念"如何可能？
——评康德的历史哲学

本文旨在探讨康德批判哲学中的第四个重要构成部分（历史理性批判），即普遍的历史观念如何成为可能的理论基础。作者认为这一理论的基础乃是康德所提出的先验目的论这一前提假设；它是一个世界公民观点之下的"普遍历史观念"，是既不可能由经验加以证实的，也不可能由经验加以否认的东西，然而却是某种必不可少的东西。全部康德的批判哲学代表着近代的人的自我觉醒的高峰，它的实质就在于论证人的尊严、独立和自由；因此在历史上就成为针对着等级制和特权制的反题，它在这种意义上就成为在哲学层次上论证法国革命天赋人权的理论。

一

康德的历史哲学论文有一篇刊载于 1784 年 11 月的《柏林月刊》①，题名为《世界公民观点之下的普遍历史观念》。

自 1781 年至 1795 年的 14 年间（康德 57~71 岁），是康德批判哲学的成熟时期：《纯粹理性批判》第一版出版于 1781 年，以后《未来形而上学导言》于 1783 年、《道德形而上学探本》于 1785 年、《纯粹理性批判》第二版于 1787 年、《实践理性批判》于 1788 年、《判断力批判》于 1790 年、《纯粹理性范围以内的宗教》于 1793 年、《永久和平论》于 1795 年相继问

---

① 《柏林月刊》（Berlinische Monatsschrift）为当时德国启蒙运动的主要刊物之一，由康德的友人毕斯特（Biester）主编。

世。在此期间，他所写的一系列有关历史哲学的论文，即 1784 年的《世界公民观点之下的普遍历史观念》和《什么是启蒙》、1785 年《评赫德尔的人类历史哲学观念》、1786 年《人类历史起源臆测》、1794 年《论万事万物的归宿》以及 1798 年的《论系科之争》，则构成他的批判哲学理论体系的另一组重要的有机组成部分，卡西勒把这一组著作称之为三大批判之外的第四个批判，即《历史理性批判》。^① 其中的第一篇论文写于美国革命成功（1783 年）之次岁，法国大革命爆发（1789 年）之前五年。康德对美、法革命的同情是世所熟知的，无待赘叙。他受法国革命的影响之大与对法国革命的向往之深，可见于《论系科之争》（实际上包括三篇独立的文章）之中的第二篇《重提一个老问题：人类是在不断进步吗？》。为此，康德本人曾赢得了"雅各宾党"的称号，还有谣传，竟说他曾接受了赛耶斯（Sièyes）邀请去巴黎担任顾问。然而，18 世纪末德国历史文化的特点是只思考其他民族已经付诸实践的东西，康德在本文中所表现的以启蒙时代的批判精神与进步观念对人类历史的发展所作的一系列的探讨，实质上提供了 18 世纪民主革命思潮的一份德国哲学版。

二

康德哲学是以牛顿古典体系的自然构图为其依据的；这一点是时代的规定所使然，因为在 18、19 世纪，牛顿的体系是被人公认的唯一体系^②。牛顿所总结的自然界的根本大法是：

　　　大自然决不做徒劳无功的事。当更少的东西就够用了的时候，更

---

① 按，持这种看法的不只是卡西勒一个人，如 Renato Composto 研究康德历史哲学的专著，即题名《康德的第四批判》(La quarta critica kantiana Palermo，1954)。

② 例如，英国诗人蒲伯说过，自然和自然的法则本来都隐蔽在黑暗里，上帝说让牛顿出世吧，于是一切便都见到光明。法国天体物理学家拉格兰治则说：只存有一个宇宙，而充当这个宇宙的解释者的在全世界上只能有一个人（指牛顿）。尽管康德在理论上承认，万有引力定律是随意的，上帝也可以选另一种，比如说引力不是和距离的平方而是和距离的立方成反比；但事实上，他从未怀疑过牛顿的真理。

多的东西便是徒劳无功的了；因为大自然喜欢简单而不爱炫耀多余的原因。①

这条根本大法被康德引入了人类社会，从而形成为他历史哲学的一条主要理论线索：

> 大自然决不做徒劳无功的事，并且决不会浪费使用自己的手段以达到自己的目的。②

因此之故，既然"大自然把理性和以理性为基础的自由意志赐给了人类"③，这就已经明白无误地宣告了大自然所布置下来的人类历史的目的，那就是，大自然所赐给人类的理性和自由是注定了终究要在人类漫长的历史过程之中全部地、充分地发展出来并得到其最大限度的表现的；否则的话，大自然就是在做着徒劳无功的事了。康德就这样把牛顿的原则以一种半生物学、半神学的目的论的论证方式，辩护了启蒙时代的进步观。这种把自然和社会历史打成一片的目的论究竟有多大理论上的有效性，我们在下文将予以剖析。

康德历史哲学的另一个来源是卢梭，中年以后的康德几乎始终是在卢梭强大的思想影响之下度过的。这位康德眼中的道德世界的牛顿，在道德观上所影响于康德的，不亚于牛顿之在自然观方面。在《论优美感和崇高感》的页旁手注中，康德明确表白卢梭纠正了他并使他学会了尊重人的那段话，是经常被人征引的。在历史哲学方面，康德所得之于卢梭的，在于把人类历史看成是大自然的一幕隐蔽计划的实现。④ 在论述了牛顿是第一个在行星运动的复杂性中发现了秩序和法则之后，康德便进而称引："卢梭是第一个在人类（历史）所采取的繁复形式之下，发见了深沉潜藏着的人

---

① 牛顿：《自然哲学之数学原理》，柏克莱，加州大学版，1962 年，第 398 页。

② 普鲁士科学院编：《康德全集》，柏林，雷麦版，1912—1934 年，第 8 卷，第 16 页。

③ 同上。

④ 康德本文命题第八，《康德全集》，第 8 卷，第 27 页。

道的性质，以及人类凭着对它的观察而可以见证天意的那种隐蔽的法则。"①
这一论点是康德于历史哲学本文中所着意阐明与发挥的基本线索之一。

在政治哲学方面康德受到卢梭启发的，在于把自由视为最基本的天赋
人权："自由（不受他人意志的束缚）——就其依据普遍的法律而与别人
的自由可以共存而言——乃是属于每一个人之所以为人的唯一的原始权
利。"② 然而康德对待 18 世纪民主革命的原则却不是无条件的。他虽则赞美
法国大革命 ③，证明了"全人类的道德倾向"④，并认为"在坏宪法（体制）
所激起的革命暴力，以非法手段建立了一部新的、更正义的宪法之后，就
应该不再允许人民回到原先的政府形式之下"，然而后面却又附加了一条
妥协性的让步，即"以暴力造反的行为而参加了革命的每一个人都应该依
法受到叛逆处分"。⑤ 此外，关于国家的起源与性质，关于国家的建立须以
民约为基础、人民的公意才是主权的实体，以及由自然状态而文明状态而
完美的公民宪法这一发展过程，康德都带有极大的卢梭思想的痕迹，但把
它们改造成为了康德的批判体系。

启蒙运动各家的历史哲学（特别是法国的孟德斯鸠和伏尔泰、德国的
莱辛与赫德尔），康德均曾加以研读，并且在如下基本观点上和他们是一
致的：人类历史的发展就是人类理性与自由的进步的历程；不管经历多少
曲折，理性最后终将把人类带入地上的天堂。⑥ 旧时代的历史观弥漫着浓
厚的崇古思想，把人类历史看成是一部从天国堕落的历史；启蒙运动则崇
拜进步，认为只是到了自己的时代，人类才真正自觉地开始步入地上的天

---

①   Rosenkranz und Schubert 编：《康德全集》，莱比锡，1844 年，第 11 卷，第 248 页。

②   《康德全集》，第 9 卷，第 42 页；又可参看第 160 页。

③   按，法国大革命是 18 世纪末最激荡西方知识分子心灵的大事，对每个知识分子都是一场考验，
都要求作出鲜明的表态，颇有类于 20 世纪初的十月革命。康德、孔多塞、华兹华斯、柏克等人，
各自作出了自己的答案。

④   科学院：《康德全集》，第 8 卷，第 85 页。

⑤   科学院：《康德全集》，第 8 卷，第 372 页。

⑥   因此，屠尔哥的历史哲学题名为《人类精神进步论》；孔多塞的历史哲学题名为《人类精神
进步史表大纲》；康德的历史哲学则由《世界公民观点之下的普遍历史观念》出发而归结为《永
久和平论》。实际上，这些都是从哲学上论证 18 世纪哲学家们的理想的天城。

堂；而其所以可能如此，则全靠人类理性之扫除愚昧。所以最重要的工作就莫过于启蒙，亦即莫过于开启人们的知识和智慧。这一点鲜明地表现在康德《什么是启蒙》一文中开宗明义的一个响亮的口号："Sapere aude！（要敢于理解）"。① 这里反映了 18 世纪"哲学家"（philosophe）们的天真；因为人间的苦难并非都是由愚昧所造成的，有知识的人干起坏事来，一点也不比无知的人更仁慈一些。

康德历史哲学的另一个基本论点，即人类正是由于其自私心才有可能步入至美至善的社会，也属于整个启蒙时代的特征。维科在 18 世纪初就提出过，人性中的种种恶德汇合成了社会发展的动力，这就证明了"有一个神圣的天意，有一个神明的立法智慧，都是由于他，人类像沙漠中野兽一样生活的那种追求私利的热情，就会创造出一种使人类得以生活在人的社会里的公民体制"。② 人类乃是天意的不自觉的工具，这一观点成为康德历史哲学的一个主要来源。其后伏尔泰《风俗论》（1765 年）的序论即以《历史哲学》为名，书中提出：普遍的天意是永恒不变的，普遍的人性和普遍的道德也是永恒不变的。这里面的合理因素是：历史学应该摆脱神学教条和伟人史观而着眼于各民族、各时代的精神，历史应该视为一个整体的、合规律的发展过程。和伏尔泰同时的莱辛也曾企图以启蒙思想沟通人世的历史和天意。康德受了这些新学说和新思想的启发而要进一步去探讨，这样的一种历史行程，其哲学的根据究竟是什么？

全部人类的历史现象，都是人类有意志的行为，因而是自由的抉择；但是就其整体看来，则在无数杂乱无章的历史现象的背后却隐然透出了有一条必然的线索存在。这不可能是人类智慧的结果，因为全部历史的记录充满了人类的自私、愚蠢和罪行；但历史又确实就是通过这一切而在不断前进着的。一方面历史是盲目地遵循着自然的必然规律在前进的，另一方面历史又是人类自由与理性自觉地走向完全的自我实现的发展过程；康德

---

① 　科学院：《康德全集》，第 8 卷，第 35 页。
② 　维科：《新科学》，第 1 卷，第 3 篇，米兰，1854 年，第 95 页。

的历史哲学就是要解决这一历史理性本身的二律背反，它成为以启蒙时代的批判理性重新考察人类历史理论的重要古典文献之一。

三

贯穿康德历史理性批判的中轴线乃是历史的两重性，即历史的合目的性（Zweckmässigkeit）与历史的合规律性（Regelmässigkeit）。就其当然（Sollen）而论，历史就是朝着一个目的在前进的，所以它不是盲目的；就其实然（Sein）而论，历史就是按照规律而开展的，所以它不是偶然的。目的的王国和必然的王国最后如何当然地而又实然地统一起来，而且统一于普遍的理性，这就是康德的历史哲学所要解决的中心问题。

康德对这个问题的答案就是他所精心规划的自然目的论。这一理论在1784年的历史哲学论文中已经尝试着提出，而在他六年之后的第三批判（特别是第二部，第83~84节）中则作了详尽的发挥。这一理论代表着康德晚年企图解释本体世界（noumena）和现象世界（phenomena）、当然（自由）与实然（必然）的努力。自然界的目的，在康德看来，正如传统形而上学的命题一样，是既不能由经验（和科学）加以证实，也不能加以证伪的东西；然而它对于我们却是不可或缺的东西。因为除非有这样一种目的论，否则我们就无由理解自然以及作为自然之一个部分的历史。成其为历史哲学家（或哲学的历史家，即站在哲学高度上的历史家）的探讨对象的，就正是这一自然的目的或自然的计划。

康德使用的自然或大自然一词和天意是等值的，所谓"自然的计划"亦即"上帝（或神明）的立法"。大自然所赋给人类的全部理性潜力是终将会充分地发挥出来的——尽管不是表现在个人的身上（因为个人的生命毕竟是太短促了），但却表现在人类整个物种上。就个人的一生经历而言，他那历史就是一笔毫无意义的偶然事件的糊涂账；但放眼人类的全体（即整个物种），则历史就呈现为一幕由理性的智慧所引导的、朝着一个由理性的智慧所规定的鹄的而前进的历程。假如历史就只不过是表面看上去的那样一堆混沌，那就没有自然的计划（天意）可言了。但当我们的道德生活不可避免地要信仰天意时[1]，历史在两重意义上就是有道理（理性）可籀绎的，即（一）它是根据一个合理的而又可以被人理解的计划而展开的，（二）它又是朝着一个为理性（道德）所裁可的目标而前进的。前者属于自然规律，后者属于道德规律。康德的工作是要把这两者统一于历史的理性。

大自然的终极目的是人，自然界的一切都环绕着人这个中心而构成一个目的的体系。大自然赋予人的外在目的是幸福，赋予人的内在目的是文化。[2] 唯有内在的目的才是人类历史的真正目标，而要达到这一目标的唯一办法就是在人与人之间建立一个法治的公民社会，从而保障每一个成员既充分发展自身的自由，又不对别人滥用自己的自由。[3] 人类的思想与行为（其表现即是历史）绝不仅仅消极地只是某个特定时代和环境的产物而已。人本身有其内在的价值，他不仅仅是工具，他本身就是目的。与神学的信条相反，目的的王国或自由的王国并非不在这个世界里[4]，而是就要在这个大地之上得到实现的。天意就体现在大自然之中，而不是在超乎自然之外的什么地方。历史哲学就是要寻找出大自然的这种智慧。[5]

四

《纯粹理性批判》是由提这个问题而开始的：科学知识如何可能？准此，则一部"历史理性批判"就应该由提这个问题而开始：历史知识如何可能？把康德的答案化为最简单的形式，或许可以这样回答：理性是自然界的立

---

① 《判断力批判》，第 87 节。
② 科学院：《康德全集》，第 8 卷，第 27 页。康德强调义务，但也并不否定幸福；其意若谓：你要有德，那么大抵上你就会幸福。
③ 《判断力批判》，第 83 节。
④ 《新约·约翰福音》，第 18 章，第 36 节："耶稣回答说：'我的天国不属于这个世界'。"
⑤ "智慧就是能在无数的问题之中，选择出其解决对于人类乃是至关重要的问题来。"（科学院：《康德全集》，第 2 卷，第 385 页。）

法者，同样它也是人类历史的立法者。"毫无疑义，我们一切的知识都从经验开始。"① 我们虽然不能知道具体经验的每一个细节，我们却可以知道可能经验的普遍形式。对自然界如此，对历史亦然。康德表示自己无意于撰写一部具体的历史，但他希望历史学家能从一种普遍的哲学出发来写人类的历史。康德所贡献的，只是一种"普遍的历史观念"。这里观念一词，原文 Idee 相当于英文中的 idea；但英文中的 idea 在德文中通常另有一个对应字，即 Vorstellung。康德使用此词更近于柏拉图"理念"的意义，即指历史的理想类型。例如他的《人类历史起源臆测》一文所撰写的是一部虚构的历史（臆测），但一切事实上的历史都不会背离这样一条标准的理想线索。观念在引导着、但不能代替具体的历史研究。

牛顿以为天意就体现在自然的计划和目的之中，我们只能根据"天意"这一观念来解释自然界的多样性：

> 我们之认知上帝，仅是由于他对于事物的最智慧而又最优越的设计及其最终的目的。……盲目的形而上学的必然性在任何时间、任何地点都是同一个样，它不能产生事物的多样性。凡是我们发见可以适用于不同的时间和地点的那些自然事物的分歧性，仅只可能出自对一个必然存在的上帝（Being）的观念和意志。②

康德把这一观念引申于历史，于是历史以其全部的复杂性就可以而且应该用一条天意（即大自然的计划）的观念贯穿起来而得到解释。但是这是一条先验的线索。正如他的纯粹理性批判并不对任何具体的知识作出（真、伪）判断，正如他的实践理性批判并不对任何具体的行为作出（善、恶）判断；他的历史理性批判亦然。历史乃是经验中的事实，康德要从其中抽出先验的——因而才可能是内在的、必然的和普遍有效的——原则；这就导致他按照牛顿的办法，把天意等同于最智慧、最合理的自然计划。

解决先天的认识能力与后天的经验事实两者之间的关系，就在于从先

---

① 《纯粹理性批判》序言。
② 牛顿，前引本，第 546 页。

天的纯形式入手。正由于历史哲学所考察的是一条先天的观念线索，所以成为研究对象的就不是历史上某个个人、个体、民族、国家或时代的动机或结果，而是普遍理性的必然结构，无论人们主观上意识到它们与否。这样，人类自由意志的现象（它的表现就是历史）就正如其他一切自然现象一样，也在服从普遍的自然律。在这一点上，康德和其他许多思想家不同，他既不追求逻辑的完整，也不探索任何历史事变的特殊原则，而只是要指示出与人们意志和愿望无关的先天形式。人类的理性能力是先天的，由它所推论出来的普遍的历史观念也是先天的。问题是：这样一幅先天的构图是不是符合人们经验中的历史事实？答案是：人类有史以来的全部记录还太短，还不足以表明历史整体的这一普遍观念；而这恰好也就是何以我们不能从以往的历史经验，而只能是从先天的逻辑来推论历史哲学的原因。并且历史作为一种经验的科学也还没有提供相反的现象，足以使我们否定这一假说而采取其他的假说。①

历史何以可能服从客观的自然律？这里康德就引用了他那特征的二重论证法，即世界（和人）既是本体又是现象，作为本体的人（homo noumenon），人的行为是受道德律（自由）支配的；而作为现象的人（homo phenomenon），则人的行为（即自由所表现的现象，即历史）是受自然律支配的。普通的历史著作仅仅考察现象，因而它们把人类的行为当作是服从自然律的自然现象来加以描叙；但真正的历史著作必须是哲学的历史，它必须阐明历史的全貌，亦即自然界的必然产物（自然人）如何转化为自然界的主人（世界公民），由必然王国怎样过渡到自由王国。因此就需要有历史哲学来从人的内在矛盾去写历史的本质，而不仅仅是从人的外在矛盾去写历史的现象。在这种意义上，人类的历史就是自由的历史，并且只有这样才能解说何以历史的行程并不以人的意愿而转移。康德心目中的历史理性或理性的历史，实质上不外是"普遍意识"（或"意识一般" Bewusstsein überhaupt）的开展过程。

---

① 可参看同上书，第 400 页。

康德历史哲学中一个最精粹的论点是：在上述这一开展过程之中，使得历史的进步之成为必要而且可能的，端有赖一个重要的契机，即人类"非社会的社会性"（ungesellige Geselligkeit）。[1] 世界是上帝的作品，所以它的历史是由善而开始；社会是人的作品，所以它的历史是由恶而开始[2]：

> 大自然的历史是由善而开始，因为它是上帝的创作；自由的历史则由恶而开始，因为它是人的创作。对个人来说，由于他运用自己的自由仅仅是着眼于自己一身，这样的一场变化（指由自然状态进入公民状态——引者）就是一种损失；对大自然来说，由于它对人类的目的是针对着全物种，这样的一种变化，就是一种收获。[3]

自由是康德实践理性的基础。一切事物都可以作为手段，唯有人只能是作为目的。作为手段的价值是外在的，作为目的的价值是内在的。道德的内涵就在于自由，这种内在价值的总和构成了一个目的王国。[4] 因而，一个理想的——而且也是历史发展的最高目的的——公民社会，就不再是一种权力统治的机构而是一种自由的公民社会，其中每一个人都是目的而不是工具或手段。但历史哲学和实践理性批判有所不同。实践理性批判只考虑当然；历史哲学则既考虑当然又考虑实然，既考察作为道德本体的人的自由，又考察作为自然现象的人的必然。人既是动物，又不仅是动物；他既服从自然法则同时又是自由的。问题是：这两者如何能成为一个统一体，并行而不悖？康德的答案是：人不只是自由的主体，因为同时他还须服从自然的规律，但他也不只是经验的客体，因为同时他还是自由意志

---

① 科学院：《康德全集》，第 8 卷，第 20 页。

② 这一思想无疑地脱胎于卢梭，例如，卢梭《爱弥儿》："上帝创造的一切事物都是美好的，人干预了它们，它们就变邪恶了。"（伦敦，《人人丛书》，第 5 页）但他比卢梭升高了一个级次。卢梭的自然与人对立带有形而上学的意味，康德则以为人是自由的，所以他可以既为善又为恶，而且在第一次运用自由的时候就会为恶；如果人的意志只能是为善，那就不成其为自由的了。恩格斯肯定过卢梭的辩证思想，在这一点上康德要比卢梭更进一步。

③ 科学院：《康德全集》，第 8 卷，第 116 页。可参看《旧约·创世纪》，第 1~3 章。

④ 可参看康德：《道德形而上学探本》，第 2 节。

的主人。因此之故，"人类的历史，在整体上就可以看作是大自然的一幕隐蔽的计划的实现"①。人由于自由就可以作恶，而每个人的恶却恰好成就了全体的善，这就成其为大自然的隐蔽的计划。这个理论本质上几乎就是亚当·斯密《国富论》的理论，只不过是 laissez-faire 的精神出之于历史哲学的形式。这一由善而恶而更高的善，或由自然状态而文明而完美的公民宪法的三部曲，就其性质而言，颇有类于《纯粹理性批判》的启发性原则（heuristisch Grundsatz），即它对于研究经验是有用的，但其本身却是无法加以证明（或否证）的。② 从现实历史的背景来说，这不过是启蒙时代理性信念的外烁，这就使康德把 18 世纪公民（市民）的理性所认为的是当然的，认同于现在的实然或未来的必然。于是人类的美好，归根到底便都是理性的产物。如果仅凭体力与造化争一日之短长，那么人类就远远比不上其他物种。但正是由于有了理性和自由，人类就有了高贵和尊严，历史就有了进步。历来契约论者所难于解答的问题是：人性何以不能满足于自然状态而非进入公民状态不可？卢梭对这个问题的答案是含糊其辞的。③康德则提出了更明确的答案：人性中的善与恶表现为一幕理性的辩证，恰好是人性中的恶乃是把人类从自然状态推入公民状态的动力。这个被称之为"非社会的社会性"的，其涵义是说：大自然利用了人性的自私来完成大自然本身的目的，亦即人的社会的充分发展。有人据此认为康德的历史观是悲观主义的，认为他更近于伏尔泰的观点而非莱布尼兹信仰一切都是尽美尽善的观点④，这种看法忽视了一个事实，即康德的历史哲学乃是他批判理性的系论。

---

① 科学院：《康德全集》，第 8 卷，第 27 页。
② 可参看《纯粹理性批判》，《先验辩证篇·附录》。
③ 可参看卢梭：《社会契约论》，第 1 卷，第 6 章。
④ 可参看伏尔泰：《冈第特，一名乐观主义》，纽约，Boni & Liverigh，1918 年，第 53 页。又，第 1~5 页。按，莱布尼兹的这一观点即黑格尔《历史哲学》中神正论（theodicy）的来源。

五

在康德看来，大自然赋给人以理性，其目的是为了自由的自我实现。一部世界历史就是人类自由的发展史——这就是大自然的计划。（这一点大大影响了黑格尔。）人之异于禽兽，乃是由于人类自身的自由的发展——包括理性第一次运用自由时，就要犯错误（即恶之起源）——之不可避免地所要产生的对抗性，而在逐步实现大自然的计划的。人间的争执与不和，乃是历史发展的动力；恰好是人性的恶德，促成了人性的美好的发展，历史就是一幕人性的自我分裂和二律背反：一方面是人的社会性，一方面是人的非社会性。二者的斗争与统一就成其为历史，大自然的必然性就这样通过自由的历史而体现。

历史的意义既然在于发展人类全部的禀赋使之臻于尽美尽善，所以就要求人类必定要建立一个基于政治正义和法制之上的普遍公民社会，以及根据同样理由在国与国的层次上也相应地建立国际的永久和平。这就是人类历史的中心任务；理解历史的这一目的，乃是对历史获得哲学理解的钥匙。在他晚年的压卷之作《重提一个老问题：人类是不断在进步吗？》中，康德再一次提出：

> 一部先天的历史何以可能？答案是：只要预测者（指历史学家对未来历史的预测——引者）本人事先就在创造并规划他所宣告的事件。[1]

自由与必然，道德与自然就这样构成为一个对立面的统一体。自然界的客观规律不仅不排斥，而且正是要包括主体的自由意志在内；历史舞台之前的观赏者，必须同时也是同一个舞台上的演出者。观赏者静观自然的演出过程，演出者则参与自由的创造事业。

霍布斯认为，每个人对所有人的战争乃是迫使人们建立国家的原因，

---

[1] 科学院：《康德全集》，第 8 卷，第 79~80 页。

康德亦然。霍布斯又认为人与人之间的普遍战争必然要在国与国的层次上重演，康德亦然。但这种状态会造成如此之大的痛苦（其中最大的是战争），它终将迫使人们进入公民状态（建立国家）。"同样地，由于国与国互相毁灭或压制对方的不断战争而引起的灾难也终于——甚至违反他们的意愿——必定要把他们带入一种普遍的或世界公民的宪法（体制）。"[1] 这个进程甚至于是违反他们的意愿的，因为自由从其第一次开始运用，就要犯错误；但是又正因为错误是违反自由的，所以它就终将被自由所制止。于是自由就有可能，而且必然会和理性一致。卢梭以为要为一个共和国立法是那么的困难，简直需要他们的成员都是一群天使而后可。[2] 康德针对着这一点提出了相反的见解，他宣称：建立一个共和国并不需要一群天使而后可，即使是一群魔鬼也照样可以，只要他们有此智慧。[3] 人类历史有其普遍的、必然的、不为天使而存、不为魔鬼而亡的规律；之所以这样，并不是由于别的，而是由于理性自身固有的本性所使然。

每一场灾难都是人类为进步所付出的代价，这在当时是颇为新颖的见解。但和某些论者以此来辩护人间灾难之不可避免性的不同，康德的立足点是要强调人类自觉走向文明和和平的努力。对于理性有解放人类自身的能力的信仰，是始终贯穿着他的全部理论的。没有一部完美的公民宪法，自由就无从实现——这一点本身就保证了自利本身可以驱使人类不断前进，这一点也就是何以"人心（我相信任何一种有理性的生物）都必然会对道德天然感到兴趣的"[4] 原因。个人自利与社会幸福终将必然地而又自然地归于一致。自由之能创造精神文明，正有如它之能创造物质财富。这样，它就成为18世纪启蒙运动的理性崇拜的一纸哲学宣言书，正有如卢梭在政治上之宣言主权在民或亚当·斯密在经济上之宣言自由放任。它是一篇时代的宣言，正不亚于它是哲学家本人的理论总结。尤其是，他强调一部

---

① 　科学院：《康德全集》，第8卷，第79~80页。

② 　参看卢梭：《社会契约论》，第2卷，第2章。

③ 　参看科学院：《康德全集》，第8卷，第336页。

④ 　《纯粹理性批判》，《先验方法论》，第2部，第3节。

真正的公民宪法必然是共和制的，因为任何专制主义都是和自由不相容的。任何以统治者的仁慈为基础的家长政治，必将破坏一切自由。[①] 唯有真正的共和政体才能保证对内的（从而也就是对外的）和平。[②] 国家是自由公民的共同体；一个基于自由与平等的共和国，就包含着永久和平的前景。归根到底，理性（包括实践理性，即自由）乃是人类历史进步的保障。康德是透过一层哲学概念的幕幔在论证着 18 世纪的时代课题，亦即召唤着一个近代的自由平等的共和国的来临。（同时，它也就批判了当时流行的开明专制的理想。）在法国是采取了政治批判的形式的，在德国却仅仅出之以理性自我批判的形式而停留在观念的领域；——从这个角度来剖析康德的历史哲学，有助于使我们把他所抽空于历史条件的，再还诸历史条件。

六

　　康德这一"普遍的历史观念"也曾招致后世的一再诘难。布克哈特指责他说："我们并不与闻永恒智慧的秘密，也不知道它的目的。这些关于有一幕普遍计划的大胆预测引向了错误，因为它们是从错误的前提出发的。"[③] 克罗齐则指责："康德既没有感受到历史，也不懂得历史。"[④] 民族主义的历史学家攻击他，说他的历史观念是非历史的；标榜科学方法的逻辑实证论者则讥之为"神坛的哲学"。[⑤] 新康德主义往往显得对康德的历史观无力做出历史的批判，所有批评康德历史哲学的人，都有其一定的道理，但大概是不会使康德心折的，假如我们能起康德于地下与之对质的话。康德本人

---

① 康德：《论这在理论上是可能的，但在实践上是行不通的这一说法》。科学院：《康德全集》，第 8 卷，第 290~291 页。
② 按，这个论点由斯宾诺莎开其端，而康德则加以进一步的发挥。见斯宾诺莎：《神学政治论》，第 2 卷，第 18 章。
③ 布克哈特：《世界史论》，伯尔尼，1941 年，第 44 页。
④ 克罗齐：《历史学的理论和实践》，纽约，1923 年，第 84 页。
⑤ 波普尔：《开放的社会及其敌人》，伦敦，1963 年，第 2 卷，第 212 页。

宣称:"我们的时代是批判的时代,一切都应该服从于批判。"① 康德的历史
哲学是批判的历史哲学,我们也必须对批判的历史哲学做到批判(康德意
义上的"批判",并非今天的意义),才能是公正的。

　　康德中年以后一直在反对传统的形而上学,他的天意也和传统意义上
的不同,天意乃是被他等同于理性和大自然的。大自然即理性,亦即天意。
因此,历史就不是一种神圣的指令的体现,而是一幕理性的自我发展过程。
客观规律、自由意志和理性是一个三位一体。一部普遍的历史,其重心就
在于人的自由或自由的人,"人是创造世界的最终目的。"② 这个目的就是天
意。于是,这就在天意的形式之下,表达了某种新时代的新内容,即要求
人的尊严(即启蒙时代的理性的化身)。康德出身于虔诚教派(Pietismus),
继承了新教尊崇个人与个性的传统,又吸收了"人生而自由"的时代命
题,他的历史哲学富有与封建的权威原理和等级制度相对抗的时代意义。
因此,不仅每一部公民宪法都应该是共和制的,而且"政府的体制要符合
权利的观念,它就必须包括代议制。因为唯有在代议制的体制之下,一个
真正共和制的政府体制才是可能的;否则无论其宪法如何,它总归是专制
和暴政"③。这是近代的批判精神,是隐藏在他先验的历史哲学背后的物质
动机。它以抽象的概念表达了法国革命的原则,即(一)自然权利的观念,
(二)理性的(即非宗教的)千年福王国的观念,(三)自由平等的世界公
民的观念。故黑格尔把启蒙哲学家"想建立理性和永恒正义的王国"④ 的理
论特点归结为"思维着的悟性成了衡量一切的唯一尺度"⑤。

　　康德认为,大自然所要求于人类的,恰好是大自然本身所不能现成地
提供给人类的东西;大自然只赋给人以理性(包括自由),然后便由人的理
性去完成大自然本身所不能自行成就的东西。(也就是说,它非经过人类
的自由意志的努力不可。)这一论点不失为一种严肃认真而又极富启发性

---

① 《纯粹理性批判》,第一版序言。
② 《判断力批判》,第 84 节。
③ 科学院:《康德全集》,第 8 卷,第 349 页。
④ 《马克思恩格斯选集》,北京,人民出版社,1972 年,第 3 卷,第 58 页。
⑤ 《马克思恩格斯选集》,第 3 卷,第 56 页。

的努力，即要解决历来历史哲学中最棘手的一个核心问题。客观的必然规律怎样能符合先验的逻辑推导，使之若合符契。自由和必然之间表面看来总是有矛盾：人要求和谐，自然却注定了不和；人类希图安逸，自然却使他们艰辛困苦。然而又只有这样，人类才可以提高自己、超越自己，由低级走入高级阶段。启蒙思想家不同于传统的护教论者，他们不再相信人性的堕落，而是相信人性的进步，不再相信人类是由天国沦落的，而是相信人类能够、并且正在建立地上的天城。康德反对原罪说，但又不能不承认、并且不能不解说人性中所不能不具有的某种先天的恶。这个解决办法就是诉之于先验的逻辑：他要把18世纪的自然人、经济人和道德人捏合成一体，抽空历史发展的现实物质基础，把历史发展推源于一条先验的原则，那就是人之所以有历史，其目的就在于要充分实现人（有理性的生物）之所以为人。历史就表现为一幕精神的自我实现①，但同时它也表现为一幕物质进步的历史。自由和必然是携手并进的。

　　人性是一个矛盾统一体，既有联合起来共同生活的倾向，又有彼此相对抗的倾向。权力欲、财富欲等等都属于非社会性，但这些非社会性本身又恰好成其为社会性（人道的美好）的根源，这就叫作"非社会的社会性"。并非一个政治社会（国家）就足以实现人道的理想（例如，在一个专制政权之下，就不可能）。这个理想的实现不仅有待于由自然状态步入文明社会，而且还有待于这个社会必须"结合最大可能的自由"，其中"每一个人的自由都和别人的自由共存"。②道德和理性的合目的性与自然界的合规律性二者相一致，——这就是天意之所在，这本身就是天意；因此他的另一篇历史哲学名文的结论就是：我们应该满足于天意。③这种天意并不是通常人们所说的天命。

---

① 　可参看弥尔顿:《失乐园》，第1卷。又，黑格尔:《历史哲学》，纽约，Colonial，1900年，第457页。
② 　科学院:《康德全集》，第8卷，第28页。
③ 　康德:《人类历史起源臆测》，《康德全集》，第8卷，第123页。

七

　　按康德批判哲学的说法，在我们认识之前，我们须首先批判自己的认识能力。这一点是不是也应该适用于历史哲学呢？在我们论证历史的规律之前，是不是也应该首先批判我们对历史的认识能力呢？（这个工作大抵上就是今天的分析的历史哲学所做的工作。）康德本人做过这项按他的认识理论应该是必不可少的前提工作吗？如果普遍的历史观念并不是从史实之中归纳出来的，而是像康德那样从先验的观念之中推导出来的，那岂不是把每后一个阶段的历史都弄得变成了前一阶段的历史的目的了吗？ [①] 康德本人对此做了如下的辩解，即在这里我们只能引用目的论，目的论是我们非引用不可的东西。但是这一说法大概是不会被任何非康德派的学者所首肯的。批判哲学为什么恰好遗漏了对自己历史哲学立论根据的批判呢？

　　历史学家的反对意见是最显而易见的。他们会说，历史学是经验科学，正如任何经验科学一样，历史的规律并不能先验地游离于历史事实之外。对此，我们也很容易设想康德的答辩：就历史学的客体是作为自然现象的历史事实而论，它就是一门经验科学；然而就历史的主体乃是自由意志的自由行动（因而是道德行动）时，它就得服从超验的准则了。问题完全在于我们同不同意世界的这一两重性。任何推论最后总是要从一个不可再究诘的前提出发的（像欧几里得几何学的公理那样）。他仿佛是在说，这就走到了探索的最后一步，你只能同意这一点。也许可以换一种比喻的说法：有人认为思想是决定一切的，也有人认为物质条件是决定一切的；这是我们可能争论的最后一步，再进一步的争论就没有可能进行了。在康德，则思想和物质、自由和必然、目的和规律的双重性这一点，就有如欧几里得几何学中的公理。假如你不承认，那么你想要提出的任何其他公理来取而代之，也会是同样无法证明的。"这种历史哲学理论的最大长处"——用马克思的话来说——"在于它是超历史的"。 [②] 唯其是超历史的历史哲学，

---

① 参看《马克思恩格斯全集》，北京，人民出版社，1956年，第 3 卷，第 51 页。
② 《马克思恩格斯书信选集》，北京，人民出版社，1962 年，第 347 页。

所以它就不受历史的检验。（何况历史还短暂得远远够不上去检验它。）哲学（包括历史哲学）所能告诉我们的只是先验的形式；既是先验的，所以经验就不能、也不会违反它。康德还对此写过一篇历史哲学的示范，即他的《人类历史起源臆测》，其中阐明了经验的史实怎样不但不违反，而且还完全符合于先验的推论。

与此相关的还有另两个理论问题，康德虽曾力图加以辩护，却仍然并非是无懈可击。历史作为理性的觉醒或自由的扩大的过程，何以一定要采取历史上所充满了的，而且为康德本人所深深察觉到的那么多的罪恶的形式，并使人类要付出如此之沉重的巨大代价？假如说，历史上的一切非社会性都不是"徒劳无功"的，它们都不可或缺地成就了社会性，那么究竟历史上又有什么才算是"徒劳无功"的呢？假如历史上并没有任何东西是徒劳无功的，那么"徒劳无功"这个概念本身不就是徒劳无功的了吗？其次，假如历史哲学确乎是（像康德所断言的）先验的，那么即使是不曾存在过如此这般的全部经验中的历史事实，它也应该照样可以成立；换句话说，它也就是和我们所经验的如此这般的历史事实是全然没有任何关系和联系的了。这岂不成了维特根斯坦所说的：先天逻辑是重言式，因为逻辑就是先天的。[①] 康德所深信不疑的（即，先验的历史哲学必然不会不符合经验的历史事实），大概恰好正是经验的历史学家所深疑而不信的。康德之深信不疑的根据完全是、并且仅仅是他对于观念的信仰，他相信他已经充足地论证了何以经验的历史是必定要符合这个先验观念的。也许，任何理论都需以某种未经证明（也不需要或不可能证明）的假设为基础。普遍的历史观念就是康德历史哲学的基础。有没有不会不符合具体的经验事实的先天普遍的准则呢？逻辑学是有的，数学是有的；但历史哲学也有吗？道德意志是自由的，但它所发之为行动因而成其为自然现象的，却仍然不会不符合自然律，——这就是康德的答案。无论如何，我们应该承认，他对这个永恒的问题提出了一种逻辑上不失其为可以自圆其说的理论。而且

---

① 参看维特根斯坦：《逻辑哲学论》，伦敦，1922 年，第 124 页和第 154 页以下。

无论如何，他的这一先验的普遍历史观念的着眼点，就使他避免了我们在赫德尔和黑格尔那里所常常会遇到的那种史实与理论之间的抵牾或扦格不通。

　　作为普遍的历史观念，这种历史哲学当然就不可能、也不需要充分解说人类历史的全部繁杂性和多样性。康德自己有过一个寓言说：飞鸟在空气之中飞翔，总觉得自己不如意，它总想能摆脱空气的阻力而飞翔；康德自己也仿佛总想要摆脱一切后天的史实，而专从先验的原则立论。于是"整个历史过程被看成是'人'的自我异化过程"①；这种历史哲学属于马克思所说的"从天上降到地上"的那类理论，也就是"从只存在于口头上所说的、思考出来的、想象出来的、设想出来的人出发，去理解真正的人"。正因为如此，所以它就更多地而且更为成功地构成了他那思辨理论体系的一个部分，却更少地、更不成功地构成为历史研究的一个指南。有人试图以莱布尼兹论"事实的真理"和"推理的真理"（前者以事实来验证，后者则以逻辑来验证）②的区别来回护康德的历史哲学；但这似乎并不符合康德原意，因为康德明确指出了历史哲学就一举包括了这两重真理在内。目的论的原则是在统御着自然界和人类的历史的。普遍的历史观点既然是只有在一个如此这般的（即康德所设想的）理想社会里才有可能实现，所以一个如此这般的理想社会就必定是历史的目的。康德是反对形而上学的，目的论是不是也可以看作是一种形而上学的赘疣呢？至少，人们的历史知识事实上并不一定需要有任何目的论的前提，并且也未必能从其中得出任何目的论的结论。

　　另外就规律性而言，不同层次的自然规律也不应该混为一谈。物理学的规律不能现成地径直引用于解释生命现象（虽然生物现象也要服从物理规律），生物学的规律不能现成地径直引用于解释历史现象（虽然历史现象也要服从生物规律）。假如康德的历史哲学蕴含着——像他看来的那样——

① 《马克思恩格斯全集》，第 3 卷，第 77 页。
② 参看莱布尼兹：《单子论》，牛津，1898 年，第 235~236 页。又，莱布尼兹：《人类悟性新论》，巴黎，Flammarion，第 310 页。

要把自然界的统一当作是可以通过先天逻辑的操作而最后抽出一套对各个层次的自然现象都普遍有效的同一的自然规律来（如"大自然决不作徒劳无功的事"），那就违反了他自己有关自然界的繁复性（Mannigfaltigkeit）的论点了；因为自然界的统一性就寓于它的繁复性之中，而不是在其外或者其上。

八

自文艺复兴以来就开始了一种新的、近代的思想传统，即人的自觉；这种自觉在启蒙运动时代的康德的身上达到了一个高峰。开普勒和牛顿发现了自然界的引力定律，马基雅维里发见了国家的引力定律。[1] 康德的历史哲学则把人类历史和自然界打成一片。它一方面既是反对中世纪那种以精神和物质、人与自然、灵与肉相对立的观点，另一方面又以自然界和人类历史是在不断演化进步的观点，突破了宗教神学所宣扬的僵硬不变的自然秩序和人世秩序。从 1749 年的自然演化哲学到 1784 年的人类历史哲学，都在把自然和人类看作是一个不断的发展过程，这堪称为人类思想史的最杰出的贡献之一。当然，目的论某种意义上也可以看作是以隐蔽的形式保存下来的中世纪经院哲学的残余，但是康德所探索的世界存在的目的，显然已不再是中世纪的等级制而是近代的公民社会。[2] 而通往它的道路，则需要在理论上调和客体的自然规律和主体的思维理性，亦即目的王国与历史内在必然性的统一。

18 世纪历史哲学的内涵，和后世的（特别是 20 世纪的）有着很大的不同。启蒙运动的代表们真诚地相信历史发展是有客观的规律可循的，而且那确实就通向地上的天城。费希特和谢林都是从康德的基本问题出发，即人的意志是自由的，但它所体现的人类历史又仍然是有规律的、有目的

---

[1]　参看《马克思恩格斯全集》，第 1 卷，第 128 页。

[2]　关于马克思、恩格斯对康德历史哲学的批判，可参看《马克思恩格斯全集》，第 3 卷，第 212 页；《费尔巴哈与德国古典哲学的终结》，北京，1960 年，第 36 页。

的；并且都得到相似的答案。赫德尔与康德不同，而且对康德写的评论他的历史哲学的文章曾大为恼火，但他也认为历史的发展既符合必然的规律又符合当然的目的，其基本倾向仍是和康德一脉相通的。康德在 1784 年曾专门指出，后人对前人的历史所感兴趣的，仅仅是与其自身有关的那部分，亦即世界公民观点之下的善和恶。五年之后，席勒在其历史哲学的论文《什么是普遍历史，为什么要研究普遍历史》中提出："一切以前的世纪都曾不自觉并且无目的地在努力要实现我们这个人道的世纪。我们具有人类全部悠久的生命中天才与勤奋、理性与经验所积累的财富。"① 他就以这样的康德式的命题作为人类历史的中轴线。

19 世纪的历史哲学则对 18 世纪的历史哲学作了一次大否定。② 虽然其间也有某些历史学家，如美国的班克罗夫特和德国的蒙森等人，在祖述康德普遍历史的观念的精神，但大体上占统治地位的却是两种思潮，一种是反唯心主义（或理想主义）的实证主义思潮，一种是新康德学派。这个学派打着返于康德的旗帜，却强调历史的个体性和特殊性，从而否定了（康德所承认并强调的）历史的客观规律及其可知性。20 世纪讲历史本体论的思辨历史哲学把历史看作是无目的的，而讲历史认识论的分析历史哲学则又把历史看作是无规律的；在根本上都和康德那种启蒙运动的历史哲学背道而驰。启蒙运动的思想家们还没有沾染上后世那种狭隘的沙文主义的偏见，他们乃是反对封建等级特权制的世界公民。

---

① 《席勒全集》，第 7 卷，斯图加特，1813 年，第 30~31 页。

② 黑格尔《历史哲学》，在时间上属于 19 世纪初，但在思路上应属德国古典哲学传统，而非 19 世纪盛极一时的实证主义思潮。黑格尔认为自由（通过主客体斗争）的自我实现过程，也就是必然的过程，即"普遍历史就表示精神的自由意识的发展以及这种自由随之而实现的发展"（《历史哲学》，第 63 页），以后哲学的历史不应该以个人为对象而应该放眼整个人类；这些论点都显然上承康德。两人同样认为，没有国家，自由即无从实现。康德的理论以卢梭的自由原则为基础，黑格尔的理论则以康德的为基础。黑格尔国家理论的格式是：（一）"普遍历史表现了一个原则的发展历程"（同上书，第 56 页）；（二）"国家所需要的是根据公意而行动并采纳公共目的的实践"（黑格尔：《历史的理性》，G.Lasson 编，莱比锡，1920 年，第 92 页）；（三）"我们承认国家就是道德的全体与自由的实现，因而也就是这两个因素的客观统一"（《历史哲学》，第 48 页）。这一理论与康德的，本质上并无二致。最后，两人又都把历史的目的归结为天意。

康德哲学在 20 世纪初经过梁启超、王国维、蔡元培几位大师的介绍，曾在中国有过一定影响，此后 90 年来中国对康德的研究时断时续，不绝如缕。其间研究康德历史哲学的，就我所知，有过陈掖神、浦薛凤、李泽厚诸家。陈文《康德之历史哲学》载《学艺》第六卷第五期，浦文《康德之历史哲学》载《东方杂志》第三十三卷第一期，后经改写编入《近代西方政治思潮》一书，李泽厚写有有关康德历史哲学的专章，编入他的《批判哲学的批判》第九章。浦、李两书均为有功力、有见识的著作，非一般拾人牙慧者可比，足觇我国当代学术研究的水平。关于当代西方对康德历史哲学的研究，拟于另文再作评价。

每个时代的理论思维确实都是历史的产物；然而同样有理由可以说，每一幕重大的历史事迹也都是那个时代的理论思维的产物。如果没有启蒙时代思想家们的那些理论，也许就不会有启蒙运动和法国大革命。启蒙时代的理论的思维文献——康德的历史理性批评就是其中最有代表性的著作之一——既是新的历史时代的产物，同时也在创造着一个新的历史时代。这才使我们在两百年后重新读它时，仍然强烈地感到其中的精神和理想是那么的虎虎有生气。

原载《史学理论丛书》编辑部编《八十年代的西方史学》
（北京，中国社会科学出版社，1990 年）

"普遍的历史观念"是怎样成为可能的？
——重评康德的历史哲学

一

　　康德的历史哲学论文——卡西勒认为是构成康德的第四批判即"历史理性批判"——可以看作是他第三批判（1790 年《判断力批判》）的理论在历史上的引申和应用，同时也是对他第二批判（1788 年《实践理性批判》）以及《道德形而上学探本》提供了重要的诠释和解说。

　　康德在他发表《世界公民观点之下的普遍历史观念》的同一年，即1784 年，还写了一篇《什么是启蒙》，刊载在同一个杂志《柏林月刊》（当时启蒙运动的一份主要理论刊物）上。康德的历史哲学乃是当时启蒙运动这一强大的时代思潮的产物。启蒙运动的巨大的历史功绩和影响无待多说，但是同时它也带有一种严重的思想缺陷，即过分天真地相信理性的万能。理性就是光明，启蒙运动 Aufklärung 或 les lumières 或 the Enlightenment 均系照亮或光明之意（亦即 19、20 世纪之交中国知识分子的口头禅："开民智"）。故而启蒙运动的时代，就恰当地被称之为"理性的时代"。启蒙运动的代表人物们天真地相信，真理只有一个或一种，它是明摆在那里的，只要人们能发挥理性的光芒，就不难把握住唯一的真理。这种启蒙运动的真理观，最为典型地表现在它对待当时被认为是绝对唯一的真理牛顿古典体系的态度上。英国诗人蒲伯赞颂牛顿说："大自然和它的规律本来隐蔽在黑暗里，上帝说，让牛顿出世吧，于是一切便都呈现为光明。"[①] 法国分析学派的大

---

① 蒲伯:《诗集》，伦敦，《人人丛书》，1932 年，第 122 页。

师拉格兰治则称扬牛顿的业绩说：只有一个宇宙；作为这个宇宙的阐明者，全世界历史上只能有一个人（即牛顿）。① 康德的认识论系以牛顿的世界构图为其对象，当时没有人曾梦想过还可能有别的真理。理性只能有一种思维方式，真理只能有一个，而人类历史的发展也只能有一条途径，那就是通过理性的觉醒而获得光明。

康德历史哲学的出发点，也就是牛顿自然哲学的出发点。牛顿总结出自然哲学推论的第一条准则是："大自然决不做徒劳无功的事，当更少的一些就够用的时候，更多的一些就是徒劳无功的了；因为大自然喜欢简捷性而并不炫耀各种多余的原因。"② 康德总结出人类历史哲学的第一条准则正是："一个被创造物（人）的全部自然禀赋，是注定了要充分地并且合目的地发展出来的"③，因为"大自然决不做徒劳无功的事，她使用各种手段以达到自己的目的是决不浪费的"③。在这里，康德的思路，甚至所使用的字句都和牛顿相同。把这条宇宙的大经大法应用于人类历史时，康德便理所当然地得出了他如下的历史哲学的基本论点，即"我们可以把人类历史的整体看作是大自然的一幕隐蔽的计划的实现"（卷8，第27页）。由此出发，康德便推导出来了他全部的历史哲学。然而，这一幕"大自然的隐蔽的计划"又是什么呢？

有如牛顿教给了康德以自然界的大经大法，卢梭就教给了康德以人类世界的大经大法，那就是：自由就在于自律，人性中的天然愿望和社会是相矛盾的，只要自由地运用理性就必然要犯错误，个人的意志是自由的而整个社会进程则是有规律的，人类必须脱离自然状态组成公民社会才能使自己真正得到发展，并且这一点又只有通过人类自身的努力才能够做到。康德晚年（1795年，71岁）的《永久和平论》第一项正式条款的第一段

---

① 参见 T.B.Cohen：《新物理学的诞生》，纽约，Doubleday，1960年，第189页。
② 牛顿：《自然哲学之数学原理》，柏克莱，加州大学版，1934年，第398页。（按，郑太朴中文旧译本，此处有误。）
③ 《康德全集》，柏林，科学院版，1912—1935年，第8卷，第18、19页。以下凡引此书，只注卷次、页码。

即完全祖述卢梭的理论：

> 从一个民族全部合法的立法所必须依据的原始契约的观念而得出的唯一体制就是共和制。这首先是根据一个社会的成员（作为人）的自由原则，其次是根据所有的人（作为臣民）对于唯一共同的立法的依赖原则，第三是根据他们（作为公民）之间的平等法则而奠定的。因此它本身就权利而论，便是构成为各种公民宪法的原始基础的体制。（卷6，第350页）

康德历史哲学在一定意义上可以说是卢梭的理论在历史学上的深化与发扬。人们生活在自然世界之中，却始终习焉而不察，要一直等到出现了开普勒和牛顿，才揭示出来自然界的大经大法；同样地，人类生活于历史世界之中，却唯有等待到历史学中的开普勒和牛顿出来，才能识破那幕大自然的隐蔽的计划的目的和作用、意义和归宿。在大自然（或天意）所规划的历史行程之中，个人的非社会性与整体的社会性、自由意志和必然规律、善和恶、人和自然、合目的性与合规律性（Regelmässigkeit），归根到底是统一的、一致的（参见卷6，第327~329页）。

二

康德历史哲学中的一个关键性的术语是"观念"（Idee）。此词在字源上即出自柏拉图的"观念"或"理念"，但其涵义经过康德的改铸，已非柏拉图的原意。此词的英译应作大写的 Idea 而有别于小写的 idea；idea 相当于德文中的 Vorstellung 而非 Idee。康德的界说是：

> 我们这里是在和理性本身所创造的"观念"打交道，它那对象（如果有的话）是完全在我们的视野之外的；尽管这些观念是超越我们的思辨的认识的，然而它们却并不因此就应该被认为在各个方面都是空洞的。（卷6，第332页）

这就是说，它们在经验中是不存在的，它们也不是形而上学的存在；然而它们却不是任意假设的，而是非如此不可的。我们研究历史，只能是（而不能不是）在某些观念的引导之下进行；没有这些观念的引导，历史学就是盲目的，因此这些观念乃是历史学所不可或缺的，尽管它们在经验中无法加以证实或否证。它们并不是自然规律，而是目的论上的必要前提。没有这些目的论上的必要前提或观念——有如康德本文中所总结的九条论纲那样——我们便无从理解一部"普遍的历史"。[①] 洛克以前曾有"内在的观念"的说法，假如把这里的"观念"也称之为"内在的观念"的话，它们却绝非洛克以前那种意义上的先天的、为人心所固有的知识。

1787 年，即法国大革命之前两年，康德在为《纯粹理性批判》第二版所写的序言中就论及，观念是没有任何实际经验中的对象或现象能够完全与之相符的（他引了"共和国"这一观念为例），观念乃是理想，理想是永远也不可能十全十美地实现的，但理想却又是不可须臾离弃的。没有理想，就只会剩下来一堆僵死的自然残骸或废墟。康德历史哲学中的"自然"乃是"大自然"，康德也用"天意"一词来表示；大自然和天意，两者是同义语。观念并非得自经验，所以科学实证对于观念就是无能为力的；然而它又是我们理性所颁布的规范性的或调节性的（regulative，与 constructive 相对而言）原则，没有它我们的经验就无从获得秩序性和统一性，而一切事物（包括历史）就会成为无法理解的了。就此而言，则观念——它在历史理解中乃是具有头等重要地位的前提假设——就不是、也不可能是从历史事实之中所总结出来的原则或结论。

于是，这里很自然地就会出现一个问题：观念对于我们的历史经验又怎么可能有效呢？更具体地说，康德怎么能够论证他的历史哲学或他的"普遍的历史观念"是有效的呢？康德于此似乎有两条答案。在《论优美感和崇高感》一文中，康德曾谈到过不少的具体历史问题，曾谈到各民族的特

---

① "普遍的历史"原文为 allgemeine Geschichte，即英文之 universal history，法文之 histoire universclle，字面上亦可译作"通史"，但涵义有所不同，它指的是把人类的全部历史看作一个整体。

征（可能是受了赫德尔的影响），谈到爱情和女性美（显然是受了卢梭的影响）等等，可见他并非是要抹杀历史事实的[①]；不过观念之作为观念，则必须撇开一切具体的事例始能具有普遍的有效性。换一个说法，理论必须脱离实际（而不是结合实际），才能具有理论之成其为理论的普遍有效性。理论之所以成其为普遍有效，就正在于它并不结合于或拘束于任何一桩具体的实际。理论须先脱离实际，然后才能适用于实际。不脱离实际的理论，就不是理论了。其次，康德还明确地提到，全部的人类历史还太短，短得不足以得出普遍的结论来。但是根据观念来考察和理解普遍的历史，仍然"对于人类是有用的，并且对于人类的教育和进步是有益的"（卷8，第123页）。它使我们能看到人类历史的"过程并不是一场由好变坏的堕落，而是由坏变好的逐步发展过程；而大自然所赋给我们每一个人的天职，便是竭尽自己的所能，来对这场进步做出最大可能的贡献"（同上）。这里所揭示的并非是科学的结论，而是启蒙时代的信念，即孔多塞在他的历史哲学（《人类精神进步史表大纲》）中以具体的史实事例所宣扬的同样的信念；人类历史是不断通过理性的启蒙而在进步的。启蒙运动的代表人物们都是真正的"世界公民"（Weltbürger），他们还没有沾染上下一个世纪那种流行的狭隘的民族沙文主义的偏见。这种世界主义的精神（Kosmopolitanismus），乃是针对旧制度时代（ancien régime）世袭等级特权制及其所派生的愚昧和偏见而发出的抗议。康德历史哲学的工作只不过是要以普遍的历史观念来"论证大自然（或者不如说天意）"，从而使我们可以"对世界历史选择一个立足点"（卷8，第30页）而已。至于写出具体的历史著作来，则有待于专业的历史学家。

　　孔多塞的历史哲学所提供的只是一个"大纲"，而康德的历史哲学所提供的则只是"观念"。对于观念来说（以及对于产生观念的纯逻辑思维来说），史实或者经验数据是无法进行检验的。[②] 而且历史学也不能简单地归

---

① 卡西勒甚至谓在康德的《论优美感和崇高感》之中"我们对审美教养和社会交往的全部魅力感到一种美妙的欣赏"（见卡西勒：《卢梭、康德与歌德》，普林斯顿大学版，1970年，第41页）。

② 参看 Galston：《康德和历史问题》，载《历史与理论》1977年第2期，第201页。

结为科学，因为作为历史的主体的人，同时还是一个道德实体而非仅仅是一个自然实体。所以历史哲学就有其伦理学的一面，这是任何科学所没有的。康德在论实践理性时，十分意识到伦理实践是随着时代、社会、民族、集团等等之不同而不同的；因而就并不存在什么普遍有效的具体伦理教诫。故此真正普遍有效的伦理学，就必须抛开一切具体内容的考虑而专就其纯形式立论，亦即伦理学的准则就只能采取如下的形式："你的行为应该是这样，从而你可以同时使之成为普遍的规律。"① 如果把这一思路引入历史研究，那么普遍的历史观念就不仅仅是可能的，而且还是必要的了。我们观察历史，不仅仅要看到它作为自然现象（因而是在服从客观必然的自然律）的一面，还应该看到它作为意志本体（因而是在服从自由的道德律）的一面。就大自然的整体而论，一方面我们固然可以把它看作是纯粹自然因果的必然，而同时另一方面却又应该看作有其"有目的的在起作用的原因（absichtlichwirkenden Ursache）。"② 人类历史，作为大自然的一部分，也同样具有这一两重性，即本体和现象的统一。

三

人类自由意志所表现的行为，就成为历史。但是历史作为自然界的现象，则又"总是为普遍的自然律所决定的"（卷8，第17页）。我们考察历史的整体，就会发现它是一个合规律的进程。每个个人的行为（例如婚姻）是自由的，但是历史整体却仍然是有规律的（例如我们仍然可以精确地得出人类婚姻的自然规律）。然而自由（以及它的产物：道德）则是既不能由历史经验，也不能由纯粹理性加以证明或否证的。也就是说，自由是超越于历史的自然秩序之外的。人，作为历史的主人，一方面既是本体的人（homo noumenon），同时另一方面又是现象的人（homo phenomenon）。历史哲学的任务就是要解释：人怎么能既在服从自然机制的作用（这时候人

---

① 康德:《道德形而上学探本》，T.Fritzsch 编，莱比锡，P.Reclam 版，第 55 页。

② 康德:《判断力批判》，Karl Kehrbach 编，莱比锡，P.Reclam 版，第 327 页。

就是自然的奴仆），而同时又是文明的创造者（这时候他就是历史的主人）。换句话说，历史既不以人的意志为转移，但同时却又是人的意志行为的结果。人，作为历史的主人，乃是自由的；因为"人要能够在自由之中明智地使用自己的权力，就必须是自由的"（卷6，第188页）。自由在某种意义上犹如牛顿的最初推动力，仿佛上帝一旦给了人以自由，此后就是人类自己去运用自己的自由而不干上帝的事了。而又正是因此，所以人类走出自然状态而第一次运用自己的自由时，就要犯错误，就会是一场道德的堕落（康德征引了亚当吃禁果作为例子）。假如他注定了是绝不能或者绝不会犯错误的，那么他就无所谓自由了。于是我们就看到自然历史和人类历史之间的鲜明的对比："大自然的历史是由善而开始的，因为它是上帝的创造；而人类的历史则是由恶而开始的，因为它是〔自由〕人的创造。"（卷8，第115页）卢梭也曾提出："一切出乎造物主之手的，都是好的；一经人手，就变坏了。"[1] 不过此处康德虽然继承了卢梭，却又超越了卢梭而别有胜解，因为他指出了一部人类的历史并不完全是"一幕由善而恶的堕落过程"，而且同时更是"由坏向好的逐步发展过程"（卷8，第123页）。

　　用通俗的语言，也许可以这样解说：人对于历史也有两重性，即他既是理解历史的人，也是创造历史的人。作为理解历史的人，他就是一个旁观者；作为创造历史的人，他就是一个参与者。而我们要理解历史，就要求我们参与创造历史。只把历史当作单纯的现象，是无法真正理解历史的；真正理解历史同时就有赖于我们自身（作为历史现象的本体）投身于历史活动，也就是当我们的自由意志采取行动而表现出来的时候。历史（作为自然现象）的合规律性与历史（作为自由意志的表现）的合目的性，两者是一致的，或者说历史理性的二重性是统一的，缺一不可。归根到底，天意（主观的道德天职）和大自然（客观的必然规律）不但是并行不悖的而且是相辅相成的（卷6，第233页），是一而二、二而一的。

　　艺术品，作为艺术家的创造，是有其目的的；艺术家在其创造之中，

---

[1]　卢梭：《爱弥儿》，巴黎，Garnier版，第1页。

自始至终都贯穿着他的目的或意图。大自然（包括人类历史）作为神明（天意）的作品，也是有其目的的。如果我们仅仅从自然现象着眼，便完全无需考虑到天意的参与；但是如果从道德的实践着眼，则天意的参与这一观念（即目的论）就是完全必要的了（卷6，第370页）。自由与因果之间在历史上的二律背反，就是这样得到解决的；历史学就这样通过目的论而被纳入他的批判体系。作为历史的主人的人，就相当于自然世界的物自身（Ding an sich），而人所创造的历史现象则相当于自然世界中的物的观念（Vorstellung von Ding）。① 前者是"绝对的对象"，后者则是"观念中的对象"。② 因此，卡西勒评论康德的"这一伦理洞见是以存在与义务、自然与自由的二元论为基础的"；要了解历史的意义"康德就需要有一种对伦理公设（postulate）的抽象统一性"③；"这样，康德的历史哲学就预示了康德伦理学的原理，后者乃是前者的立足点及其充分的展开"④；在这里，唯一的出发点是自由人进行自由的抉择⑤，唯一的标准乃是道德律而非幸福、快乐、功利或其他任何东西。德行不要报酬，也不可能有报酬；德行是自足的，德行的完成其本身就是报酬而且是唯一的报酬。

　　崇德行于上位的观点（无论在实践理性中，还是在历史理性中），康德也得自卢梭。18世纪60年代初，康德阅读了卢梭的著作，遂有志于政治哲学和历史哲学。对于康德，卢梭"返于自然（nature）"的口号意味着不是别的，而只是返于真正的人性（nature）；康德从卢梭所学到的，就是尊重这种人性。所谓研究历史，也就是研究真正的人性。在这一根本之点上，两人是共同的。诗人弥尔顿所要论证的是上帝之道，卢梭所要论证的是大自然之道，康德则更进一步论证了大自然之道就是上帝之道或天意。

　　卢梭宣称："人是如此之高贵的一种生命，而不可能成为什么别的东西

---

① 参看康德：《纯粹理性批判》，B. Erdmann 编，汉堡，Voss 版，第400页。
② 《纯粹理性批判》，第456页。
③ 卡西勒：《康德的生平与思想》，新港，耶鲁大学版，1981年，第229页。
④ 《康德的生平与思想》，第217页。
⑤ 参看 Reiss 编：《康德政治著作选》，剑桥大学版，1971年，第25页。

的工具"，"为了什么别的东西的利益而伤害一个人的灵魂，这永远都是不对的"。①人自身有其内在固有的尊严，人自身就是目的，而不是达到其他某种目的的手段。这就正是康德的基本立场，他的全部的实践理性都可以归结到一点，即"人乃是目的王国的成员"，"由于其自身的本性，他本身就是目的"。②道德自由就是目的，所以我们对它的规定就只能是纯形式的，否则它就不是自由的了。同时，假如我们为它规定任何具体的目的，那就有理由认为凡是能达到此目的的任何手段都是正当的，于是就会流入只问目的、不择手段的地步。问题倒不在于（像洛克所认为的）我们不可能用一种坏手段达到一个好目的（目的与手段的一致性）；而在于只有手段本身（纯形式）才可以保证目的的正当性，手段的正当才能保证目的的正当。因此，凡是一切都是为了某个目的，或者把一切都献给某个目的之类的提法，其本性就都是不道德的，因为它们取消了道德之所以成其为道德的根本前提。这一理性的自由及其独立性和尊严的价值，构成为启蒙时代天赋人权论的依据。它是为人天生所固有的、既不可被剥夺又不可被转让的权利。它是人之所以为人的权利，它不是一种方便的手段，不是用来为了达到某种目的的，也不可能被奉献给什么目的。它本身才是目的。③天赋人权是不能被奉献出来的。国家乃是自由人的契约的产物；——毕竟是先有此天赋人权，然后才有契约。因此，就只有"一项原始的契约"才成为一切权利的基础，"没有原始的契约"，"任何权利就都是无法思议的"。假如我们把道德人也看成像是"一桩物品"那样地可以奉献或者转让，那"就和原始契约的观念相矛盾了"（卷6，第344页）。契约只能是双方之间的相互产物，所以就不能建立在取消（或无条件奉献）一方的基本权利的基础之上。这一观点被1791年的《人权宣言》法典化为如下的辞句："一切

---

① 卢梭:《新哀洛漪思》，巴黎，Flammation，1967年，V，2，IV，22。
② Abbott编:《康德伦理学理论》，纽约，Longmans Green，1923年，第54页。
③ 可参看康德:《永久和平论》有关部分。又，卢梭:《社会契约论》:"说一个人可以无偿地献出自己，这种说法是荒谬的、不可思议的。"巴黎，Aubier，1943年，第71页。

政治结合的目的，都是为了维护天赋的，不可剥夺的权利。"① 正因它是天赋的而不可剥夺的，所以它是一切政治结合的前提。

在《什么是启蒙》中，康德对于这一点又做了明确的阐述：启蒙就是要使人摆脱自己的依附状态（被保护的状态和受教育的状态）而能够运用自己的自由，亦即"要敢于运用自己的理性"（卷8，第33页）。全部人类的历史就是一幕人类理性自我解放的过程，也就是理性逐步走向自律的过程。这种权利是先天的、是生而固有的，所以"经验并不能教导我们什么是权利"，然而"它那原则乃是先天确定的，是任何经验所无法加以抹杀的"（卷8，第302页）。思想自由、言论自由和学术良心是被康德所强调的一个公民最根本的、不可剥夺的权利。无论自己侵犯别人的自由，还是别人侵犯自己的自由，都是最严重的侵权行为。1793年，康德也像伏尔泰一样声言："言论自由乃是对人民权利的唯一保障。"（卷8，第304页）

四

人性中的恶的起源，是困扰了古往今来所有思想家的一个问题。为什么会有恶——就都是由于有了自由的缘故；没有自由，就无所谓恶（或善）。历史理性自身仿佛也有一个二律背反，即正题——人的意志是自由的；反题——人的行为是没有自由的（一切现象都属于自然界的必然）。如何解决这一理性与其自身的矛盾，就成为康德历史哲学所要解决的一个中心问题。一方面是作为自由的主体的"自为的我"（Für-sich-sein），另一方面是作为自由的载体的"所作所为"（das Tun）的各种现象。放眼历史我们就总是看到，一方面是人欲横流及其种种恶德和罪行，另一方面则是人类文化的不断进步（至少，这是18世纪启蒙学者的共同信念）。

针对这一历史理性的二律背反，康德就提出了他那"非社会的社会性"的有名论点。社会的和谐与统一，不仅像是沙夫斯伯里和卢梭所设想的那

---

① 《现代西方文明史资料》，纽约，哥伦比亚大学版，1964年，第2卷，第33页。

样，在于每个个人之间的和谐一致，而且也在于他们之间的不可避免的竞争和斗争。这种斗争"乃是从野蛮到文明的真正的第一步"[1]，从而恶就成就了善，或者有如蒲伯的诗句所说："一切局部的恶，都成为普遍的善。"这里有着比卢梭更为深邃的思想。卢梭认为人是生而自由的，只要人能摆脱自己身上的枷锁，就可以恢复天赋的自由。然而卢梭却又感叹于制订一部完美的立法之难，那难得简直是需要有一群自由的天使而后可。康德于此则针锋相对地提出，那并不一定需要一群天使，"即使是一群魔鬼也可以，只要他们有此智慧"（卷6，第366页）。魔鬼的非社会性，同样能成就天使的社会性；而且这对他们还是必需的。我们不必感叹世风日下，人心不古；问题不在于此，而在于懂得怎样规划自己的制度并把大自然的机制最佳地应用于人类（以及魔鬼）。这就是魔鬼也可以有此智慧足以保证一种完美的体制（宪法）的理由。这一见解俨然成为康德历史理性批判中最为精粹的部分，即制度比人更能左右历史的航程。中世纪的神秘主义者曾认为：人性中既有神性又有兽性，神性正由于兽性而益发显示其神性。这似乎可以借用来比拟康德的论点。人性之中充满了自私、虚荣、猜忌、占有欲、野心等等，卢梭认为文明是建立在这个基础之上的，所以他要求人们摒弃这一切而返于自然，要求人性来一场归真返璞。康德则不然。康德也承认人性中的这一切，但是如果没有这一切来激发，人类的自然禀赋就会永远沉睡而得不到发展，因之人道（包括道德）也就不可能充分实现。这就是他的"非社会的社会性"学说的要义。

上述理论就蕴含着：人类历史并不能简单地划分为好和坏、精华与糟粕两个截然对立的方面；双方对于历史都是不可或缺的。有利就有弊，有弊就有利；好坏、利弊总是结合在一起的；并不存在永恒的、绝对的好和坏或利和弊。好坏、利弊之间并不存在一条"绝对分明的和固定不变的界限"[2]；在一种情况下是好的、有利的，在另一种情况下则可以转化为坏的、

---

[1] 康德：《致加尔夫书》（1770年）。转引自 Gilepsie：《黑格尔、海德格尔和历史学的基础》，芝加哥大学版，1984年，第31页。

[2] 《马克思恩格斯选集》，第3卷，第535页。

有害的。好坏、利弊都有助于大自然的计划的实现，——而这就是要对普遍历史作一番哲学的探索和解释的作意所在（卷8，第29页）。康德就这样论证了大自然或天意所规划的人类历史。他那全部的历史理性批判都深深贯彻着整个时代的信念：理性有解放人类自身的能力，而且终究是要解放人类自身的。人尽其才或各尽所能（即充分发挥我们自身中的天然禀赋）的时代是终于要到来的，这就是历史的目的。每一次曲折、每一次灾难，都可以看作是人类进步所必需付出的代价。这在当时还是颇为新颖的见解；不过，康德并不是以此来推卸人间苦难的责任，而是着眼于强调人类自觉地走向文明与和平的努力。历史所以要采取这一"非社会的社会性"的形式，是因为大自然考虑的并不是个人而是整个物种。在这种意义上，也可以说是造化不仁，以百姓为刍狗。然而却还有另一条原则是与此相平行并与此相补充的，即理性一旦觉醒之后，就完全独立地而且自由地自行其是。

　　这里看来好像康德是以历史哲学的语言在阐述亚当·斯密的理论。自由并非就导致一片混乱，反而是走向秩序井然的必由之路；自利和利他是相反相成的，人们不能取消自利而侈言利他。没有非社会性（利己），社会性（利人）就落了空。这种说法貌似诡辩，却是实际上的必然；因为人类(乃至于魔鬼)必须有此智慧才能生存和发展。而人与人之间的这一关系，在一个更高的层次上，即在国与国的层次上，也应该同样地重复出现。这一思想的发挥，就成为他晚年《永久和平论》的主旨。阿克沁曾评论康德的这一思想说："他对个人是悲观的，而对人类则是乐观的。"[①] 就个人而论，今人并不优越于古人，但就人类而论，则后代对于前代的优越性是毋庸置疑的。人类自然禀赋之不断发展是不容置疑的，人类理性的自觉也是毋庸置疑的。从这个角度而言，我们或许应该同意阿维如下的论断："康德全部伦理学的意义乃是：恶已经被人造就了，而善则尚有待人去造就。"[②]

---

① 　S. Axinn：《康德、权威与法国革命》，《思想史杂志》，1971年，第30卷，第3期，第423页。
② 　J. Havet：《康德与时间问题》，巴黎，Plon，1947年，第198页。

如果单纯从某些字面上来看，非社会的社会性就很像是一幅霍布斯的理论构图。但两人之间却有着一个根本的不同，即在政治上和在伦理上，康德是非功利而重道德的。幸福是后天的、经验的，道德则是先天的、先验的。公民社会的产生，并不是为了方便或有利，而是由于人类理性的本质所使然。就康德的理论而言，则人们"必须首先全盘抛弃一切形式的马基雅维里主义，这乃是任何进步的必要条件"（卷 8，第 278 页）。道德并不是为了幸福，也绝不计较幸福。假如道德就是为了幸福，那么道德就变成了一种方便的手段而其本身就没有任何内在的价值了。然则反之，假如道德并不会给人带来幸福的话，那么这种结果不会使德行感到沮丧吗？这里，康德的倾向似乎是在这样说：义务并不就是幸福，但是只有义务才配得上享有幸福；也就是说，配得上幸福的全都有赖于主体的善意。换一种通俗的说法，也许可以这样说：你应该有德，那么照例你就会是幸福的。①德行本身总是会有幸福的结果的，虽则德行本身并不是、也绝不计较幸福。其结果也许并非就是个人的幸福，但肯定会有助于整体的幸福。正如个人可以有智慧，但整体却可以是愚昧的，而个人就以其智慧贡献于整体的启蒙；同样，个人的道德虽不以幸福为目的，但个人却以其德行而给整体带来了普遍的幸福。康德的潜台词，似乎如此。

幸福并不是目的；假如是的，那么大自然就没有必要赋给人以理性，她只消赋给人以某些适宜于幸福的本能就够了。这一点同时就说明了人类文明的起源。太平洋塔希提（Tahiti）岛上的土著居民无知无识地在过着无忧无虑的生活，他们从来都不知道人世间有艰难困苦和忧患坎坷；难道这样的无怀氏之民、葛天氏之民，就真是幸福的吗？衡量人类历史进步的尺度并不是安逸，而是文化（包括道德）发展的程度。文化既是人类理性的产物，又反过来成为理性发展的条件；而文化则恰好是大自然——正由于她赋给了人类以理性的缘故——所不可能赋给人类的东西，它必须是由人

---

① 有一句英文谚语是：Be honest and as a rule you will be happy。康德的蕴意似乎是：Be virtuous and as a rule you will be happy，但他始终没有明言。

类自身去创造。关于幸福（Glücklichkeit）与文化（Kultur）之分，第三批
判中曾有专节论述。文化的进步所带给人类的美好，就在于它是人类自我
努力的产物，而不是安逸怠惰的产物。而保证自由人的自由努力的最好体
制则是共和制而不是任何的专制；所以康德反复强调"每一个国家的宪法
（体制）都应该是共和宪法（体制）"（卷8，第24页）。人性有其非社会
性，因而就需要有一个主人来统治；但是主人也是一个人，所以他并不比
别人更加是天使（卷8，第23页）。这就是何以一个自治政府（即共和制）
之所以必然要取代任何专制政体的理由；因为只有共和国才能成为人民的
自由与启蒙的保证，也就是对人类理性的充分发展的保证。这一人际关系
提高一个数量级，也同样适用于国际关系。康德不赞成一个大一统的世界
帝国，他所设想的永久和平将是在一个各民族的联邦（Völkerstaat）体制
之下实现的；它不是多民族的国家，而是各个自由民族的自由联盟（卷6，
第430页）。永久和平乃是人类历史的必然结论，正有如自由公民的共和
国是同样地必然。而且同时它也是一桩庄严的道德义务。作为道德义务，
它便是一种断然的无上命令；并且正是因此，它就是可行的而且是必定要
实现的。

《世界公民观点之下的普遍历史观念》写成后一年，即1785年，康德
又以圣书中摩西五经为范本撰写了《人类历史起源臆测》一文。此文以六
经注我的方式，用他自己历史哲学的观念来和经书相对比。在他稍前的赫
德尔以及在他稍后的席勒和谢林都曾做过类似的工作。随后一系列的德国
思想文献都把"堕落"视为人类进步的一个重大契机，亦即罪恶在个人虽
然是缺点，但就物种而言，则是必不可少的。对这一作意的最为典型的论
述，则应推康德的"非社会的社会性"的理论。

五

康德的历史哲学既代表着启蒙运动哲学化的高峰，又开启了以后几个
世代的（特别是德国的）思维的新方向。对法国革命的原则——自由、平

等和博爱，是康德给出了哲学化的诠释；对启蒙运动的向往——理性、和平与幸福，是康德做出了纯概念的论证。这使得柯林武德认为"康德从启蒙运动所继承的遗产"是"把历史夸大地分解为一套完全非理性的过去和一套完全理性的未来"。[①] 或许是如此，但无论如何，康德提供了比其他启蒙哲学家更为深远的内容。其中目的论的提出和运用，蔚然成为他最富特色的思想，目的论突破了他的先驱者卢梭而下启他后继者自谢林和黑格尔以降一长串的理论家。康德的历史哲学论文早于孔多塞的著作十年。孔多塞的历史哲学上承洛克感觉主义的认识论，下开19世纪的实证主义思潮。这条线索可以和康德奠定的那条思想线索相媲美，形成近代西方历史思维两大平行的主潮。麦茨利什甚至认为这两者共同参与了马克思历史理论的形成。[②]

　　康德的历史哲学具有思想史的普遍意义。其后的德国理论家大都步康德后尘，把人类历史认同为理性自身发展的过程。它还是引导席勒钻研康德哲学的第一部著作。19世纪末，"返于康德"成为一时风尚（包括马堡学派的柯亨、纳托尔普，巴登或西南学派的温德尔班、李凯尔特以及狄尔泰和卡西勒等人在内）；不过他们大多倾向于把普遍与特殊、一般与个别对立起来，从而割裂了康德的合目的性与合规律性二者的统一。特别是，他们往往在反对自然主义或反对实证主义的名义之下，片面强调价值论或目的论而否定历史的合规律性，从而就在一个根本之点上背离了康德的主旨。当然，后人总是不可避免地在以自己的思想理解前人的。20世纪初史学家蒙森受了康德思想的影响，但他对人类自由与进步的信仰却被蒙上了一层浓厚的自由主义色彩；随后的特罗什、韦伯以至历史主义和相对主义的思想则标榜道德中立和价值中立（Wertfreiheit），其间虽然也和康德的理论不无渊源，但终究应该看作是在前人的基础之上衍生出来的新观点，而已非简单的继承和阐扬；虽说康德历史哲学的中心问题——历史学如何才

---

① 柯林武德：《历史的观念》，牛津，Clarendon，1946年，第102页。

② 参看 Mazlish：《历史之谜》，纽约，Harper and Row，1966年，第102页。

成为可能的这一问题——几乎为所有泛义的康德学派所接受和分享。

康德早年浸沉于牛顿的体系和形而上学,中年时被休谟把他从"教条的睡梦"之中唤醒,晚年建立其批判体系时又深深有契于卢梭的学说;然而其间并非没有一条一以贯之的思想脉络可寻。启蒙运动的哲学在某种意义上可以看作是近代自然科学思维方式之移植于人文的领域;在这一点上,康德也不例外。同时,康德的理论又是在法国革命思潮的强大影响之下形成的,所以在某种意义上,它也是法国革命理论的哲学版。在一个更广阔的历史背景上,则文艺复兴以来的主潮就是人的自觉,这一自觉在康德的理论里可以说达到了最高程度的表现。评论康德的理论,不应该脱离其历史背景的大气候和小气候。起初,康德是风靡18世纪的"开明专制"制度的拥护者,及至1786年腓德烈大王去世,其继承人腓德烈·威廉第二却并不那么开明;于是随着法国革命的来临,康德的思想遂日益倾向于民主共和,但始终并未放弃对自上而下的改革或改良的向往。如果我们可以把"19世纪早期的历史哲学看作是'超越观念'在现实之中体现其自身"①的话;那么康德就理所当然地应该被看作是这一伟大的思辨历史哲学传统的奠基人。尽管他对后世的思想影响是至深且巨的,然而从此以后的历史哲学的路子却越走越窄;实证主义者完全抛弃了批判哲学的批判精神,而理想主义者(唯心主义者)则完全抹杀了历史学的科学性一面。启蒙时代的精神在康德的理论中所表现得那么鲜明的世界公民的广阔的视野和博大的胸襟竟日益萎缩,乃至走向极其狭隘的普鲁士民族主义。

康德哲学的一个根本出发点是:我们在认识客观之前,首先必须认识我们自己的认识能力。据此而言,则我们在认识历史之前,就必须首先认识我们自己认识历史的能力。但是,何以康德又径直从认识历史本身入手,而并没有事先对我们的历史认识的能力进行一番批判的考察?这岂不正好陷入他本人所反对的形而上学了吗?对于这一诘难,我们或许可以在他本人的著作中找到一种解说。形而上学、数学、物理学如何成为可能,是分

---

① 贝克尔(C. Becker):《18世纪哲学家的天城》,新港,耶鲁大学版,1955年,第18页。

别属于三个层次的问题。在物理学上，我们对于自然世界的知识或判断不能闭门造车，检验它们正确与否，必须看它们能否出门合辙。我们需要以经验的事实来作为检验它们真假的标准。符合事实的就是正确的，否则就不是的。但是数学的情况则与此不同。我们的数学知识正确与否，并不需要以经验的事实来加以检验。只要它那推导过程是正确的，我们就不必担心它会不符合经验的事实；我们完全可以先验地断定，它出门之后是绝不会不合辙的。在这里，推论的逻辑过程本身正确与否，乃是检验真理的唯一标准，此外，并不需要任何其他的保证。它可以说是某种"先天而天弗违"的知识；因此数学之得以成为可能的条件，就不同于物理学的或任何其他实证科学的。而康德的历史哲学在某种意义上，就是有类于数学推导那种性质的一项先天的思维操作或观念推导。他承认他本人并不是一个历史学家，但是历史过程是不会违反他那先验推论的逻辑的。这就是他强调提出"观念"在历史理解中之所以是必不可少的原因。对于"出自人性中原始禀赋的自由的发展进行历史描述"是一回事，而"对于自由的前进的行程进行描述"则又是另一回事；二者不可混为一谈。后者要靠经验的记录，而前者则只要靠先验的推导就够了。康德所从事的工作是前者而不是后者。它出了门是不会不合辙的，因为经验是不会违反理性的。理性的能力是先验的，故而先验的历史哲学就是可能的。这就是普遍的历史观念之得以成为可能的原因。

于是，"普遍的历史观念如何可能"的这一问题，也就被转化为"先验的历史学如何可能"的这一问题。而这却是唯有我们亲身去参与创造历史，才会成为可能的。并且只要我们有这个信念——它是可以实现的，并且又投身于其中，那么它就一定会实现。这是一桩神圣的使命感，是一项人的天职，它那唯一的条件就是理性的自律，亦即人的意志自由及其外化成为道德的行为。这是独立于自然律之外的另一种规律，即道德律。一方面，我们的一切知识都始自经验；另一方面，我们的知识除了经验的成分，又有先验的成分。卡西勒甚至认为，启蒙运动在德国就是以康德之结合这两个方面而达到它自己的目标的。①

　　人类文化史上，有不少努力是错误了的或失败了的，然而其价值和贡献往往并不亚于正确的和成功的努力。我们尽可以怀疑康德某些论点的正确性，甚至认为"他对历史过程的构造是一场失败"；但是他那篇"既简短而又富于启发性的高贵的论文"在把历史的合目的性和历史的合规律性统一于历史理性的努力，堪称为人类历史思维史上最杰出而又最有深度的理论之一。今天的西方，似乎是多元论的历史哲学正在行时，而一元论的历史哲学则有衰落的倾向。但是康德这部一元论的历史理性批判，却仍然值得历史哲学家们反复思索和咀嚼。康德对历史学的最大贡献在于他"对知识本身的性质、条件和界限的研究与批判的那种科学精神"②，——应该说至今不失其历史的光泽。

　　启蒙运动的哲学家们（所谓 Les philosophes），往往是用天真的愿望来代替坚实的历史感，所以立论的根据显得颇为薄弱；正如贝克尔所批评的，他们"就像中世纪的经院学者一样坚持着一套天启的知识，他们不愿意、也不能够从历史里面学到任何与他们的信念不能调和的东西"③。康德也不例外。他的先验论在一定意义上就是一套天启的知识，在那里面天真的信仰绝不少于坚实的论据。尽管如此，他的理论还是远远超出了同侪，而且也超出了大多数的后代。他既不像后来的实证派那样，简单地把历史学认同于自然科学；又不像后来的分析派那样偏执地否定一切历史哲学而只承认"有关历史科学的哲学"④。就此而论，康德统一这两者的工作不愧为一桩不朽的业绩。可以说，直到 18 世纪，学者们始终还不曾意识到这样一个根本性的问题，即历史知识并不简单地就是对某些给定的历史事实的知识，而更是每一代历史学家的认识之不断创新的产物。康德的历史哲学尤其是第三、第四两个批判中所着意阐发的目的论的论证，是人类的历史思

---

① 卡西勒:《启蒙运动的哲学》，波士顿，Beacon 版，1951 年，第 133 页。

② 参阅 Flint :《法国和德国的历史哲学》，伦敦，Blackwood，1874 年，第 404~405 页。

③ 贝克尔:《18 世纪哲学家的天城》，第 102 页。

④ R. Carnap :《哲学与逻辑语法》，伦敦，Kegan Paul，1934 年，第 88 页。

维史上第一个认识到了历史知识的这种复杂性的。[①]

　　自从 19 世纪末以来，由梁启超、王国维、蔡元培几位中国近代思想的先行者发其端，康德哲学的影响在我国已有将近一百年的历史；但是中国学者大都以其第一、第二批判为研究对象。论及其第三、第四批判的尚不多见，就我所知似仅有浦薛凤、李泽厚两家。研究康德而忽略他的目的论，总不免是一个重大的缺欠；而从他的目的论哲学入手，或许可以为我们研究康德的思想理论别辟一条途径。

原载《学术月刊》1990 年第 5 期

---

① 参看 Meinecke：《历史主义的兴起》，伦敦，Routledge & K. Paul，1922 年，第 64 页。

一个世界公民的历史哲学

——读康德《历史理性批判》

一

康德也懂历史吗？正如同样也可以问：康德懂文艺吗？康德写了一部美学巨著《判断力批判》，其中只引过一首腓德烈大王写得实在很不高明的诗，此外并没有谈任何文艺。然而凡研究美学理论的人，大概没有人能忽略这部书。康德的文风，冗长枯涩、佶屈聱牙，适宜阐扬美学的道理吗？只有读过了此书之后，读者才会赞叹这位哲人的思想是何等卓绝。他是从一个更高的、"世界公民"的观点之下观照普遍原理的；相形之下，一切具体的事例和史实都显得微不足道。

《历史理性批判》中的两篇历史哲学论文是：《世界公民观点之下的普遍历史观念》（1784 年）和《人类历史起源臆测》（1785 年）。这两篇论文表明，康德与人们习惯于想象的那位足不出哥尼斯堡、拘谨严肃而又"没有趣味的"哲学家的形象，判若两人。正如他中年所写的《论优美感和崇高感》与《一个通灵者的梦》一样，这两篇文章文思流畅，清明似水，洋溢着机智和幽默，宛如一阕谐谑的插曲，——例如，其中提到城市姑娘总比乡村姑娘漂亮，这必然对于游牧部落成为一种强有力的吸引，——但又始终不失其深邃的洞见。全文体大思精，首尾一气呵成，是一长串理论思维锤炼成的精粹的提纲，并与他整个的批判体系打成一片，成为三大批判之外的第四批判；卡西勒称之为"历史理性批判"，Composto 的专著则径直题名为《康德的第四批判》。

　　启蒙时代的精神，即那种多少过分天真的、乐观的信心和憧憬——人类历史是不断在走向完美之境的——可说最集中地表现在当时两部历史哲学著作中：康德的《历史理性批判》和孔多塞的《人类精神进步史表纲要》。是什么保证了人类不断地在朝着美好前进而渐入佳境呢？那保证便是人类理性的自觉。然而两个人对这一历史进程的论述，却又大异其趣。孔多塞的重点在于务实，全就史实加以论述；康德则把重点放在务虚上，专就思辨立论而抽空其具体的内容，故而才可能写出《人类历史起源臆测》，同时又明确指出臆测并不是虚构。康德把历史归结为九条命题，孔多塞则纳入十个阶段；两人都断言经历了种种曲折之后，人类终将步入自由平等的太平盛世。两人开启了 19 世纪的两大潮流；康德开启了黑格尔以降的精神科学，孔多塞则开启了孔德以降的实证主义。两条路线相互颉颃，蔚为近代历史思想史上最引人入胜的一幕。

　　如果说，孔多塞体现了启蒙运动的精神，那么康德就不仅体现了而且确实还超越了它。卡西勒以为这一理性时代的缺点恰好在于它过分片面地强调理性，乃至竟要以理性囊括人生的全部（随后的浪漫主义就正是从这里打开缺口）。就在这个简单的"一切都必须在理性的法庭面前为自己的存在作辩护或者放弃存在的权利"[1] 的时候，康德却匠心独运对理性自身提出了更高明的看法：他把理性分解为纯粹的、实践的和判断的三个领域 [2]，把认识分解为感性的、智性的和理性的三个层次。而此前人们所谓的理性，往往不过是指智性；那是混淆了理性（Vernunft）和悟性（Verstand）的缘故。（尽管今天有人对认识的认识，仍停留在前康德的感性、理性两阶段论上。）一个人要完全超越时代固然是不可能的事，但他的贡献又往往恰好在于他能突破时代的约束而不随波逐流，与世浮沉。评价一个人，并不单看他遗留了多少在后世看来仍然是真确的东西，而更要看他留下有多少创造性的思想仍然值得后人深思。时代提供了传统，至于演出如何则要看个人才能

---

① 恩格斯：《反杜林论》，《马克思恩格斯选集》，北京，人民出版社，1972 年，第 3 卷，第 56 页。
② 康德：《判断力批判》，Mezeditl 英译本，第 15 页。

的发挥。（这个题目有 T. S. Eliot 的专文。^①）我们今天读史，不能不惊叹那个群星灿烂的时代所怒放的思想奇葩。

二

两篇论文均甚简短，但表现出作者对历史本质的深思熟虑的考察和见解。《臆测》一篇尤为貌似游戏，其中以基督教神话附会文明进步的史实，信手拈来均成妙谛，简直难以想象世上居然还能有如此之异想天开而又推论严密、如此之风趣盎然而又题材严肃的论文了。它所要表示的无非是：历史是一个理性的开展过程，我们在圣书中就可以找到它的原型。解经而出之以如此别开生面的方式，真可称为"非常异议可怪之论"。无怪康德晚年终因《万物》一文触犯当时的文网而受到处分，被禁止讲授神学。大抵古今中外大家的即兴之作，虽似小道，亦必极有可观。（如杜甫的打油诗，贝多芬的小调之类。）哲学家也不必总是整天道貌岸然地滔滔不绝在说教。

本文写作的年代介于第一（1781 年）与第二（1788 年）两批判之间，即美国独立之次岁与法国革命的前夕；文中传达了一个重要的信息，即"我们所处的时代是一个批判的时代"。第一批判开宗明义就提出："我们一切知识都始自经验，这是没有疑问的。"^②但知识始自经验，并非意味着知识就是经验的产物。与经验主义者不同的是，康德认为人心并非是一张白纸，知识的成立尚有赖于先验的（非经验的）成分。经验提供素材，而把材料构造成一座知识大厦的，则有待某种先验东西的加工。同样，史料只是素材，要勾画出完整的历史画面，也有待于某种先验东西的加工。这种先验的东西，康德称之为"观念"（Idee 即 Idea，以有别于 Vorstellung 即 idea）。观念并不是历史的产物，而是我们强加于历史之上的。观念是前提而不是结论，没有这个前提的引导，我们就无从理解历史；正犹如没有范畴，我们就无从理解物质世界。前些年史学界曾有一个口号"论从史出"，它与

① 参看《传统与个人才能》，T. S. Eliot, *Selected Essays*, London, Faber & Faber, 1934.
② 康德：《纯粹理性批判》，《结论》。

康德的作意正好相反。(唯物主义者应该把思想理论看作是现实的产物，而不是从故纸堆中得出来的。)例如，一部二十四史是摆在那里的，古人读史是读它，今人读史也是读它；但古人和今人的理解和观念却截然不同。如果是论从史出，则古人读史早就应该得出和今人相同的理论和观点了。所以康德的先验论，并不像它表面上看去那么有悖于常识。观察历史(正如观察自然)，我们总需戴上一副眼镜的，观念就是那副不可或缺的眼镜。

《观念》的第一条命题是："一个被创造物的全部自然禀赋都注定了终究是要充分地并且合目地发展出来的。"所以理性这一自然禀赋，就终究是要充分发展出来的。但这个命题不能从史料中得出来，它根据的只是这一观念："大自然决不做徒劳无功的事。"[①] 这个观念牛顿曾以之指导我们了解自然世界，康德则引用于解说人类历史。(这是前提；正因为"天生我材必有用"，所以才有"人尽其才"或"各尽所能"的结论。)牛顿的形而上学被引入历史哲学，其间我们看不出有任何斧凿的痕迹(还有，康德与边沁，康德与亚当·斯密之间某些惊人的一致)。

但是大自然的这一目的，却不是在个人的身上而只是在整个物种上才会实现，因为个体的生命是太短促了。(古希腊的 Hippokrates 说过 "Ars longa, vita brev is"［人生朝露，艺术千秋］。)既然是要在整个物种的身上实现，就需要有一个使之得以实现的社会条件，因而"大自然迫使人去加以解决的最大问题，就是建立起一个普遍法制的公民社会"[②]，同理，这一人与人之间的公民社会，又必须在一个更高的层次上(即在国与国之间)重演，建立起一个各民族的联合体(而不是一个大一统的世界帝国)；因而理性的充分发展也就是人类永久和平的唯一保证；——1795 年的名文《永久和平论》，其大旨不外如是，只不过当时正值法国大革命"恐怖统治"的血腥年代，使他的信念(即"每个国家的公民体制都应该是共和制"[③])不免多少受到影响。

---

① 牛顿：《自然哲学之数学原理》，伯克利，加州大学出版社，1934 年，第 398 页。
② 康德：《世界公民观点之下的普遍历史观念》。
③ 康德：《永久和平论》。

大概没有人比康德更深刻又更敏锐地意识到：经验的事实永远是流变不居的，所以普遍的有效性就只能求之于永恒不变的先验形式，而不能根据经验的事实。道德的准则只能是纯形式的教诫：你必须按照能够成其为普遍准则的做法去行事。[①] 康德晚年又明确提出："凡是根据理性的理由对于理性是有效的，对于实践也就是有效的。"[②] 历史是人类的实践，所以它当然也以理性的理由为其唯一的准则。历史理性一旦这样成立，人类历史的两重性（自然性与道德性，必然与自由）就被结合为一体，亦即历史在两重意义上是有理性可以籀绎的，即（一）它是根据一个合理的而又可以为人所理解的计划而展开的，（二）它又是朝着一个为理性所裁可的目标前进的。前者是历史的合规律性，后者是历史的合目的性（Zweckmässigkeit），康德之结合自然规律与自由事业的这一尝试，不但前无古人，也使后来者难以为继。到今天，西方学人大都已放弃了这一思辨的努力，而转入分析历史哲学的途径。

历史是理性发展的过程，当然大体上也就是一场由坏而好、由恶而善的不断进步[③]；同时既然万物的发展都有一个终结[④]，历史有没有一个终结呢？这又是一个永远不能解决而永远要追问的问题。黑格尔肯定它是有一个终结的，那终结就体现在普鲁士政权的身上。（前两年福山［Francis Fukuyama］写了一篇颇为耸动但浅薄无稽的文章《历史的终结》，认为历史已经以两百年前法国革命的原则而告终结了。）康德、黑格尔两人面临同样的问题。但黑格尔是霸道的、武断的，认定全部人类历史都已被囊括在他那历史哲学的体系之中。康德则是谦逊的、探索的。他谦逊地承认迄今为止人类历史行程还太短，不足以验证他的原则；他还谦逊地承认自己不懂得历史，只是在臆测，并期待着历史学界出现一位开普勒或牛顿式的

---

① 参看康德：《实践理性批判》、《道德形而上学探本》。
② 康德：《论通常的说法：这在理论上可能是正确的，但在实践上是行不通的》。
③ 参看康德：《重提这个问题：人类是在不断朝着改善前进吗？》。
④ 参看《万物的终结》。

人来探索历史的定律。① 这和黑格尔咄咄逼人、剑拔弩张的霸气，恰形成鲜明的对比，反映出两人迥然不同的人格和风貌。Reichenbach 评论两人说："黑格尔曾被人称为康德的继承者；那是对康德的严重误解，也是对黑格尔不恰当的过誉。康德的体系不失为一位伟大的思想家要把理性主义建立在科学基础上的企图。黑格尔的体系则是一个狂信者的简陋的虚构。"他还断言："系统哲学到康德就终止了。"② 这种臧否是否妥当，可另作别论，但两人的历史哲学予人以不同的感受，则是不争的事实。也许这种感受完全是出自读者个人的倾向，有如周礼全兄所说，每个人（在气质上）不是个康德派就是个黑格尔派的缘故吧。

三

历史的两重性相应于人的两重性。人既是现象人（homo phenomenon），又是本体人（homo noumenon）。我们对人及其历史，既应从外部（现象）加以考察，也应该从内部（本体）加以考察。意志是自由的，没有自由就没有道德可言，但它表现为现象（人的行为）则又服从自然规律。"当历史学考虑人类意志的自由作用的本体时，它就可以揭示出它们有一种合乎规律的进步，并且就以这种方式而把从个别主体看来显得是杂乱无章的东西，在全体的物种上却能够认为是人类原始禀赋之不断前进的、虽则是漫长的发展。"③ 两者看似矛盾，却统一于理性。矛盾统一是人人都会说的口头禅，问题是如何统一。

历史法则并非就是科学规律（如物理学规律或生物学规律），指出这一点是康德超出实证主义的地方；但它又并不是没有大自然的目的和规律作为引导，这又是康德超出唯意志论和英雄史观的地方。历史发展既有规律而又自由，——这里并不是在玩弄文字游戏，而是对卢梭如下命题更高一

① 　参看康德:《世界公民观点之下的普遍历史观念》。

② 　Reichenbach, *The Rise of Scientific Philosophy*, Berkeley, University of CA Press, 1956, p.122.

③ 　康德:《世界公民观点之下的普遍历史观念》。

层的发扬：人是被迫自由的。① 什么叫"被迫自由"？对此康德有详尽的阐述。或者可以形象地这样说：大自然一旦创造了物质世界，同时就颁布了自然法，迫使全自然去服从。大自然一旦创造了人的世界（历史），就同时赋给人以自由；从此人就被迫不得不自由地去创造自己的历史。自由之于人生，就相当于物自体之于自然界。故此每个个人虽是自由的，但人类整体又是有规律的；康德举了一个社会统计学的例子：每个人的结婚年龄是自由抉择的，但全社会的婚龄及其变化却又是有精确的客观规律可寻的。② 作为自然人，人就是自然的奴隶；作为自由人，人就是历史的主人。这样，他就以历史的两重性一举而解决了历史哲学中（至少是思辨的历史哲学中）一系列根本的难题（或者说二律背反）以及人类文明史上一些重大转折的契机。③

　　历史哲学的核心问题就在于如何处理人作为自然规律的奴隶与作为自由意志的主人这一双重身份，——颇有似于拉斯基（此人现今中国读者已经久违了）所说，政治学的核心问题就在于怎样调和强制的权力与个人的自由。既然"人类的历史大体上可以看作是大自然的一项隐蔽计划的实现"④，历史学家所要加以探索的便是表面现象背后的这一隐蔽计划。我们应该把"一切消逝的"（历史）看作"都只是象征"⑤，否则对历史的理解就只能停留在皮相，被浩如烟海的现象所淹没。但既然大自然就是天意，那么"被创造物"的人居然想要窥测天意，岂不是胆大妄为，有如传说中的妥玛竟敢亲手去摸耶稣被钉死的伤痕那样，是要以人智去试探神明了吗？却又大谬不然，康德断言说："这一哲学尝试必须看作是可能的，并且还是这一大自然的目标所需要的。"⑥ 天意与大自然二者是一而二、二而一的；现象的规律与本体的自由也是一而二、二而一的。历史哲学就是要权古今

---

①　参看卢梭：《社会契约论》，第一卷。
②　参看康德：《世界公民观点之下的普遍历史观念》。
③　参看康德：《人类历史起源臆测》。
④　康德：《世界公民观点之下的普遍历史观念》。
⑤　歌德：《浮士德》，第二部，第五幕，第七场。
⑥　康德：《世界公民观点之下的普遍历史观念》。

之变以明天人之际。天道就体现在人道之中，就密迩在哲人的会心处。人类历史这一幕惊心动魄的演出，恰有如蒲伯《人论》中的名句所说："This scene of man, /A mighty maze！ but not without a plan."

对自然现象，我们只是从外部静观它。但历史却是我们自身的创造，我们是以自己的心灵在感受它，我们满腔热忱地投身参与它、推动它。假如历史仅只服从自然规律，人只是它的工具，只是某种非人的，即不以人的意志为转移的势力的傀儡，那么为什么还要追究个人（如战犯或人民公敌）的历史责任呢？（一切罪行就应该都推给"历史"去负责好了。）岂不正因为历史是人的创造，人作为历史的主人是自由的，所以才应该负责。康德在这里并没有违反常识，只是人们习焉而不察，未能很好地对这一历史两重性做出分辨。于是我们就看到降及 19 世纪，一方面有实证主义的风靡一世，力图把历史学跻入科学之林（J. B. Bury 说："历史学本身不过是科学，不多也不少"[①]）；另一方面就有反实证主义思潮的蓬勃，强调历史学决不是实证科学（因为历史学比科学多了点什么，又少了点什么）。康德以先验哲学来处理历史经验，然而历史知识的本质又终究是经验的。两者看来又像是一个二律背反。李泽厚兄尝云，人类历史就是在二律背反之中前进的；是不是可以进一步引申说，人类对历史的认识也是在二律背反之中前进的呢？

四

人是历史的动物，其他物种都不是。其他动物每一代都仅凭其本能重演上一代的历史。唯有人可以积累经验，一代胜似一代；人的历史并不重演。这是人类进步的条件。天意（大自然）虽然如此，却有待个人的努力奋斗去实现。于是就出现了自私、贪婪、虚荣和罪恶种种非社会性的东西。

[①] J. B. Bury, *History as a Science*, F. Stern ed., *The Varieties of History*, New York, Vintage Books, 1973, p. 223.

不如此，就无由实现人的社会性。这就叫作"非社会的社会性"。① 可以说，天意不仁，以人类为刍狗；她赋给人以自由，就是要通过人在社会之中的竞争和敌对而达到她自己的目的。因此人脱离自然状态而步入理性的自由的第一步，便是一场道德的堕落。这是"天赋本能的自相冲突"，因为"这就能给予理性以最初的机缘来反叛大自然的声音，并使之不顾大自然的抵抗而做出了自由抉择的最初尝试"。接着便是他那著名的命题："因此，大自然的历史是由善而开始的，因为它是上帝的创作；自由的历史则是由恶而开始的，因为它是人的创作。"人第一次自由地运用理性，就要误用，就要犯罪。这也并非就是坏事——它有得有失。对个人来说道德的堕落是失，对大自然来说则是得。所以我们对大自然就只能"惊叹和赞美这种安排的智慧和合目的性"。②

这一论点显然来自卢梭，又显然与卢梭背道而驰。非社会性与社会性的矛盾，是卢梭、康德（亚当·斯密乃至近代绝大多数思想家）所关注的问题。卢梭向往着一个世外桃源，康德则期待着一场浮士德式的坚忍顽强的斗争；因为无忧无虑的安逸只能使人沉溺于怠惰和无所作为。卢梭要求"返于自然"，康德则要求"不断朝着改善前进"。③ 卢梭鄙弃文明的虚伪和丑恶，康德则视之为理性和启蒙必不可少的组成部分。卢梭的"自然"是无知无识、纯任天真，康德的"大自然"则是在实现一项隐蔽的计划，故而他要求人们 audare sapere（敢于认识）。④ 卢梭谈到立法之难，曾感叹道，那简直需要有一群天使而后可；康德针对此点反驳说，那并不必需一群天使而后可，即使是一群魔鬼也行，只要他们有此智慧。⑤ 多么深切而著明的答案：即使是一群魔鬼，只要是有"保存自己"的理性，必然也会"在一起要求普遍的法律"，建立起一个普遍法制的社会。天使和魔鬼在理性

① 　康德：《世界公民观点之下的普遍历史观念》。
② 　康德：《人类历史起源臆测》。
③ 　康德：《重提这个问题：人类是在不断朝着改善前进吗？》。
④ 　康德：《回答这个问题"什么是启蒙运动"？》。
⑤ 　参看康德：《永久和平论》。

面前是等值的；卢梭为天使说法，康德则为一切众生（包括天使和魔鬼）说法。大自然给予人类的最高任务就是在法律之下的自由与不可抗拒的权力这两者能够最大限度地结合在一起，那也就是一个完全正义的公民宪法（体制）。这里，康德的思想层次直比卢梭高出了一个数量级，可谓青出于蓝，冰寒于水。

　　人类物质生活的进步是摆在我们面前无可置疑的，但人类精神面貌也在不断进步吗？卢梭与康德的天使与魔鬼之辩，其实是古已有之。《通鉴》卷一九三：（唐太宗）贞观四年，"上尝与群臣语及教化。……封德彝曰：'三代以还，人渐浇讹……'（魏）徵曰：'若谓古人淳朴，渐至浇讹，则至于今日，当悉化为鬼魅矣。'"如果活在近代，封德彝会是个卢梭派，魏徵会是个康德派。假如说道德也是在进步的，那些随着文明而来的贪婪心、权力欲等等又应该有一个什么位置呢？这看来又是个二律背反，是不能由经验来回答的。"普遍的历史观念"之成为必要，正是由于在经验上不可验证的，在思想上却不可或缺。前者是知识，后者是信仰。固然一个人不必一定要抛弃"知识，才能为信仰取得地位"。[①] 但至少知识与信仰无关。信仰并不基于知识，否则知识越多，信仰就应该越坚定了。（王静安诗云："知识增时转愈疑。"）知识越多虽不必就越反动或越愚蠢，但也并不必然就越革命或越聪明。与苏格拉底的教诲相反，知识并不是德行；——这一点从卢梭到康德是一脉相承的。

　　人作为道德人有其自身的尊严，不单（如拉梅特利所说）是机器。（更何况，"按照人的尊严去看待人，这也是有利于政权本身的。"[②]——惜乎当权者对此往往听不入耳。）现代的历史主义者容易指责康德是非历史的，但答案很可以是：历史理性就正有赖于这一历史的非历史性。历史性正是由非历史的普遍道德与意志自由所铸就的。这也正是自然法学派与历史法学派论战的焦点。有人认为，是科学就应该抛弃一切目的论，但问题恰在于历史学并非就全是科学，因为它还是人的自由的创作。自然规律不以人

---

① 康德：《纯粹理性批判》。

② 康德：《回答这个问题"什么是启蒙运动"？》。

的意志为转移，而人的创作则取决于人的自由意志。目的论超乎经验的范围之外，这一点正是康德以及自然法学派对历史学派的理论优势之所在。经验事实不能检验目的论，目的论却不会违反经验事实。

五

读康德的人大多以第一批判为入门，有时兼及第二。一般很少读他的第三，更谈不到第四。最令人遗憾的莫过于就连王静安那样一位美学大师而兼史学大师，也未能接触第三和第四。倘若他读过了又会得出什么样的结论，这就只好留待我们的想象了。我猜想，他或许更少一些叔本华那种浅薄而廉价的悲观论，或许另有一种为目的论所鼓舞的、面貌一新的《红楼梦评论》、《人间词话》和一系列的历史论文。无论如何，单是这种猜想，就足以令人回味无穷了。

第一批判认为物自身是不可知的，第二批判认为道德律是内在的、超感的、不可思议的。这就使他不能不陷入把世界分裂成互不交通的两橛之苦。康德晚年极力追求由分而合，要把天人打成一片；第三批判是通过审美，第四则是通过历史。此中最重要的理论契机，全在于其间贯彻始终的目的论。目的论是一座桥梁，由此沟通天人之际。《纯理》偏重分析，此后逐步转入综合。大抵一种理论，非分析无以成其绵密，非综合无以成其高深。他晚年畅论天人之际的著作，仿佛把人带到更高一层的境界，使读者如饮醇醪，不觉自醉。理论凡是达不到这一步的，大概就不能真正使人崇高或净化（catharsis）。那种境界，逻辑分析是无所用其伎俩的，但又绝不违反理性思维的原则。《浮士德》所谓"那不美满的，在这里完成；不可言喻的，在这里实行"①，庶几近之。这种境界虽非很多人都能达到，但却是一切哲人都在祈求的；因为每个哲学家最后都是要"论证（justify）上帝的对人之道"，并且要论证这个道是公正的（just）而且是可论证的（justifiable）

---

① 歌德:《浮士德》，第二部，第五幕，第七场。

（弥尔顿语）。

我们的知识并非单纯是客体的反映而已，其中还有主体（即先验的认识形式）的参与。"悟性并不是从自然界中得出定律，而是它把定律强加之于自然界。"① 我们自身乃是我们对外界知识的先验的立法者。历史知识既然也属我们对外界的知识，所以就不但要服从自然律，也要服从我们先验的立法。这个先验的立法又是什么呢？那就是"普遍的历史观念"，——是它把历史素材组成为一个知识的体系。早在 1755 年康德就明确地表示过这一目的论："为什么物质恰恰具有能达到这种合理而有秩序的整体的规律？""难道这不是无可否认地证明了……必然是一个至高无上的智慧按照调和一致的目标来设计万物的本性吗？""整个自然必然是最高智慧在起作用。"②28 年以后，他又明确提出："我们构想这个世界，就仿佛它那存在和内在规则都是由一个至高无上的理性而来的。"③ 再过七年在第三批判（第 83~84 节）中遂对这一目的论的精义，大畅玄风。历史哲学的论文则就历史论证了善与恶的统一，局部的恶成就了整体的善。非社会的社会性实际上就是圣诞颂歌中的"上帝与罪人的和解"。从而"个别的人，甚至整个民族，很少想得到：当每一个人都根据自己的心意并往往是彼此互相冲突地在追求着自己的目标时，他们却不知不觉地是在朝着自己所不认识的自然目标作为一个引导而在前进着，是为了推动它而在努力着。"④ 这种天人合一，才真正名副其实地是一幕"理性的狡猾"。

大自然决不做徒劳无功的事，她一旦把理性和自由给予了人类，这就够了；从此她就不再去插手干预，而是让人类自己去创造自己的一切，——这就是历史。在这里，自然哲学、道德哲学与历史哲学能够如此之巧妙地合为一体，真令人不能不惊叹作者思想创造力之丰富。自由与必然、历史与观念、普遍与特殊、德行与幸福、天与人之合一，其理论的展开是那么

---

① 康德：《未来形而上学导论》。
② 康德：《自然通史与天体理论》。
③ 康德：《未来形而上学导论》。
④ 康德：《世界公民观点之下的普遍历史观念》。

顺理成章，仿佛笛卡尔以来的一切二元论问题，至此均告解决。目的论终于把分裂成两橛的世界又统一起来。康德晚年的重点有逐步转移到历史和政治方面来的趋势。如 1793 年的《什么是理性范围以内的宗教》、1795 年的《永久和平论》、1798 年的《系科之争》。因此第四批判的提法，确属事出有因，且又查有实据，并非纯属想当然耳的杜撰。

"天意"一词原文为 Vorsehung（英文为 Providence，不知此词是否更应译作"天道"），是指"世界进程之中的合理性"，也就是"大自然"；康德更多的是使用"大自然"一词，他以为它比"天意"更适宜而且更谦虚。[①]大自然等于天意，这本来是 18 世纪流行的见解；法国大革命期间罗伯斯庇尔还举行过宗教仪式崇拜宇宙间至高无上的理性。伏尔泰笔下的戆第德（Candide），经历了无数的坎坷之后，终于得出结论说："还是得好好耕种自己的园地"；康德谈了那么多历史哲学之后的结论是："我们应该满足于天意"[②]，大自然的规划如此，我们就必须在它面前谦卑。这谦卑并非是要求人们退缩，而是要求他们进取，要求他们尽自己的义务，也就是要珍重自己的权利和自由。如果不珍重这个自由权利，那就是卢梭所说的"放弃自己作人的权利"[③]了。自由、以自由为基础的道德律和权利，决不是一句空话，它是驾驭人类历史的大经大法。一切政治都必须以它为原则，否则政治就会堕落为一场玩弄权术。从根本上说，政治和道德是统一的，此外一切形式的马基雅维里主义（或"洋法家"）在理论上（因而也就在实践上）都是站不住脚的。康德反复申说的基本论点是：人是目的，不是工具。（所以他一定不会同意任何的"驯服工具论"。）人本身就是目的，是大自然的目的；所以"有理性的生物（人）一律平等"。[④]人以其天赋的尊严都是平等的，否认这一点就只是宣扬奴隶道德。任何统治者如若把自己的同胞当

---

① 参看康德:《永久和平论》。
② 康德:《人类历史起源臆测》。
③ 卢梭:《社会契约论》，第一卷，第四章。
④ 康德:《人类历史起源臆测》。

作是工具，那就"违反造化本身的终极目的了"。①"你不能以别人为工具"
这一准则落实到政治层面上便是："凡是人民所不会加之于其自身的东西，
立法者就不得加之于人民。"②其后，黑格尔却由此走入只问目的、不择手
段的地步，以目的来论证手段的正当性（洛克认为：你不能用一种坏手段
达到一个好目的），从而否定了道德至高无上的地位；而在康德，则道德在
任何情况下都绝对是第一位的。

从柏拉图以来就有一种"哲人王"的理想，宣扬应该由最有智慧的天
才来统治子民百姓。康德反对这种理想，一则因为它在理论上违反了人的
尊严和权利，二则因为它在实践上行不通。我们之所以"不能期待国王哲
学化，或者哲学家成为国王，也不能这样希望"，是"因为掌握了权力，
就不可避免会败坏理性的自由判断"。而且更可悲的事实是："一旦掌握了
权力，谁都不肯让人民去替他制订立法。"③权力把仆人转化为主人，也就
把主人转化为仆人。如果从哲学理论再回到历史现实上来，那么 18 世纪
的民主思想（康德是它当之无愧的哲学代言人），其出发点仍然只是一种
信念；例如，他的所谓人是目的（以及人人自由平等），《独立宣言》的"一
切人都生来平等"、"生存权、自由权和追求幸福之权"都是自明的真理，
《人权宣言》的"人在权利上是生而自由平等的"，"它们（人权）是自由权、
财产权、安全权和抵抗压迫之权"，等等。这种信念一直持续到现代，如
二次大战中，1941 年初罗斯福提出的四大自由，同年《大西洋宪章》所重
申的自由理想。但是这里除了信念而外，确实再没有任何别的什么可以论
证这些命题的正确性和必然性。一个怀有不同信念的人，完全有理由拒绝
它们（如 1966 年《五·一六通知》）。

对任何一种理论，恐怕既不应从单纯的外部环境加以解释而无视其内
在的价值，也不应单纯着眼于其内在价值而无视其外部的环境。单纯从时
代背景来说明思想，不免陷于庸俗唯物论；而不考虑时代的制约则不免陷

---

① 康德:《重提这个问题:人类是在不断朝着改善前进吗？》。
② 康德:《论通常的说法:这在理论上可能是正确的，但在实践上是行不通的》。
③ 康德:《永久和平论》。

于形而上学的独断论。对康德历史哲学的二律背反，似亦可作如是观。

六

康德历史哲学的努力究竟是成功了呢，还是失败了呢？Fackenheim、Mazlish 等人都以为它是一场失败。不过我想，这恐怕有赖于我们怎样看问题。就经验的真理要求证实、从而必须摒弃一切形而上的公设（postulate）而言，任何一种要建立思辨历史哲学的企图都肯定是要失败的，康德也不例外。凡是企图建立在经验基础之上的历史哲学，都必然受到不断变化着的经验事实所修正，所以永远达不到一个完整的体系。但就建立一种先验的思辨历史哲学而言，情形就不同了。正如自由、平等之类的观念，历来不知有多少人根据历史事实加以驳斥，而且本来它在历史事实上也是毫无根据的；但是权利作为一种形而上学的公设，却至今并未丧失它的地位和立论的力量。也有论者（如柯林武德）以为康德在理论上没有能解决他那历史学的二律背反。如果确系如此，那么至少应该承认，康德已经在尽可能大的限度上做出了这一尝试；而且还应该说，他比任何别人都做得更好、更高明、更能一贯自圆。须知这是一个永恒的问题，是不可能有最终答案的，我们也不能这样苛求。古往今来，无论哪种理论，我们都不能要求它就是万古不易的定案；如果真理就明摆好了在那里，人类知识还有什么进步可言？我们对它的评价只能是看：它提供了什么（以及多少）有价值、有深度的智慧是启发了后人的思想的。

康德对历史之高瞻远瞩，他之"观察人生是那么地健全"（M. Arnold 评莎士比亚语），那绝非是皓首穷经的腐儒所能梦见。只有在这样一个"世界公民"的观点之下，历史才有可能屹立为一座宏伟的大厦，而不再是一堆了无生气的断烂朝报。如果我们也采取康德的办法来考察康德，似乎也不妨把他的理论分解为两个部分：一部分是经验性的，是一定时间、地点和条件的产物并且随之而变；一部分则是纯形式的，是不随时间、地点和条件而变的。规律也可分为两种：普遍的和特殊的。普遍的是不以时间、地点和条件为转移的，特殊的则随之而转移。任何特殊的都不能独立于普遍的之外。（否则，普遍的就不成其为普遍的了。）特殊首先是必须服从普遍，然后才谈得到特殊。理性对于一切人是普遍的；任何人首先都是一个世界公民，是从普遍理性的角度看待历史的。这个普遍历史是一切国家、一切民族的特殊历史所莫之能外的。我们不能脱离共性而侈谈特性，世界上不存在脱离于普遍性之外的特殊性。康德毕生所追求的正是这种普遍有效性。这里姑引一则具体事例来说明。一个世纪以前，有些中国人以为三纲五常是中国特殊的国情，有些洋人则认为男人梳猪尾巴，女人裹小脚，男女都吸鸦片烟是中国特殊的国情。而且的确，举世之中妇女缠足的唯有中国，你能说它不是中国的特点和国情吗？半个世纪以前，有人反对马克思主义，其最振振有词的一条理由就是马克思主义不适合中国国情。世上有没有特殊国情这种东西？大概是有的。究竟应该怎么理解？大概也可以言人人殊。不过，超乎国情和特点之上的，首先是普遍真理，即历史潮流的合目的性和合规律性，——它是人心所向和大势所趋，是放之四海而皆准、俟诸百世而不惑的。人是可以改造的（不是注定了非要裹小脚和吸大烟不可的），历史是人创造的，人是历史的主人，不是历史的奴隶。故此康德一面探讨普遍历史观念，一面同时就着意宣扬自由、权利与和平。这一"天行健，君子以自强不息"的观点，乃是他理论中最有价值、最有生命力的组成部分之一。

　　启蒙思想的出发点和归宿是理性。理性就是人的阿尔法和欧米茄。但为什么就是"理性"呢？可不可以是别的呢？例如，能不能换成"信仰"、"感情"、"存在"、"阶级"、"国家"或者其他的什么呢？看来一切时代的思想理论都有其视之为理所当然的公理（axiom），那是自明的、不言而喻的和不可究诘的。到了另一个时代却未必就接受同样的公理了。每个时代、民族、集群各有其奉之为神圣不可侵犯的信条；人情如此，似甚难拂。使今天读者在两个世纪之后惊异不止的，倒不是康德所假设的信条，而是他在这个基础上竟然能够筑起一座如此之远远超出自己时代局限的美轮美奂。当然，这并不意味着它就是完美无缺的。我以为他理论的最大问题是，他并没有对他所应该提出的一个根本问题做出交代，他甚至没有明确提到这个问题。他的哲学教导说：我们在认识外界之前，首先应该认识我们自身的认识能力，亦即我们首先应该回答：我们的认识是如何可能的？这是《纯粹理性批判》的中心问题。准此，则我们在认识历史之前，是不是也应该首先认识我们自身对历史的认识能力呢？或者说，在阐叙历史的形而上学之前，是不是也应该首先问一下，我们的历史知识是如何可能的呢？如果不经过这一批判便径直着手对历史做出形而上学的论断，岂不是正如康德自己所谴责的，飞鸟想要超过自己的影子吗？康德解答了几何学如何可能的问题、物理学如何可能的问题以及形而上学为什么不可能的问题。但是他并没有提出历史学是如何可能的问题，就径直着手去探讨历史的形而上学，好像根本没有考虑到历史认识的能力也是需要批判的，——竟好像要等到 20 世纪的分析历史哲学才"重提这个问题"。是康德的理论前后有未能一贯之处呢，还是他对这个问题别有义解呢？

两千年来我国有五德终始、三统三世、一文一质、治乱分合等一系列的历史哲学，但很少达到严格意义上的思辨高度。近代史上梁启超、王国维、蔡元培几位大师均曾接受过康德，并对中国思想界曾有或多或少的影响，但都没有涉及他的历史理性。据说，读哲学是绕不过康德这一关的；若然，是不是读历史哲学也不应绕过他的第四批判这一关呢？研究他的第四批判的，国外已有多家，国内就我所见，仅有浦薛凤、李泽厚两书；两书均为好学深思的成果，非拾人牙慧者可比，足觇我国学术研究的水平。读者如欲探骊得珠，自然还须阅读康德的本文。在翻译此书过程中，我自己也曾稍尝个中甘苦；拉杂写下个人感受，聊以应《读书》编者之雅令。

本文曾分两部分，分别刊载于《读书》（1992 年第 8 期）
与《哲学评论》（1993 年第 1 期），现仍合为一文。

论克罗齐的史学思想

一 生平、活动、思想渊源

现代西方的新黑格尔主义，一般公认以克罗齐和柯林武德最为大师；两人同为哲学家而兼历史学家，因此具有哲学家所罕见的历史学训练和历史学家所罕见的哲学深度；两人的史学理论在当代曾各擅风骚。克罗齐年长于柯林武德 23 岁，但较他晚死 9 年。柯林武德在二次大战期间逝世（1943 年），享年仅 54 岁；而克罗齐则亲眼及见二次大战以后的世界，并曾参与战后的政治活动，1952 年以 86 岁高龄去世。

在西方当代思想家之中，克罗齐的名字较早地就已为中国的读者所知。他之所以在中国知名，是因为 30 年代他的《美学原理》一书已有傅东华先生的译本，而尤其是因为有中国现代美学权威朱光潜先生为之大力介绍。朱先生不但写过有关的专文，并且在他的几部美学著作中着重阐述了他所谓的从康德到克罗齐一线相承的美学（这个提法是否妥当，也值得考虑）。美中不足的是，我以为朱先生过分看重了自觉的因素。例如，他谈到黑格尔的理论时说，黑格尔把宇宙浑身上下都看成是七窍玲珑的理性，我们谁在感受美的时候，意识到了宇宙的理性呢？这样就把黑格尔的理性轻轻一笔勾销了。朱先生好像完全没有觉察到：有无此理性是一回事，至于我们意识到它与否又是另一回事。他在谈到克罗齐的思想时，也不免有此倾向。这当然是题外的话。

1866 年 2 月 25 日，克罗齐（Benedetto Croce）出生于意大利中部阿布罗济（Abruzzi）的佩卡索罗里（Pescasseroli）一个富裕的地主家庭，1883—1886 年就读于罗马大学，此后一生大部分时间都在意大利南部的那不勒斯度过；他基本上是一个意大利土生土长的思想家。从 1903 至 1943 年，他最初是和金蒂莱（G. Gentile，1875—1944）一起主编意大利颇有影响的《批评》（La Critica）杂志，长达 40 年之久。第一次世界大战前，他任意大利王国终身参议员，战后于 1920—1921 年曾任教育部长。20 年代初墨索里尼的法西斯当权后，大力宣扬狭隘的爱国主义，这一点投合了克罗齐；但是他的自由主义立场毕竟与法西斯主义格格不入。1925 年金蒂莱投靠法西斯政权，发表了《法西斯知识分子宣言》，克罗齐对此提出公开抗议并与墨索里尼的法西斯政权决裂，退出了政界。此后他终生坚持着反法西斯的立场，始终留在意大利国内，没有出国，过着半隐居的学术生活，在理论上不断地反对法西斯主义；这的确是需要有很大的道义上的勇气的。西方学者有不少人都认为法西斯主义应该从德意两个民族的历史文化中去寻找它的根源。但是他（也像同时代的德国历史学家梅尼克[①]一样）不承认自己民族的历史文化中有任何这类的因素。他以反法西斯的自由主义立场写出了他的名著《那不勒斯史》，继之而来的《十九世纪欧洲史》更是一纸自由主义的宣言书。[②]1943 年，意大利法西斯政权垮台，他出任意大利自由党主席（至 1947 年）。战后 1946—1947 年他任制宪会议成员，1947年在那不勒斯创建意大利历史研究所，1948 年任共和国参议员。在当代的意大利和西欧，他都是一个有重大影响的思想家，他主要地是从唯心主义立场上反对此前西方风靡一时的实证主义思潮，同时他还是西方知识界反法西斯的领袖人物之一。他一生先后获得过美国哥伦比亚大学、英国牛津大学、德国马堡大学和弗莱堡大学的多种荣誉称号，1952 年 11 月 20 日病

---

①　按"历史主义"一词有各种不同的涵义，克罗齐和梅尼克两人均被人称为"历史主义"，但两人的理论观点迥不相侔。可参见 Robert A. Bois, "Two Poles within Historicism: Croce and Meinecke"，载 *Journal of History of Ideas* v. 31, no. 2（summer, 1970）。

②　关于克罗齐的政治态度与活动，可参见 Denis M. Smith, "B. Croce: History and Politics"，载 W. Laguer ed., *Historians in Politics*, London, SAGE Pub., 1974, pp. 147-67。

逝于那不勒斯。

克罗齐一生著作宏富，共达七十余部之多，其中主要的有：《历史唯物主义与马克思经济学》(Bari，Laterza，1900)、《作为表现科学的美学与普遍语言学》(Bari，Laterza，1902)、《作为纯概念科学的逻辑学》(Bari，Laterza，1909)、《实践、经济与伦理的哲学》(Bari，Laterza，1909)、《维科的哲学》(Bari，Laterza，1911)、《黑格尔哲学中的死的和活的》(Bari，Laterza，1913)、《历史学的理论和历史》(Bari，Laterza，1917)、《伦理和政治》(Bari，Laterza，1922)、《作为自由的故事的历史》(Bari，Laterza，1938)、《哲学与历史学》(Bari，Laterza，1949)、《论文集》(Milano，Ricciardi，1951)等。以上美学、逻辑学、实践哲学与历史学四部书，构成了他整个"精神哲学"的理论体系。另外，他还写了有关欧洲史、意大利史、文学理论与批评各方面的著作多种。他的主要著作大部分均已有英译本，尤以 Douglas Ainslie 的译本为多，Ainslie 还曾写有一部《克罗齐的哲学》。他论美学、历史学和黑格尔哲学的三部著作均已有中译本（由英译本转译）。他还写过一部英文的《自传》(Oxford，Clarendon，1927)。他原曾设想写一套有关政治行为的纯经济（实践）理论，但后来放弃了原计划。克罗齐死后，S. Borsari 编纂有《克罗齐全集》(Naples，1964)。A. R. Caponigri 编过一部他的英文选集《历史与自由》(London，1955)。研究他的思想的著作有 R. Picaoli、C. Sprigge、De Gemero、G. Orsini 和 F. Nicolini 各家的专著。有关他的著作详目，可参见 G. Orsini《克罗齐：艺术与文学批评的哲学家》一书(Carbondale，South Ill. Univ. Pr.，1961)中附录（2）《克罗齐著作目录》。

克罗齐的思想来源颇为驳杂。他受了意大利 18 世纪的维科和 19 世纪的桑克提斯(de Sanctis，1817—1883)两位理论家的影响，认为美感（直觉）也是一种认识，是认识的原始形态，即不是概念的知识形态而是对个体事物或内心感受的知觉。他使用的直觉一词则来源于康德。历史学是对事物的种种直觉加以整理，所以历史学也是艺术的另一种形式（或 sub-form）。克罗齐一生对文学极感兴趣，他的研究也每每侧重于文学方面，故而他总是强调美学之作为普遍科学的那一方面。他的著名的公式"直觉即表现"①即包括一切非概念的表达形式在内。

以往的历史哲学家，大多是由哲学走向历史，而克罗齐则是由历史走入哲学。他年轻时即以研究那不勒斯（Neopolitan）史而闻名，并由历史研究而开始思考历史学这门学科的本性问题。他得出的答案是：历史学是对于个体的知识。科学是普遍的知识，而对个体的知识就不是通常意义的科学了。维科把人类历史看作是由想象（fantasia）朝着合理性、由暴力朝着道德的过渡；克罗齐对此加以改造，认为直觉（想象）、逻辑、功利、道德并非是各个不同历史阶段的不同表现，而只是同一个精神的永恒表现，这一表现就成其为历史。

19世纪实证主义思潮风靡西欧，也席卷了意大利。但当时执意大利文坛理论牛耳的桑克提斯则是个黑格尔派，他引导了克罗齐与实证主义决裂并决定性地走上了历史唯心主义的道路。克罗齐又从学于意大利马克思主义理论家拉布里奥拉（Antonio Labriola，1843—1904），从他那里学到赫尔巴特和马克思。学了马克思以后，克罗齐还曾一度自命是马克思主义的社会主义者；不久，克罗齐就放弃了马克思主义，在以上诸人（后来特别是在黑格尔）的思想影响之下，他逐步酝酿出自己的精神哲学体系。对他的体系，意大利另一位马克思主义理论家葛兰西（Antonio Gramsci，1891—1937）曾从马克思主义的立场上进行过批判。我们国内过去长期以来的习惯是批判假马克思主义，即批判那些自己号称是马克思主义而被认为并非是马克思主义的人。但是我们却不习惯于另一项任务，即如何批判那些不以马克思主义自命，却在不同程度上受到了马克思影响的人（无论是正面地或反面地，直接地或间接地）。就历史学的思想理论而言，这里的克罗齐是一个例子，法国的年鉴派史学也是一个例子。

克罗齐在当代西方以新黑格尔学派知名。不过，所谓新黑格尔学派，也像新康德学派或其他的什么学派一样，并没有一个严格的组织形式。凡

① 克罗齐:《美学》，英译本，London，Macmillan，1909年，第19页。

是在思想上与黑格尔有较多渊源的，便被列入新黑格尔派，所以这类名称带有很大的随意性和灵活度，而与政治党派团体之具有严格的组织形式、纪律和信条，不可等量齐观。克罗齐的思想一方面虽然脱胎于黑格尔，但同时另一方面又与黑格尔有着重大的歧异。

历史是自由的故事这一基本观念，克罗齐得自黑格尔。在黑格尔，历史就是精神的自我展开，也就是哲学，因此哲学和历史是同一回事。哲学和历史同一，也就意味着哲学与哲学史同一。黑格尔把国家看作是精神在历史展现中的载体和伦理的生命。克罗齐的看法原与黑格尔的不同，克罗齐把政治首先不看作是伦理观念的体现，而是在引导着人类的私利使之得以秩序化的一种经济技术。法西斯主义的崛起使他改变了看法。他逐渐认为精神的真正载体只能是个人，而不是国家或集体。普遍的伦理只能是在历史之中实现，政治则只是在历史学家的意识之中才能被提升到道德的高度。哲学和历史学就是这样合为一体的。在黑格尔，精神本身就是历史；在克罗齐，历史乃是精神的行动。两人的观点有同有异，或者更准确地说，是同中有异，异中有同。因此，克罗齐自称他的历史理论是绝对的历史主义，以有别于其他各式各样的历史主义。

克罗齐不同于黑格尔的另一重要之点是：他扬弃了黑格尔那种对历史的先验论证，尤其是他不同意黑格尔所强调的理性的狡猾（die List der Vernunft），即认为人是理性或世界精神的驯服工具；他强调的是历史全然是人的理性精神的自觉。[①] 换句话说，在克罗齐看来，黑格尔是以哲学牺牲了历史，也就是黑格尔并没有真正做到使哲学与历史同一，而是陷入了克罗齐所极力反对的二元论。至于黑格尔以后的实证主义潮流，实际上乃是近代科学的产物，它以科学为通向真理的唯一途径，甚至于以科学为一切理论与实践的最高审判官和最后归宿。克罗齐则认为哲学的取向应该既不是实证的，也不是形而上学的或神学的，而应该是历史的，——这就是

---

① 参见克罗齐:《黑格尔哲学中的死的和活的》，英译本，London，Macmillan，1915 年，第 82~89 页。

他所称为的新史学。

西方哲学传统上把精神活动分为三个领域，分别是真、美、善。克罗齐则分为理论与实际，理论包括直觉和逻辑，实践则包括效益和伦理，由这四者合成为精神整体。比起传统的真、美、善三分法来，这里多了一个"益"（即效益或有用，utility）。这是由于克罗齐在研究了英国古典经济学和马克思的著作以后，发现对经济效益的计算不仅是理性的过程，而且经济行为就包括历史判断在内。但是所谓"益"或有用，只是对于某种目的而言，所以最根本的东西仍然是生命或精神。晚年的克罗齐有逐渐返于宗教信仰的倾向。

克罗齐的思想在 20 世纪上半叶的西方影响甚大而且是多方面的，如柯林武德就是直接受他影响的例子之一。第二次世界大战后，他的影响似已渐入尾声，那原因大概至少部分地是由于历史学乃是一门经验的科学，是要随着我们经验的变化而变化的，包括史料的变化、方法的变化、观念的变化以及过去历史对今天的影响和作用的变化，如此等等。假如历史学真的有了（或者发现了）一种可以以不变应万变的理论，那就——和历史上许多伟大理论体系的构造者们的工作一样——只能是一种先验的体系。然而这和历史学的本性又恰好是相违反的。因此，我们大概就只能把任何一种历史思想或理论都看成是那个时代某些思潮的产物；它本身就是历史的一部分，并且是史学研究的重要对象。

二　历史与哲学、历史思维与哲学思维的同一

为了说明克罗齐的独特思路，我们不妨假设如下这样一场很简单的辩论。一个唯物论者说：这张桌子是客观存在的，你知觉到它，它是存在的，你不知觉到它，它也是存在的。难道你闭上眼睛，看不见它，它就不存在了吗？可见它的存在，并不有赖于你的知觉。一个唯心论者则回答说：存在就是被知觉；这个桌子存在是由于我知觉到了它的缘故。假如我不知觉它，——例如，我看不见它，——但总还有别人看见它或者可以以其他方

式知觉到它，如果是没有任何人能以任何方式知觉到它，那么我们根据什么说它存在呢？假如你说，世界上有一个 X 存在，但是没有任何人能以任何方式知觉到它，那么所谓 X 存在岂不是一句空话了吗？

这种推论方式不仅可以应用于日常生活中的桌子，也同样可以应用于形而上学的根本命题，如上帝存在。一个无神论者说：根本就不存在上帝，有谁看见过上帝？一个有神论者则可以振振有词地回答说：上帝是无所不在的，难道你没有看见他，他就不存在了吗？不管你看见没有，他还是客观存在的。这里的推论方式，一如上面双方辩论桌子存在的方式；——只不过这次是有神论者采取了唯物论者的思路，而无神论者则采取了唯心论的思路。

克罗齐的精神哲学——精神即存在——似乎距离日常生活经验太远，显得不大好懂。以上的例子或许可以有助于说明，克罗齐的"精神"并不像它乍看上去那么神秘难解。"精神"是客观存在，就像桌子或上帝都是客观存在。是客观存在，就必定有它的历史；或者说，历史就是客观存在（精神）的历史。恩格斯认为哲学的根本问题是思维和存在的关系问题①，因此思维当然就不是存在。如果思维就是存在，就不发生思维对存在的关系问题了。但是也有人（而且是号称宣传马克思主义的唯物论者）则断言：你不要以为你那（当然是"反动的"）思想别人看不见，摸不着，它就不存在了。你的思想是客观存在，既然是客观存在，就会有表现，别人就不会不知道，请注意这个提法：思想也是客观存在。它颇有似于对克罗齐唯心史观一种简单化了的表达方式，即（一）思想（精神）是客观存在的，（二）它必然要表现它自己（历史），因此，（三）它就以这种方式为我们所认知。假如说，我们对克罗齐的理论感到陌生，我们大概都不会对上述这种为我们耳熟能详的说法感到有什么陌生或不好理解。

简单地说，在克罗齐，精神乃是唯一的实在；一切存在都仅仅是精神及其表现，此外再无所谓任何客观存在。故此，哲学就只能是精神哲学，

---

① 　参看《马克思恩格斯选集》，北京，人民出版社，1972 年，第 4 卷，第 219 页。

此外别无所谓哲学。精神就其是理论或概念的活动而言就是逻辑，就其是实践或具体的过程而言就是历史。美感、逻辑、经济、伦理四者构成为整个精神的四位一体，这就是克罗齐的理论体系。它可以归结为一个简单的公式：直觉（美感）——逻辑（认识）——实践（功利）——伦理（道德）。这个整体的活动就是历史，也就是哲学。由此而得的结论便是：历史即哲学，哲学即历史。

史料是历史学家步入历史学殿堂的凭借，但是史料只是素材或记录，它们本身不能独立自存；只有当它们融入历史学家的精神时，才成为历史学。精神认识并不是一面镜子，只是在消极地反映外界事物而已。只有当事物构成为精神整体之不可分割的组成部分时，它才成为历史。否则，它就不是历史；正有如前面所说的，未被知觉的事物就无所谓存在那样。一个游离于人类精神之外的孤立事物或事件，假如有的话，也是根本没有历史可言的。自然科学可以假设有独立于人的精神之外的存在，而历史学则不能；历史学中的存在就只是，而且完全是精神中的存在。换句话说，凡是不构成为我们精神整体的，就不是历史，也不是历史学。

真正的认识可以说是始自直觉。直觉是对个体事物的直接认知，而概念则是对事物的普遍性的理论认识；与此相应，对个别事物的实践活动便是经济效用，对一般概念的实践活动就成为伦理道德。问题是：直觉是艺术，艺术是抒情的，是表达一种感情的；而感情的表达又何以能成为一种认知，或者至少是成为一种特殊的认知？对此，克罗齐的解释是：一切直觉都是有其宇宙性的一面，它们赋给人以对于普遍精神的经验。这并不是什么抽象的东西，而是精神自身的活动在个人的和人类的历史中体现它自己；这就是宇宙性（cosmic）的东西。这类直觉在一般人看来是很难称之为某种感情的，而且也是克罗齐与浪漫派不同之处。浪漫派讲求感情奔放，古典派则注重规矩；这二者都不被克罗齐认为是正道。[①] 在克罗齐，人类的精神就这样由直觉而概念，由认识而实践，由实用而道德，从而形成一场

---

① 有趣的是，克罗齐以之作为宇宙性诗人的典型的，既非但丁，也非歌德，而是亚里奥斯多。

精神的循环。但是他并未明确地表示历史或历史意识是不是也可以是诗意直觉的内容与对象，他只是仿佛在说，精神由直觉出发，漫游了一个圈子，又回到了诗。

对以上问题，克罗齐的解决办法似乎是说：价值并不是判断，而只是表现；价值并不有赖于存在，而是存在有赖于价值。而且直觉即是表现，所以就无所谓真实与不真实之分。他认为黑格尔的贡献就在于，黑格尔提出了实在乃是对立面双方的合题。实在的灵魂就在于对立；而反题则是发展的源泉，没有错误就没有真理。真是对与错的统一，美是美与丑的统一，益是益与损的统一，善是善与恶的统一。所有的美、益、真、善都是相对于人而存在的，自然界本身无所谓丑、假、损、恶。因此，黑格尔把他的辩证法引申到自然界，便是错误的。自然科学也在总结规律，推论事实；但对于美、真、益、善却是无能为力的。

按照卡尔（H. W. Carr）的解说，克罗齐的意旨可以理解为是指智慧，而不是（或不仅只是）指知识，知识纯粹是对客体的认识，而智慧则在于以精神全部有血有肉的具体性来把握实在。[1] 本来在古希腊，哲学一词的意思就是爱智慧，重点在于追求人生的智慧，包括全部精神活动（或康德所谓的全部灵魂能力，alle Seelenvermögen oder Fahigkeiten）在内，非仅是指了解客观世界的纯粹理性（悟性）而已。这种智慧在静观上就成其为艺术，而在行动上则成其为历史。在这种历史之中，并不存在心与物、主与客、思维与存在的对立。所谓历史就是哲学或哲学就是历史，也就意味着：思维就是历史，历史就是思维。换句话说，真正的思维永远都既是哲学，又是历史。当然，这种见解与日常的观念相去太远，有悖于人们的常识。但是只要我们能够想到一个历史学家不可能对历史事实是完全中立的，他总会不可避免地要受到自己的世界观、价值观和哲学见解（或信念）的支配；那么克罗齐的观点就在某种程度上或某种意义上可以自圆其说，因为承认了这一点也就是承认了历史学之认同于哲学。

---

[1]　参看 H. W. Carr, *The Philosophy of Croce*, New York, Russell and Russell, 1969, p. 693.

　　剩下的问题便是怎样正确地处理这二者的同一性问题。关于历史学与哲学的同一性，克罗齐在其《逻辑学》第二部第四章中曾反复加以申说。通常我们所谓的认识或知识，基本上是通过概念分析的方式（如，人是脊椎动物）。但是历史学还需要有生活的体验，有的人称之为生命，克罗齐则称之为精神，也就是说它本质上是一种精神境界。单只澄清我们的逻辑概念，那思路只能停留在语言文字的水平上；只有深入体验生命本身，才能掌握到精神的（因而是历史的）实在。因此也可以说，历史即实在，实在即历史；也因此克罗齐就得出了这样的概括："唯有生命与实在才是历史。"[1] 艺术和历史就穷尽了全部的实在；所谓人就是艺术家而兼哲学家（即历史学家）。既然历史学即哲学，哲学即历史学，所以就并不存在历史学家的思想与哲学家的思想之别[2]；历史思维即哲学思维，哲学思维即历史思维，二者乃是同一回事。

　　成为问题的是：我们怎样给真实或实在（the real, reality）下一个正确的定义。[3] 这大概就涉及一个不可说的领域了。克罗齐的意思是说：对知识的不同形态加以区分，当然是哲学的必要工作，但它并不是哲学本身；哲学本身必须归结为对精神之不可分的整体的认识，整体生命不等于各个部分的组合，理论与实践（知与行）也并非是两件事（哪怕是两件事的一阕协奏曲），两者乃是同一个不可分的整体生命。这会使我们中国读者联想到王阳明的知行合一。绝对唯心论的基本结构，古今中外大抵不外如是。精神既是唯一的存在，所以凡在精神中不存在的，就都是虚幻。全部精神活动，——包括理论的（直觉和概念）和实践的（特殊的[经济]和普遍的[伦理]），——就是历史。它的原则就是历史哲学，所以哲学同时就是对史学方法论的研究。实在或历史就是精神，其中主与客、一与多、理论与实践都结合为一体。没有什么是在精神之外的，一切人和事、一切知识

---

① Croce, *History as the Story of Liberty*, New York, Harcourt, Brace and Co. 1941, p. 65.

② Cf. Croce, *History: Its Theory and Practice*, New York, Harcourt, Brace and Co. 1923, pp. 176-7.

③ 关于这一点可参看一篇有趣的文章：Paul Ricoeur, *The Reality of the Historical Past*, Milwaukee, Marquette Univ. Pr. 1984, p. 51.

和思想，都是精神统一体的有机组成部分。如果借用一个术语，不妨说精神乃是一切综合（合题）的先验的综合。世界和历史都是精神自身的展开，而历史的真实性全在于它就构成为这一精神演化的契机。一切存在都是内在于（immanent in）精神的，精神就表现为自然和人的世界，两者在根本上是一体的。克罗齐所谓的精神循环（the circle of the spirit）就包含着理论必定要以实践为其目标或归宿；这样，就可以避免康德的纯粹理性（实际上即悟性或智性）那种客观式的认识。任何一种直觉，同时也都表现为一种心灵状态。不然的话，它就完全没有理论价值了。

　　历史学是对实在的判断，而对实在的判断就包括有美、真、益、善的观念，这就是说历史学是要从两种理论的（直觉的、概念的）和两种实践的（经济的、伦理的）观点进行考察的。科学并不这样考察问题，所以并不能成为真正的知识。精神的各种形式总是展现为一种独一无二的自发性；但这种自发性却唯有在道德的层次上才有"自由"，所以历史就是一篇"自由的故事"。直觉是我们在想象中表现人类精神的某一个个体，概念则把它们结合于精神而成为一个整体。概念以直觉为材料，所以直觉也被包含在逻辑之内。概念虽然以直觉为前提，但不是从其中推导出来的；反之，对直觉的处理却必须以概念为前提。这就是克罗齐所标榜的"差异辩证法"；他认为这比黑格尔对立统一的辩证法来得更为高明，因为在这里直觉作用和概念作用两种功能本身都不是独立的，而是既互相区别又互相依存的。这一论点有与康德相似之处，但又与康德不同；因为在克罗齐这里，唯一的知识乃是历史的知识，即唯有历史判断才能使用"真""假"这类的谓语。科学的判断都是在和抽象的共相打交道，实际上乃是对美学和历史经验进行加工。科学是有用的，但并不能达到对世界本质的理性直觉那种真正的知识。

　　世上没有任何行动是没有思想的，也没有任何思想是没有表现的（艺术或语言）。思想可以没有行动，行动不能没有思想；自利可以没有道德，道德不能没有自利。正是因此，马基雅维里之区分了政治和道德，就做出了一项了不起的贡献。如果纯从经济（功用）着眼，我们就会得出来霍布斯的自然状态和国家。但是道德所提出的义务要求却是超乎私利之上的，它体现着普遍的精神价值，或者（用较诗意的术语来说是）"宇宙的和谐"。道德乃是精神整体的自觉，——这就是真正历史学的观点。由此出发，克罗齐就得出了一种与实证主义相对立的人文主义，——它不是抽象的，而是具体的人文主义；这种人文主义乃是"彻底的人性（all humanity）或精神性"，它既不是自然的，又不是超人的或任何意义上的超越的，它就内在于人生之中，而不是在人生以外的什么地方；它就是人生。"按照这一观念，历史就不再单纯是自然界的产物，也不是一个超尘世的上帝的作品，所以它就不是经验的和不真实的、随时都会中断的个人的无能作品，而是那样一种个人作品，它是真正真实的，而且是永恒的精神在个性化着它自身。"① 所谓哲学与历史学的同一，其涵义不外如此。

　　克罗齐理论的一大特征是他极力反对历来的二元论，并力图代之以他的精神一元论。自从笛卡尔以来，近代思想每每陷于精神对物质、思维对存在、当然对实然双方分裂而无法统一之苦。与此相应，人们就采取了一种办法，即强行区别所谓事实判断和价值判断。这或许也是属于人类思想史上的那类永恒问题之列，是永远没有最终答案的。克罗齐对此的解决办法是把实在认同为精神及其活动。康德承认在人类的理性能力之外，还有外在世界的物自身，黑格尔也承认自然界的存在；而克罗齐则径直即以精神等同于全部实在，把世界纳入精神之中，精神以外别无实在，从而直接把思维和存在、知和行浑然打成一片。所谓思想就是对行动的思想，所谓行动乃是思想的行动。知与行、理论与实践是相互依存并合为一体的。它们具有二重性，但绝非是二元论。以下引文可以表明他这一论点：

　　　　心灵（精神）与世界相吻合。自然界乃是心灵自身的一个契机或产物。因此，它就超越了唯物主义的或神学的原则。心灵就是世界，是演化着的世界；它既是一，又是多。

---

① 　Croce, *History: Its Theory and Practice*, p. 100.

　　这一心灵的自我意识就是哲学，它的历史就是它的哲学，它的哲学就是它的历史。①

归根结底，生活、思想、精神、历史乃是同一回事。故而在同书的另一个地方他又表明：

　　精神自身就是历史，在历史存在的每一瞬间都是历史的创造者，并且也是已往全部历史的结果。因此，精神就负载着它全部的历史，历史是与精神自身恰相吻合的。②

克罗齐认为以往一切历史哲学的偏差都在于它们是二元论的：

　　每一个历史哲学家都是一个自然主义者，因为他是个二元论者并设想有一个上帝（或者也可以说，有一种不以人的意志为转移的超人力量——引者）和一个世界，有一种加之于或从属于"观念"的事实，有一个目的的王国和因果的王国，或附庸的王国，有一座天城和一个多少是恶魔的或尘世的国度。③

克罗齐的着意所在，就是打通这种被割裂开来的两橛，把两者通体打成一片，从而形成一种彻底一元论的历史理论。或者，也可以换另外一种简单的方式表述，即历史是精神的表现。由物质所得出的历史只能是物质而不是精神，所以就不是历史。真正的历史只能是呈现于精神并且只能呈现为精神。都是由于有了活的精神，"死的历史就复活了，过去的历史就变成为现在"④。历史就是实在之表现为永恒的现在。也正是因此，哲学就是内在于历史的，而并非是在历史之外的。克罗齐认为这个理论就可以同时纠正或批驳许多错误的流俗史学观念，如认为历史学的对象是研究社会和制度，而个人价值则不占重要地位，这实际上就把历史整体割裂为抽象

---

①　Croce, *History*: *Its Theory and Practice*, p. 312.

②　Croce, *History*: *Its Theory and Practice*, p. 25.

③　Croce, *History*: *Its Theory and Practice*, p.68.

④　Croce, *History*: *Its Theory and Practice*, p. 24.

的精神史和抽象的个人史，因而就仍然是落入了二元论的陷阱。二元论的难题，只能是用精神的一元论来克服、来取代。

　　哲学与历史学的同一也就意味着，哲学为历史学提供了一种"方法论上的契机"。[①] 而已往一般的历史哲学，克罗齐则称之为"历史的主智主义（historical intellectualism）"[②]，它们实际上是把人、把历史学家本人置于历史之外在观察历史的，有如科学家之观察自然现象那样，并且还想要从其中抽出来普遍的概念和规律。但这是自然科学的方法，而不是历史学的方法。哲学和历史学的同一就意味着，在历史学家自身之外并没有所谓客观的事实，除了历史学家自身的精神而外，并无所谓客观的历史。这一论点的唯心主义性质是显而易见的，无须多说。如果仿照陆九渊的"宇宙便是吾心，吾心即是宇宙"[③]，"道外无事，事外无道"[④] 的提法，或者我们不妨简单地把它表述为：历史（世界）即是吾心（精神），吾心即是历史；哲学（道）以外无历史，历史（事）以外无哲学。克罗齐是这样看待历史和历史学的：历史学家总是在以自己的精神去拥抱、去融会、去把握自己研究的对象的，所以他所理解的历史必然同时也就是他自己精神的化身；不这样也是不可能的。为什么每一代人或每一个人总是不断地在改写历史？其最重要的原因之一就是，历史同时就是历史学家个人精神的体现。精神不断在发展，我们所见到、所理解、所写出的历史也就不断在发展和变化。在这种意义上我们似乎可以有条件地承认过去的历史都是当代史或者是当代史的一种反映。一切历史都是当代史（对这一论点的评论，详见下节），这个提法并不都错，但是需要把它放在一个正确的有效性范围之内，它并不是无条件的；否则，真理过了头，就会变成荒谬。

　　哲学与历史学同一，所以哲学家和历史学家同一；哲学家即是历史学

---

① Croce, *History*: *Its Theory and Practice*, p. 151. 又，Croce, *Logic as Science of Pure Concept*, Eng. tr. London, G. Harrap and Co. 1917, pp. 316-8.

② Croce, *Aesthetic*, Eng. tr. London, MacMillan, 1909, p. 65.

③ 陆九渊：《象山全集》，卷 22，《杂说》。

④ 陆九渊：《象山全集》，卷 35，《语录下》。

家，历史学家即是哲学家，两者都旨在把握精神活动的循环。历史学家治史，其本身就是一种哲学活动。既然历史学就是哲学，所以历史事件和过程就其本性而言就是精神活动的表现；历史绝不是外在于我们精神的某种东西。这和人们通常认为的历史乃是外在于我们的、过去的事件，就全然不同了。历史就存在于当下和当前，因此过去并非——如人们通常所设想的——是目前的某种条件。过去和当前是不可分地合为一体的。历史就是当前的存在，而并不是过去了的、现在已不复存在——通常人们所说的"已经成为历史"——的某种东西。因为精神本身就是历史，而并非是精神有一个历史；精神并不自外于它自身的历史。我们的历史就是我们的实在，而我们的实在就是我们的历史。这样，我们就不但对实在有了一种真正的（而非流俗的）看法，并且也对历史有了一种真正的（而非流俗的）看法。克罗齐的这一基本观点，从语法的角度来说，似乎也言之成理；不过它要想博得大多数人的首肯，恐怕还并不是那么轻而易举，还得要有大量更深入的、更具有说服力的论证。

　　从一个较浮浅的层次而言，历史学家所关心的是自己求知的操作技术，即用什么样的手段和方法才可以获得确凿的历史知识。但从一个较深的层次而言，哲学家所关心的是历史知识的性质，即历史知识是什么。一个真正的历史学家必然是一个真正的哲学家，这样的一个历史哲学家就会认识到，既然"精神的自我意识就是哲学，哲学就是它的历史，或者说历史就是它的哲学"[1]，所以，"历史知识并不是一种知识，它就是知识本身：它全然充满了并穷尽了人们认识的领域"[2]。它就是知识，它并不是某一种知识。哲学与历史学的这种同一性，乃是由哲学的本性和历史学的本性所使然。哲学不能脱离变化（历史），历史不能脱离普遍（哲学）；于是，这里当然的结论便是：哲学就是历史，历史就是哲学；哲学家就是历史学家，历史学家就是哲学家。在一个人的哲学中既活跃着、体现着他本人的生命，也

---

① Croce, *History: Its Theory and Practice*, p. 312.

② 同上。

活跃着、体现着全部的历史。和这种精神一元论相对立的，一方面是历史决定论，另一方面就是历史哲学。决定论是历史因果论，历史哲学则是历史目的论。[①] 而且说起来奇怪，两者最后都导向自古以来非人的或超人的[②]天意或天命（康德、黑格尔均有此提法）。因而克罗齐讥笑这两者说："历史决定论[③]和历史哲学双方互相驳斥，使每一方都成了空洞无物、一无所有。"[④] 摆脱这两者的唯一出路，就是精神一元论。

三　"一切真历史都是当代史"

约当 1908 年左右，克罗齐的理论即已大体形成，其中就包含有他所强调的历史与哲学的同一性的论点。其涵义是：历史学必定有其哲学，根本不存在没有哲学的历史。历史学家写史必定要运用某些思想和概念。另一方面，哲学同时也必定是历史。哲学是历史的产物，没有给定的某些历史条件，就不会产生某种如此这般的哲学；历史就活在哲学家的血肉里和骨髓里，一个哲学家的哲学就是他的历史的结晶。这一基本观念在他的《历史学的理论和历史》一书中，得到了更明确的表述。此书最初系用德文写成，于 1915 年在德国杜平根由 Mohr 出版社出版，与他的《美学》《逻辑学》《实践哲学》共四部，构成他《精神哲学》理论体系的基本著作。其后此书的意大利文本和英译本均改作《历史学的理论和历史》，后又改作《历史学的理论和实际》，中译本即系由此英译本转译。

此书开宗明义即从强调编年史（假历史学）与历史学（真历史学）的区别而入手；编年史是指没有生命的死的材料的堆积，而历史学则是指活

---

① Croce, *History: Its Theory and Practice*, p. 73.

② 人是自然的力量，超人的力量也是超自然的力量，因而是人的努力对之无能为力的、或者说是不以人的意志为转移的力量。

③ 按此处历史决定论一词为 historical determinism，而不是 historicism。如果把 historicism 也译作历史决定论，两个词就没有区别了；虽说 Popper 用 historicism 一词时，即指历史决定论。可参看波普尔：《历史主义的贫困》，中译本，北京，社会科学文献出版社，1987 年，第 2 页。

④ Croce, *History: Its Theory and Practice*, p. 70.

的历史。是活的历史，就必定是当代史，或者说是当前的历史。一个研究基督教史的历史学家，如果他本人今天缺乏对基督教的体认和感受，他就无法认识和表达福音书的真精神。一个研究法国大革命的历史学家，如果他本人今天缺乏对自由、平等、博爱的热情和感受，就无法认识和表现法国革命的真精神。这种精神是真历史的灵魂，一个历史学家不能只是漠然无动于衷地冷眼旁观，他必须把自己的精神投入其中。否则的话，他所写出来的东西就只能是编年，而决不可能是历史。由此就得到了他的史学理论的一条根本命题，即"一切真历史都是当代史"[1]。这个命题也是上述他的历史学与哲学二者同一的当然结论。真历史与编年史的不同就在于：历史本身（因而是真历史）有其固有的内在联系，而编年则只是依据时间顺序排比史料；前者是精神的活动，后者则是堆砌死文字。[2] 这一区别乃是真假历史学的分水岭。作为精神活动的真历史学，是有其"逻辑的秩序"的；至于"按时间排列"编年史那种"单纯的叙述，则只不过是我们随心所欲而陈述的一套空洞的言辞或公式而已"[3]。按，章学诚在《文史通义》中曾着重申说过记注和撰述之不同，大抵即是克罗齐所谓的编年与历史之不同。章学诚又区别"学"与"功力"之不同，又分别有"比次之书"、"独断之学"、"考索之功"三者[4]，均可与此相发明。

一切历史的本质就全在于其当代性。为了理解这一论点，我们应该记得克罗齐有关历史与精神（生命）二者一体的理论。这里的二者一体并非是指二者抽象的同一，而是指二者综合（即正、反、合的合题）的统一，其中就包括有二者的分与合都在内。我们如果根本没有欣赏过艺术，我们就写不出来一部真正的艺术史；我们如果没有生活过，我们就写不出一部真正的生活史。历史本身就是生活，就是现实的精神生活，此外不再是别的什么。我们的活生生的兴趣（或关怀）决不是对于已经死去了的过去的

---

[1] Croce, *History: Its Theory and Practice*, p. 12.

[2] Croce, *History: Its Theory and Practice*, p. 19.

[3] Croce, *History: Its Theory and Practice*, p. 18.

[4] 参见章学诚：《文史通义》卷二，内篇二《博约中》；卷五，内篇五《答客问中》。

兴趣（或关怀），而是对我们当前生活的兴趣（或关怀），是对存在于我们当前生活之中的那些过去的兴趣（或关怀）。这一论点显然与尔后柯林武德的论点是一脉相通的，即过去并没有死去，而是就活在现在之中。不过，人生和历史的内容是那么的繁复，任何一个历史学家又怎么可能完全地，全部地生活（克罗齐语）或重演（柯林武德语）个人的或人类的历史呢？于此，当代新黑格尔学派的这两位代表人物都没有做出能令人满意的，乃至能自圆其说的回答。

过去并非是不存在的，或者已经不存在了；过去就存在于当前之中。我们的精神或生活，实际上乃是我们的过去之存在于当前，而且是它在当前的最真实的存在。如果没有当前活生生的精神存在，那么说过去存在就只能是一句空话。我们说 X 存在，乃是由于它以某种方式和我们当前相联系着。就此而言，则活动、历程、存在、历史、生活、精神都是同义词。严格地说，现在只是一个点，并不占有时间，而且这个点也并非是过去和未来的分界点。实在就包括过去和未来都在内，这也就是历史。所以克罗齐强调："历史学决不是有关死亡的历史，而是有关生活的历史。"我们所了解的死者的历史都是"有关他们生时做了什么事的知识"，"是他们生活的历史而不是他们死亡的历史"。[1] 历史是从生活出发的，并且是归结到生活的；是从实在出发的，并且是归结到实在的。因此历史就是当代史，是当前的活着的东西，而不是死掉了的过去。这里这一理论的关键是：克罗齐不承认有思想之外的存在，而是只有思想才是存在的。按照通常的、常识的看法，独立于历史学家的知识和思想以外，曾经发生过有如此这般的事。历史学家的任务就是收集有关的事实，进行客观（不掺杂自己主观的思想好恶）的研究，然后总结出结论和规律来。这种态度和路数，也就是自然科学的方法。科学的方法被一般人看作是求知的唯一方法，它对于自然科学和历史学是一视同仁的。因而历史学被认为是科学，而且仅仅是、并且完全是科学。因此科学性乃是衡量历史学的唯一尺度。问题不在于历

---

[1] Croce, *History: Its Theory and Practice*, p. 92.

史学是不是科学，——这个问题对许多人来说是根本就不存在的；他们认为天经地义地历史学理所当然就是科学。他们的问题只是，历史学怎样成为科学，即历史学怎样才能够不断提高和完善自己的科学性。对历史学的这种看法，我们可以称之为唯科学主义的史学观。而唯精神主义的史学观则与之相反，它首先强调的是历史学与科学的不同，即历史学首先不是科学，因为它首先（和历史本身一样）乃是精神活动的产物，而不是现成的、被给定的自然对象。日月星辰、山河大地、风云雷电，这些都是自然界的现象，不是人类精神活动的产物；反之战争、革命、社会的改造、文明的进步等等历史现象，则完全是人类精神活动的产物，没有精神活动就没有历史。（当然，这里所谓"历史"一词不言而喻是指人类的文明史，而不是指自然史，如天体史、地球史，也不是指人类的自然史。）所以，历史研究其本身就有别于自然科学的研究，它没有纯客观地被给定的对象，它的对象就是人类自身的精神活动，而对它的对象的研究也还是人类自身的精神活动。这里，主客是合为一体的，而不是对立的、分离的。科学研究是认识外在的物质世界，历史研究则是要钻研自己的精神，舍此而外，别无他途。在阐扬唯精神主义史学观的工作上，克罗齐不失为当代最突出的代言人之一。而我们这一代曾经习惯于思想挂帅、精神领先的人，习惯于精神和思想是历史发展的动力的提法的人，习惯于历史是按照思想所开辟的航道前进这一提法的人，对于这种思维方式是应该不会感到有什么陌生或难于理解的地方的，更何况我们民族文化在这方面也拥有着悠久的传统。

　　按照克罗齐的唯精神主义史学观，过去并非是不存在的或已经不复存在的，而是就存在于当前之中。历史就是我们当前精神的体现，这一点也并不难理解。我们的物质生命就包含有我们祖先的基因，我们祖先的生命就活在我们身上。我们的思想就包含有我们祖先的思想，没有我们祖先的思想，我们今天就还会是野蛮人。他们的思想就活在我们的思想里。我们的精神或生活，乃是过去之在当前的存在。可以认为，这种说法在一定的限度内是有效的、可以成立的。然而，克罗齐把它极端化了，于是就超出了有效性的范围。不错，当前只是一个点，而所谓实在就包括过去、现在和未来在内成为一体。但是却不能就此说，过去和未来就是同一个历史，毕竟二者并不就是同一回事。看来克罗齐的观点是只有见于其同一性的一面，而无见于其差异性的一面。如果历史世界的千姿百态和千别万殊都被归结于或等同于一而没有多，那就没有历史可言了，所剩下来的就只有一个抽象的道体，而没有它那丰富多彩有血有肉的生命和生活了。

在另一个地方，克罗齐又解释他的一切历史都是当代史这一论点说：

> 如果说当代史是从生命本身直接跃出的，那么我们所称之为非当代史的，也是直接来源于生命的；因为最明显不过的就是，唯有当前活生生的兴趣才能推动我们去寻求对过去事实的知识；因此那种过去的事实，就其是被当前的兴趣所引发出来的而言，就是在响应着一种对当前的兴趣，而非对过去的兴趣。[①]

这里的兴趣（interessamento 或 interest）一词，或许译作关怀、关注、关切更为妥当一些。关于这一论点，我们或许可以用一种日常的说法解释如下：我们总是以现实生活为坐标来衡量、来观察历史的。一个历史人物如果我们对他感兴趣，那是因为他与我们当前的现实生活有关；关系越大，我们的兴趣就越大。我们对莎士比亚或对贝多芬感兴趣，是因为我们今天还喜欢读莎士比亚的剧本、喜欢听贝多芬的音乐。他们和我们今天的现实生活有关，所以我们就有兴趣津津有味地要追问莎士比亚的十四行诗是不是献给那位神秘的"黑姑娘"（Black Lady）的，贝多芬的"月光奏鸣曲"是描写月光呢，还是献给他的不朽的恋人朱丽叶塔（Julietta）的。正有如红学家们见了一块曹的墓石，就认定《红楼梦》的作者是埋骨其下，甚至于根本就没有想到这位死者曹是不是就是那位《红楼梦》作者的曹。反面的例子亦然。我们对希特勒感兴趣，是因为他对我们当前的生活影响太大了，虽然已经死了半个世纪，但至今仍阴魂不散。否则的话，我们对于这类琐事，如对一个人的情人是谁或一个人埋骨何处，是不会感兴趣的。换

[①] 克罗齐 1912 年 11 月 3 日在庞达尼亚学院（Academia Pantaniana）宣读的论文。转引自 H. W. Carr, 同前引书，第 199 页。

句话说，它们就不会成其为历史学的内容了。我们对历史的兴趣或关注，乃是以它对我们当前现实生活的关系为转移的。我们对于艺术是根据我们当前的现实生活加以取舍的。我们对于历史亦然。我们研究达·芬奇幼年时是否有过恋母情结（Oedipus complex），但是我们并不研究历史上的任何张三或李四曾否有过恋母情结。为什么我们对历史上某个人或某件事感兴趣，就因为他或它涉及我们现实的生活；如果与我们的现实生活无关，他或它就不成其为历史了。换句话说，历史乃是我们当代史的外铄。

　　以上只是对他那句传诵已久的名言"一切真历史都是当代史"的一种解说，亦即历史乃是以当前的现实生活作为其参照系的。当然，解说也可以有不只一种。梅叶霍夫（Hans Meyerhoff）就认为它是一种"实用主义"的史学观，因为它意味着死掉了的过去只有在和当前的生活相结合的时候，才是活着的。[1] 一个在自己现实生活中完全不懂得爱情的魅力为何物的人，大概不能理解克里奥巴特拉的泪珠晶莹怎么就会使得一个王朝倾覆（诗人拜伦语[2]）。一个年轻人读历史，大概不会懂得《资治通鉴》中为什么连篇累牍记载有那么多老子杀儿子和儿子杀老子的故事，他最多只知道（connaitre）有如此这般的事，但是他不懂得（savoir）、不领会（comprendre）它们。故此可以说，没有活生生的当代史就没有历史。这就是，一切历史都是当代史。当然，以上还只是就历史学的认识论立论，距离克罗齐之由本体论立论者，似尚未达一间。

　　克罗齐的"一切真历史都是当代史"，其涵义是说不仅我们的思想是当前的，我们所谓的历史也只存在于我们当前。我们在思想过去时，是把过去纳入我们当前的精神之中的。没有当前的精神，就没有过去的历史可言。所谓"当代"，是指它构成为我们当前精神活动的一部分。历史是精神活动，而精神活动永远是当前的，而决不是死去了的过去。所以历史永远都是当代史。这种说法在语法上似乎也并非就说不通。虽说人们通常并不以为历

---

① 参看 Hans Meyerhoff, *Philosophy of History in Our Time*, New York, Doubleday, 1959, p. 44.

② Byron, Don Juan, Canto 6, Ⅳ.

史学就是逻辑学，可是我们不应忘记在克罗齐的精神一元论里，历史和逻辑乃是同一的。如果历史不是逻辑，就可以侈谈所谓历史和逻辑二者的统一；如果历史也就是逻辑，就谈不上什么二者统一的问题了。这里也牵涉到一个颇有点困难的形而上学的问题。通常人们总认为有一个客观的时间尺度，历史就是在这个时间坐标系中展现的；但是对克罗齐来说，时间本身并没有独立的存在，也不是事物存在的外在条件；它只是精神自身的一部分，所以我们既不能把时间，也不能把过去看成是精神以外的客体事物。

　　此外，所谓"一切真历史都是当代史"尚有另一层意义。历史既然不是死去了的过去，而是得自我们当前的精神活动，所以它就和我们的精神创造是吻合一致的。在我们的精神里，我们对历史的判断乃是个别判断，但它们同时也是具有普遍意义的叙述，而且它的对象也同时具有普遍的意义。例如某一个历史人物，其事迹虽然是个别的，但是同时它又不是一桩单独孤立的事件而是关系到全部历史的。历史必须构成为当前的一部分，才能成为历史，否则就不是历史。严格地说来，实在只是思想或精神的实在。脱离了思想，别无所谓实在，因而也就没有历史的实在。历史的实在就是思想。一个不同意克罗齐理论体系的人，可以不接受他的一切历史都是当代史的论点，但是就他的精神一元论的系统而言，这却是必然的结论。换一种说法，我们也可以说，凡是与当前现实生活无关的历史就是编年史，而凡是有关的则是真历史。但是克罗齐本人的思想前后并不彻底一贯，故此对他的说法也可以有各种不同的解释。[1]

　　所谓过去的历史包含有两个方面，即曾经发生过什么事和它是为什么会发生的。历史学要说明的不仅是发生了有如此这般的一桩事，而且还要说明何以会发生了如此这般的一桩事；前者是历史的叙述，后者是历史的解释。不加解释的事实本身，在任何意义上都不是历史学。固然我们在日常生活中也有这种说法：让历史事实本身来说话。其实，历史事实本身是不会说话的。说话的（或做出解释的）乃是历史学家的思想或精神活动。

---

[1]　参见 A. Danto, *Analytical Philosophy of History*, New York, Cambridge Univ. Pr., 1960, p. 116.

因此可以说，一切真历史学就都是历史哲学（虽然克罗齐本人不喜欢用"历史哲学"一词），亦即历史学必须解释历史事实的为什么，或何以故，或所以然。只有这样，史实才被转化为历史学；而且这样，历史就必然是当代史。因此，历史之作为历史就必然是当代的，而历史学之成为历史学也必然就是当代的。因此，克罗齐才宣称："当代性并不是某一类历史的特征，而是一切历史的内在特征。"正是由于这个缘故，"我们就必须把历史和生活二者构想为一种一体（unity）的关系；——确实它并不是在抽象同一性（identity）的意义上，而是在综合统一的意义上。它包含着既有这二者的区别，又有这二者的统一"①。通常人们所要求于历史学的，一是它的确凿性，即它的叙述必须是确切可靠的，二是它的有用性，即它必须是有实用价值的。如果历史像克罗齐那样被等同于仅仅是精神的现实活动，即思想，那么这会不会有损于历史学的确凿性和有用性呢？克罗齐的答复是不会的，其理由就正在于历史就是当前的精神活动：

> 一旦达到了生活与思想之间的不可分解的联系，我们对历史学的确凿性和有用性所抱的怀疑就会烟消云散了。从我们的精神之中所产生的当前，怎么可能是不确凿的呢？解决了发自生命深处的问题的那种知识，怎么可能会是无用的呢？②

大概任何理论，追问到最后，总是从一个不可再究诘的前提假设出发的。那情形颇有似于几何学的公理，它是无待于证明的（自明的），也是无法加以证明的。你承认它，你可以推导出一套欧氏几何；你不承认它，你也可以另推出一套或若干套非欧几何。如果我们接受了克罗齐精神一元论的前提，我们或许会同意他的这些基本论点；但如果我们不接受，——正如许多人是肯定不会接受的那样，——这些论点看来就是很难成立的。我们同样可以反过来问：从我们的精神之中所产生的当前，怎么可能就是确凿的呢？解决发自生命深处的那种知识，就怎么会是有用的呢？困难的

---

① Croce, *History: Its Theory and Practice*, p. 14.

② Croce, *History: Its Theory and Practice*, p. 25.

并不是简单地否定对方的前提，而是批判地审查对方的前提并在此条件之下进行论证。只有这样才能深化自己的论证，并吸收对方的反题以成其为更高一层的合题（综合）。历史学的思想和理论也不是可以单纯无视于前人的工作、不通过辩证的思维历程，就可望得到前进和提高的。我们对于新黑格尔学派的史学理论，是不是也应该采取这种态度来对待呢？上述的克罗齐几个论点看来并非全无某些合理的因素，但是却被他那绝对的一元论给弄得僵化了。

四　几点思考和评论

以上简略地谈过了克罗齐史学思想的几个基本论点，以下我们试图从为他的理论进行辩护和对他的理论加以反驳这两方面各说几句话。

我们先从通常意义上的历史概念谈起。我们日常的思维可以是放在一个历史的框架之内进行的，即把我们的思想对象定位在某一个特定的历史时间的坐标之内来进行思维；但是我们的思维也可以是并不置之于任何特定的历史框架之内来进行，即不把我们的思想对象定位于某一个特定的历史时间的坐标之内进行思维。我们对这两种思维姑且称之为历史的思维和非历史的思维。这里要指出的是：历史的思维（也可以说是历史的观点）并不是人类思维的唯一方式，在很多场合还甚至于并不是一种很重要的或必不可少的思维方式。但中国的传统似乎是擅长于或习惯于历史的思维方式，似乎总是倾向于把自己的思维纳入一个历史的坐标之中，不然就好像无所适从的样子。于是我们就看见红学之演变为曹学，红学家仿佛考据不出曹雪芹的生活细节，就无法理解《红楼梦》的微言大义。其实，这一点并非是必要的。王国维是史学大家，他的《红楼梦评论》就丝毫不涉及任何有关曹雪芹本人史实的考订，但仍然可以有他自己的体会和理解。我们的许多理解都不必放在一个历史框架之内来进行。对于欧几里得，我们要了解他，并不需要知道他代表什么阶级的利益，也不需要知道他的理论是在什么具体的历史环境和条件之下产生的。唯一有关的事，是我们要理解他的推理本身。把他放在一个历史的框架之内，丝毫无助于我们了解他那理论的本质。一个中学生学几何学，可以一点也不知道早期希腊化时代的历史，但这并不妨碍他学好欧氏几何学。他没有必要把欧几里得和当时的历史联系起来。正如对曹学的史实考据无论多么详尽而又翔实，并无补于、更不能代替我们对《红楼梦》的美学感受。我们读诗、听音乐，并不需要知道作者是谁，更不用说有关作者生平的知识了。反之，无论我们对作者生平的编年和行踪事迹多么熟悉，并不就等于、也并不就导致我们对诗、对音乐的体会和欣赏。克罗齐所谓一切直觉都是抒情的，就包含有这层意思。对艺术的直觉是一回事，对艺术家生平的编年知识又是另一回事，二者虽非绝无关系，却并无任何本质的联系。我们对一切科学和艺术均可作如是观，亦即我们完全没有必要把非历史的思维放进一个历史的坐标系里去定位，正因为它是非历史的思维。索隐派红学之走火入魔，便提供了充分说明这一点的一个例子。从以上历史思维与非历史思维的分辨这一角度来看，克罗齐的史学观就不像它乍看上去那么牵强了。因为历史学是以美学开始的，而美感恰恰不是历史思维，即恰恰不是克罗齐所说的编年。应该记得，我们通常所说的历史一词，乃是克罗齐所称的编年。

价值是人的思想的创造，自然界的客体本身无所谓美丑、真假、利弊或善恶。我们之所以对于事物有美丑、真假、利弊、善恶的观念，乃是由于我们把自己思想所创造的价值观强加之于客体之上的缘故。一片山水之所以为美，是因为你觉得它美，它本身无所谓美与不美。无此价值观，世界上即无美丑等等可言；同理，没有我们的价值观（我们的精神活动），也就没有真历史，而只有编年。编年是无生命的，也是无价值的。因此真历史乃是以我们当前的精神活动为出发点的。由此而来的结论就必然是：通常意义上的客观历史学乃是不可能的。即使我们承认历史事实是客观的（克罗齐是连这一点都不承认的），但是历史学（即我们对史实如何理解）却必定是我们思想的产物。由此推论至极，是不是就成了贝克（Carl Becker）

所说的《人人都是他自己的历史学家》①了呢？若是如此，那么假如史实只有一个，现在有 n 位历史学家去解释它，就应该至少是有 n+1 种历史了。却又不然。按克罗齐的理论，客观世界就是精神，主客二者是一体的，所以不但历史只有一个，而且历史学也只有一种。这至少就是克罗齐的（也是黑格尔的）结论。但是就历史学本身的纪律而言，这种理论却有着一种无可救药的逻辑谬误。那谬误的根源就在他那未经验证、而且是无法验证的形而上学的前提，而不是出自它的推论过程。因为归根到底，历史学乃是一门经验的科学或学术，是无时无地不在受着经验的制约和修订的。克罗齐（还有黑格尔）却企图使之超越经验的范围之外，强行纳入一个先验的体系；于是，历史学就成了非历史学。我们中国的传统是习惯于把历史思维强加之于非历史的思维之上，黑格尔和克罗齐的错误则正好相反，是把非历史的思维强加之于历史的思维之上。

作为一个哲学体系，克罗齐努力要铸就一种精神一元论的系统并不是很成功的，其中颇多扞格不通之处，而且它也无法很好地解说世界的多重性或多样性（Mannigfaltigkeit）。历史永远是丰富多彩而又流变不居的，它不可能凝固在一个一元化的概念系统里。克罗齐本人时而也不免表现出在历史与哲学、过去与现在之间彷徨、逡巡。但是作为一种思想观点和方法来看，其中却仍有值得我们思考的地方。它有助于我们反思：朴素的反映论无论是对于自然世界（即以为自然界就是我们所知道或所看到的那样子）或是对于人文世界（即以为历史就是我们自命为我们所理解的那样子），都是很难成立的。要真正认识我们（对自然界或人文界）认识的性质，就必须不但不断深入地思想前人的老问题，还要思想自己思想所面临的新问题。一个历史学家必须直面自己历史理解的当代性，而不能回避它。这就是"一切真历史都是当代史"所应有的涵义。历史的不断进步就包括历史学和历史思想的不断进步在内。

---

① 此文收入 Carl Becker, "Everyman His own Historian", *Essays on History and Politics*, New York, Appleton Century, 1935.

作为一种经验科学来说，我们最好还是承认历史的多元性，即它是多种因素交相作用和影响的产物，包括大量的偶然在内。但是作为一种理论科学来说，历史学家的认识又总归是一元的，即他必须有一条原则一以贯之，而不能把多种原则都平铺并列，好像是各不相干。克罗齐把历史的多元与历史学的一元混为一谈。正有如他的哲学把理论与实践混为一谈。于是，主与客、精神与物质、过去与现在通通都画了等号，把统一误作为同一。统一不是同一。是同一就谈不到相脱离或相对立，但统一却是以相脱离、相对立为其前提条件的，否则又有什么统一可言？如果理论就是实践，二者同一，便无所谓相结合了。正因为理论不是实践，不等于实践，二者是相分离的，所以才有相结合的问题。结合就意味着二者不是一回事，而且首先是相分离，才谈得到相结合。我们应该正视，理论首先就在于它有其脱离实际的那一面；是理论就要脱离实际，否则理论就不成其为理论了。大谈二者的结合、统一乃至同一，而无视于二者的分离、对立和不同，这正是引导克罗齐走入了理论死角的契机。它给史学理论的一个教训就是：在谈论理论结合实际时，我们必须不可忽视理论之所以为理论，正在于它有脱离实际的那种特征。

我们可以设想事实是不变的，一旦如此就永远如此而无可更改；但是我们无法设想世上会有万世不变的理论。（就是一个国家的根本大法宪法，也还容许修改，没有万世不易的。）但是理论却并不因此而贬值，它永远是人类进步所不可或缺的东西。没有前人的理论，就没有后人的理论，每后一代的理论都是在前人理论的基础之上建立的。前人的理论包括有积极的以及消极的因素，它们从正面或从反面有助于后人理论的形成。后世的理论就包括前代的理论在内，只不过更提高了一个数量级。历史的发展就包括前人的历史在内（在这种意义上，我们可以同意克罗齐的一切历史都是当代史的论点），历史学理论的发展也就包括前人的史学理论在内。这应该是历史、历史学、历史理论和史学理论发展的辩证法所应有的涵义。一切科学的理论和实验，成功了固然是积极的贡献，失败了的则从反面仍然不失其为贡献。我们或许可以用这种态度来看待一切前人的史学理论，包括克罗齐的在内。

克罗齐的理论有见于一、无见于多，有见于同、无见于异，同一被推到了绝对的程度，可谓是名副其实的"绝对历史主义"。事实上，真正的历史学固然有其哲学理论的导向，但毕竟历史学并不就是哲学；正如哲学不可能脱离历史，但毕竟不能径直被等同于历史学。那既在理论（一）上是不能成立的，而且在实践（多）上也是行不通的。我们还不曾看到有过这样的先例：一个哲学家从事纯粹的哲学思考，就会突然之间（有似顿悟一般）掌握了全部的历史，或者是一个历史学家纯粹通过治史就能掌握了全部普遍的哲学原理。合与分是并行不悖的，　而且是相辅相成的。只谈结合不谈离异和只谈离异不谈结合，都是片面的。克罗齐之强调历史与逻辑的统一乃至同一，就是一个值得汲取的教训。

按克罗齐的讲法，就连旧意义上的历史哲学也是不可能存在的，因为它们都是二元论的，即以思维对存在或逻辑对历史为其出发点的。故此克罗齐才有"历史哲学已死掉了"[1] 的说法。旧的历史哲学既然已经丧失了其存在的根据，剩下来的问题就只有如下三个，即"发展的概念、目的的概念和价值的概念。那就是说它们涉及现实界的全部，并且唯有当历史是现实界的全部时，它们就涉及历史。"[2] 这里克罗齐正式提出了"历史是现实界的全部"这一基本论点；反过来说，全部现实界（或实在）就是历史，别无其他。（即上面所说过的"道外无事，事外无道"。）于是，历史与实在二者之间就可以画上一个全等号。事实上，实在（现实）与精神（思维）二者或者是同一的，或者是不同一的。[3] 既然一切认识都离不开认识主体自身的意识，所以克罗齐的唯精神主义把实在等同于思想就不但是可以理解的，而且它还具有一种逻辑上的优点，即它就此一笔勾销困扰了经验主义的（乃至康德的）认识论上那种心物对立的二元论。上面已经说过，反

---

[1]　Croce, *History: Its Theory and Practice*, p. 81.

[2]　Croce, *History: Its Theory and Practice*, pp. 83-4.

[3]　当然，另外还有一种可能，即它具有既同一、又不同一的二重性。大概未来的史学理论可望从这里打开一个缺口而取得重大的突破和进展。

对二元论乃是克罗齐所一贯坚持的立场。

为什么唯心史观可以如此之振振有词地高谈阔论精神的作用？其根源之一恐怕就在于，历史学的本性就规定了历史学总是不可避免地要涉及价值问题的。这一点是它不同于自然科学的所在；自然界现象的本身并没有任何价值可言，价值乃是对于人的思想活动而言的，人的思想和活动彻头彻尾贯穿着某种或某些价值观。实证主义的历史学家力图使历史学跻身于自然科学之林，却根本忽略了这一根本之点；于是唯心史观就从这个死角进攻，力图另辟蹊径。在这一点上，一切唯心史观都是共同的；因为人类历史（人文史）终究是不能被等同于自然史的。[1] 不过，任何理论大概都有一个适当的有效范围，出了圈子，就难免过犹不及，史学理论也不例外。克罗齐过分地醉心于自己的一元论，乃至硬要把历史和历史学铸就成一部同一性的福音书。这里，我们不妨借用一个比喻来说明。晚明科学家徐光启曾有一句名言"天有恒数，而无齐数"[2]，但是天文学家修订历法时却一定要采用一个齐数（如一年 365 天），于是就需要有"整齐分秒"之举，要求做到把一切都整齐划一，抛弃一切看来是不合理的剩余。但是划一只能是人心中的划一，并非是千变万化的世界可以纳入一个整齐划一的模式。唯心史观的工作多少与此类似，他们力求把历史整齐划一，把活生生的生命纳入一个严格的概念模型。这类工作无论是理论上有多么大的完美性，但总不会符合历史的实际的。

除了价值问题而外，克罗齐认为历史学还有"发展"和"目的"两个问题。历史的发展过程（即他所谓的精神循环）是不是一次性的、一度即告完成的？若然，是不是完成之后历史就告终结，此后便没有历史了？这个结论看来很难为大多数的人所接受。如果说，此后仍有历史，那么终极目标岂不是就不存在了吗？这个二难推论看来仿佛是，基督教神学史观的影子始终还在某些历史学家（包括克罗齐）的头脑中徘徊。如果仿照神学的提法，

---

① 参看 Croce, *History: Its Theory and Practice*, Ch. 9.
② 《徐光启集》，卷七，《条议历法修正岁差疏》。

这里我们也可以问：历史是有始有终的呢，还是有始无终的呢？两种答案在逻辑上是等值的。历史循环论固然不好自圆其说，因为那样一来，人类就好像是在干着西西弗斯（Sisyphus）的那种蠢事，不断地把石头推上山去，石头又不断地滚下来。但是进化论也好不了很多。历史进到一个什么目标才算完成呢？如果永远没有完成，那么任何当前有限的目标，在人类历史无限的整体中岂不都丧失了价值和意义吗？克罗齐晚年，思想中的宗教倾向有日愈增加之势，看来应该是不足为怪的。

在他对史学理论的贡献中，他对真历史与编年史的划分也有其深度和意义。人是有血有肉的活生命，不是麻木不仁的死物质。历史是人类在历史舞台上的一幕扣人心弦的演出。要理解历史，就要理解人的活生命；历史学的使命是研究和表现这一幕活生命的历史，不仅仅是一堆"资料汇编"或"史料集成"而已。编年史的工作是机器的工作，历史学的工作则是怎样把握活生命的工作，是人的工作、是精神本身的工作。"糟粕所存非粹美，丹青难写是精神。"历史学就是要掌握并表现出那种精神的粹美，非徒编排和堆砌一堆史料的糟粕而已。正有如艺术家的工作非徒是为他笔下的人物作起居注、编行年表，而是要像曹雪芹那样写出一个活脱脱的王熙凤来，或是像凡·高那样要画出太阳的伟力来，或是像贝多芬那样要谱出人类的命运来。要做到这一点，就需要以历史学家本人的现实生活为依据、为出发点，历史就是历史学家精神的外铄。一切历史都是被当前的精神活动赋予了生机和活力的。克罗齐的一切历史都是当代史，和他的后继者柯林武德的一切历史都是思想史一样，堪称当代新黑格尔学派史学理论的两条基本命题。然而，把它们绝对化却也使他们自己的理论走向了死胡同。

如果说我们在克罗齐的理论中能发现有什么值得深思或予人以启发的东西的话，那么其中之一或许是如下的这一见解：历史学不经过一番哲学的锤炼，就不配称为历史学。这一点对于专业的历史学家的实践具有特别的重要性，因为大多数专业历史学家几乎从来都不习惯于反思历史的性质是什么以及历史研究的性质是什么。他们从不去思考自己工作的性质，就径直着手去进行工作，所以就难免有陷入盲目性的危险。另外，对克罗齐的理论还可以提到这一见解：在历史认识中主体与客体并不是截然相对立的两种不同的东西，所以日常意义上的那种符合论或反映论，即我们的认识符合或反映客观事实，从而把历史认识分解为主客两橛的那种二元论，就是站不住脚的。在历史中，主与客都同属于一个完整的生命，即精神。这一论点从常识看来显然是不正确的。但是它值得历史学家们更深一步地作出分析和解答，那答案不应该是简单的否定，而应该是辩证的合题。在历史学中，主客既有分的一面，又有合的一面；专业历史学家往往有见于分、无见于合，克罗齐则有见于合、无见于分；双方似乎都失之偏颇和片面。怎样安排得恰如其分，使之各得其所而无过与不及之弊，应该是今后史学理论工作应有的要义。

有人评论克罗齐过分追求辞藻，——他的著作大部分是有关文学评论的，——而牺牲了理论思维的严谨性；他是以文情在打动人而不是以论证在折服人。这诚然是他的缺点之一，但就他的史学理论主体而言，则问题应该是怎样确定它的有效性的范围。它很可能是有效的，但只是在一个适当的范围之内。我们应该把它放在一个更高的层次之下加以考察。时至今日，克罗齐史学理论的影响虽然已呈式微之势，但仍不失为 20 世纪唯心主义历史学的主要代表之一。今天要建立起一种更为令人满意的史学理论，前人的工作是不好轻易绕过去的，包括克罗齐的理论在内。此外，还可以提到的是：哲学既可以是对知识和概念的分析和组装，但也可以是一种人生的智慧。而这后一方面，往往是被人们忽略了的。在希腊文的字源上，哲学就是爱智慧。史学理论应该是既照顾到逻辑的分析，也照顾到人生的智慧。也许从这种角度去评价西欧大陆的当代史学理论（包括克罗齐的在内），可以使我们更接近于他们理论的真相，并使我们能对他们做出更为实事求是的评价。

1993 年 3 月 12 日初稿

论柯林武德的史学理论

一

柯林武德在 20 世纪初期的学术活动主要是在纯哲学方面，后来对历史学的理论考察越来越吸引了他的兴趣。从 1936 年起，他写过一系列有关历史哲学的文章，但他这方面重要遗文之最后汇集为他的代表作《历史的观念》一书，却是他死后三年由友人诺克斯（T. M. Knox）于 1946 年编辑出版的。

1910 年当柯林武德在牛津开始读哲学的时候，格林 30 年前所奠立的那个哲学运动仍然在统治着学院；在这个有势力的流派中包括有他的后学 F. H. 布莱德雷、鲍桑葵、W. 华莱士和奈特尔席普等人，即通常人们所称的新黑格尔派或英国唯心派。然而他们自己反对这个名称，认为自己的哲学既是英格兰和苏格兰土生土长的哲学的延续，同时又是对这一哲学的批判。1880 至 1910 年的 30 年间，这个流派不但在牛津而且更多的是在牛津以外，有着广泛的影响。这个流派的反对派则是所谓实在主义者。

柯林武德本人自始即不同意实在主义者的论点。他认为实在主义者把哲学弄成了一种徒劳无功的空谈游戏、一种犬儒式的自欺欺人，对于英国思想与社会带来了灾难性的后果；又过了 30 年以后，他仍在批评实在主义者是建立在"人类的愚蠢"[①] 之上的。第一次世界大战后，大多数英国哲学家都已属于实在主义，而凡是反对实在主义的就自行归入唯心派，亦即格林后学的行列。以实在主义者的论敌和对手而出现的柯林武德，也被列入

[①] 《形而上学论》，1940 年英文版（以下同），第 34 页。

其中。这时候，罗素和摩尔的重要著作均已问世，随后亚历山大的《空间、时间和神性》、怀特海的《历程与实在》相继发表；实在主义者一时大畅玄风。就在这个时期，柯林武德仍然认为这些著作不但没有能驳倒、反而更加证实了他所坚持的论点。他认为罗素哲学赖以立论的逻辑和数学都是先天的，不属于实验科学的范围；而摩尔则根本不讨论存在问题或者什么是存在，只讨论命题的意义。如果实在主义的涵义是指被认识的对象与认识者的认识无关，那么怀特海那种通体相关的哲学就不能算作实在主义；因为它承认认识与被认识的对象二者总是相互依存的，而这一点正是实在主义所要否认的。至于亚历山大那部名噪一时的著作，柯林武德则认为其主体大都出自康德和黑格尔的观念，只不过是装潢上一道实在主义的门面而已。怀特海所依据的是反实在主义的原则，而亚历山大所依据的是非实在主义的材料。所有这些著作都不足以阐明实在主义的论点，反而正是返回到了实在主义所要与之宣告决裂的那个传统。

柯林武德的中心论点是："哲学是反思的（reflective）"①，因此它的任务就不仅是要思维某种客体，而且要思维这一思维着某种客体的思维；因此，"哲学所关怀的就并非是思想本身，而是思想对客体的关系，故而它既关怀着客体，又关怀着思想"②。他晚年的兴趣虽然日益由哲学问题转到史学问题上来，但实质上仍然是这个论点在史学理论上的继续和深入。和大陆思想背景不同的是，英国思想多少世纪以来就富于经验主义的传统。例如像休谟那样一个充满着怀疑与不可知论色彩的人，同时却又是一位出色的历史学家。柯林武德一生在史学研究上卓有成绩，他的理论思维也始终浸染着浓厚的经验主义色调。

二

实在主义者每每引向语言分析，把对客观实在的研究转化为语言学的

---

① 《历史的观念》，1946 年英文版（以下同），第 1 页。

② 《历史的观念》，第 2 页。

问题，乃至流入只问用法、不问意义的地步。柯林武德反对实在主义的这一倾向，而把提法重新颠倒过来；他提出："哲学的对象就是实在，而这一实在既包括史家所认识的事实，又包括他对这个事实的认知。"[1] 柯林武德自称他继承的是笛卡尔和培根的传统，即一种哲学理论就是哲学家对自己所提出某种问题的解答；凡是不理解所提出的问题究竟是什么的人，也就不可能希望他理解这种哲学理论究竟是什么。换句话说，知识来自回答问题，但问题必须是正当的问题并出之以正当的次序。当时不但牛津的实在主义者们认为知识只是对某种"实在"的理解，就连剑桥的摩尔和曼彻斯特的亚历山大也不例外。柯林武德把实在主义者的论点归结如下：知识的条件并非是消极的，因为它积极参与了认知过程，即认识者把自己置于一个可以认知某一事物的位置上。和实在主义者的立场不同，柯林武德认为他自己的"提问题的活动"并不是认识某一事物的活动；它不是认识活动的前奏，而是认识活动的一半，那另一半便是回答问题，这问答二者的结合就构成为认识。这就是他所谓的问答哲学或问答逻辑。

要了解一个人（或一个命题或一本书）的意义，就必须了解他（或它）心目中（或问题中）的问题是什么，而他所说的（或它所写的）就意味着对于这一问题的答案。因此，"任何人所作的每一个陈述，就都是对某个问题所做的答案"[2]。这也就蕴含着，一个命题并不是对一个另外又可以作出别的答案来的问题的答案，——或者至少并不是正确的答案。这种关系，柯林武德称之为问答二者之间的相关性（correlativity）原则。他把这一原则应用于矛盾。他不承认两个命题作为命题可以互相矛盾。因为除非你知道一个命题所要求回答的问题是什么，你就不可能知道一个命题的意思是什么。所以除非两个命题都是对于同一个问题的回答，否则这两个命题就不可能互相矛盾。

上述原则同样可以应用于真假。真假并不属于某个命题本身，真假之

---

[1] 《艺术哲学》，1925 年英文版（以下同），第 93 页。
[2] 《形而上学论》，第 23 页。

属于命题仅仅有如答案之属于问题一样，即每个命题都回答一个严格与其自身相关的问题。但一般人往往认为逻辑的主要任务在于分辨真假命题，而真假又属于问题本身。命题往往被人称为"思想单元"，那意思是指一个命题可以分解为主词、谓语等等，每一部分单独而言都不是一个完整的思想，所以不可能有真或假。在柯林武德看来，这是由逻辑与文法之间悠久的历史渊源——以逻辑上的命题与文法的直陈语句挂钩——而产生的错误。这种逻辑可以称之为"命题逻辑"；它与"问答逻辑"不同，并且应该为"问答逻辑"所取代。他把历史上的"命题逻辑"归结为四种形式，即（1）真假属于命题本身的性质，也就是它本身或则真、或则假；（2）真假在于命题与命题所涉及的事实二者是否相符；（3）真假在于一个命题是否与其他命题融通一贯；（4）真假在于一个命题是否被认为有用。以上第一种说法即传统的说法，第二种即真理的符合说（correspondence theory），第三种即真理的融贯说（coherence theory），第四种即实用主义的观点。在他看来，这四种说法都是错误的。错误的原因就在于它们都假设了"命题逻辑"的原则，而这种原则正是他所要全盘否定的。

柯林武德的意见是：通常所谓一个命题是"真"，不外意味着：（1）命题属于一组问答的综合体（complex），而这个综合体作为一个整体来说，是真；（2）在这个综合体中有着对某个问题的答案；（3）问题是属于我们通常称之为明晰的（sensible/intelligent）那种；（4）命题是对该问题的"正当"的答案。假如以上所述就是我们称一个命题为真的涵义，那么除非我们知道它所要回答的是什么问题，否则我们就不可能说某一命题为真为假。真并不属于某个命题，或是属于某一组命题的综合体；它属于而且只属于包括问题与答案在内的那个综合体，而那种综合体却是历来的"命题逻辑"所从未萦心加以研究的。上述"正当的答案"的"正当"（right）一词，并非指"真"；所谓对一个问题的"正当的答案"，乃是指能使人们继续进行问与答的那种答案。一个命题之为真为假、有意义或无意义，完全取决于它所要回答的是什么问题。脱离了一个命题所要回答的特定问题，则命题本身并无所谓真假或有意义无意义。故此，重要之点就在于我们必须明确找出它所要回答的问题，而决不可以根本茫然于它所要回答的究竟是什么问题。这种"提问题的能力"，他称之为"逻辑的功效"（efficiency）。[①] 传统的"命题逻辑"之必须为"问答逻辑"所取代，他于 1917 年就作了全面的论述。

既然在思想方法上反对实在主义的分析路数，所以在对待形而上学的态度上他也一反分析派的结论。对形而上学，分析派采取完全否定的态度。柯林武德虽然认为根本就不存在什么有关"纯粹存在"（pure being）的科学，或半科学乃至伪科学，亦即根本就不存在本体论，并且在这种意义上，他也根本不承认有所谓"纯粹存在"；但本体论不存在并不意味着形而上学也丧失其存在的权利。反之，柯林武德认为形而上学是不能取消的，虽则他所谓的形而上学已不是或不完全是传统意义上的形而上学。这一论题枝蔓过多[②]，这里不拟详述。但是有一点是应该提到的，即他坚持"形而上学对于知识的健康与进步乃是必要的"，因此，"那种认为形而上学是思想上的一条死胡同的看法，乃是错误的。"[③] 原因就在于形而上学有好坏真假之分，逻辑实证论者却没有看到，或者不懂得这个区别；因此，"逻辑实证主义并没有区别好的形而上学和坏的形而上学，而是把一切形而上学都看作是同样地无意义。"[④] 这一点是柯林武德与分析学派的根本分野之一。他认为不仅分析学派，以往历史上之所以有那么多的哲学家都在理论上跌了跤，原因之一"就正是他们没有能区别（真）形而上学和假形而上学"[⑤]。

---

① 《形而上学论》，第 33 页。
② 例如他谈到维特根斯坦的二分法，即可知的事实与可直觉（shown）的神秘，以及罗素的逻辑结构之只能直觉而不能论证（demonstrate）；并认为以往的哲学大多是企图论证只能被直觉的东西，因而是无意义的，或者是什么也没有说。
③ 《形而上学论》，第Ⅶ页。
④ 他接着又说："于是量子论在一个彻底逻辑实证主义者的眼里，也就和古典物理学是同样地没有意义。"（《形而上学论》，第 260 页。）
⑤ 《形而上学论》，第 343 页。他并且认为怀特海所谈的哲学（甚至可以说是形而上学）已超出了通常逻辑之外（与之上），因而与分析派或实证派的旨趣已大不相同。

三

逻辑实证主义所掀起的分析思潮，自第一次世界大战后蔚为巨流，迄今未衰。这一思潮的意图是要避免或者反对形而上学，但发展到极端，竟致对全部哲学根本问题有一并取消或否定之势。无论语言分析或逻辑分析对于澄清哲学思想可能有着多么巨大的作用，但哲学终究不能仅仅归结为语言分析或逻辑分析，而是无可避免地要回答世界观的问题。这一点就成为西方各派生命哲学对分析哲学分庭抗礼的据点。古来有所谓学哲学即是学死法的说法，现代各派生命哲学的共同点也正在于解决生命本身在思想上对外界的适应和反应，所以它的对象就包括全部现实生活，例如包括感情生活在内。哲学的本性究竟和科学是根本相同，还是根本不同呢？在这个问题上，双方有其不同的解答。近代史从一开始就有一种思潮极力追求思想的精确性，追求几何学那样的思想方式。同时，也有另一种思潮，不以科学为满足，认为在科学知识之外，人生尚另有其意义和价值，而那是科学所无能为力的。这一派也有同样悠久的历史传统，例如与笛卡尔同时、同地、同属 17 世纪最卓越的数理科学家行列的帕斯卡就提出过：心灵有其自己的思维方式，那是理智所不能把握的。[①] 两派之中，前者重思维的逻辑形式，后者则重生命存在的内容。

20 世纪初，两派对峙呈现新的形势。两派虽都不满于 19 世纪的思想方法，在反对形而上学这一点上是共同的，但一派走向纯形式的语言分析和逻辑分析，另一派则把哲学思维看作就是生命的活动，它虽然不给人以知识，却从内部领会生命存在的意义，因此哲学就不是或不只是理论思维而且是活动。分析哲学后来较流行于英美，而生命哲学则在西欧大陆较占上风。两派之中，柯林武德对罗素在分析哲学中和胡塞尔在现象学中所起

---

① 帕斯卡:《思想录》，1912 年，布伦维克本，第 277 节。

的作用，有着深刻的印象。①

柯林武德在双方对峙之中采取了一个比较特殊的立场。他本人一生始终是一位专业历史学家，因而把史学带入哲学很自然地就成为他思想的特点。近代西方哲学家大多从科学入手，而柯林武德所强调的历史知识与历史研究对于人类认识的必要性和重要性恰恰是大多数哲学家所忽视的。在这一方面，他受到两位意大利思想家，即维科和克罗齐的影响，而与克罗齐相似和相通之处尤多。他早年即曾批判传统上以经验心理学来研究宗教的方法，而把宗教视为知识的一种形式，后来又通过心灵的统一性来论证他的一套文化哲学。他讨论了人类五种经验形式，即艺术、宗教、科学、历史、哲学（这里面显然可以看出有克罗齐的浓厚的影子），而且企图对不同层次的人类知识进行综合。他企图打通各种不同的学科并在其间建立一种亲密的关系（rapprochement），这种亲密的关系不仅存在于哲学和史学之间，而且也存在于理论与实践之间。这同时就意味着：人不仅生活在一个各种"事实"的世界里，同时也生活在一个各种"思想"的世界里；因此，如果为一个社会所接受的各种道德的、政治的、经济的等等理论改变了，那么人们所生活于其中的那个世界的性质也就因之而改变。同样，一个人的思想理论改变了，他和世界的关系也就改变了。第一次世界大战后，柯林武德的思想更多地转到道德以及社会政治和经济的问题上来，提出了：每一种人类行为都具有其多方面的涵义，因此就不存在什么纯道德的，或纯政治的，或纯经济的行为；但是我们却不可因此就把道德性与政治性或经济性混为一谈，不加区别。在他看来，功利主义就是由于以经济效果来解说或检验道德，——一种行为是好是坏取决于其经济后果如何，——因

---

① 他认为：罗素哲学包括两个组成部分，即（1）逻辑，（2）仅仅从直接感觉与材料出发的内容；而在胡塞尔那里则直接感觉与材料并不是直接的，真正直接的乃是日常生活事物，所以出发点也应该转移到日常生活事物上来，人们通过认识而把握的这种日常生活的经验就叫作"意向的行为"。罗素把生活经验分解为直接感觉与材料，正有如把化合物之分解为各种元素（所以他的理论又称"原子主义"）。实际上，从来就有一种看法（包括布莱德雷）把日常生活看作是非真实的，以为真实只能求之于"绝对"之中；罗素本人只不过是把真实移置于感觉与材料之中罢了。

而犯了错误。

四

以上理论特别涉及自然科学与史学的关系。19 世纪由于自然科学的思想方法取得了极大的成功，实证主义遂风靡一时。这一思潮大大影响了近代西方史学思想与方法，或者如柯林武德所说的："近代史学研究方法是在她的长姊即自然科学方法的荫庇之下成长起来的。"[①] 这样就使得专业史学家有意无意之间强烈地倾向于以自然科学的思想方法治史，乃至史学有向自然科学看齐的趋势。柯林武德的思想则是对于这一思潮的反动或反拨。史学对自然科学的这种模仿或效颦，他称之为"史学的自然主义"，并宣称目前到了这样一个时代："历史学终于摆脱了对自然科学的学徒状态。"[②]

反对史学中的自然科学或实证主义思潮的，不只是柯林武德一人。19 世纪的德罗伊曾（J. G. Droysen）即已标榜自然科学与人文科学两者的题材和方法论都是根本不同的。随后的布莱德雷，20 世纪的奥特迦（Ortega y Gasset）、卡西勒（E. Cassiser）、狄尔泰等相继属于这一行列。狄尔泰把历史学划归精神科学或心灵科学，认为它与自然科学的不同就在于它的主题是可以体验的（erlebt），或者说是可以从内部加以认识的。柯林武德对这一论点做了深入的发挥。他认为历史科学和自然科学同属科学，因为都基于事实；但作为两者对象的事实，其性质却大不相同。他说："一切科学都基于事实。自然科学是基于由观察与实验所肯定的自然事实；心灵科学则是基于由反思所肯定的心灵事实。"[③] 两者的不同就在于，"对科学来说，自然永远仅仅是现象"，"但历史事件却并非仅仅是现象，仅仅是观察的对象，而是要求史学必须看透它并且辨析出其中的思想来"。[④] 自然现象仅仅

---

① 《历史的观念》，第 228 页。
② 《历史的观念》，第 315 页。
③ 《新利维坦》，1942 年英文版，第 280 页。
④ 《历史的观念》，第 214 页。

是现象，它的背后并没有思想，历史现象则不仅仅是现象，它的背后还有思想。一场地震可以死掉多少万人，但地震只是自然现象，其中并无思想可言。一场战争也可以死掉多少万人，但战争并不仅仅是现象，它从头至尾都贯穿着人的思想，它是思想的行动。只有认识这一点，历史才能成为可以理解的，因为历史事件乃是人类心灵活动的表现。所以自然科学家研究自然现象时，没有必要研究自然是在怎么想的，但是历史学家研究历史事件时，则必须研究人们是在怎么想的。

　　自然科学研究所依据的数据是通过知觉而来，但历史研究所依据的材料却不能凭知觉。或者说，自然界只有"外表"，而人事却还有"内心"；史家的职责就在于了解这种"内心"及其活动。柯林武德着重阐述了他的论点："自然科学概括作用的价值取决于如下的事实，即物理科学的数据是由知觉给定的，而知觉却不是理解"；但"根据历史事实进行概括，则情形便大不相同。这里的事实要能作为数据加以使用，则首先必须是历史地为人所知。而历史知识却不是知觉，它乃是对于事件内部的思想的剖析"。[①]这就要求史学家必须有本领从内部钻透他所研究的历史事件，而不仅仅如自然科学家之从外部来考察自然现象。一个人由于自然原因而死去，医生只需根据外部的现象就可以判断致死的原因。但是布鲁塔斯刺死了恺撒，史学家却不能仅止于断言布鲁塔斯是刺客而已，而是必须追究这一事件背后的思想，包括布鲁塔斯本人的思想。严格说来，史学所研究的对象与其说是历史事实，倒不如说是历史事实背后的思想活动。自然科学并不要求科学家认识自然事件背后的思想，而史学则要求史家吃透历史事件背后的思想；唯有历史事件背后的思想——可以这样说——才是它的生命和灵魂。这就是史学之所以成其为史学而有别于自然科学的所在。谈到史学与自然科学的不同时，柯林武德反复申说他的中心思想如下："与自然科学家不同，史家一点也不关心如此这般的事件本身。他只关心作为思想之外在表现的那些事件，而且只是在它们表现思想时，他才关心它们；他关心的只是思

----

① 《历史的观念》，第 222 页。

想而已。"① 这就是说，史家之关心历史事件，仅只在于历史事件反映了思想，表现了或体现了思想。归根到底，历史事件之成其为历史事件都是由于它有思想。这样就达到了柯林武德史学理论的一条根本原则：历史就是思想史。他说："史学的确切对象乃是思想，——并非是被思想的事物而是思想本身的行为。这一原则使人一方面可以区别史学与自然科学，自然科学是研究一个给定的、客观的世界而与正在思想着它的行为不同；另一方面又可以区别史学与心理学，心理学研究的是直接经验和感觉，这些尽管也是心灵的活动，但不是思想的活动。"② 不过我们必须指出，这一历史即思想史的论点却包含一个理论的前提，即人们必须有可能对前人的思想直接加以认识。这一点在柯林武德看来似乎是不言而喻的和理所当然的，但实际上它并不像它看起来（或至少像柯林武德看得）那么简单。这一点后面将再谈到。

　　这样，历史学与自然科学的不同就并不在于两者的证实方法不同，而在于两者所要证实的假说，其性质根本不同。"史学的任务在于表明事情何以发生，在于表明一件事情怎样导致另一件事情"③；在历史事件的这种"何以"和"怎样"的背后，就有着一条不可须臾离弃的思想线索在起作用，史学家的任务就是要找出贯穿其间的这一思想线索，而在自然科学中却不存在这个问题。④ 这一任务就向史学家提出一个苛刻的要求，即史学家必须具有充分的历史想象力。19 世纪中叶麦考莱即曾特标史学家必须以想象力来使历史著作的叙述生动而且形象化。⑤ 但柯林武德认为麦考莱的说法尚属皮相，而未能触及史学的本质；因为麦考莱所谓的想象力只是指文辞的

---

① 《历史的观念》，第 127 页。

② 《历史的观念》，第 305 页。

③ 《历史的观念》，第 100 页。

④ 奥特迦也说："我们必须使自己摆脱并且彻底摆脱对人文因素的物理的或自然的研究途径"，"自然科学在指导人们认识事物时所获得的丰富成绩和自然科学面对严格的人文因素时的破产，恰好形成鲜明的对比。"（《哲学与历史》，1936 年英文版，第 293 页）

⑤ 麦考莱：《史学论》，1828 年英文版。

修饰，而"历史想象力严格说来，却不是修饰性的而是构造性的"①。缺乏这一构造性的功能，就谈不到有真正的历史知识。这里所谓构造性，大致即相当于康德知识论中"调节性的"（regulativ）与"构造性的"（konstruktiv）之别的"构造性的"一词的涵义。

柯林武德认为，近代自然科学的进展极其深刻地改变了人类的思想面貌和整个世界的历史面貌，但是人类控制自然能力的增长却并未同时伴之以相应的控制人类局势能力的增长。而后者的徘徊不前，更由于前者的突飞猛进而格外暴露出其严重弱点。人类控制物质力量的能力的增长与控制人类本身局势的无能，形成了日益扩大的差距，从而使得文明世界中的一切美好与价值有面临毁灭的危险。因此，成为当务之急的就不仅仅是要求人与人之间的和解或善意，而尤其在于真正理解人事并懂得如何驾驭人事。这就要求史学进行一场革命、一场培根式的革命，从而使得史学也能处于近代自然科学的那种地位并起到近代自然科学的那种作用。培根的思想革命开辟了近代科学的新时代；柯林武德提出的史学中培根式的革命，则要把以往杂乱无章、支离破碎的史学研究改造成为真正能提出明确的问题并给出明确答案的史学。这一思想和他的问答逻辑一脉相承。要进行这样一场革命，首先就必须向史学家进行教育，使史学家抛弃其因循守旧的思想方法，而在自己的认识中掀起一场培根式的革命。

研究历史是不是就能使人们更好地理解人事？史学怎样才能在人类文明史上或思想史上扮演一种相当于或类似于近代自然科学所曾扮演过的角色？柯林武德的回答是：传统的史学是不能担此重任的，因为传统的史学只不过是剪刀加糨糊的历史学，或者说剪贴史学。他在书中屡屡使用这一贬义词，作为他对于传统史学的恶谥；历来史家的工作大抵不外是以剪刀糨糊从事剪贴工作，重复前人已说过的东西，只不过是出之以不同的排列与组合的方式而已。历代的史学家却寄希望于通过这种史学就能做到鉴往以知来。柯林武德认为这种史学完全是徒劳无功，并借用黑格尔的话说道：

---

① 《历史的观念》，第 241 页。

我们从历史中所学到的东西，实际上只是并没有人从历史中学到任何东西。

五

柯林武德还写过一部美学著作，即 1928 年的《艺术原理》，其中一些基本论点远祧柯勒律己，近承克罗齐，通常被称为克罗齐—柯林武德的表现学说。对克罗齐的直觉与表现二者同一的公式，他的后学曾各有所侧重和发扬：一派强调对事物性质的直觉，形成所谓构造主义（contextualism），一派则强调表现，形成所谓表现主义（expressionism）。柯林武德和他的老师凯里特（E. F. Carritt）都属于后一派，认为艺术品是艺术家情操的表现，表现成功的就把艺术家自己的情操传达给了公众。柯林武德把思想分为理知和意识，理知适用于科学而艺术则是感情的意识；意识把感觉经验转化为想象的活动，就成为艺术美。艺术要求能够既体现真挚的情操，而又把它传达给观众。这种表现论虽可以上溯到柏拉图和亚里士多德，但克罗齐和柯林武德却是这一理论近代形式的重要代表。

托尔斯泰的《艺术论》（1898 年）曾揭橥以能否鼓舞人们的道德与宗教的情操作为评价艺术的准则，艺术必须是能以作者自己的崇高情操感染观众。这种《艺术论》引起了思想界的争论。[①] 柯林武德的艺术论没有托尔斯泰那种浓厚的宗教说教，而是把艺术和史学与哲学三者更紧密地结合在一起。他以为人与人之间需要有科学概念的传达，但除此之外，还需要有情操的传达；艺术就是传达情操的媒介。有许多东西是科学概念所不能传达的，唯有凭借艺术才能够有效地加以传达。故而艺术形象正像科学概念是同样地有价值而又必不可少，因为人类需要情操的传达并不亚于他们之需要有科学概念的传达。

这里成为问题的是他所谓真挚的感情（或感情真挚性）的涵义，因为并不是所有一切种类和形式的感情传达都可以称之为艺术；浅薄无聊的情操就被排斥在所谓真挚之外。真挚的感情这一概念有点近似于后来存在主

---

① 文艺史有名的故事之一，是它影响了青年的罗曼·罗兰以及托、罗两人的通信。

义所谓"真正的"情操。对于这个问题，克罗齐强调表现的圆满性，从而排除艺术美中一切概念的或实用的内容；但柯林武德却同时容纳了智力的或知识的成分，只要它们也能被融会在情操之中。他区分了所谓"腐化的"和"未腐化的"两种情操，并且把压抑看成是腐化的根源。

在他的美学理论和艺术理论中，柯勒律己和克罗齐的影子随处可见。他承袭了柯勒律己的想象论[①]，标榜想象，提出"艺术归根到底无非是想象，不多也不少"[②]，同时又把想象力引用于史学作为史学家的必备条件。至于他的有关精神与实践两者关系的基本论点，即"就理论方面说，就叫做精神力图认识它自己；就实践方面说，就叫做精神力图创造它自己"[③]，则克罗齐体系的影响更可谓跃然纸上。因此卡西勒评柯林武德的艺术论就指责说："他完全忽视了作为艺术品产生与观赏的前提的全部构造过程。"[④]

这里我们要讨论的不是他的美学理论或艺术论本身，而是它和他的史学观念之间的联系。在美学上，柯林武德强调："真正的美绝不是主观与客观相排斥这种意义上的主观与客观。它是心灵在客观之中发现其自身。"[⑤]美学认识的性质如此，史学认识的性质也类似。在历史认识上，也不存在主观与客观相对立这种意义上的历史知识，或如通常所谓的认识主体反映了客观事物那么一回事。把史学中的主体与客体打成一片的，则是"思想"这条渠道。

六

史学思想或历史的观念，严格地说，虽然和历史学本身同样古老，但近代史学思想之成为历史哲学，则始自 18 世纪的维科而大盛于 18 世纪末的启蒙运动，特别是在大陆上的德、法两国思想界的代表人物中间。维

①　见柯勒律己：《文学自传》，1817 年英文版，特别是第 13 章。
②　《艺术原理》，第 3 页。
③　《艺术原理》，第 88 页。
④　《人论》，1944 年英文版，第 182 页。又可参看《艺术哲学》，第 279~285 页。
⑤　《艺术原理》，第 43 页。

科[①]已经提出史家必须神游于古代的精神世界，重现古人的精神，而不应把今人的思想认识强加于古人。这一重现或再现的观念，衍为柯林武德史学思想中一个重要的契机。另一方面，18世纪末赫德尔和康德[②]的富有积极意义的思辨历史哲学观念却在稍晚的德国哲学中变了质。如谢林之以历史为"绝对"的自我实现历程，实际上不过是一种改头换面了的由天意所实现的神功，因而未免中世纪神学残余之讥，缺乏近代式的分析和洗炼。自布莱德雷《批判历史学的前提》（1874年）问世之后，西方史学思想逐步从探讨历史本身的规律转移到探讨历史知识的本性上来。柯林武德史学的两个根本观点，即（1）史学是过去思想的重演，（2）史学的目的就在于把过去的思想组织为一套发展体系，都由布莱德雷发其微。

在历史观点上影响柯林武德的另一个人是克罗齐。克罗齐强调离开思想便没有实在，因而也就没有历史的实在。通常意义上的史学家们，在克罗齐看来，都只能算是史料编纂者，不能算是史学家（即对历史有真正理解的人）；因为史实只有通过史学家本人心灵或思想的冶炼才能成为史学。古治评克罗齐时曾说："克罗齐看不起通常的编年史方法。过去之对于我们，仅仅在于它作为过去所发生的事件的主观观念而存在。我们只能以我们今天的心灵去思想过去；在这种意义上，一切历史都是当代史。"[③]柯林武德由此再加引申，于是便达到了一切历史都是思想史这一基本命题。

第一次世界大战后，柯林武德即开始考虑如何建立一种人文（human affairs）科学的问题。1928年，他在度假时，酝酿出本然的历史与伪历史之别这一论点。真史和伪史都是由某些叙述构成的，但区别在于真史必须说明支配历史事件的有目的的活动；历史文献或遗物仅仅是证件，而其所以能成为证件，则只在于史家能就其目的加以理解，也就是说能理解其目

---

① 维科在一般书籍中曾有近代历史哲学开山祖之称（如巴恩斯：《史学史》，1963年英文版，第192页）。

② 赫德尔和康德虽相凿枘，但两人的一系列基本论点又复有惊人的类似之处：如两人均以为历史的目标在于人道的充分发展，而这一目标是终将实现的；一切反面的历史势力最后终将成就为全体的美好，理性与正义是人类进步的保证，它们必然促进上述目标的实现，等等。

③ 古治：《十九世纪史学与史学家》，1952年英文版，第XXXVI页。

的何在。伪史或假历史学则不考虑目的，从而仅只成为把史料分门别类归于各个不同时期的一篇流水账。1930 年左右，他总结出比较明确的论点如下：

考古学上的各种遗物都是属于过去时代的，但它们都必须向考古学家表明它们本身的目的何在。考古学家把它们当作是历史的证件，仅仅是在如下的意义上，即他能理解它们是做什么用的，也就是他必须把它们看作是表现一种目的的。这一"目的"才是史家的立足点和着眼点，离开了它就谈不到对历史的理解，也就无所谓史料或历史的证件。一切历史都是思想史，那意思是说：人们必须历史地去思想，也就是必须思想古人做某一件事时是在怎么想的。由此而推导出的系论便是：可能成其为历史知识的对象的，就只有思想，而不能是任何别的东西。例如，政治史就是，而且只能是政治思想史。当然，这并不是指政治史就是通常意义上的政治思想史，即政治理论或政治学说的历史，而是指人们在进行政治活动时，他们头脑中所进行的思想，或他们是在怎么想的。这里也许可以用一个流行的比喻说法，即：思想是灵魂，抽掉了思想，历史或史学就将只剩下一具没有灵魂的躯壳。

柯林武德自认为上述的这一论点（或者说发现），在 19 世纪是不可能出现的，因为当时的史学尚未经历过一次培根式的革命洗礼而成为科学。19 世纪的史学还笼罩在 18 世纪的观点之下；18 世纪的理论家们在看到有必要建立人文科学时，并不是把它当作历史学而是把它当作一种"人性的科学"，从而错误地以随时随地莫不皆然的普遍人性为其对象，如像休谟和亚当·斯密的例子。19 世纪的学者又往往求之于心理学，把人类的思想错误地归结为心理的事实。人性论或心理学都不是，也不能代替历史学，——因为历史乃是思想史，而人性论或心理学却不是。如果说 17 世纪的哲学是清理 17 世纪的自然科学，那么"20 世纪哲学的主要任务就是要清理 20 世纪的史学"[①]。他认为直迄 19 世纪末以前，史学研究始终是处于类似前伽

---

① 《自传》，1939 年英文版，第 57 页。按，早在伏尔泰，即有一切历史都是现代史的提法，但现代克罗齐之强调"历史从目前出发"，"一切真正的历史都是当代的历史"（《历史理论与实践》，1912 年英文版）对柯林武德的影响尤大。

利略的自然科学所处的那种状态。但从这时起，史学却经历着一场革命，足以媲美 17 世纪的自然科学革命，而其规模之巨大则远甚于哥白尼的革命。[①] 目前人们正处在这样一个时代，史学在其中要起一个相当于 17 世纪的自然科学所起的作用。

七

上述理论意味着，一切过去的历史都必须联系到当前才能加以理解。当然，既是过去的历史，就需要有证据；但是这类证据却是今天的史家在此时此地的当前世界中所掌握的某种东西。假如一桩过去的历史事件并未为当前世界留下任何遗迹，那么我们就对它毫无证据可言，因而也就对它一无所知。但是这里所谓的遗迹或证据，绝不仅仅是物质的东西而已，而是还需要有更多的东西。过去所遗留给当前世界的，不仅仅有遗文、遗物，而且还有其思想方式，即人们迄今仍然在以之进行思想的那种思想方式。1920 年，柯林武德把这一论点概括为他的历史观念的第一条原理，即史家所研究的过去并非是死掉的过去，而是在某种意义上目前依然活着的过去。因此，史学所研究的对象就不是事件，而是"历程"；事件有始有终，但历程则无始无终而只有转化。历程 P_1 转化为 P_2，但两者之间并没有一条界线标志着 P_1 的结束和 P_2 的开始。P_1 并没有而且永远也不会有结束，它只是改变了形式而成为 P_2。P_2 也并没有开始，它以前就以 P_1 的形式存在着了。一部历史书可以有其开端和结束，但它所叙述的历史本身却没有开端和结束。今天由昨天而来，今天里面就包括有昨天，而昨天里面复有前天，由此上溯以至于远古；过去的历史今天仍然存在着，它并没有死去。因此，P_1 的遗迹并不是 P_1 死掉的残骸，而是仍然活生生在起作用的 P_1 本身，只不过是被纳入另一种形式 P_2 而已。不妨这样说，P_2 是透明的，P_1 就通过 P_2 而照耀出来，两者的光和色是融为一体的。这就是柯林武德所谓"活着

---

① 这一点，据柯林武德说，是阿克顿（Acton）在其 1895 年的剑桥就职演说中就已开始提到的。

的过去"（living past）的论点。① 因此，柯林武德的历史哲学，首先在于阐明历程——或者称之为"变"（becoming）——的性质和意义。接着他就攻击实在主义的理论说：实在主义者不承认"变"这一实在，而把"P₁ 变为 P₂"这一真命题肢解为"P₁ 是 P₁"、"P₂ 是 P₂"、"P₁ 不是 P₂"、"P₂ 不是 P₁"、"P₁ 的结束是 P₂ 的开始"之类的同义反复的命题或者假命题。

复次，历史问题与哲学问题之间也不可能划出一条清楚明白而不可逾越的界限。假如划出了这样一条界线，那就等于假定哲学问题乃是永恒的问题。但所谓问题 P 实际上只是一连串在不断转化着或过渡着的问题 P₁、P₂、P₃ 等等。由此而得出的有关历史观念的另一条原则就是：研究任何历史问题，就不能不研究其次级（second order）的历史。所谓次级的历史即指关于该问题的历史思想的历史，亦即史学思想史或史学史（因为历史即思想史，所以史学史就是史学思想史）。例如研究某一战争的历史，就包括必须研究前人是以怎样的思想在论述这一战争的。由此便推导出他的历史观念的第三条原则，那就是：历史知识乃是对囊缩于（incapsulated）现今思想结构之中的过去思想的重演，现今思想与过去思想相对照并把它限定在另一个层次上。柯林武德批评了近代的史学，认为近代史学虽然也在研究各种历史问题，但其所研究的归根到底都是统计问题而非思想问题。研究历史而撇开思想不谈，那就成了演丹麦王子而没有哈姆莱特，因为历史就是思想史。

近代史学的一大因缘应该说是考据学派的兴起，这一学派标榜客观如实（"Wie es eigentlich ist"），而以德国的兰克最为大师②，其在英国的后学则先后有弗里曼（Freeman）、斯塔布斯（Stubbs）、格林（F. R. Green）、莱基（Lecky）、西莱（Seeley）和迦丁纳（S. R. Gardiner）等人。柯林武德

① 当然，这种观点或类似的观点在当代史学思想中并非为柯林武德一个人所独有；克罗齐和奥特迦大体上也都相近。奥特迦说："我们之了解昨天，只能是通过乞灵于前天，而前天也如此类推。历史是一个体系，是全部人类经验之联成为一个单一的、无可抗拒的链锁体系。"（奥特迦：《历史是一个体系》，1941 年英文本，第 221 页）

② 19 世纪的正统史家多宗兰克，乃至古治有云："他是近代最伟大的史学家"，"正是这位史学界的歌德使得德国学术称雄于欧洲。"（古治，前引书，第 97 页）

父子两人也侧身其间从事古史研究，并甚有收获。另一方面，由布莱德雷开其端的另一史学思潮却把重点转移到探讨历史知识的本性上面来，遂于传统的思辨历史哲学而外，另辟分析历史哲学的蹊径。[1] 属于这一思潮的狄尔泰和克罗齐都认为历史是一堆糊涂账，唯有在史学家使之成为可以理解的这一意义上，它才成了可以理解的。所以他们的探讨着重在历史知识之所以可能的条件，反而不在于考据意义上的历史事实的本身。问题更多的倒不在历史事件是什么，反而在人们是怎样认识历史事件的，于是史学的重点就从研究历史事实的性质转化为研究历史知识的性质，亦即历史研究在逻辑上所假设的前提。[2] 柯林武德本人毕生是一个历史学家，始终努力把历史和理论紧密联系起来加以考察，所以不同于某些历史理论家往往脱离历史的实际和史学的实践，流于凿空立论。他认为研究历史就是为了对人类目前的活动看得更清楚，并且自称他的每一个理论细节都是从实际的史学研究中得出来的。他的历史观念大体在 1930 年左右形成，其中史学思想方法论占有突出的地位；因为按照他的看法，史学家应该抛却寻求历史发展的结构这一野心，转而从事于论证研究的方法或途径问题。在他1931 年的《哲学方法论》和 1940 年的《形而上学论》中，都曾讨论过作为人类文明基础的历史的性质，并认为应该把这也视为历史的产物而不应视为永恒的真理或概念。

和克罗齐一样，柯林武德也着重批评了以前的历史理论在方法论和在主题两方面所犯的根本错误；错误在于它们努力要模仿自然科学，以自然科学为蓝本，力图以自然科学那样的普遍规律来归纳历史现象。因此，史学必须摆脱它自己对自然科学的模仿阶段；这就要求史学家对过去历史加以理解时，不能再是把它当作由归纳得出的普遍规律的事例。它应该是史学家自觉的、有目的的思维的表现，也就是史学家必须在自己的心灵中重

---

[1] 应该提到，这些早期的分析历史哲学和后来 20 世纪中叶流行起来的分析历史哲学也有不同，这里不拟涉及。

[2] 借用康德的提法，则史学所要回答的问题首先是：史学，作为一种知识或科学，是怎样成为可能的？

建或重演过去的思想。

历史哲学这一课题的研究者，在近代西方是哲学家远多于史学家；像克罗齐和柯林武德这样以哲学家而兼历史学家的人，尚不多见。柯林武德自称历史考古研究是他生平的娱乐。第一次大战前，他在牛津是罗马不列颠专家哈佛菲耳德（Haverfield）的入室弟子，战后 1919 年，哈佛菲耳德逝世，他成为维护牛津学派的代表人物，虽则他的观点和他的老师不尽相同。在他一系列的历史著作中[①]，他自命解决了一些长期以来争论不休的问题，但其解决并非是由于发现了新材料，而是由于重新考虑了一些原则性的问题。[②] 他以为这可以说明，就史学研究而言，努力促进哲学与史学之间的亲密关系是何等必要。他在《自传》中提到，正是由于历史研究的训练才使他认识到"提问题的活动"的重要意义，从而也使他强烈不满于实在主义者的那种"直觉主义的知识论"[③]；因为知识既包括认知活动，也包括被认知的事物，所以只着眼于答案而忽视提问题的逻辑便是假逻辑。

八

剪刀—糨糊历史学或剪贴史学就是排比过去的现成史料，再缀以几句史家本人的诠释[④]；有时柯林武德也把它称之为前培根式的史学。他攻击这种史学说："根据抄录和组合各种权威和引文而构造出来的历史，我就称之为剪刀—糨糊历史学"，"有一种史学（指剪贴史学——引者）全靠引证权威。事实上，这根本就不是史学"。[⑤] 在剪贴史学看来，仿佛史学家的任务就只

---

① 《罗马不列颠考古学》（1930 年）和《牛津英国史》（1936 年）有关章节。

② 作为说明，他举了这样的例子：恺撒曾两次入侵不列颠，目的何在？过去研究者很少考虑这个问题，而恺撒本人著作中也从未提及，但是恺撒对此沉默无言，恰好构成他的意图所在的主要证据。因为无论恺撒意图如何，那目的总归是不能向读者说明的，故而最可能的解释便是：无论他的目的是什么，他都未能取得成功；如果成功了，他就没有沉默的必要。

③ 《自传》，第 30 页。

④ 《形而上学论》，第 58 页。

⑤ 《历史的观念》，第 257 页。

在于引述各家权威对某个历史问题都曾说过些什么话，都是怎么说的；换句话说，"剪贴史学对他的题目的全部知识都要依赖前人的现成论述，而他所能找到的这类论述的文献就叫做史料"①。但真正的史学却决不是以剪贴为基础就可以建立的。

真正的史学决非以剪贴为能事，而是必须从某种培根式的概念出发；即史学家本人必须确切决定他自己所要知道的究竟是什么东西，这一点是没有任何权威能告诉他的。他必须努力去寻找一切可能隐藏有自己问题的答案的东西。② 剪贴史学那种把历史当作"连续发生的事件的故事"完全是"假历史观念"③；真正的史学必须是就史学家心目中所提出的具体问题，根据证据来进行论证。④ 或者换一种说法，史料（包括权威论断）的排列与组合并不就是、也不等于史学，史料与史学二者并不是等值的或等价的。史料，像剪贴史学所提供的那样，都只停留在史学知识的外边，史学必须从这个"外边"或外部过渡到"里边"或内部去。史料不是史学，史学是要建筑一座大厦，而史料则是建筑这座大厦的砖瓦；建筑材料无论有多么多，都不是建筑物本身。史实的堆积和史料的考订，充其极也只是一部流水账，要了解这部流水账的意义，则有赖于思想。史家是无法回避思想理论的，尽管剪贴派史家曾用种种办法来抗拒理论，包括以剪贴现成理论文献的方式来对抗真正的理论；——史学有史学的义理，既不能用考据本身代替义理，也不能以考据的方式讲义理。只有通过思想，历史才能从一堆枯燥无生命的原材料中形成一个有血有肉的生命。只有透过物质的遗迹步入精神生活的堂奥，才能产生真正的史学。

通常史学家对"知识"一词的理解，大致即相当于自然科学家对自然的知识的那种理解。但这里有着这样一个重大的不同：自然界的事物并没

---

① 《历史的观念》，第 278 页。
② 当代史学家中运用这种史学方法比较成功的，他列举有伊凡斯（Arthur Evans）的考古研究和蒙森（T. Mommsen）的罗马史研究。
③ 《历史的观念》，第 220 页。
④ 《形而上学论》，第 59 页。

有思想，而人则有思想。每一桩自然界的事件都没有目的，但每一桩历史事件都是由人来完成的，而每个人做任何一件事都是有目的的。自然科学研究客观事实，而历史并没有自然科学那种意义上的客观事实，因为每一件历史事实都包括着主观目的，把这一主观的目的置之于不顾，那将是最大的不客观。排斥主观于历史之外的人，事实上最不科学；当然，这并不是说，应该把自己的主观强加之于客观，而是说必须承认主观本身乃是客观存在，只有承认这一点，才配称真正的史学。既然史学研究的对象并不是自然科学那种意义上的客观事实，所以自然科学的方法也就不能运用于史学研究。"人的心灵是由思想构成的"①，历史事件则是人们思想所表现的行动。

　　一个历史学家诚然可以掌握一大堆材料，然而无论史料可能是多么详尽和丰富，但古人已矣，假如史家不能重新认识古人的想法，则这一堆材料就难免断烂朝报之讥。自然科学的研究方法要靠观察和实验，但对过去的历史事件却不能进行观察和实验，而只能靠"推论进行研究"。②每一桩历史事件都是人的产物，是人的思想的产物；所以，不通过人的思想就无由加以理解或说明。要了解前人，最重要的就是要了解前人的想法；只有了解了历史事实背后的思想，才能算是真正了解了历史。我们对于一个人，是通过他的某些具体行为而了解到他的精神或心灵或思想的。同样，我们也是通过一些具体的历史事件而了解过去的思想的。过去的历史不妨说有两个方面，即外在的具体事实和它背后的思想。史家不仅要知道过去的事实，而且还要知道自己是怎样认识和理解过去的事实的。不理解过去人们的思想，也就不能理解过去的历史。正是在这种意义上，历史就是思想史，一切历史都是思想史；过去的思想这样加以理解之后，就不再是单纯的思想而成为了知识，成为了历史知识。

　　既然历史就是思想史，因此历史上就没有什么纯粹的"事件"，每一历

---

① 《新利维坦》，1·61，第5页。
② 《历史的观念》，第251页。

史事件既是一种行为，又表现着行为者的思想。史学研究的任务就在于发掘这些思想；一切历史研究的对象都必须是通过思想来加以说明。因此，"史学所要发见的对象，并不是单纯事件，而是其中所表现的思想。发现了那种思想也就是理解了那种思想"；"当史家知道发生了什么事的时候，他已经知道它何以会发生了"①，因为他已掌握了其中的思想。史学研究的对象，确切说来，不外是人类思想活动的历史而已。② 所以他又说："凡是我们所着意称之为人文的一切，都是由于人类苦思苦想所致。"③ 这种思想的功能就构成为史学的本质，这就是说："历史思想总是反思，因为反思就是对思想的行为进行思想"，——"一切历史思想都属于这种性质"。④ 史学家要想知道某种情况下何以发生某一历史事件，他首先就要能在思想上向自己提问一个明确的问题，即自己在这种情况下所能希望的是什么，然后再从思想上解答这个问题。这些问题并不是向别人提出的，而是史学家向自己提出的，史学家必须是自问自答；这样，史学"论证的每一步就都取决于提问题"⑤ 的能力。

　　要真正捕捉古人的思想和意图，又谈何容易；古人并不为后人而写作，古人有古人的问题，但这些问题到了后世已经被遗忘了。史学的任务就是要重建它们，而要做到重建，就非有特殊的史学思想方法不为功。要了解某件古代艺术品，就必须了解当时那位古代艺术家心目中的意图是什么；要了解某一古代思想家，就必须了解当时那位古代思想家心目中的问题是什么；换句话说，要了解古人都是在怎么想的。这就要求史学家必须能够使自己设身处地重行思想古人的思想，然后才能解释古人思想的表现，即具体的历史事件。于是，根据历史即思想史的原则，便可以得出另一条原则，即历史知识就是史学家在自己的心灵里重演（re-enact），是他所要研究的历史事实背后的思想。这就是说，史学家的任务就在于挖掘出历史上

---

① 《历史的观念》，第 214 页。
② 　可以比较诗人蒲伯（A. Pope）的名句："人类恰当的研究乃是人类本身。"（《书翰》Ⅱ·i，行 1·Ⅰ）
③ 《形而上学论》，第 37 页。
④ 《历史的观念》，第 307 页。
⑤ 《历史的观念》，第 274 页。

的各种思想，而"要做到这一点，唯一的办法就是在他自己的心灵中重新思想它们"。① 然而这里必须注意：这一重演决不是史学家使自己消极地发思古之幽情而已；这一重演是以史学家本人的水平高低为其前提的，并且是通过把古代纳入今天的轨道在进行的。因此，它并不是停留在古代水平上的重演，而是提高到今天水平上的重演。因此，"这一重演只有在史学家使问题赋有他本人心灵全部的能力和全部的知识时，才告完成"；"它并不是消极地委身于别人心灵的魅力；它是一项积极的、因而是批判思维的工作"；"他之重演它，乃是在他自己的知识结构中进行的，因而重演它也就是批判它并形成自己对它的价值的判断"。② 所谓过去，决不是史家根据知觉就能从经验上简单地加以领会的某种给定的事实。根据定义，史家就不是，而且不可能是他所要知道的历史的目击者或经历者；因此他对于过去所可能有的唯一知识乃是间接的、推论而来的知识，而并非直接的经验。这种知识只能是靠以自己的思想重演过去，因此"史家必须在自己的心灵中重演过去"。③ 在这种意义上，史学家可以说是有似于演员；演员必须思角色之所思，想角色之所想，史学家也必须重行思想前人的思想，——否则就只是伪历史，是一篇毫无意义的流水账。昔人往矣，心事幽微，强作解人，无乃好事；史学家所要扮演的就正是这种好事者之徒，他的任务就正是要强解昔人的心事，——但他是站在今天的更高的水平上在这样做的。所谓理解前人的思想，也就是要历史地去想它们。历史知识并非是指仅仅知道有如此这般的若干事件前后相续（那是剪贴史学），它要求史家钻进别人的脑子里去，用他们的眼光观察与看待他们的处境，然后再自己作出判断：前人究竟想得正当与否。

史学家这种重演前人的思想，并不是，也不能是简单的重复，其中必然也包含着有他自己的思想在内。史学家所知道的是过去的思想，但他是以自己的思想在重行思想它们而知道它们的，所以历史研究所获得的知识

---

① 《历史的观念》，第215页。
② 《历史的观念》，第281页。
③ 《历史的观念》，第282页。

中也就有史家自己的思想成分在内。史家对外界的知识和他对自己的知识，这两者并不是彼此对立或排斥而互不相容的；他对外界的知识同时也就是他对自己的知识。在重行思想前人的思想时，是他本人亲自在思想它们的；前人的思想就被囊缩在他的思想之中，所以他本人就是，而且不可能不是他所知道的全部历史的一个微观世界。过去之所以可知，正因为它已经被囊缩在现在之中；现在之中就包含有过去。或许可以换一种说法，即历史的各个时代在时间上并非如人们通常所设想的那样是互不相容的，是现在就不是过去，是过去就不是现在；而是过去以另一种比例或尺度而被纳入现在之中，——过去和现在乃是一连串内在相关的、重叠的时辰，尽管它们并不相同，但并不分别独立，而是一个包罗在另一个之中。这一点，柯林武德曾用一个比喻说："过去的一切都活在史学家的心灵之中，正有如牛顿是活在爱因斯坦之中。"①

只要过去和现在截然被分作两橛，彼此相外，则关于过去的知识对于目前就谈不到有什么用处。但如果两者没有被割裂（而且事实上也不可能被割裂），那么过去的历史就可以为当前服务。历史为当前服务，这是柯林武德的重要论点之一；我们前面已经提到，他特别强调 20 世纪正在步入一个新的历史时代，其中史学对人类所起的作用可以方之于 17 世纪的自然科学。自然科学教导人们控制自然力量，史学则有可能教导人们控制人类局势；然而仅凭剪刀—糨糊历史学却绝不可能教导人们控制人类局势，像自然科学之教导人们控制自然力量那样。如果借用卡西勒评赫德尔历史哲学的话："他的著作不是单纯对过去的复述，而是对过去的复活"②，那么不妨说，剪贴史学仅仅是对过去的复述，而真正的史学则是对过去的复活。但必须是真正的史学，才能完成这一使命。

---

① 《历史的观念》，第 334 页。
② 《人论》，第 225 页。

九

同理，理论和实践两者的关系，也并非互相独立，而是互相依存。思想有赖于人们从实践中所获得的经验，而行为则有赖于他们对自己以及对世界的思想。流俗的看法总是把思想和行为两者对立起来，而当时牛津的习惯更是承袭希腊传统，把生活分为思想生活和实际生活两橛。柯林武德认为，这是一种错误，例如，通常总以为是民族性或多或少决定着一个民族的历史，但人们却常常忽略了另一个方面，即"历史造就了民族性，并且不断地在取消它、改造它"。① 民族性也是在历史中形成并在历史中改变着的东西。

一般看法又往往把不同的思想流派，看作只是对于同样的问题所作的不同答案。例如认为，历史上不同的哲学派别，产生于对同一个哲学问题各有不同的答案。这是严重的误解，事实并非如此。不同的思想派别所谈的根本不是同一个问题，不仅仅是其答案不同而已。柏拉图的《国家篇》和霍布斯的《利维坦》两书讨论的都是国家，但它们却并非都在回答同一个国家问题，因为他们问题的性质并不相同，他们心目中的国家并不相同。两人所谈的、所要回答的，在很大程度上是两回事。希腊的国家 polis 和近代的国家 state 是两种不同的东西，尽管部分地有其共同之处。历史就是思想史，但思想史（例如政治思想史）并不是对同一个问题（例如对同一个国家问题）的不同答案的历史。问题本身不断在变化，因而解答也不断在变化，——这才是历史。历史上的每一种思想都由前人此种思想演变而来，并且它本身也将演变下去；因而人类思想本身就构成一个不断在演变着的整体，并且因此一切心灵的知识就都是历史的，也就是说，只有通过历史研究才能了解人们的心灵。这就意味着，一切知识都包括历史的成分，并且"唯有一个人的历史意识已达到了一定成熟的程度，他才能知道各种不

---

① 《形而上学论》，第 98 页。

同的人所思想的是多么地不同"。① 在柯林武德看来，实在主义者的谬误就在于他们忽视了史学，所以他们的知识论并不符合历史实际。这种对历史的认识与解释，维科曾在 17 世纪发其端，但要到 20 世纪的克罗齐和柯林武德才做出系统的解释。柯林武德之所以要突出历史的重要性、崇史学于上位，原因在于他深深感到近代科学与近代思想两者前进的步伐已经脱节，而不能维持同步，补救的办法则要靠史学在 20 世纪必须起到物理学在 17 世纪所起的那种作用②，所以他才有 20 世纪哲学的任务就是要清理 20 世纪的史学的提法。

十

上面简略地叙述了柯林武德的历史的观念。为了较全面地评论他的观点，这里似有必要赘叙几句他的政治态度和政治思想。他写过一部政治学专著，题名为《新利维坦》，显然意在承续霍布斯的《利维坦》。利维坦是古代神话中的巨灵。霍布斯以之称呼近代国家。③ 然而自《利维坦》以来，史学、心理学、人类学等多方面的进展，已使它显得跟不上时代④，这是他要写《新利维坦》的原因。

柯林武德自命他的政治观点就是英国所称为"民主的"、大陆所称为"自由的"那种政治观点。他又自命是英国体制的一分子，在这个体制中，每个人都有投票权，可以选举议会中的代表；并且他认为英国的普选以及言论自由，就可以保证不会再有相当一部分人受政权的压迫或者再被迫蒙蔽起自己苦难的真相。民主制不仅是一种政府形式，而且是一所传授政治经验的学校，它在政治上可以以公共舆论或意见为基础，而这一点是任何集权体制所做不到的。民主政体所具有的优越性超过了人类迄今为止所曾有

---

① 《形而上学论》，第 56 页。

② 这个论点他曾反复提到，可参见《形而上学论》，第 61 页。

③ 霍布斯《利维坦》，第一卷，第一章："这个巨灵就叫做国家（civitas），它只不过是一个人工制造的人，尽管在体型上和力量上都要比自然人来得大。"

④ 参见《新利维坦》，第Ⅳ页。

过的任何其他政体；因为它是自馈的（self-feeding），议员由选民从他们自身之中选出，政务官由议员担任。正由于政治取决于多数，所以少数人的无知和错误是不足为虑的。他甚至称美这种"通过自我解放的行动而达到的自由意志"，是"标志着一个人在近代欧洲所达到的思想成熟的高度"[①]；所以尽管他承认这种所谓民主制也存在着腐化问题，但又肯定英国的仍不失为真正民主的传统。凡此都表现出他的偏见和浅视，只从形式看问题，没有触及全部政治的实质；这是无待多说的。

霍布斯的出发点是：人与人的关系在自然状态中是"每个人对所有的人在进行战争"[②]，人对人都是豺狼。柯林武德补充说，但人与人之间也还有友善："他（霍布斯）认为人们'天然地'彼此是仇敌，这是对的；但他们同时也还'天然地'是朋友。"[③] 人类彼此是朋友这一天性，不仅仅是出自理性的深思熟虑，"人与人之间的合作，并不像霍布斯所想象的那样，仅仅是奠基于人类的理性这样一个薄弱的基础之上"[④]，而且还因为人们在友好之中享受感情的欣慰。这里柯林武德虽和霍布斯的结论不同，但两人都是从普遍的抽象的人性出发，其推论形式是一样的。可是，这和他自己的史学理论有矛盾，因为按照他的史学理论，人性并不是永恒不变的。

20世纪20年代，柯林武德亲眼看见了社会主义思潮的兴起，30年代又出现了法西斯主义的思潮；两者从不同的方面都成为对他所信仰的"民主"传统的冲击。他曾指出并谴责了当时英国保守党从鲍尔温到张伯伦政府对法西斯的三次迁就——意大利侵略阿比西尼亚、西班牙内战、出卖捷克——终于导致第二次世界大战的爆发。西班牙内战本来是法西斯所发动的对外战争，英国保守党政府却在中立的幌子之下纵容法西斯。第二次世界大战前夕，他还指出法西斯主义就意味着人类理性的终结和非理性主义的胜利，并声称他本人要自觉地与之斗争，这反映出他自由主义的政治态

---

① 《新利维坦》，13·56-57，第94~95页。

② 《利维坦》，第13章。

③ 《新利维坦》，36·72，第305页。

④ 《新利维坦》，36·73，第305页。

度。他把纳粹主义列为人类历史上的野蛮之一，但同时也流露出一种恐惧与悲观的情调；他说："真理是世界上最宝贵的东西，人的全部职责就在于追求真理，非理性主义的瘟疫如果在欧洲一发而不可收拾，那么它就会在很短的时间内摧毁一切号称欧洲文明的东西。"[①] 这段话写在第二次世界大战爆发的那一年。但同时他又把历史上的伊斯兰教、土耳其帝国乃至阿尔比异端（Albi）均归入野蛮之列，反映出了自由主义史学的偏狭性。

从同样的立场出发，他反对社会主义。他曾论证说："政治学的第一条定律就是：一个政治体是分为统治阶级和被统治阶级的"[②]；他不但承认"自由是个程度问题"[③]，即自由总是就一定的环境和条件而言的，而且还承认"近代欧洲政治体中的自由，首先只限于统治阶级"[④]；但是他又认为不同的、对立的阶级可以互相"渗透"[⑤]，因而主张走阶级调和的道路。他曾多次表示不同意马克思主义，认为马克思尽管要反对空想，但是马克思有关国家消亡的学说却使自己也"在千年福王国的梦想这一特殊形式中陷入了空想"。[⑥] 他还指责社会主义会"使得教育者们官僚化"。[⑦] 按照他本人的理论来说，马克思所要解决的既是实际问题，即改造世界的问题，所以他的理论对于不同意把这种愿望视为合理的人，便是毫无意义的；但这一点对他自己的理论来说，在某种意义上也可以说是夫子自道。

30 年代以后的历史现实，使得他对英国的政治和政府的看法染上了一层怀疑和悲观的色彩，特别是当他看到保守党政府在禁运武器与不干涉的幌子下，实际上在干着支持佛朗哥法西斯政权勾当的时候。他同意这种看法，即哲学不应该是消极的知识，而应该是一种积极的武器；也曾论断文明的进步有赖于思想，——所以他宣称"就其对自然界的关系而言，文

---

① 《形而上学论》，第 140 页。
② 《新利维坦》，25·7，第 189 页。
③ 《新利维坦》，21·8，第 156 页。
④ 《新利维坦》，27·72，第 208 页。
⑤ 《新利维坦》，25·8，第 189 页。
⑥ 《新利维坦》，25·33，第 185 页。
⑦ 《新利维坦》，37·58，第 313 页。

明就是榨取，或者更确切地说，是科学的与思想的榨取"①。但是这一时期，无论在科学上或在思想上，他都没有什么更多的新东西提出来，除了死后出版的压卷之作《历史的观念》留下了一部评价他的史学理论的最重要的证件。

十一

自柯林武德《历史的观念》问世以来，一直有人在对他的理论进行评价。有人就总的英国唯心主义哲学加以评论，有人则偏重于其史学理论。就后者而言，也一直有不同的评价；有人把他和狄尔泰、克罗齐并列为唯心主义史学的突出代表，称他是"英语国家中最有影响的历史哲学家"②，也有人认为他的史学方法专靠艺术上的移情（empathy），那并不是真正的科学方法。大体上可以说，思辨的历史哲学虽然自古有之，但批判的或分析的历史哲学在西方却要到19世纪末才正式登上理论舞台；柯林武德的书不失为这方面一部有代表性的著作，近几十年来分析的历史哲学有逐渐成为显学的趋势，论者谓这"部分地要归功于柯林武德的影响"。③ 而相形之下，传统的思辨历史哲学却显得有点式微了。④ 看来思辨的体系似乎有必要先经过一番批判的洗礼。与思辨历史哲学同时存在的还有实证主义的历史观点；它在近代西方远比思辨历史哲学更有市场。几乎大部分近代史学家都有意或无意信奉着实证主义的教条，把史学简单看作是类似于自然科学的某种东西。克罗齐和柯林武德极力想把历史哲学纳入一条新途径，对于反击流行的实证主义观点是起了很大作用的。

克罗齐拘守新黑格尔派的家法，认为离开精神就没有实在，精神就是实在。柯林武德不如克罗齐那样强调精神本体，而有着更多康德的影子。

① 《新利维坦》，35·36，第291页。
② 沃尔什（W. H. Walsh）：《历史哲学导论》，1960年英文版（以下同），第48页。
③ 康金（P. Conkin）编《史学的遗产和挑战》，1971年英文版，第114页。鲍亨斯基（Bochenski）也把柯林武德列为狄尔泰的后学，见《当代欧洲哲学》，1965年英文版，第125页。
④ 20世纪初的斯宾格勒和20世纪中的汤因比都可归入这一类。

他对理性能力的结构的提法，基本上脱胎于康德的三分法。[①]康德的巨大影响[②]还表现在柯林武德的历史观念上。康德以理性的自我批判来否定传统形而上学。柯林武德一方面并不完全否定形而上学，另一方面则把理性自我批判的办法转移到史学上面来，要求史家在认识历史之前首先对自己认识历史的能力进行自我批判。他说："人要求知道一切，所以也要求知道自己"，"没有对自己的了解，他对其他事物的了解就是不完备的"[③]，"理性的自知决不是什么偶然，而是由于它的本性所使然"[④]。这样，历史哲学的重点就被转移到对理性自身认识能力的批判上来。固然，认识能力的自身首先应该进行自我批判，否则任何科学认识都有陷入盲目的危险；但认识能力的自我批判却不能就此代替或者是取消对客观规律的探讨。理解历史规律与对理解的方法及其概念的分析，二者是属于两个不同层次的两回事。分析的历史哲学实际上往往是用对历史认识的逻辑分析取代了对历史规律的探讨。这严格说来，只是回避了（或篡改了）问题而并没有解决问题。一切分析学派之所以不能令人满意（而招致反对派的攻击），归根到底也就在此。不做答案并不是答案，而分析历史哲学却每每以不做答案为其答案。柯林武德的理论也未能避免这一点，虽然他和更晚近的分析派历史哲学也有不同，而后者似乎更为变本加厉。

　　上面这个带根本性的问题，也牵涉到主客体之间如何明确地划定界限的问题。这条界限如何划分，划在哪里？对此，柯林武德以普遍概念的互

① 《艺术原理》第 10 页："每种活动都有理论的成分，心灵由此而认识某种事物；又有实践的成分，心灵由此而改变自身与世界；还有感觉的成分，心灵的认识与行动由此而赋有好恶苦乐的色彩。"可以比较康德《判断力批判》，Meredith 英译本，第 15 页。

② 他特别有契于康德的如下原则，即有关自然界的命题有赖于联系性的原理：在一个序列的两项之间总有一个第三项存在，他认为这样康德就在科学上前进了一大步，"他（康德）就从伽里略以及自然科学原则必须是一种应用数学这一普遍原则，而过渡到莱布尼兹和牛顿以及自然科学必须包括微分方程这一特殊原则。"（《形而上学论》，第 258~259 页）

③ 《历史的观念》，第 205 页。

④ 《历史的观念》，第 227 页。

为前提（presupposition）来解释。① 这样一来，例如惯性原则就不再成其为动力学中的普遍的真实，而毋宁说是人们所采用的一种前提，或者说解释原则；于是通常的客位就被转移到主位上来。这种办法表面上的优点是，它可解释某些类型的科学论证何以具有看起来的那种必然性。然而实际上它却根本否定了任何科学知识的客观性，把科学的概念结构归结为只是科学家所任意选择并强加于自然现象的解说，事实上，这种办法——连同它的一切优点和缺点——或多或少以大致相同的方式，也被他引用于史学理论研究。他在逻辑上独标所谓问答逻辑的思想方法，——他自命这是逻辑学上的一大革命，认为它与时下流行的各派均不相同，并且自我评价甚高。然而它的作用究竟如何，尚有待今后的发展作出答案。② 而他的历史观念则大致可以看成是他这套理论与方法在史学方面的引申和应用。康德曾标榜哥白尼式的革命，那是总结 17 世纪所奠立的自然科学的。柯林武德认为现在到了 20 世纪的史学行将取代 17 世纪自然科学的地位的时代。因此，他标榜一场其意义更甚于哥白尼革命的培根式的史学革命。

十二

最后，我们对以上柯林武德的史学理论试作一些初步的评论。

首先，他的理论所使用的一些基本概念不够明晰，有的乃至完全缺乏科学规定，这就不可避免地导致某些理论的混乱。诸如他所谓的"理解"、"思想"、"重演"等等究竟应该作何解释，他并没有讲清楚，经不起分析和推敲。这是他理论的薄弱环节之所在。

---

① 柯林武德解释说："每个问题都包括一个事先的前提。"（《形而上学论》，第 25 页）例如在物理学中，牛顿预先以"某些事件有因"为其前提，康德则以"一切事件都有因"为其前提，而爱因斯坦则以"任何事件都没有因"为其前提。（同上，第 545 页）提出问题之前，须先有某些前提，尽管事后可以受到修正乃至被其他前提所取代。

② 如果谈到逻辑学上的革命，那么至少迄今它还无法比拟差不多同时、同地问世的罗素和怀特海的《数学原理》，后者几乎使传统逻辑丧失其存在的根据和价值，而其势头似乎仍在有增无已。

　　他的逻辑推论有一些成分是应该重视的，包括他以问答方式处理逻辑，指出了某些看来似乎矛盾的命题。其实并没有矛盾，——只要我们善于分辨它的具体涵义是什么，亦即具体问题是什么，或要回答的是什么具体问题。这有助于澄清一些思想上和逻辑上的混淆。特别是他应用这种思想方法于史学所达到的结论是：史学给人以真正的知识。这一点就使他有别于当代其他历史哲学的立场。20 世纪生命派的流行观点是把世界看作某种不是被理解的，而是被体验的对象。因此哲学就不是科学知识，或者不能给人以知识，因为哲学家并不在他所思考的事物之外，而是参与其中，研究方法与答案是受观察者本人的制约的；甚至竟然认为所谓知识只能是对于中性的人才存在。而分析派的代表们则认为哲学是识而不是知，是洞见而非事实，哲学只是从事实中籀绎出秩序。与这两派不同，柯林武德肯定了以新方法可以求得新的历史知识，这一点有其积极的意义。

　　与此相关，他区别自然科学与人文科学的不同，也有其绵密与深邃之处。但他截然划分并割裂科学方法与史学方法却不免绝对化，甚而不谈或不承认历史本身也多少可以有像自然规律那样的客观规律。自然科学的方法，例如应用数学方法或统计学方法，没有理由不能应用于史学研究。人文既是统一的世界的一部分，当然也就要服从普遍的规律。自然和人文切成两橛，实在是有见于特殊性，而无见于普遍性。自然科学和人文科学所研究的并不是两个截然不相通的世界，其间并没有一道不可逾越的鸿沟；它们同属科学，研究的是同一个统一的世界，而且它们互相渗透、影响、利用并促进。仍然与此相关的是，他把历史过程 P 看作仅仅是 P_1、P_2、P_3……也犯了同样的毛病；因为所有的 P_1、P_2、P_3 终究都有一个共同属性构成其为 P，否则 P 就没有存在的理由。特殊性是不能被强调到取消普遍性的地步的。同时，既然 P 只是 P_1、P_2、P_3……，所以 P_1、P_2、P_3……每一个环节对历史就同样是不可少的，所以它们必须同等地被史学家所复活。历史可以如他所论断的，无所谓结束，每一个 P_n 都是 P_{n-1} 的发展，所有的 P_1、P_2、P_3……都活在 P_n 里；但这一点却不可绝对化。并不能由此推导说，过去全部的 P_1、P_2、P_3……都是等价的或等值的，并且是等值地或等价地都活在今天。事实上，它们有些仍然活着，有些则不是那样活着，有些则已死去或正在死去。它们绝不是同等地都活在今天。如果肯定它们全部都同样活着，那至少也有资格被戴上一顶柯林武德的"坏形而上学"的帽子。史学家没有必要，也没有可能复活以往全部历史的每一个环节或事件。

一切历史都是思想史，因而只有重演古人的思想才能理解历史。情形真是这样的吗？真的是"除了思想以外，任何别的东西都不可能有历史"[①]吗？史学上强调研究思想的重要性，虽然始自19世纪[②]，但把它总结为一套史学原则的则是柯林武德。然而即使思想是历史最主要的内容，也没有理由可以引申出思想就是历史的决定因素或唯一因素的结论。柯林武德在强调历史的思想内容时，对于历史上非个人的力量几乎不着一词，完全无视于起巨大历史作用的非思想的物质力量。而实际上物质力量却往往有如海水之下的冰山，至于思想则只不过是水面上浮露出来的那一小部分顶尖罢了。假如他的意思是说，任何物质力量也都要通过思想而表现，所以历史仍然是思想史；这种说法诚然无可非议，但并没有任何理由应该就此把历史全部归结为思想史。而这正是柯林武德史学理论的特征。非思想的物质力量中甚至可以包括人们的本能和各种潜意识，——其作用往往并不呈现为有意识的、有目的的、逻辑的思想形式。"思想"一词，他用的实在太滥，其涵义大体上我们可以归结为广、狭二义。狭义的思想指推理的思想，广义的则略如康德所称的"全部的心灵能力"，即知、情、意均包括在内。但他本人根本没有正视那些采取非逻辑形式的思想；而有时候那些下意识或潜意识对于人的行为的支配力却并不亚于有意识的思想。归根到底，历史的进程是不以人的思想为转移的；个别地看，每桩历史事件虽然贯穿着当事者的思想意图，但整个历史运动却又与每个当事人有意识的思想关系不一定很大。在历史上，一个人的有意识的思想倒往往像是一幕偶然的插曲、一种假象。例如，历史上的神学争论只不外是用以掩盖世俗利

---

① 《历史的观念》，第304页。

② 19世纪阿克顿（Acton）已有这样的提法："我们（史学家）的任务就是要注视并掌握思想的运动，它并不是历史事件的结果而是它的原因。"（《历史研究》，1911年英文版，第6页）

益冲突的外衣。恰好是历史之作为这样一幕"理性的狡猾"，在他十分强调思想的时候，却十分幼稚地被他忽视了。历史事件在很大程度上并不是、至少不仅仅是当事人有意识的思想的表现；不重视当事者的思想和过分强调当事者的思想是同样的不正确。历史事件确实表现思想，但这在任何意义上都不能说历史仅仅是思想或思想的产物。在规定着历史进程的巨大物质力量的面前，思想——它被柯林武德赋予了那么重要的意义——有时候还会显得苍白无力。历史并不是沿着某个人或某些人的思想所开辟的航道前进的，这一点柯林武德的理论几乎没有触及。

　　柯林武德既提出思想重演的理论，但同时又不得不承认那并非是简单的重演。即使如此，这里面也还存在着许多问题。就理解历史而言，史学家必须在自己的心灵中重演古人的思想，——这一点在理论上是否有必要，在事实上是否有可能？严格说来，神游于古人的境界并非对一切历史了解都是必要的，即使对于理解心灵或思想或目的是必要的，但对于理解非个人的物质力量及其运动却绝非是必要的。在这里，科学的推理能力要远比艺术的移情能力更为需要。在历史上，物质力量本身并不直接发言，但它通过人的思想而间接发言；所以沉默着的物质力量本身和思想的活动或表现，两者都同等地值得史学家注意。其次，思想的重演有无可能？单纯的或纯粹的重演是没有的，如实的思想重演，正如如实的历史复述，是不可能的事，这是作者本人也承认的。真正要做到重演，仅仅设身处地的同情是不够的，直觉的洞见（假如有的话）也还是不够的。不但没有两个人的思想是完全相同的，即使同一个人的思想前后也不可能完全相同。歌德晚年写他的自传，却题名为《诗与真》，他知道对自己的过去已不可能再重复其真实，他所能做到的只是诗情的回忆。对自己的思想尚且如此，对古人的思想更可想而知。既然古人的思想被纳入今人的思想格局之中，它就不再是古人的思想了。在这种意义上，它就不是思想的重演。还有，思想总是和事实不可分割地构成一个历史整体。史学不能撇开事实而专论思想。伽里略的思想是根据他一系列的科学实验的事实而产生的，我们可以重复他的实验，因而可以以自己的思想重演他的思想；拿破仑的思想是根据他一系列的社会生活的事实而产生的，我们已不可能重复他的生活，又如何可能在自己的思想里重演他的思想？历史事实显然是无法重演的，史学家对事实的认识无论如何也不可能完全如实，因为他的知识只能间接地通过材料由自己的思想来构造，何况材料总归是不完全的而且必然要受原作者条件的局限。假如具体的历史事实和历史条件不可能重演，那么又如何可能把当时的思想从产生这种思想的具体环境和条件中离析出来而加以重演，对于一个给定的思想—环境的整体，又如何能在环境改变后（这是柯林武德也承认的），却使思想如实地加以重演？柯林武德谈艺术美时，是把思想从时空环境中离析出来的，或许在史学上他认为也可以用这种方法对过去的思想加以再思想。但思想和行为同属于一个历史事件的组成部分；如果不能重演古人的行为，史学家有可能重演古人的思想吗？这似乎不太好自圆其说。史学家不可能重演历史人物；历史的整体既然不可能重演，那么作为整个组成部分的思想就应该也不可能重演，至少是不可能完全重演。我们前面提到，思想一词可以有广狭不同的涵义；最狭义的思想或抽象的概念，例如逻辑的思想或数学的思想，是可以重演的；今人可以思前人之所思，想前人之所想，例如他完全可以像亚里士多德一样重演三段论式的思想，或像欧几里得一样重演几何学的思想。但广义的思想——柯林武德是把感情和意识都包括在内的——作为具体条件的产物，却是不可能这样重演的，至少不可能完全重演，因为具体历史条件已不可能重演。思想是看不见、摸不着的，故而不能凭知觉来直接经验，而只能靠推论；既然是推论，就不是重演而且还可能有错误。

既然史学家对古人思想的认识总需要纳入他自己的思想结构，而每个史学家的思想又各不相同；所以假如每个史学家都在自己思想里重演古人的思想，那结果将是有多少史学家在思维，就会有多少种不同的历史世界，每个人各以其自己的思想方式在重演古代的历史。那样一来，客观历史作为一个统一体也就不复存在而被分裂为无数的单子，那就非但没有史学，甚至也没有历史了。作者极力要求史学家在心灵中复活过去，宣称史学家只有使自己置身于史事背后的心灵活动之中，亦即以个人本身的经验来重行思维并重新构造过去的历史，才有可能认识历史的意义。这一论点中包含有合理性的因素，它对剪贴史学的因循浅陋、对考据史学的幼稚无聊，在一定程度上揭露了其缺点并力图代之以一种更富有思想深度与心灵广度的史学及其方法论。但这种历史学及其方法论正如它所批判的传统史学一样，其自身也应该首先受到批判；认识能力首先也应该为这种史学及其方法论划定一个有效性的范围；有效性总是有一定范围的，出了圈子就变成不正确了。有人评论柯林武德所谓的重演只是假说，尚有待于事实来验证。[①]但应该说，更重要的是这个假说本身首先就需从概念上澄清。合理的成分如果不限定其正确的范围而成为脱缰之马，那就会变成为荒谬。柯林武德的历史的观念虽对当代西方历史哲学有很大影响，但即使受他影响的人也有不少表示不同意他或批评他的；例如，德雷（William Dray）就不同意他的培根式的史学革命论，认为史学家的性质和任务更应该是批评家而非科学家；沃尔什（Walsh）则批评他的理论是前后抵牾不能一致。[②]

柯林武德对于史学以及他本人所创立的史学理论寄予极高的，乃至过分的希望。史家对于他来说，意味着人类的自知，而这正是人的本性；换言之，史学即人性科学。他说："历史学的目的是为了人类的自知"，"所谓自知不仅指他（史学家）个人有别于他人的特性，而且是他作为人的本性"[③]；又说："人性的科学只能由史学来完成，史学就是人性科学宣称自己所应当是的那种东西。"[④]但这样一种无所不包与无所不能的史学，他却远远没有能建立起来。他曾想建立一种科学的史学而与传统的史学相对立，前者以自己为权威而后者则接受现成的权威；但他所做的主要工作却只限于对史学进行思想方法的与知识论的考察，而非对历史规律本身做出任何结论。或许可以说，他的主要工作只在于使史学界认识到：对历史科学进行哲学的反思乃是必要的而又重要的，而且严肃的史学必须使自己经历一番严格

① 　多纳根（A. & B. Donagan）编：《历史哲学》，1965 年英文版，第 20 页。

② 　沃尔什：《历史哲学导论》，第 109 页。

③ 　《历史的观念》，第 10 页。

④ 　《历史的观念》，第 209 页。

的逻辑的与哲学的批判和洗炼。正是在这一点上，我们不应该低估他对当
代西方历史哲学思潮的作用和影响。史学的高下不仅仅取决于史料的丰富
与否，而更重要的还取决于史学家思想的驾驭能力。这虽在某种意义可以
说是常识，但柯林武德却做了详尽细致的发挥，——尤其是他着重分析了
史学与其他科学之不同在于必须掌握人的思想（这样就使死历史变成了活
历史），不失为对传统剪贴史学的一种非常有价值的批判。[①]

原载《历史的观念》（柯林武德著，何兆武、张文杰译，
北京，中国社会科学出版社，1986 年）

[①] 罗宾·乔治·柯林武德（R. G. Collingwood）1889 年 2 月 22 日生于英国兰开郡，1943 年 1
月 9 日死于英国康尼斯顿。他 13 岁以前受他父亲——画家兼考古学家 W. G. 柯林武德（1819—
1900）的家庭教育，1908 年入牛津大学，1912 年被选为牛津大学导师，第一次大战时被征
从事战时工作，战后重返牛津任彭布鲁克（Pembroke）学院研究员；1934 年被选入皇家学
会；1935 年任牛津温弗莱特（Weynflete）形而上学教授，1941 年退休。他晚年特别侧重于
探讨历史哲学，代表着 20 世纪上半叶这一领域的重大努力。他的一些重要著作已见前面引
文；其中他的《自传》一书简明扼要地叙述了他自己思想发展的历程。另外，评介他的历史
观念的著作，就我所知较为重要的有如下诸种：沃尔什的《柯林武德的历史哲学》（载《哲学》
ⅩⅩⅡ，1942 年），多纳根的《柯林武德晚期的哲学》（1962 年），德宾斯（W. Debbins）编《历
史哲学论文集》（1965 年），鲁宾诺夫（Lionel Rubinnoff）的《柯林武德与形而上学的改造》
（1969 年），戈尔登斯坦（L. J. Goldenstein）的《柯林武德关于历史认识的理论》（载《历史与理
论》Ⅸ，1，1970 年），杜森（W. J. Van der Dussen）的《作为科学的历史学：柯林武德的哲学》
（1981 年）和《论柯林武德的未刊稿》（载《历史与理论》ⅩⅧ，3，1979 年）。

历史理性的重建
——奥特迦·伽赛特历史体系观散论

奥特迦·伽赛特在当代西方知识界是很有影响的思想家，但国内的有关研究至今尚不多见。本文旨在阐发和评论奥特迦史学理论的某些方面，特别是有关他重建历史理性的理论。本文在一系列基本论点上，不同意他的见解，但认为其中有些是值得我们研究和思考的，它们有助于扩展和深化我们的历史思维。

一　前言

20 世纪初，当乌纳穆诺（Miguel de Unamuno）完成了他的名著《人生的悲剧意义》时，马达里亚迦（M. de Madariaga）为之作序，曾深深感叹说，英国和西班牙都处于西欧文化的外缘，然而相形之下，西班牙的思想文化在本国境外却是那么地鲜为人知。

西班牙建立过近代世界最早最大的殖民帝国、一个与古代和中世纪迥然不同的近代民族国家，以及一套相应的世界政治（Weltpolitik）的机器。但是 1588 年之后她落后了，闭塞了，随后几个世纪的西班牙历史竟成了一部长期衰落的历史。西班牙这个贫困偏僻的国家，早已失去了她往昔以海上霸权称雄世界的雄风。仿佛是她已经自绝于西欧文化，并且也被西欧文化所遗忘。因此近代西班牙思想界很自然地要把目光投向寻找西班牙文化复兴的出路，作为自己心灵追求的鹄的。他们精神上那种沉重的负担，是其他西欧民族，如英国、法国和德国，所感受不到的。

就在马达里亚迦写了那段话之后不久，一系列的西班牙思想家和作家就相继把西班牙的思想推向了世界，使它重新焕发出近代早期它那世界性的光辉。乌纳穆诺和奥特迦堪称为其中的双子星座，而以后者的思想影响更大。马达里亚迦和乌纳穆诺所叹息的那种为外人所不理解的西班牙灵魂或吉诃德精神，又重始展现在全世界的面前。然而要掌握另一个民族的精神和思想，又谈何容易！读外国人的著作往往遇到无法逾越的困难；我们认识它那文字结构，但我们领会不到它那思想实质。正如我们读托尔斯泰和陀思妥耶夫斯基，但我们却触及不到俄罗斯的灵魂；或像是西方的汉学家们，不管是多么精研中国的文献，却永远也不可能例如像鲁迅那样鞭挞到中国民族性的核心深处。奥特迦自称："我的书是为西班牙写的，不是为'全人类'写的。"[①]所以也许我们永远都体会不到那种西班牙精神，永远只能停留在隔靴搔痒的地步；因为我们缺乏为任何真正的历史理解所最为需要的那种体验（Erlebnis，而非 Erkenntnis）。这个楔子是要表明，本文并不自命了解了奥特迦的思想，也无从肯定了解他到什么程度。本文只不过是一个中国读者对他的散记以及对他的某些印象和看法。

二 时代与生平

1876 年西班牙"自由教育研究所"（Institución Libre de Enseñanza）的成立，标志着自由主义思潮开始传播，知识界强烈要求学术思想自由，与西方文化接触，要求摆脱腐朽的政权和教会的干预，并反对当时爱国主义派那种孤立于西方思想主流之外的做法和倾向。这一思潮也深深地影响了青年的奥特迦。世纪之交的西班牙思想界，有分裂为两大营垒的趋势：一派强调本国文化的特色，主张通过本国的特点进行现代化；另一派则主张通过西欧化，接受西欧文化及其价值观念，使西班牙融入西欧文化共同体之中来实现现代化。两派的现代化目标名义上相同，而两派在具体途径上

---

① 奥特迦：《现象学与艺术》，纽约，Norton 版，1975 年，第 23 页。

则各行其是。这是西班牙的国粹派与西化派之争。当时的奥特迦属西化派，他认为只有对西欧文化全面开放，西班牙才有可能复兴并现代化。他曾发表一系列文章参与这场论战，因而被老一辈的对手斥之为不爱国和崇洋媚外。他对此反驳说："一个爱国者是不是就应该把本国视为高于一切？""西班牙之所以重要，就在于她在精神上与全欧洲相结合。"他声明："我是一个爱国者，我身上的西班牙感情遗产，是使我通往欧洲的唯一凭借。我相信西班牙必须要完成全欧洲文化的使命。"[①] 有趣的是，在很多较落后的国家，我们都发现有类似的国粹派与西化派的论战，它似乎带有某种程度的普遍性，例如在 19 世纪的俄国和 20 世纪的中国。

奥特迦（José Ortega y Gasset）1883 年生于马德里，父亲是小说家和记者，他少年时学习古典文献，后入萨拉曼卡大学和马德里中央大学求学，1904 年获博士学位；次年去德国，先后在马堡大学、莱比锡大学和柏林大学攻读哲学；因为在他看来，没有哲学基础，真正的历史学是无从建立的。他在马堡从学于当时新康德学派的大师柯亨（Hermann Cohen，1842—1918）和纳托尔普（Paul Natorp，1854—1924），受了马堡学派的知识论及方法论的训练和影响。但他并不完全同意新康德学派的观点，感到他们的家法太严，缺乏对知识的好奇心；他认为人们不应该从无限繁复的历史之中挑出一个自己喜爱的模式，并简单地把全部人生强行纳入其中。[②] 同时他也潜研刚刚登上舞台的布伦塔诺（Franz Brentano，1838—1917）和胡塞尔（Edmund Husserl，1859—1938）的现象学。青年时奥特迦的思想大体上有两个渊源，一是新康德主义，一是生命哲学和现象学。

宗教改革以来，西班牙就在思想上和文化上故步自封，断绝了与西欧（特别是德国）的联系，虽则 1700 年以后法国思想文化的影响有所增长。1910 年奥特迦回到西班牙，在马德里中央大学任教，直到 1936 年内战爆发，他流亡国外为止。他是第一个把近代德国思想介绍给西班牙和拉丁美洲西

---

① 　Oliver Holmes：《人的现实与社会界》，安赫斯特，麻州大学版，1975 年，第 10 页。

② 　参见《现象学与艺术》，第 34 页。

语国家的人。由于他在德国学习时即已认同于西欧文化，所以在当时国粹派与西化派的论战高潮中他很自然地参加了西化派阵营。这场论战也促使他开始对历史哲学进行深入而持久的研究。此后，他逐渐成为西班牙共和时期思想界的领袖人物。

在 1914 年《对吉诃德的沉思》一书中，他借用康德人类学的概念来说明，西班牙还没有能力摆脱和超越旧传统，西班牙仍是一个"前人"的国家而不是今人的国家，三个多世纪都仿佛是在迷途之中原地踏步、徘徊不前，这已成为西班牙民族的痼疾。他呼吁西班牙人起来反对传统，超越传统，从对过去的迷信之中解放出来把自己投入欧洲文明的主流。1920 年西班牙国粹派（Hispanophile）举行聚会，悼念小说家拉瑞（J. M. de Larra，1809—1837），因为拉瑞猛烈抨击过西班牙所受的国外影响。1923 年，青年的西化派（Hispanophols），包括奥特迦在内，也举行聚会悼念法国象征派诗人马拉梅（Stéphane Mallarmé，1842—1898）。两次聚会旗帜鲜明地表明两派和两代人之间的分歧和对立。这一时期奥特迦曾主持《大公报》（El Imparcial）、《太阳报》（El Sol）和《西方评论》（Revista de Occidente），其主旨都是探讨带有根本性的重大历史文化问题，即"现代人灵魂"的问题；它们成为当时学术思想界有名的报刊，并使西班牙和西方思想文化有了更密切的交流。1923 年他还邀请爱因斯坦访问西班牙，讲演相对论。

奥特迦一直在领导西班牙共和派知识分子反对西班牙的独裁统治。1929 年西班牙独裁者里维拉（M. P. de Rivera，1870—1930）查封了马德里中央大学，奥特迦为了表示抗议对学术自由的横暴摧残，愤而辞职，旋去各地演讲，后结集为《什么是哲学》。另一部《群众的反叛》也于此时写成；所谓群众是指独裁制下的群氓，独裁者里维拉本人也是其中之一，是根本不配当领导的。他在《太阳报》上发表文章，大声疾呼：专制政体必须毁灭（古罗马的老卡图，每次演说都以高呼"迦太基必须毁灭"作为结束）。次岁，里维拉倒台，西班牙第二共和国成立，他恢复教职并入选国会（任参议员）；但他不能适应复杂的政治权术斗争，于 1932 年脱离政坛，却迄未中断站在反对派的立场上撰写政治论文。他的基本立场始终是拥护共和，并不断受到来自左右两方面的攻击。1936 年西班牙内战爆发，他被迫出走法国，再去荷兰讲学。内战于 1939 年以佛朗哥独裁政权的确立而告结束，他无法回国，遂去阿根廷在布宜诺斯艾利斯大学讲学，在这里渡过了第二次世界大战的岁月。战后，他重返故国，但他一贯的自由主义却一方面受到佛朗哥独裁政权的敌视，另一方面又受到反佛朗哥势力的猜疑。1948 年他在西班牙成立了人文研究所（Institutio de Humanidades），不仅研究历史文化，还研究当前问题，要以更多的新方式研究人的问题；研究所受到佛朗哥当局的多方干扰，终于在 1950 年关闭。此后为了避免国内压力，他多次出国讲学，并协助建立了有名的阿斯本（Aspen）研究所；还去过德国接受他母校马堡大学的荣誉博士学位。1955 年他在马德里寓所逝世，享年 72 岁。

几个世纪以来西班牙是一个灾难深重的国家，一直生活在横暴、愚昧而又腐朽的专制政权和教权统治之下，直到 1975 年大独裁者佛朗哥去世为止。知识分子的感受来得特别深刻，所受迫害也最残酷。才华那么横溢、覃思那么卓绝的一代哲人乌纳穆诺（西班牙最古老的萨拉曼卡大学的校长），就惨死在法西斯集中营里。和乌纳穆诺相较，奥特迦更少宗教的色彩，而更多人文主义的批判成分。这一点或许是使他那"群众社会"的理论博得有更多读者的原因。1921 年《没有脊梁骨的西班牙》和 1923 年《我们时代的主题》，一定会使一个饱尝落后之苦的中国知识分子读起来倍感亲切的。他呼吁所有欧洲的知识分子同心协力共建西方文化价值，他呼吁他们应该自觉而不应该像群氓那样浑浑噩噩地生活下去。这一作意加以发挥，便成为《群众的反叛》一书的主题。无论如何，20 世纪初西方正在跨越近代与现代（或者说现代化与后现代化）之间的那条边界，正在经历一个历史性的大转折点；奥特迦本人是亲身见证了这场大转折的思想代表之一，并且他本人是深刻意识到了这一点的。这使得他的思想饱含着鲜明的时代精神。

奥特迦的著作已编有西班牙文的《全集》。英译文成书的，就我所见有 15 种，另有单篇英译文若干散见各杂志。20 世纪 30 年代初，他有一篇《为德国人而写的序言》，但由于随后 1934 年法西斯发动的慕尼黑事件，此文始终未在德国发表。这是他的一篇思想自传，已收入英译本《现象学与艺术》一书作为第一篇；读者对他的思想有兴趣的，可以参阅。不知人不可以论世，不论世亦不可以知人。知人而又论世——我们下面可以看到——正是奥特迦本人基本的历史学论点之一，亦即人与环境总是合为一体。而这一论点用之于了解他本人的思想，应该是最恰当不过的。

加缪（Albert Camus，1913—1960）评价奥特迦是尼采以后西方最伟大的作家；这一评价是否允当，可以见仁见智。不过如下一点却是不争的历史事实：自从17世纪，近代思想就沿着两条平行路线在发展。一条是沿着笛卡尔所奠定的以头脑思维的路线，另一条是沿着帕斯卡所奠定的以心灵思维的路线，两者浸假而演化为当代分析学派与生命哲学双方的对峙；奥特迦则被人们公认是当代生命哲学最重要的代表人物之一。

三　逻辑理性和历史理性

中世纪信仰神和神的启示，认为如果不信仰神和神的启示，人在世上就活不下去。这一被视为理所当然的信仰，从15世纪开始消逝，于是出现了一个危机的时代。此后，人们又从另一种信念里找到了得救。16世纪到19世纪是历史的另一大周期，这时人们是靠对理性的信仰而生活的，——这一信念也就是笛卡尔《方法论》中所宣告的人们应该，而且能够以几何学的理性精神解决一切疑难问题。人们坚信"整个世界具有合理的结构，严密地吻合人的智力组织"[①]。这就是"近代"。[②]可是今天，"我们却正看到它那临死的阵痛，正听到它那曲死前的天鹅之歌"[③]。

这种理性主义和近代早期的自然科学是互为表里的，即对世界和人生采取一种纯客观的态度去进行观察和分析。浪漫主义意识到了这种态度的缺陷，于是转而寻求内心的情操和感受。这一思想方式同样有权被认为是

---

① 奥特迦：《历史是一个体系》，纽约，Norton版，1961年，第171页。
② 参见《现象学与艺术》，第53页。
③ 《历史是一个体系》，第170页。

一种时代精神。（索罗金对这一点曾有详尽的发挥。[1]）生命哲学就继承了这一传统而与理性分析相抗衡。直迄 19 世纪风行一时的那种廉价的（有时是太廉价的）乐观主义和对进步的信仰，就受到帕斯卡—克尔克迦德生命哲学那种内心焦灼的挑战。西方当代的心灵现实是，它原来的两大基石都已根本发生了动摇：在认识上是 17 世纪牛顿那种秩序井然的铁的因果律，在信仰上是 17 世纪对理性的无限崇拜以及由此而来的社会进步观。信仰（或者说迷信）科学的时代已经过去了。科学在许多具体方面的成功，并不意味着它对于我们生命的整体也必然会同样地成功。反之，科学在部分上成功，也可能在整体上失败。对科学的信仰，只不过是一种"空想主义"。我们应该在这里面去寻找现代世界精神不安的原因。[2] 正值英语国家决定性地走向语言和逻辑的分析之际，大陆上却涌现一股强烈的生命哲学浪潮与之颉颃，他们要求完整地把握全部的人生，而不是把整体生命解剖为各个片段加以分析。在广义上，从胡塞尔以降的大陆各家（甚至包括晚年的怀特海，他隶籍英、美）都可以归入这一行列。蒂里什（Paul Tillich, 1886—1965）总结这一历史行程说，它始于 17 世纪的帕斯卡，18 世纪经历了一段地下活动，19 世纪成为革命的，而在 20 世纪获得了惊人的胜利。[3]

　　生命哲学强调人的积极参与作用，反对人只是消极地作为一个单纯的旁观者。实在（reality）并不单只是观察和研究的对象，它是我们当下要直接加以把握的某种东西。要认识实在，就不能停留在单纯分析的水平上。以严密的符号和概念去澄清一大堆以日常生活用语所表示的、含混不清的、逻辑混乱的思想和推论，这个工作是必要的；但这并不等于理解了或把握了实在。在近代思维史上曾经有过各式各样的方法：数学方法（笛卡尔）、心理学方法（英国经验论）、逻辑方法（德国古典哲学的先验推论）、生物学方法（有关自然发展和社会发展的各种阶段论）、历史学方法（狄尔泰、

---

[1]　可参见 P. A. Sorokin：《我们时代的危机》，纽约，Dutton 版，1941 年，第一章。

[2]　参看《历史是一个体系》，第 179~180 页。

[3]　参见 P. Tillich：《存在主义与心理治疗》，载 H. M. Ruijtenbeck 编：《心理分析与存在哲学》，纽约，Norton 版，1967 年，第 5 页。

克罗齐）。它们的路数各不相同，但这表明了任何一种特定的方法都并非唯一的方法。要理解实在，就需要有一种它自己的方法，而不能照搬其他方法。在奥特迦看来，以往的各种方式在一定意义上都不是把握现实，而是躲避现实的一种方式。在这种意义上，一切哲学和科学都只不过是一种方便的假设（convention commode）；它们是诗，是幻，是一场有规则的游戏。19 世纪实证主义者的乐观主义不仅浅薄，而且毫无根据；它武断地设定，人类历史有一个目标。20 世纪的人却越来越不关心这一所谓的历史目标是什么，转而面向当下的现实，面向个人心灵及其环境的现实。这是对 19 世纪的反弹。如果说，自然科学所探讨的是"在变化着的外衣下的永恒性质或结构"[①]，或者说是亚里士多德式的变中之不变；那么人的科学所要探讨的又是什么呢？物有物性，然则人也有人性吗？

奥特迦的基本论点之一是：人们的思想至今依然是 2500 年以前伊利亚学派本体论的俘虏。经验告诉我们，事物是永远在变的，但是人们却企图在其中寻找"变中之不变"，称之为物性或本质（substance）；它既有其表面的繁复与多变，又有其潜在的恒定与统一。或者说，它颇有似如某种数学概念。古代的这一概念降及近代，就演化为波义耳的规律，即变化不已的现象有其永恒不变的规律；再到孔德和穆勒就成为客观规律的绝对不变性。某些哲学的出发点是，首先把知觉当作是感觉数据，换句话说，首先是把它作为观照和思考的对象，而不是作为生活的现实。伊利亚派的错误就在于忽略了"实在"的这种直接性，因而他们就不能真正从永恒的观点（sub specie aeternitatis）把握实在。为了弥补这一点，我们在逻辑理性之外就需要有一种历史理性。如果我们要从经验（有限性）中寻找伊利亚式的成分（无限性），那么我们就必须明确：历史并不是哲学观念，哲学并不能（像人们想象的那样）概括历史。要了解人的历史，我们就必须有一种非伊利亚的观点，犹如数学在欧氏几何而外需要有一种非欧几何一样。事实上，"并不存在我们通常所谓的'观念''思想'，它们只是一种抽象、一

---

① 《历史是一个体系》，第 184 页。

种近似"，只有当其涉及抽象作用（如数学）时，才可以脱离具体的人；但当其涉及"实在"时，则只有"就人的具体生存的全盘背景"① 才能加以理解。这就是历史理性。

什么是实在？它的最根本之点就是人的生存。"人生是一个基本的实在"，所以"我们必须把一切都归本于生存或生命"。② 或者说，关于人生，我们所可说的首先就是，它是一个基本现实，一切都须以这一点为坐标。我们被给定了自然界，我们也被给定了人生。"对此我们别无选择，而只能是设法使自己生存下去，——这就是人生中最乏味而又最重要的基调。"③ 但自然界被给定于我们是现成的、非如此不可的，而人生却不是现成地、非如此不可地给定于我们的。反之，人生被给定了就是自由的，所以我们每个人就只能是自由地去选择它、决定它、创造它。而自由的选择则是根据我们自己的信念做出的；没有对己、对人、对环境、对世界的某些信念，就无法作出选择。一个人的生命结构，就取决于他的信念。从而人道之中最重大的变化，也就莫过于信念的变化。

生命是被给定的，也就是说它是被强加于我们的，而不是我们自己加之于自己的；但同时我们又是根据自己的信念来决定它的，而不是像行星那样被强行纳入一定的轨道在运行的。我们要对一个个人、民族、时代或历史作出判断，首先就要确定他或它的信念库里面都贮存着些什么。构成一个人的状态的，乃是他的信念；信念不单是思想，而且是我们所相信的思想。它不是纯思想，而是行动的指南。生活之被强加于人，就蕴含着人随时随地都必须为自己自由地作出选择；他是被给定了要自己作出选择的。④ 但这决非意味着人可以不必服从必然性。相反地，人比自然界要更深一层地服从必然性。人注定了是自由的，是注定了必然要自行作出选择的。自由就是人的必然性，不服从这个必然性，人就不成其为人。人生必

---

① 《现象学与艺术》，第 20 页。
② 《历史是一个体系》，第 165 页。
③ 《历史是一个体系》，第 165 页。
④ 《现象学与艺术》，第 35 页。

须要创作出它自己所要采取的形式。它是一往无前的、义无反顾的，所以就永远也不发生"返于什么"（例如"返于自然"、"返于康德"之类）的问题。我们像是诗人，我们在谱写自己生命的诗篇。这就是生命的必然性。从这种观念出发，奥特迦不禁深深感叹道："我们残酷的命运是何等之礼貌周全啊！"[1] 生命哲学的这种酒神（Dionysus）态度，与理性主义的日神（Apollonius）精神形成了鲜明的对比；一方是满腔热情地入乎其内，一方是冷眼旁观地出乎其外。

生命是最基本的现实，而"一切社会生活和文化现象则呈现为个人生命这一物种的组成部分"[2]，因而它们就是派生的、次级的。生命的精义并不在于其意识（Bewusstsein），而在于其"我和我的境遇"的两重性。世界首先呈现为我们的境遇，我们通过它而与外界交通。以往的哲学大多以事物的本质（essence）为其研究对象。但人的本质恰好就在于，他没有本质。他就只有他为自己所创造的历史。人和他的历史乃是一个体系，它不是科学，也不能希望成为科学。它所寻求的乃是"实在"本身，而不是（像科学那样）要解释实在的某个部分或某个方面的现象。"实在"本身就包括人和人的历史。

四　历史、历史理性

奥特迦的哲学属于通常被称为生命哲学（Lebensphilosophie）或精神哲学（Geistesphilosophie），并曾深受现象学的影响，他本人就是当代现象学的重要代表之一；也有人称他为存在主义（广义的）的现象学家。在他，构成为生命的乃是自我、环境与自由的选择。最根本的实在就是生存，知识则是它内在的功能或作用。他以"人生"这一新的本体论范畴来消解怀疑主义与独断主义、现实主义与理想主义、唯心主义与唯物主义之间的争论。历史理性（或称为生命理性，vital reason）导致他走向了反对智识主

[1]　《现象学与艺术》，第 35 页。
[2]　《现象学与艺术》，第 55 页。

义（intellectualism）以及由智识主义所派生的一切理想主义，因为它们研究人是把人置于境遇和世界之外，而不是置于其中；它们既没有看到生命是最根本的实在，也不认识生命是与环境相结合、相制约、相争斗的过程①，而知识和文化的真正作用，正在于此。生命是不明确的、不确定的，而它又追求着明确和确定；知识和文化也就是对生命的澄清和解释。生命是经，知识和文化是经注或经说，是不断地在解释经的。他并不认为生之冲动（elan vital）是盲目的，他强调其中合理性（rationality）的那一面。合理性是人生中最重要的部分。真正的思想绝不迷信某种外在的绝对权威，也不迷信自己的内在感觉；真正的思想只能是自由心灵的创造。很多近代哲学之所以失足，就在于它们不是从生存出发，而是从思想出发，所以就使自己陷入一套想当然耳（虽则或许是融通无碍）的命题推导之中。真正的知识必须是对终极实在（ultimate reality）的探求，而终极的实在归根到底无非就是生命（大写的 Life）而已。就个人在一个被给定的历史境遇中的命运而言，自我和外境二者是相互依存、相辅相成的，并不发生何者是第一位的问题。我就是我和我的环境，环境构成为我的一部分；无此环境即无所谓我。这两者共同构成一个经验网络（experience matrix），两者的关系并非是简单的共存共处，而是自我唯有通过与外境的作用才能实现自我。这一自我实现，就是所谓生命。

奥特迦自称为生命主义（vitalism），但他并不简单地反对理性主义。所谓生命或生机，无非是人类不断追求知识、理解和精神满足，它和理性是同一回事；这与第一次大战后西方流行的反理性主义和崇拜盲目冲动的思潮大有不同。因为他重视理性，所以虽也被人目为存在主义，但与通常所谓的存在主义却颇有分歧。他鄙视法国存在主义中间流行的那种感伤主义的情调。他重视人类生机的社会文化条件，这一点又有异于一般的生机主义。因此，他后来越来越喜欢使用"历史理性"一词，以代替原来的"生命理性"一词。生命也者，并非是指生物学意义上的生命，并不是指任何

---

① 《现象学与艺术》，第 57 页。

意义上的机器人、生物人、经济人或政治人，等等。它指的是全面的人，是人的整体。自我有一种使命，那就是人生的自我实现的使命；这个实现过程就是历史。于是，他就概括出他那个有名的命题：人没有本性，而只有历史。在这里，人和历史是通体打成一片的，人就是历史，历史就是人。

这种观点也被称为理性生机主义（ratio-vitalism），它指的是个人生命在给定条件之下的使命。成其为第一性的东西的，既不是物质，也不是精神，而是这二者相互依存的统一体。所谓我就是我和我的境遇，这就意味着我并不是一个思维的主体（thinking ego），我的境遇也是我的一部分。没有我的境遇，就不可能有我的历史。这一物我同在的网络，并非指二者的和平共处，而是指唯有作用于物，自我才得以实现。物我交互作用的共同体，就是生命。我们对于世界的认识总要采取一个具体的观点，或者说配景（perspective），它既非物，也非我；这可以称之为配景主义（perspectivism）。配景是不可或缺的，但无所谓正确与否，一切配景都是同等有效的或等值的。唯一错误的配景，就是那种自命为唯一正确的配景。

我不只是思维，而且是行动；这就是生存，这就是历史。每个生命都有其具体的直接性（immediacy），相对于这一最基本之点，其他一切都是第二位的。新康德学派的错误就在于，它把人的实质看作只是文化，而撇开其境遇不谈。生命和环境、文化与人乃是统一体，不能分为两橛。"人是这样的一种动物，他注定了要把必然转化为自由。"[①] 只有这样，自我才能真正成为自我。生命乃是暂时的现象（species temporis）而非永恒的现象（species aeternitatis）；就此而言，如果历史和逻辑是统一的，它就必然是反智识主义的，因为任何智识主义都是要超脱时间而在永恒的观点之下（sub species aeternitatis）观照自我之外的纯对象。历史理性把理性看作在根本上是生机的，同时又始终是合理性的。这就既有别于一般的生机主义（反理性），又复有别于一般的理性主义（反生机）。历史理性一方面反对纯粹观照的（contemplative）的理性而强调生命的功能，另一方面又强调

---

① 《现象学与艺术》，第 56 页。

生命的活动依赖于理性。所谓生命或生机，就包括对知识的追求；故而生机和理性是一而二，二而一的。

胡塞尔的我，作为纯观照的主体，其本身并没有任何要求和感受，它只是在思考和理解这些要求和感受。这样的我，奥特迦认为只是一种景观或景象（spectacle），并不是实在或实体（reality）；因为"我所观照的并非是实在，而是一种景观。而真正的实在则是这一观照本身"。① 经验一词在其正确的意义上，本来不是消极的东西，而是生命与环境二者间相互作用的产物。这好像是要把人们带回到前苏格拉底的希腊，在那里哲学就是爱智慧、爱生活的智慧。于是，真理和追求真理，对于人生，就不是某种额外的、附加的、可有可无的奢侈品、某种方便或权宜，仿佛没有它，人也可以生存似的。渴求真理对于人生乃是不可须臾离弃的；没有它，人就不可能生活下去。事实上，"没有人，就没有真理"；同样地，"没有真理，也就不成其为人"。② 渴求真理乃是人之所以为人的绝对需要。人之异于禽兽就在于：人不是一种食肉兽，他是一种食真理兽，他要靠吃真理而生存。而"真理的真实性则只不过在于其渴望追求真理而已"。③ 我们不能脱离人的追求而侈谈真理的客观存在，真理就只存在于对真理的追求之中。追求真理也和追求道德一样，都是人的天职。一切外物——包括精神（作为外物）之为物（res）——必须和我们的概念一致，所以我们的智力便是一种原事物（Urding，proto-thing），它认同于并且物化着（verdinglicht）其他一切事物。思维与存在统一于生命之中，物我之间的界限就消泯了。说起来很奇怪：人们总是要把各种事物联系起来把握其整体，而那又是永远把握不住的。假如一旦把握住了，人就不需要再去追求真理了。真理并不在任何地方，它只在对它的追求之中。科学如果要追求真理，那么"科学就必须按生机的需要组织起来；这样才能拯救科学，并且（尤其是）成为科学灵

---

① 《现象学与艺术》，第 62 页。
② 《现象学与艺术》，第 58 页。
③ 《现象学与艺术》，第 51 页。

感的积极动力"。①

　　洛克以为人心是一张白纸，那上面可以画任何图画。胡塞尔则以为人心并不是一张白纸，那上面并不能画任何图画。它是用以把握对象的能动作用，是有意识的、有目的的行动。这一思想为奥特迦所继承并加以发展。简单地说，人的生存就是要应付世界，把自己投向世界，生活于其中并仅仅生活于其中。② 创造人自己的乃是他自己，而不是上帝；然而他又不能像上帝创世纪那样无中生有，他必须受到境遇的制约。假如上帝存在，那么他也只是一个"御而不治"（"The king reigns but does not rule"）的英国国王，他把一切都下放给了每一个具体的个人。所谓自由就是不存在任何组织上的规定性，或者说，生命的唯一属性就是它在组织上的不确定性，亦即自由。③

　　形而上学是分析派和生命派都反对的；但在后者看来，前者仅只以分析为能事，除了澄清思维形式而外，并不给人以真正的知识；后者则把真正的知识看作生命本身的活动，它并不给人以具体知识，却显示了人生，显示了人生乃是实践的活动。前者只接触到概念而没有接触到实在，因而人生及其境遇就都成了虚构的镜花水月，没有任何真实性，而人们真正需要的则是能够指明实在的新启示。

　　由自我与环境二者共同形成的生存，是不断在创造并实现自己的价值的。这不仅以个体生命为然。集体生命，亦即人类历史，在更大的规模上也是如此。到了 20 世纪，传统悠久的思辨的历史哲学受到来自两个方面的严重挑战，一方面来自分析派（尤其英语国家），另一方面来自生命派（尤其大陆各国）。从此，曾长期占统治地位的思辨历史哲学就式微了。奥特迦晚年日益重视人生的背景方面，即历史理性的社会文化条件。下面就是他在《历史是一个体系》这篇名文中对历史理性所总结出的基本命题：

---

① 《现象学与艺术》，第 28 页。
② 参看《奥特迦全集》，马德里，1932 年，第 2 卷，第 607 页。
③ 参见《历史是一个体系》，第 203 页。

　　　　"人没有本性，而只有历史。"

　　　　"人不是物，而是一场戏剧。"

　　　　"每个人都是在写他自己的小说家，他无法回避这一选择。"

　　　　"人注定了非自由不可。"

　　　　"宇宙间的一切事物都有预先规定的存在，唯独人并没有无可逃避
　　的预先规定的存在。他只能自己设法谋生，——不仅在经济上，而且
　　在哲学上。"①

　　集体的生命也要永远地追求和创造，才不至于沉沦；这就是文化，这
就是历史。人生并不是先天就被规定了的，历史的进程也不是先天就被规
定了的。

五　历史是一个体系

　　所谓"人没有本性，而只有历史"是什么意思呢？它可以解释为：人
的本性是由他的历史存在所决定的，除此之外人并没有先天的、不变的抽
象本性。人性就是历史性，此外不存在历史性之外的人性。这种解释，接
近于通俗的看法。但它也可以解释为：过去的历史被人遗忘，但又不断被
重新发现，仿佛是过去死了而又复活。这个过程就是我们的历史认识（历
史学），而这也就是历史。历史（和历史学）总是以现在、以今人为轴线
而转动的。这种看法特别表现出了人作为历史（和历史学）的主人的主
导地位。布克哈特、狄尔泰和惠辛迦（J. Huizinga，1872—1945）的史学
和历史观都属于这一思路。奥特迦大体上继承的是这一派，我们下面将略
加引申。

　　我们要了解剧中角色，是不能脱离剧本的，即我们不能把角色孤立于
剧本之外来理解。同样，我们理解人是不能脱离历史的。但历史是人的创
造，既然是人的创造，它就不是、也决不可能是注定非如此不可；但人却

————————

① 《历史是一个体系》，第 217 页以下。

被注定了非去创造它不可。他的生命只是在他自己的创造中实现的。此外，他就没有生命。他注定了是自由的，自由并不是（像人们通常想象的）某个脱离自由之外而独立的主体（entity）的活动。反之，自由就存在于活动之中，也就是存在于历史之中。这种活动是自由的，它是由人所选择、所决定的，而不是事先被注定了非如此不可的。人必须活动，但是他究竟怎样活动则取决于他自身。这便是"人注定了非自由不可"这一命题的涵义。自然界一切事物的活动都被注定了非如此不可，唯独人的活动则否。于是便有上述的人"只能自己设法谋生，不仅在经济上，而且也在哲学上"的说法。这种说法加以简化，我们似可推论说，人是以其自身的思想在创造其自身的，也就是在创造历史的，亦即人是以他自己的思想在创造历史。人是自由地在作出自己的选择，——这就成为他的使命感；使命感构成为人的本质条件。人既是自然界的一部分；但同时他又决非仅仅是自然界的一部分而已。因此之故，"人既是自然的，而又是超自然的"。①

　　人生是不断变化的，但变化的并不是某种"人性"，而是人所创造的历史现实。"变"恰好就是人生的实质，但它不能看作是一种伊利亚式的实质。换言之，实质并非是变中之不变，而恰恰就是"变"本身。思想和行为（历史）是同一回事；并没有与存在相分离的思想，反之亦然。凡是把思维与存在相对立、相分离的，其实都是犯了伊利亚派的错误。哲学与历史并不是两个不同的阶段，也不是两种不同的对象；因为人并不是旁观的思考者（res cogitans），而是演出的参与者（res dramatia）。这就又回到终古的老问题：什么是存在？什么是我？身外之物（例如我的钱），当然并不是我。然则我的身体是我吗？我的头发大概不是我，我的手和脚是吗？我的心脏、神经和头脑是吗？我的知觉是吗？如果这些都不是（我们不好说其中哪个是，哪个不是），那么剩下来的就只有一个思维的主体、一个王阳明式的"灵明"。这个结论却成为了极端唯心主义和极端唯物主义的遇合点。反之，如果自我和境遇是一个不可分的整体，不能撇开境遇去认同自我，也不能

---

① 《奥特迦全集》，第 5 卷，第 343 页。

撇开自我去认同境遇，那么这个悖论就不存在了。

人生及其所创造的历史，并不是一个逻辑理性的展开过程（即不是通常意义上的逻辑与历史的统一），而是一个历史理性的开展过程，亦即狄尔泰的 Real-dialektik（现实的辩证法，即非逻辑的辩证法）。历史学的任务，就是使自己认同于这一理性的历程。人生总是把自己的存在延伸到自己过去的全部历史之中的，他的身上背负着全部历史的历程。当其选择自己的命运、在决定自己的历史时，他只受到一个唯一条件的限制，即以往的历史。历史的过去永远在制约着历史的未来。我们不知道历史未来会成为什么样子，但我们知道它不会成为什么样子；它不会超出过去历史所容许的范围之外。自然事物有本性，而人则只有历史；——这就是说历史之于人，正有如本性之于自然事物。历史即是人自己的所思所想和所作所为（res gestae），这就是人的本性。此外，人别无本性可言。人的本性是不断变化着的，因之历史便有进步。把人性看成某种固定不变的东西或品质，乃是最大的荒谬。X 的本性是不变的，——这个命题只适用于物，而不适用于人。自然界没有目的，但它可以有终结（例如热寂）。即使是有一天全宇宙热寂了，那也只是它的终结而不是它的目的。而人的历史则相反，它有目的（ends）但没有终结（end）。①

以往的自然科学研究采取的是自然主义的路数，它不能揭示人的实质，即人的生活和历史。这个路数在物的方面的研究的成功及其所表现的威力，与它在人的研究方面的失败与无能，形成了鲜明的对照。近代早期的思想大师们曾天真地设想，运用理性主义的推论形式就足以解决人的问题，就像它解决物的问题一样地成功，今天已经很少有人再作此想了。这条路线一走到人生和历史的面前，就碰了壁。原因就在于人不是物，他没有本性。所以我们必须改弦更张，用另外一种完全不同于我们用之于自然科学的思路、范畴和观念去研究人生和历史，并彻底抛弃三个多世纪以来无数失败

----

① 参见奥特迦：《和谐与自由》，纽约，Norton 版，1946 年，第 126~128 页。按，历史没有终结的提法，令人联想到福山（Francis Fukuyama）1989 年那篇颇为轰动的文章《历史的终结》。

的结果。这就导向与自然科学迥然不同的另一种科学，即人们称之为精神科学（Geisteswissenschaft）或文化科学（Kulturwissenschaft）的。这种科学迄今已有一个世纪了，但仍未取得可以和自然科学相媲美的成功。原因之一就在于研究者仍然是以自然主义理性主义的思路在进行精神科学的研究。19世纪德国的唯心主义和法国的实证主义都是从人与自然（思维与存在）相对立这一前提出发的。一切精神主义（spiritualism）的错误都在于，它们只是自然主义的更精致的形式，主旨在于要研究人性；但是它们当然找不到人性这种东西，因为人并没有本性。人之为人，既不是物体也不是思想，而是生命的演出。生存本身并非以某种现成的形态呈现在他面前，而是他必须要去选择，去活动，去生活。每个人都必须如此。^①每个人都注定了要自由（按：注定了要自由，卢梭和康德均有类似的提法）地去做出自己的选择。历史不外是一幕个人生活的悲壮剧之在群体规模上的重演。就历史并没有外部所强加的任何目的而言，历史就是盲目的或没有目的的；但就其必须自行规定自己的目的而言，则历史就是有目的的。他必须自行规定自己的目的，——这一点可以说是外部所强加给他的，而外部所强加给他的，仅此一点而已。"我是被迫自由的"^②，故而我就非自我创造不可。于是在一个根本之点上，分析派和生命派就似乎非常有趣地异曲而同工，殊途而同归。他们都在问：历史有意义吗？他们的答案都是：历史有意义，但这个意义乃是人（作为历史的创造者和主人）所赋予它的。此外，历史自身（per se）是没有意义的。"一切历史都仿佛是一个巨大的实验室，在进行各种实验，以便得出一种最有利于'人'这个物种的一种共同生活的方式。"^③我们有一种逻辑理性，用之于了解自然。但我们也有一种历史理性；要了解人和历史，就非得历史理性不为功。^④

我们的知识并不是一面镜子，单纯地在反映外界。思维是双向的，有

---

① 参看《历史是一个体系》，第199~200页。
② 《历史是一个体系》，第203页。
③ 奥特迦：《群众的反叛》，印州圣母城，圣母大学版，1985年，第41页。
④ 参看《历史是一个体系》，第215页。

来有往的，并非一味在消极地接受和反映。知识如果只是如实地反映外界，思维的主体或主体思维就没有任何地位和作用了。伊利亚派的错误在于彻底地智性化了外界；自然主义的错误在于把概念的存在方式强加之于客体。我们的思维是合逻辑的，但客体存在并不发生合逻辑与否的问题，它只是发生了如此这般的一回事而已。伊利亚主义认为一切变化都是虚幻，唯有不变的才是真实的。真实是永恒不变、无声无臭、无光无色、无影无形（或者说是）冲漠无联的实体，它与变化、运动、时间无缘，是可思而不可想的。一切变化都可以归结为一种守恒不变的、更真实的统一体，那就叫作本质。但这种概念应用于具体的历史时，只能是纯形式的操作，而不能解释历史的真实和力量。历史是一个体系，我们必须对历史进行有体系的思考，其中包括创造各种新概念，正如博物学家创造了种种新概念用以解释生物物种一样。但"物质科学是不可能对人的因素投射出清晰的光明的"。我们要探讨人的因素，就必须摆脱物的障碍，"只有物的理性崩溃，才能为生命理性、历史理性扫清道路"。①

这是不是说，历史理性必须建立在逻辑理性的废墟之上呢？倘若如此，则诚不免有绝对化之嫌，即把二者绝对对立起来了。性质不同的两种理性，并不必然就是势不两立的。奥特迦本人并未能令人满意地论证这个问题，他对此似乎没有明确的答案。不能投射光明只不过表明互不相干，但未必就是互不相容。实际上，这一点倒毋宁说是当代西方生命派所感染的一种世纪病、一种苦闷的象征，以及他们对理性主义的偏见和反感。理性主义有其不足之处（它未能看到所谓理性和理性能力范围以外的问题），但其优点和贡献是决不能一笔抹杀的。而且生命派的这种倾向，无论在人类的历史上（在时间上）或在人类的地理上（在空间上）都不带有普遍性。它并未呈现于其他的时代或民族。个人主义与集体主义的、自由与权威的两难局面，往往令人困惑。集体强调得过分，就导致抹杀个人的尊严、价值和独立的创造性；个人强调得过分，则茫茫大地只落得一个孤苦伶仃、哀

---

① 《历史是一个体系》，第 183 页。

哀无告的个体在绝望之中挣扎。这后一种情形就是使得大多数生命派在极底里总是带有一种浓厚的悲观与虚无色彩的原因。但西班牙的情形，又有所不同。他们从吉诃德精神中得到启示和鼓舞。我们从乌纳穆诺《人生的悲剧意义》那里几乎可以听到同样声音在呼唤："愿上帝拒绝赐给你以平静，而赐给你以光荣。"[①] 人生所追求的是光荣，而不是平静，是奋身投入而不是心安理得（peace of mind）的境界。我们必须效法吉诃德的精神，勇敢地生活下去，追求下去。这就是人生的和历史的意义。

近代自然科学是非历史的，它们从一切变化之中抽出一种一致性（uniformity），把过去未来都包括在内。它们研究的对象是反复出现的。一切具体的历史事件都在时间的坐标之内进行，而科学所总结出的规律却不是。故此所谓科学的进步，只不过是我们把这种超时间的规律表现得越来越精确罢了。某些史学理论家（奥特迦是其中的突出代表之一）则一反其道而行，努力要把非历史性的科学也统一于历史学之中。这个工作究竟做得何如，能有多大效果，恐怕要有待于未来加以检验了。无论如何，这个论点的内涵似乎并非不值得一顾。人是历史的动物，而其他生物和无生物则是非历史的。历史的积累使人一代胜似一代，其他生物则只是无意识地一代重复一代。作为一种历史动物，人就必须应付其历史环境。时间之成为时间乃在于有活动；没有活动，就无所谓时间。人的一切活动都须在其中定位，并只能是出现在一个时间连续体之内。人的活动就这样构成为一个历史时代。然而历史却并非就是朝着一个固定目标前进的合理过程的开展；它往往更多地乃是人与其当前存在之间一系列的邂逅和碰撞，其中并没有任何道理（reason）或合理性（rationality）可言。历史理性必须承认并且包括理性和非理性都在内，理性和非理性都道道地地是人的因素。在这种意义上，奥特迦的历史理性可以看作是对 19 世纪唯科学主义之否定人的因素（depersonalizing elements）的一种抗议。逻辑理性是从人对物质存在的客观状态出发，历史理性则从人对自己周围境遇（Grenzsituationen）

---

① 乌纳穆诺：《人生的悲剧意义》，布宜诺斯艾利斯，Losada 版，1964 年，第 286 页。

的经验和人的心灵状态出发。

六 历史的思维

奥特迦对于集体总是怀有一种深刻的疑惧。他认为个人与集体不同，越是个人的活动（如爱情、友谊）就越有理性，越是社会的（如习俗、政治）就越缺乏理性。前者是个人作为有理性的、负责任的个人之间的自由关系，后者则是非理性的、非个人的强制关系。毋宁说，集体是个人的堕落。个人与集体（el hombre yla gente）之间总是有分歧和对立的，这里透露出了他对于现代民主主义的不信任。信念有个人的，也有集体的；信念一旦成为集体的，它就成为一种客观存在，不管个人同意与否，——他称之为"社会教条"。[①] 我们"要诊断一个个人、一个民族或时代的生命，我们就必须从整理他们信念的体系入手"，并"确定哪些信念是根本的、决定性的"。[②]

他不信任集体；他感到一切社会政治体制到了 20 世纪都由于群众的日益登上舞台而土崩瓦解。这自然就意味着西欧传统文明的破灭。但是我们回忆一下第一次大战后那些残破与幻灭的年代的景象以及二三十年代法西斯在欧洲的猖獗和旧代议体制的衰落，那么他出于这种疑虑而发之为理论的心情是不难理解的。1930 年他的《群众的反叛》一书问世，其中他论断说当代最重大的事实就是群众登上历史舞台。（此书被《大西洋月刊》誉为，它之于 20 世纪可以和卢梭的《社会契约论》之于 18 世纪、马克思的《资本论》之于 19 世纪，鼎足而三。）他以阴郁的眼光在书中把集体说成是没有灵魂的、被机械化了的人道，是一种次于人（sub-human）的人，是介乎人与自然之间的半人，是半自然状态的人。但社会也有它的用处，它规范我们的行为，从而使社会生存得以可能。它并不是自然存在的和自动延续的，所以就需要人不断努力去创造和再创造，需要个人和群体的合作。即使如此，奥特迦也还是不免（像尼采一样）对于所谓群众满腹狐疑。他

---

① 《历史是一个体系》，第 176 页。
② 《历史是一个体系》，第 167 页。

认为今天的西方已转移到了庸众的手中，他们追逐物欲，自诩在道德上和知识上是完美的并肆无忌惮地把自己的庸俗注入一切事物。也许应该提到：他本人所生活于其中的是西方资产者的社会，所以他对群众的这种看法在一定限度上是来得很自然的，有时候还是中肯的。当然，他并没有看到大多数平庸的人也有其崇高伟大的一面，在适当的机缘（如革命），正是从平庸的人（而不是从高贵者）中间会焕发出来不朽的光芒。

　　奥特迦认为，从 16 世纪至 19 世纪是一个历史周期，当时的西方人是依靠信仰理性而生活的（笛卡尔的《方法论》就是它的一纸宣言书）；人们认为虽然有尚未解决的问题，但并没有任何问题是不能解决的，他们终究是可以认识一切真理的。这当然就意味着主和客根本上是恰相吻合的；客观世界是一个合理性的结构，正犹如人的思想一样地是一个合理性的结构，它们同属于数学的理性结构。中世纪信仰上帝；当这一信仰衰微时，对理性的信仰就继之而登场。及至 20 世纪，这一信仰也发生了根本变化；过去曾信仰科学是人类最高价值的，如今是已经幻灭了。19 世纪的人觉得自己是站在历史的前锋乃至顶峰，而 20 世纪人们却"突然之间发现自己在大地之上是孤独的"[1]，这时"一切传统精神的残余就都灰飞烟灭了。样板、准绳、典范，对我们已毫无用处。我们必须解决我们自己的问题，决不能依靠过去。"[2] 这场看来是对过去所进行的最彻底的决裂，却并非是出自对于未来的希望，而是出于一种沉沦感，即人正在无可奈何地在这个世界之中沉沦。不过，对以往信仰的消失也并不一定是坏事。丧失了对上帝的信仰，人就有可能直面自然和人生（包括他自己的智力）并形成了对理性的信仰。随着对理性信仰的消失，当人们面对着一种幻灭感之际，今天的人的使命就是要追求和发现人生与历史的真面目。这是我们时代的使命。

　　历史观是人生观的一个系论（corollary），是对人生的领悟和体验之反映于对历史的认识。历史观当然也出自对历史事实的知识，不过那毕竟是

[1]　《群众的反叛》，第 84 页。
[2]　《群众的反叛》，第 27~28 页。

第二位的。首先是对人生的觉解或领悟，决定了一个人对人生、同时也就是对历史的理解和看法。决定了人们的历史意识或历史观的，首先是人的存在这一事实。分析学派是语言分析学家而不是历史分析学家，他们只能分析历史学的语言，因而对历史的理解就难免买椟还珠，语言表达的形式只是历史的椟，而不是历史的珠。或者可以说，有两种推理（或解释）方式，一种是科学型，另一种是历史学型。作为一个自然界的旁观者，我们可以采用科学型的思路；但作为人生舞台上的演出者，我们却只能采取历史学型的思路。在逻辑理性的观点之下，我们可以说："我思故我在"；但在历史理性的观点之下，我们却必须说："我在故我思。"思想乃是生存的功能和属性，而人类命运的得救——借用一个宗教术语——则有待于真正感受到了"历史脉搏"① 的人。"我们需要全部的历史"②；这样，我们就能进步，就不至于开倒车，而且也才能摆脱历史的羁绊。要超越过去，最好的方法就是吸收过去、理解历史；"我们必须对付过去，重视过去，从而超越过去"③。

七　什么是历史学

自从古希腊，历史与理性这两个名词就是一对反义词。怎样才能使这两者合为一体？黑格尔的办法是把逻辑理性注入历史之中，巴克尔（H. T. Buckle，1821—1862）则是把物理理性注入历史之中。奥特迦一反前人之所为，他是要从历史本身之中找出它固有的理性来。历史理性并不是某种超乎历史之外或之上的理性，只有待历史来完成它或者实现它。它乃是对超乎理论之外的实在（reality）的启示。我们此前所谓的理性都不是历史理性，故而此前的历史学都不是理性的或合理的。假如把理性主义界定为智性的某种操作方式，那就不仅把理性狭隘化了，而且把它僵化了。在奥

① 《群众的反叛》，第 83 页。
② 《群众的反叛》，第 83 页。
③ 《群众的反叛》，第 83 页。

特迦，理性乃是使我们与实在相接触的行为或功能。它给予人的不仅是知识，而且是启示。笛卡尔有过真理和存在（生命）同一的说法[①]；历史学所要求的正是这一启示。人外化于自身，就成为了历史。人之所以必须面对历史，并不是由于求知欲或好奇心，也不是因为它可以有用或者作鉴，而是因为历史就是他所有的一切。现在是历史学应该重建其自身的理性的时候了。这个历史理性乃是 ratio（或可相当中国的"理"）或者 Logos（或可相当中国的"道"），是与逻辑（数理）理性相对而言的一种生机原理。它不仅不是非理性的，而且较之逻辑（数理）理性是更加理性的，更加合理的。逻辑（数理）理性使我们可以把复杂的事实纳入一个更简明的基本事实的贮存库中。至于这些更简明、基本的事实究竟是什么，则莫可究诘。[②]反之，历史理性则不接受任何简明的基本事实，它要求把握的乃是事实（包括简明的基本事实）究竟是什么以及从何而来，它们是怎样发生和演变的。其中所包括的逻辑（数理）理性的成分，也是更高一级的逻辑（数理）理性。总之，"迄今为止，我们的理性都不是历史的，而我们的历史也不是理性的"，因此"人类就需要一种新的启示录，而这只能是来自历史理性"。[③]

　　当前是由个人的和集体的全部过去所组成的，其中既有今人的过去，也有前人的过去。历史就是人类思想、感情、知识、技术、政治、组织等等的一个大贮存库。过去的存在，并非因为它曾经对前人发生过，而是因为它就构成我们当前的一部分。[④]我们现在的选择和决定都有赖过去。除非某种事件是目前存在的，否则我们就不能说它是存在的；所以过去如其存在的话，那么它就是某种现存的、并且目前就在对我们起着作用的东西。奥特迦的这一论点，代表历史学由历史主义朝向生命主义的过渡。按，历史主义一词往往被人用得很滥，各有其不同的涵义。这里用的历史主义一词系指由新康德学派至梅尼克（F. Meinecke，1862—1954）的历史主义，

---

① 《历史是一个体系》，第 226 页。
② 《历史是一个体系》，第 232 页。
③ 《历史是一个体系》，第 223 页。
④ 《历史是一个体系》，第 212 页。

而非分析学派（如波普尔）的历史主义。以迈纳克为代表的历史主义，大体上是 19 世纪浪漫主义的产物，它认为我们要真正理解历史，就必须超出单纯的科学因果律，而对前言往事达到一种"同情的掌握"、"对于材料有一种活生生的乐趣"。① 梅氏此处所用的原文为 Einführung。因忆昔年陈寅恪先生有言："所谓真了解者，必神游冥想，与立说之古人处于同一之境界，而对其持论所以不得不如此之苦心，表一种之同情，始能批判其是非得失，而无隔阂肤廓之论。"② 其见解与德国历史主义如出一辙。陈先生为当代神州史学泰斗，且曾居留德国多年，而先生与德国历史主义思想之关系似从未有人研究过。此处顺便拈出，一得之愚以供当世治中西史学史者参考。

　　奥特迦强调人与境遇的统一以及人的创造作用，其中饱含着强烈的人文主义色调，这显然继承了从维科到狄尔泰那个悠久的传统。近代的理性，其重点大多放在抽象的纯粹理性上，而奥特迦所发扬的那个传统则把重点转移到生命理性上，而且宣称这正是我们时代的特征。他说："构成我们生命大厦最基层的是信仰。"③ 这些信仰不必有逻辑的联系，却有一种生机的联系，从而构成为一个体系或整体。只有去探讨其中的隐蔽的秩序，才使我们有可能理解人生和历史。而探讨它的唯一方法则是比较，即比较此时此刻与其他时刻的异同。这就意味着必须把过去的历史联系到当前，过去的历史才是可以理解的。毫无疑义，在这一点上他深受克罗齐的影响。历史——对于克罗齐，也像对黑格尔一样，——乃是一桩精神的事业，精神自身的活动就是历史。单纯记录事实，并不就是历史，也不是科学。历史和历史学都需要人的理性（Reason 大写）或精神注入其中。在克罗齐看来，回答发生了什么，只不过是编年；回答何以发生，才是历史学。历史学家的任务是把历史事实转化为历史学。而凡是不能与当前的现实相联系起来的，就不能被我们理解，也就不是真正的历史和历史学。所以一切历史都

---

① 　F. Meinecke：《历史主义的兴起》，伦敦，Routledge & K. Paul，1972 年，第 248 页。

② 　陈寅恪：《金明馆丛稿二编》，上海，上海古籍出版社，1982 年，第 247 页。

③ 　《历史是一个体系》，第 174 页。

是当代史。这种思维方式（哪怕是其中合理的内核，——假如有的话，）乃是大多数的专业历史学家都无法接受的，尽管也有少数人（如比尔德［C. Beard，1874—1948］和贝克尔［C. Becker，1873—1945］）与之有相通之处。由此降及柯林武德的"历史就是思想史"和奥特迦的"人没有本性而只有历史"，前后一脉相承。我们试把这一论据简单加以说明如下。

　　历史事实浩如烟海，而人的理解却只有一种；因而历史学就需要把无限的繁复性（多，Mannigfaltigkeit）纳入于一种统一性（一，Einheit）之中；这就非靠历史理性不为功。历史学作为对人的系统科学，乃是关系着目前的一种科学；假如不是从这个原点出发，那么我们又从哪里出发去寻找作为它的主题的那个过去呢？[①] 流俗的历史学把过去简单地看作是已经死去的东西，这是完全错误的。过去仍然活着，它就活在我们今天，就存在于我们自己身上，就是我们今天的一个组成部分。我们要了解今天，就需引征昨天，而昨天又需引征前天，如此上溯以至于全部过去的历史。因此，"历史乃是一个体系，是以一条不可抗拒的链索联结起来的体系"。[②] 例如，我们不了解中世纪的基督徒，我们就不能了解什么是近代的理性主义者；而我们不了解古代的斯多噶派，就不能了解什么是中世纪的基督徒。对这一历史体系的了解，其本身就在起着历史作用。所以我们的每一个历史学概念和术语，也就都成为全部历史中的一种功能。我们今天不同于（比如说）100年前，但今天却包含有100年前的历史在内。今天的西方知识分子已经不信仰科学万能了，但这正因为他们100年前曾全心全意相信过科学万能，相信过科学能够解决一切问题。而100年前之所以如此信仰，又可以再追溯到200年前信仰理性的那种集体心态；在公元1700年以前抱有这种信仰的人，为数还微乎其微。所以西方目前对理性的怀疑，正是由于它包含了此前的历史在内的缘故；今天这种怀疑正是由过去那种信仰孕育出来的。历史是一个体系，是一个不断的连锁。我们是从过去走过来的，没有

---

① 《历史是一个体系》，第223页。
② 同上书，第221页。

过去就没有今天，虽则今天已不是过去。进步就意味着突破和超出旧传统；但是历史的创新虽然高出于旧传统，却又为此目的而必须保留旧传统并利用它，只有这样才能上升到更高的境界。进步要靠有积累，积累是人类历史的特点。今天的一头老虎和 100 年前的老虎并无不同；可是今天的人和 100 年前的人却大不相同：他们的凭借不同，他们起步的出发点不同；今天的境况就包括古人的历史在内，这就成其为今昔最大的不同。公元 1700 年前的人所被给定的境况之所以和今天的不同，正在于今人又多了自从那时以来的三个世纪的历史。一头老虎的一切都要从零开始，而一个人（作为历史的主人）则不必、也必然不会一切都要像亚当一样地从头开始。

今天的历史学家，其地位与条件已不同于过去，他们是从今天的思想高度来看过去的；他们所理解的历史实际上是他们今天为自己所创造的故事。所以不但历史学本身是日新又新的，过去的历史也是日新又新的。我们理解过去，不能超出今天的条件。近代科学是那样突飞猛进，但我们今天却（或者永远都）不能说已经掌握了自然的奥秘。历史学就更加如此。历史当然也是大自然的一部分，但它是其中一个特殊的部分。一般认为，自然研究以客体为经验对象，历史研究以主体为经验对象。不过，主客总是互为条件的，两者不是互相独立、各不相干的。两者既对立，而又统一。自然观也不能脱离主体，否则它就不是历史的，而是反历史（ahistorical）的了。朴素的唯物主义者把对象看作是给定的、永恒不变的；但这种看法无论在自然科学上还是在历史学上，都是站不住的。流俗自然科学家的偏见，总是想要寻求那变中之不变，即物性。而流俗历史学家的偏见，则是要在流变不居的人世现象中，找出某种不变的本性（或者规律）。但是人并没有本性，（他只有历史）。人是在变化着的，历史是在变化着的；所以并没有铁案如山、永恒不变的历史学定论。换言之，我们不能说历史证明了某个论题或命题，历史什么也不能证明。归根到底，历史是人的创造，历史学亦然。

通常的看法是：历史在变，而历史规律则不变。历史这场戏就好像是按照一个预先写好的剧本，一幕接一幕地演出，而这个剧本则是演员（即创造历史的人）所不能改动的。然则，这个剧本又是出自谁的手笔呢？——假如它不是出自创造历史的人之手的话。难道他是出自非人之手吗？这个非人是没有生命的物质吗？或者，是全能的上帝吗？或者，是什么别的不可见的东西之手？有人设想过一种妥协的答案，即演员不能够改变剧本，但在一定程度上可以加快或减慢演出的节奏。这种说法涉及一个颇难解答的价值观问题。人生是不可逆转的，历史也是不可逆转的；这倒并非全都由于给定的时间已不可能重现，而更其是因为人不可能再回到自己的过去。① 但是人向前进，是不是走得越快就越有价值呢？一场戏的演出，是不是演得越快就越好呢？看来，这种看法只是一种毫无根据的武断。

许多历史学家心目中往往充斥着各种毫无根据的武断。18、19世纪流行的历史进步观就是其中之一。历史是否进步、应该如何进步，是要后天地由历史理性来决定的，不是先天地由逻辑理性来决定。它不能由逻辑推论来论证，只能由历史理性去创造。奥特迦甚至于评论说，进步观"只是麻醉人民的鸦片烟"。② 所有类似的武断（或者说迷信），都可以作如是观。奥特迦所关怀的是人，是人的现实和现实的人，不是纯粹的历史；因为没有纯粹的历史客体，历史总是和人不可分地合为一体的！"人化了（humanize）世界的并把自己理想的实质注入了世界和孕育了世界的，乃是人。"③ 人是历史文化的负荷者，个人的经历虽则充满了偶然，但在总体上毕竟是限定在社会的网络之内的。关于这个更大的网络（全部人类的历史），奥特迦总结出两个基本点：一是必须要有各种不同的、独立自主的文化，二是它们必须互相补充、互相促进。④ 而人类文明要达到这一步，则须经历三个契机（或可说，三种境界）：第一个契机是人感到自己的失落（alterración），第二个是人努力追求自己的思想去控制自己（Vita contemplativa），第三个是人重新投身于世界，按设想的计划而行动

---

① 《历史是一个体系》，第209页。
② 《历史是一个体系》，第182页。
③ 奥特迦：《艺术的非人化》，普林斯顿，普林斯顿大学出版社，1972年，第84页。
④ 参看《现象学与艺术》，第26页。

（praxis）。[1] 人作为思维的自我，以其全部的内在性（Immanenz）都是空虚的；纯粹理性必须通过置身于生机理性之中才能获得生命。[2] 所以既没有纯粹的历史本身，也没有纯粹的历史学本身。历史和历史学都是人生的实践，是和人（包括历史学家）的创造浑然一体的。

八　"群众的反叛"

世界上最根本的实在就是：我与环境共存，我就在环境之中；两者相互依存、相互作用。二者之间的这一创造性的关系，奥特迦界定为：我就是我和我的境遇。主体与客体都生存于其中的那个世界，乃是一个不可分的统一体。作为主体的人没有本性，所以人的一切、人的社会和文化也都没有不变的本性。本性不变这一概念，适用于其他物种和事物，却不适用于人。人这个物种具有为其他物种所没有的不稳定性和可变性。人的一切性质都是历史的产物；历史既不断在变，此时此地的人性就不同于彼时彼地的人性。这种看法与当代存在主义（如雅斯贝尔斯和萨特）渊源之密切，是显而易见的。分析派所做的，只是澄清思想，而生命派所要求的则是体验人生。这一以心思维而非以脑思维的传统，奥特迦本人是极其自觉的；他声称："如果读者把手指放在我所写的每一页上，他都会感到我的心在跳动。"[3] 因此，他不无道理地被人评为"对某些康德的观念进行存在主义的发挥"。[4] 不过，看来以心思维从另一方面也犯了以脑思维的同样错误。他们同样把人的思想的作用绝对化了，把历史的动力首先看作是思想。早在布克哈特和狄尔泰即有此倾向，而奥特迦则表现得格外突出。奥特迦十分清楚，通常为人们所理解的那种意义上的所谓历史与逻辑的统一乃是不可能的事。历史毕竟只是经验的事实，不可能有理由与逻辑的先天推导符合

---

① 参看《艺术的非人化》，第 187 页。
② 参看奥特迦：《我们时代的任务》，斯图加特，Deutsche 版，第 117 页。
③ 《现象学与艺术》，第 20 页。
④ 同上书，第 11 页。

一致。但在一个更高层次上，即在历史理性的层次上，它就不但是可能的，而且是必然的了。这一点，奥特迦非常之有似于克罗齐，即把历史和哲学二者等同为一。历史就是生命自我表现的逻辑，也就是哲学。

历史有意义吗？如果有，那意义是什么？答案是："意义"本身是没有意义的，也就是说，它并不叙述任何可能的历史事实。意义本身并不是历史事实，也不可能对历史事实做任何（真的或假的）陈述。但如果我们认为人生有其自身内在的价值，而不仅是实现某种外在目的的工具；那么我们可以说，历史的意义就是人生内在价值的实现。就此而论，历史就是自由的事业，这就是历史的意义所在。我们对历史所感兴趣的，总是和我们目前最为有关的东西。对历史的兴趣，更多地乃是对现在和未来的兴趣。历史已经被融入于现在，我们的经验就包括过去的历史在内。因此，历史体系观或史学体系论就从根本上反对那种为历史而历史的学院派史学观。把历史学和哲学打成一片，也就是把历史学和人生打成一片。

笛卡尔以来的思维模式，大抵上都是非历史的，虽则三个多世纪中间对世界、历史和人生也曾有过种种伟大的总结。他们的功绩不可全盘抹杀，然而这种占主流的非历史的真理观却有着如下两个难点：（一）假如它要具有立法权威，它就必须不能把任何事件委之于偶然；（二）假如它不是随意的，它就必须由推导得出，而不能从经验中得出（但历史和历史知识却绝对是经验的）。这一两难局面如何统一，就成为有待解决的根本问题：一方面自然界是一致的，到处皆然的；另一方面历史则是完全个性化的、各不相同的。据说，真理予人自由。但予人自由的，可以是我们掌握真理的形式（科学推论），也可以是我们掌握真理的内容（历史认识与历史感）。对此，唯一的解决办法就是：通过历史理性使非历史的真理转化为历史的真理。

历史认识要靠直觉、体会，所以有其艺术性的一面。自然科学只需要纯粹理性，而历史学则需要柯勒律治所谓不同于幻想的那种想象力。[①] 刘知几要求史家三长，即才、学、识。章学诚在此之上再标史德。而奥特迦

---

① 参看 S. B. Coleridge：《文学回忆录》，伦敦，《人人丛书》，1921 年，第 154~156 页。

则仿佛是在此之上再标历史感，即历史的警觉性。自然科学家不需要这种历史感，他只需冷静客观地进行工作；而历史学家则需充满着历史感，他仿佛是满怀偏见（历史感有似于偏见）地在工作。逻辑理性与历史理性二者之不同就蕴含着，对自然界的成功并不等于对人类生存的全面胜利。近代自然科学的成功及其所带来的人类驾驭自然界的能力，是灼然无疑的；但它只是人生中的一个量纲。部分的胜利并不排除全面失败的可能性。迷信科学就会导向"科学的空想主义"。困扰了奥特迦的是：随着科学的进步，人们越来越关心的都是物质享受，而不再是文明本身。工业化所造成的这种"群众社会"可以说是人道的堕落，因为人道（人的文化）的真正前提必须是把自己置身于自己之中，而不是单纯地追逐外在的物质享乐。

并不是有了人，就有社会；而是有了人际（inter-individual），才有社会。[①] 但问题是：现代群众是在国家这部机器里运转着的，而国家又毁灭了人的独立、价值和尊严。一部现代史及其主人（群众）在他的心目之前，于是就呈现为一幅阴暗的画面。奥特迦惋惜国家已成为人类文明"最大的危险"。[②] 他不信任现代群众，把群众看作有似于庸众或群氓。他本人生活于一个正值西方文化与科学技术双方"度蜜月"[③] 的时期。而他所目睹的这一可怕的群众化趋势，却由于近代人口增长的压力而增强了。他引桑巴特（W. Sombart）的研究，自 1500 年至 1800 年，欧洲人口从未超过一亿八千万，而从 1800 年至 1914 年猛增至四亿六千万。[④] 把群众释放到历史里来的，都是受近代科学之赐；而恰好也是它，是最能泪没人的性灵的。他往往带着一种贵族的偏见，以惊畏的心情看待群众或群众人（mass man）。近代人都是群众人，他们受到群众思想意识的专政。近代一切形式的暴政，都是采取群众专政形式，而到头来却是群众自己被专了政。今天的世界在某些方面是文明的，但它的大部分居民仍然是野蛮的。于是奥特

---

① 　参看奥特迦：《人与人民》，纽约，Norton 版，1952 年，第 179 版。

② 　《群众的反叛》，第 101 页。

③ 　S. Belmo 语，《群众的反叛》，第 101 页。

④ 　同上书，第 39 页。

迦就把希望放在少数觉醒了的文化精华或文化巨人的身上。按，恩格斯在论文艺复兴时也曾说过，那是"一个需要巨人而且产生了巨人"的时代，这些文化巨人都不是"小心翼翼的庸人"。[①] 可见恩格斯也认为既有巨人，也有在巨人之外并与巨人相对而言的庸人。问题在于应该如何看待双方的关系。

奥特迦的以上看法，或许和他那重视个人而轻视集体的根深蒂固的倾向有关。他总是把集体看成是某种没有灵魂的生命，但是他并不全盘否定社会性。人总有其非社会性的一面，那是要靠社会性来制约的。（这使人想到康德的"非社会的社会性"[②] 的论点。）社会虽是由少数人创制，却须得到多数人的同意。然而他又始终免不了怀着一种浓厚的悲观心态观察当代的政治体制，这或许是出于一个自由主义者对任何绝对权威在本能上的不信任。他的思想的出发点是原子式的个人；所以他的这种反应是可以理解的，即使从未受过原子式个人主义洗礼的中国读者并不同意他的态度。同时，他的态度也不是没有矛盾的：一方面他认为群众只是盲从权威的庸众；另一方面他又深深警惕到，一旦多数人起来反叛，就会势不可挡而导致整个社会政治的解体。他的群众形象，实际上是旧时代的、被扭曲了的人的形象。他没有感受到群众在革命中所迸发出来的高贵品质；倒可以说，他本人在这方面是缺乏历史感的，缺乏理解历史上最根本的要素之一的能力。他所看到的现实，更多的是生活中暗淡的那一面，他没有很好地看到人（群众）同样有能力恢复自己的尊严。当代历史有许多令人沮丧的事例，但同时也有许多是令人鼓舞的。他本人已来不及很好地观察二次大战后一系列世界历史性的重大变化。固然有不少人可以怀疑人类是不是进步，是不是走向幸福；但我们同样可以找出大量与这种怀疑相反的例证。可以说，奥特迦"群众的反叛"这一根本论点，始终并没有博得人们普遍的同意。

---

① 《马克思恩格斯选集》，北京，人民出版社，1972年，第3卷，第445~446页。

② 康德：《世界公民观点之下的普遍历史观念》，《全集》，柏林，科学院版，1935年，第8卷，第23页。

九　结束语

奥特迦的理论，在技术上也并非无懈可击。首先，数理理性几个世纪以来已经铸就出一套行之极其有效的操作和符号，作为它自己几乎是无往而不利的工具。它已经取代了只适宜于表达日常生活的日常语言。倘若历史理性想要和数理理性分庭抗礼（且不用说取而代之），它就需要建立自己的一套符号作为工具，而不能再局促于日常生活用语的低级作业状态。这一点即使能成功，也会是很遥远的事。而且即使历史学有朝一日研制出了一套新符号、新操作，从而使自己超越日常生活用语的模糊性而达到、容纳或超越数理科学的精确性，我们也很难能看出它怎么能够解决如下两重严重的局限：（一）它怎么能很好地解决人生、历史的意义之类的永世问题；（二）它怎么能同时取消它自己立论的基础，即历史是人的创造，是自由的事业，因而就终究是不可预言的。作为历史学家的布劳代尔曾要求历史研究应该是长时段的（longue durée）[1]，而奥特迦所要求的简直是永恒的。历史学越是精确和定量化，它就会距离它原来由以出发的前提假设越远。历史理性的重建，看来还是困难重重的。现在所能声称的只是：历史既是生命的体现，它就只能是由历史理性去研究并解答。这或许就是当代生命派思潮对历史学的贡献所在。

　　其次，他的理论的缺点是许多基本概念过于含混，整个推论架构也就不可能严谨。例如，"实在"一词，他就用得很滥。是不是因为作为一曲概念诗（Begriffsdichtung），许多思想和概念其本身就不可能是明确加以界定的呢？在大多数场合，他的意思是说，实在并非就是自然世界，自然世界只不过是人手边可供利用的工具，它那实在性仅仅在于它那有用性（utility）。人和自然世界的统一体才是实在，而且是唯一的实在。思维的我及存在的我与外在的世界乃是同一个东西。但他并没说明二者究竟是如何对立的，因为这个统一仍需以二者的对立为前提，否则即无所谓统一。或

---

①　参见 F. Braudel：《论历史》，芝加哥，芝加哥大学版，1980 年，第 208~209 页。

许，在气质上他是一个诗人（而乌纳穆诺就更加是个诗人），所以也像尼采和乌纳穆诺一样，喜欢用诗意的热情代替绵密的论证；但这就往往使读者难于索解其真意何在。文采的丰赡加强了论点的感染力，但也削弱了论证的说服力。西班牙精神在传统上本来就是民族狂想和宗教狂想的混血儿。所以西班牙思想家信仰某种"生命的活力"或"生之巨流"之类的东西，乃是十分自然的事。这类东西总带有一种不可言喻的成分，可以意会而不可言传，我们只能从语言文字的背后去体会它们那弦外之音和言外之意。这真是最难以捉摸的事了。人生是个永恒之谜，历史是个永恒之谜，我们却又注定了不能不全心全意投入其中去创造自己的生命，去创造历史。这就正是西班牙思想家们所强调的"人生的悲剧意义"了。人生犹如走钢丝，永远要在天性与社会、自由与必然、个人与集体之间保持一种微妙的平衡。当然，它也随时总不免偏到这一边或那一边，偏向理性主义或生命哲学，偏向分析派或思辨派。而人类文化似乎就是在永恒的二律背反之中前进的。

奥特迦的主要著作写于分析的历史哲学行世之前，他仿佛事先预感到了并反驳了分析派的观点。分析派力图以纯粹的逻辑理性来操作或拨弄历史，这个路数他认为终究是走不通的。历史是活生生的现实，所以只能诉之于活生生的历史理性。这是一场史诗式的搏斗，而绝非一番纯概念的分析。否则，我们就无法了解历史；正犹如缺少了美感，我们就无由理解一件艺术品。而这一理论中的动人的魅力，大概是分析派也不能否认的。所以分析派就需要更高一层地了解生命派的历史理论，正不亚于生命派之需要更深一层地了解分析派的历史理论。双方都有自己的缺点和局限，也都对历史学理论做出了各自的贡献。或许可以认为二者是同等有理由的，那只取决于你在什么场合去运用哪一种以及如何运用。正如欧氏几何和非欧几何在数学上是等值的，至于它们立论的不同前提，则不在数学操作或运算的范围之内。不过通俗意义上的所谓历史与逻辑的统一，则是奥特迦所断然不能同意的；因为它忽视了二者是两种根本不同的理性。历史学研究的是历史。假如它研究的不是历史，而仅仅是历史学家的认识、思考和描叙历史的方式，那它就不是有关历史的哲学而是有关历史学的哲学了，也就是与历史无关的"描叙的形而上学"了。[①] 这正是历史理性所不能接受的。一个中国读者可以有充分理由不同意他的理论，但其中所涉及当代西方思想文化的某些深层问题，则值得我们进一步思考和批判。

　　尺有所短，寸有所长。分析派的工作往往被人目为是言不及义。二十世纪四五十年代苏联学术界批它是唯心主义的概念游戏。及至 60 年代，由于电子计算机的落后严重阻碍了苏联尖端科技的发展，苏联学者才又回过头来重新研究分析学派的逻辑成果。生命派的工作往往被人目为只是浪漫文学。不过它之得以风靡一世历久不衰者，也必然有其诉之于人心深处的东西，应该值得我们探讨。困难不仅仅在于区分两派遗产的精华与糟粕的那条界限应该划在哪里。更为困难而又更为重要的是：精华与糟粕可以互相转化，神奇可以化为腐朽，腐朽又复化为神奇；精华与糟粕倒不在于其本身，而端赖我们怎样加以运用。善于运用，就成其为精华；不善于运用，就成其为糟粕。运用之妙，存乎运用者的一心。如何做好这个转化工作，才是问题的所在。或许分析派的冷漠无情和生命派的激情昂扬，并不像表面上看来那么水火不容，而是章学诚所谓的两派异端各得大道之一端[②]，二者都可以利用来丰富我们当今的史学理论，只要我们善于运用。

（写于 1992 年 12 月）

原载《史学理论研究》1993 年第 2、3 期

---

① 　A. Danto：《分析的历史哲学》，剑桥，剑桥大学版，1968 年，第 vii 页。

② 　按，章学诚又有云："其持之有故而言之成理者，必有得于道体之一端，而后乃能恣肆其说，以成一家之言也。"（《文史通义》卷一《内篇》一《诗教上》）可资参照。

评波普尔《历史主义贫困论》

一

波普尔（Karl Raimund Popper）的《历史主义贫困论》一书，虽然迟至 1957 年才以专著的形式正式出版，但它的初稿却早在 1935 年即已形成。1936 年，他以同一个《历史主义贫困论》为题，宣读了两篇论文：第一篇是在布鲁塞尔的一个哲学讨论会上，第二篇是在伦敦由哈耶克[①] 所主持的一个讲习班上。随后，他把他的稿子送给一个杂志，但被退稿。7 年以后，这篇稿子始分期刊登在哈耶克主编的《经济学》（Economica）上。这部书从成形到问世，前后经历了 20 年之久。

历史主义自从 19 世纪末以来，一直是德国乃至西欧史学界的一个热门题目。此词德文原为 Historismus，字面上应该相当于英文的 historism；但是波普尔论述历史主义，却另拈出 historicism 一词。自此而后，英文中 historicism 一词反而成了德文 Historismus 一词的相应词，而 historism 一词竟致被人废弃不用。[②] 波普尔之所以拈出 historicism 而不用 historism，是因为他的历史主义的涵义与德国学派如狄尔泰和梅尼克等人的迥然异趣。在传统的历史主义者那里，所谓历史主义就意味着：历史的意义一般地是

[①] 哈耶克（Friedrich A. Hayek, 1899—1992），英籍奥地利经济学家，《通往奴役之路》一书的作者。波普尔在二次大战前去新西兰任教多年，二次大战后重返英伦任教，都是出自哈耶克的推挽。两人的关系之深以及思想的共同基础，可以从他们的著作里明显看出。

[②] 参看 A. 多纳甘：《波普尔对历史主义的考察》，载席尔普编：《波普尔的哲学》，拉萨尔（伊利诺伊州）1974 年版，第 2 卷，第 906 页。

可以，或者是应该以某种法则或规律加以解释的。同时，每一种世界观也都是历史地被限定的、被制约的，因而是相对于其时代的。传统的历史主义者又大多认为，历史学对经验事实的研究和推论方式是不同于自然科学的。

　　和这一传统的意义不同的是，波普尔把历史主义严格地限定为历史决定论；也就是说，历史主义一词指的是这样一种观点：历史的行程遵循着客观的必然规律，因而人们就可以据之以预言未来。所以他使用历史主义一词是指那种根据客观的历史规律解释过去并从而预言将来的历史观。① 在他看来，历史主义和历史决定论乃是同义语，而他本人则是反对历史主义的。② 任何科学如果发现了客观的必然规律，就一定可以据之以预言未来。例如，天文可以预告日月食，地质学可以预告地震。人类的历史过程有没有也像自然世界过程那样的客观规律呢？波普尔的回答是：没有。历史是并没有规律可循的，因而也就是无法预言的。他的这一反历史主义的理论构成为他的史学理论的核心。

　　波普尔的看法是，史学研究应该包括两个方面，即解释和描述。"历史学的这两种任务——即解开因果线索和描述把这些线索交织在一起的'偶然'方式——都是必要的，它们是相辅相成的。"③ 但是在这里，他对于所谓"历史的解释"却提出一种与众不同的观点。他认为科学是可以检验的，但是"历史研究或历史观点**是不可能检验**的。它们不可能被反驳，所以表态的肯定就是没有价值的"，于是"这样一种抉择的观点或历史兴趣的焦点——假如它不可能被总结为一种可验证的假说的话——我们就称之为**历史的解释**"。④ 历史的解释不是科学，因为它是不可检验的，是假说。当然，他并不认为假说就可以异想天开，或者不可检验的东西就意味着可以随心

---

① 参看卡尔·波普尔：《历史主义贫困论》，纽约1964年版，第50页。
② 有人把波普尔的历史主义径直译作历史决定论。这种译法虽不错误，不过它在字面上就和 historical determinism 没有区别了；同时也不便于和波普尔所论述的其他各种"主义"相对应。
③ 卡尔·波普尔：《历史主义贫困论》，第146~147页。
④ 卡尔·波普尔：《历史主义贫困论》，第146~147页。

所欲。不过，他的整个史学理论确实是从这样一个基本观点出发的：历史主义的错误就在于它把对历史的解释误认为就是科学。

二

波普尔反历史主义的史学理论，可以归结为如下的五条论纲：

（一）人类历史的进程是受到人类知识进步的强烈影响的。

（二）我们无法以合理的或科学的方法预言我们的科学知识的增长。

（三）因此，我们无法预言人类历史的未来进程。

（四）这就意味着我们必须否定**理论历史学**的可能性，也就是相应于理论物理学的那种历史社会科学的可能性。

（五）因此，历史主义方法的基本目标就是构思错误的，历史主义就是不能成立的。[①]

在这五条基本论纲中，第（一）条可以说是常识，而且作为一种作业前提，一般似可接受。关键是第（二）条，但它的正确性却很可怀疑。为什么人类知识的进步就无法预言或预测呢？自第（二）条以下的第（三）、（四）、（五）条，每一条都是前一条的系论。如果第（二）条不能成立，则第（三）、（四）、（五）条便都不能成立。五条论纲的中心思想是：人类总是在不断地获得知识，然而知识的增长其本身却并无规律可循，所以预言就是不可能的。

历史主义者认为历史发展有其必经的不可改变的阶段；波普尔则认为这个发展历程是完全可以改变的，所以是无法预测的。他的主要论据如下：自然界的演变过程和人类无关，而人类历史的历程则和人类（作为认识的主体）是密切相关联的。主体本身就参与了客体（历史）的发展过程；因而客观规律或阶段就会受到主体的影响而改变。预言本身就参与着并影

[①]　卡尔·波普尔:《历史主义贫困论》，第6~7页。

响着历史的过程，所以预言也就不可能是对客观规律的描述或宣告。这就是说，历史主义必然要做预言，而预言又恰好以其自身对历史的作用而取消了规律的客观性。预言之影响到历史的进程，就意味着历史主义的预言的自我否定。为了说明这一点，波普尔引用了弗洛伊德有名的俄狄浦斯（Oedipus）的预言为例。在希腊悲剧家索福克里斯的剧本里，先知传神谕说，底比斯的王子俄狄浦斯日后将要杀父娶母；为了躲避这个命运，俄狄浦斯就远离了自己的故土，多年漂泊异乡，但他在归来的途中却无意地杀死自己的父亲，后来又娶了自己的母亲。波普尔对此解释说：正是这个预言本身，乃是导致俄狄浦斯杀父娶母的原因。他把这种作用称为俄狄浦斯效应；亦即，预言就会影响到被预言的事件的历史过程：从而也就否定了客观的历史规律。这种效应在自然界中是并不存在的，例如人们对日月食的预言无论正确与否，都绝不会影响到自然界中日月食的客观过程。但是这种效应在人类的历史上，却只能说是太显著了。例如，只要人们在主观上预期将要发生战争，就必然会引起人们对预期中行将到来的战争进行种种努力与活动，而这些就又反过来会影响到事物发展的行程。古希腊人行军作战之前要进行占卜，所卜得预兆的吉凶会极大地影响到战略、战术和军心士气，那作用之大当然是不言而喻的。又如，人们对股票行情变化所作的预告，无论有无根据，也无论正确与否，是势必要影响到股票市场的变化的。这样的事件，在历史上不胜枚举。不但预言，甚至于谣言也会起到类似作用。传说中玛丽·安图娃奈特（Marie Antoinette，法国路易十六的王后）的珠宝大贪污案，大大刺激了法国大革命前夜法国人民对波旁王朝的痛恨和仇视，从而加速了革命的进程。又如地震的谣言，虽不会影响自然过程（地震）的本身，却会造成人心惶惶、社会不安的效果，从而也就影响了社会过程（生产停滞、生活紊乱）。客观规律一旦渗入了主观因素，就会受到它的影响而引起改变。于是，预言就改变了被预言事物的本身；因此，历史就没有客观的规律可以预言。预言本身，也就是人类知识的本身，就必然影响到被预言的事件的现实过程（即历史）；由此而得的结论就是：真正的预言是不可能的。

预言，或者更准确地说，决定论意义上的预言，乃是科学之成为科学的必要条件。[①] 现在既然在历史研究中，预言乃是不可能的；历史主义也就是不能成立的。历史研究当然不免要有对历史的解释，但这种历史的解释只能是多元的，而不是决定论的，因而其性质就只是"设想性的"和"随意性的"，而决非某种非如此不可（sine qua non）的东西。[②] 以上的意思也可以换成另一种以哲学术语来表达的方式：历史学的命题乃是综合的而非分析的，故而它（或它们）就不可能有任何先验的有效性，也就是说，历史是不可能预言的。关于人类认识本身会影响到人类历史的进程——"对社会问题的科学研究，其本身势必影响到社会生活"[③]——波普尔的论据有一定的代表性，曾引起东西方史学界的普遍关注。

三

波普尔还有一个攻击的目标，叫作总体论（holism）。他的公式是：历史主义就等于决定论，也就等于总体论。他本人反对历史主义，所以也反对总体论。总体论据说必然引向乌托邦工程学。与乌托邦工程学相对抗，波普尔就提出了所谓"零碎工程学"（piecemeal engineering）。它就社会理论而言，就是零碎工程学；就所使用的方法而言，则是"试错法"（trial and error）。这一点在政治上的涵义是明显不过的，那就是要以零敲碎打的改良来对抗全面的社会革命。他的反总体论的论点如下：

历史主义是不可能的，总体论也是不可能的；所以要想"建立和指导整个社会体系并规划全部社会生活，在逻辑上就是不可能的事"。[④] 逻辑上既不可能，事实上就更不可能了。流行的观点是，部分之和就构成为总体。他认为，这种观点在物理世界是正确的，但在人类历史上却不是。世界上

[①]　卡尔·波普尔：《历史主义贫困论》，第14页。
[②]　同上书，第151页。
[③]　同上书，第156页。
[④]　同上书，第81页。

根本就不存在、也不可能存在任何一种总体论意义上的历史，我们所能探讨的只能是历史的某一个或某些个方面。[①] 总体论的基本立场是"把人类历史当作一条巨大的、无所不包的发展洪流"，但是"这样的一部历史是写不出来的"，因为"任何写出来的历史都只是'总体'发展的某一狭隘方面的历史"。[②] 但是在责难总体论的时候，波普尔自己也犯了一点总体论的错误，至少是在他的史学方法论上。他误以为在历史研究中，总体就等于细节的总和。其实，这种意义的历史学在史学史上是从来也不曾有过的。任何一部写出来的历史都决不是包罗万象的。历史家之写历史有如画家之作画，他只是透过某一点（某一瞬间、某一侧面）而掇取并表现出其整体生命的神髓。历史是有独立生命的，写出来的历史书（至少，一部好的历史书）也是有独立生命的。波普尔这位科学哲学家在分析历史学的性质时，却忽略了它有其作为艺术的那一面。而且历史学，无论是作为科学的概括还是作为艺术的概括，都绝不要求包罗万象。

波普尔强调，历史主义或总体论，由于其自身的谬误，不仅在实践上是行不通的，而且在理论上"总体论的实验也不可能对我们的实验知识作出什么贡献"[③]，因为"社会工程师的总体论蓝图并非是基于任何一种可以比较的实际经验"[④] 之上的，或者说，总体论的蓝图和实际经验是无从比较的。然而历史主义者却只会以一种唯一的（在波普尔看来是僵化的）思想方式，即以总体论的思想方式去思想；他可以想象变化，但是他只能想象不变条件之下的变化，"他无法想象变化条件之下的变化"。[⑤] 归根到底，"历史主义贫困论乃是想象力的贫困"[⑥] 的结果，也就是贫困的思想对于历史主义进行报复的结果。

人类的知识并没有任何永不错误的依据，无论是在智性的层次上还是

---

① 卡尔·波普尔：《历史主义贫困论》，第 80 页。
② 同上书，第 81 页。
③ 卡尔·波普尔：《历史主义贫困论》，第 85 页。
④ 同上书，第 83 页。
⑤ 同上书，第 130 页。
⑥ 同上。

在感性的层次上。因此，"人类的一切知识，尤其是一切前知，都有可能错误"。① 然而思想的贫困却使得人们在中世纪把圣书和启示当作是永不错误的权威，而到了近代则又以理性（或智性）为永不错误的权威。以理性为其权威的科学并不能真正认识事物的性质，因为没有一种科学理论可以完全被证明是理所当然的（justified）。一种新科学理论的提出，同时也就带来了与它所要解决的问题同样之多的新问题。新问题同样地有待于解决，故此没有一种理论可以称得上是完整的理论体系，或者说是真理。然而，果真如此的话，那么什么又是随着他本人提出的反历史主义的理论而来的新问题呢？还是它已不再面临任何需要解决的新问题了呢？对此，他并没有作出明确的答复。

四

波普尔的企图是制订出一套能统一自然科学和历史科学的思想方法论。他的这一工作，往往不免予读者以刻意标新立异之感，他喜欢罗列一大堆的主义：本质主义、假说主义、演绎主义、唯科学主义、消灭主义等等。然而在把自然科学思维方法引入人文世界方面，他毕竟是当今西方思想界的突出代表之一。

波普尔攻击历史主义，是采取先为历史主义辩护的姿态，力图发挥历史主义的论点，然后再指责它的错误，进行攻击。就历史和历史学所涉及的范围而言，他的攻击集中于一点，即断言历史没有客观的规律，因而不能预言——不是在微观上，而是在宏观上。这里的论证是：科学真理必须能够经受证伪的检验，而所谓的历史的规律是不能证伪的，因而就不能成其为规律。自然科学的规律必须是普遍的，但历史事件都是独一无二的，所以不能用科学上的证伪方法来加以检验；历史研究只能称为历史的解释而非历史的规律。这一论证的前半部分——历史学不可能有自然科学那样

---

① 席尔普编，前引著作，第 2 卷，第 1164 页。

的普遍规律——并没有超出 19 世纪末以来的新康德学派。但新康德学派主要是就自然科学与历史科学二者本性的不同而立论，波普尔则更多地是从方法论着眼。他可以说是把新康德学派的观点引申到科学哲学的领域里来。

总体是不可能成为研究的对象的，所以对历史发展的整体就不可能有科学的理论。所以历史学所需要的并不是牛顿（那样体系的建立者），而是伽里略①（那样的实验观察者），总体论就应该代之以零碎工程学；总体论是有预定的目的的，而零碎工程学则只问个别事件，不问目的。目的永远是总体论的构成部分②，而目的论则必然导致空想主义③。于是，空想主义或乌托邦也和总体论一样成了历史主义的同义语，也就成了波普尔所反对的对象。他以为任何乌托邦都不能逃避两个缺点，一是其本身内在的矛盾，二是它必然导致暴力。科学是不能、也不会构造出一个乌托邦来的——这是他在《开放的社会及其敌人》一书中所着重阐述的基本思想。在《历史主义贫困论》一书中，他又强调对未来社会的美好信仰无异于相信奇迹④，那原因就在于：我们研究一件事物"只能是选择它的某些方面"，"我们不可能观察或描写世界的全貌"，"因为描述乃是有选择性的"。⑤关于这一零碎工程学的论点——它在哲学上就叫做"批判的理性主义"——马吉（Bryan Magee）曾用了这样一个比喻来解说：人类就像是正在大海上航行的一艘船上的水手，他们可以修改他们所生活于其上的这艘船的任何一部分，可以一部分一部分地修改它，但是他们却不可能一下子全盘彻底改造它。⑥

历史事件有别于自然现象的，在于它只一度出现，所以是独一无二的，不像自然界现象那样反复出现；这一论点新康德学派已经再三申说，波普尔于此了无新意。如此说他有什么新意，那新意或许在如下的一点，即自

① 卡尔·波普尔：《历史主义贫困论》，第 60 页。
② 同上书，第 64 页。
③ 同上书，第 85 页。
④ 同上书，第 50 页。
⑤ 同上书，第 77 页。
⑥ 参看布赖恩·马吉（Bryan Magee）：《波普尔》，纽约，1973 年版，第 103 页。

然事变不是人为的，而历史则是人为的，其中包括人的意志、愿望、知识等等。人类的某些知识，如牛顿的力学、瓦特和爱迪生的发明，可以极大地影响历史的行程。自然史与人文史之间的这一根本歧异，过去是探讨得很不够的。波普尔着重指出这一点是有意义的。但他在论述历史学时，却犯了一个不可容忍的谬误。的确，我们并不能观察或描写世界的全貌，因而历史书的描写总是有选择的。然而这个选择，对于历史学家却并非随意的。他所选择的应该是那最足以表明历史精神的东西。他之略去许多东西，恰好是有助于表现他所要表示的东西。上节已提到，史家写史有如画家作画，他的画面不必表现全部的细节。成功的艺术品在于表现精神，它必然要遗略许多细节。历史学有作为科学的一面，也有作为艺术的一面。对于艺术的一面，波普尔的史学理论是全然忽视了的。他只萦心于作为科学的历史学；但就是这一面，其基本论点也是值得批判的。

五

自 1939 年起，席尔普（Paul A. Schilpp）开始编辑一套《当代哲学丛刊》；半个世纪来已陆续出版了 20 多种。1974 年出版的其中的第 14 种就是《波普尔的哲学》。这件登龙门的事，似乎正式确定了波普尔在当代西方思想界的地位，并得以和杜威、怀特海、罗素等人并驾齐驱。从一个偏远国度里的一个默默无闻的讲师，一跃而侧身于当代最负盛名的哲学家的行列中间，而且还有当代最伟大的思想家之誉——当代西方思想家的得名之骤，波普尔要算是少数当中的一个；而盛名之下其实难副的，波普尔大概也应该算是少数当中的一个。

波普尔 1907 年 7 月 28 日生于维也纳，是奥籍犹太人，1928 年获维也纳大学博士学位。由于纳粹排犹，他去英国，再去新西兰任坎特伯雷大学任讲师；二次大战后，他重返英国任伦敦政治经济学院的逻辑与科学方法教授，1964 年受封为爵士，1969 年退休。在政治上，他青少年时，曾是奥地利社会民主党党员，并长达 20 年，而社会民主党是有着特别深厚的修正主义和改良主义的传统的；它的理论可以归结为一条原则，即把可以避免的痛苦减少到最低限度。边沁功利主义的原则是：最大多数的最大幸福。波普尔社会民主主义的原则是：最小少数的最小不幸。[①]

　　波普尔年轻时正值一次大战后，斯宾格勒《西方的没落》一书风靡一时。波普尔认为斯宾格勒既是一个狄尔泰意义上的历史主义者，同时也是一个波普尔意义上的历史主义者。说斯宾格勒是狄尔泰意义上的历史主义者，是因为在斯宾格勒历史思想中起主导作用的乃是狄尔泰意义上的"理解"；说他是波普尔意义上的历史主义者，则是因为他"预言"了西方的没落。[②]据波普尔自述说："我在维也纳作学生的时候，左派和右派的气氛都是强烈地历史主义的。'历史是在我们这一边'这个口号，你可以从国社党（及其有关团体）和社会民主党（我和我的朋友都属于它）两方面同样地听到。而'科学社会主义'则是对社会主义必将到来的科学证明。"[③]青年时代的社会思潮给他留下了深刻的印象，使他开始对历史主义理论的研究感到兴趣。此后他毕生的研究和探讨，主要就包括两个方面，一个是科学哲学，一个是历史哲学。后一方面的主要代表著作是《开放的社会及其敌人》和《历史主义贫困论》两部书。[④]两次大战的浩劫引起他对历史进行反思，法西斯和共产主义都使他感到恐惧。恐法西斯病和恐共病之成为他后来理论著作中的一条主要的感情线索，就渊源于他青年时这种生活经历的背景。

　　维也纳学派兴起于二十世纪二三十年代，这一思潮不久即在英、美得到广泛的流传，形成一个有势力的分析学派，至今不衰。波普尔本人出身于维也纳，虽未参加维也纳学派的组织，但在思想路线上却和他们既有分歧，又有共同之处，并与他们中的一些成员（尤其是和费格尔［Herbert Feigl］与卡尔那普［Rudolph Carnap］）有着密切的关系并深受其影响。分

---

① 参看布赖恩·马吉（Bryan Magee）：《波普尔》，第 81 页。
② 参看席尔普编，前引著作，第 2 卷，第 1173 页。
③ 席尔普编，前引著作，第 2 卷，第 1172 页。
④ 关于他的全部著作，T. E. 汉森（T. E. Hansen）编有一份详尽的编年目录，载席尔普编，前引著作，第 2 卷，第 1202~1287 页。

析学派提出了经验的可证实性作为划分有无意义的标准，即一个命题如果在经验上是可证实的，就是有意义的；否则，就是无意义的。波普尔不承认这一证实原则，而于1933年提出了他的证伪原则作为划分真、假科学的标准。真科学是实验科学，假科学是形而上学；这一点他大致与分析学派相同。不同的是，他承认假科学或者神话也可以发展或转化成为科学，只要能经过一番批判。凡是通不过证伪检验的，就是形而上学；但并不必然就是无意义的。与证实原则相比较，证伪原则有其表面上的逻辑优点；其优点在于：无论有多少正面的经验事例似乎都不足以证实一种概括，但是只要有一个反面的事例就足以证伪了。然而，这一区别纯属表面上的，因而是肤浅的。艾耶尔（A. J. Ayer）就指出："其实这一区别并不像它乍看上去那么清楚明白。"[1] 所以艾耶尔批评波普尔说："他那体系的基础并不牢固。"[2] 这个批判不是没有道理的。

六

波普尔的讨论涉及多方面的科学问题，包括量子力学、概率论等专门学科以及方便假设论、思维经济论等思想方法论。构成他思想的一个特点而又有别于其他许多人的，是他力图把自然科学和社会人文打成一片。打通这两者的关键则是他统一的方法论，这个方法论也被称为"证伪标准论"（theory of falsification criterion），是他企图对这两者一以贯之的理论。这个理论说：检验真理的标准不应该是证实，而应该是证伪，"进行科学检验的真正企图，就是对理论进行证伪"。[3] 科学真理必须经过一切可能证伪的考验。反之，凡是没有可能被证伪的，就决不可能是科学真理。也就是说，真理必须能经受正反两方面的检验，而尤其是反面的检验（即证伪）。正面的事例或许不足以证实，但是反面的事例只要有一个就足以证伪了。例

①　艾耶尔：《20世纪的哲学》，纽约1984年版，第132页。

②　同上书，第134页。

③　卡尔·波普尔：《历史主义贫困论》，第131页。

如说，希特勒是战无不胜的；无论希特勒打了多少胜仗都不足以证明这个命题正确（因为他也有可能再打败仗）；但是只要他打了一次败仗，就足以证明他决不是战无不胜的，这就是证伪。也就是说，必须是能够经得起证伪的检验的，才有资格配称为真理；凡不可能以证伪方法进行检验的，就不可能是真理。

因此，科学可以说就是证伪。对科学的"一切检验，都可以解释为就是要淘汰错误理论的努力"，而进行淘汰所使用的手段则是证伪，其目的"是要去发现一种理论的弱点，以便去否定它，假如它被检验所证伪了的话"。[①] 我们必须尽最大努力去挑剔一个理论的任何错误，"我们必须竭力去证伪它们"；而且"只有当我们竭尽全力而不能证伪它们的时候，我们才可以说，它们经受住了严格的检验"。[②] 只有这时候，我们才可以认为它们通过证伪而证明了自己是真理。或者用一种比喻的说法：真理是颠扑不破的，证伪就是要千方百计去颠破它，只有去用尽一切办法都颠扑它不破的时候，它才有资格称为真理。对真理的检验也就是进行证伪，或者说是进行进攻、进行驳斥、进行围剿；总之，"理论最后必须要服从经验的检验"。[③] 真理不但不怕反驳，而且还必须通过一切可能的证伪来反驳，以辨明自己的生存权。真理的真金，是由证伪之火锻炼出来的。可证伪的程度越高，则一个理论的可靠性与精确度也就越高。如果一种理论可被证伪的程度等于零，亦即它根本就没有被证伪的可能时，那么它就丧失了作为科学真理的品质而不可能成其为科学的真理，它就只能是神话了。一切真命题或科学的命题，都是有可能被证伪（但又并没有被证伪）的命题；而凡不可能被证伪的命题就都是假命题或伪科学。一个命题不必一定要被证实，却必须有可能被证伪。于是分析派所标榜的证实原则，到了波普尔的手里，就被代之以证伪原则。

人类认识的进步，就要靠人们双管齐下，一方面是不断设想各种大胆

---

① 　卡尔·波普尔:《历史主义贫困论》，第133页。
② 　同上书，第133页。
③ 　同上书，第132页。

的假说，一方面则是千方百计地对这些假说进行反驳或证伪。这种工作越多、越好，则科学也就越进步。科学理论是猜测，证伪则是对猜测的反驳。科学认识就是通过这一猜测与反驳的双方交锋而不断前进的。这就是人类科学知识进步的规律。这个思想他在 1968 年的《猜测与反驳》一书中作了系统的阐述。[①]猜测与反驳的过程是永没有完结的，所以人们不应该轻易地陷入那种廉价的科学主义的诱惑之中，天真地设想着：真理就在这里了！科学永远都是尝试性的，并且是必然要犯错误的。真理只能是一个无穷的探索[②]的过程；没有任何时候我们可以停下来说：瞧，这就是真理！这种科学主义的向往，正如各式各样的总体论、乌托邦或本质主义一样，都只不过是人们的幻想，而且还是人们为之要付出惨重代价的幻想。它们都以一种盲目的武断，排斥了检验它们成败的可能性；它们自命掌握了事物的本质，其实事物本身根本就不存在他们所说的那样的本质。真正的科学认识，只能是在猜测与反驳、试与错、假说与证伪双方不断反复较量之中逐步前进。

可以承认科学理论里面往往包含有灵感或猜测的成分，但只是在一定的限度上。一旦出了有效性的限度之外，正确就会转化为谬误。波普尔那种"科学发展的逻辑"[③]的致命伤，在于他把科学理论、把猜测与反驳绝对化了。这就导致他否认不同层次的概括化在科学认识中的地位和作用。同样，总体和部分也是相对的，相对于不同的层次；绝对意义上的总体或部分都只是空类；可是波普尔也把它们绝对化了。例如生物进化的规律，诚然它只是地球表面上的单一的历史事件，我们没有理由把它认为是普遍性的、适用于其他星球或全宇宙；然而就地球的范围而论，为什么就不能有它合理存在的地位呢？波普尔的理论，问题实在太多了；他那些僵硬的概念划分办法，常常不仅违反常识，而且难以令人（不同意他那前提的人）同意。对于一个历史家的著作，我们可以有时不同意他的理论观点，而同

---

① 　卡尔·波普尔:《猜测与反驳》，纽约 1968 年版，到处可见。

② 　参看席尔普编，前引著作，第 3 页以下各页。

③ 　这是他另一本著作的名字。

意他的某些论断；但是对于波普尔的史学理论，可以同意的论断似乎并不很多。

七

《开放的社会及其敌人》一书是《历史主义贫困论》的姊妹篇，前书的第一卷就是后书第十节的发挥。[①]《开放的社会及其敌人》一经问世，几乎是轰动一时；西方思想界一些代表，对他能从思想方法论的角度深入历史哲学的领域探讨其中的根本理论问题，纷纷表示惊异和赞叹。但是待到最初的一阵轰动过去以后，人们便开始更客观、更冷静地评价他的理论。在半个世纪以后（该书初版于 1943 年）的今天，重阅这部书，任何一个不带偏见的读者都不难察觉，此书虽然貌似体大思精，然而许多论证却是对前人（尤其是对柏拉图、黑格尔和马克思）的断章取义并肆意渲染，用以回护或坐实他自己的观点和偏见；这是随便选择几段他的引文和解释与前人的原文相对勘，就可以判明的。而他所论证的中心主旨也只有一个，即他的反历史主义的观点。

自二十世纪二三十年代以来有一种流行的论点是：任何一门学科的主题和方法，都是被该学科的逻辑所规定的；波普尔也是由此出发而论证历史科学的。《历史主义贫困论》选择了两种当代的观点，《开放的社会及其敌人》则选择了三位历史上的思想家，作为他批判的鹄的。《历史主义贫困论》所批判的两种观点是：（一）拥自然主义的观点。这种观点在方法论上的错误在于它认为历史科学有一种普遍的演化规律。其实，演化过程并不是规律，而只是表明一种倾向。[②]（二）反自然主义的观点。这种观点认为自然科学的方法不能应用于社会与历史，因为社会与历史有其特殊的、不同于自然界的规律。针对以上两种观点，波普尔就提出：科学方法之作

[①]　这两部互相补充的书，包括他的史学理论和历史哲学，同时也有对维特根斯坦《逻辑哲学论》的某些批判，而这后一点往往被人忽略。参看席尔普编，前引著作，第 1 卷，第 116~118 页。

[②]　尽管它在某些方面可以作为诸如优生学的规律的例证。

为方法是同样地既适用于自然，也适用于社会与历史，但仅以它涉及整体的某一或某些特殊的、个别的方面为限。社会科学、历史科学可以发现能够阐明人类某些方面行为结果的规律；但是就（作为一个单独的、唯一的）整体而论，却是没有规律的。所以社会或历史的进步，如上所述，就只能靠零碎工程学。

《开放的社会及其敌人》（以下简称《开放》）所挑选来加以批判的三个历史上的思想家是柏拉图、黑格尔和马克思。其实，他在这里只不过是借用几个历史人物来反衬他自己的理论而已。他表态说，他选择这三个人并不意于贬低他们，而是由于"我的信念是：如果我们的文明要生存下去，我们就必须打破那种崇拜伟大人物的习惯"，"因为伟大的人物就会犯伟大的错误"。① 他处理他们的办法是：撇开历史人物的具体历史背景和思想歧异，专就他个人论点与偏见的需要，从中抽出某些概念或思想模式，如所谓总体论、乌托邦或历史主义的论点等等加以攻击。这似乎倒可以表明在他论证历史主义贫困论时，他自己历史思想的局限。

《开放》一书的主题是反历史主义，即否认我们能够发现那些我们可以据之以预言历史事件的进程的历史规律，换句话说，即否认（如历史主义所认为的）"人类历史上是有一个布局的；如果能够成功地描述这个布局，我们就掌握了通向未来的钥匙"。② 波普尔把历史主义称为历史的形而上学，指责它是徒劳无功的而且根据它所做出的预言还是有害的③；因为历史的形而上学妨碍了零碎科学方法之运用于社会改革问题④。个别事物，作为整体的部分，可以重复并可以有规律；但整体作为独一无二的整体，则不能重复，不能比较，所以并没有规律。整体的规律只能是空想，根据空想进行革命的改造，只能妨碍社会真正的进步和改良。这就是他的基本论点。《开放》最后以"历史有意义吗？"这个问题结束全书。那么，说到最后，究

---

① 　卡尔·波普尔：《开放的社会及其敌人》，普林斯顿 1971 年版，第 1 卷，第 6 页。
② 　参看爱德华·博伊尔：《卡尔·波普尔的开放社会》，载席尔普编，前引著作，第 1 卷，第 847 页。
③ 　参看卡尔·波普尔：《开放的社会及其敌人》，第 1 卷，第 34 页。
④ 　同上书，第 1 卷，第 3~4 页。

竟历史有意义吗？他的答复是："在通常的意义上，历史并没有意义。"①然
而，"尽管历史并没有意义，我们却可以赋之以意义"②；因为"什么是我们
的生活的目的，是要由我们自己决定的"③。所以结论就是："我们切不可自
命为先知，而是必须成为自己命运的创造者。"④那意思是说：先知是预言
者，而预言是要假定有不可变易的规律的，于是预言也就排除了人类有创
造自己历史的可能性（因为自己的历史早已被规律所规定了）。以下我们
准备用更通俗的语言来重行解释一下波普尔的反历史主义。

　　他好像是在质问历史主义者说：你不是要证明你所预言的社会的合理
性吗？你那理想国不是最符合人民的要求和愿望的吗？若是果然如此，你
就无权反过来强迫你的人民来适应你的理想国。否则的话，那在逻辑上就
是把车倒装在马的前面了。既然你要表明人民是拥护你的，你就不能反过
来定义说，凡不拥护你的就不是人民。如果不拥护你的就不是人民，那么，
这从定义上就排斥了有不拥护你的人民的存在的可能性；于是人民拥护你
就成为一个在逻辑上永远也无法证伪的命题（即假命题）。然则，你又如
何可能证明人民是拥护你的那理想国的呢？这是他的政治哲学；而且至此
为止，在推论形式上看来并没有错误。但是，他继续质问历史主义者说：
你不是强调历史的不可改变的客观规律吗？既然是客观规律，是不可改变
的；它就不会受到人性自身变化的影响而改变它的行程；否则它就不成其
为客观规律了。然而在历史发展的过程中，人性却从来就不是一个常数而
是一个变数。人性的变化（包括思想、认识等等），其本身就作用于，而
且影响着历史发展的进程。人性并不是流变不居的环境之中的一个常数项，
而是它本身就以变数项的身份在参与着这场流变不居的发展过程。在流变
不居的历史洪流中，就有着人性本身发展变化及其对历史过程的作用和影
响。故而人性绝非希腊人所设想的某种"变中之不变"，即历史在变，但

---

① 　参看卡尔·波普尔：《开放的社会及其敌人》，第 2 卷，第 269 页。
② 　参看同上书，第 2 卷，第 278 页。
③ 　同上。
④ 　同上书，第 2 卷，第 280 页。

人性在其中却永远不变。波普尔论证说，这就是历史之所以没有规律、因而也不可能预言的原因。自然世界的变化是有规律的并可以预言的，因为其中没有变数项，物性是不变的。然而历史却不是的，因为其中有了人性这一变数项。

但他的这种说法显然也存在着两个漏洞：（一）人是自然的一部分，人这个变数项也要作用并影响于自然界的；如环境污染、生态平衡的破坏、核辐射等等。（二）至少某些重大历史事变是完全可以预见的；如在战争爆发前夕，人们可以肯定地预言战争即将爆发；战争结束前夕，人们也可以肯定战争行将结束。1944 年人们已普遍地预期着战争不久就要结束了，这只是我们经验中的常识。波普尔绝对化的论点，使得他对这种常识视而不见。

他的另一个重要的论点是：人性虽是一个变数，但并不存在所谓人的改造的问题。假如人能按照人的意志来加以改造，那就"必然破坏了科学的客观性，从而也就破坏了科学本身"。[1] 人性既然不断在参与历史变化，而人性本身又不可能按照人的意志加以改造；于是它就成了历史过程中最无从捉摸、最难以把握的因素；但又正好是它，归根到底在左右着社会制度和历史面貌。所以历史是没有规律可循的；至于以往各派思辨历史哲学所大谈特谈的历史规律，在他看来都不是什么规律而只是倾向或趋势。[2] 倾向和趋势是有的，但规律却并不存在。不能把倾向或趋势认为是规律。

八

什么是"开放"？"开放"一词在他看来，就是"民主"的同义语，而封闭则是"极权"的同义语。他把自己表现为是拥护"民主"、反对"极权"的，宣称"现代极权主义只不过是终古以来反自由、反理性的一幕插

---

① 卡尔·波普尔：《历史主义贫困论》，第 158 页。
② 参看同上书，第 41 页以下各页；第 105 以下各页。还可参看 W. 德雷（W. Dray）：《历史哲学》，恩格尔伍德 - 克利夫斯，1964 年，第 62 页。

曲而已"。① 这种立场和态度虽然并无新义，却博得某些人（包括罗素在内）的好评。既然标榜自由和理性，所以他反对一切形式的思想上的专政，声称："对于心灵采取强制的任何企图，势必摧毁能够发现人民真正是在思想什么的最后可能性。"② 因为，你既然规定了人们只能是怎样思想和思想什么的时候，那么，你就不可能知道人们真正是在怎样思想和想些什么了。例如，人人都只能表现得以苦为乐的时候，你就不可能真正知道他们的苦与乐都是些什么了。这就引入了他的开放社会的理论中如下的核心部分。

柏拉图说："智者必须领导和专政，愚人必须紧跟。"③ 波普尔评论这个论点说：问题是应该由谁来领导或专政？或者说，谁是智者？对这个问题，历来有不同的答案。卢梭的答案是"公意"，戈比诺（J. A. Gobineau，1816—1882）和法西斯的回答是"优秀种族"，马克思回答是"产业工人"，等等。这些，他认为都只是神话。真正的问题并不在于"谁是智者"，而在于"我们应该怎样组织统治体制，从而可以防止恶劣无能的统治造成过多的损害"。④ 或者，按照他的证伪逻辑，"应该由谁来统治"这个问题就应该被另一个更真实的问题所代替，即"怎样设计政治体制，才能把坏统治者的风险减少到最低的程度"，也就是"我们怎样才能驯服他们（坏统治者）"。⑤ 全部的政治智慧也可以归结到一点，即怎样选择领袖。波普尔本人是倾向于阿克顿（John E. Acton，1834—1902）的权力腐化论的论点的，他认为自从柏拉图⑥ 以来的思想家们在这一根本之点上都没有能成功。⑦

反极权主义的另一理论根据则是，统治权力的强化不利于思想自由，因而就不利于科学的和社会的进步。原因在于："政治权力的集中是和科学

---

① 卡尔·波普尔：《开放的社会及其敌人》，第 2 卷，第 60 页。

② 卡尔·波普尔：《历史主义贫困论》，第 89 页。

③ 卡尔·波普尔：《开放的社会及其敌人》，第 1 卷，第 120 页。

④ 同上。

⑤ 卡尔·波普尔：《开放的社会及其敌人》，第 2 卷，第 133 页。

⑥ 罗素说："他对柏拉图的攻击尽管是非正统的，但我认为是有道理的。" B. 马吉，前引著作，第 91 页。

⑦ 参看卡尔·波普尔：《开放的社会及其敌人》，第 2 卷，第 136 页。

的进步互为补充的（此处指互相排斥的，即反面的补充——引者），因为科学的进步有赖于思想的自由竞争，所以也就有赖于思想自由，所以最终也就有赖于政治自由。"[1] 他又论证说："终于它（思想统治——引者）必定要毁灭知识，所获得的权力愈大，则所损失的知识也就愈多。"[2] 政治自由、历史进步、科学和思想的发展，都是同一件事的不同方面，而且是和极权统治不相容的。极权统治的思想理论必然要采取总体论的形式；而历史的进步却不能靠总体论而只能靠零碎社会工程学。[3] 他的这一根本论点，我们上面已经谈过了。

70 年代以来，西方对史学理论的探讨大致呈现为两派：一派以亨佩尔（Carl Hempel）和波普尔为代表，主张科学研究只有一种逻辑，它对自然科学和历史学是同样适用的；另一派则以丹图（A. Danto）和德雷（W. Dray）为代表，主张应该进行个体化的研究，不承认自然科学和历史有普遍的统一的逻辑。[4] 但德雷认为波普尔是个实证主义者[5]，却未必完全妥当；波普尔虽与逻辑实证论有很深的渊源，但也有明显的分歧。在不承认历史有目的的这一点上，他倒是与列维 - 斯特劳斯有相通之处。究竟他属于哪一流派，并无关紧要。他思想的实质在于：他以开放的社会为西方自由主义辩护，而以封闭的社会来描述极权政权，并把极权主义的指导理论认同于历史主义。这就是波普尔反历史主义的理论的政治涵义。然而被他挑选出来作为历史主义代表人的，从柏拉图到黑格尔到马克思等人的理论，曾经极大地丰富了人类思想和史学理论的宝库；相形之下，反历史主义的波普尔却没有能真正认识或有意无视他们理论的精粹所在。他确实也提出一套颇似严密的逻辑，但都是用来向开放社会的敌人论战，来证明开放社会

---

① 卡尔·波普尔：《历史主义贫困论》，第 90 页。

② 同上。

③ 因为人类对历史的认识，决不可能以完整的总体为对象。参看同上书，第 80 页。

④ 参看 G. 伊格尔斯：《德国的历史观念》，米德尔敦（康涅狄格州），1983 年，第 277 页。

⑤ W. 德雷：《历史中的规律和解释》，牛津大学出版社，1957 年，第 2~3 页。丹图则认为波普尔是"方法论上的个体主义"。A. 丹图：《分析历史哲学》，伦敦，剑桥大学出版社，1968 年，第 312 页。

的优越性的。然而优越性归根到底却不是靠论战而是要靠事实来证明的。[1]

九

作为科学来说，自然科学与历史科学应该是有其同为科学的共同之处的，即有其统一性。但近代西方思想家对这个统一性的看法，往往失之偏颇，很少能采取一种健全而持平的态度。19 世纪的实证主义者大多有见于齐（两者的一致性，并力图使历史学向自然科学看齐）而无见于畸（特别是历史学的特殊性）；尔后的德国学派又反其道而行，有见于畸而无见于齐。波普尔则代表着当代把这两者打成一片的努力。假如说，哲学就在于一种哲学化的思维方式（philosophizing），那么，波普尔确实是在力图以一种统一的思维方式来贯穿自然研究和历史研究的。上面所评论的他的两部著作，就是他这种一以贯之的努力的见证。但是他同时也强调，自然研究与历史研究的统一性并不意味着同一性，其间仍然存在着一个实质性的区别：历史主义者虽断言其真理的客观性，然而他们所断言的那些真理的本身就影响到历史的行程，所以对于历史就并不是中立的，也不是纯客观的。它们并没有自然科学的那种客观性。

波普尔不同意逻辑实证论的语言分析的路数。他认为哲学思维并无所谓唯一无二的正确方法；语言分析——无论是对现实的语言，还是对人工设计的理想语言——可以有助于对具体问题的理解，但这决非是通向真理的不二法门。哲学思维一定要和其他具体的学科结合在一起才有生命，否则它就势必蜕化为繁琐的经院哲学，成为一种孤立的空洞的抽象体系。应该说，波普尔的这一见解比分析学派高出一筹：哲学本来应该也是研究客观现实的（虽则是在另一个层次上），所以决不能把它归结为纯粹的语言学或语义学的问题。但是他却走向了另一个极端，而把哲学纳入了具体科学的轨道。具体科学获得知识是要靠试错法的，他把这种方法引用到对客

---

[1] 例如，关于高度发达的物质水平是不是和民主（即开放的社会）分不开的这一论点。参看马吉，前引著作，第 71 页。

观存在的整体考察，企图以此代替所谓总体论或历史主义或乌托邦。结果他就从另一个极端，也和分析派一样地取消了哲学的根本问题，包括历史哲学在内。哲学所要探讨的是作为整体的客观存在的根本问题，而波普尔和分析派可以说是殊途而同归，他们都不承认有这个问题。具体到历史学的领域，问题就是：人类的历史发展有没有客观规律？我们能不能够，以及如何能够认识它？波普尔的答案对此是全盘否定的。某些分析派认为这个问题根本不是哲学问题，所以不予考虑；而波普尔则认为根本就不存在这些问题，并断言它们都是神话。这就比逻辑实证主义走得更远了一步。

　　波普尔的基本论点是，科学知识和理论只能是通过试错法，即通过猜测与反驳而前进的。就凭这一点，他认为就可以否定历史主义。毫无疑问，试错法、猜测与反驳是有效的方法；但同样毫无疑问的是，任何方法论都有一个有效性的范围，超出了那个领域就成为荒谬（例如万有引力是普遍存在的和普遍有效的，但你不能拿它来解决一切问题，比如说爱情问题）。波普尔方法论的错误在于他把一定范围内有效的方法，当成了包罗一切和包医百病的方法。逻辑实证论的重点在于反对形而上学；但在反对形而上学的借口之下，却把本来不是形而上学的许多东西也都当作形而上学反对掉了。波普尔的批判理性主义重点在于反对历史主义，他并不（至少并不全盘）反对形而上学；相反地，他还认为科学的发现须以纯思辨的形而上学为其前提。[1] 他历来对逻辑实证论的一些原则都是采取批判态度的，应该说他对形而上学的看法要比逻辑实证论者更合理一些。和逻辑实证论者不同，他认为哲学的主要任务是研究科学方法论的逻辑基础。他的路数是从方法论入手来打通自然科学与历史学，然而他的结论则是否定了两者可以一视同仁。

　　科学方法——例如生物进化论的方法——（一）可不可以引用到历史研究上来？（二）假如可以的话，它是不是唯一有效的方法？如果对于（一）的答复是否定的，则历史就没有进化（演化）规律可言；如果对于（一）

───────────────

① 　参看卡尔·波普尔：《科学发现的逻辑》，伦敦，1959 年，第 36 页以下各页。

的答复是肯定的但对于（二）的答复是否定的，则这种方法虽在一定条件之下有效，却还是不足以成为唯一无二的方法。这里有一个（或若干）条件的限制。历史学和理论科学不同：前者是研究独一无二事件的因果关系，后者则研究许多相同事件的普遍规律。[①]更具体地说，这一论点也可以表述为：发生学的描述方法对于历史学的理论化工作并不重要，乃至于并不需要。[②]例如，我们不能用有关婚姻的历史起源的描述——如初民社会是在昏夜抢劫妇女成亲的——来解说或论证婚姻制度的法理基础。它们是风马牛不相及的两回事，二者的对象和性质都不一样。

这样，波普尔就把普遍规律排除于历史之外；并且同时与此相关，又把因果机制也排除在历史学之外。因为历史是人类思想活动的产物，而思想活动并不是一种因果机制，从中是籀绎不出规律的。因此，历史就不能纳入历史主义的轨道。其实，他的这一理论的基本立足点就蕴含着一句话：不是存在决定思想，而是思想决定存在；亦即说到最后，终究是思想才是历史的决定因素。这里需要澄清一下的是，波普尔所使用的是 law 这个字。这个字在中文里可以是"规律"，也可以是"定律"，还可以是"法律"。此字作为法律解，和自然规律意义上的规律一词，二者的涵义是不同的。自然规律可以说是自然法，它有别于人为法。我们可以设想：自然界的事物是变化着的，而自然法（例如万有引力定律）却是亘古不变的。但是人为的法律（如宪法、婚姻法）却总是随着人类事物的不断变化而变化的。可以有万世不变的自然法，但没有万世不变的人为法。人为法既然总是要变的，则必定有要求改变它的那些思想和愿望为之前导。所以可以说，一切人为法从其一诞生之日起，就在开始朝着否定它本身的方向前进了。任何法律或制度的创立，并不意味着它本身的巩固，反而是意味着趋向于它自身的灭亡。这个思想是波普尔理论中所应有的推论。其实，这一论点早在一个世纪之前，梅茵（Henry Maine，1822—1888）在他有名的《古代法》（1861 年）一书中就已经做过了精辟的阐释。

---

① 参看卡尔·波普尔：《历史主义贫困论》，第 144 页。

② 参看同上。

在统一自然科学与历史学的努力上，波普尔有着一系列根本之点值得商榷。其中之一是他用以反对历史主义的认识论论据：一切知识（直观或推论）都是抽象的，所以我们就"不可能把握社会现象本身的具体结构"。[①]另一个地方他又说："制度是构造出来用以解释某些被选择出来的个人之间的抽象关系的抽象模型"[②]；因而我们所把握的就只能是抽象，而不能是具体。这种提法犯了绝对化地割裂抽象和具体的错误。在某种意义上，语言所表示的确实只能是出之以概念的形式。但是这种抽象乃是对具体的抽象；反过来，我们所认识的具体也是以抽象语言形式所呈现的具体。二者是统一的，这就是我们认识的性质。这里不妨针对波普尔的提法反过来说：我们就正是以抽象的形式在"把握社会现象本身的具体结构"的，正如物理学家是以抽象的概念和公式在把握物理现象本身的结构一样。

自然科学方法对历史学的适用性的问题，是许多世纪以来聚讼纷纭的老问题了。波普尔以他自己独特的方式参与了这场理论问题的角逐。他那独特的方式是，他讲历史思想方法论是和自然科学方法论直接挂钩并放在一起加以考察的；然而他又并不把两者等同为一谈，而是得出了各有其独自的领域、目标和作业方式的结论。他既讨论各种各样的现代科学与哲学的理论和方法，又恣意论列柏拉图、黑格尔、马克思的历史主义思想方式——所有这些就为他的理论平添一道现代科学的色彩，显得与众不同，从而也给他本人渲染出一副特殊的神态。不走这种偏锋，他是不会享有他现在的名气的。他的贡献倒并不在于（像是有人所说的），他那批判的理性主义可以取代，或者确实取代了逻辑实证主义的地位。

十

在他的创新之中，有一个论点是应该提到的，那就是他的第三世界的理论。他所谓的第一世界是指客观的物质世界，第二世界是指主观的精神

① 参看卡尔·波普尔：《历史主义贫困论》，第78页。
② 同上书，第140页。

世界；这是传统的二分法，即客与主、物与心的对立。但波普尔别出心裁，以三分法代替二方法[1]，于传统的世界两分之外，另拈出一个第三世界 [按他的说法，应该叫做世界（3）]；它是人类各种理论、各种问题和各种文化成果（科学、艺术等等）的世界，它既不是第一世界，也不是第二世界。它虽是人类活动的结果，但又超于主观意识之外而独立存在，并且与主观意识相互作用着。[2] 这个第三世界的历史就是人类思想的历史，既不属于第一世界，也不属于第二世界。他认为介乎第一、第二两个世界之间，还应该有一种中间的、可以称之为思想内容或自在陈述的东西存在着，像科学理论、技术发明、艺术创作等等。按照传统的看法，第一、第二世界的对立，其间关系我们可以设想为是主客相依、相融，也可以设想为主观作用于或体现于客观或是客观作用于或反映于主观；这样在逻辑上便无另行假设第三世界的必要。但按照波普尔的看法，第三世界决不是一个在理论上无用的赘疣，因为它是独立于第一、第二世界之外而存在的，而且历史是要依赖于这个第三世界的存在才能得到解释的。这一点关系到他之所以特标第三世界的政治学和历史学的作意。他的目的是要论证历史主义所宣扬的那种"合理的社会结构"乃是"不可能的"[3]；因而零碎工程学就是不可避免的。

　　这就引向他的另一个基本论点，即政治权力的集中和人类的自由是互相排斥的、互不相容的。而自由和科学又是互为表里的；没有自由，也就没有科学。于是，科学和政治权力的集中，二者的关系也就是互不相容的（亦即哥本哈根学派尼·波尔所谓的反面意义上的互补）。当科学本身可以起作用的时候，就不需要政治权力来干预；正如一架运转良好的机器应该是能够自行调节的那样。科学的进步是要靠思想的自由竞争，因而，归根到底也就要靠政治自由。波普尔的这一基本倾向突出地表现在他的反马克

[1]　三分法在逻辑上似亦并非无据，因为两端之间总会有中间部分。

[2]　参看 D. 卡尔和 W. 德雷编（D. Carr and W. Dray ed.）:《历史哲学和今日的历史实践》，渥太华，1982 年，第 47~50 页。

[3]　卡尔·波普尔:《历史主义贫困论》，第 48 页。

思主义的理论上。

　　他承认马克思对资本主义早期阶段的分析，大体上是正确的，有道理的；但认为马克思的那个历史阶段今天已经成为过去；例如关于无产阶级贫困化的论断在当时是正确的，而今天则已过时。原因是马克思也不能脱离他自己的时代，"马克思的思想在许多方面都是他那个时代的产物"。[①]他认为马克思之所以错误，应该归咎于历史主义的思想方式。马克思是根据决定论而做出他对共产主义的预言的。然而波普尔辩论说："决定论并不是科学之能够做出预言的必要前提。因此，就不能说科学方法是在赞成严格的决定论的。科学不要这一〔决定论的〕假设，也可以是科学的"；接着他又以一种似乎是在为马克思辩解的口吻说："当然，并不能责怪马克思采取与此相反的观点，因为他那时最优秀的科学都是这样的。"[②]所以这一点毋宁说是那个时代的、而非马克思本人的局限。然而，按照他的讲法，现代科学革命的变化以及相应的思想理论的变化，理所当然地已经改变了这种决定论的科学观和历史观。

　　在他反对马克思主义的时候，他把一些本来并不是马克思的东西都塞到马克思的名下，然后就借口反对这些东西来反对马克思。事实是，自从马克思以后一个多世纪以来，全世界不知道有多少种政治和历史理论都在打着马克思的旗号，然而，其中有许多理论和实践根本就和马克思本人与马克思主义毫无共同之处。绝不能把一切后来号称的马克思主义都挂到马克思的名下，要由马克思本人来负责。那样做是不符合事实的，也是不公正的。波普尔这样做，只能说不是出于无知，就是出于恶意了。一方面，他曾多次恭维马克思，称赞马克思"诚恳"、"开明"、"实事求是"、"绝不夸夸其谈"，是"世界上反对虚伪与伪善的最有影响的斗士"[③]，等等；但另一方面，他又总是以共产主义和法西斯主义相提并论，作为是一对孪生

----

① 卡尔·波普尔：《开放的社会及其敌人》，第 2 卷，第 87 页。同一个地方他又说："当时对法国革命那场历史大地震记忆犹新。"
② 同上书，第 2 卷，第 85 页。
③ 同上书，第 2 卷，第 82 页。

兄弟①，把一切后来号称的马克思主义都算在马克思的账上。《历史主义贫困论》一书的献词写道："为了纪念各种信仰或各个国家或种族的无数男女，他们在历史定命的无情规律之下，沦为法西斯主义和共产主义的受难者。"②30 年以后在他的自传中，他仍然坚持：历史主义既鼓励了马克思主义又鼓励了法西斯主义。③ 他自称他的反历史主义的这两部著作就是"反极权主义"的历史哲学，而马克思主义则是"极权主义在行动之中"。④ 但事实上是，假如有任何东西是和教条主义的总体论、神谕哲学的乌托邦或法西斯主义结合在一起的，那就绝不是什么马克思主义了；因为马克思主义的"辩证法不崇拜任何东西，按其本质来说，它是批判的和革命的"。⑤只有自封的马克思主义者或反马克思主义者才会以法西斯来冒充或篡改马克思主义。这本来是不言而喻的常识，波普尔却把黑格尔、马克思一起都划归为"神谕哲学"，并把法西斯主义说成部分地乃是马克思主义破产的副产品。⑥ 同时，在另外的地方，他又把马克思主义和弗洛伊德的心理分析等量齐观，把它们一起列入伪科学。伪科学他也称之为神话；然而，他又并不全然反对伪科学。这不但因为伪科学可以发展为科学，而且尤其因为人类知识的进步就是伪科学由于受到批判检验而转化成为科学的过程。

　　历史主义一词，在他看来，也就是神学史观的别名。法西斯主义和马克思主义二者据说都是在根据自己的史观（即他们所发现的历史发展规律）对历史做出预言，和中世纪的神学史观一样；只不过中世纪的神学史观寄希望于选民，法西斯代之以特选的种族，马克思主义代之以特选的阶级而

---

① 　卡尔·波普尔:《开放的社会及其敌人》，第 2 卷，第 81 页。

② 　卡尔·波普尔:《历史主义贫困论》，第 9 页。

③ 　参看席尔普编，前引著作，第 2 卷，第 113~114 页。

④ 　同上。

⑤ 　《马克思恩格斯选集》，第 2 卷，第 218 页。

⑥ 　参看卡尔·波普尔:《开放的社会及其敌人》，第 2 卷，第 60 页。马克思、恩格斯本人早已说明："我们的历史观……并不是按照黑格尔学派的方式构造体系的方法。"《马克思恩格斯选集》，第 4 卷，第 475 页。

已。① 马克思的历史观，他也叫做"经济的历史主义"或"经济主义"。②
他认为这种主义的错误在于"相信历史的预言乃是研究社会问题的科学方
式"。③ 但他说事实却不是这样。马克思认为历史运动有着不以人的意志为
转移的客观规律，而且"这个规律对于历史，同能量转化定律对于自然科
学具有同样的意义"；同时这个规律又是可以检验的，马克思本人就曾"用
［法兰西第二共和］这段历史检验了他的这个规律"。④ 这是马克思和波普
尔的根本分歧所在；波普尔认为历史是随着人的认识而转移的，所以就没
有客观规律，而且历史主义的乌托邦就是不可检验的。他批评马克思主义
在实质上乃是社会伦理学（即社会说教）而非社会科学。⑤ 既然历史主义
注定了和乌托邦的体系是两位一体，所以他就极力推出零碎工程学来取而
代之，他断言资本主义的性质可以，而且已经被零碎工程所改变。关于他
的这一论述，这里可以指出两点：（一）他所指责的马克思，大多并不是
马克思的本来面貌，而是后人（也包括波普尔本人）所强加给马克思的；
（二）固然点滴改良也是社会进步所需要的，但对历史发展的整体理解却
不是零碎的试错法所能为力的。任何一种理论，就其必然带有普遍性和概
括性而言，就总是带有总体论的性质，那是零碎方法所无法总结出来的。

十一

再回到对历史认识论的考察上来。波普尔的论断是："总之，不可能有
'像它所曾的确发生过的'那种过去的历史；只能有对历史的解释，而并没
有一种对解释的最后定论；每一代人都有权构造他们自己的解释。"⑥ 确实，
每一代人都在重新解释历史；但这是不是就蕴含着过去并没有它自身的历

---

① 参看卡尔·波普尔：《开放的社会及其敌人》，第 1 卷，第 9 页。
② 同上书，第 2 卷，第 101 页。
③ 同上书，第 2 卷，第 82 页。
④ 《马克思恩格斯选集》，第 1 卷，第 602 页。
⑤ 参看卡尔·波普尔：《开放的社会及其敌人》，第 2 卷，第 199 页。
⑥ 参看同上书，第 268 页。

史呢？历史唯心主义（包括波普尔）的论点是：既然你永远不可能认识客观历史，所以肯定客观历史的存在就是没有意义的事。也就是，除了主观的理解而外，根本就不存在什么客观的历史。我们对历史所能认识的全部，就只是我们主观的理解。他的这一历史学的诘难和我们上面所提过的另一个政治学的诘难在思想方法上是一致的。那另一个诘难是说：社会主义本来是要建立一个能够更好地适合于人类的新社会，但是新社会一旦建立，倒反过来要改造人以适应新社会了。在这种情形下，假如新社会不能适应人的需要的话，人们就不能责难新社会，而只好责难自己没有改造好，以至于适应不了新社会。在他看来，"显然这就取消了检验新社会成功或失败的任何可能性"，[1] 新社会的优越性就变成了某种不能证伪的东西，因之也就丧失了它有可能成为真理的资格。他似乎对人的改造（或思想改造）怀有一种本能的恐惧。[2] 他认为改造人的工作乃是法西斯的工作，这个工作把问题颠倒过来了。（例如，希特勒打了败仗，那就被说成并不是元首的错误，而是整个德意志民族都不配实现伟大元首的伟大理想。）这一个诘难表面上看来似乎其言甚辩，其实它和第一个诘难一样，是把对立的两个方面绝对化了。主客体在认识过程中是统一的，个人和社会在历史发展中也是统一的。新秩序的建立，当然首要的目的是能更好地适合于人的需要；但同时人也有使自己适应于新秩序的一面。社会以及个人同时都在日新又新，这才是历史过程的真正内容。假设有一方（即使是非主导的一方）是绝对不变的，那就真正是形而上学了。

波普尔指责社会主义的另一个论据是：社会主义是一个新社会，新社会必然要产生新阶级，"新社会的新统治阶级是一种新贵族或新官僚"。[3] 他认为一旦肯定了历史的必然性，就势必诉之于暴力；历史必然性和暴力二者是分不开的[4]；可以说暴力本身就孕育着新阶级。他还自命他已经证伪

---

[1] 卡尔·波普尔：《历史主义贫困论》，第 70 页。

[2] 参看同上书，第 159 页。

[3] 卡尔·波普尔：《开放的社会及其敌人》，第 2 卷，第 138 页。

[4] 恩格斯："如果旧的东西足够理智，不加抵抗即行死亡，那就和平地代替；如果旧的东西抵抗这种必然性，那就通过暴力来代替。"《马克思恩格斯选集》，第 4 卷，第 212 页。

了马克思主义。这些都是缺乏事实根据的。迄今为止，号称可以证伪马克思主义的事例——例如这里所谓的新贵族、新官僚的诞生，可以承认确有其事——应该说都不是马克思主义而只是自封的马克思主义；因此，如果说证伪了的话，那就只是证伪了自封的马克思主义。问题是马克思主义并没有被证伪，也根本就谈不到已经被证伪。新贵族、新官僚并不是什么马克思主义的东西。波普尔把并非是马克思的思想硬塞给了马克思，这一点某些西方的学者也曾加以指责。[①]

波普尔有时走到了这种地步，竟至于把一切打着马克思主义旗号的理论和实践都简单地等同于马克思，于是得出了马克思主义是反民主的这一结论。其实，反民主的并不是马克思主义而正是反马克思主义或假马克思主义。他还针对着马克思的历史主义不承认思想的主观性可以影响历史规律的客观必然性，发了不少议论。这些议论只能表明他对当代马克思主义（以及打着马克思主义旗号）的各种理论与实践是何等之视而不见。这里是两个截然不同的问题：一个是马克思主义的理论是正确，还是错误？一个是打着马克思主义旗号的各种理论与实践，究竟是不是马克思主义？他把两个性质不同的问题混为一谈，张冠李戴，从而使他的证伪理论犯了不可原谅的逻辑谬误。

十二

一般的习惯总是把自然科学和历史学两者区分开来。应该说寻求一种统一的方法论来打通这二者，不失为一种值得尝试的努力。波普尔试图表明：（一）二者有统一的方法，（二）二者有统一的对象。那统一不仅是语言，而且是语言所指示的世界。他所探讨的范围虽广，其间却并非没有内在联系。他的方法论也并非全无合理的成分，对于前人也不失为有所突破或补

---

① 例如爱·卡尔就评论他说："波普尔以为历史主义的核心错误在于相信历史倾向或趋势可以从普遍的规律之中推导出来，而这一点正是马克思所否认的。"爱德华·卡尔：《历史是什么》，纽约 1961 年版，第 82 页。

充。但合理的因素被夸大到超出其有效性的范围之外，就转化为谬误。他的某些分析，在性质上本来是现象学的分析或概念的分析；他却把这些当成是论述客观历史实在的论据。[①]他对形而上学的理解和态度也与流行的分析学派的看法不同，并有其独到之见。他认为没有形而上学的信仰，科学的发现就是不可能的事。分析他的理论中哪些是合理的成分，哪些是不合理的(以及政治上反动的)成分，还有赖于我国学术界做更进一步的研究。只有在吸取人类思想中一切合理的成分而又对一切不合理的成分进行批判的过程之中，才可望丰富和发展自己的正确的理论。不应该在正确承认一个人合理成分时，把他不合理的成分也全盘接受过来；也不应该在否定他的错误时，就拒绝他的合理因素。对具体论点进行具体分析，就包含着既不以言取人，也不因人废言。

在他反历史主义的理论中，要害问题是：历史发展何以不能预言。日常经验和常识告诉我们，有些历史发展是难以预言的，但有些则是完全可以的。即以他本人所经历的第二次世界大战而言，战争爆发前不是有很多人都在预言战争是不可避免的吗？他本人不就是因此远走新西兰的吗？有些历史发展的方向，不仅是经验中的事实，而且（可以预言说）对于未来也会是有效的。这些预言是有根据的，而且是准确的，是任何人都不好否认的。对此他的答案只能是很勉强地说：这是趋势，而趋势并不是规律；或者说，这只是历史解释，而历史解释并不是科学理论，我们尽管可以有历史的解释，但"不可能有历史的规律"。[②]实际上，他的办法是把问题缩小到一点上：知识的增长是没有客观规律的。问题虽然缩小了，但仍然给不出满意的答复。他真正的意图是要说：科学理论乃是人的意识的创造；有了客观规律才能够预言，而主观意识则是不能预言的。[③]为什么主观意识或知识的增长就没有客观规律而且是不能预言的呢？他始终没有给出一

---

① 维特根斯坦承认："现象学的分析是概念的分析，它既不赞同也不反对物理学。"L. 维特根斯坦：《色彩论》，伯克利，加州大学出版社 1977 年版，第 16 页。

② 卡尔·波普尔：《开放的社会及其敌人》，第 2 卷，第 264 页。

③ 这大概是指责弗洛伊德的心理分析是伪科学的真正原因所在。

自圆其说的论据，于是这个问题就成了他理论里的阿基里斯（Achilles）的足踵。在根本上，他是一个历史不可知论者，这种偏见引导他把规律和倾向绝对对立起来，也把决定论和自由绝对对立起来。好像要么就要自由，要么就接受决定论；二者是不相容的，所以是不可得而兼的。这也引导他认定极权主义和决定论是两位一体，政治上成为极权，理论上就必然成为决定论；反之亦然。这就促使他自觉地处处要反对决定论以维护自由。他毫无根据地把理性等同于自由，把暴力等同于极权；他自诩是一个理性主义者，并宣称理性的态度乃是取代暴力的唯一选择。[①] 这种对概念的抽象化大概只能走到甘地式的或托尔斯泰式的非暴力论的结论。这种结论又是他无论如何也说不出来的。所以爱·卡尔又批评他说：他一方面号称是在保卫理性，一方面却又以他的零碎工程学把理性缩减到非常可怜的地步。爱·卡尔还用了一个形象的比喻说：他派给理性的任务和地位，就好比英国政府里的文官，只能是听命于上级的政务官，波普尔的理性是完全听命于现行的社会秩序的。[②]

最后，在讲了那么多的历史与史学的理论之后，历史到底有意义吗？波普尔明确地回答说：历史没有意义。然而，历史虽然没有意义，但我们可以赋给它以意义。所以有人评论他说：在形而上学的意义上，他否定了历史的意义，但是又在实用主义或存在主义的意义上肯定了历史的意义。这是形而上学和实用主义两者的结合。[③] 在这种意义上，他也有理由被人说成是一个"反形而上学的经验主义者"。[④] 而在另一种意义上，他的贡献又恰好在于他对逻辑主义的思维方式补充了一种历史思考的因素。

至于他的反历史主义的理论，其中主要论点虽则大部分都是可疑的；但是假如一种理论的贡献并不单纯在于它所给出的答案，而且也在于它所提出的问题；那么，可以认为波普尔的理论仍不失为有其成绩。在他把历

---

① 卡尔·波普尔：《猜测与反驳》，第 18 章中到处可见。

② 参看爱德华·卡尔，前引书第 207 页。

③ 参看汉斯·迈耶霍夫：《我们时代的历史哲学》，加登城，1959 年，第 300 页。

④ I. 伯林：《反潮流》，纽约，1982 年版，第 37 页。

史思考的因素注入思想方法论时，他提供了一个新问题，即在史学理论中怎样运用证伪方法作为检验标准的这一问题，从而有助于人们进一步去探讨，并通过对他的批判而提高历史学的理论水平；尽管其中有着那么多不可原谅的疏漏（例如，他完全不提古典历史哲学的价值）和那么多无可弥补的缺陷（例如，他过分简单地把决定论绝对化了）。而他本人运用这种方法成功与否，则是另外的问题。

十三

克罗齐的史学理论可以概括为一句话，即"一切历史都是当代史"[①]；那意思是说，一切历史都必须从当前出发，脱离了这个唯一的坐标系就无所谓历史。柯林武德的史学理论也可以概括为一句话，即"一切历史都是思想史"[②]；那意思是说，历史之成其为历史就在于有其中的思想，抽掉了思想，历史就只不过剩下来一具躯壳。在另一个地方，柯林武德又阐释说："每一个时代都在重新写历史；每一个人都是把自己的心灵注入历史研究，并从自己本人的和时代的特征观点去研究历史。"[③] 这种思潮反映了现代西方史学理论上的一场大换位，即把史学的立足点从客位上转移到主位上来。它标志着西方传统的朴素的自然主义历史学的根本动摇。在这一根本之点上，波普尔继承和发展了这种思潮的精神，即历史作为事件历程的本身，是根本就不存在的；或者说，自然主义意义上的那种客观的历史，是根本就不存在的。[④] 所以这种理论——从根本上否认有所谓（兰克意义上的）客观如实的历史的理论——就被人称之为克罗齐—柯林武德—波普尔的史学理论（即关于史实的理论）。[⑤] 这一史学理论中带根本性的问题，即历史学认识论的问题，从克罗齐开其端，经过柯林武德的发扬，到波普尔手中，

① B. 克罗齐:《历史学的理论和实践》，纽约，1960 年，第 12 页。
② R. G. 柯林武德:《历史的观念》，牛津，1962 年，第 215 页。
③ R. G. 柯林武德:《历史哲学文集》，纽约，1966 年，第 138 页。
④ 参看同上书，第 99 页。亦可参看卡尔·波普尔:《开放的社会及其敌人》，第 2 卷，第 269 页。
⑤ D. 卡尔和 W. 德雷编，前引著作，第 313~314 页。

现在已经成为西方史学理论中的显学。这已是一个不争的事实；一个史学理论的研究者，无论是赞同它还是反对它，大概总是无法回避它的。

毫无疑问，波普尔对于历史主义、对于史学理论，有许多看法都是成问题的，甚至于难以自圆。但他也还有另一个方面。如果说，科学家的真正成就并不在于发现了一种真理论，而在于发现了一种丰产的新观点的话[①]，那么，波普尔所提供的观点和方法之中的一些新因素还是值得加以研究和深入批判的。如果说，一种理论的价值就在于其答案的正确与否，那么，波普尔的理论大概可以说并没有多大价值。但如果说，一种理论的价值某种程度上也还在于它所提出的问题及其推理方式的创新性，那么，波普尔的理论似乎并非全无可取。前一种观点是判断思想内容的是非，后一种观点则是衡量推论方式的深浅。两者的关系并非是简单的同一或一致。错误得很深刻，可能要比正确得很浮浅更有助于丰富人们对真理的认识。像维特根斯坦所说的"一种新比喻可以清新智慧"[②]，一个新问题或一种新思想方法同样可以清新人们的智慧。对真理的认识过程，本来就是通过正反两个方面在不断深入而开展着的。或许，这就要求我们对波普尔的理论区别两个方面来看待：一方面，是他思想的内容实质，一方面，是他思想的推论方法。有些人的贡献在于其结论，另有一些人的贡献在于他所提出的问题和方法。虽然观点和方法总是密切相联系的，但又毕竟并不是同一回事。据说维特根斯坦曾说过："我所能给你的一切，就只是一种方法，我不能教给你任何新的真理。"[③]意思是说，结论的真假是另一个问题，重要的是在于提供一种新的思想方法。似乎不妨说，波普尔的史学理论对当代的影响，主要也是在这一方面。

至于那另外一方面，即他思想的内容实质那一方面，虽然也有人认为他的理论做出了两大贡献，一是历史学上的情况逻辑理论，二是他的进步

---

① 参看 L. 维特根斯坦：《文化和价值》，芝加哥，1980 年，第 18 页。

② 同上书，第 11 页。

③ K. I. 尼恩：《维特根斯坦的历史观念》，伯克利，加州大学出版社，1969 年，第 109 页。

的制度理论①；还有人认为他的理论一劳永逸地揭示了历史主义与科学经验二者之间互不相容②；但这类评价的正确性似乎是很可疑的。真正值得考虑和研究的，看来并不是他那些对政治和历史的表态，而是他的方法论所提出的新问题，即历史主义能否证伪，以及如何可能证伪。

1987 年　清华园

原载《历史主义贫困论》(卡尔·波普尔著，
何林等译，北京，中国社会科学出版社，1998 年)

---

① 参看席尔普，前引著作，第 2 卷，第 923 页。
② I. 伯林：《历史的必然性》，伦敦，牛津大学出版社 1954 年，第 10~11 页。

反思的历史哲学

——评罗素的历史观

　　罗素（1872—1970）是当代西方最著名和最有影响的思想家之一，也是当代中国知识界所最熟悉的西方思想家之一。1920—1921 年他来中国访问，曾在北京大学任客座教授一年，对中国知识分子是深有影响的。

　　罗素出身于一个古老而显赫的英国辉格党的贵族世家，这个家族的渊源可以上溯到都铎王朝的创立者亨利·都铎（1457—1509）。他的祖父约翰·罗素（1792—1878）曾两度任英国首相，他本人幼年受的是这种家庭教育。也许是由于这种背景的缘故，罗素思想深处似乎总有着某种与现代化的文明格格不入的东西；所以反对工业文明和工业化的态度，就成为有意无意在支配他思想倾向的一个主要因素。第一次世界大战及其所造成的满目疮痍，使得他也和当时许多西方的知识分子一样深感幻灭，于是他就远游东方。1919 年他先到刚刚革命后不久的苏联，但停留了一个短时期以后感到失望，遂再向东方来到中国。在中国，他高兴地发现这个文明还不曾被近代的工业化所玷污。此后多年，他在他的许多文章中都对中国文化称赞不已。这种立场似乎和当时中国的思想潮流不大合拍，因为当时中国所面临的当务之急，在精神上是反对传统的束缚，在物质上则正是近代化或工业化。罗素的背景是一个后工业化的背景，所以他对工业化抱有一种深刻的反感；而中国则尚处在前工业化的阶段。解决后工业化社会的种种问题，虽然也可以取鉴于尚未经工业化玷污的某些古老的智慧，然而毕竟是不可能再回到前工业化的老路上去的。这一点似乎也可以说明，他何以对科学技术的进步往往带有浓厚的悲观色彩，认为科学技术的进步对于人类历史的消极作用往往要大过于积极的作用。一方面，他承认科学技术的进步之无可避免及其所带来的好处，另一方面又梦想着保留前工业化文化生活的种种美好。这个基本矛盾反映了他本人（以及和他相似的人们）在思想上的苦闷和彷徨。

罗素的著作多达 60 余种，此外尚有大量的演说、文章和书信。大体说来，他一生的主要活动包括以下三个方面。

（一）作为一个数学家和逻辑学家，他的成绩是开创性的和划时代的，尤其是他和怀特海两人合作的《数学原理》（*Principia Mathematica*，1910—1913）一书已被公认为奠定了现代数理逻辑这门学科的基石。它的巨大的理论的和实用的价值，已为现代科学的实践所证明。

（二）作为一个哲学家，他的理论以多变著称，先后受过柏拉图、毕达哥拉斯、休谟、康德、黑格尔以及摩尔和怀特海的影响，由新实在主义而走入中立的一元论，即认为唯一真实的仅只是感觉数据，精神和物质都是由感觉数据所得出的逻辑构造；但同时他又承认"事实"（与"经验"不同）是客观存在。他是风靡当代（尤其是英美）的分析哲学最有影响的创始人；然而在哲学上，他的影响似乎更大过于他的创造性。

（三）作为一个社会活动家和社会思想家，罗素数十年如一日地致力于教育、伦理、婚姻、社会改革、历史、政治的探讨以及女权运动与和平运动。他毕生著作中绝大部分是属于这些方面的，而属于纯哲学的尚不及三分之一。

一　反思的历史哲学

由罗素所奠定的逻辑实证主义学派，大旨在于引用逻辑分析方法进行认识论的研究，进而把知识论溶解于逻辑分析；而其末流所及，乃至于往往根本不谈哲学问题。在这一点上，罗素和他的许多后学之间有着一个重大的不同；他本人对于哲学、社会和人生的种种问题是极感兴趣的。他写过几十篇历史论文和三部历史专著；这三部历史专著是:《自由与组织》，此书实际上是一部 19 世纪（自 1815 年维也纳会议至 1914 年第一次大战爆发）的西欧史；《1904—1914 年协约国的政策》论述了第一次大战前的国际关系；以及那部脍炙人口的《西方哲学史》。

没有一个人文主义的思想家——罗素应该名副其实地是其中的一个——是能够忽视历史知识的价值和意义的；所以如此，罗素以为那原因就在于历史学能"开阔我们的想象世界，使我们在思想上和感情上成为一个更大的宇宙的公民，而不仅仅是一个日常生活的公民而已。它就以这种方式，不仅有助于知识，而且有助于智慧"。[1] 哲学就是"爱智慧"，它不仅追求知识，而且追求智慧，历史学在这一根本之点上和哲学是相通的、一致的。罗素青年时受到德国古典哲学的影响，而德国古典历史哲学所揭橥的理想就是，一个人不仅是某一个国家的公民而且更其是世界的公民。康德那篇有名的历史哲学论文，标题就是《一个世界公民观点之下的普遍历史观念》（1784 年）。从 18 世纪世界公民的理想到 20 世纪宇宙公民的理想，其间一系相承的脉络似乎显示出，西方的历史理性和我们的有着某种差异。我们的历史理性偏重于实践，历史学的功能主要地在于"资治"，仅仅是作为行动的指南，目的是为了借鉴（经验也好，教训也好）；而在西方近代，则其作用是着眼于充分发挥人的天赋，目的是为了个人取得合法的公民权。这种差异所反映的，究竟是双方历史发展阶段的不同呢？还是两种文化内在的本性不同呢？抑或是两者兼而有之呢？

17 世纪所掀起的那场科学革命中，历史学是始终被遗弃在外的。一直要到 19 世纪，历史学是不是，或应不应该，或可不可能成为科学，才被提到日程上来。这个问题可以从两重意义上来考虑：（一）它可不可以成为自然科学那种意义上的一门科学？（二）它是不是在任何意义上都不可能成为科学？对第一个问题的否定答案，并不必然地蕴含着对第二个问题的答案也必须是否定的。历史学不但过去不是、现在不是，而且也许甚至将来永远都不可能是自然科学那种意义上的科学，例如像力学那样高度精确

---

[1]　席尔普编：《罗素哲学》（Paul Schillp ed., *The Philosophy of Russell*），纽约，1915 年，第 741 页。

的数学公式化（虽然这并不意味着历史学就不可能或者不应该朝着那个方向做出努力）；但是这并不妨碍它可以成为在它自己独特意义上的一种科学。做梦本来是恍惚迷离、难以捉摸的，但是心理分析学家所做的工作恰好是要从梦中籀绎出它的意义来，并把它归纳成为科学。在一种类似的但更为广泛的意义上，罗素对历史学所做的工作，就正是要把错综纷纭的历史现象，用人心之中最深邃的欲望作为一把钥匙来解开它。类似的工作过去虽然也有人（例如叔本华和尼采）做过，但是他们并没有把它认真地应用到历史解释上面来。

19 世纪以前的西方历史哲学大抵是思辨的，到了 20 世纪则重点有日愈转移到分析的路数上来的倾向 ①；经 20 世纪中叶沃尔什（W.H.Walsh）正式提出之后，这两个名词已成为西方历史理论的通行术语。按照这种二分法，罗素的历史哲学或者他对于历史的解说，既很难说是思辨的，也很难说是分析的。他对历史的理解是根据他对人性的理解而得出的一种看法，基本上是一种常识的看法；因此胡克（Sidney Hook）称之为“反思的历史哲学”②。说他不是思辨的历史哲学，是因为他并不凿空立论，一心要为历史构造出一套思辨的体系来；说他不是分析的历史哲学，是因为他并不对历史学命题进行逻辑的或语言的分析，他从来没有讨论过历史认识的性质是什么，它是如何成为可能的以及它的客观有效性如何之类的问题。历史对于他是朴素的事实，他经过对这些事实进行反思之后，得出了自己的理论和理解。他没有一个完整的体系，也没有一套独特的方法。尽管他的历史观中带有浓厚的自由主义色彩；但是这个基调乃是得自反思的信念，而不是从某种思辨体系或逻辑分析推导出来的结论。例如，他强调一个民族文化的特性取决于它的形成期的某些伟大人物的作用，如孔子、释迦或耶稣。但这也只是常识性的反思。再进一步，则他对历史哲学家所感兴趣的历史中的限定性的观念（Grenzbegriff/border concept）及其以外的问题，始

---

① 参见拙作《从思辨的到分析的历史哲学》，载《世界历史》1986 年第 1 期。
② 席尔普前引书，第 645 页。

终不着一词。这种倾向成为他的"反思的历史哲学"的根本特色，而有别于通常的思辨的或分析的历史哲学。

二 历史学与科学

19世纪自然科学的大步前进使人们普遍地产生了一种信念，即随着科学的进步，一切都将被纳入科学的范围之内，于是一切问题最后就都可以由于科学的进步迎刃而解。科学终将囊括一切的这一思路，也深深渗入历史学的领域，使大多数历史学家怀有一种信心，即只要以严谨的科学态度对待史科、研究史实，并以严格的科学逻辑进行考察，就可以得出确凿不移的历史真理来。这一思潮所标榜的历史学，即人们所熟知的兰克的口号："客观如实"，或"按照事实的本来面貌"。它是当时的实证主义思潮在历史学领域的表现。实证主义的代表人物孔德，曾构想按照物理学的模型来建立一套社会力学，在社会发展的过程中找出像物理学中的运动规律那样的社会运动规律来。1883年恩格斯在安葬马克思的仪式上说："正像达尔文发现有机界的发展规律一样，马克思发现了人类历史的发展规律"，"还发现了现代资本主义生产方式和它所产生的资产阶级社会的特殊的运动的规律"[1]。在这里，恩格斯似乎也是在把社会历史规律看作是有似于自然科学规律那种意义上的规律的。属于类似的基本思想模型的，我们还可以举出许多人，例如20世纪初为甄克斯（J.Jenks）的《社会通诠》写序言的严复，30年代写《辩证唯物主义和历史唯物主义》的斯大林，60年代写《经济成长的阶段》的罗斯托等人；虽然他们的政治观点各不相同，但都是从一个类似的或共同的前提出发，即历史发展过程有其必经的阶段，这是客观的规律，正如自然科学意义上的客观的规律一样。这个（或这些）规律就表现为历史的演化（evolutionary）过程，但也可以是一个革命的（revolutionary）过程，假如从一个阶段过渡到另一个阶段需要采取暴力的方式的话。

---

[1] 《马克思恩格斯选集》，第3卷，第574页。

兰克当时在历史学中的地位颇有似于牛顿之在物理学中那样：原则已经是都明摆在那里了，剩下的就只在于运用它来说明某个具体的问题。你如果能运用它来说明一两个具体问题，这就是你的贡献；而且你的贡献也就只此而已。但兰克权威的统治时期却比牛顿短促得多，不久这种思维方式就受到了严重的挑战。19世纪末西方思想界出现了一股与这一思潮相反的潮流。在历史学的理论上，问题恰好就出在：什么是所谓事物的本来面貌？例如，新康德学派的出发点就是：认识的主体有其不可离弃的价值观，我们不可能脱离这一点去侈谈所谓客观真实性。

1902年，柏里（J.B.Bury，1861—1927）以如下一句名言赞扬兰克考订学派的贡献及其实证主义的思想路线："历史学是一门科学，不多也不少"。[①] 这一点和屈维廉（G.M.Trevelyan，1876—1962）的意见相左，于是屈维廉就邀罗素写一篇针锋相对的文章，这就是罗素最早的那篇史学论文《论历史》的由来。从根本上说，罗素也认为历史学家有其不可离弃的价值观，因此就不同于自然科学家那种纯粹的客观立场。针对着当时流行的见解：历史学只要掌握了详尽的材料和正确的方法，就可以成为科学，他认为，这种想法毋宁说是一种天真的信仰或者偏见。详尽的材料和正确的方法是必要的，但不足以使历史学成为科学。历史学在这二者之外，还有着或者还需要有更多的东西。这就是历史科学（假如可以使用"科学"一词的话）之成其为历史科学而不同于自然科学之成其为自然科学的所在；因为历史学是一种文化或人文的科学，"文化的终极价值乃是要提出善恶的标准来，而这却是科学本身所无法提供的"[②]。何况，历史学的材料和方法也和自然科学的有着性质上的歧异。就材料而言，（借用布洛赫的话来说）"历史的事实，乃是心理学上的事实"[③]，而非物理学上的事实。就方法而言，则自然科学的研究对象是抽掉了具体事物的个别性之后的抽象性，目的在

① 斯特恩编：《历史学的种类》（F.Stern ed., *Varieties of History*），纽约，1973年，第223页。

② 罗素：《理解历史文集》（B.Russell, *Understanding History & Other Essays*），纽约，1957年，第41页。

③ 布洛赫：《历史学者的行业》（Marc Bloch, *The Historian's Craft*），纽约，1953年，第149页。

于得出普遍的规律；而历史研究的对象则恰好是个别事物的特殊性或具体性，目的在于做出具体的描叙①。

19 世纪的历史学派蕴含着这样一个前提：根据同样的材料，使用大家公认的科学方法，每个历史学家就应该都得出同样的结论。这就是历史学，是"纯粹的历史学"。但事实却并非如此简单。事实是，每个历史学家都受到各种主观和客观条件的制约，所以每个人的历史理解和历史构图也各不相同。把"纯粹历史学"看成可以等同于一般实验科学，用怀特海的话来说，那只不过是一种"想象的虚构"罢了。黑格尔把普鲁士国家看成是历史发展的顶峰，麦考莱把英国的宪法体制看成是历史发展的顶峰。其实，成其为所谓历史发展的顶峰的，既不是普鲁士国家也不是英吉利宪法，而是黑格尔、麦考莱他们的构思；那在很大程度上，要取决于历史学家本人所隐然假设的前提。兰克本人是有自己明确的价值观的，他认为历史之有意义，是因为人类归根到底是按照某种指导思想在行动着。但是兰克的一些后学却流入盲目的考据，并没意识到自己工作的意义何在及其局限性何在。史料无论多么翔实、方法无论多么严谨，它本身并不能自动地就形成为历史学。

有人认为，历史学之缺乏自然科学那样严格的客观标准，原因在于历史学家之间缺乏自然科学家之间所存在的那种共同一致的科学纪律。所以历史学家根据同样的材料，使用同样的方法，就得不出（像自然科学家之间那样的）共同一致的结论。无论如何，即使是同一思想流派的历史学家，他们都有着号称是共同一致的信条、观点和方法，但他们的结论仍然并不一致。这一事实似乎可以说明，历史学所采用的是与自然科学不同的另一种思维方式或推论方式，它是在另一轨道或另一个层次上在进行的。例如，其中可能采用直觉的或艺术的思维方式，也可能采用神学的思维方式（即正反两方面的例证，都可以同等地用于证实同一个预先假定的命题；而在

---

① 李凯尔特：《文化科学与自然科学》（H.Rickert, *Kulturwissenschaft und Naturwissenschaft*），蒂宾根，1921 年，第 82 页。

自然科学上，正反两方面的例子则只能是一个证实，另一个证伪）。

罗素承认历史学并不是或者至少目前还不是科学，因而其间总免不了历史学家凭个人好恶而随心所欲地加以改动。同时，与自然科学的功能和性质不同，历史学的用处或价值在于，一方面是开拓人的知识和视野、丰富人的心灵，另一方面又是社会进步和政治改革之所必需。这里，罗素虽然不像 19 世纪的实证主义那样，硬要把历史学强行纳入自然科学的规格和模式，从而不失为一种开明的看法；但是同时，他却有使历史学脱离任何学术规范的约束之嫌。在一个重要论点上，罗素有着休谟的浓厚的影子。休谟论证了归纳法的有效性是不可能被证明的，但对科学又是必要的；不仅对科学是必要的，对历史学也是必要的。这就仿佛给了罗素一种根据，使他可以放手去归纳他的种种历史原则；但是有时候他也在反躬自问，他那历史归纳方法的有效性究竟如何。显然，他有许多的历史结论都是武断的，缺乏任何认识论上或方法论上的依据或保证。他的历史理论中的这种优点和缺点，我们在下文中还要涉及。

三　历史学中的人与个人

逻辑原子主义从"原子事实"或者从单纯的感觉数据出发，但是在历史认识的领域里却并没有"原子事实"或单纯的感觉数据可以依据。贝克尔（Carl Becker）举了"公元前 49 年恺撒越过了鲁比康河"为例，他说像是这样一桩貌似单纯的历史事实，实际上包括着有一千零一桩更细小的事实，要把它们都说清楚，至少需要一部 794 页大部头的书。[①] 这个例子卡西勒（E.Cassirer）也曾提到过，他认为在历史中起作用的是一种可以称之为"个性"或"动机"的东西，那种东西属于"个体因果性"的范畴，是"自

---

① 贝克尔:《什么是历史事实？》，载汉斯·迈耶尔霍夫编:《我们时代的历史哲学》（C.Becker, "What Are Historical Facts"，Hans Meyerhoff ed., *Philosophy of History in Our Times*），纽约，1959 年，第 121~122 页。

然科学所不使用的，而且也是不能许可的"。① 由于对同一个历史事件每个人的反应不同，所以历史学所能使用的方法就只能是解说（interpretation）而不是归纳法。

自然科学可以而且必须使用归纳法，但历史学仅仅是一种经验科学，所以是不是从中可以得出自然科学那种普遍的因果规律来，就成为一个问题了。科学规律必须能够满足如下的条件：（一）它的假说是可以检验的，（二）它的结果是可以由实验重复做出来的，因而（三）未来就是可以预言的。然而对历史事件要进行受控的实验是完全不可能的，历史事实是无法重复的。不同的自然科学理论可以根据以上条件加以鉴别；但是很难认为"历史学已经达到了或者很快地就会达到可以把这些标准也用之于事实的地步"②。自然科学要依靠归纳法，而历史学作为一种经验科学是无法完全依靠归纳法的。除了上述原因而外，罗素本人也承认还有另一个重要原因，那就是"过去文明的例子还太少，不足以保证一种（历史学的）归纳"③。

自然科学在很大程度上可以说是决定论的，即只要给定的条件足够充分，我们就可以大体上（或者精确地）预言未来。但假如历史是决定论的，其中一切（或者至少是重大历程）都是预先被注定了必然会发生的，那么人或者人民又怎么可能是历史的创造者或历史的主人呢？承认人的努力的作用和价值，似乎和决定论是互不相容的。罗素不相信历史决定论，但又似乎走得太远而过分强调了人的，尤其是个人的地位和作用。在历史解释中，过分地突出个人的个性和心理——并且还往往不免"加上一点小小的恶意"④——就构成为罗素反思的历史理论的基本特点之一，而这一点正是以往许多历史哲学的一个薄弱之点。以往的历史哲学大都仿佛是在和抽象的概念打交道（或者再加上一大堆抽象形容词），却恰好遗漏了历史过程中最重要的组成部分，即真实的、具体的、有血有肉的人，他们的感情、

---

① 卡西勒：《象征、神话与文化》（E.Cassirer, *Symbol, Myth and Culture*），纽约，1979 年，第 129 页。

② 罗素：《不合时宜文集》（B.Russell, *Unpopular Essays*），纽约，1966 年，第 62 页。

③ 罗素：《理解历史文集》，第 17 页。

④ 参见席尔普前引书，第 664 页。

意志、愿望和思想动机，因此，罗素诊断说，"制造历史哲学的人"实际上都是"制造神话的人"。[1] 在反对思辨的历史哲学这一点上，罗素和波普尔可以视为同调，两人都不承认历史有客观的规律，使我们可以据之以预言未来。波普尔特别指出所谓"历史在我们这一边"这一个口号的妄诞及其危害性。[2] 两人在反对思辨的历史哲学时，又都着重指出这类思想框架全然"忽视了智力作为一种原因"在历史发展中所起的作用。[3] 历史的动力是人，但"人"并不是有关人的某种抽象概念或品质，而是具体的男人和女人，即有感情、有欲望、有动机的男女们的心理活动。这种个人的作用和地位是不能抹杀的，所以罗素不同意那种把个人单纯地看作是某种社会势力的代理人或工具的观点。人虽然在某种意义上可以是历史的工具，但他决不仅仅是历史的一个工具而已。这种对个人的内在价值的强调，导致他不承认有任何不以人的意志为转移的历史客观规律。历史是人（尤其是人的智力）的创造，所以它不服从某种先天注定的模型。在历史这桩伟业中，每个人都有自己的贡献，尽管大小不同。

过分强调智力的作用，就导致了过分强调个人天才的重要性。罗素曾经多次重复过这样一个论点："通常有一派社会学家，总是要尽量缩小智力的重要性，而把一切重大事件都归之于非个人的原因。我相信这完全是一种虚妄。我相信，如果 17 世纪有一万人在襁褓之中被扼杀了的话，近代世界就不会存在。在这一万人之中，伽里略是首要的。"[4] 罗素强调说，近代文明"乃是由于一批为数很少的人的发明和发现的缘故"。[5] 这一观点也曾影响了中国的梁启超。

情形是否真如罗素所说，历史只是少数天才的创作？看来，这里他犯了一个推论上的错误，他把伟大的名字和与这些名字相联系在一起的伟大

---

[1]　罗素：《理解历史文集》，第 17 页。

[2]　席尔普编：《波普尔的哲学》（P.Schillp ed., *The Philosophy of K.Popper*），拉萨尔，1974 年，第 2 卷，第 1172 页。

[3]　罗素：《理解历史文集》，第 17 页。并参见波普尔：《历史主义的贫困》，纽约，1961 年，第 6~7 页。

[4]　罗素：《科学观》（B.Russell, *The Scientific Outlook*），伦敦，1931 年，第 34 页。

[5]　罗素：《理解历史文集》，第 14 页。

事迹混为一谈了。牛顿发明了微积分；我们很可以说，没有微积分就没有近代科学文明。但是没有牛顿这个人的名字，另一个人例如名字叫作莱布尼兹的，也同样可以（而且事实上已经）发明微积分。这样的例子在文明史上，不胜枚举。大抵上，在类似的历史条件下，可以产生出类似的发明和发见。假如没有发现新大陆，近代历史的面貌自然会大有不同；但是假如仅仅没有名叫哥伦布的这个人而新大陆仍被别人所发现，那么近代历史的面貌大概不会有什么很大的不同。假如我们不能分清这两个不同的概念，我们就只能走入极端的怀疑论或是偶然论。

罗素不承认历史决定论，但自己却又往往陷于天才决定论，实际上是抹杀了历史可能性的全部复杂性。决定论者认为历史发展只有一条唯一必然的航道，此外就别无可能。假如历史航程真是注定了非如此不可，那就应该可以完全先验地从纯理论上推导出整个一幅历史航行图。但是这类预言往往都是失败的，因为归根到底历史乃是一门经验的学科，而不是一门先验的学科。虽然个人的天才可以创造出伟大的业绩，但伟大的业绩与个人天才的关系却并不像它表面上看上去那么大。

罗素的天才决定论的基本论点之一是：历史的变化和进步"全然要归功于科学技术"[1]，是科学技术大体上在决定着历史的面貌，而科学技术则是个人天才的创造。在讲到科学决定历史面貌的具体例证时，例如在讲到通信对人类政治历史的制约作用时，有些地方他讲得颇为言之成理，不失有独到之见；但在讲到个人天才对科学技术的决定作用时，则不免失之过分武断。他对思想在历史上的作用赋予了极大的重要性，但他也只偏重思想在历史上起作用的那一面，而较少谈到思想首先是历史的产物那一面。

历史的推动力，在他看来，首先是天才的思想及其创造。由于他讴歌智力，所以他就不断地谴责人类的愚蠢。人类在历史上的苦难，源出于人类的愚蠢不亚于源出于人类的恶意。如果说智慧使人进步，那么就同样可以说，愚蠢使人倒退。这就回到了歌德的说法：政治上的愚蠢应该看作是

---

① 罗素：《科学对社会的冲击》（B.Russell, *Impact of Science on Society*），纽约，1954 年，第 41 页。

罪行，因为它导致千百万人的苦难。罗素的历史观在这方面有合理的因素，反映出一个自由主义者的开明见解，但它停留在一个较浮浅的层次上，缺乏进一步的深入。然而在另一方面，夸大个人天才的作用，则其结果就引向忽视人民群众的地位；所以他很少谈及历史上某些屡见不鲜的事实，例如历史上的统治王朝和暴君正是被人民群众所推翻的。与此相联系的另一个理论缺点则是，过分强调个人天才的作用就在理论上引向了偶然论。（例如，他提到，假如当时某一个德国主管官员偶然决定不准列宁回到俄国，十月革命就会不同；以及诸如此类的事例。）然而，历史事件的内涵毕竟是太丰富了，决不可能完全是由个人的因素解释得了的；从而就整体的历史巨流而言，个人天才就是一种偶然，在实质上是无关大局的。

四　多元的人性论

罗素的历史观是多元的，他不承认在历史过程中有任何一种因果性的因素是唯一决定性的，所以可以说他不接受任何唯 X 史观，这个 X 可以是任何变数。[①] 马克思的历史观，作为一种一元论的历史观，是罗素所不能同意的。他曾多次批评过它。

他在一部题名为《科学观》的书里，曾依照他认为是纯粹而彻底的科学原则勾画过一幅科学的理想国的画面，那在任何读者看来，大概都不会是一个很有趣的国度。他倾向于把社会主义理解为单纯是物质生活的改善，所以他批评社会主义"太轻易地设想，更好的经济状况其本身就可以使人幸福。但人们所需要的并不仅仅是更多的物质上的好处，也还有更多的自由、更多的自我驾驭、更多地发挥创造性、更多的自愿的合作和更少的不自愿地服从于不是自己本人的目的"[②]。总之，一个理想的社会应该是着眼

---

① 参见沃尔什:《历史哲学导论》(W.H.Walsh, *Philosophy of History:An Introduction*)，纽约，1967 年，第 99 页。

② 罗素:《社会重建的原理》(B.Russell, *Principles of Social Reconstruction*)，伦敦，1920 年，第 43 页。

于最大限度发挥人们的创造性[①]，而不仅仅是满足人们的物质的（以及权力的）欲望。

但罗素并不全盘反对马克思。在一个重要之点上，他是同意马克思的。我们国内过去习惯于批判那些据说是号称马克思主义而实际上是反对马克思主义的人。我们很少考虑到另一种情况，也有许多号称是非马克思主义者，却直接或间接、正面或反面受到马克思思想的影响。罗素不接受历史唯物主义的体系，但承认经济因素在历史上往往起最重要的乃至决定性的作用。他承认，"大体上，我同意马克思说的，经济原因乃是历史上大部分伟大运动的基础，不仅在政治运动的而且也在宗教、艺术、道德的各个领域里"。[②] 这个见解在他论述美国历史时，表现得格外明显。但他并没有做过理论论证，何以经济因素在历史上是最重要的；也许这一点在他看来是理所当然的而无待解说。

罗素反对布尔什维主义还基于另外一个理由，即他的权力论的学说。十月革命后不久，他就写道："一旦获得了权力，就有可能把它用来为自己的目的服务，而不是为人民的目的，这是我相信在俄国很可能发生的事：即建立一种官僚贵族制，把权威集中在自己手中，创设一种和资本主义同样残酷和压迫的政权。马克思主义者从来也没有充分认识到，贪权也正如爱财一样地是一种强烈的动机，而且一样地是一种不正义的根源。"[③] 因此，"除非是官僚的权力可以得到约束，否则社会主义就只不过是意味着这一帮主人代替了另一帮主人而已。以往资本家的一切权力都将由官僚继承下来"。[④] 在他看来，社会主义的问题也就是如何约束官僚的权力的问题。他认为十月革命虽然表面上获得了成功，但实质上却是失败了，因为它实际上已背离了原来的理想而转化成为了一个"政客的天堂"。[⑤] 要维持社会主

---

① 罗素：《自由之路》（B.Russell, *Road to Freedom*），伦敦，1925 年，第 210 页。

② 罗素：《自由与组织》（B.Russell, *Freedom and Organization*），第 108 页。可参见《马克思恩格斯选集》第 3 卷，第 66 页，第 1 卷，第 232 页。

③ 罗素：《布尔什维克主义的理论和实践》（B.Russell, *Bolshevism, Theory and Practice*），伦敦，1924 年，第 133 页。

④ 罗素：《科学对社会的冲击》，第 36 页。

⑤ 同上书，第 30 页。

义的理想于不坠，不能光靠国家政权，因为"由国家来实行的社会主义大体上无法消除现有的种种弊端，并且会带来它自身的种种新弊端"。① 要维护这个理想——而且确实，要维护任何理想——就要靠民主制度，也就是人民有权可以有效地控制政府领袖。应该说，这一可能性是马克思本人早已预见到了的，《法兰西内战》一书在总结巴黎公社无产阶级专政的经验时，已经明确提出了预防这种政治蜕化的措施。罗素把这个问题归结为民主问题，他研究历史所得出的基本结论之一就是："民主政治是至今所发现的唯一办法"，"任何一个组织，不管它所宣称的目的是多么理想，都会蜕化成为一种暴政，除非是公众在自己的手里保持着某种有效的办法来控制领袖们"。② 换句话说，民主的精义就在于：不是领袖如何领导群众，而是群众如何约束领袖。但，民主是不是就可以包医百病？他也承认，问题未必如此简单；不过无论如何，"民主政治虽不是一个完全的解决办法，却是解决办法的一个重要部分"。③

这就把我们带到罗素历史观中最核心的部分，即多元的人性论。研究历史也就是研究人性，即人性在不同的历史条件之下的具体表现。因此，历史最根本的源头就不应该单纯地求之于社会制度，还应该更进一步向着人心或人性的深处去追寻。人是一个社会动物，但又不仅仅是社会动物而已。④ 社会动物的行为，只是人的本性的外在表现。于是，这里应有的涵义便是：人性就是社会性的这一提法，就应该正好颠倒过来，应该说：社会性就是人性在社会中的表现。前一种提法把社会性看作是人的唯一的本质，除社会性之外别无人性。而在后一种提法，则人性才是最根本的，社会性只不过是它的一种特定的表现形态而已。罗素的人性论受了休谟的影响；正如18世纪大多数的思想家一样，休谟所据以立论的"人性"，乃是一个永恒不变的常数，他（和他们）把人性看作不是一种历史的产物，而

---

① 罗素：《自由之路》，第186页。
② 罗素：《理解历史文集》，第51页。
③ 罗素：《权力》，沈炼之译，福州，改进出版社，1946年，第258页。
④ 参见罗素：《不合时宜文集》，第194页。

是某种先天给定的东西。人性在这种意义上加以理解，也就是人的本能（不同于动物的本能）；它是人类行为（也就是历史）的基本动力。在这种情形下，我们非但不可能从各种本能之中挑选出某一个来，指定它是主要的、决定性的，而且也不可能有所谓客观的规律；因为客观规律是外在的，而人类的动机（即历史的动力）则是内在的、主观的。罗素以本能来解说历史这一观点，可以称之为心理主义（Psychologism），因为这里推动历史的不是物质的因素而是心理的因素。例如，他认为竞争就是人的一种本能，它在各种不同的场合和条件下，可以采取各种不同的形式，如经济的、政治的，乃至战争的，等等。[①] 他特别列举了历史上有名的异端裁判所打着神圣的名号而以迫害异端为乐的例子。由此引申，则人类历史上的一切灾难都可以说是出于人类的恶意，更有甚于出自人类思想与见解的真正不同。这是我们生活经验中的一个无可争辩的事实：人类历史上的灾难"主要根源是出自邪恶的感情，而非由于思想或信仰"。[②] 恶意，或作恶的快乐，是一种天性，是一种天生来的人性，是隐藏在意识深处的乃至半意识的或无意识的东西；它不是社会的产物，而是 Homo Sapien（智人）的产物，尽管它可以随时改变旗号或者表现形式。历史作为一门科学，也就是人性动力学或人性发展史。

康德把人类的理性最后分解为三个不可再简约的组成部分，罗素则把人类的天性最后分解成为三个不可再简约的组成部分。于是，人类的历史最后就被归结为三种因素的作用，即占有欲（物质财富）、权力欲（统治权力）和创造欲（智力活动）。这三者都是先天给定的，或者至少是人类历史还短得看不出它们的变化来。在古典的思辨历史哲学里，历史乃是理性自身的开展过程；而在罗素这里则成为了人类本能的开展过程。若仅仅就占有欲的角度考察历史，那种看法就是唯物史观[③]（亦可称经济史观，这两个名词在西方往往是互相通用的）。但问题在于，占有欲仅仅是人类的

---

① 　罗素：《选集》（B.Russell, *Basic writings*），伦敦，1961 年，第 580 页。

② 　罗素：《不合时宜文集》，第 189 页。

③ 　参见罗素：《选集》，第 528 页。

本能之一，而非唯一的。这就是唯物史观所以不能成立的理由。

在他的多元论历史观之中，罗素所特别强调的是权力欲的作用。他认为"正统经济学家假设经济的利己主义可以当作是社会学中的基本动机，这正和马克思——他在这一点上和他们完全一致——一样，是完全错误的"；这是因为人类不单纯是受着物质享受的欲望所驱使的，"他们所要追求的是权力，并不是财富"，"他们的基本动机并不是经济的"。因此，经济史观就丧失了自己立论的根据。罗素自称："我所关心的是要证明，社会科学上基本的概念是权力"，而"权力也像能力一样，有着许多形式"，它们"没有一样可以视为附属于其他的东西，没有一种形式是导源于其他形式的"。① 这就是说，权力欲和占有欲是一样地根本性的，我们不能用这一个来解释另一个。所以历史就不能看成只是物质财富运动的一个函数。看来，罗素在这里把问题绝对化了，他只看到了财富与权力二者的不同，而没有看到二者之间的一致性，即二者的关系既是一而二，又是二而一的。用通俗的话来说，有权就有钱，有钱就有权；这是现实历史的经验中的一个无可争辩的事实。

罗素讲权力的地方，是他历史理论中最有特色的地方；然而其中终究有一个最主要的缺欠，即他并没有能给出一种充分的论证或证明。所以他的这一权力论的观点，正像他指责别人的，只不过是一种信念。康德的历史哲学特标"观念"一词，"观念"是无从证明的，但又是不可或缺的；没有它，就无从理解历史。对于罗素，权力欲是一个基本公设；只有用它才能解说历史，而它本身则是一个无待证明、也无法证明的事实。问题如果追究到最后，大概就只能是止于这一步。

对于这样一种多元论的历史观，我们假如设身处地，似乎也可以为它提出如下的两点辩护。第一是，多元论可以不必否定历史知识的客观性（这是罗素从来也不否认的），反而是为它所必需的。这种历史观点可以使人多方面从不同的观点和角度看问题，从而看得更为清楚。一种多元论的

---

① 罗素：《权力》，第4~5页。

观点，可以同时容纳许多种观点。罗素承认每个人（每个历史学家）都有局限性；他说："既然我不认为会有任何人是没有偏见的，所以我认为完成一部大型的历史，最好就是承认一个人的偏见，并且让不能满意的读者再去看其他作家表述的相反意见。"他甚至还说："我认为一个没有偏见的人，是不可能写出有趣味的历史书来的。"[①] 每一个人（每一个历史学家）都应该谦逊地承认自己的偏见，同时谦逊地容忍别人的偏见；这不但有助于我们认识历史，也有助于我们认识各种不同的历史观。

第二是，历史学和自然科学的区分并不是绝对的。如果说历史没有严格的自然科学意义上的规律，这并不意味着它就是完全不可捉摸而又无从预言的。法国大革命爆发的第二年，柏克就预言了法国革命未来的演变，有些预言是相当准确的。胡克以为罗素本人对俄国十月革命的演变的预言，也是相当准确的。可见历史学并不是不可能成为一门科学的。不过罗素的历史理论不同于一切思辨的或分析的历史哲学之处在于，它不需要靠先天的逻辑推导，他所运用的乃是纯经验的原则——社会学的、经济学的或心理学的。又正因为那仅仅是经验的原则，所以他从来没有尝试过要从中构造出一个理论的体系来。或许历史生命的内容是如此之丰富，乃至不可能被纳入到任何一个理论的框架之内。于是，这就仿佛加强了他的多元论的历史观，即人生中的各种因素：饮食、男女、贪婪、追逐享乐、权力争斗、虚荣心乃至创造欲等等都是本能，都在起作用，所以就都是人的行为（从而也就是历史）的动力。他无意于、并且认为也不应该把这些都归纳成一个一元的理论结构，尽管他倾向于把权力欲看作是其中最起作用的。与此相联系的另一个观点就是，历史上的必然和偶然也不是绝对的。所谓偶然并不是指无缘无故，而是指它不可能从当时的历史局势之中推导出来。克里奥巴特拉的鼻子的长短，这是由她的遗传基因所决定的，所以不是偶然的。然而它的作用却不能从公元前 1 世纪地中海国际政治的局势中推导出来；在这种意义上，它就成为历史的偶然。按照这种说法，则偶然、必然

---

① 罗素：《自传》（*Autobiography*），波士顿，1968 年，第 2 卷，第 326 页。

更多的是属于认识的主体，而不属于认识的客体。另外，罗素对历史的偶然性还有一种解说，即当历史上各种不同的势力大体上呈现平衡的时候，那么只要一小点点力量就可以决定天平摆向哪一边；而这一小点点但决定性的力量，就成为历史的偶然。

五　人文主义的理想

在漫长的历史巨变之中（何况其间还经历过两次世界大战），罗素对某些具体历史问题的看法（例如对苏联的看法）前后有所变化；但就他的历史观而言，其主要倾向和思路大抵是始终一贯的。那就是，研究历史是为了获得知识王国的公民权，有了这个公民权才有资格作历史的自觉的主人，而不是历史的盲目的奴隶。在这一价值观的引导之下，罗素的历史研究的着眼点，总是要归结到当前和未来，而决不满足于只对过去考订史实或是发思古之幽情而已。这一点也是历史学的功能和自然科学的功能不同之所在；历史学的任务不单单是为事实而事实、为真理而真理，而且它还有其实践的、道德的、功利的、教育的乃至审美的内涵。这种实用主义的目的，也可以解释另一个貌似难以回答的问题：既然在他的哲学里，历史学并没有地位，何以他又如此之终生热衷于研究和讨论历史。在他的哲学和他的历史观之间，也有着一条思想上的纽带，那就是他那自由主义的气质。他的哲学号称多变，是因为他不肯坚持任何一种没有坚强论据的观点；他的历史观之所以不变，也是由于他不肯坚持任何一种未经经验证实的理论。

在历史学中，他有他自己的偏爱和偏见，他喜欢自由主义传统的那种他所谓的"大型的历史著作"，即讨论任何具体历史问题，最后都要以把握整体的历史脉络为依归。我们可以设想：假如一个历史学家尽毕生精力去钻研一个狭隘的问题，即使是最后能对它得出确凿不疑的答案来，但那终究不能说是对于历史达到了一种理解，因而就不能说是真正有了历史知识。没有达到思想上的理解的历史学家，就不是一个历史学家。这样一种看法，使罗素不肯接受任何未经经验证实的信条或教条；他坚持这一立场而始终勇于反潮流、反一切形式的政治的或思想的专制。他反对盲从传统；他不但反对法西斯，反对侵略，也反对基督教。他写过一篇《我为什么不是基督徒》的文章，至今为人诟病；在西方上层社会，敢于公开承认自己不信基督教，这是需要有很大的道德上的勇气的。他在中国之行以后，曾多次斥责当时白种人的种族优越感。他也曾公开指责过苏联及其政策[①]，并且曾直言不讳地表示，他不同意列宁《唯物主义和经验批判主义》一书。他的反传统、反潮流的论点中，哪些正确，哪些错误，尚有待研究者们进一步地具体分析。

无论如何，作为一个历史学家，他不仅是回顾着过去和古人，而且更其是展望着未来和来者。他那眼光始终朝向前方，它仿佛是在论证：一个历史学家的尊严就在于他关心着未来的可能的忧患。因此，他曾大声疾呼人类两百年来在肆无忌惮地奸污着地球表层，那后果之严重将对子孙万代遗患无穷。他的这个预言正在得到实现，今天的人们都已懂得了环境保护和生态平衡的重要意义。他多年来一直积极呼吁普遍裁军，他担心人类的文明有可能毁灭，所以始终努力要求建立一个世界政府。200年前，康德曾提出过他的《永久和平论》的建议，认为要保持永久和平，就需要建立一个世界政府。在200年后的当代哲学家中，没有哪一个比罗素对人类前途更加忧心忡忡并且更加热诚地在宣扬建立一个世界政府的必要性和迫切性了。在五六十年代，他是世界和平运动最积极的参与者。当然，这些努力在某些现实主义者看来，未免是不切实际的幻想；尽管陈义甚高，却是迂远而阔于事情。的确，罗素的许多见解往往只不过是常识再加上他的主观愿望（甚至偏见），他很少想到实践的可能性，予人以过分天真之感，其中伦理的立义总是多于科学的分析和具体的措施。他的文章以清通流畅见称，洋溢着机智、博学、深思和幽默，所以吸引了许多读者；然而更为值得称道的，却是他那谴责人间丑恶的道德勇气。他的史学观点中隐然有一个最重要的见解：一个历史学家的品质就在于他勇于谴责一切邪恶、卑

---

① 罗素：《不合时宜文集》，第56~57页。

鄙和愚昧，或者说就在于他的史德。他的这种精神和风格，曾博得《纽约时报》送给他一顶"一个吉诃德式的人物"的帽子。这或许是对罗素的一个恰如其分的写照。可惜的是，现实世界中吉诃德式的人物不是太多了，而是太少了。

也许罗素本人不会同意把他比作吉诃德的，那么也许还可以比作另一位伟大的历史人物。卢梭认为要建立一个理想的宪法体制是太困难了，简直是需要一群天使而后可，康德则认为要达到这样一个理想的太平盛世，并不一定需要有一群天使而后可，就是一群魔鬼也行，只要他们有此智慧。罗素是相信魔鬼也可能有此智慧的，他毕生在以吉诃德式的热情同样地既在向圣人、也在向魔鬼进行启蒙教育。他坚信"如果圣人具有更多的世俗智慧的话，他是会预见到这一点的"[1]；当然，这对于魔鬼也同样适用。罗素的这种锲而不舍的努力和奋斗，使艾耶尔把他比之为当代的伏尔泰。[2]这或许是一个更恰当的比喻。也可以顺便提到，我国最近出版的《中国大百科全书》（哲学卷）中的伏尔泰一条是两千字，而罗素的一条是四千字。当代西方哲学家中只有两个是给了四千字的最高限额的，一个是罗素，另一个是维特根斯坦；这可以反映我国学术界对他的地位的评价。

罗素的许多历史见解和论断都是就当时的认识而立论的。随着时势的转变，有些显得已经过时了（如有关四五十年代东西方僵局的看法）；另有些则似乎仍然值得人们考虑。例如，两个世纪以来的那个老问题：世界的永久和平是不是需要，以及如何才可能有一个世界政府？抑或，现代的科学技术（例如大国之间相互的核威慑），已经使得它成为了不必要？对于凡此种种的问题，支配着罗素思想的是一种根深蒂固的旧式的世界公民的自由主义情操，这使得他对任何一种强暴、欺骗、邪恶或愚昧都抱有强烈的反感；但是这种情操也一定会有损于他的历史判断的客观和健全。我们仅仅根据他所引用的那些史实，似乎并不必然就能得出和他同样的那些

---

[1]　罗素：《理解历史文集》，第 49 页。

[2]　参见艾耶尔：《20 世纪的哲学》（A.J.Ayer, *Philosophy in the 20th Century*），纽约，1982 年，第40 页。

结论。故而胡克评论他在对待历史问题上，就纯智识的角度来说，只不过是半心半意的。[①] 那另外的半心半意就是偏见；而在罗素，那就是一个世界公民的自由主义的偏见。诚然，他讲历史都只是就事实作出论断，而不像18 世纪的历史哲学家（康德、赫德尔或孔多塞）从一个理论框架中凿空推出结论来。即使如此，他的那些结论的有效性仍是颇为可疑的。由此，便涉及以下的另一个问题。

　　历史著作有真假之分，也有好坏之分，然而这条界线划在哪里？朴素的实在主义者有其优点，即他们理所当然地不再需要假定（或证明）有一个外在的、不以认识主体为转移的客体。事实是客观存在的；符合它，就是真的；不符合它，就是假的。这种说法本身可以自圆。不过主观论者也可以振振有词地回答说：所谓事物的本来面貌，只不过是你所认识的事物的面貌；除了你（或任何其他人）所认识的事物面貌而外，再假定有所谓事物的本来面貌，这是没有意义的；因为它的面貌就是我们所认识于它的面貌。除此之外，我们没有任何可以断言它的本来面貌的根据。这是一个亘古以来的哲学争论，也是历史哲学的争论。这个问题这里撇开不谈。我们这里要指出的是，罗素的历史观点实际是站在朴素的实在论那一边的，也就是站在日常常识的立场上，而与当代许多西方历史哲学家（如新康德学派或新黑格学尔派）都不相同。另外，所谓好坏，也是和真假相联系的。人们大致上认为所表达的真实性越高，则作品就越好；否则，就越差。就此而论，罗素的历史观大概是既不受思辨派、也不受分析派垂青的。思辨派不能容忍他没有一个严整的理论框架，分析派不能容忍他的概念含混；而这两者他确乎从来都未曾着意过。而且他从来也没有想到历史学家对于历史事实的构思可以不止一种，即不只是他所得出的那种构想。[②] 科学判断（是非）和价值判断（善恶）本来是两回事，或者说事实判断并不是道德判断；但是罗素的历史判断最后总是要归本于一种道德判断。与此相联

---

① 席尔普编：《罗素的哲学》，第 646 页。
② 柏林：《反潮流》（I.Berlin, *Against the Current*），英国米德尔塞克斯，1969 年，第 6 页。

系的另一个问题就是：我们对历史究竟有没有（或者可能不可能有）可靠的知识，抑或历史只是由认识主体所构造出来的形象？现实主义者肯定历史知识的可靠性，怀疑主义者则持相反的态度。罗素以一个怀疑主义者而在历史知识上持现实主义的见解，这似乎是奇怪的。然而这正构成其为反思的历史哲学的特征；因为罗素既不像思辨派那样，认定历史的发展遵循着一条合目的性的而又合规律性的途径在前进着，又不像分析派那样从回答什么是历史的真实性和客观性入手，——他从来也不考虑这类问题，就仿佛把它们看成是并不存在的问题或者是不成问题的问题，因而是不值得探讨的问题。

这样的历史理解就必然有很大的随机性。只要他对某种历史问题感兴趣，就可以随心所欲地专就这一点加以发挥自己的见解，而把整体的历史网络置之于不顾；给人的印象是六经注我而非我注六经。所以尽管在若干具体问题上，他的历史论点不乏深刻的洞见，但是总的说来，却难以（或许他本人也无意）称之为科学的历史学。就这一点而论，他的历史观更多的是和人文主义的理想而不是和科学的理想相联系着的。在他的历史著作里，读者会感到又回到了古典人文主义那种文史不分的传统，而看不到其中有很多沾染近代科学思维色彩的东西。我们不妨借用年鉴派布劳代尔的话来评论罗素的这种观点，布劳代尔论述历史学与人文主义理想之间的关系说："历史学家是以一种奇特的方式而使自己涉足于现在的。作为通例，他那涉足只在于要摆脱现在。"[①] 历史研究的作用，是要使历史学家自己从目前摆脱出来，这正是罗素论历史的一系列论文的作意。布劳代尔继续论证说："人文主义是一种希望的方式，希望人类彼此成为兄弟，希望文明（每一种文明自身以及它们的总和）能够拯救其自身并拯救我们"，"希望'目前'这座大门能朝着未来洞开"。[②] 这种人文主义的理想正是罗素终生孜孜不倦在追求着的东西。我们从这种祈向的角度，或许可以对罗素的历史观作出

---

① 布劳代尔：《论历史》（F. Braudel, *On History*），芝加哥，1980 年，第 209 页。
② 同上书，第 217 页。

更恰当的评价，即那首先不是一种对历史的"科学的"反思，而是一种"人文主义"的反思。他所要求于历史研究的，是常识与人文主义理想的结合。

六　历史知识的价值

罗素所要论证的是：历史学虽然不是人们所谓的"科学"那种意义上的科学，但它仍有其独特的、崇高的、无可取代的价值，无论是在认识上、还是在实践上。除了以上所提到的各种功能之外（如扩大视野、丰富知识，等等），它还可以使人们（借用一个中国传统的术语）"变化气质"。一旦气质变化了之后，就可以使人类如登春台。于是，似乎历史知识自然而然就会带来一切值得愿望的美好事物：审慎、宽容、人道、同情、远见、开明，如此等等。这里罗素就陷入了一种浪漫的想法，这种想法虽然是普遍流行的但也是天真幼稚的。假如历史学（乃至于广义的知识和文化）真是一个圣诞老人，能够送给人类这么多美好的礼物；那么历史知识最丰富的人，就应该是精神境界最高和智慧水平最高的人了。然而事实却显然远非如此。培根的格言"知识就是力量"是并不错的；历史知识当然也是力量。但是力量可以用之于为善，也可以用之于为恶。历史知识假如真的给了人类以更大的力量，那么人们同样地既可以从中学到光明正大和美德，也可以从中学到阴谋诡计和权术。知识是人类进步的必要条件，但不是充分条件。历史上很多事实都可以说明这一点。知识作为一种力量，其本身是中性的，所以并不保证人类历史的取向。谈到自然科学时，罗素极为清醒地认识到这个道理；但是在谈到历史时——也许是由于人文主义理想的浪漫化效果——却不免糊涂。

任何学科，除了其学术的或知识的价值而外，同时总还会有实用的价值和其他方面的效用的。历史学除了求真的价值（对过去有更多的知识）和实用的价值（对未来有更多的智慧）而外，还有什么其他的价值呢？罗素以为，它还显然地有着另一种重大的价值。人生总是局促于一个狭隘的时间和空间的领域之内的，总是陷于种种现实生活的烦忧和痛苦之中，那往往是繁琐、庸俗、无聊而又摧残人的神经的；因此人生就总有一种要求超脱于现实龌龊生活之外的向往，一种辱宠皆忘、与世相遗而独立地观照千秋万世的向往。正像是安那克里昂（Anacreon）沉湎于醇酒而忘忧，一个历史学家则可以神游于古人或来者的世界，静观过去和未来；这可以提高我们的境界，达到一种精神上的无我或解脱。这是一种心灵的价值、一种美感的价值、一种无与伦比的伟大的精神价值，是一种历史的、世界的、宇宙的感情。这也是罗素本人之所以那么醉心于研究历史的原因。历史对于他，也像数学对于他一样，在它们的真理之中还可以同时感受到一种不可言喻的美感、一种宇宙与我合一的感通。历史学本来除了它那科学的一面之外，还有其作为艺术的一面；而它的效能也同样地有其与艺术相同的一面。

历史学既有其艺术的一面，所以理解历史也就有其艺术的一面。自然现象本身并不就自行成其为自然科学；历史事实本身也不就自行成其为历史学。但是自然现象是直接呈现在观察者面前的，而历史事实则否；所以历史学家就只能是间接地通过符号（如文字记载）来研究。按照卡西勒的讲法，天文学家研究的天象是以永恒不变的秩序而存在在那里的，化学所研究的物质是以永恒不变的成分而存在在那里的。但是人却是生活在一个符号（象征）的世界里，感情、意志、思想、愿望、信仰等，都是通过符号来表示的，而符号的意义却是无时无刻不在变化着的，过了一个时期，就成为不可理解的了；而这就成其为历史学的开端。[①] 所以古希腊历史学家希罗多德说，他的工作就是要永恒地掌握住人类的心灵。只有掌握了这一点，才能掌握人的世界和它的历史。在这种意义上，历史学家就是一个解释者，他的工作不是作一个单纯的档案保管员，因为他要重建过去，重新勾画出一幅过去历史的图像。人类的文明就是在不断地创造新的形式、新的符号；而历史学家的工作程序则正好是反其道而行之，是要由符号再返回到它原来的作意。故此历史学也是一种解释学，即解释出符号的历史涵

---

① 卡西勒，前引书，第 138 页。

义的艺术。或者换一种象征的说法，那就是要从那可见的背后，看到那不可见的、看不见的或没有看见的，即要透过符号看到人的本质，看到内在的真正的人。怀特海论历史学，曾有一段类似的话，他说："理论是建筑在事实之上的，但反之有关事实的报道又是彻头彻尾被理论的解说所统摄着的"；因此"当前的证据同时也就是当前的解说，包括对数据的假设，而非仅仅是赤裸裸的数据而已"。[①] 与自然世界不同，赤裸裸的数据在历史世界里是不存在的。也许以上这样一种看法，能够为罗素的反思的历史哲学提供一种更充分的根据。

最后还要提及罗素历史观中的一个缺点是，他不自觉地仍然在受到一种西欧中心论的支配。西方近代史是人类文明史上的一个特例或例外，在人类全部历史上的所有各个文明中，资本主义和近代科学（有别于古代、中世纪的科学）就只曾出现在近代西方的文明史上，并表现为随着这一对孪生儿而来的全部社会的与思想的新面貌。而大多数历史学家，罗素也不例外，却倾向于把历史上的这一特例当成通例，把这一例外当成常规。这只是信念，是没有任何史实根据的。而这一并无根据的前提假设，却导致了罗素许多武断的结论，因为他有意无意地在削其他文明历史之足以适西方近代历史之履。确实，资本主义开辟了世界市场，任何民族再想孤立于这个世界市场之外是不可能的了。确实，近代科学浸透了世界文明，任何民族再想要游离于近代科学的潮流之外，也是不可能的了。但这决不意味着，西方历史的发展轨迹先天地在逻辑上就是一切文明发展的普遍规律；那就是说，即使不存在西方文明，别的文明也必然要走上这一条唯一的历史道路。似乎没有理由可以把任何一个历史上的特例，说成是人类一切文明的普遍规律。就他的这一不自觉的倾向或前提假设而论，我以为他在讲科学技术方面的历史作用上是比较成功的，而在讲政治或思想方面的历史作用则是比较失败的。这或许是由于科学技术毕竟更具有普遍性，而不如思想意识那样具有特殊性。就这种偏向而言，罗素仍然是一个西方公民更

---

① 怀特海：《思想的历险》（A.N.Whitehead, *Adventure of Ideas*），伦敦，1948 年，第 11~12 页。

有甚于他是一个世界公民。然而尽管有着这一切的缺点和错误；他的敏锐的眼光和思想，他的真诚的热情和向往，仍然不可能不给一个读者留下深刻的印象。

原载《史学理论》1989 年第 1 期

从思辨的到分析的历史哲学 *

一

历史哲学一词是 18 世纪法国启蒙运动的著名思想家伏尔泰（1694—1778）最早应用的，他指的是人们对于历史不应该只以堆积史实为能事，还应该达到一种哲学的或理论的理解。近、现代的历史哲学一词，一般多用于专指西方唯心主义的历史哲学。至于唯物主义的历史哲学则一般通称为历史唯物主义，也就是马克思主义关于人类社会发展的普遍规律的科学。

在唯心主义方面，历史哲学一词的涵义和内容，也随着科学观念和哲学观念的变化而经历长期不断的演变，大体上是要回答两个问题：（一）历史演变的规律或规划是什么？（二）历史知识或理解的性质是什么？思辨的历史哲学主要的是回答第一个问题；分析的历史哲学主要的是回答第二个问题。一般说来，最近一个世纪在西方，历史哲学演变的趋势是从思辨的走向分析的。

历史是人类过去的活动，但是人们对于历史的认识却不仅仅是限于要求知道或者确定历史事实而已，他们还要求从历史事实中能总结出一种理论观点来，即把编年史的记录提升到一种思想理论的高度上来，寻求历史发展和变化的某种规律，从历史事实中籀绎出意义，或者是对历史事实赋之以意义，从而把历史事实归纳为一种理论体系。这种理论性的活动就是历史哲学。

---

* 本文是为一次介绍性的讲话所准备的发言提纲。

　　整个中世纪直到近代初期乃是神学的历史观占统治地位的时期，一部人类历史被看作是由一种超人的和超自然的外力（即神智）所支配的；历史就是天意的实现和见证。中世纪初期基督教教父圣奥古斯丁（354—430）的《上帝之城》把人类历史看成是一部上帝的国度取代人间的国度的历史，是一部人类得救的历史。直到近代初期，法国历史学家鲍修哀（1627—1704）的《通史论》仍然是在论证：人类历史是由一种更高级的智慧所设计的，国家的兴衰是由神意所规定的。基督教神学认为，人类历史的本质就是一场善与恶的斗争。到了近代，由于自然科学的进步，自然规律的观念就在人们的思想里逐步占了上风，像是我们在笛卡尔和洛克那里所可以看到的那样。不过，16、17世纪数理科学的进步也形成了哲学思想以数理科学为对象而遗漏了历史学的局面；笛卡尔《方法论》第一部竟致把历史学排斥于知识的领域之外，就是一个例证。到了18世纪，反宗教神学的思潮已蔚为巨流，也正面波及了历史哲学。意大利思想家维科（1668—1744）是努力要把历史学系统地改造成为一门"新科学"，并唤起人们历史意识觉醒的近代历史哲学的奠基人。他第一个从理论上划分了上古、中古和近代的区别，并认为各个民族和社会都经历一定的发展阶段。他努力在神学之外寻求历史的规律，并确切肯定了历史学与仅凭观察和实验而得到的自然知识不同，因为历史是由人自己所创造的，而自然现象与变化则否。然而这样一部近代历史哲学的开山著作在很长的时期里，却不为思想界所熟悉。

　　18世纪的启蒙运动给人们的思想深深注入了一种信念，即只要人类理性一旦觉醒，就可以使人免于愚蠢和无知，并可以使人理解世界和掌握自己的命运。启蒙运动一些杰出的代表人物，如伏尔泰、卢梭、屠尔哥、孔多塞、赫德尔、康德等人，都认为历史过程是理性所可以理解的并且是被道德所裁可的。天意的强烈人格性这时候已经逐步褪了色，被溶解于，乃至等同于自然。伏尔泰在他一系列的著作中，包括他的那脍炙人口的讽刺小说中，尖辛地嘲笑了天命论，他把历史事变理解为自然过程中的必然与偶然的结合。他一方面抨击神学目的论，把中世纪教会的神权统治看成是黑暗的统治；一方面又相信历史的进步性，即历史是在理性的光明对愚昧无知进行斗争之中进步的。卢梭在他的许多著作中着力宣扬了人类天赋的理性光明。屠尔哥（1727—1781）认为人类的进步也就是人性、人的知识和感情的不断提高。而孔多塞（1743—1794）的《人类精神进步史表大纲》则企图从理论上总结理性对于人类文明发展的贡献；他反对专制主义和愚民政策之扼杀人类的理性，并对于历史知识之有助于人类朝着未来的进步寄予无限的热望。这些启蒙思想家的美妙的憧憬，对于他们自己那个时代虽然成为一种极大的鼓舞；然而他们对理性无限信赖的那种历史乐观主义却无可避免地带有极大的空想成分。他们的思想方式基本上是形而上学的，也就是非历史的。因此，他们的观点受到了 19 世纪一些人的反对。例如，著名的瑞士史学家布克哈特（1818—1897）就反对那种以理性为依据的乐观主义，他批评人类之趋向完美、历史发展有一个目的等等观点，都属于主观的臆想，并没有任何历史经验上的证明。

　　1784 年，康德写成了他的《一个世界公民观点之下的普遍历史观念》，这篇历史哲学论文从理论上典型地发挥了他本人的以及整个启蒙时代的历史观点，从而把 18 世纪的历史观提到一个新的哲学高度。文中提出："人类历史整个说来，可以视为一幕大自然的隐蔽的计划的实现"[1]，因此人类的历史就同时具有合目的性（朝着一个目标前进）和合规律性（按照一定的计划而展开）的两重性。随着人类之由自然状态进入社会政治状态，人性也就逐步地得到其完美的实现。这一实现过程就是历史。也像维科、屠尔哥和孔多塞一样，康德深信人性的完美是终究会在历史之中充分实现的，但是这种实现不可能是在一个个人的身上，而只有在人类的集体之中，在全部的历史过程之中。而人性中的恶或自私之表现于每个人的身上，就恰好成就了人类全体的美好——这种人类社会中的"对抗性"（竞争），康德就称之为人的"非社会的社会性"。[2] 这一理论自然会令人联想起在此文之

---

[1]　《康德论文集》，莱克拉姆出版社，第 232、222 页。

[2]　同上。

前八年（1776 年）问世的亚当·斯密《国富论》一书中的理论两者之间的相似；只不过后者狭隘地论述人性之表现于一个抽象模型的经济活动之中，而前者则广阔地论述人性之表现于整个人类社会历史之中，并放在一个异常之有深度的哲学规划的总体基础之上。基于这种理论，康德就论证说，并不需要有一群天使（这是针对着卢梭的这一提法，要建立一套完美的立法，必须是先有一群天使而后可），就是一群魔鬼也照样可以建立一个理想的社会，只要他们有此智慧。由此而引申出来的一条系论便是：人类的永久和平不仅是可能的，而且必然是历史发展的归宿。康德就这样（有如后来的黑格尔）把历史纳入了一个富有辩证色彩的思辨体系，并从而预言了未来。但是这个论点也受到后来不少人的怀疑。康德把历史视为一个理性观念的发展过程，则大大影响了后来的费希特和黑格尔的历史哲学。康德的历史哲学被卡西勒（E.Cassirer）誉之为构成他的三大批判（《纯粹理性批判》、《实践理性批判》和《判断力批判》）之外的第四个批判，即《历史理性批判》。康德这篇论文是直接受了赫德尔的启发而写成的。

　　赫德尔（1744—1803）曾经是康德的学生，他的《人类历史哲学观念》一书继承了启蒙运动的进步理想，把历史看作是进步的。他提出人类历史的目的就是要充分实现人道，因此历史乃是一个有意义的而又合理的过程。但是和他同代的一般看法不同，他并不把人性看作是一个常数，因而他并不把历史看作是人类永恒不变的思想意识的表现或反映。他宣称具体的人乃是不同民族、不同社会的不同条件之下的历史产物。这一论点是对 18 世纪把人性视为永恒不变这一基本观点的一大突破。与这一理论紧密相联系，赫德尔就提出，应该从不同的时代背景和不同的民族精神来考察各种历史文化的特性，应该把历史视为是外因（环境）和内因（精神，尤其是不同的民族精神）相互作用的产物。这些方面乃是赫德尔超出前人的贡献所在。

　　不同于 18 世纪的启蒙思想家们对于过去的历史采取一种蔑视的态度，把过去的历史简单视为是非理性的，19 世纪初叶的黑格尔是重视过去、重视历史的。在黑格尔看来，历史本身不仅是合理的，而且它就是理性自身

（精神或世界精神）的发展过程。黑格尔的逻辑学虽然号称是穷尽了一切概念，但是这些概念却仍必须被赋以其具体的内容，也就是必须体现为自然的和精神的发展过程。这样，黑格尔就在启蒙运动的进步观念和康德先验的自由概念之中注入了新的因素。对于黑格尔，既然一切存在都是合理的，所以他也像康德一样，努力想要通过对历史内在辩证法的考察而揭示出其中所隐藏着的意义。黑格尔历史哲学的中心思想是：精神的本质就是自由，"自由是精神的唯一真理"①，所以 "一部世界史就显示为精神上自由意识的发展和实现"②。这里，黑格尔虽则把世界历史看作是一个发展过程，却唯心主义地认定它是精神或观念的体现。因此，全书的结论就论断说，精神发展与实现的过程也就是上帝在历史中的证实。

历史本来是经验的事实，但从赫德尔到黑格尔的历史哲学都是朝着非经验的或反经验的方向进行的。赫德尔上承孟德斯鸠的思想，还曾就自然环境论述了 "民族精神"，承认自然环境是在为历史的目标（人道的充分实现）准备了条件；然而到了黑格尔，则 "世界精神" 却变成了主宰一切历史的唯一因素。于是人就变成了历史的工具，而人本身的作用和意义就变成了并不是他自己所曾或所能了解的东西。这一 "理性的狡猾" 的论点和后来某些分析派之强调历史学应该注重研究过去历史上人们的思想和动机，其着眼点显然是大不相同的。康德和黑格尔不但是 18、19 世纪古典德国哲学最突出的代表人物，同时也是这一时期古典思辨历史哲学最突出的代表人物。

历史是精神的自我实现，是自由的扩大或自由之体现于各个不同时代的历史之中；——黑格尔的这个基本观点对后世历史哲学的影响是巨大的。黑格尔历史哲学的一些思想和论点被 19 世纪的史学家如兰克（1795—1886）、基佐（1787—1874）和 20 世纪的哲学家如克罗齐（1866—1952）等人所吸收，也被 19 世纪的史学家如圣·佩甫（1804—1869）、布克哈特

---

① 黑格尔:《历史哲学》（英译本），第 18、19 页。
② 同上。

和 20 世纪的分析派如波普尔等人所反对。至于卡莱尔（1795—1881）虽然以在英国宣扬英雄史观和德国古典哲学而闻名，但实际上除了夸张的文笔而外，他的《英雄和英雄崇拜》一书所标榜的中心观念，即历史的无限性或无极性（Unendlichkeit）的观念，只不过是抄袭德国精神哲学的一种拙劣的翻版。黑格尔所遗留下来的问题：一种先天的逻辑结构怎么能够和经验中的历史事实相符合一致的问题，成为尔后许多历史哲学的中心问题。或者换一种说法来说，历史哲学的中心问题不外是如何构造出一种理论，使之能同时满足如下的两个条件:（一）它在推论上必须具有逻辑的严密性，（二）它在内容上又必须包罗或吻合历史经验的事实。

19 世纪自然科学获得空前伟大的成功，这就使得许多历史哲学家要在历史学中追求一种像是物理科学中的那样因果律的努力，一时蔚然成风。属于这个思潮的，有人主张地理环境决定论（如巴克尔，1821—1862），有人主张历史学就是社会心理学（如泰纳，1828—1893 和兰普雷喜特，1856—1915），有人主张历史学就是生物社会学（如斯宾塞，1820—1903），而其中最为突出的代表应数孔德（1798—1857）。孔德所提出的人类精神发展的三阶段（神学的、形而上学的、科学的或实证的）的历史理论，是有意使历史研究模仿自然科学并尽力向自然科学看齐的一个例子。这一思潮被称为实证主义的思潮。实证主义者以纯粹自然科学的眼光看待历史学并要求历史学，他们认为在原则上历史学和自然科学并无不同，一切科学的基本性质都是统一的、一致的，因而他们力图以自然科学那样的规律来总结历史，建立起一种社会发展的科学。他们相信历史是被它那内在的、必然的、普遍而客观的规律所决定，正如自然界是被自然律所决定的一样。这种信念到了 20 世纪遭受来自分析派的猛烈攻击，然而它的历史影响却始终是不可低估的，不仅在当时，而且在今天还一直有人在信仰它，例如美国的"新史学"派就依然在强调历史学的任务就是综合应用现代科学的成果。无疑的，一切现代科学的成果自然地要渗透到，而且应该有意地应用到历史学中来，不然历史学就不能和现代科学的发展保持同步。但是同样无疑的是，历史学终究并不是任何一种自然科学，也不可能以自然科学为依归。

与此同时，另一派唯心主义的历史哲学则沿着另一条道路在前进，他们把历史理解为精神的自我矛盾与斗争的发展历程。19 世纪末的阿克顿（1834—1902）就以自由作为历史的中轴线，狄尔泰（1833—1911）则认为历史是生命力的体现。

19 世纪的西方，历史的乐观主义曾经风靡一世，但是 20 世纪初第一次世界大战的残酷现实使得许多人的这种历史乐观主义的向往幻灭了。战后不久，斯宾格勒（1880—1936）出版的《西方的没落》一书就反映着这种悲观的情绪。斯宾格勒把各个历史文化当作历史上的独特生命现象加以描述，他认为每一种历史文化都经历大体相同的生长与灭亡的周期，并以暗淡的笔调预言了所谓西方文化的行将没落。20 世纪中叶，汤因比（1889—1975）的十二卷《历史研究》就脱胎于斯宾格勒的基本历史观点；但汤因比进一步加以改造，把全部世界历史分为 21 个文化单元，并论断说它们每一个都经历着相同的兴衰周期。在他们这一模式里，各个不同的文明被看成是历史上同时代的、平行的。他宣称他自己的目的是要探索"历史事实背后的意义"。[1] 但是实际上，这种所谓历史形态学或历史文化形态学的一些基本概念（诸如对历史文化单元的划分，以及他所独创的一套所谓"挑战与应战"、"生长与解体"之类的观念）却严重地缺乏明确的科学规定，经不起逻辑的推敲；它们只可以说是一种半形而上学、半社会学的虚构，甚至流于宗教神学。因此，它们就不无道理地被某些分析派讥之为没有意义的词句，或者是伪科学。二三十年代的索罗金（1889—1968）提出过《社会文化动力学》的理论，把历史文化分为感知的（Sensate）和意念的（Ideational）两种类型在交替，也近似于或者可以归入上述历史形态学一类的循环论的历史哲学。这类思潮的一个共同特点是，他们虽然都认为历史的演出表现为周期的循环，但是整个历史的本身却并没有一个总的规划或目的。如果说，19 世纪的实证主义历史哲学是基于对数理科学原则

---

[1]　汤因比：《历史研究》，第 10 卷，第 126 页。

的一种模拟，那么 20 世纪的这类形态循环论则是基于对生物学原则的一
种模拟，而且是一种不恰当的模拟，因为历史文化现象从根本上说毕竟不
是、也不应该被模拟为一个生物学上的个体生命现象。其他属于以生物学
原则来解说历史的，还可以列入弗洛伊德（1856—1939，他本人曾对历史
做过个案研究，例如对达·芬奇）以及心理分析派的某些后学试图用文明
与天性的冲突来解释历史。当代法兰克福学派的马尔库塞（1898—1979）
就一方面接受了弗洛伊德的论点，一方面又力图掺入马克思主义；他的目
的是要研究人类在文明社会中的异化，以及建立一种非压抑性的文明的可
能性。心理分析派企图探索前人所从未曾探索过的领域，即以人们潜意识
中最隐蔽的本能因素来解说历史的动力；不过迄今为止，所有这些方面的
努力都还没有产生任何值得瞩目的历史理论，其成就也是不能和历史上的
伟大的思辨历史哲学体系相比拟的。

二

以上各派大体上都属于思辨的历史哲学，他们都试图在一大堆貌似杂
乱无章的历史事实的背后，寻求出理性的原则、规律或意义来；但是他们
的缺点是通常都带有浓厚的形而上学观念的局限，缺乏严密的、科学的、
语义学的与逻辑学的洗炼。这种缺点导致了思想上和理论上的漏洞乃至混
乱，使得他们不能建立起坚实的科学体系，而又易于招致反对者的攻击。
20 世纪初，由于自然科学上各种新发现和新理论的百花怒放，旧的意义上
的自然哲学就悄然让位给了所谓科学的（或分析的）哲学，于是思辨的历
史哲学体系也就随之而日益有让位于批判的（或分析的）历史哲学之势。
这一重点转移，在自然科学的哲学上和在历史哲学上是紧密相关的。

分析派严厉批评了以往思辨的历史哲学体系，认为它们都是徒劳无功
的。分析派的出发点是：要理解历史事实，首先就要分析和理解历史知识
的性质。历史哲学的任务应该就是（或者至少，首先而且主要的就是）对
历史的假设、前提、思想方法和性质进行反思。这样，分析派的历史哲学

就把研究的重点从解释历史事实的性质转移到解释历史知识的性质上面来；或者可以用一种比喻的说法，即把重点从对历史的形而上学的研究转移到对历史的知识论的研究上面来。历史纪录乃是历史学家对历史事实的表述方式，人们又是通过历史纪录而认识已经成为过去的历史事实的，因此，分析派所面对的问题就更多地乃是历史认识是什么，而不再是历史本身是什么；更多地乃是人们是怎样在认识历史的运动的，而不再是历史自身是怎样运动的。对于分析的历史哲学来说，更重要得多的问题已经不再是对历史本身的探讨和解释，而是对历史学的探讨和解释。当时，在哲学应该成为科学的科学这一总的潮流影响之下，历史哲学也走上了力求成为历史科学的科学的道路。分析的历史哲学提出的要求是，应该从哲学的角度来考察历史知识的性质，或者说对历史知识进行一番哲学的批判。1907年德国历史学家齐美尔（1858—1918）提出了康德式的问题：历史科学是怎样成为可能的？对这个问题的答案构成了 20 世纪以来历史哲学文献的主体，包括像是卡西勒（1874—1945）的《近代哲学与科学的认识问题》，亨佩尔（1905—1997）的《历史学中普遍规律的作用》以及诸如 W. 德拉伊的《历史学中的规律与解释》，P. 加尔丁纳的《历史解释的性质》，I. 贝林的《历史的不可避免性》之类层出不穷的著作，其内容实质可以说都是环绕着这一中心问题而展开的。

　　1874 年，英国唯心派哲学家 F.H. 布莱德雷（1846—1924）《批判历史学的前提》一书的问世，通常被认为是现代分析历史哲学的开端。书中讨论了历史客观性的可能性问题，作者既反对当时实证主义的客观主义，也反对当时杜平根学派和历史主义派的怀疑主义。此后，历史科学与自然科学的异同问题，成为历史哲学家们所讨论的一个热门。有趣的是，当时在英、法两国，实证主义的史学理论正在流行，极力要把历史学纳入自然科学的方向和轨道；而在德国情形却相反，开始掀起了反实证主义的思潮。在德国，狄尔泰于 1883 年在他的《精神科学序论》中区别了历史科学与自然科学两种研究方法的不同。这一提法被德国历史学家梅尼克（1862—1954）和德国的新康德主义哲学家弗赖堡学派的文德尔班（1848—1915）

和李凯尔特（1863—1936）所吸收并做了新的发挥。他们都严格区分了历史学和自然科学之不同，强调其不同在于历史学是对只出现一次的独一无二的现象的理解，因而人们也就不可能总结其普遍的规律。他们都强调直觉在认识中的重要作用，并把历史理解说成是主观的东西。狄尔泰标榜历史主义（或历史的相对主义），以"体验"（Erlebnis）这一概念作为理解历史的关键，即历史是要从内部加以认识的。李凯尔特则提出，成其为科学规律的东西必须是反复出现的，而历史事件却是不可能重演的。（然则，是不是历史事件并不重演，就不可能从其中抽出某种模型或规律来呢？后来汤因比的工作所蕴含的回答则是：历史事件虽然仅只出现一次，然而它所采取的形态却是重复出现的，所以历史形态学的研究就是可能的，而且是理所当然的。）李凯尔特又提出，历史认识与自然科学知识的不同还在于：历史认识之中必然包括有不可离弃的价值体系在内，而这对自然科学则是完全不需要的。新康德主义派这种强调历史的独特性及其与先天价值的关系的论点，受到了许多人的责难，被认为是绝对地割裂了历史和自然。

继狄尔泰之后，新黑格尔派的克罗齐（1866—1952）和柯林武德（1889—1943）都继续致力于论证历史科学与自然科学之不同。他们认为历史科学是一门特殊的科学，它提供的是有关个体的知识，而不是一般的或普遍性的知识。自然科学之研究自然界是从自然界的外部来加以考虑的，而历史科学之研究人类的经验和思想则必须从人的内部加以考虑。两者不仅方法不同，而且其所要证实的假说，性质也根本不同。人类历史乃是精神的历程；人类的每一桩活动都渗透着人们的思想（动机、意图、目的、计划），而不同于自然界的变化可以归之于单纯的自然因果律（另有的历史学家，如奥克肖特，甚至认为历史学中并不需要有任何因果律）。因而不同于自然科学的是，历史学必须对于这些过去的思想进行再思想（或反思），否则我们就不可能理解历史。由此推论，则过去的历史之为人们所理解，就仅仅有赖于历史学家使之为人们所理解。他们指责此前的历史学家们大都缺乏对历史学的这种认识，缺乏这种对历史的反思的洗礼。他们的主张实际上是把如何可能理解历史放在历史哲学的中心地位。因此，他们的出发点就并不是客观规律而是主观认识。历史学家所关心的并不是通常意义上的事实，而仅仅是具有思想的行为。克罗齐认为历史知识是思想（或心灵结构）的产物，是对过去时代的活思想，所以一切历史就都是当代史，也就是说它只存在于历史学家对它的思想认识之中。他的一个著名公式是：抽象的哲学就是方法论，而具体的哲学就是历史学。柯林武德接受了维科、黑格尔和克罗齐历史理论的影响，并做出了进一步的创新和发挥，公开号召一场史学革命。他的基本论点是：历史就是思想史，是人们思想活动的历史，所以历史学的任务就是要重演过去的思想，但那并不是简单的重演，而是把过去的思想囊括在（或者应该囊括在）现在的历史学家的活思想之中。凡是读克罗齐和柯林武德两人历史哲学著作的人，一定免不了对他们论证历史和思想的同一性时的那种强烈动人的力量感受到一种非常深刻的印象；但同时却也一定免不了对他们之处理历史与思想的统一性时的那种绝对化的僵硬态度会有一种不可救药之感。确实，他们在论证历史的本质即思想时，有其深刻的创见；但历史与思想的同一性究竟并不是，也不能等同于历史和思想的统一性。历史的背后总有思想在支配，两者是统一的；但思想并不就等于全部的历史，两者并不是同一回事。

由于肯定了在人类历史的锁链中，人类主观的意图和努力乃是其中最本质的一环，所以不少分析派的历史哲学家就由此径直走向了根本就不承认历史有客观规律的地步，从而也就不承认历史的发展和演变是可以预见的。有的人还主张，历史思维的性质更接近于法理思维（即法官判案的那种思维）而非科学思维。

分析派的一般倾向大都认为历史研究并不是科学，至少不是自然科学那种意义上的科学，而只是对于历史文献及其结构的意义与认识的研究。波普尔在他的《科学研究的逻辑》一书中谴责了一切思辨的历史理论，说它们只能是伪科学；在他的《历史主义的贫困》一书中又论证说，人类知识的进步是不可能预言的，而历史的行程又在极大程度上受到知识进步的左右，故而历史行程就是不可能预言的，也就是说历史的进程并无客观规律可寻，——历史是不能预见的，未来是不能预知的。波普尔又指责思辨的历史哲学所依据的并不是真正严谨的科学推理，因为思辨的历史哲学没有能满足为严谨的科学推论所必须具备的两个条件，即（一）概念上的科学确定性，和（二）观察上的可验证性。按照他这种说法，要想构造任何历史理论或历史哲学都成为不可能的事；历史学只是，也只能是知识在人们日常生活中的一种实际运用罢了。波普尔研究历史解说的性质，一定程度上反映了英语国家分析派的特色。而大陆的当代历史哲学家们则带有较浓厚的生命哲学的传统色彩；然而，双方的结论却往往有殊途同归的地方。阿隆（1905—1983）的历史哲学探讨了历史的客观性；梅洛·庞蒂（1908—1961）则强调历史的主观性，认为历史从根本上说乃是人类主观的产物，并不具有客观性，因此也就并不存在什么历史的客观规律性。

维特根斯坦（1889—1951）在当代分析哲学的领域享有极高的声誉，在历史哲学方面也有其影响。他的若干追随者们在历史哲学领域几乎都不同意人类的行为和事迹之中有任何因果关系可寻。

P. 文茨更进一步发挥了维特根斯坦的论点，以为人类行为之有无意义并不取决于研究者，而是取决于行为者对意义的理解。另一个当代分析派的大师罗素（1872—1970），他本人就对历史很感兴趣；但他有关历史学的专著，如早年的《自由与组织》、晚年的《论历史》，都几乎把历史说成是人们思想的随心所欲的产品。当代还有人（如 A. 丹托）以为人们对同一件史实的理解，既可以是思辨的，又可以是分析的，两者并行而不悖，并且可以同等地是真的。又有人（如谢诺波尔）以为历史的动因包括意识的力量与无意识的力量两者都在内。当代有关历史学知识论的理论是如此之纷纭繁多，这里没有必要一一加以列举。

总的说来，分析派的办法是从历史规律转而研究历史认识的性质和可能性，把它隶属于科学哲学的认识论之下而重新考察思辨历史哲学的前提和假设。这个工作如果做得正确，当然不失为一项具有科学价值的工作。但是他们进行这个工作的时候，却摆脱不了自己狭隘的哲学观点的束缚；其结果是犯了一场"演丹麦王子而没有哈姆莱特"的错误，所谓的历史哲学竟致把历史本身（这本来是历史哲学的最重要的对象和前提）轻而易举地一笔勾销了。

20世纪以来，由于分析学派在西方（尤其是在英、美）哲学界几乎占有压倒的优势，从而影响及于西方历史哲学也日益把注意力转移到对历史学命题的语言意义分析方面来；尽管也不乏有某些人（例如汤因比就是其中突出的一个）仍然在努力构造其思辨的体系，但普遍的趋势却是更着重于对历史理论的知识论研究。分析派所特别指出并批判思辨的历史哲学的一大缺陷，是它没有能认识到历史的自律性（autonomy）。这一批判对某些（特别是对实证派）思辨历史哲学来说，在一定的限度之内有其合理性的一面。但是自律性是不是就与客观必然性彼此排斥而互不相容？对于这个问题，分析派的历史哲学家迄今为止并没有做出真正令人满意的答案，而他们在某些基本论点上似乎还没有超过康德所做的答案的水平。诚然，一切思辨的历史哲学，在其企图根据纯理性的推论而对历史上的经验世界得出一套逻辑的结构时，总会不可避免地在许多根本之点的论断上失之于武断和臆测，从而也就为分析派的攻击敞开了大门，使分析派理所当然地得以指责他们"不科学"。但是，对于不同的思辨历史哲学体系，我们应该进行具体分析，尤其是对一些古典的、体大思精的思辨历史哲学体系，对其中所饱含着的时代合理性以及其中许多洞见的深刻性，决不是简单地以"不科学"的名义所能一笔抹杀的。在人类的认识史上，以往一些有价值的思辨历史哲学体系虽则并没有、也不可能掌握历史的真实和全貌，但它们是有贡献的。它们的贡献在于它们各得大道之一端，即在某些环节或某些方面触及到了历史科学的某些根本问题。这是没有一个严肃的历史哲学家所能轻易忽略而不去认真汲取其中的合理成分的。还不用提即使是最极端的分析派也不能不承认的，这些思想理论作为一曲"概念诗"（Begriffsdichtung）对于时代和历史的发展所起的巨大的推动和鼓舞的作用。

反之，分析派有关历史哲学的许多论点，严格分析起来，是不是就全都那么"科学"呢？把对历史的理解局限于语言的和逻辑的分析，或者是把历史的作用力全然归结于主观思想的功能和活动，其结果就势必导致完全无视历史发展中不以人的意志为转移的客观存在、客观价值、客观的物质基础和物质动力。归根到底，历史哲学终究是有其不可否定的和不可弃离的客观对象及其问题的。当然，我们可以而且应该承认，当代的分析学派在语言意义和逻辑概念的分析技术上，确有其细致深入的一面。这在许多哲学问题上，包括在历史哲学问题上，有助于人们思想的澄清和认识的深化。在历史哲学上，确实也有真命题、假命题之分，有意义的语句与无意义的语句之分，对一个判断有究竟是可以证实的还是不可以证实的之分。分析的历史哲学在这些方面以及在许多别的方面确实做出了一定贡献，对于某些问题的提法的精确度和明晰性都超过了 19 世纪以前的思辨历史哲学。然而，对语言意义和逻辑概念的分析研究虽则有助于，但终究不是，也不能代替人类对客观世界（包括历史在内）的知识本身。一种思想方法，无论多么正确，终究不是知识本身，尽管它有助于知识。这一点对于一切知识来说莫不皆然，对于历史知识或历史哲学来说也同样有效。

　　正如同分析哲学的那些分析研究，不管做出了多少进步，并不能取消或者代替哲学问题一样，分析的历史哲学也不能取消或者代替历史哲学本身固有的问题。逻辑分析归根到底是不能提供、更不能偷换对历史哲学具体内容的答案的。至于分析的历史哲学，其前途如何，这个问题固然将取决于整个分析哲学的前途如何；但在更大程度上则将取决于历史科学本身的实践如何，即历史科学在吸收思辨的和分析的历史哲学中的合理成分并扬弃和批判其中不合理的成分的同时，怎样在自己的科学实践中确立它自己的科学的尊严。历史哲学并不是历史科学，它只能是对历史科学的哲学批判。这个哲学批判的工作怎样进行和进行得如何，都将随着历史科学本身的科学自觉而转移。

原载《世界历史》1986 年第 1 期

沃尔什和历史哲学

一

1938 年通常被人认为是当代西方历史哲学的一个转折点；在这一年里，雷蒙·阿隆（Raymond Aron）的《历史哲学绪论》和曼德尔鲍姆（Maurice Mandelbaum）的《历史知识的问题》相继问世，于传统意义上的历史哲学——从康德、黑格尔到汤因比的历史哲学——之外，别开生面。但是，要到第二次大战后的 1951 年，沃尔什《历史哲学导论》的第一版出版，才开始拈出"分析的历史哲学"一词而与传统的"思辨的历史哲学"相对立，从而正式奠定了一门新学科的领域。自此而后，分析的历史哲学在西方思想界由附庸蔚为大观，浸假有成为历史理论与史学理论中的显学之势。可以说，分析的历史哲学是历史学的知识论，而已往思辨的历史哲学则是历史学的形而上学。追根溯源，本书对于开创一门新学科从而推动西方史学理论界的重点转移，是起了关键性的作用的。当代西方（尤其是英美）的历史哲学之采取了分析的历史哲学的方向，主要是由沃尔什的这部书为开端的。所以本书之具有史学思想史上的意义，并不亚于它所具有的史学理论上的意义。沃尔什本人以哲学家闻名，但是他的贡献和影响，主要的可能并不在纯哲学方面，而是在历史学方面，即他所开辟的对历史和历史学进行哲学反思的道路。这一点可以从他在本书中，除了传统的历史哲学（即思辨的历史哲学）而外，以绝大部分的篇幅来探讨（在当时是新颖的）分析历史哲学的课题就可以看出。同时这一点也可以从思辨的历史哲学从此而后日益趋于式微的这一史学史上的事实看出。从汤因比以来到现在的半个世纪里，西方史学界再也没有一部重要的思辨的历史哲学著作问世。唯一可以称得上是思辨的历史哲学的一部书，即魏格林（Eric Voegelin）的《历史中的秩序》，其第三卷于 1957 年完成；但是相隔 17 年之后，到它的第四卷于 1974 年完成时，他已经公开放弃了他原来的写作计划，即要揭示出西方历史的"意义"那条线索。

康德认为在哲学上不首先去探讨认识的能力和性质，就径直着手去认识世界的本质，那就好像是飞鸟要超过自己的影子，是一桩完全不可能的事。分析的历史哲学的出发点也可以说是，在历史学中不首先认识历史认识的能力与性质就要去侈谈历史的本质或规律，也正像是飞鸟要超过自己的影子，是一桩完全不可能的事。于是对历史的性质的研究，就转化为对历史认识的性质的研究，进而转化为对史学家进行历史思维的性质的研究、对历史学家进行历史解说的性质的研究。无论如何，立足点从追求客观意义上的历史规律转到了探讨主观历史知识的性质上面来，这可以说是表现出历史思想与史学理论的一幕重点转移。在这种意义上，沃尔什这部书本身就构成为史学史和史学思想史的一个重要组成部分。本书作者沃尔什（William H.Walsh，1913—1986）出身于英国牛津大学，曾任牛津大学哲学讲师，后任爱丁堡大学逻辑学与形而上学教授。他的这部书被美国思想史家伦德尔（John H.Randall）评为英文著作中有关历史思维的逻辑的最好的一部简明论述，加拿大历史哲学家德雷则称它是有关历史哲学问题的最好的总结。

如果说，19 世纪西方史学思想的主潮是朝着兰克式的"客观如实"的方向前进的，那么当代史学思想的主潮就是朝着反兰克的方向在前进的。历史思维与历史认识的性质取代了历史事实与过程的性质，而成为历史哲学的热门题材；极端论者乃至既不承认有过去（历史），也不承认有对过去的陈述（历史学）[1]，于是一切历史都是当代史这一命题竟至变成了一切

---

[1]　参见艾耶尔（A.G.Ayer）:《哲学论文》（*Philosophical Essays*），纽约，1965 年，第 317 页。

历史都是当前自我意识的历史。这当然只是极端的例子，但无论如何，旧的意义上的"史观"已经日益让位给了"史学观"，这一点乃是西方当代历史哲学中不争的事实；即，史学理论的立足点从客位转到主位上来，过去历史哲学是着眼于历史的客体的，现在则转到了主体如何认识历史客体的问题上来。

二

自然科学直接以其所面对着的自然现象为研究对象。历史科学却不可能直接面对已经成为了过去的历史事实，它直接面临着的只能是历史文献；而且历史学家也不可能像自然科学家那样反复进行实验来核实。所以历史哲学——亦即对历史学进行哲学的反思——就有必要首先考虑历史认识或历史知识的性质。沃尔什把此前的历史哲学基本上分为两种，一种是"实验的"，另一种是"唯心的"。实验的路数，其最终目标在于使历史学同化于或者认同于自然科学（例如，把历史发展的规律看成是生物界的演化规律那样的东西）；而唯心的路数则认为历史学有其不同于自然科学的独特的规律（因之，也就有其不同于自然科学的独特的方法）。前一种属于沃尔什所称之为的"思辨的历史哲学"，后一种则属于"分析的历史哲学"。

通常人们往往以为分析的历史哲学并不涉及任何价值判断，这是一种误解。分析的历史哲学之关系到价值判断，并不下于思辨的历史哲学；不过，思辨的历史哲学是把历史放在目的论的框架里加以考察的（即认为历史是朝着一个目标在前进的）；而分析的历史哲学则仅仅着眼于其逻辑的内涵（即在做出历史判断时，其中所涵蕴着的道德的和形而上学的前提假设都是些什么）。分析的历史哲学的任务之一，就是要把其中所隐含着的尺度揭示出来，使之成为显然的尺度。换一种说法，这个论点也可以这样加以表述：历史研究必然要预先假设某些哲学的前提或观点，而这些哲学的前提和观点却往往被历史学家认为是理所当然而无待验证的，有如几何学中的公理；然而，自然科学有自然科学的哲学问题，即有关自然科学的认识论和思想方法的问题，历史科学（作为不同于自然科学的一门独立的科学那种意义上）也有它的认识论和思想方法论的问题。不首先认识、分析和批判历史认识的能力，就径直去追求历史的事实和规律，那就是历史学的形而上学了。沃尔什的历史哲学，其内容虽然兼顾到思辨的历史哲学和分析的历史哲学，而重点却放在后一方面；因为只有对历史认识首先进行一番分析的洗炼，才能朝着真正理解历史和历史学前进。

历史研究当然要搜集材料，然而史料无论有多么多，它本身却并不构成为真正的完备的历史知识；最后赋给史料以生命的或者使史料成为史学的，是要靠历史学家的思想。历史学家的思维方法并不属于自然科学的模型，沃尔什称它为综合方法。所谓综合方法就是"对一个事件，要追溯它和其他事件的内在联系，并从而给它在历史的网络之中定位的方法"[1]。历史学或历史著作绝不仅仅是一份起居注或一篇流水账而已，它在朴素的史实之外，还要注入史学家本人的思想。因此，对于同样的史料或史实，不同的史家就可以有，而且必然有不同的理解。史家不可能没有自己的好恶和看法，而这些却并非是由史料之中可以现成得出来的，它们乃是研究史料的前提假设。在这种意义上，史料并不是史学，单单史实本身不可能自发地或自动地形成为史学。我们尽可以认为，史实作为数据乃是给定的、不变的，但是历史理解（或者说史学家对史实的构图）却根据每个人的不同思想而呈现为多种多样；即使是同一个历史学家对同一件史实的解说也可以改变看法而使自己的解说前后不同。任何一种历史叙述或解说，无可避免地是要根据某种哲学的前提假设出发的；而且这个（或这些）前提假设并不是理所当然地就可以从史实之中得出来的。分析的历史哲学，其主要任务之一就是要发现并研究历史叙述或历史解说——亦即历史学——的前提假设都是什么。

这种意义上的分析的历史哲学所要探讨的，其实是一百多年以来的

---

[1]　沃尔什（W.H.Walsh）：《历史哲学》（*Philosophy of History*）（修订版），纽约，1967 年，第 59 页。

一个老问题，即历史学有没有它的前提假设这个问题。而最早提出这种分析的历史哲学的开山祖帅，则是 19 世纪末英国唯心主义的代表人物之一布莱德雷（F.H.Bradley，1846—1924）。布莱德雷的《批判历史学的前提假设》第一次出版于 1874 年，书中探讨了历史知识如何成为可能的问题，从而开辟了后来分析的历史哲学的途径；布莱德雷还表现出他的思路与当代现象学的研究方法有某些相似之处。但是他主要的兴趣则集中在历史的客观性这一问题上；这个问题也是沃尔什在本书中所着重探讨的问题之一。布莱德雷的基本论点是："历史学必定总是建立在一种前提假设之上的"[①]，并且只有那些可以和我们目前的经验进行类比的东西，才能够成为我们的历史知识或认识。从此以后各派分析的历史哲学，大都继承了这一观点而加以改造或发挥。对于这个老问题：历史学有没有它的前提假设？沃尔什的答案是：当然是有的！而那个前提假设就是历史学家本人的哲学见解；历史学家"每个人都各以其自己的哲学观点在探索过去"，而"这对他们解说历史的方式有着决定性的影响"。[②] 因此对于相同的史料，就可以得出各不相同的历史构图。就历史构图的形成来说，这些前提假设乃是先天的、立法的（假如可以借用康德的术语的话）。因此每一个时代、每一个历史学家才对历史不断地形成新的理解，这不仅是由于不断地有新的史料的发现（相对地说，史料总是有限的），而其更是由于人们的思想观念在不断形成新的网络的缘故。也就因此，沃尔什才说编年（史实）之于历史学，正有如知觉（感官数据）之于自然科学；虽则这种说法也有的分析历史哲学家并不同意。[③]

　　史家理解历史或者史家写史，总是在某种思想的指导之下进行的；如果没有某种指导思想，那就只会剩下来一堆枯干的没有生命的支离破碎的

---

① 布莱德雷：《批判历史学的前提假设》（*The Presuppositions of Critical History*），芝加哥，1968 年，第 96 页。

② 同上书，第 107 页。

③ 参见丹托（A.Danto）：《分析的历史哲学》（*Analytical Philosophy of History*），坎布里奇，1965 年，第 259 页。

朴素史实，而没有史学可言了。但史实本身并不就是史学，它只是史学的原料，正如一大堆砖瓦并不就是一座大厦，而只是建筑大厦的原料。史学乃是要建造一座大厦，一座历史构图的大厦。如果说，哲学是对思想的反思，那么历史哲学就是对历史思想的反思，或者说是对历史思维的另一个更高级次的思维。因此，历史学就必须有其先行的道德的和形而上学的前提假设，历史学的客观性必须而且必然要受到这些前提假设的制约。这也就是说，历史学家的价值观念，——它是在左右着历史学家的历史图像的形成的，——乃是历史研究的前提，而并非历史研究的结论。这也就是对同一件史实有着许多种不同解释的原因。伯里（J.B.Bury，1861—1927）提出过，过去确实是什么样子，历史学就应该按那样子去写。不过，问题并不像伯里所设想的那么简单。历史——伯里所谓的过去确实是什么样子——并不单纯是历史材料或历史数据的函数，而且同时更为重要的是，它还是那些在研究怎样发见"过去确实是什么样子"的人们（也就是，历史学家）的心灵和思想的函数。沃尔什这样把历史学比作数学函数，优点之一是它有助于阐明历史学的一种特性，即历史学不仅有其作为科学的一面，而且也还有其作为艺术、作为美学的一面。当然，这种说法也有它的缺点。如果历史学家之理解或阐明史实，像他所论断的那样，乃是通过把史实"综合"或者"概括"于"适宜的概念"[①]之下，而且这种综合或概括又并不是外加的，而是由史家本人进行历史学研究的固有的性质所决定的；那么这就不免孕育着一种通向相对主义的可能性，即史家选择他那结构的布局并不是出于历史认识的需要，而是出于史家个人的偏爱或好恶。用怀特（Hayden White）《元史学》（*Metahistory*，1933）一书中的说法，这就是可以把同一件史实纳入不同的布局之中的原因。

　　看来，近年来西方历史哲学发展的一般趋势是把历史研究越来越看作是一种人文研究而非一种科学（包括社会科学），着重点越来越转到历史

---

① 沃尔什，前引著作，第 59~64 页；又，可参看沃尔什:《历史的可理解性》，载《哲学》杂志第 17 卷第 66 期，第 133~135 页。

写作的结构和布局 ① 方面，似乎是日愈在回到自古以来文史不分的传统老路上来；当然，其着眼点仍然是在知识论的意义上而非在文学的意义上。沃尔什的书没有正面论述这个问题，但他的基本思路和这个问题是相通的，甚或是它的前奏。

三

　　为了明确历史知识（或者不如说历史解释）的性质，沃尔什用了很大的篇幅来讨论历史和历史知识的客观性及其真实性的问题。他承认历史客观性的问题是"批判的历史学中最为重要而又最令人困惑"的问题，并对历史的客观性作出了这样一种规定，即所谓的历史客观性就是"每一个进行认真调查研究的人都必定会加以接受的"② 东西。这样一种规定表明了他的理论的"唯心的"性质，因为这一规定不符合人们在日常意义上对科学客观性的概念。在日常意义上，我们说一件事物是客观的，——例如喜马拉雅山的存在是客观的，——我们的意思是说，它的存在并不有赖于人的认识；也就是无论人们认识它与否，它总归是存在着的。但沃尔什这里所谓的客观性却有赖于每个人的认识。正是因此，丹托才称沃尔什所谓客观性的学说是"相对主义的"。③

　　沃尔什又认为历史解释之中就隐然地包含有对普遍真理的参照，尽管对大多数历史学家说来，这一点并不是显然的、自觉的或有意识的。④ 也就是说，要理解历史，我们就必须运用某些与之有关的普遍知识。一般地

---

①　例如，一个有趣的例子是，怀特把 19 世纪以来历史学家的布局分为四种类型：传奇、喜剧、悲剧、讽刺，分别以米希勒、兰克、托克维尔和布克哈特四位史家为代表；并强调说这并不是在模仿文学的形式，而是语言学的现实的必然规定所使然，即 metapher，metonymy，synecdoche，irony 分别导致了四种不同的历史想象。

②　沃尔什，前引著作，第 94~96 页。

③　丹托，前引著作，第 102 页。

④　在这一点，他和柯林武德的不同在于：他认为科学中 Covering Law 的模型，在历史学中有着广阔的用武之地。

说，这种说法或许可以为历史学家们所接受；然而沃尔什对此还有更具体的涵义。他认为，历史学家（或者至少是历史哲学家）的首要任务就在于明确这些普遍知识都是什么。并且在他看来，这些普遍的知识并非来自科学，而是来自历史学家对人、对人性的基本判断。而这些判断，——他强调说，——可以说是人们的先入为主的成见，它们决不是实证的科学；它们是不受任何检验的、为人们所预先假设的前提。如果一定要说它们也是一种科学，那么它们就只能说是一种"人性科学"，或者人性学。但是这种说法如果要能成立，也会遇到它的难点。德雷就曾指出，如此说来，它们就只不外是心理学，而且只不外是普遍人的常识心理学罢了。[①] 或许，沃尔什的这一说法，可以这样来解释，即它的主旨只不过是要表明，历史学并不是（或者并不完全是）纯科学，因为历史学不可避免地总要有其实用的或实践的背景，而纯科学是可以不考虑实用的背景的。因此之故，他才断言："对历史学的任何论述而遗漏了历史研究的实用背景的，就必定是全然谬误的。"[②] 然而历史学的实用背景也是不断在变化着的，所以就这种意义而言，历史学也就是不断在变化着的（虽说成为历史学研究的对象的史实是可以不变的）；所以在史实不变的条件之下，历史学仍然有其不断在变化着的历史。历史学当然不能脱离史实，脱离了史实即无所谓历史学；但是历史学之成为历史学却并不取决于史实，而是取决于历史学家的前提假设。而前提假设却不是从史实中得出来的，而是（用一种形象的说法）历史学家所强加给史实的。沃尔什是推崇休谟的，他以为上述的论点只不过是休谟对于奇迹的论点的进一步的引申。大体上说，丹托对这一点的评论可以代表分析的历史哲学对沃尔什的评论。丹托批评沃尔什的论点说："他只是以更大的明确性更加详尽地思考了人们一般都抱有的想法"[③]；但同时丹托又指出，沃尔什的分析忽视了历史学家的历史想象力在进行创造性

---

① 德雷（W.Dray）：《历史中的规律和解释》（*Laws and Explanations in History*），牛津，1957 年，第 135 页。
② 沃尔什，前引著作，第 196 页。
③ 丹托，前引著作，第 299 页。

活动时的作用。

毫无疑问，分析的历史哲学是直接在分析学派思潮的强大思想影响之下而出现在当代史坛之上的，甚至于可以说是分析学派的思潮之侵入了历史学领域的结果。但又正如分析哲学虽然大大有助于澄清传统哲学的问题，然而它却并没有能对传统哲学问题正面给出真正的答案；它只是转移了、绕开了或者回避了问题，而没有能解答问题。同样地，分析的历史哲学也只是有助于澄清传统历史哲学（即思辨的历史哲学）的问题，而并没有能正面回答传统历史哲学的问题，即客观历史究竟有没有规律，如果有，那规律又是什么。分析的历史哲学把问题的出发点从客位转移到主位上来，它不问客观历史是什么，而是代之以历史学家是怎样在认识客观历史的，这一历史认识过程的性质是什么。它提出了问题，这种提法是有价值的；但是它并没有解决原来的问题。

应该说，历史学是一门科学，而且是一门独立的科学。历史学既然是一门科学，所以它就必然分享着科学的普遍性；凡是科学所具备的普遍性，它也是具有的。同时它又是一门独立的科学，而作为一门独立的科学，它就又具有它的独立性，亦即它所不同于一般科学的特殊性，——例如它所看到的历史发展就必然不同于生物演化的过程，我们也不能以描叙生物演化过程的那种方式来描叙历史过程，更不能把生物学的规律和研究方法照搬到历史学中来。历史学和一般科学既有同一性的一面，又复有分歧性的一面。以普遍性来抹杀特殊性，或者以特殊性来抹杀普遍性，都不免犯片面性的错误。这种情形颇有似于历史学中的另一个问题，即个人与拟制的问题。古代的历史学的重点是以具体的个人为其研究对象的（如布鲁塔克的《英雄传》）；而现代的历史学研究对象则更多地从个人转移到拟制上面来（如封建制度）。有人（例如布沙尔［Bouchard］）认为历史研究的是集体行为；也有人（例如利科尔［Paul Ricoeur］）则认为所谓集体行为无非就是各个具体的人在做着各不相同的具体的事，脱离了个人就无所谓集体行动。情形很可能是：历史学如果要成为名副其实的一门真正独立的科学，它就必须同时既考虑到普遍性又考虑到特殊性，正如它必须同时既考虑到集体又考虑到个人。

分析的历史哲学虽然到现在还只有短短半个多世纪的历史，但已经在西方史学理论界占有统治的地位，也做出了不少的贡献，特别是对于历史知识的性质的问题，它大大深化了人们的认识。但是迄今为止，它也还有不少问题是值得商榷的。也许现在就给它下定论还为时过早。它的前途主要恐怕还要取决于它本身今后的实践。我们这里也无意给它过早地做什么结论，只不过是对这门新兴的学科以及沃尔什在其中的贡献做一个简单的介绍；何况作者虽然涉及思辨的和分析的历史哲学的广泛题材，但还没有来得及进一步深入地展开下去。

四

自从沃尔什的此书行世，标榜出分析的历史哲学以后，西方史学界这方面的著作层出不穷。在此书出版的 16 年之后，即 1967 年，作者又针对着这一期间有关的研究和讨论对本书作了修订。作者已于 1986 年逝世，关于他晚年的最后一些观点，读者有兴趣的，可以参看他 1981 年写的一篇文章，题名为《我们从历史学家那里能够学习什么》[1]。该文对本书的某些论点有简明扼要的阐述和补充，其中并特别重申了本书中的一个论点，即研究历史乃是为了研究历史本身的缘故，而不是——像科学那样——为了要把具体事实作为是普遍规律的一个事例而加以研究的。另外，作者还写了一篇《黑格尔论历史哲学》[2]，读者也可以参阅。

原载《史学理论》1988 年第 3 期

---

[1] 载卡尔和德雷（D.Carr and W.Dray）编：《今日的历史哲学和历史实践》（*La Philosophie de L'Histoire et La Pratique Historienne D'aujourd'hui*），渥太华，1982 年，第 179~194 页。

[2] 载《历史与理论》（*History and Theory*）附录（5），1965 年，第 82 页以下。

沃尔什和历史哲学补论

一

沃尔什（William H.Walsh）于 1913 年 12 月 10 日生于英国利兹（Leeds）城一个下层小资产者的家庭。他父亲是浸礼会教徒而母亲是天主教教徒，所以他从未受过洗，这被他引为终生憾事。1932 年他入牛津大学默尔敦学院从事古典学术研究，同时从他的导师缪尔（G.R.G.Mure）学习哲学并获得优异成绩。1936 年他当选为该学院助理研究员。1939 年第二次世界大战爆发，他应征入伍服役。战后 1947 年他重返牛津，继缪尔任哲学研究员及导师。随后，转任圣安德鲁斯大学哲学讲师。1960 年他任爱丁堡大学的逻辑学和形而上学的讲座教授，直迄 1979 年退休为止。1986 年 4 月 8 日他逝世于牛津，享年七十有三。

缪尔本人的教条气息较浓，坚守自黑格尔下迄格林和布莱德雷这一当时已告式微的唯心主义传统，而反对正在英国风行一时的、以摩尔和罗素为代表的逻辑实证主义。逻辑实证主义者一般都不重视哲学史，而尤其是鄙视并反对形而上学。沃尔什对当时的各个学派都做过深入研究；一方面他接受的有从笛卡尔至黑格尔的各家系统哲学，另一方面也接受当代流行的各个学派，特别是逻辑实证主义。20 世纪中叶，语言哲学在西方（尤其在英、美）几乎成为主流时，他虽然也对赖尔和奥斯丁等人的理论表示过赞许，但又力挽狂澜，坚持强调历史学中形而上学的重要性（在这一点上，他有似于克罗齐和柯林武德）。他不同意语言哲学如下的这一基本立场：语言是哲学唯一的（或至少是主要的）内容和对象。他教学的重点是放在康德的批判哲学上，表现了与牛津学派迥然不同的学风。他在爱丁堡大学进行了一系列教学改革，使爱丁堡大学的哲学专业在英国居领先地位，同时他还大力推动历史哲学和史学理论的研究与教学。他的主要著作有：《理性与经验》（1947 年）、《历史哲学导论》（1951 年，修订版 1967 年）、《形而上学》（1963 年）、《黑格尔伦理学》（1969 年）、《康德对形而上学的批判》（1976 年），另有论文数十篇。退休以后，他住在牛津，着手写一部康德哲学，但未及完成而逝世。历史哲学和史学理论他在一生学术活动中是一个重要部分。

二

沃尔什早年就对历史学深感兴趣；在读过了黑格尔饱含着历史感的《历史哲学》之后，对于历史的意义这个问题尤为关心。他的《历史哲学导论》在西方已成为第二次世界大战以后这门学科的重要代表著作之一，也是流传最为广泛的一部。此书的第一部分探讨历史思维的逻辑，即对历史的解释、历史事实的真实性、客观性和因果性的问题；第二部分则探讨所谓思辨的历史哲学，亦即对于历史的形而上学的解说（史观），或者说历史作为一个整体的意义是什么这一问题。第二次世界大战后在西方所通行的思辨的历史哲学与分析的历史哲学这一划分，是由他最早拈出的。这种区分近年来也往往遭到批评，被认为并不妥当；不过应该指出的是，沃尔什本人并没有想把这一二分法加以固定化的意思。他虽然对思辨的历史哲学的宏伟体系持有怀疑态度，但同时也充分认识到道德的和形而上学的前提假设对于历史学之不可或缺的重要作用。因而他一方面反对实证主义的历史学，另一方面也反对唯心主义（理想主义）的历史学。

简单说来，沃尔什历史哲学的基本论点似乎可以概括如下：对于历史的理解或解释，有赖于历史学家对于人性的概括和总结。——这里面既包括有经验的成分，也有先验的成分。（大体上相当于人们做出了什么和人们应该做出什么这两个部分。）当然他也看出这个论点很容易启人疑窦。

人们不仅要疑问对于历史解释的有效性，而且还要疑问历史事实本身存在的根据；因为历史事实是以判断的形式呈现的，而判断又有赖于不同的前提假设，但不同的前提假设又可以得出不同的事实构图。为了解决这个难题，他就提出了他的所谓"配景理论"，或者说一种激进的"配景主义"（perspectivism）。这一理论的要点在于承认不同的事实之间存在着"不可公约性"；也就是说，在具有不同的道德的和形而上学的观点的历史学家们之间可以有"不可公约的"（即没有一个共同尺度的）历史事实，而在有着共同的道德的和形而上学的观点的历史学家们之间，则可以达成一种共同的或客观的历史意识。

早在他的《理性与经验》一书中，他就发挥了康德的论点，认为没有范畴，有组织的知识就是不可能的。30年后，在1977年所写的《再论历史学的真实性与事实》一文中，他更多地吸收了康德批判形而上学的判断的理论。他区别了两种判断：一种是我们自己实际上作为思想者或思想主体所作出的判断，一种是我们要使自己的判断成为一切人都会接受的那种"理想式的判断"。我们自身的思想的实际判断当然会肯定某些历史事实，然而同时又要使之符合于上述的理想条件；——这自然是大非易事。沃尔什承认历史学家的思想没有能力可以宣布一种在逻辑上既是无可辩驳的、而同时在事实上又是可以验证的道德的和形而上学的结构，虽说他承认历史学家的道德的和形而上学的信念有着可以不断修改的余地。这个问题目前还只好是悬而未决，留待将来去解决。

和柯林武德相同的是，沃尔什不同意逻辑实证主义者的反形而上学的立场。他认为他们并没有真正掌握形而上学的体系，就以片言只句来断章取义，笼统而武断地否定形而上学。形而上学——无论是超越的，还是内在的——就在于要使经验作为一个整体而成为有意义的。并且就此而论，即使是超越的形而上学，也有其内在的方面。沃尔什本人是倾向于内在说的，他认为形而上学的任务就是要提出一套真范畴，从而为我们的经验提供一套统一的观点。但和柯林武德不同的是，柯林武德认为形而上学只不过表述某一历史文化的某些基本前提假设而已；沃尔什则认为各种不同的形而上学是在不断竞争着的，我们必须在其中作出选择，所以形而上学的任务乃是要选择规律，而不是要按照某种规律去办事。形而上学就在于阐明一套范畴结构，从而使我们能够系统地把经验看成为一个整体。因而，它那推论方法就既不是归纳的，也不是演绎的；就其本性而言，倒不如说是颇有似于文学批评的方法。我们对于各种理论都应该就其一贯性（即它本身的内在逻辑结构）及其综合性（即它对经验现象的概括能力）两个方面加以评估。形而上学固然也需要有论证；然而它之能否为人所接受，则须看它能否使人用来解说所观察的经验。这里面便有一个深度和洞见的问题。这也就蕴含着，理解和经验这两者是分不开的，而并非如一般人所认为的那样，即形而上学是脱离经验的理论。就此而言，则形而上学就必须满足某些必要的条件；当然，必要条件并非即是充分条件，所以每个人就仍然可以保留有其自己选择的余地。柯林武德和沃尔什两个人都针对着逻辑实证主义的反形而上学的立场，而努力在维护形而上学的价值和重要性。尽管两人立论的根据有所不同，但在形而上学在当时被攻击得体无完肤、处于风雨飘摇之际，两人都继续坚持要把形而上学摆在哲学研究的中心地位。而历史哲学则同为两人这一努力的组成部分。

三

　　历史事实的客观性这一问题，是沃尔什历史哲学所讨论的中心问题。对这个问题可以说通常有两种答案：一种是客观主义的，即认为历史事实是绝对地客观存在着的；另一种是怀疑主义的，即否认历史事实具有客观真实性，而认为每种历史事实都只相对于历史学家的主观认识而存在。沃尔什于这两种答案之外，提出了第三种答案，即他的配景主义。这种答案有点像是波普尔所主张的，历史事实具有其相对于某种观点的客观性。1951 年《历史哲学导论》初版时，沃尔什倾向于相信有可能发展出如下一种观点而为人们普遍接受，即历史学家们虽然从不同的道德的与形而上学的前提出发，但终究有可能获得一致的意见。自然科学家之间可以有不同的哲学观点，但是在所有的自然科学家之间终究是有一个共同的尺度的；没有一个共同的尺度，就没有可能衡量科学上的是非，而没有共同的是非，就没有科学可言了。科学客观性的充要条件，乃是人们的普遍同意。但是在历史学中，不同的道德的和形而上学的前提能不能对于同一个历史事实都得出同样一致的结论来呢？　16 年以后，即 1967 年，沃尔什似乎又从他原来的立场上后退了，他似乎不大相信历史学家们终究能取得一致的意见 ①。

历史学家的道德的和形而上学的出发点，或者说他们的前提假设 ②，对于历史的客观性起着一种制约的作用；而这一点在自然科学中却似乎并不存在。但也有人认为这种区别并没有多大根本意义，因为这一区别只是程度上的，即只是量的差异而非质的不同。自然科学家也会受到自己的哲学观点的制约的；只不过，这一点在历史学家的身上表现得格外显著而已。因此，归根到底，道德的、形而上学的和价值观念的不同，就形成了不同的历史学家对于历史的理解或历史观的不同。

沃尔什把过去一切的历史哲学大抵分为两类，他分别称之为"理想主义的"和"实证主义的"。其区别在于前者强调历史学本身的自律性（把自律性看作是它与其他科学不同的所在），而后者则力图使历史学认同于或同化于其他的自然科学或社会科学。这一区分亦即阿特金森（R. F. Atkinson）所谓的"自律论"与"同化论"之分。凡是把历史学认同于科学的，便是"实证主义"或"同化论"；凡是不认同的，则是"理想主义"或"自律论"。就这种区分而论，当代西方历史哲学家之中，奥克肖特、克罗齐和柯林武德可以划归为"理想主义"或"自律论"，而波普尔和亨佩尔（Hempel）等人则可以归入"实证主义"或"同化论"。亨佩尔 1942 年的那篇名文（《普遍规律在历史学中的作用》）大意是说：历史学中的解释与自然科学中的解

①　参看阿特金森（R. F. Atkinson）：《历史学中的知识和解释》，绮色佳，康奈尔大学出版社，1978 年，第 81~82 页。

②　历史学中的"前提假设"，布莱德雷用的是 Presupposition 一词，沃尔什用的是 Preconception 一词。

释，其逻辑性质是相同的，二者间只不过有精粗之别而已；所以历史事件
也应该以科学规律加以解说（这就是他所谓的 covering law）。50 年代初，
沃尔什的书问世以来，加德纳（P.Gardiner）主张调和这两派而偏于同化论，
丹图（A.Danto）也意在调和，而德雷和盖利（Gallie）则持反对同化论的
态度。

　　理解历史必须从假设某些普遍性知识的命题（如，存在决定意识，或
思想决定一切之类）出发，所以历史学作为一门学科，首先就必须弄清楚
这些作为历史理解的前提的普遍性的命题或假设都是些什么。① 实证主义
者认为这类普遍性的知识来自科学，沃尔什则以为它们并非得自科学而是
得自历史学家对于人性所做的判断，也就是人性对于生活中的各种挑战都
做出了什么反应以及怎样做出反应。但应该着重指出：这种"人性的科学"
并不是心理学或心理的科学。历史学家乃是根据"人性中的可能"在判断
过去的历史的。然而，德雷却反驳这一论点说，这种所谓的人性的科学和
心理学二者在理论上并无不同；如果说有不同的话，也只在于其间有精粗
之别。于是，这就又回到了亨佩尔的观点，即只是由于心理学目前的落后
状态，故而历史学家目前还只能根据自己个人的经验和心得来概括出人性
的规律。因此，德雷以为沃尔什的问题就出在他的"人性"上。②

四

　　19 世纪末叶以来，西方（尤其是德国）史学思想中有着这样一种非
常流行的见解：历史学和自然科学在本质上是不同的，所以自然科学的思
想方法就不能应用于历史学的研究。20 世纪初在德国，豪西（Heussi）就
怀疑对历史有进行客观研究的可能性；韦伯虽认为逻辑思维与科学方法对
一切人都是同样有效的，但认为价值观却是非理性的，而曼海姆（Karl
Mannheim）则根本否认科学方法的普遍性。在这个问题上，沃尔什虽也强

---

① 参看沃尔什：《历史哲学导论》，伦敦，Harper & Row，1967 年，第 63~65 页。
② 参看德雷：《历史学中的规律和解释》，伦敦，牛津大学出版社，1964 年，第 135~136 页。

调历史学与自然科学两者之间的区别，然而他并不认为两者是截然相反的或互不相容的。他并没有把两者的不同加以绝对化。

沃尔什的论点是：理解历史要求历史学家具有对于精神生活的体验，而在自然科学家则并不存在这个问题。当然，这个论点无疑大抵上是正确的，然而它却并不必然地意味着或蕴含着历史就是人们内心的产物。它只不过是说：理解历史最后总要通过一个不可或缺的环节，即心理的环节。而这一不可或缺的环节却恰好被实证派的历史学家——只着眼于社会的动力学规律而不谈个人心灵活动的历史学家们——所轻易地遗漏掉了。社会运动的规律，其本身并不就呈现为具体的、有血有肉的历史。例如，写贾宝玉、林黛玉的爱情故事是一回事，写18世纪的中国社会史又是另一回事。自然，宝、黛的恋爱不能脱离18世纪中国的社会历史背景，但是研究18世纪的中国社会历史并不能代替研究宝、黛的爱情，也不足以说明宝、黛恋爱故事的精神和实质。社会分析是不能代替心理分析的。在这一点上，历史学家倒更有似于艺术家，他必须要写出来具体的人和事，而不是像科学家（无论是自然科学家或社会科学家）那样单纯去总结出普遍的规律来。自然科学或社会科学以总结规律为其目的，而人文科学——或者更好是称之为学科，在这里德文的 Wissenschaft 一词要比英文的 science 一词更恰当一些，——则以理解和表现具体的人和事为自己的目的。表达宝、黛的感情，这是艺术家的任务；表达恺撒、安东尼和克里奥巴特拉的思想和活动，这是历史学家的任务，二者基本相似；至于总结其间的规律乃至经验教训，虽然历史学家也应去做，但不能离开对具体的人和事的考察。社会规律和个人活动虽然处于同一个统一体内而不可分割，但两者终究并不就是同一回事。

科学需要进行观察、实验和调查，但是历史学家却无法对已经成为过去的人和事进行观察、实验和调查。何况，历史学家还有其不可须臾离弃的（而科学家却可以完全不予考虑的）价值观和道德的以及形而上学的信念。然则，历史学又如何可能成为一种科学或学科？这是历来历史哲学家们都面临着的一个根本问题。对这个问题，沃尔什的答案是说：历史学有其超科学之外的成分，这是无可避免的；然而那种成分却不是主观的、任意的。历史学家是以他自己预先假设的或构想的观点在观看过去的，他的工作乃是要在其中找出什么是真正重要的东西。[①] 但这个论点看来有一个缺欠，是沃尔什本人未能做出圆满的解释的，即他没有能说明何以这一特征就是为历史学所独有的。因为在我们通常看来，自然科学其实也是免不了有其预先假设的形而上学的观点的，例如牛顿的古典体系就是一个显著的例子。固然，历史学家有其不可离弃的价值观，而历史学家却往往并不自觉这一点；但沃尔什解释说，这正是由于历史学家过于"把自己的价值判断认为是理所当然"[②] 的缘故。这里人们不免要问，这种解说（至少在某种程度上）不是同样也适用于自然科学家所抱有的形而上学的信念吗？

据说历史学家必定有其不可须臾离弃的道德的和形而上学的前提假设；而不像自然科学家那样，对于其所研究的对象保持着道德的中立。但是假如每一个历史学家都有着不同的前提假设，——正如沃尔什本人所承认的，每个历史学家肯定会有其各不相同的前提假设，——岂不是就没有大家所一致公认的客观历史或者历史的客观性之可言了吗？那么，剩下来就只有每个历史学家对历史的主观体会了；难道"诗无达诂"也可以或者也应该同样适用于历史学吗？历史学家对历史的理解能说是一种主观的体会吗？（当然，我们不会说自然科学家对自然的理解只是一种主观的体会。）是"史无达诂"吗？沃尔什曾深受康德的影响。康德以为认识有先天的成分，但正由于它是先天的，就保证了它是客观的，即对大家都是同样有效的。假如我们的道德的和形而上学的信念并非完全是先天的，其中也有后天的成分，那么我们怎么能够保证对历史认识的一致性和客观性呢？

这就牵涉到另一个更根本的问题，即历史学家的道德的和形而上学的信念的根源是什么？说"信念"，这就意味着它所断言的真理是不可能加以证实或否证的；然而它又是（按康德的方式）不可或缺的。这一点可以理解为是由于理性所具有的非理性的性质而使然；或者可以说，广义的理

---

① 沃尔什，前引书，第 185 页。
② 同上书，第 101 页。

性就包括非理性的或超理性的成分在内。历史学家不可能不是从他的某些前提假设出发的，所以他所作出的判断就必然是价值判断，尽管对于这些作为前提假设的信念，历史学家可以（而且实际上往往）是不自觉的，但"它对他们解释历史的方式是在起着决定性的作用"①。有些历史学家标榜所谓"科学的"历史学试图从历史学中抽除价值判断，但结果却只能是犯极大的错误②。历史学家总是以自己的哲学观点在研究过去的；这是无法改变的而又无可如何的事，因为历史学家不可能没有自己的前提假设。归根到底，主观的因素（无论先天的或后天的）总是无法排除的，这些因素可以呈现为时代性、民族性、阶级性、集团性、宗派性或任何其他的什么"性"。正是因此，对于历史的理解就始终"包含着根据某些原则而对证据进行判断"③。换句话说，在对历史理解的过程之中，自始至终都存在着主观的因素，或者说某种前提假设。

　　我们对历史的见解当然也并非是永远固定的，一成不变的。我们一方面是在以自己的见解理解历史，而同时另一方面"我们就在自己历史研究的工作之中修改着我们对于那个（历史）问题的见解"④。这和他谈历史客观性的论点是相一致的。沃尔什使用客观性一词时，是用在一种较广泛的意义上，即"凡是一切严肃认真的调查都可以接受"的东西，就是"客观的"⑤。历来谈论真理或真实性的，大体上可以分为融贯论和符合论两种说法，前者认为真理意味着其自身内部是融通一贯的，后者认为真理就是指与外界事实相符合。沃尔什试图综合这两种说法；他同意融贯论，认为一切历史论述或历史判断都只是相对的，我们不可能对过去有确切不移的知识，也就是说我们只知道我们的历史认识自身能否自圆其说，而不可能知道历史事实究竟都是些什么。但是他也同意符合论，认为应该肯定各种独

---

① 沃尔什，前引书，第103~107页。
② 同上书，第196页。
③ 同上书，第105页。
④ 同上书，第69页。
⑤ 同上书，第96页。

立于我们的认识之外而存在的真实或现实，并且历史学家的任务就是应该把它的特点描述出来①，然而沃尔什经过多年的彷徨与折中而总结出来的那套配景理论，在逻辑上尚远不是自圆的，在实践应用上也是颇成问题的。

　　沃尔什之反对逻辑实证主义，还另有其深刻的思想根源。当代逻辑实证主义的发展越来越走向纯技术的操作，从而就日愈远离了哲学的根本问题。沃尔什反对他们那种反人文主义的繁琐倾向，因为他本人是被自由主义的传统所孕育出来的，这个传统中的那种为崇高的理想所鼓舞的精神，在现代的分析哲学中似乎已经被人遗忘了。不过和古典自由主义不同的是，他并不把人性看作是一个不变的常数。相反地，他倒认为人性乃是"以最显著的方式随着每个时代而在变化着"②的。但是作为古典自由主义代言人的历史学家吉本却看不到这一点，所以吉本的著作就犯了根本性的错误。另一方面，与逻辑实证主义不同的是，沃尔什"主张有一套属于人性科学的基本概括，这是一切历史著作所假设的前提"；因此之故，"历史学乃是具有其本身所固有的特征的一种知识形式，——尽管它和自然科学乃至常识，并不像有时候被人所想象的那么不同"。③并且因此，我们就应该承认："有关人性的真理，在历史理解中乃是预先被假定了的"，而"历史学家则是以某种有关人性的概念在着手自己的工作的"。④不仅对于通史的研究应该如此，即使是对于某一狭隘的历史专题研究，也不可能没有这样一种脉络广阔的构想为其背景⑤，否则就根本谈不上对于历史的理解。由此而得到的结论便是：历史学并非是单纯叙说一连串的事迹而已，其中还不可避免地包含有历史学家本人所做的评价在内。这个论点看来和布洛克（Marc Bloch）的说法有类似之处，布洛克认为历史之能够有意义，只是"相对于参照一套我们有意识地所接受的道德体系而言"。⑥没有这一前提假设，就

---

① 沃尔什，前引书，第89页。
② 同上书，第66页。
③ 同上书，第70页。
④ 同上书，第69页。
⑤ 同上书，第187页。
⑥ 布洛克:《历史学家的行业》，纽约，Vintage Bks，1953年，第139~140页。

不能够对历史作出评价，也就不可能有对于历史的理解。历史理解（和自然科学的理解不同）其本身就是一种评价。

　　于是，这仿佛又回到了常识，即有某些基本史实对一切历史学家都是共同的，绝不会因人而异，但是对于它们的理解和解说（也就是评价），则一定会言人人殊。无论否认前一点（即不承认有对所有的历史学家都是同样存在着的历史事实），或者否认后一点（即认为对同样的史实，所有的历史学家都应该得出同样的解释），就都不会有历史学，也不可能有历史学的进步。① 前一点是历史学与艺术不同之所在，因为艺术家的对象可以是完全虚构的，是艺术家个人想象力的产物；后一点则是历史学与科学的不同之所在，因为科学家以同样的事实为对象，就应该得出同样的结论来。所以历史学和科学与艺术这二者既有其共同之处，又有其不同之处。历史学既有作为艺术的一面，又有作为科学的一面。历史学作为艺术是不同于科学的，历史学作为科学又是不同于艺术的。或许，这就是历史学之所以成其为历史学的所在。或许，这也就附带地解决了历史学之与科学以及与艺术的不同究竟是质的不同（如新康德主义所主张的），还是量的不同（如实验主义所主张的）。看来实证主义者要把历史学上升为一种严格意义上的科学的那种努力，是把问题过分地简单化了。

五

　　在评论了沃尔什的历史哲学之后，我们可以用离开本文主题稍远的几句话来作为结束。19 世纪以来，在西方史学理论领域形成了一场轩然大波的，是有关历史研究的性质及其方法的大辩论。到了 20 世纪 20 年代，第一次世界大战之后，早一个时期有关"进步"、"周期"、"阶段"、"演化"、"规律"等等的观念，似乎都已逐渐成为明日黄花。凡是属于这类企图寻求因果关系类型或规律性类型的历史观点，就都被戴上了一顶"思辨的"帽子。

---

① 德雷认为沃尔什（也还有曼得尔鲍姆 Mandelbaum）是提示着所谓 covering law 的理论需要修正。（参看德雷，前引书，第 10 页。）

而"思辨"一词在当代西方（尤其是英语世界）的思想理论界，则往往是一个贬义词；这应该说是由逻辑实证主义所衍生的一种偏见。而与此相对立，他们就别标"分析的"（或"批判的"，或"科学的"）一词，把历史哲学的重点从对历史发展过程的规律的探讨，转移到对历史的理解或解释的研究上面来。这场历史哲学上的重点转移，显然与当时分析哲学的兴起并取代以前的系统哲学（或形而上学）是同步的。在他们的用语里，"思辨的"和"形而上学的"乃是同义语。

这里的问题，仍然是一个老问题，即我们认识中的先验与经验的关系问题。例如，我们的科学知识是不能闭门造车的，它必须由经验的事实来加以验证，看它是否能够出门合辙。经验的事实，是我们赖以检查知识正确与否的标尺。但是另一方面，似乎我们也可以具有某些先验的知识，是无需靠经验来加以证实或否证的。数学知识似乎就属于这种性质。我们完全可以关起门来进行数学运算和推导，只要我们闭门造车的运算和推导是正确的（即合逻辑的），我们就不必担心它出了门会不合辙，它出门之后肯定是不会不合辙的。似乎数学的先验性——它不必有赖于经验事实的验证——只要运用得正确，其本身就足以保证它那结论的正确性，而并不再需要任何经验事实的验证。那么，是不是所有先验的推论，包括对历史的先验推论（即所谓思辨的历史哲学）也可以根据同样的理由成立呢？如果说，几何学中的点和线是我们从经验事实中所抽象出来的纯概念，那么我们不能也同样地从历史的事实中抽象出来某些纯概念吗？德国古典历史哲学，尤其是康德的和黑格尔的，就正是这种意义上的思辨历史哲学的代表。我们应该有理由问：它们除了其时代的、历史的意义或贡献而外，是不是也包含有其理论上的合理的内核呢？对这个问题，沃尔什的答案是否定的，他认为传统的思辨历史哲学若是要说："如果我们观察历史的事实，我们就会看到它们符合纯粹理性独立于一切经验之外而能制订出来的一种模型"，那么"这就是一种没有一个真正的历史学家将会相信的说法"。[1] 我个人觉

① 沃尔什，前引书，第 149 页。

得这种论断未免有过分武断之嫌，除非是我们能证明人们的思维方式绝对没有、也不可能有任何先天的成分。但他在评论以往的思辨历史哲学的时候，也提出了一些很精辟的见解。他批评康德说，康德从来没有想到过我们有可能选择各组不同的范畴，并有可能从其中找出更好的一种来更加妥当地掌握现实。康德的历史哲学之所以出了问题，不仅在于它那先验性，而且尤其在于它那过多的目的性（例如康德开宗明义所断言的，人的全部自然禀赋是终将充分地、合目的地发展出来的①），沃尔什提出，历史学的客观世界并不是一组事物，而是一组为每个人都同意的事实，所以历史判断中的感觉成分尽管呈现于每一个个人，却并不是个人主观的东西。他又评论黑格尔说，黑格尔对个人所处的社会历史地位是敏感的，从而就为理解自我和道德提供了更为高明的看法。不过，黑格尔把历史当作是自由意识本身的进步过程，这却脱离了具体的历史背景，从而回避了真正的问题。沃尔什以为黑格尔"逻辑学的这种表现（指黑格尔从纯概念中抽象地推导出一部人类历史哲学——引者），看来非常像它的批评者所指出的，它是deux ex machina［从机械中造出来上帝］"。②可是，"既然历史是一个尚未完成的过程，它那全体的布局（即黑格尔的历史哲学——引者）又怎么可能从经验之中被发现呢"？③这种责难对于先验的历史哲学也许并不是很公正的，因为先验的历史哲学正是要从纯概念之中推导出来一套"先天而天拂违"的历史模型来。我们不妨比较一下柯林武德对克罗齐的批判。克罗齐以新黑格尔派闻名，他把历史和哲学打成一片：历史即哲学，哲学即历史；所以"真正的历史就是有可能进行内证的东西"④，亦即是可以从纯思维推导出来的东西。柯林武德（他也被归入新黑格尔派）认为克罗齐的错误在于把哲学归结为历史，而这二者虽有密切的联系，但毕竟是两种不同性质的学科。哲学（和科学）的知识是抽象的，而历史知识则是具体的（即

①　参看康德：《历史哲学》，《康德全集》，柏林，G.Reimer，1912—1935年，第8卷，第18页。
②　沃尔什，前引书，第147页。
③　同上书，第149页。
④　同上书，第136页。

不是对普遍概念的理解，而是对个别事件的理解）；所以历史学就需要有直觉，而抽象的知识则否。

有一种流行的看法是：历史学要跻入科学的行列，就必须否定人类有精神的自由；反之，如果承认人类精神是自由的，历史学就无法置身于科学之林。[①] 不过，这两者间的关系也许并不像表面上看去那么地互不相容。历来历史哲学的一个根本问题，就是要在这两者之间找到一个联系点，或者说找出其间的辩证统一的关系。这并非是不可能的事，但是这里面却有着这样一个先决条件，那就是不能采取传统的实证主义的态度来看待历史学，把历史学看成是一种自然科学意义上的实证科学。这两者不能简单地加以绝对地对立。"二者必居其一"、"非此即彼"的思想方法，是一种简单的二分法。"辩证"意味着对立双方在更高一级上的综合，所以就并不承认有一条"绝对分明的和固定不变的界限"[②] 的存在。康德的历史哲学就是要解决必然与自由二者的统一问题，沃尔什的所谓概括或综合（colligation）其实也还是要解决这个问题。

译者

1990 年

原载《历史哲学——导论》（沃尔什著，何兆武、

张文杰译，北京，社会科学文献出版社，1991 年）

---

① 　参看柯林武德：《历史的观念》，牛津，Clarendon 出版社，1962 年，第 315 页。

② 　《马克思恩格斯选集》，第 3 卷，第 535 页。

历史和历史解释
——从德雷的新探索谈起

一

历史一词在很多种文字中大体上都包含两层意思，一是指过去所发生的事情，一是对过去所发生的事情的叙述和研究，前者是历史，后者是历史学。一部中国史，可以是指中国过去所发生的事情，也可以是指对这些事情的叙述和研究（如一部题名为《中国史》的书）。[①] 与此相应，解释历史的理论是历史理论，而解释历史学的理论则是史学理论。或者说，前者是历史的形而上学，而后者则是历史的知识论。由于历史一词有这两重涵义，所以历来人们使用的"历史哲学"一词，既包括历史理论，也包括史学理论。20 世纪中叶，沃尔什（W.H.Walsh）才把前者称之为思辨的历史哲学，后者为分析的历史哲学。[②] 这种分法流传甚广，虽然也有人不同意。

20 世纪，特别是第二次世界大战以后，历史哲学经历了一场巨大的转变。以前本来是思辨的历史哲学占领着历史哲学的主要战场，现在这些阵地一一让位给了分析的历史哲学；于是历史哲学研究的重心就日益有从思辨的转到分析的上面来的趋势，从对历史本身（客体）的研究转到对历史知识（主体）的研究上面来。只研究历史规律而不研究历史认识能力本身的制约性质的理论家，是越来越少了。马鲁（Marrou）评论这一现象

---

① R.F.Atkinson, *Knowledge and Explanation in History*, Ithaca, Cornell Univ. Pr.1978, p.9.

② W.H.Walsh, *Philosophy of History*, New York, Harper and Row, 1967, pp.15-29.

说，由于 20 世纪对于历史知识进行逻辑分析的结果，"确实是已经出现了一门批判的历史哲学"①。所谓分析的（或批判的）历史哲学，就是逻辑分析在史学思想方法上的应用。在分析派的理论家看来，逻辑分析在其他科学中的应用，已经达到很高的水平，而在历史学中的应用却还远远不够。他们认为，历史学非经过一番严密的逻辑洗炼，就不可能达到可以称之为"学"的高度②，那也就是我们日常用语中所说的"不科学"。

分析哲学席卷了当代西方的思想，它也席卷了当代的历史哲学。就历史学的研究而言，分析派的缺点在于他们严重脱离历史现实；他们所萦心的已经不是历史是怎样演变的，而是我们的历史知识是怎样形成的。那已经不是传统意义上的"历史"学，而毋宁说是一种"历史学"学。但另一方面，这也是他们的优势所在。唯其脱离历史现实，所以他们的理论就不受历史现实的制约或束缚，从而可以保持其逻辑上的独立性和有效性。历史是不断在变的，任何思辨的历史理论都必须不断地随之而变，所以它就无法坚持任何一种有效的历史决定论。任何思辨的历史哲学在他们看来都只是形而上学，凡是形而上学都应该全部勾销。利科（Ricoeur）谈到这一趋势时曾感叹说："在最近 20 年中（这段话是 1978 年写的——引者），没有任何一门人文科学像历史学那样在其本身方法论方面，进行了如此彻底的再思考。"③

历史哲学上的这一分野，也多少带一点地理的色彩。由于英语国家的和大陆的学术思想传统历来就有所不同，大陆偏重体系构造而英语国家偏重经验分析，所以分析的历史哲学及其对思辨的历史哲学的批判，在英语国家格外流行。我们很容易随手就举出一长串分析历史哲学的代表人物的名字，其中绝大多数是英美人，或虽原籍大陆但在英语国家从事研究活动。加拿大是英语国家，曾长期是英国自治领地而又与美国密迩接壤；在我们所谈的这个学术思想领域中，大概大家会公认德雷（William Dray，1921—

---

① Henri-Irenée Marrou, *The Meaning of History*, Baltimore, Helicon, 1966, p.25.

② W.B.Gallie, *Philosophy and the Historical Undertanding*, New York, Schocken Bks, 1964,p.20.

③ 保罗·利科：《哲学主要趋向》，李幼蒸译，北京，商务印书馆，1988 年，第 240 页。

2009）是当今最突出的一位代表人物。

　　德雷青年时先在多伦多大学攻读历史，后去牛津大学攻读哲学，这两方面的兴趣和训练很自然地使历史哲学成了他终生的研究事业。多年来他一直在加拿大各大学任教并多次去英美一些大学讲学，1989 年从渥太华大学退休，目前在安大略寓所仍从事研究和写作。他的主要著作有《历史的规律和解释》（1957 年）、《历史哲学》（1964 年）、《历史分析与历史》（1966 年）、《历史的透视》（1980 年）、《历史的实质和形式》（1981 年）、《历史哲学和当代史学》（1982 年）、《论历史与历史哲学家》（1989 年），主编过几部书籍，并有论文多篇。在当代历史哲学的重点转移这一过程中，德雷作为分析派的重要代表之一，曾以其独特的见解对分析的历史哲学多有发展。

　　历史学家的任务是什么？ 德雷回答说：“历史学家的任务是不仅要确定事实，还得要解释它们。”[①] 德雷毕生的工作就是解释什么是这个“解释”。每种科学或学科都要确定事实，而且都要做出解释，那么历史学的“解释”和其他科学的解释有何不同？ 19 世纪末，史学界讨论得最热烈的一个论点是：历史学的性质和自然科学的不同，因而二者的解释方式也不同。沿着这个路数推论下去，就走入了二元论，把统一的世界分裂成两个截然对立的世界。针对这一点，狄尔泰（Wilhelm Dilthey，1833—1911）就提出如下的论点：人文研究（史学）和自然研究（科学）虽有不同，但内心世界和外在世界二者并非截然隔离而独立，只不过看问题的角度和方法不同而已。历史理解是我们对古人思想和感受的认识过程，其中主体和客体既是对立的，而同时又是统一的。他以为“生活、对生活的知识和对人的研究，是内在相联系着的，并且永远是在相互作用着的”；所以历史学“对人的研究的基础并不是概念化（指自然科学——引者），而是对心灵状态的全盘领会以及以移情为基础的重建”。[②] 它既非全是主体，也非全是客体，而

---

① W.Dray, *Philosophy of History*, Englewood Cliffs, Prentice-Hall, 1964, p.4.

② Dilthey, *Selected Writings*, H.Rickman ed., London, Cambridge Univ. Pr., 1967, p.181.

是兼有主体、客体的两重性，其间并不存在着人们通常所理解的那条主客之间的鸿沟。经验属于主体，但"与经验的主体相形之下"，历史理解又包含着"生命的客体化"。① 历史学中通常所说的"洞见"、"史识"、"直觉"乃至上面所说的"移情"，狄尔泰也称之为 das Nacherleben（对过去经验的重新体验）。他说："人类如果仅就知觉或知觉知识加以领悟的话，就成为物理事实；而作为这样的知识，它就仅仅为自然科学知识所容受。只有当它们表现为生命的活动，而且这些表现能为人们所理解时，那就成为了对人的研究（史学——引者）"；也可以说，其间存在着一种"生活经验与理解二者的双向关系"。② 狄尔泰的见解不失为一种持平的见解，但是后来的理论家们却把重点更加推向到主体性方面。例如，柯林武德提出"历史学就是过去经验的重演"③。这里"过去经验的重演（re-enactment）"字面上与狄尔泰的 das Nacherleben 颇为相似，但涵义却迥然异趣。柯林武德是说每个人的观察都与别人不同，"企图从历史学中消除主观因素，总是不诚恳的，——这意味着保持自己的观点而要求别人放弃他们的观点，——因此也总是不成功的。如果它成功了的话，历史学本身也就消失了"④。于是柯林武德就提出：所有的历史都是，而且必须是史学史，它们直接或间接地都包括所有前人的历史研究在内，也就是说包括所有的人的主观因素在内。

诚然，历史学并不具备自然科学那种普遍的客观性。自然科学家要求自己的研究结论应该为人人所接受，而历史学家一般不大可能抱有这么高的奢望。所以如此的原因，据沃尔什说，是由于自然科学的研究不受个人的感情、背景、观点或者看法等等的干扰；而历史学家解说历史则避免不了：（一）个人的好恶；（二）集体的偏见；（三）各种不同的历史理论（亦即"对各种不同因素的相对重要性"）⑤ 的不同看法；（四）人们的不同哲学的和

---

① Ibid, p.191.

② P.Gardiner, *The Nature of Historical Explanation*, London, Oxford Univ. Pr., 1965, p.29.

③ Collingwood, *The Idea of History*, New York, Oxford Univ. Pr., 1962, p.282.

④ Collingwood, *Essays in the Philosophy of History*, Austin, Univ.of Texas Pr., 1965, p.138.

⑤ Walsh, *Philosophy of History*, p.101.

道德的观点。这种分辨不禁使人回想起了培根所说的四种偶像崇拜。假如事情真是如此的话，那么——德雷问到——又还有"什么才叫做对过去历史的真正知识呢"[①]？这是德雷所提出的问题，也是他所要解答的问题。

和某些历史学家之往往喜欢侈谈历史研究的特点不同，德雷首先是问，它与其他科学研究的共同之点是什么？有一种看法是：历史学也和其他科学一样，都只是要如实反映客观情况。我们姑称之为自然主义史观。但自然主义史观如其能够成立，它就得在考虑客观事实时，也同时必须考虑历史学家的主观因素或主体性在历史理解中的作用，而自然科学一般则不需要考虑对历史学来说是至关重要的这一点。每个人都有自己的主观性或主体性，这本身就是客观事实。不承认这一点，就不能称为客观。真正的客观必须包括承认主观的存在这一客观事实。如实地了解客观，就包括如实地了解主观在内。所谓主观并不就是郢书燕说，并不就是凭空臆造。历史学的进步不仅要靠新材料的不断发现，而且更为重要的是要靠新的历史形势所产生的大量新的经验。[②]历史学家大都承认过去的事实是不变的客观存在，并由此而结论说，只要我们对它的看法是正确的，那么所得出的结论就会铁案如山，千古不易。然而事实上，人们的看法总是不断在变的，从而我们对历史事实的知识也就随之而变。另外，很多历史学家还忽视了一个事实，即所谓历史事实本身也是永远在变的。所谓历史事实包括有两层意义，一是指事实本身，它已经成为过去了，一是指事实所起的作用和影响，它永远不会成为过去，但又是不断在变化的。我们对（比如说）孔子的认识，不仅取决于两千多年之前孔子本人的思想与活动如何，而且也取决于他对后世、对今天的作用和影响如何。历史事实的后果是不断在变化的，于是历史事实本身的性质和意义在历史的长河之中也就不断在变化。所以不只是历史学家的看法在变，就连历史事实也在变。历史事实的意义和我们对它的认识，在很大程度上也要取决于它的不断变化着的后果。在

---

①   W.Dray, *On History and Philosophers of History*, Leiden, E.J.Brill, 1989, p.61.

②   Dilthey, *Selected Writings*, p.189.

这种意义上，历史事实就没有自然事实那种意义上的给定的客观性。

　　这样我们就看到历史学既有它叙述性的一面（单纯叙述历史事实），也有它解释性的一面（对历史事实做出解释）。叙述可以强调客观性，而解释则并不那么有赖于客观性。一桩历史我们可以从两个方面去加以理解，即从史实本身方面和从对它的作用的评价方面。前一方面是不变的，而后一方面则否。① 这就像仑德尔（John H.Randall Jr.）所说的："历史并不单纯是文献所记录的事件，而是我们从纪录中所选择出来的事件，作为是对历史有意义的而又可理解的东西。"② 历史事实是给定的，但对历史事实的知识和认识则是历史学家所精心铸造的。这里的这个区别，颇有似于18世纪章学诚的史学理论。章学诚区别的历史知识中的"功力"和"学问"，大致即相当于这里的史实知识和对史实的理解或解释。章学诚说："近人不解文章，但言学问；而所谓学问者乃是功力，非学问也。功力之与学问，实相似而不同。记诵名数，搜剔遗逸，排纂门类，考订异同；途辙多端，实皆学者求知所用之功力耳。即数者之中能得其所以然，因而上闻古人精微，下启后人津逮，其中隐微可独喻而难为他人言者乃学问耳。"③ 其意也蕴含着：历史事实是客观的，可以为人知道（相当于 Kennen）；而对事实的解释或理解则是主观的（相当于 wissen）。所以章学诚又指出："学与功力，实相似而不同。……学不可以骤几，人当致于功力则可耳。指功力以为学，是犹指秫黍以为酒也。"④ 历史学除了史实而外，还需要理解和解释，章学诚对这个区分是相当敏锐的。他指出的史学研究有"高明"与"沉潜"之分（"高明者多独断之学，沉潜者尚考索之功"⑤），也含有这层意思。沃尔什把这个区分认为是"编年史"与"历史学"之别，认为历史学可以分解为两部分，一部分是单纯的叙述（编年史），一部分是有意义的解释（历

---

① 　J.Randall, *Nature and Historical Experience*, New York, Columbia Univ.Pr., 1958, p.62.

② 　Ibid,p.42.

③ 　章学诚：《章氏遗书》卷29，外集2，《又与正甫论文》。

④ 　章学诚：《文史通义》卷2，内篇2，《博约中》。

⑤ 　同上书，卷5，内篇5，《答客问中》。

史学）。真正的历史研究决不能只停留在考订与叙述事实的水平上，而应该上升到有意义的理解和解释。

职业的历史学家有一种流行的看法，即分析的历史哲学只涉及逻辑分析而不涉及价值判断。这也是一种误解，因为"批判的历史哲学同样地涉及价值判断问题"[①]。它同样地要问：批判的历史哲学有什么价值？职业的历史学家或许对这个问题感到奇怪，他们会认为这是一个完全没有用的问题[②]；它不但无用，反而有害，因为它徒然增加了许多思想上的混乱。这种态度其实是在回避问题，而不是去面向问题的深处。因此，德雷特别指出，正面提出并认真回答这个问题，在历史学上会极大地有助于我们澄清自己概念的混乱，其作用一如分析派在哲学上对种种传统的形而上学有着摧陷廓清之功。"概念的澄清对于［历史学］实践不会是没有价值的"[③]，因为历史学家们的许多错误，有很大一部分就是由于概念不清而来的。[④]

与此相关，德雷就提出了在历史研究中"以适宜的概念进行概括"的理论，简称为概括理论。此处概括一词，他用的是"colligation"而非"formulation"[⑤]。此词最初是由沃尔什提出的。沃尔什不同意实证派的看法，即把历史事件当成是自然现象一样的过程，因而似乎便可以从中归纳出普遍的规律；他也不同意唯心派的看法，即把历史事件当成纯属人的内心思想的外部表现，因而就没有客观规律可言。德雷则进一步发挥了这一学说。他认为我们应该把历史事件置于这样的一种格局之中加以考察，使人能看到一桩历史事件和其他事件的联系和关系，从而能发现并把握它们所共同构成的那个历史整体。这就是说，对于一桩历史事件，我们不应该孤立起来就事论事，而应该就其全部繁复性的联系而论事；至少，历史上的重大事件应该如此。这个论点可以名之为"整体概括"（colligated wholes），即

① W.Dray ed., *La Philosophie de L'Histoire et La Pratique Historienne D'aujourd'hui*,Ottawa, Univ. of Ottawa Pr., 1982, p.198.

② Atkinson, *Knowledge and Explanation in History*, p.78.

③ Ibid，p.200.

④ W.Dray, *Persepectives sur l'Histoire*,Ottawa,Univ.of Ottawa Pr., 1978, Ch.4.

⑤ W.Dray, *Substance and Form in History*, Edinburgh,Univ.of Edinburgh Pr., 1981, p.156.

部分与整体相关的理论；在这一点上沃尔什显然受了奥克肖特（Oakeshott）的影响，又转过来影响了德雷。这一理论的重要性之一就是，它以这种方式便排斥了历史学中所流行的单线的因果式或因果模型的思维方式。对于自然现象，我们往往是把它们纳入因果模型加以理解；但是我们对于历史的理解却不必需纳入因果模型，我们只需用"合理的解释"就可以对历史完成一种特殊的理解功能。然则，什么是"合理的解释"？下面我们将略作说明。

二

历史学家通常不大注意有必要反思自己立论的逻辑根据，他们广泛地使用简单因果律的思维方式，以之为当然，却很少考察这个"当然"是怎么能够成立的。[①] 他们有点盲目地认为某些事件是因为某些原因，于是这种"因为"就成了一种普遍的思维形式；这就是历史学中因果律（"因为——所以"）的由来。但是自然科学可以应用因果律，是由于它可以不考虑偶然因素，像在经典力学体系中，我们可以把一切自然事件都视之为按照必然规律在出现；然而历史事件中却充满了偶然因素，我们从中最多也只能是得出近似的统计概率而非必然规律。假如一切都一元化地归之为必然的因果，偶然性就没有存在的余地了。所谓必然就是：从一个给定的前提出发，只能推导出一种唯一的结论；这同时也就是预言。科学能够预言，历史学家似乎还没有这种本领能从一定的给定条件出发，就推导出必然的结论，也就是说还不能够对未来做出预言。有谁自命能够预言，那大概事实上往往比"推背图"或"启示录"好不了太多；历史预言虽非绝对不可能，但总归是少数。让我们来看一个当代对全人类文明生死攸关的大问题，——第三次世界大战究竟会不会发生？——迄今为止还没有一个人能够做出必然性的预言。即使有谁预言了，也不必去相信。但如果说连对当代最

---

① W.Dray, "Interpretative Frameworks in Historiography", *Queen's Quarterly*, Vol.89, 1989, p.722.

重大的历史事变都预言不了，历史学还谈得上什么必然规律和科学预见？
放言高论今后若干年将如何如何的，大概都不是严肃的历史学家而是狂妄
的假先知。或许，情形就像是盖伦（Arnold Gehlen）所说的："因果的分析
方式并不适用于探讨大规模的发展过程。"① 而预言则又只能建立在严格的
因果推导上。能够"预言"，就是决定论。

　　分析的历史哲学与其说是要"反对"决定论，倒不如说是要把决定论
驱逐出历史学的境外，因为物理学的因果关系并非是历史学的前件与后件
的关系。我们绝不能把历史上出现的前件和后件，理解为因果关系；前者
只是经验的事实，后者要靠逻辑的推导。1914 年 6 月 28 日奥国王储弗朗
西斯·斐迪南在萨拉热窝被刺（前件），随之就爆发了第一次世界大战（后
件）。但是萨拉热窝事件决不是第一次世界大战的原因。所以我们对于因
果律和决定论似乎应有更深一层的看法。这就提示说，历史学不能径直被
认同为自然科学那种意义上的科学。② 历史学如其一定要认为自己是科学，
它就必须附加以某些条件的限制。科学追求的是普遍性的因果规律，而历
史学的任务则是对独一无二的历史事件的叙述和解释。历史事件并不重演，
任何历史事件都是独一无二的。③ 然则我们怎么能够知道研究者对于某一
个历史问题所做的解释是不是正确呢？对未来所做的预言正确与否，是可
以由未来加以检验的；然而对于过去的解释是否正确，我们就无法进行检
验了。④ 针对这一点，德雷就提出了他的"合理模式"（rational model）的
理论，这样就可以既充分适应必然性和决定论的合理因素，又充分承认在
历史中人们意向（intentional）因素的重要性，从而也就承认了道德因素的
合法地位。⑤ 自然世界本身并没有价值可言，而人文世界则彻头彻尾充满
着价值；因此科学判断仅仅是事实判断，并不包括价值判断，而历史判断

---

① Arnold Gehlen, *Man in the Age of Technology*, New York, Columbia Univ. Pr., 1980, p.54.

② W.Dray, *Philosophy of History*, p.3.

③ G.Iggers ed., *International Handbook of Historical Studies*, Westport, Greenwood Pr., 1979, p.154.

④ W.Dray, *La Philosophie de L'Histoire et La Pratique Historienne D'aujourd'hui*, p.212.

⑤ W.Dray, *Laws and Explanation in History*, London, Oxford Univ. Pr., 1957, p.14.

则有其不可离弃的价值观。历史判断是价值判断，即我们通常所说的"伟大的意义"、"深远的意义"云云的"意义"，而自然现象则没有"意义"。这一点前人谈论已多，无待赘述。

当我们运用某种原则来解释历史事件时，我们的解释正确与否并不取决于是不是所有的人对这一历史事件都采取这种原则。但是假如并没有人人普遍接受的原则的话，那么会不会像卡尔（E.H.Carr）所说的"在历史中根本就没有普遍模型"[1]呢？而且——更为重要的是——如果历史根本就没有普遍模型的话，是不是就意味着历史学也没有呢？这就是当代分析的历史哲学所讨论的热门题目之一。换句话说，假如说历史本身并没有规律的话，是不是历史学作为一门科学或者学科（discipline）也没有任何规律呢？如果有，它又是什么呢？

1942年亨佩尔（Carl Hempel）发表了他的《历史中普遍规律的功能》一文，其影响至今不衰，成为史学理论领域中一篇经典性的文献。文中提出的所谓规律，是统计规律而非逻辑规律。在他以前，波普尔（Karl Popper）在1935年《研究的逻辑》一书中就提出过这一模式，后来在他的《开放社会及其敌人》一书中又做了发挥。亨佩尔把这一观念扩大到超出了严格的形式。这个理论就称为"历史解释的波普尔—亨佩尔理论"[2]。其后又经加德纳（Patrick Gardiner）加以改造。德雷是不同意这个理论的，他对这一理论进行了深入的探索，于1957年写成了他的专著《历史的规律和解释》，把波普尔—亨佩尔理论称为概括律理论。这里的概括律，原文为covering law，既非colligation，也非formulation。按照概括律理论，一切科学研究都只有一种唯一的逻辑，那就是概括律的模式，它对一切科学都是适用的。把它应用到历史研究上来，那就意味着除非我们能肯定在历史事件中人们是有道理地或合理地在行动，否则我们就无需追究他们行动的道理或合理性何在。我们应该把它们置于自然现象的同等地位上来观

---

① 　E.H.Carr, *What is History*, New York,Vintage Bks, 1961, p.52.

② 　这是 Alan Donagan 一篇论文的题目，载 *History and Theory*, Ⅳ , p.64.

察。这种理论和柯林武德的、德雷的或丹图（A.Danto）的，都处于对立地位。问题的根本仍然要追溯到一个世纪以前新康德学派的老问题：历史学究竟是不是科学？是不是服从同样的科学规律？历史学和科学有什么相同和不同？亨佩尔认为两者基本上是相同的，所以历史研究也需广泛使用普遍规律；他把这称之为"各种经验科学在方法论上的统一性"[1]。

这种概括律所采取的是这一普遍形式：当某一组条件 F 得到满足时，就会出现 G 事件；用符号来表示就是：$(x)(Fx \supset Gx)$。但此外另有一种可能，也可以归入概括律的解释，即概率统计的形式。那是说，在多少是 F 的条件之下，G 事态可以什么样的统计概率出现，用符号来表示就是，就长期的相对频率 q 而言，$p_s(G, F)=q$，当 q 接近于 1 时，那么在 F 条件得以满足的情况下，即出现 G 事态，亦即接近于前一公式。[2] 然而，这里我们却应该注意到这一事实，即历史解释的性质并不是统计性的；它所表示的并不是两桩事件之间的数量相关度，而是两个陈述——一个是解释者（explanans），另一个是被解释者（explanandum）——之间的逻辑关系。前者是由归纳而得的关系，后者则要求演绎的推导，而这在前者是并不存在的。所谓概括率是指把历史事件（经验现象）从一套解释者的陈述之中推导出一套对被解释者的陈述。后一套陈述中包括有一些普遍规律，它们所描述的事件通常可以看作是被解释的对象的前件。德雷不同意这一波普尔—亨佩尔理论，是因为所谓的概括率对于历史解释既不构成必要条件，也不构成充分条件。在德雷看来，因果率是不能应用于历史解释的。作为代替概括律的模型，他就另外提出了"连续系列模型"（continuous series model）的理论；这个理论是说，每一桩历史事件在细节上都应该联系到它的先行事件，合理的历史解释应该是能从前件充分说明后件的出现。这就是德雷所主张的"合理的解说"，历史学家的职责并不是要去发现普遍规律，而是要解释具体的历史事件；他们所寻求的是足以解说某一历史事件的充

---

[1]　C.Hempel, "The Functions of General Laws in History", *Journal of Philosophy*, Vol. XXXIX.

[2]　C.Hempel, "Reasons and Covering Laws in Historical Explanation", S.Hook ed., *Philosophy and History*, New York, New York Univ. Pr., 1963, pp.143-5.

分条件，而并非是证明其必然性的必要条件。以往的历史研究大多属于纯叙述型的历史学，包括叙述历史事实和叙述所谓历史的普遍规律；但是今后随着批判的历史哲学自觉意识的提高和增强，纯叙述型的历史学行将消逝而让位给解释型的历史学。

假如按德雷所说，历史解释的逻辑结构不能归结为概括律模型；那么难道我们的历史解释不是可以，而且往往确实是诉之于某种规律并从而得出解释的吗？表面上似乎是如此，但其实这些解释都与所谓规律无关。一桩历史事件可以分解为若干次级事件（sub-event），这些事件可以再分为更次级的若干事件，直到最后分解到不需再加解释的事件为止。这种"连续系列模型"是着眼于解释的语言方面。任何历史解释总是相对于某种行文结构或格局的，而且是相对于我们知识的水平的。此外它并不需要有任何规律。上述两种观点的对立，某种程度也代表着科学统一论（即各门科学原则上都是一样的）和科学两橛论（历史学与自然科学是性质上截然不同的两种科学）两种见解的对立。新康德学派和新黑格尔学派都强调历史的先验性和价值观；而亨佩尔则认为历史学家以因果律进行思维时，实际上是乞援于概括律，那是由经验所归纳出来的规律。至于德雷所谓的"合理解说"（其中显然可以看出柯林武德的影子）则是要说明人们何以如此行动（根据他们的思想看来是适当的行动）。历史是人类的行为，人类的行为是有思想的行为（这使人想起柯林武德的名言：历史就是思想史）。但是实证派以及一切科学统一论的信仰者们，恰好是忽略了历史中的思想成分。历史解释总需要有某些概念作为其前提。研究某一历史事件时，历史学家总需要考虑：当事人为什么要那样做？当事人是怎样去考虑自己的环境、局势及其可能的后果的？当事人的目的和动机都是什么？如果历史学家在其中看出了某种合理性，那么我们就说他对某桩历史事件有了理解。这就是说：我们理解人们的行动和我们辨识他们采取这种行动的道理，这二者之间有着一种概念上的联系。能够确定这二者之间的关系，——在某种给定情况下，人们就会采取某种行动，——我们就称之为"合理解说"，亦即解释者与被解释者之间的逻辑联系，但这却不是历史解释的必要条件或充分条件。所谓不是必要条件，是因为历史学家只不过表明了在自己看来当事人应该采取什么行动，而并非说该当事人就必定是历史学家所设想的那种应该采取如是行动的人。所谓不是充分条件，是因为它并未表明当事人的信仰和目的与他的行为二者间的关系足以使当事人的行为看来是有道理的。"合理解说"是指历史学家的合理解说，而不是指历史事实本身（当事人行为本身）的合理性。

一切历史解释可以说都是要回答两个问题：（一）某一事件何以是如此，即它是由于什么原因；这可以名之为"何以"（why）的问题。（二）某一事件如何是如此，即它是由于怎样的演变历程而来；这可以名之为"如何"（how）的问题。这两种问题有一个重要的区别，即第二个问题不必解释某一历史事件何以必然发生，因此也就不需要概括律。历史的合理解释，只需要令人满意地表明某一事件有可能如此，而无需表明它必然如此。所以把它纳入概括律，使之对"何以"问题给出令人满意的答案，就不是历史解释的必要条件。[①] 事实上是，历史学家所问的问题常常是某一事件是"如何可能的"，他们却又往往误入歧途，错误地要去寻找（并且还居然找到了）它何以是如此的答案。这样一来，就篡改了历史解释的性质。当我们在解释"何以"时，我们乃是在反驳"它并不必然发生"这一假设。而当我们在解释"如何"时，我们则是反驳"它是不可能发生的"这一假设。这里涉及的，分别为"何以必然"与"如何可能"这两个不同的、逻辑上互相独立的问题。前一个问题是在问，某一历史事件是为什么（何以）会发生的；后一个问题则是在问这一历史事件是怎么可能（如何）会发生的。前一个问题并不是后一个问题的前提。当我们问"如何"这个问题时，我们是要解释某一历史事件如何可能如此。如果我们能够回答这个问题，所发生的历史事件就是可以理解的，而无需我们知道是什么原因使得它发生的，亦即它服从的是什么样的普遍规律，或者所发生的事件是由于什么原因。我们此处所需要加以解释的，并非"是什么使得它发生的"或"人们这样做

---

① W.Dray, *Laws and Explanations in History*, p.158.

的动机是什么"，而是"就如此这般的情况而言，它是怎么可能发生的"。历史学家所需要解释的，仅仅是那些在某种情况之下似乎是不可能发生的事。[①] 这就是"历史解释"的涵义。因此，德雷就提出历史学家应该用"如何—可能"（how-possibly，即它可能如此）这一模型来代替"何以—必然"（why-necessarily，即它必然如此）这一模型。后一模型即是概括律模型；它认为要解说一桩历史事件，就意味着必须表明它是必然的，亦即它是决定论的，是可以预言的。而反对者（包括德雷）则认为这就全然排除了人类的自由意志和自由行为；但是"如何—可能"这一模型，却既可以说明人类的行为而又无需陷入决定论的困境。

通常意义上的所谓"不可能"，是指我们的经验知识所认为是"不可能"的；但历史学中"可能"与"不可能"的概念，却远较这种意义为广。所谓可能性（还有必然性）可以有各种形式和各种层次：物理的、逻辑的、理性的、道德的等等。如果某个历史人物并未做到我们认为他的目的或他的原则所要求于他要做到的，那么"如何—可能"这一模型就可以用来表明，他那原则在事实上并非就是所想象的那样。至于"何以—必然"的模型所要回答的则是：为什么在该情势之下其他一切办法都行不通，于是就不得不出之以这种唯一的可能。这里附带要明确的一点是：所谓规律性或必然性究竟是指什么？倘若是指：某个人处于如此这般的场合，就会自然做出如此这般的反应；那么这里的"自然"就并非是指我们通常意义上的规律性，而只是指他在这种场合就会做出被认为是适宜的某种行为来。[②]

德雷的这种解答应该有其说服力的一面，但是距离令人满意的程度仍甚遥远。对历史的理解不应把目光仅仅局限于现实或实际，理论不就是实际，所以凡是理论就有其脱离实际的那一方面；如其理论的归宿就仅仅是已经成为了事实的现实，则历史便陷入了定命论。那么人作为历史的主人，就对历史不负（也不应负）任何责任了。但是历史学却又必须要解

---

① Ibid, p.160.

② Walsh, *Philosophy of History*, p.198.

释，在一切可能性之中，为什么发生的恰好就是如此这般的现实，而并不是别的。这个历史学理论中的终古问题，至今还没有哪一个分析派曾做出过令人满意的答案。这或许就是为分析派所极力反对的思辨的历史哲学至今尚能保持其生命力、使我们读起（例如康德或黑格尔的历史哲学）来仍然觉得其虎虎有生气的奥秘之所在。另一方面，在有些地方德雷又走得太远，走到了主张"在通常的意义上，历史学家可以根本不用任何规律"①的地步。他似乎没有很好地察觉到，规律在这里有显然和隐然之别。一个实践的历史学家不必自觉地意识到自己是在运用某种规律的。但他隐然总是在按他所预先假定的规律来把握历史的。所以丹图就认为，这里问题的实质乃是：就历史解释而言，采用某种规律是不是就构成为必要的或充分的条件。②

为分析的历史哲学而辩护的还有另一个理由，即一般人并不懂得某种专门的科学知识（比如说核物理学），他们所感兴趣的只在于它的社会效果如何（比如原子弹可以作战，原子能可以发电）。但是历史知识——至少德雷认为——在这方面不同于这类专门科学，它本身就可以为一般人了解，因而便有直接的使用价值。虽然许多实践的历史学家对此并不萦心；但这只表明他们对于历史研究缺乏哲学的头脑和见解，无力去分析历史思维的逻辑结构；所以他们的研究就不免失之于浅薄，甚至是立足于根本就站不住脚的假问题之上。

三

历史学虽然是人类最古老的一门学问，但是到了近代，比起其他科学之突飞猛进，却显得瞠乎其后，望尘不及。长期以来历史学被看作只是记述之学，单凭记诵为功，因而它的学术地位一直被置于推理之学和创造之学的下面，竟仿佛不大配得上称之为"学"的样子。这在笛卡尔那里就是

---

① W.Dray, *Laws and Explanations in History*, p.57.

② A.Danto, *Analytical Philosophy of History*, London, Cambridge Univ.Pr., 1968, p.214.

一个显著的例子。自然，这是一种严重的误解，因为历史学家的叙述也有它自己的逻辑思维，历史学家也要按照一定的逻辑才能进行分析和思考。历史事实是客观存在，但对它的理解（以及它的意义）却不是自明的或者可以自行解说的（auto-explicative），而是历史学家根据自己的思想所推论的、所创造出来的。[1]尽管历史学不同于（或不完全同于）其他的科学与艺术，但它并不是没有它自己的思维方式。探讨历史学家是如何进行思维的，是如何理解和解释历史的，——这就是史学理论的任务。对任何学科来说，理论和事实二者都不可或缺，也不可偏废；二者相辅相成。如果说以往的历史理论家大多不够重视史实，那么同样可以说，以往的实践历史学家就更加忽视自己的理论思维有不断进行自我反思与自我批判的必要；这一点或许是古老的历史学到了近代落后于其他科学的重要原因之一。历史学家的工作不仅仅是单纯叙述事实，他的叙述还必须是一种有意义的叙述。这一所谓"意义"就取决于他的理解。他不仅仅要叙述，比如说，公元前44年3月15日布鲁塔斯在罗马元老院刺死了恺撒，而且他还需要解释这一事件的意义是什么。这就和自然科学可以单纯叙述自然事件（如生物进化史）有了不同。历史学家不能停留在单纯的叙述事实的水平上，他还必须对它有自己的理解和解释。他一定要解释，比如说，布鲁塔斯刺死恺撒是为了保卫共和国或者是为了别的什么，以及一系列与此相关的意义。粗浅地说，历史学就是编年流水账加上历史学家的思想；进一步说，则历史学就是历史学家根据自己的思想所编制的编年流水账；再进一步说，则历史学家就是根据自己的思想在创作一个编年体系。他不仅要叙述事实的实然，而且要解释它的当然和所以然。[2]史实本身不能自行解释，非仰仗历史学家的理论思维不为功。所以历史研究的对象既有事实，也还有历史学家的思想理论。历史学家不能不随时反思自己的思想（而一个数学家进行他的数学推导时，不必反思他自己的思想）。历史学具有这一特性，所

---

① W.Dray, *Persepectives sur l'Histoire*, p.153 ff.

② Collingwood, *Idea of History*, p.214.

以被德雷称为"观点史学"①。

历史学家并不是一面镜子，只是消极地在反照客观事物，各个镜子之间只有清晰程度的不同。他是在以自己的思想重建过去的历史。并非凡是成为过去的，就都已经死去了。反之，倒不如说，虽然生者对死者是死去了，但死者却仍然活在生者的思想里。过去的历史就活在历史学家对过去的思想构造之中。所以在一定意义上，也可以说是如贝克尔（Carl Becker）所谓的，人人都是自己的历史家，因为每个人都在按照自己的思想在解释历史。这再一次使我们回想起章学诚的理论：编纂和考订都不是历史学；章学诚所谓的历史学，其涵义大抵正相当于近代的"历史哲学"。他的论断，即"纲纪天人，推明大道，所以通古今之变，成一家之言"的历史学之所以成立，乃在于"微茫杪忽之际，有以独断于一心"②。——这正是企图对历史学理论给出一个明确的界定，代表着一个真正好学深思、心知其意的历史学家对历史解释的警觉。

19世纪末以来，人们每每强调自然科学与历史学二者对象的不同在于：一个无思想，一个有思想。人有思想，所以历史学家就须深入探讨思想的幽微，而不能停留在无思想的表面现象上。不过在强调这一点时，人们却没有能同时强调另外的一点，即自然科学的对象是给定的客观存在，而思想却没有客观存在。固然也有人断言：思想也是客观存在。但是这样说的人似乎忘记了，这样一来就把思维对存在的问题转化成了存在对存在的问题。于是恩格斯那个极有意义的有名的命题③，变成了毫无意义的命题，这就一笔勾销了恩格斯所规定的哲学中最根本的界线。唯其思想不是客观存在，所以它是不确定的，我们无法用一条客观尺度加以衡量。我们对物性有客观的尺度（如物体的硬度、温度），我们对人性却无此尺度（如人的忠诚、信心）。历史学的对象本身便具有着极大的不确定性。

---

① 　W.Dray, *On History and Philosophers of History*, p.54.

② 　章学诚：《文史通义》卷5，内篇5，《答客问上》。

③ 　参看恩格斯：《费尔巴哈和德国古典哲学的终结》，《马克思恩格斯选集》，第4卷，220页，人民出版社，1972。

历史与逻辑的统一这一提法蕴含着，这一统一在逻辑上，而且也在事实上须以二者的对立（不统一）为其前提。统一是对立的统一，没有对立即无所谓统一。然则历史和逻辑两者的对立何在？这是谈统一必须首先加以明确的，否则就谈不到两者的统一。问题在于一切历史都只是经验中的事实，这个事实如何能从逻辑里推导出来？或者说，它怎么又恰好能符合逻辑的推导？先验的逻辑怎么恰好成了经验的事实？安东尼爱上了克里奥巴特拉，是无法从逻辑中推导出来的。逻辑推导的都是必然，而并非一切历史都有逻辑的必然性。如果能从逻辑中推导出事实来，那就成了"先验的事实"，——这在用语上就是自相矛盾的，所有的事实都是经验的事实。如果历史和逻辑确实是统一的，那么我们就确实会有一部先验的历史了。但先验的历史和先验的世界乃是思辨哲学（而非经验科学，也非分析哲学）的事情。历史学就其本性而言，乃是一种经验的科学。先验性和经验性、偶然性和必然性，在历史学的实践中怎么能够统一？对此，德雷提出一种解说，即历史学家选择提问和选择答案分别属于两个不同的层次。[①] 在选择问题这一层次上的主观性，并不要求在选择答案这一层次上的必然性。反之，也可能答案是必然的，并无选择的余地，但这并不意味着对问题的选择也是如此。[②]

还有另一种解决办法，即不是设想历史与逻辑的统一，而是设想历史与文学的统一。这种设想更接近于古来文史不分的传统。历史学的工作乃是要叙述一个故事，这个历史故事不同于文学故事的，只在于它须以某些给定事实为根据；但两者都是叙述故事，都要求合情合理而又令人信服。历史学家固然要避免主观的好恶和偏见，但首先应该考虑的则是客观性究竟是什么以及是否可能。假如历史学家说不清它是什么，甚至于它在原则上就是不可能的，那么追求客观性就变成没有意义的了。在这种情况下，历史学就等于文学。即使不是这种极端的情况（即我们承认有某种程度的

---

① W.Dray, *Philosophy of History*, p.29.

② Atkinson, *Knowledge and Explanation in History*, p.83.

客观性），历史学和文学的性质也是基本相似的。我们可以用如下一个例子来说明历史学是怎样地更具有文学的而非逻辑的或科学的性质。给定条件：（一）张伯伦对希特勒的绥靖政策是完全错误的；（二）丘吉尔是一贯坚决反对张伯伦的绥靖政策的；（三）丘吉尔的任何解说必须照顾到英国民族的尊严和保守党政府的体面；（四）对他的前任、领导和上级张伯伦不仅不能表示鄙视，而且要表示尊重和敬意。在这样的前提之下，对这段众所周知的历史事实应该如何解说？历史学家丘吉尔——丘吉尔曾以其历史学著作获诺贝尔奖，——这样写道：“他［张伯伦］满怀希望地相信，慕尼黑会议是一个真心相见的会议，他和希特勒、墨索里尼一起已把世界从战争的无限恐怖中解救出来。……如果说张伯伦未能了解希特勒，那么希特勒也完全低估了英国首相［张伯伦］的性格。希特勒错误地认为首相温良谦恭的外表和祈求和平的热情完全可以说明他的性格。……他不知道内维尔·张伯伦有一颗坚强的心，不愿受人欺骗。”[①] 这种解释完全满足了以上给定的条件。不过，它更是文学，而不是逻辑或科学。

我们还可以说，历史研究在某种意义上有似于法官断案：（一）他们都必须追究有关行动是由什么思想所支配的（如杀人，是卫国杀敌，或替父报仇，或正当防卫，或过失杀人，或谋财害命）；（二）他们都必须追究某个当事人的责任（如研究二次大战就要追究纳粹党和希特勒的责任）。自然科学绝对不追究自然现象的动机（如天灾或地震的杀人动机）及其所应负的责任。以上两者都须假设自由意志论作为其前提。问题是，这又如何与历史决定论相容？历史决定论认定每个人只是历史的工具或傀儡，是某种非个人的，乃至非人的（例如自然的）势力的代表，非如此就不能解释客观规律的必然性。但历史研究又不能因此就像自然科学那样不去追究任何动机和责任，而把一切都诿之于一句空洞的话：“由历史去负责。”历史既不以个人的意志为转移，而个人意志又须对这一不以自己的意志为转移

---

① 丘吉尔：《第二次世界大战回忆录》，第 1 卷第 2 分册，北京，商务印书馆，1974 年，第 510~511 页。

的历史负责。这真是一曲古典希腊悲剧式的主题。历史决定论所遇到的意志自由论的难题，正不亚于意志自由论之遇到历史决定论的难题。双方同等地需要解决各自的难题。

但是历史研究和法官断案之间也有一个重大的不同之点：法官断案是以法律为准绳的，法律是由人们共同同意而制订的，一旦制订之后就成为一切人所共同的、绝无例外的、强制性的准绳。但历史学并没有一种对人人都普遍有效的准绳，于是每个人就都是自己的历史学家，但每个人却绝不是自己的法官。于是，我们就被导向这样一种立场，即历史学没有普遍的准绳而只有个别的判断。这或许可以成为克罗齐的如下论断的注脚："历史学的特点可以归结为历史与个别判断的同一。"①

四

历史学是一门独立的学科；虽然其中包括既有科学的一面，又有艺术的一面。就其科学的一面而言，历史学不同于艺术；就其艺术的一面而言，历史学不同于科学。就其科学的那一面而言，它也不同于一般科学的抽象思维，它最后不是归结为普遍规律，而是归结为对具体的人物和事件的叙述和解释。物理学家可以撇开具体的客体，抽象地研究质点运动的规律，质点在客观世界中是并不存在的；历史学家却不能撇开具体的客体，抽象地研究人的活动的规律，例如他不能撇开具体存在的人（如希特勒）。就其艺术的一面而言，历史学又不同于艺术的驰骋想象，它不能虚构。科学无法承担起历史学中的艺术职能，即历史学要凭借叙述重建一幅过去历史的具体图像；而艺术也无法承担起历史学中的科学职能，即历史学要求事实的真实性。科学所传达的是概念，历史学所传达的则是体验（Erlebnis）。概念对人人都是相同的，而体验则人人各异。历史学必须传达给人以对于人物或事件的某些具体感受，这就有似于对艺术的美感经验了。科学所表

---

① B.Croce, *Logic*, London, Macmillan, 1917, p.279 ff.

达的，就是它的文字或符号所表达的东西，而艺术所表达的则往往超出于它的文字或形象之外，每个人各有其对弦外之音或言外之意的体会。除非将来历史学可以另外创制一套符号作为更精确的表达工具，否则只要它需用文字来表达具体的人物和事件，它就在科学的可靠性之外，还需要有艺术的表现性，亦即章学诚所谓的"撰述欲其圆而神，记述欲其方以智"[①]。历史学不仅是记述，而且是撰述。历史学家只有首先对历史学的本性进行一番分析的批判，历史学才可望在真正坚实的基础之上和别的姊妹科学并肩前进。

人是自然人，作为自然人他无时无地不在服从自然规律；但是用自然规律仅仅能解释自然人，并不能穷尽对人的研究（历史学）。同理，人是社会人，他无时无地不在服从社会规律；但是用社会规律仅仅能解释社会人，并不能穷尽对人的研究（历史学）。凡是以为用自然的或社会的客观规律就足以穷尽解释人的本性及其开展过程（历史）的，——用一种比喻的说法——就像走入了一座托勒密式（Ptolemaic）的迷宫，他们执意要以他们完美的圆形轨道（自然的或社会的规律）来解释历史。本轮解不通，就加上均轮；仍解不通，就再加第三、第四乃至第 n 项小轮。总之，历史必须迁就他们那万古不变的完美轨道。他们不肯去想，问题就出在自己那形而上学的假设上：世界（和人）的运动是必须符合他们的理想图式的。就像是亚里士多德认为月亮是纯粹的光明，因为神圣的东西是不会有阴影的。他们不肯承认：普遍存在的规律并不等于充分解释。万有引力定律是普遍存在的，是无时无地都不能脱离的，但这并不意味着它可以充分解释人的历史，虽然人的任何活动从未、也不会违反万有引力定律。其他一切自然的、社会的乃至心理的规律莫不皆然。X 是普遍存在的，所以就要用 X 来解释人的历史；——这种思维方式是逻辑的混淆。简单说来，我们有三个层次不同的世界：自然的、社会的、人文的，或者说人对物的、人对人的和人自己心灵的生活。历史学的固有领域是人文世界；它固然也牵涉

---

① 章学诚：《文史通义》，卷 1，《内篇》1，《书教下》。

到自然和社会，但并不就是同一回事。人的思想和活动虽然也涉及或包括自然的与社会的活动，但并不仅仅就是自然的和社会的活动而已。所以我们不能把对人的研究（历史学）简单地归结为科学研究，无论是自然的（如饮食男女）或社会的（如权力和财富），尽管这些方面也包括在历史学的范围之内。但它们严格说来只是提供必要的背景，而不能充分解释人文活动自身（例如对真、善、美的追求）。归根到底，历史学既不是自然科学，也不是社会科学，而是一门独立的人文学科（假如我们不用通俗的"科学"一词的话，这里似乎德文的 Wissenschaft 比英文的 science 一词更好一些）。要充分解释历史就要引用人文的规律，而自然规律和社会规律仅仅是它的必不可少的基础或条件，但不是它的充分理由或原因。韦尔斯（H.G.Wells）写他的《世界史纲》，用了那么多篇幅来写生物进化史和史前史，但那究非历史学本身的研究对象。

我们说历史学是一门独立的学科，而不是其他（自然或社会）科学的附庸，并不意味着它和其他科学之间的分野是绝对的。通常认为历史学的特点在于：（一）历史事件是独一无二的，它绝不重演；但严格说来，自然（或社会）事件也是独一无二的，它们也绝不重演。（二）历史学家有其主观性或主体性；但严格说来，每个（自然或社会）科学家也都受自己主观因素（性格、气质、偏见、好恶、背景、训练等等）的制约和影响，甚至有某种类似艺术家灵感的东西。通常的这种说法：客观事实不变而主观看法在变，也只不过是一种方便的表述方式（上面说的，客观事实也并不是不变的，它的作用和影响是不断在变的；这就是历史。如果一件客观事实没有任何作用或影响，它就不是历史学的对象了）。任何认识的成立都有赖于主体与客体双方的相互依存，任何知识都不是一种客观存在的对象（Gegenstand），而是主客之间的一种状态（Zustand）。所以我们应该说，一切知识都有其共同之点，又复有其特殊之点。我们不能以其特性抹杀其共性，也不能以其共性抹杀其特性。人与自然和社会既是对立的，又是统一的；既有不同方面，又有相同方面。有见于同，无见于异；或有见于异，无见于同；——都不免是囿于一隅的偏见。历史学应该对自然科学或社会科学独立，这并不意味着要和它们断绝关系。

就历史学而言，虽然每个历史学家所提的问题及其思维方式各异其趣，不过一切历史学家作为历史学家，总有大家面临的共同问题，如历史事件中自由与必然的关系，历史学中的主体性与客体性的关系。这些共同问题使得历史学成其为历史学。也许从不同的角度上，各个历史学家都各得大道之一端，各以自己的理解和解释丰富了整个历史学的宝库。很难设想如果古往今来只有唯一的一种历史解释，整个历史学怎么可能繁荣和发展。把历史上任何一种重要历史解释或历史理论家排摒在历史学的领域之外，恐怕都会是对整个历史学无可弥补的损失。历史是复杂的，历史学也是复杂的，似乎不应把它强行纳入一种唯一的理论模型。分析派的历史哲学看来就有着这种缺点。他们也做了很多努力，也取得了不少成果；但他们的排他性太强而包容性甚小。他们没有能更多地吸收其他各家（尤其是思辨的历史哲学）所做的努力和贡献。在这方面不免予人以一种"以为天下之美尽在于己"的印象。

任何科学大概永远都不会得出什么最后的答案。毕竟真理不像是北极；只要我们向北走，总有一个时候我们可以宣称：这里就是北极，不可能有更北的地方了。我们毕竟不能宣称：这就是极终的真理，再没有其他更高的可能了。真理不是北极，它不存在于任何地方，它就只存在于对它的永恒追求之中。人们的知识或认识不是一种 Gegenstand，而是一种 Zustand。审美感如此，真实感也如此。半个世纪以前，柯林武德曾对历史学研究寄予无限的希望，他认为历史学在 20 世纪要完成物理学在 17 世纪所完成的那种伟业；所以人类文明本身及其前途端赖我们对历史学技术的修养如何。[①] 两个世纪以前，那位体现了"对人道的兴趣乃是启蒙运动的理想"[②]的哲学家康德曾提出：启蒙就是人类要有勇气去运用自己的理性，要摆脱

---

①   Collingwood, *Autobiography*, London, Oxford Univ.Pr., 1939, p.99 ff.

②   L.W.Beck, *Studies on the Philosophy of Kant*, New York, Bobbs-Merrill, 1965, p.427.

自己在思想上的"被保护状态"①。这个愿望似乎直到今天都还没有实现，人类的思想似乎仍然未能进入成熟的独立状态。真正的"爱智慧"应该是以追求真知为出发点，历史学也不例外。思辨的历史哲学是对历史的反思，分析的历史哲学是对历史学的反思。回答这个问题：什么是我们的历史认识，或我们所认识于历史的究竟是什么？这一点一直是分析派的贡献所在。过去有人嘲笑分析派的工作只是概念游戏；不过历史学如果要证明自己作为一门独立学科的合法地位，看来，认真进行一番这样的概念游戏还是必不可少的。

原载《加拿大成功的启迪》

（长春，吉林教育出版社，1991 年）

---

① Kant, "Beantwortung der Frage:Was Ist Aufklärung?", *Gesammelte Werke*, Berlin, Ak.Verlag, 1935, Bd.8, p. 35.

"从身份到契约"

——重评梅茵的公式 [*]

　　19 世纪的历史法学派是对 18 世纪自然法学派的反驳，他们力图以历史事实来表明自然法学派理论的妄诞。本文试图通过对历史法学派代表人物梅茵《古代法》中"从身份到契约"这一公式的考察来评论历史法学派理论的得失、他们对近代历史学的贡献及其思想方法论的局限性。

一

　　近年来西方著作的大量引进，令人颇有应接不暇之感。如果说，一百年前——"自海通以来"——出现了第一次介绍西方思想学说的浪潮，那么近年来——"自改革开放以来"——出现的则可以说是第二次浪潮。这第二次浪潮的成绩，是毋庸置疑的，它有助于开阔我们的眼界，深化我们的思想，提高我们的认识，使我们不致再像过去那样幼稚而简单化——用搞政治运动的办法来搞学术研究，片言只语信手拈来都可以上纲，几乎呼卢为卢、喝雉成雉，其实可能完全是驴唇不对马嘴。记得当年"四人帮"批先验论，有一篇文章曾写到，先验论的祖师爷是康德，因为康德认为知识是先天就有的，不需要经验。这位批判大手笔大概对康德是一无所知。《纯粹理性批判》开宗明义，就明确地说，我们的知识都自经验而开始，这是没有疑义的。可见不研究前人的著作是不行的，那只能是自甘于愚昧。不过，这第二次浪潮也并非不存在问题，其间也有得有失。其失我以为在于

＊　　本文曾摘要发表于《读书》1991 年第 8 期。

介绍得太滥，有些译作尤为粗制滥造。例如在韦伯热中，他那部鼎鼎大名的《新教伦理与资本主义精神》，大半是注释，其论证即阐发在注释之中，而中译本竟把注释全部删掉，还列入一套有名的丛书里出版。用这样粗暴的办法来对待一部严肃的学术著作，简直令人啼笑皆非。

当今西方花花世界，各种学说和理论层出不穷，花样天天翻新，但并非是都能经得住时间的考验，有些虽然也轰动一时，但是事后即成过眼烟云，再也没有人问津。即使是我们国内，有些著作也难逃此命运。让我们回想一下，30 年前或 20 年前的著作，其中又有多少是今天还有生命力或耐人寻味的呢？与其如此，为什么不把精力放在那些更有意义、更值得我们阅读和钻研的著作上呢？也许是出于自己专业的偏见，我总觉得在这第二次浪潮中比例似乎有点失调；即对历史上古典著作的研究，比重是太小了，而一些未必有多少价值的流行著作，比重又显得太大。例如，刚才提到的康德，他那《纯粹理性批判》至今就还没有一个斐然可读的中译本（如果有，或许不致出现上述的笑柄）；至于对他进行介绍、研究和批判的就更是寥若晨星。其实，又何止于康德一人。无论古代或近代，我们至今还没有一套像《人人丛书》或《近代文库》那样较完备的丛书，更不用说像劳伯（Loeb）古典丛书那样的学术事业了。

在这类值得我们重视的古典学术著作中，梅茵的《古代法》理应占有它的一席地位。19 世纪牛津历史学派两位代表人物斯塔布斯（W.Stubbs）的《英国宪法史》和弗里曼（E.A.Freeman）的《诺曼征服英国史》，尽管都享有很高的声誉，却都把制度史看作只是英吉利民族精神的体现或展开，而并未能从比较历史学的角度看问题。用比较的观点看问题，则是从梅茵《古代法》及其创立的学派开始。从此，人类制度史的研究才脱离了自然法学派的樊篱，不再被看作是一种思想观念的展开，而呈现为一幅历史演化的画面。这一学派的另一位代表巴克尔（H.T.Buckle）在他的《英国文化史》中进行了一项重大的努力，即力图在比较的基础上把文化史变成为一种科学研究（当然，是 19 世纪流行意义上的"科学"）。这两位代表人物，都把文明进步看作是人类知识与文化积累的结果，由此而来的推论自然便是：谁最能继承过去人类的知识和文化，谁就最进步。这种认识还蕴含着另外一种说法：旧知识、旧文化是不能彻底砸烂的，相反，人们必须加以尊重、继承和发扬光大。这里涉及一个有点麻烦的概念，即进步，我们下面将会谈到。

本书的全名是《古代法，它与古代社会史的联系及其与近代思想的关系》，这表明它不单纯是一部专门技术性的历史，而是广泛探究社会、历史、思想、文化诸多方面的一部史论，而尤其着重于古代思想与近代思想的关系。古代法，又当然以罗马法为典范，一则因为罗马法在古代法系中最为完整并囊括了古代世界多方面的文化源流，再则也因为它对后世那种无与伦比的影响。为人们所艳称的"希腊的光荣，罗马的伟大"，倘若罗马的伟大不在其法制，又更在何处？梅茵的主要工作是追溯罗马的以及日耳曼的、克尔特的、印度的和斯拉夫的（即印欧语系的）法制，把比较方法引入历史研究，从而在历史学中确立了比较历史学和历史法学派的地位。

二

梅茵（Henry Maine，1822—1888）的平生著作有六种，均系研究与阐发上述的这一主题，而其中以《古代法》（1861 年）一书最早而又最负盛名；而此书之所以独为擅场，则端赖书中第五章结尾那句脍炙人口、传诵不衰的名句：

> 迄今为止，一切进步性社会的运动，都是一场从"身份到契约"的运动。

他就以这样一句话，概括了人类的文明史。这句话或许可以方之于杜牧的"呜呼，灭六国者，六国也，非秦也；族秦者，秦也，非天下也"、马克思的"到目前为止，一切社会的历史都是阶级斗争的历史"、阿克顿的"权力使人腐化，绝对权力使人绝对腐化"，乃至法朗士的哲理小说所说的"（人类的历史就是）他们出生，他们受苦，他们死亡"；——这些都已成为历史学中"匹夫而为百世师，一言而为天下法"的不朽名言。费沃尔（G.A.Feavor）根据一些未公开的材料写成了一部梅茵传，书名就题作《从身份到契约》。

这句话的意思是说：一切进步性社会的特点，都是人身依附或身份统治关系的消失而让位给日益增长的个人权利与义务的关系，这就是人类文明发展史的内容和实质。恩格斯在《家庭、私有制和国家的起源》一书中曾谈到这一论点，惜乎我国学者于此似未尝萦心。恩格斯说："英国法学家亨·萨·梅茵说，同以前的各个时代相比，我们全部的进步就在于 from status to contract［从身份到契约］，从过去流传下来的状态进到自由契约所规定的状态。"恩格斯评论这一论点说："他自以为他的这种说法是一个伟大的发现，其实这一点就它的正确而言，在《共产党宣言》中早已说过了。"《古代法》问世，晚于《宣言》13 年。恩格斯这里所谓《宣言》里已说过了的，系指《宣言》的第一节《资产者与无产者》，即封建等级制被赤裸裸的金钱关系，隐蔽的剥削被公开的剥削所代替。

梅茵研究方法的特点在于，他一反自然法学派之所为，绝不就法理谈法理，而是通过社会政治的具体历史演变来考察法理，同时又通过法理的演变来考察社会政治的历史；通过双方这样互相发明，从而把这个新学派奠定在一种崭新的历史比较方法的基础之上。已往法理研究每每是纯逻辑（即非历史的）的推导，即只讲道理而不问史实；而以往的历史研究则又是非逻辑的，即只问事实而不谈道理。要把这两者统一于一个完整的体系，自然是非有如椽大笔莫办。梅茵的办法是从父权或父家长权（patria podesta）这一根本概念入手，把父权当作是国家社会秩序的起源。他指出古代法律并不知道有个人，只知道有家族；个人的存在只是自己祖先的延续，反过来又被自己的子孙所延续。所以它那所有制也是共同所有制而非个人所有制。只是罗马法受了自然法观念的影响之后，个人所有权才成为了正常的所有权，而共同所有制反倒成了例外。

家庭团体逐渐扩大并转化为村社团体的痕迹，在印度、爱尔兰以及中世纪蛮族征服者的封建制度中是历历可见的。其中最重要的一点便是土地属于村社所有，而各个家庭所分配到的只不过是土地的使用权。贫富分化最初并不是由于土地的所有制所导致，它起源于家畜（资本 capital 一词，在字源上出于牧群 cattle）愈来愈集中于领袖的手中。后来随着频繁的战争和商业的发展，公共所有制遭到了破坏，于是个人财产权或所有制便取而代之。与此相伴随的，便是一场“从身份到契约”的转变。然而这一转变在历史上却并非是普遍的必然。我们应该注意：它只有在“进步性社会的运动”中才是实现了的。更具体地说，它只是在西欧的历史上才是实现了的。于是我们就看到梅茵在这一点上陷入了一种难以自圆的矛盾。他的原意是想指出一条普遍的历史发展规律，然而结果它实际上却是只对于一个特例有效；于是普遍的规律就变成了特殊的规律。而且就更深层的意义而言，“社会的不变乃是常态，而它的变动却是例外”，所以“从身份到契约”这种“进步性社会的运动”从根本上说就是一种例外。这里我们应该注意到他思路上的一个根本错误之点。他的本意是要说，一切进步性的社会运动都是“从身份到契约”的运动；但他实际上却是在说，只有“从身份到契约”的运动，才是进步的社会运动。这里的思想内涵就完全被颠倒过来了。这两个命题在逻辑上、并且也在事实上决不是等值的，它们是不可颠倒的；正如我们说一切人都是动物，却决不能反过来定义说一切动物都是人。

梅茵的观点和当代社会学中间的一派意见有着相通之处。这一种意见认为，人类在漫长的文明过程中逐步形成了种种习俗、信仰、伦理、生活方式和价值观念。这些传统曾经很好地适应于前现代化的社会。但是现代化社会的科学技术是那么日新月异，迫使人们的一切传统都要随之而变，可是人们却又无法适应那么快速的节奏来改变自己的种种传统。于是，就出现了一切现代社会的根本弊病。

关于古代文明源出于父家长权，梅茵使用了一个特殊的术语，叫做“sexual jealousy indulged through power”。家庭是最早的小社会，由祖先崇拜而衍生出来的宗教、习俗、伦理等等，既规定了父家长的地位，也规定了个人在群体中的身份。因此，远古的法律的涵义就和后世的并不一样。父家长权在古代达到这样的地步，以致法律好像只是用于弥补社会之间的罅隙，而每个个人的行为则完全服从自己家庭的法律。法律看来就像具有两重性，由此所产生的结果之一就是封建时代的双重所有制（double proprietorship），即封建地主的所有制与佃农的低级所有制同时共存。另一方面，则契约可以说是近代个人主义或近代自由观念的同义语。契约自由也就是追求个人利益（或幸福）的自由（用天赋人权的术语就叫做，每个人都有追求自己幸福之权）。这里，梅茵根据历史而得出了与边沁根据理性所得出的同样的结论。契约之取代身份，也就是近代个人主义之取代传统的集体主义。这就是所谓"进步性社会的运动"。换句话说，走向身份关系乃是历史的倒退，而走向契约关系则是历史的进步。当然，工商业的发达、科学的发展、迷信的消失等等，都有助于促进进步性社会的运动。但是构成这一过程的核心的，则是所有制的成长。梅茵在他的《早期制度史》（1875）中甚至断言，不承认私有制便是"野蛮"，私有制被看成了是文明的同义语。然而作为一个历史学家，他又承认学术研究不应该对任何制度作出价值判断，它仅只是探讨事实的过程。这里就出现了一个两难局面，它困扰了几乎所有19世纪的历史学家。自然科学的研究对象是自然现象，自然本身是没有价值优劣可言的；所以自然科学家对自然现象无需做出任何价值判断。历史学的研究对象是人世现象，而一切人间现象都不可避免地要涉及价值判断，一个历史学家对于人事总有其不可离弃的价值观。价值与事实、主与客，这二者应该怎样统一，就成了历史学中头等重要的问题。梅茵本人始终在这二者之间逡巡、徘徊。"从身份到契约"究竟是历史上一幕实然的现象呢，还是文明所当然应该选择的取向呢？抑或同时是这两者呢？

困难在于：历史方法正如分析方法一样，对于提供一套价值尺度是无能为力的。分析方法提供的是一套推论，历史方法提供的是一套事实，这两者都与价值无关。从史实之中推导不出价值来，历史方法本身并不导向任何价值。每个历史学家之所以有可能从史实中找到他想要的东西来"证明"他的价值观，就正因为他那套价值标准是他所强加之于史实之上的前提。历史假如有（类似自然界的）任何普遍真理或公式的话，它就决不会是价值判断。例如，梅茵认为历史方法告诉他说，社会主义是不可能的；其实，这个结论并不是他那历史比较方法的结论，而纯粹是由于社会主义（他所理解的社会主义）和他那个"从身份到契约"的公式相背而驰的缘故。

三

　　物理世界的运动形态万千，但是牛顿只用一项咒语般的简单符号就揭示了它们全部的奥秘，那（用怀特海的话）简直就是中世纪神秘学者所梦寐以求的 sancta simplicitus。被近代科学的成功所迷住了的 19 世纪的历史学家们，也如醉如痴地极力在追求一条历史运动的万有引力定律。"从身份到契约"就仿佛可以扮演这样一条定律。从其中可以推导出：人类历史就是从公产（property in common）到分产（several property）的过程；还可以推导出：法典愈古老，则其刑事部分就越详尽，民事部分就越简陋。（梅茵认为，近代文明社会的法律乃是由"人法"[law of persons]、"财产和继承法"与"契约法"三部分所组成的。）换句话说，进步性社会的运动也就是民法的比重日益增加的过程。而中国法律大多为刑法，这似乎可表明中国的落后。凡此种种，简直有如 18 世纪物理学的分析学派在使用牛顿的手术刀进行操作。然而对于人文世界，我们能像对物理世界那样进行操作吗？梅茵本人也并不是没有意识到这种操作有着过分简单化之嫌。他曾谦逊地承认，"我们认为中国文明的绝对不变，部分地是出于我们的无知"。他也承认，西方以外的世界只不过是处于"漫长的幼稚状态"而已，它们决不是"另一种不同的成熟状态"。这就是说，各种文明的不同并非是质的差异，只不过是发展阶段先后不同而已。西欧虽则领先，但其他的民族并非注定了永远要落后。不过，他又认为，无论西欧还是其他民族，却都得服从"从身份到契约"这条根本大法。近代与古代的不同，根本之点就在于契约在社会中占有越来越大的比重。古代的情况是，人从一出生就无可改变地被决定了自己的社会地位；近代的情况是，人在越来越大的程度上是通过契约来创造自己的社会地位的。沿着这一思路推论下去，梅茵进而指出，近代雇主与雇工之间的契约关系已经取代了往昔中世纪主仆之间的身份关系而成为现代英国社会的基础。于是英国历史矛盾的画面，就呈现为一幅从身份统治关系之下被释放出来的自由人与工业化社会之间的矛盾。

　　在远古，个人并无所谓权利和义务。所以，历来的契约论者把政治的权利和义务推源于统治者和被统治者之间有一项所谓"原始契约",乃是完全错误的,——这是历史法学派根据事实对于自然法学派所做的最有力的批判:让事实来说话,让我们来看看事实究竟是否如此。对这一点他们似乎信心十足,但问题却远非如此简单。这种以事实为根据的批判究竟能否成立,并不像它表面上看去那么轻而易举,好像是它以事实一举就可以证伪对方似的。这个问题恐怕最终并不取决于事实如何,而是要取决于人们看问题的前提假设是什么。一个自然法学派可以面对着历史法学派所提出的种种事实,根本就不予考虑。他完全有理由说,他所要论证的是"当然"而不是"实然",是"道理(理性)"而不是"事实(历史)"。自然法学派的代表人卢梭就曾明确表态说:"我所要探讨的是人权和理性,我并不要争论事实。"事实如何,并不就构成为权利和理性的根据。例如,婚姻在古代是昏夜间抢劫妇女,到了近代,婚姻也要讲各种条件,真正无条件以爱情为基础的婚姻大概是古今中外从来也不曾存在过的。可是在法理上,我们却仍然不能不肯定婚姻必须无条件地以爱情为基础。对自由、平等、民主、人权等等,历史学派很可以根据史实来论证,它们是古往今来就不曾存在过的;但是却没有一个国家的宪法能够不堂而皇之地列举这些口号作为其理论的依据。这好比在一幅威尼斯画派的裸体美人面前,一位严厉的道学先生看后一定会谴责它根本不是艺术,纯粹是腐化堕落、道德败坏;而一个威尼斯画派的崇拜者则一定不会接受这种指责,他会说,这是最美的艺术、最高尚的意境,哪里会有什么腐化堕落和道德败坏?假如让双方进行辩论,结果大概是谁也说服不了谁;因为双方有着根本不同的出发点或前提假设或价值观念。人类思维史上许多争执不休的论战,是不是也有某些类似之处呢?个人的嗜好如何,是没有一个共同标尺可以衡量的;客观事物的状态如何,则是有一个共同标尺可以衡量的。问题是介乎这二者之间的东西(如道德、良心乃至自由、民主等等),是不是也有一个共同的标尺可以进行衡量呢?

　　历史法学派自然而然地要以自然法学派为其对手。18 世纪,自然法的思想成为时代主潮;及至 19 世纪,历史学派的思想也脱颖而出成为时代主潮。前一派着眼于理论推导，那方法是逻辑论证的或数理的；后一派则着眼于事实过程，那方法是历史叙述的或生物学的。前一派要论证其当然，而后一派则要说明其实然。在后者看来，前者是只从逻辑立论，"把所有的历史特性都剥光"，置事实于不顾；所以实际上，所谓的自然法根本就不成其为法，因为它并不具备人为法的强制性和约束力。自然法学派采用了一种先验的方法论，把一切都推源于思辨的概念，从而它最大的缺点就是混淆了"过去"和"现在"以及从过去到现在的演化，他们缺乏一种历史观点，应该说，这两大对立的学派似乎都言之成理，持之有故。我们怎么才能够对于两派做到不偏不倚，而且兼容并蓄，取长补短，即既要讲理（逻辑理性）又要务实（历史事实），——这就需要哲学家重视历史的事实，历史学家重视哲学的智慧了。也许道路不只一条，方法也不只一种；它们不但可以并行不悖，而且可以相辅相成。近代学术思想史上，这两种方法都曾取得极大的成就就是明证。古典生物学的方法（历史方法）并非是唯一的方法。分析方法并不是仅凭"非历史的"这一条罪状就可以全盘抹杀的，正如生物学的方法也并不能单凭"非逻辑的"这一条罪状就可全盘抹杀。尤其当前生物学有着走向数理化的倾向，似乎更可预示两种方法并非是绝缘的或互不相容的。

梅茵过分信赖自己的论断，乃至根本无视当时人类学（如 MacLennan，恩格斯在《家庭、私有制和国家的起源》中曾多次提到此人）的研究成果（如古代曾存在过群婚制），因为其中得不出他那父家长权的概念。事实上，极有的可能倒是：原始的两性关系、家庭和财产（所有制）并没有一定之规。果真如此，则梅茵的基本公式就会根本动摇。那样一来，所剩下来的就只不过是这样一个推论，即今人比古人更为个人主义。但即使今天的文明比古代更为个人主义，然而仅凭这一点，却远不足以确立"从身份到契约"这个公式。此外，他的理论还隐然流露出一种见解，即文明的轨迹是单程的和单向的；进步性的社会的一切都是那么美好，简单就像伏尔泰笔下的全舌博士（Pangloss）所说的：一切都好得不能再好了。然而，究竟什么才算是"进步性的社会"呢？假如说，所谓"进步性"就是指"从身份到契约"，否则就不是，那么这种说法就成了同义反复（tautology）。看来梅茵的历史方法或比较方法远不是无懈可击的。历史资料浩如烟海，我们总可以从中挑选出某些真凭实据来"证明"我们自己所臆造的、而实际上是不可能证明的任何假说。史实或史料是给定的，但对它所做的任何理论概括或公式，却总归是历史学家个人所创制的。万有引力定律也并非就是万世不变的，尽管千秋万世之后，苹果还是会落地的。所谓比较方法云云，也并不比思辨哲学就来得更为有效，假如它也能引向任何随心所欲的结论的话。史料库就像一个潘多拉的宝盒，你要什么，它就有什么。于是一个缺乏哲学洞见（或"史识"）的史家，在它面前就表现成为一个弱智儿童。何况梅茵所根据的印度材料（他本人曾在印度居留七年）早就为人所诟病。在他以后，巴登 - 波威尔（Baden-Powell）一生都在研究印度的土地制度，却发现印度大部分都是分产，只有北部才有一些公产村落，而且即使在那里也找不到任何"从身份到契约"的痕迹。梅茵的研究另有一些不可原谅的重大缺欠，例如他在征引古代之后就径直转入了近代；漫长的中世纪对他基本上是一片空白。

　　以上评论对梅茵或许近于苛求。无论如何，法理学本身的性质总是倾向于走抽象概念的分析路数的。在自然法思想风靡一世之后，能够引入历史比较方法作为中流砥柱，能够从发展的观点来考察文明社会典章制度的历史现实，梅茵（还有与他同国度的 F. 梅特兰 [F.Maitland]，以及德国的弗·萨维尼 [F.Savigny]，美国的 W.B. 亚当斯 [W.B.Adams]）是功不可没的。他是英国历史学派（他也自称比较学派）当之无愧的奠基人。

四

　　传统历史学的作风，大抵不脱引征历史事例进行一番道德说教，要到了历史学派的手里才有意识地撇开道德说教而要把历史学建立在永恒的规律之上。要进行这个工作，最好的研究标本莫过于原始社会（梅茵称之为"政治胚胎学"），因为现在的一切都是由过去所孕育出来的。就这一点而言，我们是永远无法和过去的传统进行最彻底的决裂并把它彻底砸烂的；这不是一个应不应该的问题，而是可不可能的问题。自然法学派所构筑的历史三部曲，即自然状态→社会契约→公民社会，纯属羌无故实的思辨虚构。在历史学派看来，真实的答案决不能求之于哲学思辨或法理理论，而只能求之于历史事实。历史研究应该是透过文字的背后而深入到历史的实质。每个时代的文献，都会有一大堆冠冕堂皇的白纸黑字，但历史学家所关心的并不是它们的票面价值如何而是它们的实际购买力（实值）如何，即它们是怎样实现的以及实现到什么程度。一切美丽动听的理想和理论、法理和神学，到头来，都只不过是对现实的伪装和美化。历史学派清醒地看到了理论与现实之间的差别及其特定的联系，他们从不把文字的票面价值等同于实际购买力。换句话说，史书上的文字是要通过事实来理解的，而不是事实要通过冠冕堂皇的文字来加以理解。这是历史学派的丰功伟绩之所在。

生物学的或发生学的方法当然也有其缺点，缺点就在于它缺乏严密的理论推导。"从身份到契约"这一论断究竟是规范性的呢，抑或只是描述性的？梅茵本人对此并没有交代清楚，但在读者看来，由于缺乏理论推导，所以后者的成分多于前者。再如，他曾论断说，古代史上的英雄时代之后总会继之以一个贵族时代；又如，每个民族"进步"到一定阶段便出现法典法；——凡此种种，在论证上都犯有同样的毛病。文明的历史乃是一场按照一定顺序而开展的戏剧，但是这幕剧情的内在逻辑线索却落在了历史学派的视野之外。而朴素的经验事实本身，是并不能自行导致任何一种理论体系的。

尽管书中有那么多的论点是不能够餍足严谨的理论要求的，然而他那整体构思之宏伟动人仍然会给读者留下深刻的印象。这方面的例子，随处可见。如他论罗马法时说："不掌握斯多噶哲学，就简直不能理解（罗马法）。"这是一个极有深度的真知灼见。而且又岂止是罗马法；不掌握斯多噶哲学，中世纪基督教也是无法理解的，因为中世纪基督教有一大部分即脱胎于斯多噶主义。而假如没有罗马法和基督教，中世纪文明就成了一片空白。梅茵距今已一个多世纪了，据现代的研究成果，罗马法比梅茵当时所想象、所理解的要远为复杂得多。梅茵仅只引用了有利于自己论点的材料作为根据；这自然是历史研究中的通病，虽贤者不免。今天我们回过头再去看这部百年前的名著，其间的一些缺点和错误是显而易见的。他论述的文明，只及于所谓雅利安民族，而他所谓的"进步性的社会"，亦仅以雅利安为限。实则今天就连"雅利安"一词本身能否成立，也都成了问题。据他说，静态（或稳定）社会与进步性社会的区分，从法典时代开始之后即已呈现，而作者所关注的则仅只是"进步性社会"。但"进步性社会"在人类史上显然是为数极少的，甚至于就只曾经出现于西欧。梅茵多次提到，封建制度是日耳曼蛮族习惯与罗马法两者的混血儿，其中已注入了契约的成分，与古代的纯粹源出于习惯的体制已有不同。这就意味着，西欧社会是"进步性的"。但梅茵本人也承认，它是"一个罕见的例外"。而除了这个特例，在所有其他民族的历史上，我们总是发现是"法律限制着文明，而不是文明发展着法律"。因为法律若要完美，就需高度稳定，所以也就必须墨守成规。进步就意味着突破旧的法制。因此之故，在人类历史上"静态（稳定）乃是常规，而进步恰恰是例外"。这个论断确实堪称是一个目光如炬的论断，它完全摆脱了 19 世纪流行的那种浅薄而廉价的进步信仰。但是仅凭一个特例，就能给历史总结出"从身份到契约"这样一条普遍的公式来吗？法律要求稳定，社会要求进步，——矛盾恰恰就出在这里。又如，他论封建制度的长子继承制（primogeniture），认为其用意并非是要（如通常所设想的）剥夺其他诸子的继承权，而是反之，正因为分割土地必然要使得每个有关的人都受到损害，而封地的巩固却会使他们受益，并且一个家族也可因权力集中于一个人的手中而更加强大有力。我们从这些以往为人所忽略的细微之处，可以看出梅茵超过前人的地方。

真正的历史方法（比较方法）就必须对各种历史文化在价值上一视同仁，所以就不可能论证（justify）一个历史学家所不可须臾离弃的价值观。这就使历史学派陷入了一种两难的困境。"从身份到契约"是不是同时也意味着一种价值取向呢？是不是凡要求进步的社会，都应该是从身份关系走向契约关系呢？梅茵于此并未给出进一步的明确解答，或许是由于他认为这一点是理所当然而无待解说的吧。梅茵在书中曾预言（或者期待），比较历史学也将像比较语言学那样，会取得惊人的成果。不过这种惊人的成果（如其斯宾格勒和汤因比的惊人的、但毫无说服力的历史形态学不算是比较史学的话），却至今还不曾被人取得。

"从身份到契约"这句名言在学术思想史上之享有殊荣，固然是良有以也；然而同时梅茵另一个眼光甚至更为犀利的论点，却很少有人提及。这另一论点简单地说就是：一种制度在历史上的确立和法典化，并不标志着它的巩固，反而是标志着它开始走向瓦解或衰退。换句话说，那并不是它的成长和发达的历史，而是它被破坏、被摧毁的历史。有趣的是，自然法学派的代表卢梭也曾持有同样的见解。一旦采取了这样的透视，我们所得到的历史图像就会全然不同于流行的样式了，并且也只有这样，才可以把我们带到历史的核心里去。一个生命从其一诞生起，就在不可逆转地朝着自己的死亡前进，它不是日益茁壮，而是日就衰颓，历史上任何一种典章制度的生命亦然。这是他的又一个真正充满着智慧的光辉论点，可惜它并未受到应有的重视和评价。历来备受人们赞赏的，独有书中的"从身份到契约"一语，故索解人正不易得。

五

古代罗马法的人类法（jus gentium）受到斯多噶派思想的影响而衍变为近代自然法学派的人人平等的观念；从而个人的自然愿望就是天然合理的，从而（相对于"旧制度"［ancien régime］时代的既不自然、又不合理的社会而言）民主制就是最自然、最合理的制度。民主制既是以契约（即"被治者的同意"）为基础，所以个人就有权拒绝接受自己所不同意的身份。然而在历史学派看来，身份乃是历史演化过程的自然产物，所以个人就无从拒绝接受社会的规定。

民主制本身不是目的，只是达到目的的一种手段，因此除非它能达到某种目的，否则即无价值可言。民主这东西也仿佛是人要吃饭一样，是文明的必要条件而非充分条件；无之必不可，而有之则不必即可。这里面包含着一个默契的、不言而喻的假设，即人性中的美好通过民主便可以释放出它的能量；这是人类自求多福的唯一大道。帕斯卡曾有名言："人既非天使，也非禽兽。"但更准确的说法倒更可能是，人既是天使，又是禽兽。假如人性中也有禽兽性的一面的话，民主是否仍然是一剂灵丹妙药？反对民主的思潮，正是从反面使得民主理论得以深化的。禁欲主义固然行不通，但是反其道而行就可能走向人欲横流。民主制在文化哲学上的涵义就是：怎样把禽兽转化为天使，而不是把天使转化为禽兽。两个多世纪前，卢梭就曾慨叹：要制订一部完美的立法是那么的难之又难，简直需要它那人民都是一群天使而后可。后来，康德修正他说：制订一部完善的立法并不需要一群天使而后可，即使是一群魔鬼也可以，只要他们有此智慧。多么深切而著明的答案：只要他们有此智慧。智慧使人认识到自己的利和害。不像《圣经·创世纪》所说的，认识善与恶是人类堕落的开始，反之它是人类进步的基础。

反对民主的思想家们是不大相信群众的。林肯相信群众的大多数终归是正确的，尼采和易卜生却相信真理总是在少数人一边。韦伯则认为政治总是由少数人决定的，那么其结局便只好是孔圣人的"君子之德风，小人之德草"。诗人批评家艾略特（T.S.Eliot）认为西方在17世纪经历了一场感性的分裂，此后始终未能从那场分裂中恢复过来。事实上，更深刻的分裂倒不如说是发生在19世纪人文价值与科学态度之间的分裂。赞成民主与反对民主两派，都没有能解决这场分裂。梅茵在哲学上是个保守派，虽然他也不可避免地感染到自己时代的自由主义思潮，但支配他政治观点的始终是对群众根深蒂固的不信任感。因为"群众不知道什么是自己的幸福，怎样才能促进幸福"。那结果便是群众专政和个人（或寡头）专政实质上并无区别（亚里士多德早就说过，民主制终会转化为独裁）。梅茵认为19世纪的英国并没有意识到民主制的危险，正如18世纪的法国没有意识到贵族制的危险。历史学家也是人，他的基本观点也受到个人思想、气质和偏见的左右。他的专业知识和训练，对于一个人之所以成其为人的那些前提假设是无能为力的。

在近代，中国历史发展比西方慢了一拍，故而中国所宣传和信仰的往往是西方前一个世代所流行的思想，引进和介绍也是有倾向性的。例如法国革命和天赋人权论曾在中国流行一时，而柏克那部经典性的《法国革命论》所宣扬的反对革命的理论，就从未引起过中国的重视和思考。梅茵的这部著作又是一个例子。这种情形对学术思想的研究和发展来说，未免是一桩憾事。如果不认真研究前人正反两方面的论点，我们又怎么可能希望把自己提到比前人更高的水平上去呢？

六

最后，对本书的中译本略赘数语。抗日战争以前，商务印书馆出过一批外国学术名著译本，记得当时读过的即有戴雪（A.V.Dicey）的《英宪精义》和梅茵这部《古代法》，译文尚是桐城笔调，读来也颇音调铿锵，但专业内容则错误甚多。事隔多年，印象已经模糊。"文革"初期曾偷暇读了几本书，包括梅茵的这个新译本在内，且系逐字逐句对照原文读的，故印象较深。新译本是语体，一些法学术语确实非行家莫办，如 fiction 译作"拟制"，equity 译作"衡平"等等。也有若干错误或不妥，当时曾随手记下一些。有些错误大概是属于笔误或疏忽以及手民误植，有些则属于理解方面的失误。其间有一个较为突出而应该一提的是：书中多次"皇""王"不分，教皇作教王，王位作皇位，王朝作皇朝，诸王作皇帝。看来这已不是一般笔误，而是译者在思想上把两者混为一谈了。这就造成了不应有的内容混乱，尤其是当论及法国史的时候。历史的常识是：大革命前的法国是波旁王朝的王政时期，大革命后拿破仑称帝，是为帝政时期（有名的《拿破仑法典》即于此时纂成）。梅茵着重论述的王政时期与帝政时期之不同，实即革命前与革命后之不同。设想有一部书论述中华民国与中华人民共和国之不同，而译者误将"民国"与"人民共和国"混为一谈，岂非不可原谅？在作者看来，法国大革命前后的变化，一言以蔽之，就是"从身份到契约"的变化，亦即从人身依附、身份统治的关系转化为自由人的契约关系（不言而喻，这个自由也包括失业和挨饿的自由）。

由此联想到，译书大为不易，决非如有人想象的只要翻字典（甚至连字典都不翻）就行。有关的专业知识是至为重要的。世上并没有一种称为资料专业或翻译专业的专业。资料和翻译只能跟着研究走。研究什么专业，就搞哪行的资料和翻译。资料和翻译是不能脱离专业宣告独立的。我们可以有各种专家，但并没有独立的资料专家或翻译专家。目前翻译工作之所以不尽如人意，恐怕这种错误的指导思想乃是重要的原因之一。甚矣，译事之为难也；久矣，我们已不复见当年严几道先生之"信、达、雅"了。

原书问世在达尔文《物种起源》（1859 年）之后两年，梅茵究竟曾否，以及在多大程度上受到他同时代本国同胞达尔文的思想影响，目前尚无定论。显然的是，两人同属于 19 世纪中叶的新思路，一个以之研究物种进化的历史，一个以之研究社会进化的历史。把历史比较方法引入人文研究终究是一项崭新的贡献，特别因为自从 17 世纪科学革命的两个世纪以来，人们已约定俗成地习惯于以非历史的数理科学的分析方式考察社会人文现象，亚当·斯密《国富论》的思维方式就是一个典型的例子。并且，自古以来的文献从来没有能为人们提供这样一种信念，即社会的发展必然是越来越好。进步的信念乃是 19 世纪的产物。把这种伦理的信念纳入客观的历史研究，这确实是 19 世纪历史学派的特殊成绩（或者是错误）之所在。梅茵是这个学派当之无愧的代表人之一。不过，20 世纪的史学家似乎又别有义解，他们以为阅读过去未必就理解过去，而理解过去也未必就能预言未来。极有可能，19 世纪的历史学派过高地估计了自己的能力。问题是，作为比较方法，历史学派怎么能从实然（事实判断）之中得出一种当然（价值判断）的结论来。前两年比较史学在国内也曾经一度成为热潮，梅茵此书的优劣得失或许可以为我们的比较史学工作提供一份值得思考的借鉴。

原载《史学理论研究》1992 年第 1 期

自然权利的观念与文化传统

五四时期的新文化运动，尽管带有许多严重的缺点，终究不失为近代思想史上划时代的一次启蒙。陈独秀作为它的杰出的代言人，曾经不止一次地提到：深刻影响人类近代文明"最足以变古之道，而使人心社会划然一新者"有三件大事，其中之一就是法国大革命及其人权的观念。[①] 我们今天可以说是仍然在继承着五四科学与民主的传统，在完成它的未竟之业；但自然是在更高一层的意义上，因而也就包括对五四时期一些基本论点的再认识和重新评价。

一

1789 年法国的《人权宣言》序言宣称："无视、蔑视和蹂躏人权，是社会灾难和政治腐化的唯一根源"；因此，法国国民议会要"庄严宣布自然的、不可转让的神圣的人权"，并建立一套"简单的、无可争议的原则"。[②] 所谓自然的权利，即天然的权利，清末以来的旧译是天赋人权，这一译法长期以来在我国被人们所沿用。《人权宣言》开宗明义第一条是："人在权利上是生而自由平等的，并且永远是自由平等的。"[③] 第二条是："一切政治组织的目的都在于保障自然的、不可侵犯的人权。这些权利是自由权、财

---

① 陈独秀：《法兰西人与近世文明》，载《新青年》一卷一号。
② J.Robinson ed., *Readings in European History*, Boston, Ginn&co., 1934, Vol.2, p.409-10.
③ 同上。

产权、安全权和抵抗压迫之权。"①第三条则规定主权在民，一切个人和团体的权力都直接来自人民。

前此 13 年，即 1776 年，美国革命的《独立宣言》序言宣告：独立乃是"自然的法律和（主宰）自然的上帝的法律要求他们尊重人类意见"②的结果。《独立宣言》正文开宗明义说："我们认为这些真理是自明的（不言而喻的）：即人是生而平等的，他们被造物主赋予了不可离弃的(inalienable，不可转让的）的权利，其中是：生命权、自由权和追求幸福之权"；而且"任何政府破坏了这些目的，人民就有权改变它或消灭它，另外建立新的政府"。③当时北美各个州的权利宣言（如弗吉尼亚州），内容都大抵相同。

再前此 14 年，即 1762 年，最能代表"18 世纪哲学家的天城"④理想的卢梭，在他的《社会契约论》中就正式提出了：人生而自由、主权在民，它是不可剥夺、不可转让、不可摧毁的；如果自由被强权所剥夺，那么被剥夺了自由的人民就有权重新夺回自己的自由。⑤由此上溯到洛克和霍布士以前，自从新教革命以来，各派新教就都在追求着一种信仰上的天赋人权（或自然权利）。因此，马丁·路德宗教改革的第一件大事就是把《圣经》译成现代口语，撇开教权与教阶制的垄断而直接诉诸个人的内心，使每个人都能与上帝的真理直接相通。这叫做每个人都能有按照自己的方式崇拜上帝之权。再由此上溯，某些近代自然权利的观点还可以在古希腊的智者中间找到它们的萌芽。

"五四"的人并没有能够进一步探索：这种在西方由美、法革命所集中体现的自然权利的观念，在传统的中国是不是存在？如果存在，是采取什么形态？又到什么程度？如果不存在，那么中国是不是也有她自己的独特的自然权利观念？这或许是今天的研究者所应该回答的问题。从历史角度对这个问题的回答，应该包括社会根源和思想根源两方面的考察在内。本

---

①　J.Robinson ed., *Readings in European History*, Boston, Ginn&Co, 1934, vol.2, p.409-10.

②　Carl Becker, *Declaration of Independence*, New York, Vintage Books, 1958, p.5ff.

③　同上。

④　Carl Becker, *The Heavenly City of the 18th Century Philosophers*, New Haven, Yale Univ.Pr., 1971.

⑤　C.E.Vaughan, *Political Writings of Rousseau:Du Contrat Social*, Pt.1.

文只是试图在最肤浅的层次上，初步触及这个问题的一些枝节；深入的全面的研究，有待于更多的同行学者。

二

17、18 世纪所形成的近代西方的自然权利观念，被介绍到中国来是在 19 世纪末、20 世纪初。但是正如许多西方思想的起源可以上溯到古希腊，中国本土的许多思想的起源可以上溯至先秦。孔夫子提倡仁政，仁政的基础是人，这就从正面肯定了人的价值。孟子说过"民为贵"、"君为轻"，从而为中国后世民主思想提供了重要的理论依据。孔孟虽然未用人权字样，但已明确提出了以人作为一个基本的价值尺度。道家讲无为，无为的理论根据是人的自然性和人本身的价值。在某种意义上，这些思想都包括有人文主义的因素。这一人本思想的传统对中国的影响是至深且巨的，乃至后世的一些帝王也都承认人民的生存权在国家政治生活中的重要性。

文艺复兴是西方文化史上的一个转折点，新的时代精神是人文主义的勃兴。在稍后大约一个多世纪以后的中国的明清之际，我们也看到有某些类似的过程。在明清的一些民主性思想中，饱含着鲜明的近代意义的人文主义的倾向。黄宗羲、唐甄等人的政治理论就把国家看作是人与人之间的一种相互关系，而并非某种神秘色彩的天命。这种人与人的关系在本质上乃是契约的而非身份的。《明夷待访录》时间上早于卢梭《社会契约论》将近一个世纪。

黄宗羲所指出的不是君权神圣而是人类自私心的神圣，这是对中世纪神权与皇权理论的公开的反题。他把人民视为主人，把君主视为仆人，甚而把君主说成是人民的灾难。他认为统治者与被统治者之间的关系乃是，或者应该是基于相互同意的协作关系。唐甄的"凡君主皆大盗"[①] 的命题，实际上是说君权窃取了或剥夺了本来是属于人民的天然权利。正是由于肯

---

① 唐甄：《潜书·室语》。

定人民的自然权利，他才特别强调"情"的地位。"情"实质上是自然或天性对神圣诫律（天理）的一种抗议。他提出：平等就是人人各遂其情。[①]

除了上面所提到的中西双方在自然权利观念上的平行而几乎同步的发展而外，其间却也存在着不容忽视的差异。首先，中国思想有着由中国社会的特点所规定的特点。中国社会有着一个源远流长的宗法传统，这一点在语言学上，可以从血缘关系的名分和称谓之中鲜明地反映出来。因而表现在理论化的方面，西方常常倾向于以个人为基本粒子（或莱布尼兹式的单子）[②]，这样的一个原子是真正的"莫破"（原子 atom 一词语出希腊文，a 是"不"，tom 是"分裂"，严复译莫破），是最后的实体，在这个基础上构造出社会和社会关系。反之，在中国则往往是从团体或集体出发而构思。团体或集体才是最后的真实或实质，个体在其中并没有独立的存在和价值。他的存在和价值，首先而且主要的是在于作为这个集体的一员，而不是在于他本身的内在尊严和意义。他的存在和价值是由集体中派生的，而不是先天给定的、不可剥夺的。他的人格只能从属于，或者融解在一个更大的集体生命之中，并从其中得出他本身的生命权和自由权，即生命和意义。故而在信仰上，西方宗教追求的是个人的不朽；而在中国，这一点却从来就不那么强烈，因为他有一个更强大得多的集体生命（例如家族或家庭），个体生命只是由于从属这个更大的集体生命才获得它自己的价值。他首先要实现的并非是他个人内在的目的或价值，而是他的家族或集体的目的或价值；和康德的基本命题"有理性的生命（人）绝非仅仅是工具，而且同时他本身就是目的"[③]相反，似乎只有"有理性的生命（人）其本身绝非是目的，而仅仅是一种工具"才更能符合中国历史与中国传统思想的实际。因此之故，康德强调道德的自律，而中国伦理道德的精义则在于他律。例如：非礼勿视，这是一种他律或外律；君为臣纲，也是一种他律，是一种社会的外在约束力量。即使是强调自利、反对专制的黄宗羲，他的出发点

① 唐甄：《潜书·室语》。

② Cf.Leibnitz, *Monadology*, Everyman Lib., 1941.

③ Kant, *Grundlegung zur Metaphysik der Sitten*, Leipzig, P.Reclam, 1940, S.70.

仍是"天下之利",仍是就人际关系而立论,而并非是像卢梭或《人权宣言》那种意义上的个人内在的天赋的、不可或缺的而又不可转让的自然权利。这里包含着一种基本价值观念的分歧,它也表现在思想意识的其他领域。

与此相关的是,在中国传统里,思想的或艺术的活动,其价值大抵都不在其本身,——追求真理或追求永恒的美之类,例如诗人济慈所标榜的"一件美的事物是一种永恒的欢愉",或者王尔德所标榜的"为艺术而艺术"等等。为真理而真理和为艺术而艺术的观点,从来不曾在中国思想文化史上成为主潮。当托尔斯泰在他的《艺术论》中提出评判艺术品的尺度是伦理的价值和功能时,他曾使得许多西方读者都为之惊奇不解。其实,他只不过说出了东方视之为理所当然的事。笛福笔下的荒岛上的英雄鲁滨孙,用中国的传统尺度,一点也不配成为什么可赞美的题材,他的个人奋斗并没有尽任何人伦或人与人之间关系的理想。苏武固然也是孑然一身在冰天雪地之中独自奋斗了 19 年,但他不是独立于人际关系之外的,他是在完成忠君爱国的伦理理想。他之所以是可赞美的,正因为尽了他的人伦。歌德笔下的少年维特不能成为中国传统文艺的理想模型,因为他也没有能尽任何人伦。通俗小说中英雄的结局,一定要博得封妻荫子,光宗耀祖。就连贾宝玉出家,也得要事先蓝田种玉而且高中乡魁,做到忠孝双全,然后才有资格了却尘缘。否则,就通不过中国人的世界观这一关。这不仅是作者个人的局限,还有着整个民族文化的深厚背景。而在洛克、卢梭和美、法革命的思想理论家那里,首先是个人与集体双方之间的契约,然后在保证个人的自然权利不受侵犯的前提条件下,才谈得到尽任何社会义务。只要这个原始的契约一旦遭到破坏,每个个人就都立刻回到自然状态。在中国的传统文化里,很少有什么思想体系是建立在以个人为单子的基础之上的。相对说来,老庄最为重视个人的地位,但是他们的立场仍然并非以单子式的个人为前提,而是先假定有一个超个人的伦理社会网络,个人只不过要逃避这个网络或枷锁而已。在古代中国并没有原子论;中世纪以降,我们几乎找不到任何一家思想是以一种明确无误的方式根据个人的不可剥夺的权利在立论的。即使为个人的权利辩护,也只能是出之以经院哲学说经的形式，即引经据典，而不是根据"自明的真理"，即自然权利。下迄19世纪末，康有为变法，在理论上仍须乞灵于古代圣人的微言大义，而非近代个人的天赋人权。这或许是传统中国与近代西方两种文化精神最为不同的所在。西方的权利观诉之于自然原则，中国的权利观诉之于权威原则。与此相应，两种不同的思路就分别是：集体的价值取决于它对个人所贡献的服务和个人的价值取决于他对集体所贡献的服务。

因此，中国近代历史发展就出现了那么多的曲折，它们都可以联系到这样的一种思想斗争：在中国近代化的过程中，个人的觉醒与自然权利的自觉，注定了要和传统的超个人的集体意识发生严重的冲突。基于个人自然权利的思想体系很难和基于超个人的集体的思想体系互相调和一致，中国既然步入近代，就不可避免地在某种程度上要接触和接受西方的思想论证和价值观念（例如源于西方的各种主义）；但是它们之能被接受，却又必然只能是纳入中国的思想轨道。它们口头上或字面上所移植的东西必须在实质上适应于传统文化中根深蒂固的精神才能生根并成长。这一点并不能一蹴而就，因而往往它们使用的名词是来源于近代的、西方的，而其内容实质在实践上却仍然是道地的传统中国的。要了解中国近代思想的秘密，或许我们应该在这里面去寻求解答。

其次应该提及的是，直到19世纪中叶，中国从来没有发生过一次科学革命，像16、17世纪西方所经历的那样，也并没有出现过严格意义上的近代科学。近代科学是左右近代思想与近代世界观的一个极其重要的因素。这一点在近代西方，从培根、笛卡尔到康德，到当代的罗素、维特根斯坦可以说莫不皆然。文化史上这一极其重要的因素，却似乎每每被治中国思想史者忽略过去了。近代科学，具体地说即牛顿体系，是19世纪70年代才被李善兰正式介绍给中国知识界的，尽管17世纪初徐光启已经酝酿着一条通向"自然哲学之数学原理"的道路了。近代科学的世界图象基本上是原子式的或单子式的，由此产生了自然的铁律的观念；笛卡尔认为，就是上帝也得服从自然律。这种铁的自然律的观念，以及上帝也必须服从铁的自然律的观念，在中国如果有的话，也从来没有占有过主导的地位。

人性（human nature）也是自然（nature）的一部分，因而也就当然是自然的（natural）或天赋的，因此凡是属于人性的即理所当然地是自然权利，人天然地（自然地）就有权享有属于人性的一切；——这一推论是在逻辑上以及政治上都只是自然而然的，或者说，是自明的、不言而喻的；但是它却必然会成为与"存天理、灭人欲"针锋相对的反题。自然律的观念的确立和自然权利观念的形成，两者之间存在着一种自然的或天然的同盟关系。然而在中国却始终没有出现过一种强而有力的、由自然科学所派生的自然律的观念，也没有形成与之相联系的自然权利的观念，在中国看不到西方那种由不可变易的自然律过渡到无可置疑的自然权利的自然而然的逻辑推论。我们此处不能详论缺乏近代科学对近代中国思想所造成的严重后果，这里只是要说明：在社会观以及在自然观方面，中国的传统的背景都与近代西方迥乎不同。传统中国确实也有她自己的自然权利的观念和理论，但对这类权利之所以是天赋的或自然的，其论证大多是基于人道或人情（如不忍人之心、不忍人之政等等）立论，而不是和近代科学意义上的自然律的观念相联系在一起的。

三

中国进入近代以后，不仅传统的社会结构逐步瓦解，而且也是在这个时候开始接触到了近代自然科学。也正是这个时候，从西方正式传来了自然权利的学说和国家契约的理论。进化论和天赋人权论为中国思想界在传统范围之外开辟了一个全新的视野。提供了一种全新的思想方法和一种全新的世界观。原来人类并不是沿着什么仁义道德、三纲五常的大道走过来的，而是通过物竞天择、适者生存的途径由猴子变来的。原来国家和政权并不是什么圣人制作的结果，而是自由的人民通过自由协议的契约的产物，是可以随时、随地、随意改变的。圣人制作和名教统治都不是什么垂宪万世的东西；永恒不变的只有个人的天赋人权或自然权利。毫无疑问，这在思想意识上，对传统封建宗法的专制制度及其理论提出了最尖锐的挑战。

这是清末中学与西学之争，或旧学与新学之争的基本内容之一。西学阵营的最高理想在于建立一个自由竞争的社会和一个代议制的政权。但是一种文化要和自己的传统进行彻底的决裂，这在理论上是难以自圆的，在实践上是做不到的。

严复译老赫胥黎的《天演论》1896 年问世，同时梁启超就在湖南时务学堂宣扬"民权平等之说"[①]而被顽固派唾骂为非圣无法。其实梁启超当时还并没有真正接触到近代西方的思想理论，这从他编的《西学书目表》中可以检证。所谓的"民权平等之说"，来源有三：一为黄宗羲，一为康有为的公羊学，一为严译《天演论》；但是这些经过他的综合，已经足以成为《翼教丛编》保守派阵营的主要理论敌手。这次论战是传统君权等级制与带有近代色彩的民权平等之说二者在近代史上的第一次正面交锋。随后，张之洞的提法"知君臣之纲，则民权之说不可行"，而且只要"民权之说一倡"，就会造成"纪纲不行，大乱四起"[②]，则代表了正统派的观点，但又正由于正统派观点所代表的社会基础还没有彻底改变，所以这种观点基本上就得以长期保存了下来，尽管词句上略有变化。

严复大概是近代第一个正式输入自然权利观念的人，他正式提到人生而自由乃是真正天赋的，侵犯他人的自由是违反天理。于是，天赋的自由权就第一次被提高到等级制的纲常伦理之上。他大概也是第一个正面介绍了卢梭的尊民抑君之说[③]的人。当然，严、梁一辈人对西方自然权利观念的理解还只是幼稚的、肤浅的，但是任何思想理论的发展都是由此阶段进步到深刻成熟的阶段的。这是一个必须经历的过程。这里还应该提到的一点是：他们的理论不仅是当时西学阵营的主要思想来源，而且也为尔后的民主革命提供了若干重要的思想资料和思想来源。

中学、西学之争，在政治观念上就是君权神授与人权天赋之争，在文化观念上就是体用之争。关于所谓体用，代表当权派的最著名的提法是："中

---

① 参阅苏舆编《翼教丛编》有关部分。

② 张之洞：《劝学篇·正权》。

③ 《严复诗文集·辟韩》。

学为体，西学为用"。① 类似的提法似乎最初应数冯桂芬所提出的："以中国之伦常名教为原本，辅以诸国富强之术"②，即主辅的关系。不过，这里似乎应联系到他们不同的时代背景：在早期新学派那里，这种要求西学的微弱的呼声表示出他们对传统文化的怀疑和背离；而在张之洞那里，西学为用则是用以维护中学之体，是针对着非圣无法的民权平等之说而发的。两者的历史意义大异其趣，前者是承认中学的独尊地位已经动摇，是在为西学争地盘，而后者则是维护这个已经动摇了的中学的独尊地位。故此张之洞的中学为体、西学为用才被严复讥之为非牛非马，严复甚至于还曾提出过"自由为体，民主为用"③ 的口号。

戊戌变法失败以后，梁启超写出了一系列的文章，宣扬西方思想，把霍布斯、卢梭、边沁等人介绍给中国。此时，他才正面提出：人是生而具有平等的权利的，因而是生来就享有自由的；这些权利是自然所赋予的（天赋的），不分等级高下。中国的知识界到了这时候，才正式跳出传统的思想轨道，开始采取另一种与传统迥然不同的思想方式和方法。一部分人才开始认为人应该献身于个人自由的理想而不是某种超个人的伦理理想，连很多民主革命派的思想最初也是从严、梁等人那里得到启发的。基于自然权利观念的思想体系从此逐渐在知识界形成为一种普遍公认的信条，这一时期的思想界代表人物如蔡元培、陈独秀等都曾多次宣扬过人权观念以及自由、平等、博爱的口号。目前年长的人大概都还清楚地记得，直到国民党的党化教育之前，这些口号在学校里、在出版物上已经正式取代了传统的纲常名教，作为指导原则。再往上溯，在辛亥革命时期前后，确实也曾有一些人是认真信仰基于这种理论的代议政体的，包括当时杰出的领袖如孙（中山）、黄（兴）、宋（教仁）等人。其中宋教仁还因为宣传议会政治和责任内阁而被袁世凯的刺客暗杀。这种从西方移植过来的自然权利观念，为什么在二三十年的时间里，竟没有能在中国的土地上生根和成长？那原

---

① 张之洞：《劝学篇·正权》。
② 冯桂芬：《校庐抗议》。
③ 《严复诗文集·原强》。

因恐怕仍然应该求之于两个方面：一方面是中国缺乏适合的土壤，她的传统社会基础和结构惰性太大，任何思想体系不适应自己的基础的，就注定了不能成长；另一方面则是新的观念必须与传统相结合成为本土的，才能具有真正的生命力。这个结合或融会贯通的工作，严、梁一辈人虽也做了一些，但在草创时期不可能很成熟。随后，这个工作反而轻易地被忽略了。

如果说，前近代的自然权利观念表现为传统的中国方式，那么就可以说到了近代它却越来越采取了现成的西方表现形式。辛亥革命直接采用了西方自然权利的理论作为基本的思想武器。邹容号召中国人民学习孟德斯鸠、卢梭和《独立宣言》，推翻君主专制，目的是使人人都能享受自己的天赋人权。陈天华号召 20 世纪的中国应该开创一个民主制的和文明的时代，重建人们天赋的自由和平等。这一时代精神具体的法典化，就表现为辛亥革命的《临时约法》，它模仿美、法革命的原则，要点在于肯定天赋的自由权并设计一种足以保证这种天赋自由权的国家和政府的形式。在某种意义上，它是近代化的知识分子的理想和热望的结晶。然而，当本土的条件不适于它的成长时，被移植过来的外来观念是不可能真正生存和持久的。当时的民主革命派对于本土的传统力量缺乏应有的认识和对策，所以袁世凯轻而易举地就把《临时约法》当成废纸一张。这正好说明徒法不足以自行，一种理论或理想的实现，需视当时当地的物质条件而定。从那个时期以后到新中国成立，中国也曾出现过不止一部宪法，每一部虽然也都冠冕堂皇地列举了一些公民的基本自由权利，但大都是一纸空文，从来没有兑现过。理解历史现实，决不能仅凭白纸黑字的条文。梅茵的《古代法》，大概其中只有"从身份到契约"一语最为一般读者所熟悉；但他的另一个基本论点，即任何体制，从它法典化的一开始，就是朝着破坏它自己的方向前进的，似乎更为深刻地道出了法律条文与历史现实之间关系的真相。

因此，自然权利虽然也就是孙中山三民主义中民权主义的理论依据，但那却是国民党的党化政策所从来不曾容许其实行的。从戊戌到辛亥到"五四"，中国思想的近代化（不是现代化，现代化应该是后近代［post-modern］）曲折漫长，原因之一在于传统的束缚力量太大，正统的儒家和新儒家（道学家）大多都是等级制和身份制的拥护者；因此要完成一场由中世纪到近代的过渡，亦即一场"从身份到契约"的转变，把人从森严的等级制的禁锢之下解放出来成为像飞鸟一样的自由人，那就需要用一种强而有力的武器冲击正统的思想体系。自然权利观念的高扬和打倒孔家店的实践，乃是理论的需要，也是历史的必然。五四运动的使命虽则是要完成一场"由身份到契约"的历史变革大业，但它的缺陷却在于没有能处理好如何对待历史文化传统这一非常复杂的问题。德先生、赛先生（科学和民主）理所当然地是，而且应该是"五四"的两面大旗，但是对待本民族的历史文化传统又怎么办？批判地吸收或继承，——但怎样批判、扬弃、继承？又如何与外来的思潮相融合？这是一个非常复杂的现实与实践的问题，单凭一两句空洞的原则是解决不了的。我们不妨回顾一下中国历史上两次中外思想文化的交流。一次是印度佛教与佛学的输入，从东汉一直到唐代，前后经历了八九个世纪，才完成了它的本土化的过程。另一次是耶稣会士夹带着他们的西学东来，从明末到清中叶，前后经历了两个世纪，但除了天算知识在少数学者中间传授而外，它根本没有完成一个本土化的过程，因此在思想文化上的影响是微不足道的。自从 1915 年正式提了科学与人权两个口号以来，至今已经 70 年了，自然权利的观念似乎一直不曾认真地被人研究过，当然更谈不到与本民族文化的比较和融合。自然权利观念未能很好地本土化，这是中国思想未能成功地近代化的原因之一；它未能使自己适应于本土的物质环境和条件，所以尽管五四运动响应了历史发展的要求，但它毕竟未能完成它的历史使命，一个高度科学化与高度民主化的近代社会并没有能建立起来。完成本民族的历史使命，是不可能靠简单搬运外来的现成观念和思想的。

另一点值得记取的是，近代中国民族危亡的紧迫感成为压倒一切的中心课题，并对一切思想留下了深刻的烙印；这一点，一般说来，对于古代或西方的自然权利观念并不是作为背景而存在的。戊戌变法维新的目的是救亡图存。五四运动则是以反对巴黎和会把德国特权转让给日本而直接爆发的。一二·九运动是全民族抗日战争的序幕，随后的民主运动要求结束国民党的一党专政，也是着眼于更紧迫的抗日战争的需要而提出的。自然权利的观念是近代（前现代）民主运动的理论基石，但一切中国近代民主运动的直接目标却更多地不在人权而在救亡。这是自然权利的观念在中国与在西方不同的历史背景。在近代中国总是受着一个更迫切、更重要的集体的目标——民族生存——所制约，因而它的着眼点就更多地不是个人而是集体。这一点又恰恰能够更好地符合中国民族文化传统，即轻个人而重集体，个人永远从属于集体之下。这里的论证方式大致是：给人民以他们的自然权利，国家就能够独立富强而不致亡国灭种。这里，人权是手段，并不是目的。因此，归根到底，它仍然不是真正西方意义上的天赋权利，它并不具有其内在的、不可剥夺的、不可转让的独立价值，它只是一种方便的手段；换句话说，它并不构成最终的价值实体，以及由之而构造起来的一套价值体系。近代西方的自然权利所针对的是剥夺了他们这种权利的旧制度（ancien régime）；其目的则是如卢梭所说的，要夺回自己天然的权利。在近代中国，自然权利仍然是在为一个更高的目的而服务的手段，故而就不是西方原来那种意义上的自然权利了。自然权利与救亡图存两者虽不必互相排斥，但毕竟前者被当作后者的一种工具或手段，成为了充其量也只是第二位的、从属的东西。集体的生存仍然压倒了个人的权利。

透过这样一个漫长时期的历史网络的背景来观察，似乎有助于理解自然权利观念在中国的特点及其复杂性。西方的看法是把个人当作单子，中国的看法则是把个人当作细胞。但有一点是古今中外所共同的，即在紧急状态（例如战争）需要的借口之下，个人权利是要受到侵犯或限制的。只不过，由于近代中国历史的特殊性，非常状态的东西反倒成为了常态而已。统治者是惯于用各种紧急需要为借口，实际上是在限制或剥夺人民的生命权和自由权的。这在历史上已屡见不鲜。目前我们的现代化已懂得强调法制。讲法制当然就要重视人权，在这方面向古人学习、向外国学习都是必要的。但是更重要的是不应该重蹈故辙，既不应该简单地割断或砸烂旧的文化传统（因为那毕竟是割不断也砸不烂的，它活在我们民族的血脉里、骨髓里），也不应该简单地照搬外来的思想或观念（因为那是不能现成移植过来的，它只能加以咀嚼、消化和吸收而成为自己的营养），这里没有一个现成的蓝图可循，无论是古代的、西方的或苏联式的。我们希望，经过一次深刻的反思而吸收历史的教训，汲取一切时代和一切国度的思想的和文化的遗产，包括自然权利理论的合理成分在内，来丰富自己文化和思想的营养，根据自己现实条件加以调整和融化。思想本身没有它自己的历史，它总是受制约于社会现实的。

如果说中西双方的立足点不同的话，那么同样可以说双方有关自然权利的目标和鹄的也不同。我们没有理由用西方观念和历史背景所形成的坐标来衡量中国的人和人权的观念；否则理解中国的观念时，就可能有对传统趋势估计过低而对外来冲击估计过高的危险，或者说过低估计现实生活的力量而过高估计思想理论的作用。这一点是一个严谨的历史学家所应该力求避免的。当然，中国不可能也不应该自外于人类历史发展的总潮流和总趋势，但她却必须是通过她自己的独特的道路而加入到这个普遍的历史潮流之中去。

四

近代西方思想体系所由以出发的自明的公理，是自然人、是个人、是自然状态之中的个人；然后由这些个人根据自愿的契约行为组成政治状态（civil state），而政治状态的根本目的则在于保障个人的自然权利。自由、平等等等，都是从个人独立存在的价值里面推导出来的。但在中国传统的思想方式上，这个推论的方式则正好相反，即个人只是由集体所派生出来的东西。但是却没有理由认为双方的这一分歧是先天注定的，因为它们都是历史的产物，所以是随着历史的发展而发展的，并且是会随着历史的改变而改变的。重要的是；我们应该正视这个分歧并研究这个分歧。

由个人出发，故而贯穿着西方自然权利的代言人们的理论的那条中心线索是个人与集体的对立，他们时时处处所关注的是要防止集体侵犯个人权利。个人权利是目的，集体只是为此目的服务的手段。贯穿着中国传统理论的中心思想，是个人与集体的统一；在这个统一体中，个人是浸没并融解在集体之中的，此外个人绝没有他自己独立存在的价值或权利。以个人的自然权利为前提，所以一种外在的、强制的约束力就是一种必不可免的恶，它形成了统治者与被统治者的关系。在传统的中国思想方式里，个人与集体的关系从来都不应是对立的、矛盾的、冲突的，在上者与在下者的关系是教导与受教育的关系。在上者是君师，而在下者则是子民。君师合一，以吏为师，君统与道统合一，权威原理与真理标准合一。子弟服从家长的意志乃是天然的义务，国家是圣人的制作而不是自由的个人互相协议的契约。

这就涉及了个人主义和集体主义两种不同的理论体系。凡是在历史上流行过的理论体系总是有其合理性的内核的，也总免不了有一大堆的弊端。这里并不想从理论上分析和评论它们两者的是非功过或优劣短长。从根本上说，近代西方理论思维最突出的代表人物如霍布斯、亚当·斯密和康德等，都是以人性中的自利作为自己立论的最根本的出发点的。霍布斯在《利维坦》中的前提是在自然状态中人人相与为敌，人人都是豺狼，专门利己、毫不利人；他由此而推论出国家的起源的必然性及其本质。斯密在《国富论》中的基本理论前提是把一个"经济人"（homo economicus）作为单子，这个经济学的质点是唯利是图的，他由此出发推论出一个自由竞争的市场经济的运动规律。康德在《历史哲学》中提出：人与人之间的对抗，乃是社会历史发展的动力，即他所谓的"非社会的社会性"。可以设想：假如把斯密的前提经济人换成为一个道德人，即在一个经济社会中每个人都毫不利己，专门利人；或者把霍布斯的政治人或豺狼人，换成为一个道德人，即在一个政治社会中人人都是尧舜，满街都是圣人；或者把康德所说的人与人在社会中的对抗换成为人与人之间的互相爱护和互相帮助；那么可以肯定他们的（以及事实上绝大多数近代西方理论大师们的）全部的理论大厦就都会彻底崩溃、瓦解。当然，纯粹的道德人和纯粹的自然人、纯粹的利他者和纯粹的利己者，在事实上都并不存在，但是他们在理论上的抽象存在，却构成为不同思想体系的出发点；正有如几何学中的点和线、力学中的质点和质量，都不是事实的存在，只是抽象的存在，但没有这个抽象的存在，理论的大厦就无由建立，而事实也就无从得到阐明。

自文艺复兴以来，近代西方文化的根本精神是人本的或人文的，这里的人都是指个人；所谓近代意识的觉醒，实际是指个人的觉醒。康德被文德尔班誉为代表近代自我觉醒的高峰。而康德的自律，归根到底乃是一种内在的、超感的、个人的东西，是个人的觉醒。从古希腊以来，人之所以为人，就被看作在于其有理性、能思想。苏格拉底认为"知识就是德行"（中国历来的传统，从不认为知识就是德行）；亚里士多德认为人是有理性的动物，最高的生活境界乃是沉思。① 下迄近代，笛卡尔的出发点是"我思故我在"，"理性是使我们有别于禽兽的唯一的东西"。② 帕斯卡反复申说：人就是为思想而生的，人的全部的尊严就在于思想。③ 斯宾诺莎强调的至善就在于认识。他们都认为这种个人生活的本身即是自足的、至善的。这种崇理智于上位的态度，——这种近乎尼采《悲剧的诞生》中所描叙的日神阿波罗式冷眼旁观的态度，——大概决不会成为注重伦理实践、强调太上立德的中国传统思想的人生理想。在中国传统思想里，决不会把一种自足的、沉思的个人生活当作是人生理想。人之所以为人、人之异于禽兽，并不在于他自身有什么内在的价值要实现，而在于他能对别人尽自己的伦理义务；圣人者人伦之至也，就是说他能把人与人之间的关系实现到最高、最大的限度。人道的极致在于尽伦，而不在于像西方传统所说的那样，充分发展个人的自由的理性生命。诚然，内外是统一而不可分的，但是归根到底，就逻辑而言，仍然有一个主从的问题，究竟哪一个是目的：是个人，还是集体？这或许就是个人主义与集体主义两种思想体系的理论分野。虽然中国也曾标榜过内圣外王之道，但内圣决不是自足的，它的极致仍然需要外王，格致（思想认识）的最后归宿仍然在于治平，而决不是把纯思辨的生活当作是人生的最高境界。

----

① Plato, *Dialogues*（*Meno*）; Aristotle, *Nicomachean Ethics*, Everyman Lib.V.10, Ch.7.

② Descartes, *Discours de la Méthode*, Pt.1.

③ Cf.Pascal, *Pensées*, Brunschvicg ed., 1912, §346-8.

　　比较一下中西双方人生理想之不同，或许要牵涉中西文化异同的讨论。自从清末以来，这一讨论就成为一个热门题目了。我想大致可以把对它的见解分为两类。一类认为这个不同乃是两者本性或本质的不同，从 100 年前郭嵩焘和严复两个人"论析中西学术异同，穷日夕不休"[①]，直到 20 世纪五四时期梁漱溟先生的《东西文化及其哲学》都可以归入这一类。另一类则认为：这个不同乃是两者历史发展阶段的不同，基本上并非是质的差异。它在 30 年代开始流行，其中不但有马克思主义者，也有非马克思主义者，例如冯友兰先生即是。冯先生就认为，中国与西方之不同就在于中国缺少了一个近代；而且冯先生认为，以子学时代、经学时代划分上古与中古的办法，对于西方文化思想史来说也同样是完全适用的。[②]1949 年以后，似乎总的倾向是认为：双方精神面貌的不同，实质即是反映着双方社会历史发展阶段的不同。大致相同的历史发展阶段，应该有着大体相同的思想文化面貌；因为归根到底，上层建筑的意识形态乃是由基础所决定的，并且是与基础相适应的。但是在这两类之外，从逻辑上说，应该还容许有一个中间的第三类，即认为双方的不同既是质的不同，也是阶段的不同。这种看法似乎有多元论之嫌。例如，它可以把双方的不同也归结为民族性的不同，而同时并不认为民族性就单纯是阶级性的反映。以阶级性为函数中的唯一变数，这是一元论；认为民族性并非单纯是阶级性的反映或表现，就是多元论了。对于这样的大题目，这里不想轻率作出任何结论。这里只想提出这样一点意见：一切社会性都是在历史过程中形成的，并不是先天给定的，所以也要随着历史的变化而变化。强调阶段的不同，主要是从物质条件的发展方面着眼，而强调质的不同则主要地是从精神和思想本身的发展方面着眼。精神或思想虽则必定是在一定物质条件的基础之上形成的，但是一旦形成之后，却又有其相对的独立性，它本身就形成一个传统而反过来对历史的发展起到一种制约作用。它并非简单地仅仅是物质条件的消

①　王遽常：《严几道年谱》，第 7 页。

②　参见冯友兰：《中国哲学史》，1935 年版，下卷。

极反射或反映而已。就这种意义而言，对一种思想理论的探讨就不应该仅仅限于它的历史作用和价值。例如一个数学公式是真理，其意义决不仅仅限于它的历史价值如何，即它在历史上是怎样形成的，起了什么历史作用等等。它作为真理，还有它自身的独立的理论价值。因此，上述第一类的工作就并不是——像第二类所往往认为的那样——全无意义的工作。第一类工作偏重枝干和花叶的比较，第二类偏重于根本；第三类则倾向于取其全貌，——假如多元论在这里不足成为一种诟病的话。

　　从这里再回到我们的本题：个人究竟有没有其内在的、独立的尊严或价值，还是仅仅是一种工具，其目的只不过为了完成某种外在的、人际关系的需要？康德在讲实践理性时所反复强调的一个中心思想是：人本身就是目的，因此就决不能把他当作是一种工具或手段，"目的的王国"和"自然的王国"是根本不同的，——这可以看作是近代西方自然权利理论的最完整而又最精炼的哲学总结。与此相反，中国传统的论点则似乎强调人作为工具的价值的那一面。此外，似乎也应该考虑，个人和集体二者可不可能而且应不应该有一个更高级、更完美的综合，使二者并不成为互相对立的、互相排斥的和互不相容的。

　　最后一个有关的问题是：一般地说，我们可以承认历史发展阶段论有其合理性，但是具体地说，自然权利观念所反映的西方式的个人主义思想体系，是否就是人类思想发展史上一个必经的阶段？对于这个问题，我想先不妨联系到另一个问题去着想。上面提到过近代科学和近代思想之间的关系：近代科学的古典体系（即牛顿体系）理解物理世界的方式，就正是自然权利论者所理解人事世界的那种方式。我们不妨追问：自然科学之走向其近代的阶段，是不是一定要经过牛顿体系的道路，或者一定要采取牛顿体系的形式？在前近代的历史时期里，中国也曾在世界科学史上有过她的光辉灿烂的一页，她的科学成就也曾在世界文明史上居于领先的地位。中国的古代科学在许多方面和西方近代科学中占主导地位的那种原子论式的思想体系和方法是迥乎不同的，她有没有可能不经过牛顿的体系而完全独立地摸索到另一条她自己的通向近代科学的道路呢？如果对这个问题的答案是肯定的，那么对前一个问题的答案也可以是肯定的，即中国思想完全有可能不经个人主义思想体系的阶段而进入近代。当然，对前一个问题的答案如果是否定的，却并不意味对后一个问题的答案也必须是否定的。

　　个人主义的思想体系和集体主义的思想体系，两者都有其悠久的历史，并各曾起过其重要的作用。如果我们以中国传统对比西方近代，则前者似乎更多地倾向于集体而后者更多地倾向于个人。两者似乎各有其过与不及之处。既然如此，我们是否能设想另一个更高一级的综合作为出发点？本民族的传统是不可能完全割断的，但也不应该全盘加以继承；外来文化是不应该完全排斥的，但又是不可能全盘接受的。或许这就是摆在近代中国面前的、需要解决而又始终没有能很好解决的课题。

原载《学术月刊》1987 年第 3 期

卢梭和他的《社会契约论》

一

卢梭是历史上以自己的思想深深影响了整整一个乃至几个世代的那些罕有的伟大人物之一。拿破仑说过，没有卢梭就没有法国大革命。当代畅销的历史书威尔·杜兰特的《世界文明史》11 大卷的第 10 卷是讲 18 世纪文明的，整卷的标题为《卢梭与大革命》，就是以他的名字来概括整个一个历史时代的。当然，一个人无论如何伟大也不能涵盖整个时代的全貌，然而又总有某些个人是最足以代表整个时代的精神的。一般历史书上都以卢梭和孟德斯鸠、伏尔泰并称为法国大革命前夕的三个最突出的先行者。如果说伏尔泰是理性主义最后的一个代表，那么卢梭就是浪漫主义最后的一个代表。两个人的不同倾向分别代表了两种不同的时代精神。两个人生活的时代和地点相同，但两个人的倾向又是那么不同。伏尔泰一生生活在宫廷和上层社会之中，卢梭在中年以前的生活是在乡村和下层人民中间渡过的。伏尔泰受过完整的教育，出身于天主教的背景；卢梭则从未受过正式的教育，出身于新教的背景；故而伏尔泰的上帝是理性，卢梭的则是感情。比较两个人的不同倾向，有助于我们理解时代精神的两个方面。

卢梭 1712 年生于瑞士日内瓦，他的父亲是钟表匠，早年卢梭的作品曾署名"日内瓦的农民"。他从青年时代就是一个流浪汉，四处漂泊，没有正当的职业，作过仆役、管家、家庭教师，编过剧本、抄过乐谱、写过小说，从没有过什么显赫的社会地位，晚年的心理和精神都不正常，在 1776 年去世。1749 年夏卢梭（37 岁）由巴黎去文桑尼的途中因酷暑小憩，无意中看到了第戎学院的悬奖征文："科学与艺术的复兴是否有助于敦风化俗？"一时之间忽然思如泉涌，遂写出了他的第一篇论文应征并获奖。论文的主旨在于阐明：知识与文明的进步是以使人日愈脱离自然的纯朴，违反人的天性，所以人们应该归真返璞，"返于自然"。1754 年第戎学院再度征文，题目是"论人类不平等的起源与基础"，卢梭二次应征，虽未获奖，但这篇论文成为卢梭思想的重要文献之一，其中提出了人间不平等的起源与基础就在于私有制。此后，卢梭的声名大噪，并和当时思想界和文化界的一些重要人物有了交往。他一系列的重要著作也随之问世，包括《政治经济学》(1755 年)、《新哀洛漪思》(1761 年)、《社会契约论》(1762 年)、《爱弥尔》(一名《论教育》，1762 年)、《山中书简》(1764 年)、《科西嘉制宪拟议》(1765 年)、《波兰政府论》(1772 年)、《忏悔录》(1781 年出版)以及其他一些作品。作品的领域包括政治、文学、音乐、教育诸多方面。在文学上，他是近代浪漫主义的开山者，《新哀洛漪思》是以书信体裁写成的小说，书中抒发了真挚诚恳的爱情情操而与虚伪的社会偏见相对抗。在政治思想上，他是近代契约论和自然权利论（亦作"天赋人权论"）的一代宗师。他晚年所写的自传《忏悔录》一书真诚坦率地剖示了自己的内心，同时也是 18 世纪文化史的第一手资料。我们下面简略谈一下他的《社会契约论》这部近代民主革命的福音书。

二

每一个思想家都有自己的理想国。这一理想国寄托着作者本人对自己理想的政治社会的向往。中世纪人与人的关系是身份依附的关系，及至近代，人就从身份依附的关系网之下解放出来而成了"像飞鸟一样的"自由人，人与人的关系就从身份关系转化为契约关系；这一幕人的社会地位的转化即所谓的"从身份到契约"。这就是近代政治思想史上契约论产生的背景。近代契约论先后出现过三位代表人物，他们是：霍布斯（1588—1679）、洛克（1632—1704）和卢梭。他们都假设人类最初是像动物一样地生活在"自然状态"之中，但是后来由于种种不便或不利，人们便相互同意订立了一项契约，根据这一契约人们便同意建成一个国家，组成一个政治体，自愿放弃自己原来的天然自由以换取公民的（政治的）权利。霍布斯的时代较早，当时还是王权专制时代，他是拥护王权（君权）专制的。洛克是近代早期自由主义的代表，他的重点是强调法制，法制的目的就在于能够更好地维护个人的自由。卢梭的时代更晚些，已经临近 18 世纪末叶民主革命的前夜，他的天赋人权论成为美国革命和法国革命的理论先驱。美国革命的《独立宣言》和法国革命的《人权宣言》在很大程度上可以说是卢梭的理论和理想落实为政治行动的纲领。

　　理论和实践之间、理想和现实之间总是存在巨大的差距。我们应该清醒地看到《社会契约论》（或者任何政治理论）都只不过是作者自己的理想国。一切理想国都必然带有极大的乌托邦的成分，更何况卢梭本人就是浪漫主义的大宗师。他自幼生长在小国寡民的瑞士，他所熟悉的是布鲁塔克《英雄传》所记述的古希腊罗马的体制，他向往的是古代直接民主制；他虚构出了一幅政治蓝图，那是从来也不曾存在过，而且将来大概也永远不会存在的。19 世纪的历史法学派猛烈抨击了这种自然法学派的理论，揭示他们纯属想当然尔的臆造，于历史事实毫无根据。确实，有谁见过人们同意建立一个国家的那一纸"原始契约"？是什么时候、什么地点、什么人签订的？

　　不过，事情也并非就如此之简单。理论上能够（或者应该）成立的，未必一定要有事实的根据；反之，凡是事实如此的未必就能成为理论上的依据。法理上能否成立是一回事，历史事实是否如此则是另一回事。二者之间没有任何必然的联系。古往今来，人们在历史上曾否真正享受过自由平等是一回事，人们在法理上应不应该享有自由平等是另一回事。卢梭本人说过："我探讨的是权利和道理，而不是要争论事实。"卢梭天赋人权的基本内容不外两项:(一)自然权利论，人是生而自由平等的。天赋人权的"天赋"一词原文是"自然"，有的中文翻译把它反译作由 "heaven"（"天"）所赋，就恰好把意思弄反了。(二) 人民主权论，即主权在民；政府是人民意志的产物，所以人民有权废除一个违反自己意愿、剥夺了自己自由的政府。两百年来它们已经成为世界性的法则，而且载入联合国的文献，为世界各国（包括我国）所普遍认同。它们曾是鼓舞各个民族要求解放的强大思想武器。从戊戌变法到辛亥革命，卢梭和天赋人权论也曾受到我国先进人士的热烈宣扬，作为民主运动诉求的最有力的理论依据。

《社会契约论》一书旧时曾有过三个中译本，但都粗略而且没有注释，杨廷栋和马君武的两种尚是文言。1949 年后的译本参照了几种权威的版本和注释而译出，并增加了较多的注释以及附录，希望有助于读者理解原文和原意。就学术研究来说，一种理论或学说应该参照前人的、同时代人的和后人的相关著作。因此读者们除了阅读卢梭本人的一些著作而外，最好能参阅一下霍布斯和洛克的著作、法国启蒙运动作者们的著作（如孔多塞的）和保守的作品（如柏克的）以及其他有关法国大革命的论著。法国大革命距离我们今天已经两个多世纪了，但是当年的那些思想瑰宝——理性主义、启蒙运动、天赋人权等等，作为文化的遗产是永远值得后人珍视和认真研究的。人们的思想认识只有在前人已有的基础之上，才有希望进步并达到更高的水平。一个传统的政权可以或者应该彻底砸烂，一种思想文化的传统却是不应该而且永远也不可能彻底砸烂的。

评柏克的《法国革命论》

——两百年后的再思考

一

柏克（Edmund Burke，1729—1797）是 18 世纪下半叶英国最享盛名的政治理论家，《法国革命论》则是他最享盛名的一部作品。这本书写成于法国大革命爆发之次岁，它和大革命前两年英国作家扬（Arthur Young）所写的《法国旅行记》同为当时英国研究法国大革命的两部最重要的第一手历史文献。

柏克生于爱尔兰首府都柏林的一个中产阶级家庭，他的父亲是英国国教徒，母亲是天主教徒；他本人也是英国国教徒，但自幼受的是贵格会（Quakers）的教育。这种宗教信仰的背景或许有助于解说为什么他毕生要主张宗教宽容。他先在都柏林就读于三一学院，21 岁时去英格兰学法律，后又改学政治和文学。1756 年他写成《自然社会的论证》一书，书中讥讽了流行一时的波令布鲁克（Bolingbroke）的理论，而且还冒名是波令布鲁克本人的作品。波令布鲁克曾认为文明社会的出现必然要伴随着贫困和苦难，并且还认为基督教可以归结为当时流行的自然神教（Deism）。柏克则辩论说，如果是这样的话，一切政治社会就都会成为一片混乱和无秩序了。次年（1757 年）他写成了一部美学著作《对崇高观念和优美观念之起源的哲学研究》；此书不但奠定了他的学术地位，而且在美学史上也已成为一部经典性的著作。它标志着 18 世纪早期古典形式主义的审美理论朝向浪漫主义思潮的过渡。古典主义认为美的本质在于它的合规则性和明确性。此书则相反地提出了，最伟大和最崇高的事物都是无穷的和无限的，所以不可能是有规则的和明确的；最能激发人们想象的，并非是我们可以明白加以表述的东西；激发了我们的敬畏之情的，乃是我们对于事物的无知。正是我们的惊畏才构成了崇高感的内容，这一论点在尔后的美学史上有着重大的影响。1759 年，他开始主编《年鉴》（Annual Register）杂志，名噪一时。同年他担任国会议员哈密尔顿（W.G.Hamilton）的秘书，1761 年参与主管爱尔兰事务；他在返回爱尔兰时目睹了爱尔兰的种种腐败，因之极力主张改革。1765 年他担任辉格党领袖罗金汉（Rockingham）公爵的私人秘书，不久任国会议员，政治思想也趋于成熟。1769 年《对国家当前状况的考察》和 1770 年《论当前不满的原因》，都是针对当时英国的现实政治而发的。柏克为人博学善辩，坚持光荣革命的原则和宗教热忱，主张清明政治，反对政治压迫（最有名的是他反对英国对北美殖民地政策的演说），从而使得他在下院声誉鹊起。直迄 1790 年为止，他始终是辉格党主要的政策发言人。

1789 年爆发的法国大革命，是世界历史上划时代的大事，它颇有似于 20 世纪初俄国的十月革命，几乎迫使当时的每一个知识分子都要站在它面前表明自己的态度。第二年柏克晚年的压卷大作《法国革命论》随即问世，书中以充满激情而又酣畅淋漓的文笔，猛烈地攻击了法国大革命的原则。他甚至于把法国大革命看成是人类罪恶的渊薮，是骄傲、野心、贪婪和阴谋诡计之集大成的表现。这种态度和他的友人以及辉格党的态度都大有不同，甚至于使得他和他们中间的许多人决裂。但也正是由于这部书，使得他成为了西方思想界反对法国革命的保守派首席代表人物。他的声名为后世所知，主要地也是由于他写了这样一部书。当然，毫无疑问，人世间总是会有着各种各样的丑恶现象的；不过在一个安居乐业、秩序井然的太平盛世，这些丑恶现象一般不至于大量涌现，可以看作只是不正常的状态；但是一到剧烈动荡的时代，一切丑恶就不免有机会大量冒出头来。这原是十分自然的事，是完全不足为异的。大抵上，凡是处在这样的时代，守旧者就一般地诉之于传统的美德来反对激烈的变革。柏克的思想，基本上可以归入这一范畴。但是具体到 18 世纪末叶法国大革命对于英、法两国思想的冲击，则除此而外，它还另有其特定的历史内涵和意义。

二

当时英国两党中的辉格党比较强调自由，而托利党则比较强调秩序。柏克的立场毋宁说是要在思想上综合这两个方面，他认为秩序乃是自由的条件。有秩序，才可能有自由；没有秩序就谈不到自由，而只能是一片强暴和混乱。秩序有助于自由，自由则有赖于秩序。自然界是上帝的安排，社会是自然界的一部分，所以社会秩序也是自然秩序的一部分。服从社会秩序也就是服从自然秩序，也就是服从上帝的秩序或天意。这种服从就构成为道德的真正基础，所以也可以说，社会的基础乃是宗教信仰。国家在历史上和地理上乃是一个民族的载体，它体现了人的社会功能，并且它是世代沿袭的。这样就形成为一种值得人们尊敬的传统，其中包含了人类世世代代智慧的结晶。这种传统也就是人们所谓的文明。所以人们对于传统只能是满怀敬意地加以珍惜、小心翼翼地加以维护，而决不可动辄轻举妄动地加以否定，乃至砸烂。现实生活中的丑恶是必不可免的，唯一的补救之道就只能是求之于经历了漫长的时间考验的传统智慧。传统作为人类悠久的智慧结晶，是不应该彻底砸烂的，而且也是不可能彻底砸烂的。相反地，它是人类最可宝贵的财富，是人类健全的进步和发展的唯一保证。但法国大革命的暴力则恰好是反其道而行之，它把一切美好的传统都摧毁了；它以蛊惑人心的口号摧残了人的权利和法制的秩序，使得各种不同的利益再也无法互相调和并且各得其所。柏克的基本立论大体如此，而且它是在他反对法国大革命的思想活动之中形成的。

在他看来，法国大革命从根本上冲击了并且动摇了社会秩序和自由的基础，以及在漫长的历史过程中所形成的一切美好的事物和人类文明的瑰宝。他预言这种毁灭性的破坏终将导致一种新的专制主义强权的出现，唯有它才能够维持社会免于全面的混乱和崩溃。而且这种专制主义还必然会漫延到法国境外的整个欧洲。不久之后，拿破仑的登上舞台及其所建立的欧洲政治霸权，似乎是证实了他的预言。这是历史学史上最罕见的准确预言之一。另外，他观察历史的那种广阔的世界眼光，也为当时一般视野狭隘的历史学家所望尘莫及。他抨击了当时英国对北美殖民地和对爱尔兰的高压政策，抨击了英国驻印度总督哈斯丁（Warren Hastings）和东印度公司对印度的残暴的掠夺；并且论断说这些不但给北美、爱尔兰和印度造成了灾难，同时也反过来腐蚀了英国本身的政治。这种态度，似乎使我们不宜简单地把一顶"顽固"或"反动"的帽子戴在他的头上。他之反对法国大革命，虽然夹杂有不少感情用事的成分在内（其实那有一部分是属于18世纪末浪漫主义思潮的波澜），但仍然有其坚强的理论和理想上的依据。他并不反对一切革命，这一点只要对比一下他对英国革命（光荣革命）的拥护态度和赞美，就不难看出。因为他的理论不是从某一种哲学体系的观念出发的，而是从现实生活出发的；故而他反对的并不是一般革命，而只是法国大革命那样的暴力。

现实世界有它的种种问题，而且不可避免地有它的种种弊病；所以现实世界必定总是好与坏、善与恶相互掺杂并交织在一起的。如果人们一味追求纯之又纯的完美，其结果反而只能成为导入歧途的欺人之谈并且产生专制和腐化。因而革命就有可能完全成为以暴易暴，假纯而又纯之名，以行其专制与腐化之实；这在历史上是屡见不鲜的。所以人们的责任就应该是尽力防止世界变得更坏，因此以暴易暴式的革命就是最应该反对的。而这种智慧并不存在于什么别的地方，它就存在于传统之中。传统既然是人类智慧的积累，所以它本身也并不是一成不变的；它不断在成长、在演变、在调节它自己，以适应于新的环境和新的情况并解决新的问题。一个社会在任何时候都会有各种不同的利益在互相矛盾着、纠缠着和制衡着；所以良好的政策就必须能够最大限度地照顾到整个的社会和其中的每一个人。根据这一观点，他极力反对英国政府对北美殖民地加税，尤其是反对进行武力镇压，——而后来的历史事实也表明，正是强行加税终于直接引爆了美国革命和独立战争。他反对英国对爱尔兰加以强制性的贸易限制，尤其指责英国镇压爱尔兰的天主教徒是粗暴侵犯了公民权。他警告说，英国政府对北美洲和爱尔兰的政策必将会带来灾难性的后果。这个预言也被尔后的历史所证实。这些预言的准确性似乎可以说明他的思想中饱含着正确的部分。要维护秩序就必须尊重传统，包括尊重自己的和别人的（例如北美殖民地的）传统。尊重自己的宗教信仰也包括要尊重别人的（例如爱尔兰天主教的）宗教信仰。尊重社会秩序就包括尊重这个秩序的自我调节，尤其是应该充分容许社会下层的聪明才智能够有充分上升的余地。这样一种社会秩序在经济上就必然要求自由，这种自由的实质亦即类似亚当·斯密那种自由贸易和自由竞争所形成的自然秩序。在法国革命派看来，抽象的人权乃是自然法的当然结论；而在柏克看来，具体的传统才是自然法的当然结论。

柏克赞同美国革命，是因为美国革命乃是以英国传统的自由观念为其基础的。柏克反对法国大革命，是因为法国大革命乃是以抽象的理性（或者说形而上学）观念为其基础的。归根到底，指导政治的理论应该是以现实生活为依据，而不是以空想的或哲理的概念为依据。其实，这一诘难卢梭也早已预见到了。卢梭预见到了一定会有人攻击他的理论是毫无事实根据的，所以他预先就声明他只是要探讨权利而并不要争论事实。而柏克所要争论的，则恰恰是任何权利都必须依据于事实，权利就是由事实之中得出来的。所以我们就决不可撇开现实而凿空立论。我们的权利是谁给的？卢梭的答案是天赋的；柏克的答案是人赋的，是历代人们智慧的结晶所赋予的，是由传统所形成的。下面我们将谈到，这一分歧就揭开了下一个世纪法理学派和历史学派之争，即人权究竟是天赋的抑或是人赋的？

柏克认为英、美的革命是以维护和发扬传统中的美好的价值为目的的，而法国大革命则是以破坏传统为目的的；这就是他拥护英、美革命而反对法国革命的原因。柏克的理论每每被反对者讥之为逻辑混乱、自相矛盾、不能一贯。例如，就在这个维护与破坏传统的问题上，柏克就颇有不能自圆其说之处，传统毕竟也是由人创造的，而且是在不断发展和变化着的；

为什么法国人就无权或没有能力创造出一种以"自由、平等、博爱"为其旗帜的传统来呢？他的答案看来似乎是这样的：法国大革命所标榜的"自由"乃是一种形而上学的抽象概念，那只能是造成灾难，真正的自由乃是现实生活中的具体的自由，也就是符合自然秩序的自由。凡是不符合自然的，都是不能成立的。按，自然一词原文为 nature，凡是由自然而来的东西都是自然的（natural，naturel）；人是自然的一部分，所以人的权利就是自然的。20 世纪初当这种学说传入中国时，我们把"自然权利"译作"天赋人权"，而天赋一词却平添了一道神圣的色彩，并且天赋还似乎是相对于人赋而言。其实，无论是卢梭的（以及尔后被法典化为美国革命的《独立宣言》和法国革命的《人权宣言》的）天赋人权，还是柏克的（以及尔后发展为历史学派的）人赋人权，都强调自己乃是自然的。只不过天赋人权强调其天然（nature 即天性，也即是自然或人性）的成分，人赋人权则强调其传统（它也是由自然形成的）的成分。双方在强调其自然的根源这一点上是共同的。不同的则在于天赋人权论强调权利的先天方面（天赋的），而人赋人权论则强调权利在社会上约定俗成的方面（人赋的），尽管无论先天的还是后天的（约定俗成的）都是自然的。于此，我们也可以体会到中文的措辞之妙，它可以突显出西文原文中表面上看来是圆融无碍的推论之中的种种扞格不通之处。因为"天赋"与"自然"两词在中文的语义上并不是等值的。

　　天赋人权论强调自由和平等是天然的，——按，《牡丹亭》中杜丽娘有云："可知我一生儿爱好是天然"，此处的"天然"作"天性所使然"解，似正可作为天赋人权论或自然权利论中的天然或自然一词的注解，——而人赋人权论则强调自由必须受特定条件的制约而社会的不平等也是天然的；不平等乃是每个人的德行、才能和气质以及环境的自然反映，并且是在传统这个架构之中反映出来或表现出来的，这也是自然的。但是这一点加以制度化之后，就自然会成为一种贵族制或者等级制。（有似于孙中山所谓的平头的平等和平脚的平等；每个人能够各如其分，即是平等。或者说，一个人的能力有大小，各尽所能就是平等；平等决不是说每个人的成就和地位都是同样的。）这种贵族制的优点是，贵族总是把自己的荣誉与公共的利益和幸福结合在一起的。它不是指一种形式上的或血缘上的贵族制，而是指一种基于自然才能基础之上的贵族制（或者我们不用贵族制一词而换另一个名词，如"各尽所能"或"人尽其才"之类，也未尝不可）。这样形成的、为历代所尊敬的传统智慧，乃是最可宝贵的，是决不应该容许以暴力手段加以摧残的。这就是柏克反对法国大革命的暴力之最坚强有力的论据。

但是柏克却没有能够充分正视如下这样一个带根本性的问题，即暴力的出现也是不以人的意志为转移的，固然它表面上看来乃是由人的意志所主动作出的，但在深层上它却是由于种种历史趋势相激荡的结果所使然，当其达到了一个临界值的关头，它就引爆了。无论如何，这一点应该归咎于他缺乏某种必要的历史洞见，而未能看到历史更深一层的东西，于是就把对历史的解释仅只停留在个人的品质或德行的层次上。世界上并没有魔法师，千百万人的行动不是少数魔法师所能挑动起来并加以操纵的。历史最终的确是要通过个人的品质和德行、思想和心理表现出来的，但它所表现的却不仅仅是个人的品质和德行、思想和心理而已。启蒙运动的哲学家（philosophe）基本上都是理性主义者，他们深深相信，一切都可以而且应该以理性为依归，由理性来做出最后的判断；站在相反立场上的柏克则相信传统的德行，以为只有它才能最后解决一切，才是一切事物的最后依归。也许双方都不免失之于片面。决定历史的，也许最后既不是人类的理性，也不是人类的德行。归根到底，人是一个复杂的动物，他（或他们）的行动（也就是历史）既不是单凭理性，也不是单凭德行。（当然，也不单凭感情或野心或任何其他的因素。）历史的行程代表着各种复杂因素的合力，每一种因素都在其中起作用。因此决不是某一个个人的思想因素就决定了它的航程和面貌的。正如同理，我们也不好用某一个概念就来概括一个人的全部思想和面貌一样。对于柏克，我们也应该慎重分析。在摒弃他那些过时的、浪漫夸张而感情用事的谬误论点的同时，我们也应该考虑他还有哪些见解是值得我们今天认真加以对待的。谈到传统，则一切正面的和反面的、正确的和错误的，毕竟都参与构成了我们所无法与之割断关系的历史传统。就柏克所做出了贡献的那份传统而言，即使是反对他的人，大概也不会把他对美国、印度和爱尔兰的那种在当时是难能可贵的开明态度一笔抹杀的。

三

法国大革命的情况和英国光荣革命的情况不同，而柏克之谴责于法国大革命的，其实质在很大程度上无非就是在谴责法国并没有按照英国的模式在行事。在柏克看来，英国的人民享有人身自由（habeas corpus）、财产权、言论自由和信仰自由，这是英国最可宝贵的传统，也应该成为世界上一切民族所应尊重的宝贵传统。但是法国大革命却彻底摧毁了这个宝贵的传统。

或许不妨说，人类历史上的进步大抵不外是通过两条途径，即革命（以暴力的方式）和改良（以和平的方式）。近代法国史所走的道路以革命的方式为主，而近代英国史所走的道路则以改良的方式为主。法国大革命已经过去两个多世纪了，而对其是非功过的评价至今仍然聚讼纷纭，从没有一致的结论。无论如何，我们应该承认法国大革命所揭橥的原则乃是人类历史上最为重大的事件；但是许多的英国学者却历来习惯于嘲笑法国的革命，他们嘲笑法国人浅薄，喜欢大吹大擂、夸张作态的表演，而英国人则在同时默默无声地和平演进，而其成绩却不比法国人为差。看来对这场法国大革命的评说只好留待给千秋万世了；历史大概是永远也不会有结论的，其原因就在于过去的历史并没有死去，它也永远不会死去。它永远都活在现在之中，我们为历史定案只能是根据它所产生的后果和影响。但是历史却是没有终结的，一切历史事件的后果和影响也是没有终结的，所以就永远也不会有一幕"最后的审判"。"最后的审判"只能是出现在世界的末日。孔夫子离我们已经两千多年了，对他的评论至今也还没有定论，而且将来也不会有定论；因为他将来结论如何，也还要看他在将来历史上所起的作用和影响而定，而这却是我们所无法预见的。

法国当然不是英国，也不可能是英国，这是无可如何的事。柏克无视于这一历史事实，硬要把英国传统所形成的价值观强加在法国的头上，于是其理论的结局便只好是把法国大革命的一切灾难都归咎于人性的丑恶和个人的阴谋。柏克也像某些历史学家一样，喜欢从个人品质的因素去观察和解释问题。但事实上，不管历史上的伟人是多么重要，他终究不是魔法师，历史的乾坤终究不是由个人的品质和思想所能扭转的。观察历史总须深入一步看到其表象之下的底层。所以柏克同时代的论敌潘恩（Thomas Paine）就曾批评他说，他只顾怜惜羽毛，却忘记了那是一只垂死的鸟。这个批评不失为一种有深度的见解。

柏克理所当然地不会喜欢卢梭，——而康德则是极喜欢卢梭的，这可以反映当时西方思想几种不同的主潮——，但他至少在一个根本之点上却又和卢梭是相同的，那就是两个人都不是严谨的理论体系的构造者。从气质上说，两个人都是属于性情中人，是由感情在支配着理智的。柏克对法国旧制度（ancien régime）的看法，其实是带有浓厚的浪漫色彩而在加以美化的。这里的秘密就在于：他是一个宗教信徒却又生活在一个理性的时代。这一点又和卢梭一样；卢梭是一个感情的信徒而生活在一个理智的时代。于是就导致了柏克的（还有卢梭的）世界观本身之中的某些内在的、无可调和的矛盾。他的基本思想祈向是要追求自由与秩序二者的结合，或者说，是与秩序相结合的自由或是与自由相结合的秩序。他以为这就是光荣革命以来英国制度的精神，也是他所极力要维护的理想。但是这个理想在法国大革命的现实面前却碰了壁，被撞得粉碎。这个理想乃是英国和平演进的精神的见证，却在法国大革命一幕又一幕的血腥的残暴面前被践踏得体无完肤、奄奄一息。他不禁要质问：这个（法国大革命的）权力是谁给的？

这就涉及政治思想史上的一个核心问题：我们的权力是谁给的？当然，权力授受之际是不可能真正出现一幕尧舜禅让的喜剧表演的。孟子的"天子受命于天"或者胡克（Hooker）的神授王权论或者教皇的圣彼得使徒继承说（theory of apostolic succession），究竟在什么时候、什么地点，又有谁曾经目睹过它的演出呢？所有这些法统或道统的神话虚构，说穿了无非都是自封的而已。为了解决这个宗传的问题，近代的理论家们从霍布斯到洛克到卢梭就设计出了种种"自然的"、"天赋的"或"契约的"之类的假说，但究其实质都不过是想当然耳，都是从抽象的观念立论的，诸如人是生来自由平等的，人是生来就享有生命权、自由权和追求幸福之权的，国家是统治者和被统治者之间的一项契约的关系，当统治者违约而侵犯了人权的时候，人民就有权起来推翻统治者夺回自己的自由，如此等等。这些都是就"当然"（Sollen）方面立论，它们根据假设（exhypothese）就"应该"是如此，是理所当然、不言自明的真理。（《独立宣言》不是开宗明义就肯定"我们认为这些真理是自明的"吗？）柏克的思想方式则一反其道而行，他的观点另辟蹊径，是从"实然"（Sein）方面着眼的，是从社会现实的效益或利害着眼的；他不喜欢抽象的思辨论证，而是另行标榜由深思熟虑而得出的现实可行性作为唯一的尺度。现实生活是复杂的、多姿多彩的、形形色色的，而且决不会是完美的；我们无法把它们强行纳入某一种严谨的逻辑理论体系之内。这里的关键并不是现实要服从原则，而是原则要服从现实。成其为政治理论的基础的，乃是现实生活中的各种利害关系乃至于社会的体制、人们的感情和愿望等等，而不是什么（如天赋人权论者所宣扬的）抽象的原则。就这一点而言，柏克可以说是下开 19 世纪历史学派思维方式的先河。人权究竟是天赋的（或自然的），抑或是人赋的（或人为的）？对这个问题，历史学派着眼于史实，而启蒙运动的哲学家则着眼于法理。也许双方各自有其道理，各得大道之一端。不过，这里特别应该明确的一点是：事实既不能取代法理，法理也不能取代事实；实然不能论证当然，当然也并不说明实然。理论有理论的价值，事实有事实的价值。理论不就是事实，事实也不就是理论。理论与事实相结合，正是以理论与事实相分离为其前提的，否则就无所谓相结合了。我们应该同时看到这两个方面。事实上，自由与平等是从来也不曾存在过的东西，人与人的关系从来就是强制和压迫的关系；但是这一事实并不能论证人类就应该是不自由和不平等的。反之，人类应该自由平等也并不就意味着人类曾经有过（或将来可能有）任何时候在实际上是自由平等的。法理是一回事，事实又是另一回事。我们不能以法理否定事实，正犹如我们不能以事实否定法理。再举一桩简单不过的事例。古今中外的婚姻从来没有不讲条件的，纯粹无条件的爱情大概是古今中外都不曾有过的；但是婚姻法上却不能不规定婚姻必须是无条件地纯粹以爱情为基础。所以历史学派并没有能驳倒自然法学派提出的理论，正如同自然法学派并不能否定历史学派提出的事实。

四

从他的社会背景来说，柏克既代表着英国传统的地主贵族的观点，又代表着新兴的但已强大并且当了权的工商业资产阶级的利益。两者都对法国大革命的风暴满怀恐惧。当时英国虽有国王，然而立法权已转移到国会手中，而国会的成员则是由选民选出的，尽管选举权还有着很大的局限性。而法国的王权却仍然是封建等级制的最高权威的综合，所以大革命的狂飙一起，首先就是直接针对王权的。这场几乎是史无前例的人伦巨变，震撼了整个西欧。柏克所受刺激尤其深刻，他念念不忘他多年前曾怎样地目睹过那位法国王后的高贵的风采；这使他对革命的评论夹杂了个人的感情用事；尽管他也还没有预料到，随后不久法国国王路易十六和他的美丽的王后玛丽·安托瓦内特（Marie Antoinette）就被送上了断头台。他写这部书时，美国已经独立，美国的根本大法是规定没有王和王权，没有贵族、没有国教，总之是没有大部分柏克所认为理应受到历代尊敬的那一切传统的宝藏的。但是他并没有因此而同样地去抨击美国革命。

总体上说，——说来颇有点讽刺意味，——凡是柏克所评论的具体事件和所做出的具体判断，今天看来大都已经过时了；这使得他的这部洋洋大著只不过成为见证了一个历史时代的一份重要的历史文献而已。但是恰好是在他所不屑于着力的理论观点上，却仍然闪烁着许多光辉是永远值得后代深思的。其中最重要的似乎可以归结为如下的两个问题。其一是，作为人类历代智慧结晶的文化传统是最值得我们珍重的。文化是一场漫长而悠久的积累过程。没有前人的劳动创造，不认真学习前人的传统，我们就达不到今天的高度。轻率地去抛弃传统，只能是使自己安于愚昧；而要彻底砸烂旧传统，也许人类就只好倒退到老祖宗的原始社会里去了。传统不能简单地等同于政权；一个政权可以推翻，但是传统却一定要保存，并且只有保存好了才能继续发扬光大，这是人类进步的必要条件。其二是，人类的进步是不是一定要通过暴力的方式？凡是在改良行得通的地方，是否应该考虑尽可能地优先采用和平的方式而避免暴力的手段？这一点，在柏克的思想里面可能有着他对光荣革命的一种感情上的眷恋。但光荣革命以来迄今三百年的世界历史已经表明了，和平的革命过渡（或反革命过渡）并非是什么极其罕见的例外。而这又应该根据什么原则、在什么条件之下如何进行，——对此柏克也已提示了一些初步的答案。现实生活和现实政治是活生生的东西，所需要的是审慎的态度和灵活的艺术；而一切思辨的推论和空洞的说教在这里都是无所用其伎俩的。生搬硬套一种理论体系，不管它是多么完美，只能是窒息并扼杀活泼泼的生命力。问题不是怎样使现实符合理论，而是怎样使理论能适应现实；这里需要的是向传统的智慧学习，而不是寻求抽象的原则或理论的推导。

过分地推崇传统，使得柏克的思想带有一种虔诚的宗教倾向，这一点对于一个像中国（或至少是汉族）这样一个非宗教的国家来说，显得是很难理解的。对于一种宗教信仰来说，则现实必定是不完美的（否则就不需要有宗教了）；因而当时启蒙运动的哲学家们对于理性的完美性抱有无限的信心，就是错误的。理性并不能把人们带到一个完美的天城；然则，人类又向哪里去寻找出路呢？柏克认为完美在现实之中是不可能存在的，人们不应该沉溺于哲学家的理性的梦想，人们应该清醒地看到现实政治的任务只在于使人们怎样可以避免或者纠正现实世界中的弊端。而传统的智慧则是我们所能倚恃的唯一武库。不善于运用这种武器，人类就永远没有改进的希望。或许，这也就是历史学的价值之所在。国家机体需要不断地改善它的体制，以适应于不断发展的局势。但是过激的变革却总是危险的，它有可能毁灭美好的传统，使人类的长期智慧的结晶毁于一旦。这个人类文化所赖以生存和进步的基础，必须要精心地、无微不至地加以保护。这种虔敬——其实，也就是宗教信仰——乃是社会得以安定和稳固的基础。假如我们把这里的"宗教信仰"一词换成为"团结一个社会的思想凝聚力"（如共同的目标或理想之类），那么似乎可以承认柏克的观点不失为有其普遍的有效性，或者可以说，他思想中有某些成分是有其普遍意义的。一个社会在精神上总需要有一种思想的凝聚力来加以维系。

卢梭的天赋人权论曾经是我国民主革命的一个极重要的思想来源，这个法国大革命的先驱理论在 20 世纪初期曾在我国得到大力的宣扬。相形之下，对于法国大革命持反对态度的保守派理论（例如柏克和他的《法国革命论》）却不大为人重视，很少有人加以介绍和研究。这可以表明思想文化的移植也是有选择性的，是要适合于本国的气候和土壤的。但是作为学术研究来说，不认真考虑正反两方面的意见，而只偏听一面之词，终究未免是一种欠缺、一种损失，有失客观的科学性。把卢梭、孔多塞（Condorcet）等人的作品和柏克、梅斯特（J.de Maistre）等人的著作加以比较研究，才可以更全面地显现出这一幕历史的真正面貌；这同时也会有助于我们自己思想认识的进一步深化。如果不是认真总结各种不同的思想文化的历史遗产，我们又怎么可能希望超越前人呢？

柏克的著作最流行的单行本是他的这部《法国革命论》和他的《对美洲和解演说集》（各有多种版本）；此外历来经学者们整理成集的有如下三种，即 F.Lawrence 和 W.King 编《柏克全集》（16 卷，伦敦，1803—1827 年），F.Fitzwilliam 和 R.Bourke 编《柏克书信集》（4 卷，伦敦，1844 年）以及 T.W.Copeland 编《柏克书信集》（8 卷，芝加哥，1958 年）。另外，1948 年在英国约克郡（Yorkshire）的谢菲尔德（Sheffield）图书馆里发现了一份手稿（即所谓 Wentworth Woodhouse 手稿），是此前所未见的柏克最完整的手稿。近年来学者们对这份手稿的研究，似乎更加提高了柏克作为一个理论家的历史地位。有关柏克生平的研究已有多种著作行世，其中摩莱（John Morley）的《柏克传》一书虽然已是一百年前的著作，但迄今仍被认为是一部权威性的著作。

柏克这部《法国革命论》渗透着一种宗教的情操，他的行文又独具一种独特的雄辩风格，本文深恐未能很好地理解并表达作者原文的意旨。这里所谈只能说是个人的初步感受。文中的错误和不妥之处，尚希读者教正。

原载《史学理论研究》1994 年第 2 期

天赋人权与人赋人权

——卢梭与柏克

一

最近重读柏克的《法国革命论》，偶有所感，颇以为卢梭和柏克两个人分别堪称天赋人权论与人赋人权论的两位最具代表性的人物。

卢梭作为法国大革命的最重要的理论先驱者，其有关的基本论点具见《社会契约论》一书的第一卷。这些基本论点并未怎么展开深入的发挥，而且本质上全属形而上学的先天观念，所以根本就没有而且也不需要有什么事实的佐证。本书开宗明义就说："人是生而自由的，但却无往不在枷锁之中"，所以人就应该打碎自己的枷锁，夺回来自己已被剥夺了的权利；因为"人不是奴隶，而是一切的主人"。说"一个人无偿地献出自己"，这种说法本身就是"荒谬的和不可思议的"，"这样一种行为是不合法的、无效的，只因为这样做的人已经丧失了自己健全的理智"。自由是与生俱来的权利，是在任何条件下都不能放弃、不能献出的权利，"放弃自己的自由就是放弃自己做人的资格，就是放弃人的权利，甚至就是放弃自己的义务。""这种弃权是不合人性的；而且取消了自己意志的一切自由，也就是取消了自己一切行为的道德性。"所有这一切全都是想当然耳、理应如此，是无须加以实证的。

"天赋"、"自然"和"人性"，在原文中只是一个字（nature，naturel）。自然是绝对的，是故人性就是绝对的，是故人的一切权利就是绝对的。这种推论方式好像是一泻而下，水到渠成，其间毫无牵强附会或扞格不通之处。20世纪之初，中国将"自然权利"一词翻译为"天赋人权"，其间的涵义便似稍有出入了，不过那用意却是可以理解的。天赋人权系针对神授王权而言。历来王权论者的论据都是"奉天承运"、"天子受命于天"，于是人权论者便提出人民受命于自然的旗帜来与之相对抗；两者是针锋相对的反题。不过改为"天赋"一词，在理论的推导上就显得不像原文来得有如行云流水那么自然了。

人的权利虽则是天然的，但是国家、政权、社会、风尚、秩序等等却不是天然的，而是人为的。（这一点是它们和人赋人权的基本区别所在。）凡是人为的东西，就必须经过人的同意。因此，"社会秩序就不是出于自然，而是建立在（人们的）约定之上的"。人所创造的东西靠的是人的力量（权力或强力），但是权力却并不能成其为权利的基础。否则的话，假如再有一种"凌驾于前一种强力之上的强力"，那么这后一种强力"也就接管了它（前一种强力）的权利了"。这等于是把权力当作权利的依据，把强权当作是公理。权利不是权力，也不依靠权力，它独立于权力之外，不受权力的支配。它在法理上的根据只在于它是自律的或自主的行为。至于一个主人和一群奴隶的关系，那就"只是一种聚合，而不是一种结合"；"如果这个人归于灭亡，他的帝国也就随之而分崩离析"。卢梭深信不疑，权利（或人权）乃是以自然法为基础的，简直有点像科学家之对于自然法则的信念。既然权利是自然的，而国家或社会是人为的，所以国家或社会就"总须追溯到（人们有）一个最初的约定"。政治是治理，不是镇压；"镇压一群人和治理一个社会，这两者之间永远有着巨大的区别"。卢梭的"政治权利的原理"（这是他那部书的副标题）就在于怎样治理好一个社会，而不是怎样去使用强力镇压一群人。

卢梭的天赋人权论还只是停留在纸面上的理论，到了20年以后，美国革命和法国革命就把它法典化为一套实践纲领，虽则两份典型的文献都脱胎于启蒙哲学的抽象原则。1776年的《独立宣言》首先就擎出一面旗帜：人权乃是"大自然的法与大自然的上帝之法所赋予人们的"。接着就声明："我们认为这些真理是自明的，即一切人被创造出来都是平等的，他们被他们的创造主赋予了某些不可转让的权利，其中包括生存权、自由权和追求幸福之权。人们为了保证这些权利，就创立了政府。政府之得到它们正当的权力，乃是由于被统治者的同意。任何一种形式的政府只要一旦破坏了这些目的，人民就有权改变它或废除它，并创立新的政府，使之奠基于这样的原则之上并以这样的方式组织它的权力，从而能够最适于促进他们的安全和幸福。"1789 年法国大革命《人权宣言》的前言，可以看作是天赋人权论之集大成的一篇总结，其中不仅吸取了美国《独立宣言》与宪法的精神，而且还包括了孟德斯鸠、洛克、伏尔泰、卢梭、百科全书派和重农学派各家的启蒙思想。它宣称国家或社会乃是"自由与平等"的各个个人的结合。这个出发点是个人主义的，也是和中国历来的思维方式截然不同的；中国历来的思维方式从来不把个人看作是第一位的，而只是看作附属于整体之下的一个有机组成部分，而整体绝不是由个人所派生出来的。《人权宣言》则公开宣称人们的结合（国家、社会），其目的乃是"为了保护自己的天然权利（天赋人权）"。

《人权宣言》在前言部分特别强调了"蔑视人权或者人的尊严，乃是一切政治罪恶和腐化的根源"，随后便是洋洋洒洒的十七条纲领，其中有关理论观点的原文，现摘录若干如下：

> 一切人都生来是，而且永远是自由的，并享有平等的权利。（第一条）

> 政治结合的目的在于维护人的天然的、不可转让的权利，即自由权、财产权、不受侵犯之权和抵抗压迫之权。（第二条）

> 主权的实体存在于全体人民，任何团体或个人凡未得到公开授权的，都不得行使任何权威。（第三条）

> 自由就是有权去做任何并不伤害别人的事情。因而每个人的自然权利仅只受到别人也有同样的自由权这一必要性的限制。（第四条）

> 法律是公意的公开表现。每个公民都有权亲自或者通过他们的代表参与立法。（第六条）

任何人都不得因不属法定的犯罪并且不经法定的程序而加以定罪、逮捕和监禁。（第七条）

任何人在未经判罪以前，都必须认为是无辜的。（第九条）

任何人都不得因自己的见解而受到迫害。（第十条）

思想和意见的自由交换乃是最可贵的人权之一，任何公民在接受法定的自由的限度之内，都可以自由地说出、写出和刊行自己的见解。（第十一条）

凡是权利没有保障或是权力未曾分立的社会，也就没有宪法。（第十六条）

以上一整套的政治权利原理，其精义全在于人权是天生的，因此是不可剥夺的和不可转让的。从洛克到卢梭到美、法的两篇宣言，一贯如此。以上引述这么多条原文，似可表明所谓的人权乃是指个人的权利，而国家、社会、集体等等都不过是为这个个人权利而服务的手段或工具。只有人（个人）本身才不是工具而是目的。在中国传统的思维里，个人从来只不过是集体（或某种人际伦理关系）的一种驯服工具，所以一个人就应该把自己的一切都献给集体。卢梭在他的书里反复论证一个人决不能把自己奉献出来而成为别人的奴隶，因为这在逻辑上（至少在天赋人权论的逻辑上）是说不通的。世界上没有凌驾于个人之上的组织，一切组织都只是各个个人的结合；所以卢梭甚至于讨论一个人可不可以退出自己的国家。

从历史上看，天赋人权是 18 世纪中产阶级（第三等级）的思想产物，但问题在于它是不是也有其非历史的成分，即不随历史条件而转移的成分在内。真理总是在某种特定的具体历史条件之下被发现的，但是一旦被发现了以后，其中的永恒成分却是属于一切时代的，是放之四海而皆准、俟诸百世而不惑的，而并不受当时当地具体历史条件的局限。卢梭仿佛是预感到了必定会有人以不符合历史事实为口实来反对他，所以他声明："我是探讨权利和理性，而不是争论事实。"他并不问事实如何，而只问道理应该怎么讲；因为事实如何并不能证明道理就应该怎样。已往一切历史时代的思想，总有某些成分是被新时代的新思想所继承的；这里不是简单地扬弃与否定，而是吸收、利用和改造，以之丰富后来的新思想。这个工作做得越成功，新思想就越有生命力；从而前一个时代的思想也就并没有死去，它就活在新的思想之中。两篇宣言已经有两百多年了，但是至今许多国家的宪法以及联合国的文件都还列举有基本上是脱胎于天赋人权论的词句（如人身自由和思想信仰、言论出版或集会结社的自由等等），可见它的影响是不可忽视的，至少是至今还得到全世界一百多个联合国的成员所正式承认的。

二

向天赋人权论提出异议的，正如卢梭所预料，是来自 19 世纪的历史学派。历史学派论点的来源之一，可以追溯到 18 世纪末的柏克。这场历史演变在中国近代史上是以更浓缩的形式和更快速的节奏演出的。清末的西学阵营代表人物严复早年就宣扬过卢梭（梁启超也宣传过，更不用说邹容、陈天华乃至后来的革命派），入民国后他在思想转变之余却又写了一篇《民约平议》的文章驳斥卢梭，从而引起过一场学术思想界的争论。

柏克是坚决反对法国大革命的，他迄今之享有盛名，主要地就是由于他写了一部《法国革命论》。我们所称之为人赋人权论的，并不意味着人赋人权就是不自然的。（天赋和自然在原文都是同一个字。）相反地，它也是自然的，是自然演化的结果。国家、社会、统治者和被统治者的关系、种种风尚、习俗和法律，都是由自然演化而形成的。这样形成的传统，反过来就不断地在培育着和塑造着人们的生活和思想。我们的权利是谁给的？卢梭的答案是天赋的；柏克的答案是人赋的，是人类历代智慧的结晶所赋予的。人权的观念就是在这个传统之中滋育的和成长的。这个传统在柏克的眼中乃是神圣的，所以我们必须敬爱它、学习它，向它那里去寻求指导。我们的权利并非生来就是现成的，而是由传统所塑造的、所形成的。在这种意义上，我们可以称之为人赋人权。柏克由于反对法国大革命的原则，通常被人目为"保守派"；但是他虽保守却并不顽固；他同情美国革命，他抗议爱尔兰天主教徒遭受英国当局的迫害，并且抨击英国总督统治印度的黑暗和腐败。然而他在法国大革命中所看到的，却只是骄傲、狂妄、贪婪、野心、残酷和阴谋诡计。当然，毫无疑问的是，人世间总是会有各式各样的丑恶现象的。在一个安居乐业的太平盛世，这些丑恶一般地不至于大量涌现，可以当作是不正常的状态；但是一到剧烈动荡的关头，一切丑恶就有机会纷纷冒出头来。这本来是十分自然、不足为奇的事。大抵上，凡是这样的关头，守旧者就总不免要诉诸美好的传统来反对激荡的变革。柏克也不例外。法国革命的狂潮一起来，把一切传统的秩序都冲垮了。没有秩序，自由就谈不上有任何保障，结果只会是一片强暴和混乱。归根到底，唯有传统，唯有"继承的原则，才为传递和延续提供了最确切的原则，同时又决不排除改进的原则"。

自然界是上帝的安排，社会也是自然的一部分，所以社会秩序也是自然秩序的一部分。服从社会秩序，也就是服从自然秩序，也就是服从上帝的秩序或天意。这种服从构成为道德的真正基础。所以也可以说，社会的基础乃是宗教信仰。国家在历史上和地理上乃是一个民族的载体，它体现了人的社会功能，并且它是世代沿袭的。这就形成为一种值得人们尊敬的传统，其中包含着人类世世代代智慧的精华。所以我们应该珍惜传统，决不可轻率地加以否定，乃至砸烂。传统是我们赖以进步的基础。现实生活中的丑恶是必不可免的，补救之道乃是我们应该向传统中去寻求智慧。传统是不应该砸烂的，也是不可能彻底砸烂的。但是法国大革命却以暴力把漫长的历史所积累的美好传统给摧残了；它以蛊惑人心的口号摧残了人的权利和法制的秩序。

柏克和卢梭虽然代表着两种不同的立场，但在一个根本点上两人又是一致的。两人都是充沛的热情更多于严密的理智，两人都是浪漫主义思想的先行者，两人都美化了自己的理想国，也都美化了人性；不过一个是面向着传统，一个是憧憬着自然；一个是以现实生活进行论证，另一个则是以法理进行论证。传统本身并不是一成不变的，但它却只能是不断地成长、演变和调节它自己以适应新的情况。现实世界中总是好与坏、善与恶互相掺杂并交织在一起的。如果一味追求纯之又纯的完美理想，其结果反而只能是欺人之谈并且从而会导致专制和腐化。这样，法国大革命就成为了一场以暴易暴，即假纯而又纯之名以行其专制与腐化之实。柏克拥护英、美革命，是因为英、美革命是以维护和发扬传统中的美好价值为目的的。但法国大革命却是以破坏传统为目的。法国大革命所标榜的自由，其实是一种形而上学的抽象概念，而不是适应于传统和符合自然秩序的自由。自由是要受特定现实条件的制约的，首先就是传统。这里，看来柏克似乎也忽视了一个根本性的问题，即暴力行为虽然最终是通过人的品质和德行、思想和心理而表现出来的，但它却又有其更深层的、不以人的意志为转移的原因。柏克过分地强调传统的力量与作用，也正有如启蒙哲学家们之过分强调理性的力量与作用一样，都不免失之于一厢情愿。到了 19 世纪历史学派的兴起，便专门以历史事实去驳斥天赋人权论。不过，单凭历史事实并不能就证伪法理学的原理，正有如单凭法理学的原理并不能就证实或证伪历史事实一样。双方是在不同层次上和不同的思维轨道上进行操作的，所以双方并没有、也不可能有一个可以判断是非的共同基础。历史学派并没有驳倒自然法学派所提出的理论，正有如自然法学派并不能否定历史学派所提出的事实。双方的真理，在各自的出发点上都只能是"自明的"，亦即无法进行证实或证伪的。

　　过分地推崇传统，使得柏克的思想带有一种宗教式的虔诚；但是假如我们把"宗教信仰"一词换成为其他的术语，例如换成为"团结一个社会的思想凝聚力"之类的词句，那么似乎可以承认柏克的观点中有些因素是有着普遍的意义的。当时，法国启蒙哲学家们对于理性——正犹如下一个世纪大多数思想家之对于科学——的完美和万能抱有无限的信心，以为理性就足以为人类创造出地上的天城。柏克却以为完美在现实之中是永远不可能存在的，所以人们不应该沉耽于启蒙哲学家的理性梦想，而应该清醒地看到：现实政治的任务只在于怎样能使人们避免或者纠正现实生活中的错误或弊端。在这方面，传统的智慧则是我们所能倚赖和加以利用的唯一武库。否则的话，人类就永远也没有改善的希望。

三

以上的两种观点看起来似乎两歧，一方只谈法理，另一方则只问现实。在此，我们似乎不妨从另一个角度，即从思维方式的角度，来考虑一下这个问题。

在某种意义上，我们不妨把我们的认识分别归结为两种不同的思维方式的产物，即历史的思维方式和非历史的思维方式。某些事物我们一定要放在一个历史的坐标系里，我们一定要知道它们的历史背景，才可以得到理解，否则就无法理解。这即是人们所谓的"要历史地看问题"。我们中国文化的传统，对于这种思维方式只能说是熟悉得太过分了，好像是不联系到历史，事物就无法理解的样子。固然，理解事物有时候需要联系到具体的历史背景，这是一种重要的思维方式。但它却并非是我们唯一的思维方式。此外，也还有一种非历史的思维方式。

我们对许多科学问题和艺术问题的认识或理解，完全不必要采取历史的思维方式。例如毕达哥拉斯定理（我们中国人正名为商高定理的），我们只能凭纯粹的逻辑推理来理解它，我们完全不必知道在历史上毕达哥拉斯是不是奴隶主阶级的代表，也无须知道他是在什么具体条件下、又是为了谁的利益才提出以他命名的这条定理的。又如阿基米德原理，其发现的经过固然也有一个大家耳熟能详的历史故事，大约中学生在课堂上都听到老师讲过。但是讲这个历史故事只不过在于引起学生的兴趣，它对于理解这个原理本身，却完全是不必要的。这些道理的是非真伪，你只能就其道理本身去加以理解或评论，你用不着去"历史地看问题"。又如，红学家毕生皓首穷经地在考据作者究竟死于哪一年，究竟埋骨于何处。一个读者哪怕是对曹雪芹这位作者的家谱和起居注背诵得滚瓜烂熟，历历如数家珍，也无助于他对《红楼梦》本身的理解。毕竟对《红楼梦》的理解或体会，其唯一的依据就只能是《红楼梦》这部艺术品本身。真理可以是摆事实，也可以是讲道理；而讲道理，归根到底，却无须去追问客观世界是否存在有此一事实。客观世界并不存在几何学上的"点"，当然也不存在直线、圆等等，但是谁能因此而否定欧几里得几何学的伟大价值呢？道理是更高一个层次的东西，对它的是非真伪的判断，并不取决于客观世界存不存在如此这般的一项事实。

孟子论诗说："颂其诗，读其书，不知其人可乎？"故而我们的理解似乎一定要知人论世。这当然是一种有益的思维方式，但无论如何，这决不是唯一的思维方式。我们的知识或认识，有很大一部分是超历史的、超时间的。真理并不以时间、地点和条件为转移，它只问正确与否。大体上说，真正追求真理并不一定需要置身于一个历史的框架之内进行思维。我们不必一定要总是历史地考虑问题。大多数人也是在这样做的，只不过在理论上缺乏这样的自觉而已。我们背的历史包袱太重，总觉得不能割断历史；殊不知我们大部分对真理的思考，都是抛开历史框架在进行的。30 年前，历史学界曾有过一场有关历史主义的争论，一时甚嚣尘上，其后又转入了无声无息。我不清楚当时所谓的"历史主义"究竟指的是什么？因为这个名词可以有多种不同的涵义。无论如何，摆事实与讲道理毕竟是两回事。事实本身如何并不能论证道理就应该如何。我们充分理解历史背景并不等于我们就阐明了道理。

当然，我无意反对历史的思维方式。它对理解历史是必要的，因而对历史学是必要的。但这在任何意义上都不意味着它就是人们唯一的思维方式。追求真理更主要的是要靠非历史的思维方式。让我们还是把历史的思维方式还给史实，把非历史的思维方式还给道理。无论是纯粹理性还是实践理性或判断理性，都不需要借助于历史的思维方式。纯粹理性的例子，如我们上面所提及的欧氏几何。实践理性的例子，如：你不能把人作为工具；这条准则（正如人权）假如是不以时间、地点和条件为转移而普遍有效的，就不能满足于只加以历史的阐明。判断理性的例子，如"无边落木萧萧下，不尽长江滚滚来"，你不必一定要知道这是一个国破家亡的诗人在颠沛流离之中所发的感触；"郴江幸自绕郴山，为谁流下潇湘去"，你不必一定要知道这是一个远成的词客在写出自己心碎的恋情；你听舒伯特的未完成交响乐，你不必一定要知道这是一位艺术家在民主革命失败之后的那种小资产阶级的感伤与沉郁之情。你就是知道了这些，也无助于你对这些艺术品的理解和领会。我们是通过它们自身（per se）来理解或领会它们的，而不是靠对它们的历史背景的知识。否则，你就（像卢梭所说的）是在"争论事实"，而不是在"探讨权利与理性"了。

我们中国的传统历来是过多地习惯于历史的思维方式，总以为只有以客观世界中所存在的事实为出发点的理论才站得住脚。我们不大习惯于非历史的思维方式。这样，实际上就限制了自己的思路和视界。这是两种不同的思维方式。但是它们也并不必然就互相排斥。历史学派的思路也许更适合我们中国的思想习惯。但是我们过去在接受法理学派的天赋人权论时，似乎也并没有遇到什么不可逾越的困难。假如能同时对这两种观点兼容并蓄的话，那或许就更能够丰富我们所接受的人类思想文化的遗产。

原载《读书》1994 年第 8 期

从宋初三先生看理学的经院哲学实质

为理学最初打下基础并开辟道路而进行了思想准备工作的，是所谓"宋初三先生"的胡瑗、孙复和石介。这三个人通常被认为是宋代理学的前驱，他们的活动被认为是"开伊洛之先"。但由于三个人还处在理学尚未正式登场的酝酿阶段，还没有来得及建立起一套较完备的理论体系；所以《宋史》把他们列入《儒林传》而不入《道学传》。但他们援徒讲学对于理学的形成影响甚大，故而被后世的朱熹尊为"宋初三先生"。本文试就宋初三先生的思想活动来看理学的缘起及其经院哲学的实质。

一

胡瑗，字翼之，泰州如皋人，生于宋太宗淳化四年（993年），死于仁宗嘉祐四年（1059年）；父讷，为宁海节度推官。胡瑗青年时在泰山与孙复、石介同学，后以经术教授吴中，前后二十余年，弟子数千人，成为当时最有影响的经师，学者称安定先生。他由范仲淹的推荐至朝廷观乐，官至太子中允、天章阁侍讲，主持太学。欧阳修曾这样描叙胡瑗与当时学风的关系："自（仁宗）明道、景祐以来，学者有师惟先生暨泰山孙明复、石守道三人，而先生之徒最盛。其在湖州之学，弟子去来常数百人，各以其经转相传授，其教学之法最备，行之数年，东南之士莫不以仁义礼乐为首。（仁宗）庆历四年，天子开天章阁，与大臣讲天下事，始慨然诏州县皆立学；于是建太学于京师，而有司请下湖州取先生之法以为太学法，至今为著令。"[①]

当时著名的钱藻、孙览、范纯仁、徐积等人都出身于他的门下。据说"当时礼部岁所得士，翼之弟子十常居四五，自河汾（隋代王通）以后能立师道成就人才者，必以翼之为首称焉"①。关于他的生平，蔡襄撰有墓志，欧阳修写过墓表，程颐写过传记。《宋史》本传基本承袭欧表。《宋元学案》把安定（胡瑗）和泰山（孙复）两学案置于卷首，表明两人"开伊洛之先"的重要地位。程颢曾创议建立尊贤堂，延揽天下道德之士，准备把胡瑗、张载、邵雍等人都网罗在内。南宋理宗端平二年（1235年）曾有过增士贤从祀的拟议，而以胡瑗为首。明孝宗弘治元年（1488年）程敏政上疏说："自秦汉以来，师道之立未有过（胡瑗）者②"，请以胡瑗和周敦颐同样从祀孔庙；到了明世宗嘉靖九年（1531年）遂正式以胡瑗从祀，称"先儒胡子"。凡此皆可以表明他在理学正宗中所占的地位。

　　自隋唐以来，知识分子的出身大多要靠文辞，形成了崇尚辞赋的学风。胡瑗在湖州创立湖学，一反以前学风，而以经义和时务为重点，分"经义"和"治事"两斋。蔡襄说他："解经至有要义，恳恳为诸生定其所以治己而后治乎人者。学徒千数，日月刮劘为文章，皆传经义，必以理胜，信其师说，敦尚行实，后为大学，四方归之。"③这一学风的转变意味着中世纪学术思想的一次大转变和理学的开端。他的著作，据各种不同的记载，包括弟子所记录的胡氏口义在内，有如下各种：《春秋要义》三十卷，《春秋口义》五卷，《周易口义》十二卷，《中庸议》一卷，《洪范口义》二卷（有《墨海金壶》本），《景乐府奏议》一卷，《皇新乐图纪》三卷，《尚书全解》二十八卷（朱熹谓是伪作），《吉凶书仪》二卷，《学政条约》一卷，《武学规矩》一卷，《资圣集》十五卷。以上各书，大多已佚；现存资料，主要见于《月河精舍丛钞》中的《安定言行录》和《宋元学案》卷首的《安定学案》，其中有关思想理论的并不很多。

　　现存胡瑗的理论资料主要是论性和情的部分。他推崇孟子而反对荀子。

<hr>

① 《宋史》卷432，本传。
② 《月河精舍丛钞》，《安定言行录》。
③ 《蔡忠惠公集》卷33，《太常博士致仕胡君墓志》。

孟子讲"动心忍性",讲"万物皆备于我";宋代理学依据并发挥了这种观点而构造出他们的圣人境界。孟子宣扬性善,理学家宗孟,特别强调性善。但如其性善,恶又从何而来?理学家认为,恶出于欲。然则,欲又从何而来?理学家就归之于情。性和情都被认为是先天具备的。据他的学生徐积说,胡瑗对这个问题的见解是:"安定说《中庸》,明于情性。盖情有正与不正,若欲亦有正与不正,德有凶有吉,道有君子有小人也。若天地之情可见,圣人之情见乎辞,岂得为情之不正乎?若我欲仁,斯仁至矣;岂为不正之欲乎?故以凡言情为不正者非也,言圣人无情者亦非也。圣人岂若土木哉?"这里明确提出,情和欲本身并不即是恶。可见情与欲在理学家先驱那里,还没有被赋之以截然与性或理相对立的那种严峻的属性。然而究竟为什么情欲就会不正而引向恶?这一点胡瑗本人并没有解说清楚。古代思想家好用比喻,如告子以杞柳或水喻性;但是比喻并不能代替理论论证,它总不免缺乏逻辑的严谨性。在这一点上,宋代理学在理论思维水平上较古代前进了一步,采取了较严密的形式;虽则仍然没有能对这个问题给出一个清楚明确的答案。除了性情善恶而外,胡瑗还谈过气;尽管这些在理论上并无多大的创见可言,却反映了思想史上一个新的重要契机。

当封建社会步入其后期阶段时,就需要有一套新的上层建筑以适应新的形势。于是一批新的社会力量的代表们就提出改革的理论,而传统的社会势力的代表们则极力制造一种更精微的新理论体系与之相对抗,以增强自己的统治地位。这就是宋学中新学与理学两个阵营相对立的由来。关于这一点,我们就胡瑗一些弟子和后学的行藏出处加以检点,就可以看出双方矛盾和斗争的情况:

> 钱公辅,字君倚,武进人;中进士甲科,历知制诰,知广德军,知谏院。后拂王安石意,罢谏职,出知江宁府,徙扬州。
>
> 孙觉,字莘老,高邮人;登进士第,官合肥主簿,嘉祐中进馆阁校勘,神宗擢至右正言。王安石早与先生善,骤引用之,将援以为新法助,而先生与异议。哲宗立,累迁御史中丞,龙图阁学士。弟览,字传师,忤时相,遭贬。

滕元发，字达道，东阳人；以进士第三累迁户部判官、右正言、知制诰、御史中丞、翰林学士。时执政方行新法，恐先生挠之，乃造谤。诏求直言，先生疏曰：但取熙宁二年以来新法悉罢，民气和，天意解矣。

祝常，字履中，常山人，登进士第；王安石深器之，时有诏解三经义，先生屡出正义反复辨难之，遂忤安石。

周颖，字伯坚，江山人；熙宁初，赐进士第，授校书郎。王安石问新法如何？对曰，歌谣甚盛。安石喜叩其辞。先生高诵曰：市易青苗，一路萧条。安石不乐。出宰乐清。

翁升，字南仲，慈溪人，元丰进士；元符中上书言事，切中时病，用事者方以党禁锢贤士大夫，籍升名于初等，自是沉于选调。（高宗）建炎初，党禁解，将召用之，而山林之志已不可夺矣。

陈敏，字伯修，无锡人，熙宁初举进士，徽宗朝诸蔡用事，令郡国皆立党人碑，先生守天台，曰"诬司马公是诬天也"。卒立石，先生碎之，谢世而归。

彭汝砺，字器资，鄱阳人，治平进士第一；王安石见其诗义，补国子直讲，改大理寺丞，擢太子中允，既而恶之。

邬括，字仲发，泰宁人，元祐进士，适蔡京当国，先生以名节自重，闲退二十年。

刘彝，字执中，福州人，第进士，移朐山令。熙宁初特制置三司条例官属，以言新法非便罢。神宗问刘彝，胡瑗与王安石孰优？对曰：臣师胡瑗二十余年专切学校，始于苏湖，终于太学；出其门者无虑数千余人，故今学者明夫圣人体用以为政教之本，皆臣师之功，非安石比也。

朱光庭，字公掞，河南偃师人；父荫擢第，哲宗即位，司马光荐为左正言，首乞罢提举常平官、保甲青苗等法。

陈高，字可中，仙游人，元符中第进士，以切直忤时相蔡京。

以上材料分别录自《宋史》本传、《安定言行录》和《宋元学案》；根

据这些远非完备的材料，新学、理学两派的党争之激烈已跃然纸上。大体上，胡门弟子和后学都站在反对新学和新党的立场上而走入了洛党和洛学。这一点反映在思想理论上，便是新学大讲富国强兵的功利，而胡门弟子则非功利而讲道德。《宋史道学传》所记胡瑗和程颐之间的一段渊源，颇可说明作为与新学相对立的理学家们的思想倾向性："程颢，字正叔，年十八，上书阙下，欲天子黜世俗之论以王道为心。游太学，见胡瑗问诸生以颜子所好何学？颐因答曰：学以至圣人之道也。圣人可学而至欤？曰：然。学之道如何？曰：……不求诸己而求诸外，以博闻强记巧文丽辞为工，荣华其言，鲜有至于道者；则今之后学与颜子所好异矣。瑗得其文大惊异之，即延见，处以学职。"① 黄百家在《安定学案》中还特为指出胡瑗和程颐两人的关系是："相契独深，伊川之敬礼先生亦至；于濂溪虽尝从学，往往字之曰茂叔；于先生非安定先生不称也。"② 程颐之独敬胡瑗，并非出于偶然，而是有强烈的学派性和党派性为其基础的。胡门弟子大多与洛党的关系极为密切。如胡瑗的高足弟子田述古（字明之，安丘人）就在洛阳从司马光、邵雍和二程游，司马光经常召他去"讲明大义"。王安石赠胡瑗的诗有"独鸣道德惊此民，民之闻者源源来，高冠大带满门下，奋如百蛰乘春雷"③ 之句；这话出自重功利而薄道德的王安石之口，应该理解为其意不在称颂，而是对于自己的对手的实力的估计。

二

孙复，字明复，号富春，晋州平阳人，生于太宗淳化三年（992 年），死于仁宗嘉祐二年（1057 年），举进士不第，居泰山，聚徒讲述，学者称泰山先生。欧阳修撰他的墓志铭说："先生退居泰山之阳；鲁多学者，其尤贤而有道者石介；自介以下皆以弟子事之。"④ 石介则推崇他说："孙明复先

---

① 《宋史》卷 421，《道学传》。
② 《宋元学案》卷 1，《安定学案》。
③ 《临川先生文集》卷 13，《寄赠胡先生》。
④ 《欧阳文忠集》卷 25，《孙明复先生墓志铭》。

生，学周公、孔子之道……非独善一身而兼利天下者也"①。"自周以上观之，圣人之穷者唯孔子。自周以下观之，贤人之穷者唯泰山明复先生"②。这里是以他和孔子相提并论的。标榜这种圣贤气象，正是理学家一贯努力要建立起一个道统的组成部分，非只是理学家们的自欺与自大而已。

黄宗羲是这样评价宋初三先生的："宋兴八十年，安定胡先生、泰山孙先生、徂徕石先生始以师道明正学；继而濂洛兴矣。故理学虽自伊洛而精，实自三先生而始，故晦庵有伊川不敢忘三先生语。"③ 这段话可以看作前人对胡、孙、石三人在理学发展中所处的历史地位的定论。《宋元学案》把范纯仁、文彦博均列入泰山学派，可以反映出孙复学派的思想倾向。孙复后来被召为国子监直讲、迩英殿祗侯，迁殿中丞。他的著作有《春秋尊王发微》十二卷、《春秋总论》三卷、《睢阳子集》十卷、《易说》六十四篇。

在理论上，孙复并无多少创见要言；但是他却触及并论述了影响到理学形成的一些基本概念和重要原则。首先，他着力宣扬了道统论，他说："文者，道之用也；道者，教之本也。""自汉至唐，以文垂世者众矣，然多杨墨佛老虚无报应之事，沈谢徐庾妖艳邪侈之辞。始终仁义，不叛不杂者，唯董仲舒、扬雄、王通、韩愈。"④ "推明孔子，抑黜百家"，"斯可谓尽心圣人之道者也。暴秦之后，圣道晦而复明者，仲舒之力也"⑤。要建立道统并维护其独尊，就必须辟佛老二氏，辟异端邪说；所以他宣扬："夫仁义礼乐，治世之本也，王道所由兴，人伦所由正。""儒者之辱始于战国；杨墨乱之于前，申韩杂之于后；汉魏而下则又甚焉。佛老之徒滥于中国，彼以死生祸福虚无报应为事，……去君臣之礼，绝父子之戚，灭夫妇之义。"⑥ 这是宋学中最早的道统说。之所以要建立这样一个道统，其目的无非是要树立理学自身的统治权威。但是要把这个道统说成是永恒的、绝对的而又神圣

---

① 《徂徕石先生文集》卷 9，《明隐》。

② 《徂徕石先生文集》卷 15，《与祖择之书》。

③ 《宋元学案》卷 2，《泰山学案》。

④ 《睢阳子集补》。

⑤ 同上。

⑥ 同上。

的，却不能不给它找出并披上一件理论的外衣。作为理学的先驱者，孙复继承并发扬了古老的天人感应论，使封建人伦上通于天道；这是理学阵营第一次把伦理加以形而上学化的努力，从而为尔后理学的思辨体系提供了一个重要的理论基础。自然现象和变化被说成是一种道德感应，自然世界作为一个道德实体，被说成是人世关系的表现和象征。他说："昔者圣王在上，五事修而彝伦叙，则休验应之。""若春秋之世多灾异者，圣王不作故也。"[①] 这样，封建伦理道德就和永恒的天道打成一片。在这里，一方面古来的人格神的色彩确实是被冲淡了，而被融解在一个普遍的宇宙道德实体之中；但同时另一方面，道统的威严也就越发神圣化和神秘化了。这就是理学在理论方面所做的主要工作。

理的外在表现就是礼，即封建社会秩序与规范的总则。孙复为了强化礼的统治，着力宣扬了等级制的森严性及其神圣不可侵犯性。在这方面，他有一系列的言论，如："天下有道，则礼乐征伐自天子出，非诸侯可得而专也。诸侯专之，犹曰不可，况大夫乎？""诸侯受国于天子，非国人所得立也。""诸侯土地受之天子，不可取也。""城市宫邑高下大小，皆有王制，不可妄作。""观鱼，非诸侯之事也。""大国三军，次国两军，鲁以次国而作三军，乱圣王之制也。"[②] 相应于一定的社会等级，只能有一定的行为准则；这就是要从理论上巩固每个社会人的身份性。封建后期之出现这种强调大义名分的理论显然是起着企图阻止个人身份解放的作用。凡是违反这套身份与等级的准则的，都要按照一套善恶褒贬的书法，一一宣布其罪状。在这方面，孙复不失为一个理学先行者，他开始在总结一套较完备的等级制的教诫。

孙复在当时以讲《春秋》著称，他认为孔子著《春秋》一书的中心思想就是要正大义名分，也就是要把这种等级制的精神贯穿到全部的历史和现实中来。这种精神就被尔后的理学家所继承，特别是朱熹及其门人的

---

① 《睢阳子集补》。
② 同上。

《通鉴纲目》一书发挥成为一套封建书法的史学体系，并被后代的道学和假道学们奉之为圭臬。孙复本人认为"凡经所书，皆变古乱常则书"[①]；司马光著《通鉴》还只是"鉴前代之兴衰，考当今之得失"，"鉴于往事，有资于治道"[②]；到了朱熹则更进一步要牢牢地把全部历史都钉死在封建等级制的十字架上。

据《宋史》本传说："孙复与胡瑗不合，在太学常相避。"有人认为这种说法只是讹传。关于这个问题，文献尚不足征，可能和两人的学风不同有关。全祖望以两人加以对比说："安定沉潜，泰山高明；安定笃实，泰山刚健"，并有"安定似较泰山为更醇"[③]的评语，可以参证。

三

石介，字守道，号徂徕，兖州奉符人，生于真宗景德二年（1005年），死于仁宗庆历五年（1045年）；进士及第，以丁忧归耕徂徕山下，授周易，学者称徂徕先生。孙复在泰山，石介师之。孙复称赞他是"能知尧舜文武周公孔子之道者也。非止知之，又能揭而行之者也"[④]。后来，他得到当时的名相富弼、范仲淹、韩琦等人的引荐，入为国子监直讲、太子中允，对北宋太学的发展颇有影响。他"出入大臣之门，颇招宾客，预政事，人多指目。不自安，求出，通判濮州，未赴，卒"[⑤]，是积极参与了当时官场活动的。庆历间，他写过一篇颂圣诗《庆历圣德诗》，其中讴歌了当时的圣君贤相，也攻击了和王钦若、丁谓一党的夏竦，"由是谤议喧然，而小人尤嫉恶之，相与出力，必挤之死"[⑥]；甚至他死以后，夏竦还说他是诈死，已经北走契丹，要求发棺验尸。其间派系倾轧的激烈，可以想见。石介的

① 《春秋尊王发微》。
② 司马光：《资治通鉴上表》。
③ 《宋元学案》卷2，《泰山学案》。
④ 《徂徕先生集》卷末，《孙复上范天章书》。
⑤ 《宋史》卷432，《儒林二》。
⑥ 《欧阳文忠集》卷34，《徂徕石先生墓志铭》。

著作有《易解》五卷，《易口义》十卷，《唐鉴》六卷，《政范》一卷，《三朝圣政录》四卷，《徂徕先生集》二十卷。

石介也像胡瑗、孙复一样以辟二氏为己任；同时他还把文章之弊和佛老同列，声称必须"去此三者，乃可以有为"①。宋初，杨亿、钱惟演等人为文喜模仿唐代李商隐，号西昆体，词多浮艳，风行一时。石介继承韩愈的道统与文统，崇尚古文，标榜文以载道，指斥西昆体是"破碎大道，雕刻元质，非化成之文"②。这种观点反映出道学家维护道统的努力，因为思想、学风和文风从来是不可分割地联系在一起的。文以载道的提法，包括两层意思：一是文的任务应该是载道，二是唯有古文才是载道的工具；这也是韩愈复兴古文运动的功绩所在，即他被后人所推崇的"文起八代之衰，道济天下之溺"。

又和胡瑗、孙复一样，石介在与新党和新学的对立斗争中，也表现出他强烈的党派倾向。以下是从有关资料中摘录的石门弟子和后学的思想与活动情况：

> 范纯仁，拜兵部员外郎兼起居舍人同知谏院，奏言王安石变祖宗法度，掊克财利，民心不宁。
>
> 祖无择，字择之，上蔡人，进士高第；历龙图阁学士，知郑、杭二州。（王）安石恶之，讽有司，求先生罪。
>
> 梁焘，字况之，项城人，举进士中第。朋党论起，以司马温公（光）党，黜知鄂州。
>
> 刘挚，字莘老，东光人，擢嘉甲科。神宗问：卿识王安石耶？安石极称卿器识。
>
> 对曰：臣少孤独学，不识安石。退，上书言君子小人之分在义利。语侵荆公（王安石），荆公欲窜之岭外。哲宗立，擢侍御史，疏蔡确、章过恶。

---

① 《徂徕石先生文集》卷5，《怪说上》。
② 同上书，卷19，《祥符诏书记》。

　　文彦博，历事四朝，任将相五十年，洛人邵康节（雍）及程明道（颢）兄弟皆以道自重，宾接之如布衣交。崇宁中预元党籍。

　　姜潜，字至之，奉符人，从泰山学《春秋》，亦从徂徕，累荐为国子直讲。神宗闻其贤，访以治道。对曰：有尧舜之典在，顾陛下致之之道何如。

　　由此可见，新学和理学的两条路线自始就是互相水火的，既表现在政治态度上，也表现在学术思想上。石介本人写《庆历圣德诗》、《宋颂》以及编《三朝圣政录》等，虽属歌功颂德的性质，但其政治涵意则在于维护现有的统治秩序，反对改革，是在为旧党做舆论准备工作的。

　　在神化道统的权威这一点上，石介也是一个领先的代言人。他宣传这个道统乃是"尧舜汤文武之道"，也就是"周公、孔子、孟轲、扬雄、文中子（王通）、吏部（韩愈）之道"，亦即"三才九畴五常之道"①。孙复特崇董仲舒，石介则特崇韩愈，他写了《尊韩》篇，说是："孔子之《易》、《春秋》，自圣人来未有也；吏部《原道》、《原仁》、《原毁》、《行难》、《对禹问》、《佛骨表》、《诤臣论》，自诸子以来未有也"②。据说，这个道统继韩愈而后的，便是他的老师孙复："吏部后三百年，贤人之穷者，又有泰山先生"。这位泰山先生据说是"上学周孔，下拟韩孟的"③。接着便有人吹捧石介说："徂徕先生学正识卓，辟邪说，卫正道，上继韩子以达于孟子"④。标榜一个虚构的道统达到这样的地步，乃是宋代理学所做出的最重要的思想事业。道统就寄托在他们的身上，就掌握在他们的手里；不这样就无以抬高自己在意识形态上的统治权和独霸地位。欧阳修描写石介其人是："所谓尧、舜、禹、汤、文、武、周公、孔子、孟轲、扬雄、韩愈氏者，未尝一日不诵于口；思与天下之士皆为周孔之徒，……亦未尝一日少忘于心"⑤。这

① 《徂徕石先生文集》卷5，《怪说中》。
② 同上书，卷7，《尊韩》。
③ 同上书，卷19，《泰山书院记》。
④ 《宋元学案》卷2，《泰山学案》。
⑤ 《欧阳文忠集》卷34，《徂徕石先生墓志铭》。

几句话颇为形象地刻画出一副道学家道貌岸然的圣贤气象。然而成为讽刺的却是，历史事实往往表明了，过分的神性一定要由过分的魔性作为其假道学之必不可少的补充。

佛、道作为封建前期的宗教，这时也经过了一个理论的改造过程以便适应于新的历史时代的要求。尽管韩愈和宋初三先生排斥佛老，但封建体制在不同的条件下，却同样地需要这些不同的思想形态。这就是理学之所以有可能一方面反二氏，一方面又吸取二氏的理论成分以确立自己的官方经院哲学的地位的奥妙之所在。通过这样一场二氏与儒家（思孟体系）的新的理论综合，中世纪的经院哲学就完成了由笺注到义理的过渡，从而完成了其思辨体系的建立。

仅仅有思辨理论体系的说教还不够，还需要有强大的专制政权的强制力量；故而在建立道统的同时，还需要把君统树立起来，并把二者捏合在一起。早在后世的帝王们尊崇理学之前，理学的先驱者们就已经在尊崇君统了。石介就是努力结合君统与道统的先驱者之一，他说："夫自伏羲、神农、黄帝、尧、舜、禹、汤、文、武、周公、孔子至于今，天下一君也，中国一教也，无他道也。"① 在这个君统与道统的统一的基础上，理学家提炼出来了一个囊括整个宇宙与人事的道体；在这方面石介为后来的理学家作出了初步的尝试。他提出："道者何谓也，道乎所道也。""道于仁义而仁义隆，道于礼乐而礼乐备，道之谓也。"② 理学家的世界是彻头彻尾封建伦理的体现，道就是伦理教条的抽象化，伦理教条就是道的具体化。所以他又说："立其法万世不改者，道之本也；通其变使民不倦者，道之中也。本，故万世不易也；中，故万世可行也。"③ "夫父道也者，君道也；君道也者，乾道也。首万物者乾，则以君况焉；尊万邦者君，则以义拟焉。"④ 这里，天人被打成一片，以致自然世界和社会伦理都统一于一个道体，受着同一个

① 《徂徕石先生文集》卷 13，《上刘工部书》。
② 同上书，卷 20，《移府学诸生》。
③ 同上书，卷 19，《青州州学公田记》。
④ 同上书，卷 17，《上徐州扈谏议书》。

原则所支配。道体本是由伦理观念所膨胀而成的，但道体这一虚构的偶像一旦形成，又反过来成为社会现实的根据和保证。石介的这个工作虽然比起后来的理学思辨体系来，显得还处在很粗糙的阶段，但比胡瑗和孙复却前进了一步。

在其他有关后来理学的基本理论的形成上，石介也领先提出了一些新概念和新论点。其中包括以"道"和"气"的概念来解释世界，他提出："夫天地日月山岳河洛皆气也。气浮且动，所以有裂、有缺、有崩、有竭。吾圣人之道，大中至正，万世常行，不可易之道也，故无有亏焉。"[1] 道（或理）和气形成了后来理学理论体系中最根本的概念，石介初步勾画了道和气的一个轮廓；道是高级的、主动的原则，是完美的、普遍性的精神实体；气则是低级的，被动的、缺欠的物质性的质材。与此有关，石介还提出过有关性和理的学说："夫物生而性不齐，裁正物性者，天吏也。人生而材，不备，长育人材者，君宰也。裁正而后物性遂……《易》曰：'乾道变化，各正性命'是也。长育而后人材美，……《洪范》曰：'会其有极，归其有极'是也。"[2]"道"的极致是"中和"，即他所说的："和，谓之至道；中，谓之大德；中和，而天下之理得矣。"然而，什么是"中和"？他解释说："喜怒哀乐未发，谓之中。喜怒哀乐之将生，必先几动焉。几者，动之微也，事之未兆也。当其几动之时，喜也、怒也、哀也、乐也，皆可观也。是喜怒哀乐合于中也，则就之；是喜怒哀乐不合于中也，则去之；有不善，知之于未兆之前而绝之，故发而皆中节也。"[3] 性、情问题是宋代道学家谈得最多的中心问题之一，其总的倾向是把情等同于人欲，而要求以道（或理）来统驭情欲；也就是说人类的自然愿望应该无条件地服从封建伦理。石介这里的论点虽然还只是萌芽，但与而后的理学思想体系是一脉相通的。

整个世界既是伦理原则的反射，所以主客之间就存在着一种以人应天、以天统人的感应关系；这个伦理化了的宇宙道体和人有着一种互相制约的

---

① 《徂徕石先生文集》卷 19，《宋城县夫子庙记》。
② 同上书，卷 17，《上颍州蔡侍郎书》。
③ 同上。

关系。石介解释说："善斯赏，恶斯刑，是谓顺天地。天地顺而风雨和，百谷嘉。恶斯赏，善斯刑，是谓逆天地。天地逆而阴阳乖，四时悖。三才之道不相离，其应如影响。"[①] 他还提到："违天地君而曰'存阴德'，祸斯及矣。"[②] 从而表明了天统、道统和君统是同一回事，都只是同一个伦理实体的化身。

关于人类文明的起源，石介也提出了一套理论，即圣人制作说。大意是说：人类原来是处于一种野蛮的自然状态或禽兽状态；都是由于有了圣人的制作，人类才进入文明，即等级制社会。按其基本理论的模式来说，这一圣人制作说仍然是先把纲常伦理扩大为宇宙原理，再反过来以这个虚构的宇宙原理来保证纲常伦理的先天必然性。在这个过程中，圣人的制作是其间关键性的一环。石介这样地阐明了他的圣人制作论："厥初生人，无君臣、无父子、无夫妇、无男女、无衣服、无饮食、无田土、无宫室、无师友、无尊卑、无冠昏、无丧祭，同于禽兽之道也。伏羲氏、神农氏、黄帝氏、陶唐氏、有虞氏、夏后氏、商人、周人作，然后有君臣、有父子、有夫妇、有男女、有衣服、有饮食、有田土、有宫室、有师友、有尊卑、有冠昏、有丧祭。噫，圣人之作皆有制也，非特救一时之乱，必将垂万代之法。故君臣之有礼而不可黩也，父子之有序而不可乱也，夫妇之有伦而不可废也，男女之有别而不可杂也，衣服之有上下而不可僭也，饮食之有贵贱而不可过也，土地之有多少而不可夺也，宫室之有高卑而不可逾也，师友之有位而不可迁也，尊卑之有定而不可改也，冠昏之有时而不可失也，丧祭之有经而不可忘也；皆为万世常行而不可易之道也，易则乱之矣。"[③] 这些话不脱历来道学家的陈词滥调，其中着意渲染的只在于一点：一切社会制度和规范都是由圣人制作的，而且一旦固定下来之后，就具有万世不变的永恒性和神圣性。进化的观点是和理学思想格格不入的，因为他们的立场是反对一切社会改革。归根到底，理学家的世界观不能不是僵化的，他

---

① 《徂徕石先生文集》卷11，《阴德论》。

② 同上。

③ 《徂徕石先生文集》卷6，《复古制》。

们极力维护现有的社会秩序，不容许演化和变革。因此，理学和新学的对立在理论上就表现为复古与革新两种思想倾向的斗争。

　　社会和思想应该永远以圣人的创作为依归；据他说，后代之所以出现乱世，都是由于破坏了古制的缘故："古者圣人之立制也，爵禄有差，衣服有章，车旗有数，宫室有度，上不可以逼下，下不可以拟上；所以防夫僭夺而塞贪乱也。"①"周秦而下，乱世纷纷，何为而则然也？原其来有由矣，由乱古之制也。""夫古圣人为之制，所以治天下也，垂万世也，而不可易，易则乱矣。后世不能由之，而又易之以非制，有不乱乎？夫乱如是，何为则乱可止也？曰：不反其始，其乱不止。"②后世仿佛总是倾向于背离古制，因而也就不断动乱和倒退。要拨乱返治，就只有复古而不能革新。这是理学阵营的根本立场，也是与新学阵营的根本分歧之所在。它是贯穿着宋学发展历史的一条主要线索。后世理学家在思辨方面有所增益，但所继承的这个根本立场却始终一贯。人类的社会和思想被这样禁锢在复古的框架之内，于是一切进步和革新的要求都成为不合法的了。这一点在理论上就集中表现为理学家的一个核心理论，即有关天理人欲的说教。通过这一说教，理学才充分发挥了它"以理杀人"，扼杀了历史上一切新思想的生机的威力。而这个理论也是在石介那里就已初步被触及了的，他说："儒者好称说孔子之道，非大言也，非私于其师之道也。孔子之道，治人之道也；一日无之，天下必乱。"③什么是石介所理解的孔子之道？孔子之道，在他，就是纲常伦理："孔子之道，君臣也、父子也、夫妇也、朋友也、长幼也。天下不可一日无君臣，不可一日无父子，不可一日无夫妇，不可一日无朋友，不可一日无长幼。"④个人的地位和价值就这样完全被束缚在一个社会的、宇宙的伦理大网里。它对任何近代倾向的"人的觉醒"或"从身份到契约"的运动，其戕害作用是不待言喻的。封建前期旧儒学的天人感应论，及至后

①　《徂徕石先生文集》，卷 11，《王爵论》。
②　《徂徕石先生文集》卷 5，《原乱》。
③　同上书，卷 8，《辨私》。
④　同上。

期的新儒学便转化为天人合一论。天人的关系在某种意义上亦即是理欲的关系，因而石介提出："人亦天，天亦人，天人相去其间不容发"；"故言人，必言天，言天必言人"。① 这类提法的历史涵义都在于强化封建等级秩序的不可变易。这种敬天复古的社会历史观和王安石所提出的那种"天变不足畏、祖宗不足法、人言不足恤"的变法要求，形成了宋学史上的一个鲜明的对比。纲常伦理既是圣人制作，道统相承，因而就是不容许改变的。但石介又不可能根本否定一个无可否认的事实，即历史终究是不断在变动着的，而并不可能永远固定在圣人所规定的那个原点上静止不动。于是石介就只好一方面承认历史有变化，另一方面则强调驾驭历史的"道"是永恒不变的。他解释这两方面的关系说："或曰：时有浇淳，道有升降；当汉之时，固不同三代之时也，尽行三王之道，可乎？曰：时有浇淳，非谓后之时不淳于昔之时也；道有升降，非谓今之道皆降乎古之道也。夫时在治乱，道在圣人，非在先后耳。桀纣兴则民性暴，汤武兴则民性善。""时治则淳，时乱则浇，非时有浇（淳）也。圣人存则道从而隆，圣人亡道从而降，非道有升降也。"② 应该说，这个论点在理论上还很有可以展开的余地，虽则石介并没有再一步加以发挥。既然历史的升降治乱有待于天生圣人，人们的努力又还能起什么作用呢？石介在评论汉王朝的建立说："汉顺天应人，以仁易暴，以治易乱"③；"若能纯用三王之礼施于朝廷，通于政教，裕于后世，以高祖之材而不能行之乎？"④；"三王大中之道置而不行，区区袭秦之余，立汉之法，可惜矣"⑤。除了泥于复古，不承认历史演变（汉秦制度不可能复于三代）的必然性而外，石介的意思还包括：制作是圣人的天职，而复古则是帝王将相的天职。道并不就规定历史非表现为如此这般不可，这就留给了统治者的帝王将相以一定的活动余地，即可以多少由于自

---

① 《徂徕石先生文集》卷10，《汉论下》。
② 同上。
③ 《徂徕石先生文集》卷10，《汉论上》。
④ 《徂徕石先生文集》卷10，《汉论中》。
⑤ 《徂徕石先生文集》卷10，《汉论上》。

己的努力而影响到道的升降隆替。

　　石介论史，一以复古为则，开宋代理学家历史观的先河；但同时他也重视"运"和"气"在历史上的作用。他说："圣人乘运，运乘气。天地间有正气，有邪气。圣人生，乘天地正气，则为真运。运气正，天地万物无不正者矣"。"至正之气行于天地间，……有毛发之隙，容邪气干之，正不纯一矣。故运气正，必有圣人乘之而王"[1]。"运"、"气"和圣人的出现都带有很神秘的意味，不是人为的努力所能左右的；这一点就和上述道的升降隆替的理论显得矛盾而不能自圆其说。随后邵雍创出一套"元、世、运、会"的先天格式，再后的朱熹则构造出一套理气天人的系统哲学；两人的历史理论都比石介更进一步地以历史循环论来论证其复古主义的合理性。从北宋的新学与理学两派的对立到南宋朱熹、陈亮的王霸义利之辨的论战，理学家的复古论都是有所为而发的，是为反对变革在炮制理论根据的。宋学始终是围着双方斗争这条主线而展开的。

　　因此，理学家并非只是宽衣博带、雍容揖让，一味高谈心性、坐而论道而已。那斗争往往是很残酷的、毫不含糊的。石介就主张，"夫不以尧舜禹汤文武周孔之道事其君者，皆左道也"[2]。对于左道的唯一办法，就是要大开杀戒："舜诛四凶，周公诛管蔡，孔子诛少正卯，王制明矣"[3]。道统的威严和统治原是要靠血腥来维持的，这就暴露出来了其伪善说教背后的残酷的一面。

　　历来恭维理学的人都是说，两千年来不绝如缕的圣道是到了宋代才发扬光大的，它由胡、孙、石开其端，至周、张、二程而大备，至朱、张而竟其功。因此"宋初三先生"的开创之功就被说成是"上承洙泗，下启闽洛"的不朽盛事。这固然在一定程度上或一定意义上，也可以说是反映了历史的实际；但重要的是，我们应该研究怎样从他们的思想活动中看出宋学中作为新学对立面的理学在其形式过程中的经院哲学实质的雏形。就在同时，

---

[1]　《徂徕石先生文集》卷 12，《上范中丞书》。

[2]　同上书，卷 6，《明四诛》。

[3]　《徂徕石先生文集》卷 6，《明四诛》。

他们也在不断地受到反对派的非难和谴责。就石介本人而论，南宋的叶适就批评他是"谲荡太过"；清代全祖望比较折中，只是说他"析理有未精者而已"。至于后来 18 世纪的戴震指责理学家是"以理杀人"，现代的鲁迅先生抨击仁义道德的字缝里面有"吃人"两个字，虽非针对其中的某个个别人物，却是针对着包括所有理学家在内整个理学思潮的，那已经是代表着反对封建理学思想桎梏的新的历史觉醒了。

原载《晋阳学刊》1989 年第 6 期

略论宋学分野的来源及其历史背景

及其历史背景关于宋学，历来研究者的看法大抵是把它等同于道学，所谓宋学即是道学；而在道学内部则是理学与心学两派的对峙。本文立论的出发点与此有所不同，即认为宋学的内容乃是新学与道学的对立与斗争，它与政治上新党与旧党之争相表里、相始终，两条路线泾渭分明。其间关系似可列表如下：

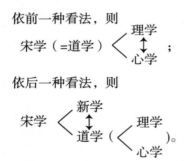

我们理解宋学，其着眼点不宜局限于理学与心学两个阵营的对立上，而应该放在一个更广阔的历史背景上，即新学与道学（即新党与旧党）两个阵营的对立上；这样才更能理解其历史的真相。到了南宋后期新学思潮之终于失败，就意味着中世纪经院哲学思想统治的加强；以后它长时期束缚了中国近代性思想的萌芽和成长，任何近代性思想的因素都只能是去一个经院哲学体系的框架之内为它自身挣扎一席身之地。

前撰有《从宋初三先生看理学的经院哲学实质》一文（载《晋阳学刊》1989 年 6 月号），曾就新学、道学两个阵营中的一些早期代表人物——钱公辅、孙觉、滕元发、祝常、周颖、翁升、陈敏、彭汝励、邬括、刘彝、朱光庭、陈高——的社会关系、行藏出处以及党派门户，略事考察两个学派斗争的分野。本文则旨在就思潮方面略加说明，作为对上文的补充，以就教于读者。

经历了晚唐五代多年的干戈扰攘之后，公元 960 年赵宋王朝的建立多少算是恢复了统一和安定。这个王朝惩于前代之失，采取了两项重大政策，一是加强皇权，一是崇儒礼士。两项政策的制订都为了防范军阀势力的膨胀和藩镇割据的重演。但这却同时带来了两项严重的后果：一是军事力量削弱，无力对付外族的入侵；一是科举制度之滥，豢养了一大批官僚知识分子。

宋学的兴起标志着中世纪后期中国文化和学术思想的一大转折，而其诞生的背景则是新阶段下所出现的官僚知识分子的党派斗争。宋代的崇儒政策历代相承，宋太祖登极首奖儒学，曾有"宰相须用读书人"名言为后人所传诵，以致后世普遍传说宋初名相赵普就是以半部《论语》治天下的；其后太宗继之，修《太平御览》，诏求遗书，真宗改谥孔子为"至圣文宣王"。但是这一政策的推行所造成的科举之滥和官僚的臃肿也是十分惊人的。当时的宋祁就指出，宋王朝"州县之地不广于前"，"而官五倍于旧"（宋祁《景文集》卷 26，《上三冗三费疏》）；清代史学家赵翼也说宋代的"冗官冗费"多得"不可纪极"（《廿二史札记》卷 25，《宋冗官费》条）。这种情形大大激化了封建阶级内部争夺权与利的分配的矛盾。唐代的牛、李党争可以看作是这一矛盾爆发的一曲前奏，而到了宋代新学与理学的对立与斗争则形成两派之间冲突的一次历史高潮。

唐以前儒学统治的思想体系采取经学笺注的形式，及至北宋，传注之学逐步为义理之学所取代；学术思想逐步抛弃了原来繁琐而不切实用的经学笺注，通过吸收和融化某些佛、道的理论成分而构造出一套更有效地为封建等级统治秩序服务的思辨体系来。封建经院哲学所经历的这一转变，即旧时代所称的由"汉学"至"宋学"的演变。经书本身不变，意味着封建等级体制不变；经说形式与内容的转变，则意味着这一体制从前期过渡到后期的变化。社会政治历史的变化需要有一场与之相应的意识形态方面的改变；这就是尔后理学得以成为官方正统理论与御用哲学的由来。

道学，确切说来，应该包括理学和心学两个流派，但后世却往往把理学径称之为道学，或把道学称之为理学。唐代的韩愈在他的名文《原道》中首先炮制出一套道统论，宣称自古以来就有一个尧、舜、禹、汤、文、武、周、孔历代相传的道，但是这个道自从孔子传之孟子而后就"不得其传"（《昌黎先生集》卷 11，《原道》）了，宋代道学家标榜道统，于是韩愈本人又被捧为是复兴道统的代表人。韩愈本人并没有来得及完成一个理论体系。宋代以前的学者和思想家在正史中均归入"儒林传"，至《宋史》才别立"道学传"置于"儒林传"之前，借以表彰道学的尊崇地位。《道学传》这样肯定了道学出现的历史意义：

> 孔子殁，曾子独得其传，传之子思及孟子，孟子殁而无传。两汉而下，儒者之论大道，察焉而弗精，语焉而弗详，异端邪说起而乘之，几至大坏，千有余载，至宋中叶。（《宋史》卷 247，《道学传》）

据说宋儒的功绩就在于又重建了道统："此宋儒之学所以度越诸子而上接孟氏者欤！"（同上）实际上，道统论无非是要论证封建权威在思想意识领域的垄断权，借以排斥一切异己的势力和思想而已。

道学理论的总的特点在于把客观的自然世界等同于人类内心的伦理原则，因而知识就被转化为一种道德的内省。认识外在世界的唯一途径，只在于追求一种内心的精神状态。对此，集道学大成的朱熹有一段有名的论断；据他说，人们的内心只要能"一旦豁然贯通"就可以达到"众物之表里精粗无不到，而吾心之全体大用无不明"（《四书集注》《大学章句》）的境界。这里所发挥的思想和方法；远承思孟，近祧佛老；形成了封建后期的官方经院哲学；它的奠基者是北宋五子，即周（敦颐）、张（载）、二程（颢、颐兄弟）、邵（雍），至南宋朱熹而告完成。史称：

> 宋世道学之传，自周敦颐始。周敦颐授之二程，颢及其弟颐，而其学始盛；同时张载、邵雍与颢兄弟实相师友。（《宋史纪事本末》卷

80,《道学崇黜》）

及至南宋，朱熹的《四书集注》在中世纪后期所起的作用可以方之于大成至圣的孔子在古代之删诗书，而朱熹的弟子和后学也确实是在把朱熹捧为第二个孔子的。

道学的诞生和形成是中国中世纪思想文化史上最重大的事件；或如陈寅恪所说的：

> 中国自秦以后迄于今日，其思想演变之历程至繁至久。要之，只为一大事因缘，即新儒学之产生及其传衍而已。（《金明馆丛稿二编》第250页）

这场划时代的思想大转变，具体出现在北宋仁宗庆历年间（11 世纪的40 年代）；这一点是南宋学者即已指出了的。如，王应麟说：

> 自汉儒至庆历间，谈经者守故训而不凿。（《困学纪闻》卷 8,《经说中》）

陆游说：

> 唐及国初，学者不敢议孔安国、郑康成，况圣人乎！自庆历后诸儒发明经旨，非前人所及。（同上）

这里所谓"自庆历后诸儒发明经旨，非前人所及"，即指宋代理学的兴起。关于这一历史过程，清代史学家全祖望有过如下的说明：

> 有宋真、仁二宗之际，儒林之草昧也。当时濂、洛之徒方萌芽而未出，而唯睢阳戚氏（同文）在宋，泰山孙氏（复）在齐，安定胡氏（瑗）在吴，相与讲明正学，日拔于尘俗之中，亦会值贤者在朝，安阳韩忠献公（琦）、高平范文正公（仲淹）、乐安欧阳忠公（修），皆卓然有见于道之大概，左提右挈，于是学校遍于四方，师儒之道以立。（《鲒琦亭集外编》卷十六,《庆历三先生书院记》）

这段话不失为对理学出现的轮廓的扼要勾画。

理学家口头上虽以"门辟二氏"为己任，但作为一种思辨体系，却是大量吸收了佛、道二氏的成分的。宋仁宗本人以及欧阳修、司马光、苏洵、苏辙等人都好禅。后来理学家的一个基本论点，所谓"理一分殊"，显然是脱胎于华严宗的佛性说，而按自己的需要加以改造的。其实，就连道统论本身也可以看出是在模仿释家衣钵相传故事的痕迹。理学对佛学既有吸收，复有排斥；吸取的是有助于其构造思辨体系的部分，而排斥的则是其中不符合封建等级制纲常伦理要求的部分。

佛教对理学的影响，历来为人们所熟知；同时，道家的影响却也同样不可忽视。五代离乱时，不少遁迹山林的隐士都和道家有渊源，其中有些人出了名，为当世所宗；如陈搏之在华山、种放之在终南、魏野之在陕州、林逋之在杭州、张正随之在信州等均是。周敦颐的"无极生太极"、司马光的"万物皆祖于虚"的理论，都带有显著的道家影响，或者干脆就脱胎于道家的虚无思想。理学家的"理"其实即相当于道家之"道"，"理学"即是"道学"。不同的是，某些道家的"道"多少带有自然主义的色彩，而理学家的"理"则是彻头彻尾的封建伦理实体。总的说来，理学继承了封建前期的各思想体系，包括佛老在内，综合了其中可以为强化封建等级秩序而服务的各种思想理论因素。清代汉学大师阮元推崇汉学说：

> 两汉经学所以当遵行者，为其去圣贤最近，而二氏之说尚未起也。
> （《研经室集》，《国朝汉学师承记序》）

这段话从反面明确指出了宋儒理学是渗有佛、道二氏的混血在内的。

理解宋代理学的性质，应该从理学与新学的对立与斗争这条中心线索着眼。理学与新学的对立，在政治上即是旧党与新党的对立，双方分别以司马光和王安石为首。司马光与北宋五子又被合称为北宋六子。王安石小司马光两岁，两人同死于哲宗元祐元年（1086 年）；他们的活动时期约晚于宋初三先生二十年左右，但宋初三先生已经揭开了双方对立与斗争的序幕。新、旧党争的正式爆发是在神宗熙宁年间，然而其整个酝酿和发展过程却是渊远而流长的；早在仁宗庆历时，双方在思想上和组织上的对垒形势即在逐步形成。宋代新学与理学之争，也就是政治上两党的理论之争；故而北宋道学六子在政治上均属旧党。特别是作为旧党领袖的司马光以及二程兄弟反对新党、新法之激烈，为历来读史者所熟知。反对新党，因而必然要反对新党的思想理论即新学。理学和新学双方都是在与对方的对立与斗争之中兴起和发展的；忽略了这一点，就难以看出宋学的真实面貌。

王安石的前驱李觏生于真宗大中祥符二年（1009 年），死于仁宗嘉祐四年（1059 年），大致与理学阵营的前驱宋初三先生同时，而略早于王安石（他大王安石十一岁）；他的思想路数和政策见解都非常接近于王安石，两人在哲学观点上均倾向于唯物主义，在社会观点上都有浓厚的功利主义，两人又同为江西人（李江西南城，王江西临川）。这个江西学派下开南宋以叶适、陈亮为首的永嘉学派、永康学派，而与濂学、洛学之下开南宋朱熹、张的闽学，形成为宋学史上的两个鲜明对峙的流派。在朱熹的著作中，读者可以看到他是怎样不厌其烦地反复攻击江西人和江西学派，特别攻击王安石是废先儒之说；这表明新学与理学之争是从北宋一直延续到南宋的，并且始终是和政治上的党争紧密联系在一起。

这里应该明确的一个基本之点是：新学也是宋学；确切说来，宋学一词应该是包括新学和理学（或道学）两者在内。而且两者虽然互相矛盾，但其倾向又都是要以义理来代替封建前期的笺注之学，这就是传统所谓的汉学考据与宋学义理之别。上引王应麟那段话的全文是：

> 自汉儒至庆历间，谈经者守故训而靡鉴；七经小传出而稍尚新奇矣，至三经新义行，视汉儒之学若土梗。（《困学纪闻》卷八，《经说中》）

可见新学正是宋学中的一个重要组成部分，它影响了整整一个历史时代，在宋学中与理学（道学）分庭抗礼而又分道扬镳。我们没有任何理由把宋学仅限于理学（或道学），而把新学排斥在外。那种视理学即宋学的观点，实际上是严重歪曲了历史真相的。宋学不仅仅是理学，而是新学与理学（道学）的对立和斗争。其实这一点是宋人自己就已论及的。晁公武说：

自先王泽竭，国异家殊，由汉迄唐，源流浸深。宋兴，文物盛矣，然不知道德性命之理，安石奋千百世之下，追尧舜三代，通乎昼夜阴阳所不能测而入于神。初著杂说数万言，世谓其言与孟轲相上下，于是天下之士始原道德之意，窥性命之端。(《郡斋读书志》后志二)

赵秉文也提到：

自王（安石）之学兴，士大夫非道德性命不谈。(《滏水文集》,《性道教说》)

改革一代政治，就需要有一套新的思想体系为其理论基础，自古以来历代的改革莫不皆然。王学以此而兴，蔚为宋学中的一大潮流。构成为宋学特征的是以义理代笺注，而宋学义理却绝非道学或理学的专利品；新学从另一个立场出发，同样对这一历史思潮作出了贡献，并产生极大的影响。理学家标榜自己是上承孟子以来的不传之道；其实"世谓其（王安石）言与孟轲相上下"，也同样是宋代当时人对王安石新学的评价。在宋代，新学、理学两派大体上旗鼓相当，而且终有宋之世是互为消长的。双方都有资格自命是继承道统的。这就是宋学的内容；因而宋学决不能仅仅归结为理学。

正是由于这个缘故，所以宋代理学的代表人物虽然口头上号称要"阐二氏"，而其锋芒却是指向新学而发的。二程就明确提出要把王安石的新学作为理学的头号对手，宣称：

令异教之害，……释氏却未消理会，大患却是介甫（王安石）之学。

大患者却是介甫之学，今日却要先整顿。(《河南程氏遗书》第二上)

可见宋代理学家要恢宏圣道，乃是把阐王氏的新学放在了首位的。这场学术思想的斗争，同时就是一场政治党派的斗争；故而北宋和南宋先后两次大党争，即元祐和庆元两次党禁，就成为两宋道学兴废所系的关键。宋学就其本来的历史面貌而言，就是一部新学与理学相对立、相斗争的历史。至于理学家及其后世的追随者们把新学排挤于宋学之外，只不过表明了他们自己极其狭隘的门户之见罢了。在这一点上，甚至连黄宗羲的《宋元学案》也未能免俗；它把王氏新学摈之于正编之外，而作为附录入卷尾，以表示新学不是宋学正宗。历来的研究多承袭这种偏见，从而遗漏了宋学中最本质和最重要的内容。

理学家们把客观世界加以彻底地伦理化，把人为的社会伦理关系膨胀为客观世界所固有的本性，然后反过来以之论证人世间的社会关系就是这个客观世界本性的体现。封建前期的"天"转化为封建后期的"理"；天意的色彩被冲淡了一些，道或理的音调被加强了一些。其实，天即理，天和理是一样的，所以理也叫做天理。理是以另一种更精微的形态来担当前一个历史时期的天的使命的。本来是由统治阶级伦理道德所构成的天理，竟反转过来变成了凌驾于社会之上的先天原则；在它的面前，一切人世的东西都必须俯首听命。三纲五常都是由天理所先天规定并向人间颁布的，世人只能在它的命令和权威面前低下头来。因此，人们就必须消灭自己哪怕是一丝一毫不符合天理的东西，那东西就叫做人欲。存天理、灭人欲，这条根本教诫是要求做到"人欲尽净，天理流行"的地步的。这种理论归根到底，目的在于取消个人的生存权利，因而是伪善的说教，其本质是典型中世纪的经院哲学。如果说"迄今一切进步社会的运动都是一幕'从身份到契约'的运动"（梅茵，《古代法》，第 6 页），那就更可以看出：每一个人都这样被牢牢束缚在纲常伦理的网罗里面而丝毫不能动弹，是何等之有悖于历史的前进和发展。

封建前期的思想体系，拘守经师所传的教诫，还带有粗糙生硬的痕迹；汉儒大致可以方之于西方早期的教父，他们的经说被奉为家法。及至封建社会高度发达，思想体系就采取了更成熟的经院哲学的理论形态。宋代理学的集大成者是朱熹，中国经院哲学到了他的手里完成了它的思辨体系。过去曾有人以朱熹的哲学和黑格尔的或其他什么人的作过比较。但我以为如其中西思想发展史可以容许作这样一个类比的话，朱熹的历史地位倒是更有似于写《神学大全》的托马斯·阿奎那。托马斯·阿奎那晚于朱熹半个世纪，两人同为封建主义成熟期经院哲学的大宗师。两人都绍述古代的经典和圣哲，从思辨方面总结出一套成熟的经院哲学思想体系；两人在后世又都被官方封为正宗，几百年来成为占统治地位的官方思想；中国读经必宗朱注，西方讲道必奉托说。

以上所论仅涉及宋学的历史背景。至于任何思想均有其自身独立的价值，则当另作评论。不过就历史演变角度而言，我们应该看到，它那源远流长的影响是一直贯彻到当代的。西方文化有新托马斯主义，中国当代则有新理学、新儒学，乃至"破私立公""狠斗私字一闪念"的新新理学。

原载《湖南社会科学》1992 年第 3 期

论王国维的哲学思想[*]

一

王国维（1877—1927）在近代是以学者闻名的；他一生的学术经历大致可分为三个时期：

1898—1907 年（21~30 岁）治哲学；

1907—1912 年（30~35 岁）治文学；

1912—1927 年（35~50 岁）治史学。

1907 年王国维撰写的《人间词甲乙稿》可视为其由哲学而转治文学的分界石，1912 年所著《宋元戏曲考》则可视为其结束文学转入史学的分界石。王国维为学三变过程中的思想发展是有脉络可寻的，而他早年醉心新学钻研西方思想，晚岁又"尽弃前学专攻经史"，也是他思想矛盾的自然结果。本文试图探讨王国维的哲学思想，但这是一个远未成熟的哲学思想；时代进步得太快了，在王国维还没有来得及建立一个比较明确的思想体系之前，他已经不得不放弃了他作为一个哲学家的企图。

对王国维的生活和思想，有两个人是起了重大影响的，即罗振玉和叔本华。通过罗振玉，王国维才最后确定了自己的方向，一步一步地在政治上卷入到遗老集团里，其结果便是多少大大小小的遗老都不曾"殉节"（罗振玉晚年更是在伪满作了汉奸头子），倒偏偏只有这个五品的南书房行走终于自沉于昆明湖，博得一个充满讽刺意味的"忠"头衔。鲁迅在当时即

---

* 本文系与友人冯佐哲先生合撰。

已对罗、王两人作出了极其犀利的评价，他说："独有王国维已经在水里将遗老生活结束，是老实人：但他的感喟却往往和罗振玉一鼻孔出气，虽然所出的气有真假之分。所以他被弄成夹广告的 sandwich（夹肉面包——引者）是常有的事，因为他老实到像火腿一般。"（《而已集·谈所谓大内档案》）郭沫若也指出，罗振玉"自充遗老，其实也是一片虚伪，聊借此以沽誉钓名而已"（《历史人物》，第 298 页）。而"老实人"王国维却受了他的骗。叔本华也是骗人的，表面上装出一副嫉世愤俗的面孔，骨子里却是十足的"菲力斯坦"（王译：《俗子》，见《叔本华与尼采》一文），口头上宣扬悲观，实际上比任何人都更热衷于名利。邂逅了罗振玉和叔本华是王国维的不幸，否则或许他早年不至于那么深重地为庸俗的感伤主义所束缚，晚年也不至于沉沦于遗老圈子而不能自拔。

1894 年王国维十八岁。和当时许多先进知识分子一样，他因为受甲午战争的刺激，开始"弃帖括"而"有志于新学"。戊戌年（1898 年）在上海入农学社，正式接触并学习西学。本来在当时历史条件下，像他这样出身和教育的知识分子，有不少人是从改良主义和爱国主义出发而逐步地转到革命民主主义的立场上来的；但王国维的思想却经历了一番曲折的道路。罗振玉和叔本华的束缚以及王国维本身的弱点造成了他的思想分裂：一方面是时时流露出来某种自发的民主性与科学性的倾向，一方面又是落后的思想意识的束缚；一方面是保皇党，一方面在思想深处又有和自己的政治态度背道而驰的精神在活动着。他思想里闪烁着的若干倾向与其外表上表现的并不一致；在某些地方，这是一个近代的身躯和灵魂，但却穿上了一件非常滑稽的中世纪的外衣。这是他思想矛盾的所在，这种思想上的矛盾伴随了他一生，直到他的死。王国维的思想在近现代史上可以说代表着另一种典型。他的一生，也像是较晚于他的陈寅恪一样，乃是一个唐·吉诃德式的"精神贵族"（他本人语，见后）的一曲挽歌。

王国维在青年时代是属于当时"向西方追求真理"的行列的。他抱着极大的热忱在追求"西洋之思想"，对于中国始终未能好好地接受西方学术思想深致慨叹地说："西洋之学术……至明末而数学与历学与基督教俱入中国，遂为国家所采用。然此等学术皆形下之学与我国思想上无丝毫之关系也。咸同以来，上海天津所译书，大率此类。"（《海宁王静安先生遗书》卷14，《论近年之学术界》。以下简称《遗书》）我们知道当时的严复，也是对于以前西学只学西方的"形下之粗迹"不能满足而进一步要求追求西学"命脉之所在"（严复：《原强》）的，这就是严复所以要翻译《原富》、《天演论》等书的由来。但这时的王国维却对严复颇有微词，认为他没有真正接触到的思想核心，他说："夫同治及光绪初年之留学欧美者，皆以海军制造为主，其次法律而已。以纯粹科学专其家者独无所闻。其稍有哲学之兴味如严复氏者亦只以余力及之。其能接欧人深邃伟大之思想者吾决其必无也；即令有之，亦其无表出之能力又可决也。"（同上）他批评严复的"学风非哲学的而宁科学的也；以其所以不能感动吾国思想界也"（同上）。至于对同时代"蒙西洋学说之影响而改造古代之学说于吾国思想界上占一时之势力"的康有为以及梁启超和谭嗣同等人，他都深致不满。他批评康有为："大有泛神论之臭味。其崇拜孔子颇模仿基督教，其以预言者自居，又居然抱穆罕默德（按：康有为是以马丁路德自命的）之野心"。他认为这只是"脱数千年思想之束缚，而易之以西洋已失势力之迷信"。他批评谭嗣同的以太说是"半唯物论半神秘论"的"幼稚之形上学"。他批评梁启超所作"《新民丛报》中之汗德（按：即康德）哲学，其纰缪十且八九"。对于同一时代这些思想家的批评，反映了王国维本人的思想倾向与他对西学的见解。

　　对于"西学"的内容，当时不同的派别或集团各有其自己的要求与理解。最早的封建士大夫所理解的西学不过是"船坚炮利"；后来制造局、同文馆增加了一些浮浅的"声光化电"。康有为进了一步，"思其（西方国家）所以致此者，必有道德学问以为之本"（梁启超：《南海康先生传》）；稍后严复在介绍西方思想学说方面又进了一步。而王国维则从另一个角度使人们对于西学的认识有所深化。

　　王国维这时所追求的西学主要是哲学思想，他的目的则是要形成自己一套完整的世界观。他渴望学习西方的"纯粹哲学"，赞美"苏格拉底之所以仰药，婆鲁诺（布鲁诺）之所以焚身，斯披诺若（斯宾诺莎）之所以破门"的精神。在这一时期的著作里，他喜欢引证一些西方典故，如"求好逑于雅典之偶，思税驾于金字之塔"以及"哥白尼既出犹奉多禄某"、"达维之后而犹言斯他尔"之类的句子满纸皆是。这表明王国维对西学醉心的程度，同时表明了他对于传统旧文化的态度。他惋惜"东方古文字之国而最高文学无一足与西欧匹者"；并主张对青年必须"专授以外国文学、哲学之大旨。既通外国之哲学、文学则其研究本国之学术必有愈于当日之耆宿矣"。他认为将来"真正之经学、国史、国文学之专门家，不能不望诸辈之生徒，而非今日之所能得也"（《遗书》卷 15，《教育小言十则》）。他既反对当时"好奇者"对西学的滥用，也反对那些"泥古者"对西学的唾弃（《遗书》卷 14，《论新学语之输入》）。

王国维青年时代在文化领域内不失一个激进知识分子的某些特色。他明知当时的"士大夫谈论动诋（西学）为异端"，"且非常之说黎民之所惧，难知之道下士之所笑"（《遗书》卷 14，《论近年之学术界》）；然而他仍然要求人们"破中外之见"，学习西方，认为只有这样中国的"学术界……庶可有发达之日"（《遗书》卷 14，《论近年之学术界》）。他敢于指责旧学"不过如商彝周鼎借饰观瞻而已"（《遗书》卷 15，《教育小言十则》）。在近代史上西学与中学之争中，他极其突出地站在维护西学的立场上。面对着当时的思想界的动荡，王国维正面提出了建立"新世界观"和"新人生观"的要求，至于其来源则"无论出于本国或出于外国"（《遗书》卷 14，《论近年之学术界》），并不限于封建的圣经贤传。王国维向西方追求真理，其重点和内容首先是理论思维，这一点与当时其他的西学派颇为不同。

在这样向西方追求真理时，他首先要求肯定哲学真理的独立价值。王国维认为传统中国哲学（以及文学艺术）之所以不发达的原因，就因为它们长期只是政治的附庸；他提出一切文化都必须获得自己"神圣"的独立地位才有可能进步；哲学、文学和艺术绝对不能附带有任何实用的政治社会性的目的，否则便必定是毫无价值的学问。这是一种为艺术而艺术、为真理而真理的抽象提法；但抽象性的命题在不同的具体条件下，可以有不同的内涵。在当时，要求学术思想的独立，实质上是要求独立于封建统治的偏见，因而带有反对封建礼教束缚的意义。思想自由和学术神圣的旗帜，实质上是要求哲学不再充当封建性圣经贤传的注脚。王国维所介绍的西方哲学，在当时是对封建道统意识形态的一种对抗，是在"纯粹哲学"口号之下为个性解放的思想文化向封建势力争地盘，——王国维把这说成是"哲学家与美术家之天职"。这比当时今文学家之假手于"微言大义"来反抗传统的章句之学显得勇敢一些，也大胆一些。

　　这一时期，王国维所读的一些西方社会学和哲学的书籍，大多是从日本人那里转手；但这并没有妨碍他对自己治哲学和文学的信心，他自称："余之哲学及文学上之撰述，其见识文采亦诚有过人者"（《遗书》卷 15，《静庵文集续编·自序》）。他不甘心于仅仅作一个西方哲学的介绍者或哲学史家，而是想"立一家之系统"，要做一个哲学家；他明确提出哲学史并不能等于或者代替哲学。这大概就是他所自命的"过人"之处。他在处理哲学史上的传统问题时也是从概念分析入手，而不是从具体的历史背景出发。他如此之渴慕并浸沉于"纯粹哲学"，在他早期诗词作品里留下了深刻的痕迹。他期待着"深湛之思、创造之力苟一日集于余躬"（《遗书》卷 15，《静庵文集续编·自序二》），于是他似乎就可以创造出伟大的哲学体系来。但是这个理想并没有实现，后来他终于放弃了自己早年所选择的终生事业。这是由于历史条件的限制剥夺了他的思想得以自由成长的可能性。

　　这一时期的王国维洋溢着当时激进的思想代表们那种"冲决网罗"的热望，甚至于公开宣扬要"肆其叛逆而不惮"，以"图一切价值之颠覆"（《遗书》卷 14，《叔本华与尼采》）。但那批强烈要求个性解放的思想家们即令在他们最好的时候，也都是远离人民群众的少数个人。这种先天性的弱点在王国维身上来得特别严重。他理想中的哲学家只是少数孤芳自赏的天才，和人民群众断绝一切联系，而把自己紧紧禁锢在象牙之塔里。

　　德国古典唯心主义被介绍到中国来是在 20 世纪的最初几年，王国维治哲学就是从康德入手。1903 年他写了几行康德像赞："观外于空，观内于时，诸果粲然，厥因之随，凡此数者，知物之式，存于能知，不存在物。"（《遗书》卷 15,《汗德像赞》）这是中国最早有关康德的介绍。①据王国维自述其治哲学的经历大致如下：

1899 年，"是时（东文学）社中教师为日本文学士藤田丰八、田岗佐代治二君。二君故治哲学，余一日见田岗君之文集中有汗德、叔本华之哲学者，心甚喜之"。

1901 年，"余（王国维）之研究哲学如于辛（丑 1901 年）壬（寅 1902 年）之间"。

1902 年，"体素羸弱性复忧郁，人生之问题日往复于吾前，自是始决从事于哲学"。

1903 年，"癸卯（1903 年）春始读汗德之《纯理批评》，苦其不可解，读几半而辍。嗣读叔本华之书而大好之。自癸卯之夏以至甲辰（1904 年）之冬皆与叔本华之书为伴侣之时代也。其所尤惬心者则在叔本华之知识论，汗德之说得因之以上窥。然于其人生哲学，观其观察之精锐与议论之犀利，亦未尝不心怡神释也"。

1903 年，"始读汗德之《纯理批评》，至先天分析篇几全不可解，更辍不读而读叔本华之《意志与表象之世界》一书。叔氏之书思精而笔锐，是岁前后读二过，次及于其充足理由之原则论、自然之意志论及其文集，尤以其《意志与表象之世界》中汗德哲学之批评一篇为通汗德哲学关键"。

1904 年，"渐觉其（叔本华）有矛盾之处。去夏所作《红楼梦评论》，其立论虽全在叔氏之立脚地，然于第四章内已提出绝大之疑问。旋悟叔氏之说半出于其于主观的气质而无关于客观的知识，此意于《叔本华及尼采》一文中始畅发之"。

1905 年，"今岁（1905 年）之春复返而读汗德之书。嗣今以后将以数年之力研究汗德"。

1905 年，"更返而读汗德之书，则非复前日之窒碍矣"。

---

① 同年《新民丛报》上有梁启超（署名"中国之新民"）的《近世第一大哲康德之学说》。同时，严复在翻译他的几部《严译名著》中，曾零星地引述过一些康德。

　　1906 年，"于汗德纯理批评外，兼及其伦理学及美学"。

　　1907 年，"（对于康德）从事第四次之研究，则窒碍更少。而觉其窒碍之处，大抵其说之不可持处而已。此则当日志学之初所不及料。……此外如洛克、休蒙（按即休谟）之书亦时涉猎及之"（《遗书》卷 14，《静庵文集·自序》；《遗书》卷 15，《静庵文集续编·自序》）。

　　根据以上自述，王国维治哲学是从康德而叔本华，又从叔本华回到康德的。为什么他要追求并且接受康德和叔本华？

　　日本自明治维新后，先是以英国为样板，继而是以德国为样板。故而 19 世纪末德国唯心主义哲学在日本特别流行，王国维从日本人那里转手学习西方哲学，首先就接触到了德国唯心主义。当时又正值"返于康德"的口号在德国风行一时，引导王国维接触西方哲学的启蒙书就正是新康德学派文德尔班（W.Windelband）的那部《哲学史》（1892 年，夫腾堡版；王所读为英译本，1893 年）。[①] 所以王国维把康德奉为"息彼众喙、示我大道"的哲学家，是不足为奇的。

　　当然这里面也还有技术上的困难。写《纯理批判》的康德就是那个写《自然通史与天体理论·序言》时曾宣称"只要给我以物质，我就会给你造出整个宇宙来"的康德。《纯理批判》所探讨的"自然科学如何可能"问题中的物理科学不是指任何别的而是牛顿的古典体系，"造出整个宇宙"的根据也不是别的而是牛顿的古典体系[②]；同时康德本人又正是"把这个僵硬的自然观打开第一个缺口的"哲学家（恩格斯：《自然辩证法》，1955 年版，第 9 页）。就自然科学方面说来，康德还"是两个天才的假说的创造者"（同上，第 26 页）。王国维自幼缺乏严格的数理科学知识和训练，"在校时以几何学为苦"，到了二十五岁时只学了几个月的数学和物理学就中辍了。

－－－－－－－－－－

[①]　按文德尔班《哲学史》一书虽迄今无中文译本，但对中国早期近代哲学却是有影响的。除了王国维外，蒋方震（百里）、梁启超都曾引述过。民国初年后，新康德学派在中国思想界曾有过一定市场。

[②]　《自然通史与天体理论》一书的副题即："根据牛顿定律论整个宇宙结构及其力学的起源"（1755 年）。

王国维所凭借的科学水平要使他能够很好地掌握康德所处理的问题，会有一定困难。这种困难也会妨碍他能够很好地接受康德思想中辩证法的因素。叔本华不是科学家，读叔本华的书并不需要什么科学知识的凭借。但王国维之所以醉心于叔本华，甚至誉之为"凌轹古今"，说叔本华的理论是"南山可移此案不可动"（《遗书》卷14，《书叔本华遗传说后》），那当然在技术的背后，还有更深邃的思想原因。

尽管在王国维的眼里，康德、叔本华仿佛就是哲学真理的化身，因此看来他沉浸在康德、叔本华的哲学里似乎应该感到满意了；事实却又不然。他越是沉溺于康德和叔本华，就越是感觉到怀疑和痛苦。他这时所做的许多诗词可以作为他的思想彷徨与苦闷的见证：如"何为方寸地，矛戟森纵横，闻道既未得，逐物又未能"；如"早知世界由心造，无奈悲欢触绪来"；如"试问何乡堪着我，欲求大道况多歧，人生过后惟存悔，知识增时转益疑"；又如"宇宙何寥廓，吾知则有涯，面墙见人影，真面固难知"[1]。而最足以反映出这种思想上的迷惘的，则是如下的一首《杂感》：

> 侧身天地苦拘挛，姑射神人未可攀，云若无心常淡淡，川如不竞岂潺潺。驰怀敷水条山里，托意开元武德间，终古诗人太无赖，苦求乐土向尘寰。（《遗书》卷14，《静安诗稿·杂感》）

"终古诗人太无赖，苦求乐土向尘寰"——这里面有一种奇特的结合：一方面是追求和渴望，一方面是怀疑和虚无。在巨大变革的历史时代里，怀疑总是对于一定社会的统治思想的一种抗议。但是由于他的脆弱性，他的怀疑染上了一层浓厚的虚无色彩，从而使其中消极的成分多于积极的成分。而叔本华之所以投合了王国维，正好在于叔本华的悲观论在某些地方投合了王国维的虚无倾向的缘故。康德否定形而上学，所以满足不了他那要求"伟大之形上学"的感情。因而他批评康德哲学是"破坏的而非建设的"，并且认为仅仅对哲学的批判并不是"真正之哲学"（《遗书》卷14，《叔本华之哲学及教育学说》）。但是叔本华却给他提供了一套形而上学。叔本

---

[1] 这两句大概是用柏拉图《国家篇》里洞穴的典故。

华着意于雕饰辞藻，不像康德那么沉闷枯燥，其中并大量征引诗文与艺术。这些都符合了王国维的情趣。王国维这时的文章每好引诗句，可能即是仿叔本华。

康德的思想基本上是 18 世纪末启蒙运动时代德国意识形态的反映。当时的德国较之英、法尽管软弱而懦怯，但毕竟已逐步地、胜利地登上了历史舞台。而王国维所感受到的自己时代的和社会的乃至个人的具体苦闷，是康德所讲的纯形式的哲学解决不了的；王国维在康德哲学里找不到能使自己安心、能使自己的"心灵里充满了日新又新的感慕与崇敬之情"（《实践理性批判·结语》）的东西，于是王国维转而求之于叔本华。这样，叔本华的悲观虚无的生命哲学在王国维的思想里就取而代替了康德的地位。康德既承认物自身的客观存在，但又不承认我们可以认识它。叔本华把康德的不可知论从相反的方面即从主观唯心论方面推向了可知论；他认为世界是可以认识的，而其所以是可以认识的，就正因为我们的内省可以认识"自我"。《意志与表象的世界》一书就从"世界就是我的表象"这一命题出发。其实这一点正是康德所坚决反对的，康德决不承认"自我"可以是认识的对象；也不承认思维之我可以等同于存在之我（《纯理批判先验辩证篇》卷二，第一章）。康德虽然没有能正确地理解知识与实践二者之间的辩证关系；但是他仍然坚持了经验的必要性、知识的客观性以及知识对象的实在性。然而到了叔本华的手里，知识完全变成了主观世界的内省经验。列宁认为，康德的基本特征是调和唯物主义与唯心主义，因此他就受到来自唯物主义和唯心主义两方面的指责。而叔本华就正是属于后面这类唯心主义者中的一个，他从纯粹直观中引出"自我"的本体，亦即无所不在的普遍而盲目的生存意志。叔本华代表着从康德哲学朝着主观论方向的倒退，但是王国维却没有因为接受叔本华便抛弃康德。他不但由叔本华再回到康德，而且在许多地方仍然表现出他依附于康德的见解。

在伦理学方面，叔本华同样是康德的倒退与反拨。在康德全部关于纯粹实践理性的理论中，"自由"是他最重要的根本观念之一。当然康德只是在抽象地论证自由，但他毕竟是正面地、积极地在为不可剥夺的人权提供了一面理论的旗帜。叔本华则完全抹杀了在康德手里具有积极意义的自由，人类的现实生活被叔本华庸俗化成为盲目的本能的冲动。康德企图提高"理性"与"自由"的地位和价值，叔本华则力图贬低"理性"与"自由"的地位和价值。王国维在他的思想深处就徘徊于这两者之间。有时候他皈依于康德的"理性"，有时候他又离弃了康德的"理性"而皈依于叔本华的"欲念"。

　　他的哲学思想并没有着意于脱离社会斗争与自然斗争的现实之外一味向故纸堆中吸取来源，所以在一些根本理论性的问题上显得缺乏活跃的生命力。他的许多论点往往是径直抄录康德和叔本华；不过，如果把王国维单纯认为即是康德与叔本华的中国版，那也不符合事实。王国维对于康德和叔本华，还是经过了他自己的选择、加工和改造的。王国维认为康德的"窒碍之处，大抵其说之不可恃处"。所谓康德的"不可恃处"，其实是王国维站在叔本华的立场上来批评康德的，结果是抛弃了康德思想中最积极的因素。但后来王国维又感到叔本华也是不可恃的；他感到叔本华"之说半出于其主观的气质，而无关于其客观的知识"。其实，也可以反过来说，王国维之所以接受叔本华也是"半出于其主观的气质，而无关于其客观的知识"。王国维和叔本华所处的环境与条件不同，两人的倾向与路数亦有差异，但某些相同之点造成了两人思想上的合拍。

　　一直到"五四"之前，孔子的一套东西始终是被当作神圣的宗教教条强迫人们信奉的。所以"五四"以前思想文化战线上的中心任务就是反对封建专制的思想统治。就这一点来说，王国维宣扬西学有其积极的一面。因为他借用了康德和叔本华的语言，已经是在用"理性"或"生存欲望"来解释社会与人生；这就构成封建名教、纲常伦理的反题。他在圣经贤传之外抬出了另外的真理标准；旧的真理、旧的知识和道德是值得怀疑的，是可以作为批判的对象的。这在客观上则是在动摇当时封建老八股和教条主义的思想专制主义。同时代的人已曾提到他"顾独好叔本华，尝借其言以抨击儒家之学"（《东方杂志》卷 24，第 13 号，第 49 页）。这有点像是一幕"理性的狡猾"，叔本华的形而上学竟然曾被用了来抨击儒家之学。然而，又因为那是一套主观的幻想，所以就并没有能真正起到彻底解放思想的作用，只不过是使他从一种思想束缚陷入另一种思想束缚。王国维本人的思想归宿，就是最好的说明。

这里还应该附带提一下尼采。尼采的一些命题对 20 世纪初的中国思想界是有过影响的，王国维和鲁迅都是较明显的例子。但王国维受尼采的影响不算很深；他的思想虽有一些尼采的东西，可是不多。王国维称颂尼采的只是个别论点，而不像对康德和叔本华那样在自己的思想里认真想融会贯通并采纳他们的理论体系。王国维没有大量地接受尼采是容易理解的，尼采的倾向和王国维的倾向不大好调和。所以从 1904 年的《红楼梦评论》到 1910 年的《人间词话》，在王国维一系列有关文艺理论的著作里除了个别论点外，他始终没有认真地接受尼采的基本思想。例如尼采《悲剧的诞生》一书中的许多基本论点，王国维在他的著作中就始终没有采用。

在中学与西学之争的思想交锋里，王国维曾正面地而且比较系统地对中国传统哲学的一些基本问题做了一番批判和重新估价。他写了《论性》和《释理》两篇文章，分别环绕着传统的"性"和"理"两个问题阐发了自己的观点。

性善、性恶问题历来是中国思想史上的一个纠缠不清的形而上学问题。康德曾经企图解决西方的传统形而上学问题。王国维的基本出发点是：关于"性"的任何先天的综合判断都是超出人们的经验范围之外的，因而是不可能的。这一论点得自康德。

关于超验的观念，康德曾举出四组二律背反——王译《安弟诺米》（《遗书》卷 15，《原命》）为中国最早介绍西方近代唯心主义的辩证法——用以说明知识的界限。康德认为传统形而上学的命题"其客观的真实性既不能为纯粹理性所证明，也不能为纯粹理性所反驳"（《纯理批判》第二部，第二分，第二卷，第三章，第七节），因此它们是超出人类知识范围以外的问题，或者说这些"（形而上学的）观念是与我们对于自然的理性知识的准则背道而驰的"（《未来形上学导言》，第 44 节）。这就是王国维以之解决中国传统形而上学所采用的方法。王国维提出：任何命题如果"无人得以证之，然亦不能证其反对之说"，那么它们就是"超乎吾人之知识外"（《遗书》卷 14，《论性》）的东西。而性善、性恶就正是属于这类性质的命题。他说既然性善、性恶之争构成了一组"自相矛盾"的二律背反，这就说明了"性"是超出于我们知识范围以外的东西。康德认为先天的观念并不是可能经验范围以内的东西，所以不可能成为知识的对象，因此形而上学的命题就是不可能加以验证或反证的。王国维则认为性善、性恶的争论恰好就构成这样一种形而上学的争论。性既然是知识范围以外的东西，所以性善、性恶之辩便全属"无益之议论"。王国维说，传统的性善、性恶之争的根本错误就在于，无论是性善说者或性恶说者都是企图从超验的观念（"性"）里推论出经验中的（善、恶）事实，因此他们便不能不使自己处处陷于矛盾。王国维的办法则是要"暴露其矛盾"（《遗书》卷 14，《论性》）。他就通过这种康德式的纯粹理性的批判而论证了从孟、荀到程、朱乃至陆、王，没有一个不是陷于自相矛盾的。已往被视为带有根本性的重大哲学争论竟然都是完全站不住脚的"无益之议论"，这在客观上当然就表现出了一种批判的精神。但是同时王国维用以代替传统形而上学的却是另一种意义上的不可知论。在这里，理论和实践仍然是被割裂开来的。

在《释理》一文中，王国维有着更多他自己的看法。他认为概念是人们对于事物的共同之点加以抽象化的产物，它只有心理上的实在性而并没有物理上的实在性。然而人们却习惯于把概念认作是具体的事物，再进一步人们更赋予它以伦理的和形而上学的实在性，于是纯粹是概念的东西就被实体化了。这就是中国传统哲学中的"理"的来源。"理"（或"玄"，或"道"，或"太极"，或"有"等等）只是被实体化了的概念，事实上它并不可能有任何客观的存在。它并"不存在于直观之世界（感性认识）而惟寄生于广漠暗昧之概念中，易言以明之，不过一幻影而已矣"（《遗书》卷 14，《释理》）。历来被封建卫道者们搞得乌烟瘴气的形而上学概念"理"、"道"、"玄"、"太极"等等，仿佛就被他用这种方式以一种"奥坎剃刀"式的爽快一扫而空。但是这种理论却非出自康德或叔本华，而是出自他本人的理论；这一点我们下节还要谈到。

和"理"联系在一起的便是理欲对立的问题。正统的程朱道学长期以来宣扬以天理克制人欲，构成为封建统治政权的正统理论。早期启蒙思想家中，戴震曾站在普遍人性的立场上而对神性的"理"提出了抗议；王国维称赞并继承了戴震的学说，宣称："天下之人各得遂其欲而无所偏，此人之理也。"（《遗书》卷14，《国朝汉学派戴阮二家之哲学说》）这里他对于作为封建统治秩序化身的天理，表示了批判的态度从而否定其先天性，表现出一种鲜明的人性论。

王国维还曾以这类观点论述过不少中国历史上的思想家，从孔子到戴震他都评论过。他批评孔子是超绝的一元论，孟子是自相矛盾的二元论，荀子是自相矛盾的一元论，《中庸》所提出来的"诚"是个空洞而混乱的观念。他还从某些社会学观点着眼，把古代思想划分为贵族派、平民派，又从地理环境上分别了南方文学与北方文学之不同。他不但批评思想和人物，也批评传统的典章制度。他认为一切圣人制作实际上都只不外是用以满足人类自然的本能：就实用而言，它满足人类的生存意志（叔本华）；就装饰而言，它满足人类的权力意志（尼采）。圣人的制作被他这样转化为赤裸裸的生物本能；而且不只是典章制度，一切属于上层建筑的东西在他看来，也都应该像自然界事物一样可以成为人们批判和考察的对象。与这种观点相联系，他还提出了自己对文化史的观点，他认为：诸子百家时代是学术思想史上一个辉煌灿烂的时代；秦汉而后学术便停滞下来，只有"抱残守缺"而没有创造性的思想；佛教的传入是一次刺激，所以宋儒的思想就"稍带"创造性，宋以后思想又告停滞；到了清末，人们才又面临着一个新的刺激，那就是"西洋之思想"。

所有这些表现了他好的一面，也表现了他坏的一面。好的一面是他多少是以批判的精神揭开了封建传统思想的神圣外衣，坏的一面是他又从根本上混淆了问题的实质。

二

王国维世界观的形成从一开始就包含着矛盾。一方面他在追随康德与叔本华，另一方面他又不断倾向于摆脱康德和叔本华。他曾追随着康德以普遍的有效性——他叫做"无论何人未有能反对之者"（《遗书》卷 14，《论性》）——作为真理的标准，后来又追随着叔本华，把问题颠倒成好像是内用返观便可以外接于物。但是，在另外有些地方他却表现出一缕自发的朴素的自然主义，从而既脱离了康德也脱离了叔本华，这特别表现在关于概念的起源与性质的问题上。

王国维曾批评谢林和黑格尔，说他们的哲学只是概念的游戏，外表堂皇而内容空洞。他对于康德的概念分析也不满意，而要求哲学应该有更具体的物质内容。他说："古今之哲学家往往由概念立论，汗德且不免此，况他人乎！"（《遗书》卷 14，《叔本华之哲学及教育学说》）这也是驱使他由康德转入叔本华的原因之一，在他看来"叔氏哲学全体之特质亦有可言者，其重要者：叔氏之出发点在直观不在概念是也"（同上）。但王国维和叔本华并不是就没有分歧。王国维提出一种有关概念的解说："自中世以降，言哲学往往从最普遍之概念立论，不知概念之为物本由种种之直观抽象而得者，故其内容不能有直观之外之物。……概念之愈普遍者，离直观愈远，其生谬妄愈易。故吾人欲深知一概念，必实现之于直观而以直观代表之而后可。若直观之知识乃最确切之知识"（同上）。这里王国维本来是要绍述叔本华的，叔本华强调直观，王国维也强调直观；而且王国维的直观还是从叔本华那里来的。但是在叔本华，直观是指对于观念的直观或者对于意志的直观，所谓直观的知识是指对观念的知识。但在王国维，"直观之知识即经验之知识。"（《遗书》卷 14，《叔本华之哲学及教育学说》）叔本华直观的对象是观念，而王国维直观的对象则是感性经验的东西。叔本华认为概念只能给人以抽象知识，直观（神秘的冥想）才能给人以具体的知识；前者是不完全的、不真实的，后者才是完全的、真实的。据说唯有直观才能洞察表象世界与意志世界的全部真实。王国维却认为概念只是直观（感性经验）的抽象化和概括化，是具体事物在思维中的反映。在叔本华，直观与抽象二者是互相排斥的，在王国维则概念决不能离直观而独立存在。叔本华之强调直观是要以直观来代替概念，王国维之强调直观则是由直观来检验概念。这样，王国维就把感觉经验摆在了首位。

关于概念对具体事物的关系问题，王国维有一段颇有特色的见解，他说："人类以有概念之知识，故有动物所不能者之利益，而亦陷于动物不能陷之误谬。夫动物知者个物耳。就个物之观念但有全偏明昧之别而无正误之别。人则以有概念，故从此犬彼马之个物之观念中抽象之而得'犬'与'马'之观念。……离此犬彼马之外，非别有所谓'犬'与'马'也。所谓马者，非此马即彼马，非白马即黄马骊马。如谓个物之外别有所谓马者，非此非彼非黄非骊非他色，而但有马之公共之性质，此亦三尺童子之所不能信也。故所谓'马'者非实物也，概念而已矣。"(《遗书》卷14,《释理》)这段话本来是为了反驳存在着有所谓道体而发的，但其所涉及的争论性质则颇有似于中世纪唯名论对唯实论的争论，即个体与共相究竟哪一个是第一性的。王国维认为人们所谓的概念只是事物的共同属性在人的头脑中的反映，因此"神"、"理"、"太极"、"道"、"玄"等等（它们只不过是最普遍的概念）其本身并没有客观的存在。恩格斯在论到18世纪的唯物论者时说："它只限于证明一切思维和知识的内容都应该起源于感性经验，而且还复活了下面这个命题 Nihilest in intellectu，guod non fuerit in seusu（凡是感觉中未曾有过的东西即不存在于理智中）。"(《自然辩证法》,1955年版，第224页)在概念的起源这一问题上，王国维所坚持的观点就恰好具有这种因素。这种朴素的但又自觉的因素，是他思想中有价值的地方，也正是他思想中没有受到叔本华所感染的地方。

王国维的认识论大致如下：事物的客观存在先于概念，而且是概念的基础。但是仅仅有对于事物的感性知觉（他叫做"直觉"）还不能构成知识。知识必须包括直观与概念。概念乃是人们"对于种种事物发见其共同之处，抽象而为一概念"。没有这种抽象，人们就不可能进行思维："乏抽象之力者则用其实而不知其名，其实亦遂漠然无所依，而不能为吾人研究之对象。何则？在自然之世界中名生于实，而在吾人概念之世界中实反依名而存故也。事物之无名者，实不便于吾人之思索。"(《遗书》卷14,《论新学语之输入》)思维必须假手抽象的概念才能进行；但是抽象只能是对具体事物的抽象，脱离具体事物而独立的抽象概念客观上是并不存在的。由此更进一步，他就明确地宣称："一切真理唯存于具体的物中"，"故抽象之思索而无直观之根底者，如空中楼阁终非实在之物。"这个理论是他本人的见解，其中没有康德，更没有叔本华；表现了他自发的朴素的反映论倾向。直观（感性经验）是唯一可能的知识来源，概念只是头脑中的产物；离开了具体事物，一切概念（包括最高的概念如"理"、"道"等等在内）都不可能有其自身的独立存在。换句话说，理性知识来源于感性知识。这一常识性的观点，即世界就是它在我们思想中所表现的那种样子，大抵上也就是近代自然科学的世界观。

　　但是王国维的这一思想倾向并不彻底。第一，他虽然分辨了概念与直观，提到了前者是后者在思维中的抽象，但他却把二者的关系简单地视为机械的反映关系。他只看到了概念的客观性，而没有能见到概念的主观性，这是他思想方法上的局限。因此他不能正确地解释概念相对的独立性，这样他就往往不免要跑到先验论里面去。例如他接受了康德的论点，认为数学概念就是对先天感性形式的直观，而不是经验事实所能加以核验的。由此再转入叔本华，就得出了甚至于是荒唐的结论；如说欧几里得是"乖谬的"之类。王国维在这里把一般和个别、抽象和具体、概念和事物的每一方面都绝对化了，从而没有能理解认识与实践之间的辩证关系，他看不到认识客观真理的道路必须是从直观到抽象的思维，并从思维到实践。第二，更重要的是王国维这种片段的唯名论被他整个的体系给淹没了。他所刻意塑造的是脱胎于康德与叔本华的唯心体系。这种理论既不是从客观实际中抽出来的，也不可能在客观实际中得到证明。他并没有好好地发挥他的唯名论，把它推向应有的结论。就连这里的"直观"一词他也是在两重意义上混淆着使用的：在他论证自己的唯名论论点的时候，"直观"指的是感觉经验；但在他发挥叔本华式的体系时，"直观"就变成一种神秘的内省和冥索了。这使他的思想逻辑呈现不少的混乱。

　　在王国维看来，哲学就是形而上学，就是讲本体；他认为儒家没有哲学，因为儒家不谈性与天道；康德也没有真正的哲学，因为康德认为形而上学是不可能的。这是促使王国维转向叔本华的契机之一，也就是他所称道的："其有绍述汗德之说而正其谬误以组织完全之哲学系统者，叔本华一人而已矣"。(《遗书》卷 14，《叔本华之哲学及教育学说》)王国维根据他那种对形而上学的思想要求把知识分为两类：一类是物质的，一类是精神的。据说，前者产生物质利益，后者产生精神利益；前者的价值是暂时的，后者的价值是永久的；前者是科学，后者是哲学与艺术；科学只追求实用的价值，而哲学（与艺术）则追求永恒的真理。这种分类法就把哲学与科学绝对地割裂和对立开来；哲学既与科学无关而又不是对科学知识的概括与总结，于是它就不能不是一种特殊意义上的形而上学。

康德否定了形而上学的可能，把知识只限定于可能经验的范围之内。尽管后来康德又在信仰里把形而上学的命题一一恢复起来，但那并不是王国维所要求的形而上学。王国维（在感情上也许更甚于在理论上，在气质上也许更甚于逻辑上）要求哲学应该不止于是解说世界的现象，而且要解答世界的本质；于是他脱离了康德有整整两年时间，"皆与叔本华之书为伴侣"，因为叔本华似乎把问题的答案明白地告诉了他："世上一切不同都只存在于现象，但若按它们内在的本质来说则可以认为都是同一的，——这一点是比任何别的东西都更加直接地为我们所亲切明白地认识到的，——其最鲜明的表现就叫做意志。思维唯有这样加以运用，才能使我们不停留在现象上，而把我们带到了物自身。现象就叫做表象，而不是什么别的东西；一切表象（无论是什么表象）、一切客体都只是现象。唯有意志才是物自身。"(《叔本华全集》，1916 年莱比锡版，卷 2，第 137 页）这就是王国维所渴望的"伟大形而上学"的来源。康德的"物"和"我"都是不可知的，而叔本华则以内省方法给他填入了一种直觉的内容：世界若作为现象来看，它就是表象；世界若作为本体来看，它就是意志。客观存在就是主观生存意志的体现。科学（实验方法）只能考察世界的现象，哲学（冥索的或内省的方法）则能返观世界的本体。通过这种叔本华式的"直观"，就会发现世界人生"无往不与生活之欲相关系"(《遗书》卷 14，《红楼梦评论》)。世界的本质并不是什么别的，而只不过是生存意志或"生活之欲"。一切思想与行动都只是这个生活之欲（亦即要求个体生命延续与种族生命延续的欲望）的化身，或者说是它的"傀儡"。一切生活现象都不外是这个主观的、盲目的、脱离了一切现实之外的"我"的生存欲望的表现而已。这就是王国维的所谓"意志同一之说"，也就是他"意志无乎不在"的形而上学。

在他所写的哲学和文艺的论文里（尤其是在《红楼梦评论》一文中），王国维着意宣扬的是这样的一种世界观：生活意志本身是盲目的，整个世界就是这个盲目意志的表现。被这种盲目意志所驱遣、所奴役的生活只能是痛苦，人先天注定了是欲望的永恒奴隶。欲望达不到时便产生痛苦，欲望一旦满足又立刻产生空虚和厌倦。[①] 人生就像是一个钟摆，永远不停地在痛苦和厌倦空虚之间往复地摆动。所以他达到的结论是："欲与生活与痛苦三者一而已矣。"（《遗书》卷14，《红楼梦评论》）欲望等于生活，等于痛苦；这就是他的公式。至于解脱之道，也由叔本华提供给了王国维：那就是逃避，首先是逃到与世隔绝的艺术的象牙之塔里去，最后则逃到完全消解生命的寂灭里去。这种悲观厌世论反映了王国维思想性格中脆弱的非理性的一面。与民主革命的潮流也显得极不合拍。因此，在评价王国维的思想时，似应该分辨其中的这种二重奏：整个母题是阴暗的、绝望的挽歌，但其中却又时而飘逸着理智清明的变奏插曲。他的形而上学体系基本上得之于叔本华和康德，而那些片断的然而不失其光辉的批判精神则基本上得之于自己的时代精神。王国维的著作有一些曾经获得比较广泛的流传，说明那种思想并不为他一个人所独有的，因而能够引起有同样倾向的人的共鸣，但是应该具体分析：流行的究竟是他思想中的消沉部分，还是他那闪烁着批判精神的部分。

思想矛盾不仅贯穿着王国维的世界观，也贯穿着他的伦理观点和他的方法论。它在伦理观点上表现为自由与命定之间的不可调和，在方法论上则表现为科学方法与直观方法之间的不可调和。这些矛盾在他思想里始终

---

① 这完全是承袭叔本华的说法；见叔本华：《意志与表象之世界》，英译本，卷3，第336页。

没有得到解决，他没有勇气去面对矛盾、克服矛盾而始终是在逃避矛盾。

王国维的"意志同一说"里除叔本华外也有尼采。他接受了叔本华，认为这个意志即生活欲望；有时又接受了尼采，认为这个意志即"势力欲望"（权力意志），并且说科学与哲学都起源于势力欲望。又是生存意志又是权力意志，这两者是什么关系呢？王国维的答案颇不一致，有时他认为它们是性质不同的两种欲望，人生同时包括，而且仅只包括这两种根本的欲望；有时他又认为它们是同一欲望在两种不同阶段上的表现形式。按后一种说法，则生存意志是低级阶段，当这一意志满足之后，它就转化为高级阶段，即要求权力意志的满足；或者用他的说法，权力意志是生存意志的"苗裔"。但我们没有必要纠缠于这一说法的逻辑结构。问题在于其中所包含的思想矛盾，其实质是什么。

按照"意志同一说"，一切行为都受同一的欲望所支配，都是这个欲望的表现，那么便无所谓自由意志。意志是严格地被欲望所决定的，正如物理现象是被严格的因果律所决定一样。但决定论又是王国维所不肯接受的，正如不可知论也是他不肯接受的一样。他既要求一定程度的世界可知性，也要求一定程度的意志自由。但是他本人却无力解决这个矛盾。他所说的"定业论（决定论）与意志自由论之争尤为西洋哲学上重大之事实，延至今日而尚未得最终之解决"（《遗书》卷 15，《原命》）的话，其实是反映了他自己并没有解决这个问题。在较多的时候他倾向于意志自由论；他认为所谓充足理由律只能应用现象而不能应用本体（意志）；就现象而言一切是必然的，就本体而言则意志是自由的。作为本体的意志为什么就是自由的呢？他的论据是："意志之由何故存及自何处来，吾人所不得问也，其绝对的自由即存于此。"这个解答仍不出前人窠臼，而且是以不可知论来保证意志自由。康德的第三组二律背反是："（正题）自然规律的原因并不是足以推论世界现象的唯一原因。要解释世界现象还有自由的原因是必须加以考虑的。（反题）并不存在自由，世界上的一切都是按自然规律发生的。"（《纯理批判》，第二部，第二分，第二卷，第二章，第二节）对于这个二律背反王国维的解说是："同一事实自现象之方面言之，则可谓之必然；自本体方面言之则可谓之自由，而自由之结果得现于现象之世界中所谓'无上命法'是也。"（《遗书》卷15，《原命》）也就是说，在自然世界中只有必然，在道德世界中则有自由；于是在自由与必然这个问题上，王国维又从叔本华回到了康德的"目的的王国"。康德认为道德的诫律既是合于理性的而它本身又是绝对无条件的（《道德形上学探本》，第二节）。王国维不满于康德的不可知论而转向叔本华的盲目的意志，但又不满于盲目意志而回到意志自由。王国维就这样地在康德和叔本华之间，在不可知而自由与可知而不自由之间彷徨着。

　　"意志同一之说"里包括了王国维的普遍人性论。按他的说法，人性的本质既然只是欲望，因此人就不能不是"极端"的"利己主义者"（《遗书》卷15，《人间嗜好之研究》）；人性天生是自私的，生活就是无休止的竞争。文明的起源并不是出于圣人的制作，而是出于求生存（或权力）的本能欲望。十分显然，这种理论的性格已经不是传统中世纪的而是十足近代的。此外，他还认为真正高度的道德（"仁"）只有极少数的人才能达到，然而又不能不有人人都必须遵循的规范，这种规范就叫做"义"。这里"仁"继承了传统的术语，而"义"则是康德的概念（即"所谓'无上命法'是也"）。可是他和康德之间也有不同。康德以道德行为必须"同时可以成为普遍的规律"（《道德形上学探本》，第二节）作为道德的根本诫律。这种理论本来是被抽空了具体内容的纯形式，但王国维却不把道德看成是纯形式的；尽管王国维的伦理理论还很粗糙，但其中却包含一个明显的论点，即道德是由利己主义的动机而产生的。这个根本论点和康德的精神截然相反。他还公开宣称，如果不能保护财产私有权，社会的根底就会动摇。他提出生命权、财产权和自由权作为"神圣不可侵犯的权利"（《遗书》卷14，《教育偶感四则》）——这些说明王国维早期的思想反映着鲜明的民主革命的人权论。但是由于他思想中根深蒂固的矛盾，他却无力把这种要求彻底地推到它应有的结论。

　　思想矛盾表现在方法论上，便是科学方法与直观方法的矛盾。康德告诉他科学方法是不能认识客观实在（物）与主观实在（我）的。于是他离开康德转而求之于叔本华。叔本华教给他说：我们所认识的现象世界虽然仅仅作为表象而存在，但同时"人人又都直接认识自己。……这是全部的事实与问题之所在"（《叔本华全集》卷3，第214页）。因为虽然就一方面说"世界就是我的表象"，但是同时就另一方面说"世界就是我的意志"（同上，卷1，第5页）。现象世界虽则表现为千别万殊，但是只要返求自我就可以窥见意志本体。意志是存在的根源，世界及其变化都是意志的产物；意志是可以认识的，但只能是靠"直观"来认识。这样一来就使王国维的方法论分裂成为两橛：对待现象是科学的方法，对待本体是内省的直觉。存在被分裂为现象与本体，方法也相应地分裂为科学的与直观的。在一首小诗中王国维自称："我生三十载，役役苦不平；如何万物长，自作牺与牲。安得吾丧我，表里洞澄莹"。（《遗书》卷14，《静庵诗稿·端居》）要想洞彻"天下万世之真理，"那就必须来一次"吾丧我"。康德在思维之我与存在之我之间划了一条界线，认为后者是与经验相制约的，前者则只是纯粹的自我意识（《纯理批判》，第二部，第二分，第二卷，第一章）；又分别了灵魂与身体之不同，认为前者（思维之我）为内觉的对象，后者则为外觉的对象（同上）。叔本华取消了这条界限，把身体认为就是意志的客观化（《意志与表象之世界》，英译本，卷1，第132~133页），仿佛只要能把意志或生命当作所谓"直观"的对象时，人们就可以理解世界与人生的实质。这就是王国维的直观方法。可是应用这种直观方法所得到的结论又是：忧患与生俱来，只要意志不灭，痛苦就永远无穷无尽。这和他的感伤情调结合在一起，就把王国维带入了虚无与幻灭的深渊；他在这一时期写的许多诗，都浓厚地浸透着这种虚无幻灭的情调。

但王国维与这种世界观并不是没有矛盾的。矛盾的结果便是他向叔本华终于提出了"绝大之疑问"（1904年），后来（1905—1906）又批评了康德。除了对康德的不可知论不满意而外，王国维对康德纯形式的道德论也表示不满。康德讲自由时强调"无上法令是不受任何条件限制的"（《道德形上学探本》，第二节），因此它不可能不是抽空一切具体内容的纯形式，但王国维却针对这一点指出"自由……在经验世界中不过一空虚之概念，终不能有实在之内容"(《遗书》卷 15,《原命》),他并且认为行为动机须受两个条件的制约,即(一)个人的精神,(二)民族的精神。[①]康德的道德只强调义务,但王国维则时时流露出渴望幸福的倾向。他承认康德的"高严之伦理学"是可爱的,然而他又坦白承认"伦理学上之快乐论"却是更可信的。因此他一方面接受康德的普遍性的道德律,另一方面他又怀疑普遍的道德律。在一定意义上康德是以理性的批判维护了传统的信仰,而王国维则更多地带有以批判的理性在肢解传统信仰的意味。毕竟人是追求幸福的,这应该是道德的精义。

王国维和叔本华的分歧就来得更大些。他已经逐渐意识到叔本华哲学只是主观的幻想,并没有客观的根据,所以终于向叔本华提出了"绝大之疑问"。叔本华认为艺术可以使人解脱于意志的奴役,但这只是暂时的;真正的解脱只存在于所谓"对生存意志的否定"(《叔本华全集》,卷 3,第692 页)。实际上,王国维心底里并不相信这种解脱的可能,所以他才说《红楼梦》悲剧的结局不能仅仅是贾宝玉个人的出家,而必须是"只落得一片白茫茫大地真干净"。其次,叔本华认为暂时的解脱(艺术)也只有少数的天才才能达到,至于彻底的解脱(意志的否定)就更只能是少数中的少数。王国维对此提出"疑问"说,历史的事实究竟证明是意志的肯定("生生主义")占了优势呢,还是意志的否定("无生主义")占了优势呢?如果只有少数中的少数得救,而同时却有越来越多的人沉沦,那么所谓解脱究竟是可能的吗?他提出疑问说:自从释迦示寂和耶稣基督上了十字架以来,人类的生存欲望和痛苦又究竟减少了多少呢?看来所谓解脱只不过是不可能实现的梦想罢了。而且叔本华的意志否定,是要靠意志自己否定其自己的;既然否定意志仍然要靠意志,那么究竟意志是否可能否定就大有问题了。所有这些"绝大之疑问",都表明王国维的叔本华思想遭遇了不可克服的危机。

[①] 康德虽也提到民族特性,但不是用于解说道德而只是用于解说美感(见《论优美感与崇高感》,第四节)。

叔本华的体系，包括如下三个组成部分：（一）意志论——生存意志是盲目的、反理性的，从而否定了自然现象与社会现象的规律性及其可知性；（二）天才论——艺术与哲学只是少数天才者的特权，从而否定了人民群众的地位和作用；（三）悲观论——人生是痛苦的，从而否定了一切实践的意义。王国维并没有能完全摆脱这个体系，他的思想里有着很多消极的东西，有着浓厚的逃避现实的倾向。然而即使是如此，两人之间毕竟仍有不容忽视的分歧。首先，叔本华的理论到了王国维的手里是和他自己的怀疑与批判的精神结合在一起的，并且在当时首先就是批判神圣性的封建道统的。他面临的是"自三代至近世道出于一，……海通而后乃出于二"，而在这场道术为天下裂的面前，早期的王国维本人是自觉地站在西学一边的，因此在这场新旧学思想的交锋里他自然而然地会表现出某些自发的重理性、重客观、重事实的科学态度。这种态度虽则笼罩在一个悲观论体系里，却不断间歇地焕发出它自己的光彩来。正因为如此，他才可能批评他西方的老师们；他曾批评叔本华是个白日梦者，还批评过尼采是一个不分日夜都在做梦的人。其次，在他的思想深处他往往有意无意在以"感情"来代替叔本华的"意志"。凡是他所谓"生存意志"的地方，他往往有意无意地指的是感情。王国维虽然接受了叔本华，但他早期的思想性格里始终包含着一缕清醒的成分，表现出作为向西方追求真理行列里的一个成员，他并没有完全丧失自己的信心。他的痛苦乃是新旧思想尖锐矛盾而又无力解决这种矛盾的产物。他所要求的"解脱"（形而上学也好，艺术也好），实质上都是在要求着解脱这一具体的思想矛盾。他之强调个人感情的真实，包含有与封建道统的虚伪相对抗的意义。这需要一定的思想勇气。和叔本华不同，王国维把封建道德说教还原为自然本能时，其实质是饱含着反封建的内涵的。在王国维的早年哲学思想里，并没有复古或泥古的成分；相反，他倒是极力宣传西学在反对复古和泥古。王国维所称赞叔本华和尼采的是他们"破坏旧文化、创造新文化"，这其实是他的自道和自许。他在哲学上的唯名主义、他在艺术上的自然流露说（Theory of Spontaneity，如他赞美宋元戏曲，说它们不过是"自然而已矣"。），都是这种思想倾向的反映。但他看不到人类本质的社会性，他的思想体系大大地束缚了他的某些积极性的思想因素进一步发展。他的世界观的矛盾是自始就紧紧束缚在他身上的。

三

在哲学思想上，王国维就这样面临着巨大的矛盾而又无力克服；下面是他的自白：

> 余疲于哲学有日矣。哲学上之说大都可爱而不可信，可信者不可爱。余知真理而余又爱其谬误伟大之形上学、高严之伦理学与纯粹之美学；此吾人所酷嗜也。然求其可信者，则宁在知识论上之实证论，伦理学上之快乐论与美学上之经验论。知其可信而不能爱，觉其可爱而不能信；此近二三年中最大之烦闷，而近日之嗜好所以渐由哲学而移于文学，而欲于其中求直接之慰藉者也。要之余之性质欲为哲学家则感情苦多而知力苦寡；欲为诗人则又苦感情寡而理性多。诗歌乎，哲学乎，他日以何者终吾身所不敢知，抑在二者之间乎？（《遗书》卷15，《静庵文集续编·自序二》）

他在哲学上走不通的时候，就开始逃避到艺术里去，企图在那里面找到安慰和解脱。按照某些割裂认识与实践的说法，仿佛知识是采取概念的形式，而艺术则只诉诸直觉而不诉诸概念，艺术被说成仿佛是不需要任何现实基础的一座纯粹美的象牙之塔；因此康德认为美的特性之一就是"普遍的使人愉悦而不具有任何概念"，叔本华则认为审美的方式亦即"摆脱认识的方式"。而这便是王国维美学观点的主要来源；他把艺术首先看成是超乎现实生活之外与之上而独立存在的某种东西。这当然只能是一种思想虚构。

王国维是近代第一个比较系统地介绍西方资产阶级美学理论的人，他在这方面的思想影响超过了他的哲学影响。他的美学思想也较之他的哲学思想更为丰富。他正式提出美学的对象和范围乃是"定美之标准与文学上之原理"。在他看来，文学批评决不是寄经学与考据篱下的附庸而应该有其独立的地位与价值。《人间词话》脱稿于 1910 年 9 月（时年三十四岁），可以认为代表他美学思想上比较成熟的见解；次年辛亥革命他就东渡日本并且"尽弃前学"了。

在王国维的美学思想中，有关美感能力在理性中的地位、美学在哲学中的地位，美的分类这类问题大体都得自康德；有关艺术的性质与作用这类问题，大体都得自叔本华。

康德把理性最后分解为三种根本的不可再简约的能力——认识"真"的纯粹理性，要求"善"的实践理性与感受"美"的判断能力。康德就这样概括了他对于全部人类理性的根本见解："全部的灵魂能力或者说能量，可以归结为三种——这三种已经是我们不能从一个共同一致的立场上再进一步加以区分的，即，认识的能力、愉悦与否的感觉和愿望的能力。"（《判断力批判》，《序论》，Ⅲ）《判断力批判》一书，代表康德晚年希图打通物我之间、打通本体世界与现象世界之间的努力："于是，在认识能力与愿望能力之间便有愉悦的感情，正如在悟性与理性之间便有判断力"（同上）；必然与自由之间曾有一条不可逾越的鸿沟，自由的概念不能引用于自然界，必然的概念也不能引用于道德界，但唯有判断能力则构成为二者间的桥梁（同上，《序论》，Ⅸ）。这样，艺术就起着一个自然与自由的居间者的作用。叔本华特别夸大艺术的直观作用，他说："每一种艺术品都正是要向我们指出生命与事物在真实之中的本然面貌。生命与事物的本然面貌在主客偶然遇合的雾色朦胧中并不能为人直接辨认出来，但是艺术则消解了这种朦胧的雾色。"（《叔本华全集》卷 3，第 464 页）显然可以看出，以上的观点不仅是王国维在文艺上所以要强调"不隔"（即"隔与不隔"的"不隔"）①这一标准的来源，而且也构成他整个美学理论的中心思想。王国维承袭康德，把理性能力分解为三个组成部分，即思维、感情与意志；三者的对象

---

① 《人间词话》有一段专论"隔与不隔"。

分别地是科学、美术与道德（《遗书》卷 15，《奏定经学科大学文学科大学章程书后》）。他一方面分辨了哲学与诗歌之不同：哲学是思辨的，诗歌是直观的；哲学诉之逻辑，诗歌诉之顿悟。另一方面他又强调了美术与道德的对立，美术具有超道德之外的独立价值。这实际是康德的三分法的复述。康德认为美的要素之一就是它与利害无关[①]；王国维便认为"美之性质一言以蔽之，曰：可爱玩而不可利用者是也"（即后来被人所侈谈的"无所为而为的观赏"）。康德的美学在近代美学思想史上占有重要的地位[②]，为此后的美学奠定了理论基础。它也长期曾在我国被宣扬过，王国维便是第一个宣扬它的人。宣扬"美"的独立价值、宣扬"为艺术而艺术"，在不同的时代、地点与条件下可以是"为道德而艺术"的对立面，也可以是"为金钱而艺术"或"为人生而艺术"的对立面，还可以是"为革命而艺术"的对立面。当王国维强调个人感情的"独立之位置"与价值的时候，那实质上是在社会政治的束缚之下要求思想解放与个性解放，客观上也就是为反封建传统的个人主义思想感情争合法地位。在社会的急剧变化的条件之下，个人感情或个性（也就是所谓的人性）要求解放与社会传统势力之间的矛盾日愈尖锐化乃是历史的必然；王国维所指为《红楼梦》的悲剧的，其实也是他自己的悲剧。而被这幕悲剧所苦恼时，王国维所追求是肯定个人感情而否定社会传统。王国维提出过这类反对传统势力的命题，如说："社会上之习惯杀许多之善人，文学上之习惯杀许多之天才。"（《遗书》卷 42，《人间词话·卷下》）被他抬出来作为传统习惯势力的对立面的便是自然，而真正美好的文学艺术之成为美好，也就无非是由于"自然而已矣"（《遗书》卷 43，《宋元戏曲考》）。

　　但是这种启蒙运动式的"返于自然"的微弱呼声并没有能克服他整个思想体系；他对于艺术的性质与作用的理解基本上仍未摆脱叔本华的论点，认为悲剧能教人"弃绝整个生活意志"（《叔本华全集》，卷 3，第 496 页）。

[①]　康德《判断力批判》，第二节。

[②]　黑格尔在《哲学史》中认为它是"关于美的第一个合于理性的言论"，在《小逻辑》中认为它"上升到了思辨的高度"。

王国维宣扬艺术的目的在于表现"宇宙之永恒的正义",所谓"永恒的正义"(按,为叔本华语,见《意志与表象之世界》,卷1,第483页)就是指"生命即苦难"(同上书,卷1,第401页);而艺术的任务则在于"描写人生之痛苦与其解脱之道"(《遗书》卷14,《红楼梦评论》)。换句话说,艺术的作用就在于使人"离开生命之欲"、"忘物我之关系"(同上书)。但正是他的某些崇理性、重自然的思想,使得他的若干美学论点为当时思想界吹入一股清新的空气。这种清新的片断之得以出现,应该归之于他能摆脱思想上旧的束缚。王国维的美学尽管包含有许多矛盾、错误与形式主义的东西,然而他的一些论点仍不失美学思想史上的一大进步。

　　艺术是什么? 在王国维看来,艺术就是使人们在静观(即叔本华的"直观"或"直觉")之中获得"实念"。人生虽然就是痛苦,然而却有一种知识可以使人认识这一真理,从而可以使人解脱,那就是艺术。艺术开始于人们能够暂时摆脱了生存意志的时刻。这种观点实际上是把个人从历史和现实中游离出来,而要求抓住一个孤立自存的永恒不变的"我"的实体,并通过这样的"我"去"发见人类全体之性质"。但事实上,具体的人是受整个现实所制约的、所决定的,人性也只是现实的反映;而叔本华和王国维却把具体的人看成像是脱离现实而独立存在永恒不变的"单子"。于是他们就不能不把人等同为一种生物的本能,亦即生存意志。可感觉的世界并非是永恒不变的,而是一定的现实条件的产物;所以美的感受者也并不只是消极地"静观"世界而已,他还参与改变和制造世界,同时也就改变着他自己的世界。马克思说:"社会人的诸感觉不同于非社会人的感觉;只有经过人的本质对象展开了的丰富性,才成为一个音乐的耳朵,对形式底美的一只眼睛,一句话,才成为人的享受可能的诸感觉。"(马克思:《经济学哲学手稿》,第89页)但叔本华、王国维在这个问题上都把社会人等同于生物人。他们以纯思辨的方式把"我"分裂为两重;仿佛一方面既有一个客观存在的"我",一方面又有一个纯粹思维的"我"。叔本华把前者说成是被其生存意志所支配着的我,后者则是暂时摆脱了生存意志的我;前者是生活着的我,后者是静观着的我。王国维就这样追随叔本华而把实际颠倒过来，他把前者说成是假象，而把后者说成是真实；仿佛科学只研究假象，而艺术才能够表现这个"得之于天而不以境遇易"的"真我"（《遗书》卷 10，《二田画记》）。王国维的美学可以说是近代中国最早系统地宣扬文艺应该表现永恒真理或普遍人性的理论之一。这种理论虽有其一定的积极意义，但其所依据的整个世界观则是值得商榷的。按照这种说法，现实与艺术、逻辑与直观是互不相容的，它们的对立不是相对的而是绝对的；科学是实验的或者实证的，而艺术则是直观的或者静观的（《意志与表象之世界》，英译本，卷 3，第 35~36 节）。王国维要求艺术做到所谓"静中观我"，亦即要求摆脱自己的欲望而把自己纯粹当作对象来观赏。这样所能够达到的一种天人同体或物我合一的状态，据说就是最理想的"不隔"，艺术的价值就在于这种"使人忘物我之关系"（《遗书》卷 44，《红楼梦评论》）的"直观"或"静观"，因为这种"直观"或"静观"能使生活意志引退。在这种意义上，他所标榜的"境界"具体地说就指以纯粹静观的我返观充满欲望的我、以思维之我返观存在之我所能达到的"无我"或忘我的程度。这种所谓的美，自然不能不是与现实生活绝缘的，于是美就成了少数人的特权。这就是王国维在美学上所主张的"贵族主义"；艺术在他看来只是而且也只能是少数天才者的特权。

　　在天才论上，王国维也离开了康德而追随叔本华。叔本华说"艺术是天才的创作"（《意志与表象之世界》，卷 1，第 239 页），王国维跟着他说"美术者，天才之制作也"（《遗书》卷 15，《古雅在美学上之地位》）。什么是天才？天才据说就是与"俗人"不同而具有特别超意志的静观能力的人。所谓美是与经验和实践毫无关系的一种"静观"，实质上只能是逃避现实。天才（艺术家）被说成只是一个孤独的"往往不胜孤寂之感"（《遗书》卷 14，《叔本华与尼采》）的冷眼旁观者，他完全脱离人民群众的经验与智慧，而只凭一种特殊的、非逻辑的直觉能力便可以洞见永恒的正义或真理。所以王国维又引叔本华的话强调说："由知力上言之，人类真贵族的也、阶级的也。"（同上）天才就是超出"流俗"之上的精神贵族，即他所谓"观我观物之事，自有天在，固难期诸流俗"（《遗书》卷 13，《苕华词·叙》）。唯有这种"非常之人"才能够"绝生活之欲，得解脱之道"(《遗书》卷 14，《红楼梦评论》)。这种有关艺术天才或精神贵族的学说，是王国维美学思想中的主导方面，但王国维美学思想中也还有与得自叔本华这一主导方面相矛盾的另一方面。

叔本华的美是与现实相割裂的一种主观上的冥想状态，而王国维的美则同时却透露出一种返于自然的倾向；自然(包括感情)的一切都是美好的，艺术之所以为美只不过是由于其"自然而已矣"。"自然"这个标尺是王国维美学思想的基本原则之一。美必须是"自然"或"天然"。他称赞伟大的文艺作品时总是用"出乎自然"、"合乎自然"、"自然之声"、"最自然之文学"、"以自然之眼观物，以自然话言情"、"曲尽人情字字本色"以及"感自己之感，言自己之言"这一类的说法。而与自然相对立的，就是"蔽"，就是"因袭"，就是"习俗"和"习套"。在思想上他要求摆脱传统束缚，要求个人与个性解放；在艺术上他要求突破"习惯"而返于自然。① 返于自然就意味着要求摆脱种种旧传统的偏见。事实是，王国维的静观既有其叔本华的一面，即把世界作为纯观念世界而加以观赏，这时候个人便不可避免地要从现实世界里被游离出来成为一个孤独的人，而感到"偶开天眼窥红尘，可怜身是眼中人"(《遗书》卷 13，《苕华词·浣溪沙》)那样一种绝望与悲哀；但同时又有其清醒的一面，这时候他要求"以自然之眼观物，以自然之舌言情"(同上，卷 42，《人间词话·卷上》)，要求忠于客观世界，忠于自然。这个矛盾始终没有得到很好的解决，而这个矛盾采取理论化的形式之后，就构成为王国维如下的一个基本论点："诗人对宇宙人生须入乎其内又须出乎其外。入乎其内故能写之，出乎其外故能观之；入乎其内故有生气，出乎其外故有高致。"(同上)"出乎其外"脱胎于叔本华式的静观，但王国维并没有一味地要求绝对地"出乎其外"的静观；在他，"入乎其内"与"出乎其外"是互为表里的。"出乎其外"须以"入乎其内"为条件，

---

① 他并且运用这种观点去整理文学史，解释各种文体盛衰演变的原因。他在文史研究上的一些成绩和这一观点是分不开的。

所以他要求艺术家必须"忠实"于感情、"忠实"于自然。自然在这里正如在18世纪的思想家那里，构成为封建文化种种虚设的反题。于静观之外，别标自然这一准绳；这是王国维背弃了叔本华的地方。自然就是客观存在的世界。在美学上，王国维提出过一些较好的论点，都是与他这种返于自然的态度分不开的。然而，由于他世界观中主导的那一面是消极的，所以他的返于自然的要求有时就被一种虚无主义的情绪所浸没，于是返于自然也可以变成为逃避自然或逃出自然。

王国维梦想着艺术能创造纯粹的美，而美可以帮助他解脱——解脱于他所无力加以克服的那种新与旧之间不可调和的矛盾（实际是逃避矛盾）。美的功能既然如此，因而他的美学理论里便不可避免地有着浓厚的唯美主义或唯艺术主义的成分。正像在哲学上他追求永恒的、绝对的纯粹真理世界，在艺术上他便追求永恒的、绝对的纯粹美的世界。在不同的时代，永恒的美这个口号可以是用来否定旧社会的权威，也可以是用来对抗新社会的到来。王国维则一身同时负荷了这双重的任务，这是被20世纪初中国的具体条件所决定的。在他的唯美倾向里同时混杂着积极性的成分和消极性的成分。这种矛盾从构成为他美学中心思想的境界说①里鲜明地反映了出来。

王国维不像某些主观论者那样把直觉径直等同于表现；相反地，他清楚地划分出了"艺术之美"和"自然之美"（《遗书》卷14，《红楼梦评论》）的界限——"自然之美"是美的事物，而"艺术之美"则是对事物之美的表现。美的感受属于观赏能力，但艺术则必须还包括表达能力。他提道："夫境界之呈于吾心而见于外物者皆须臾之物，惟诗人能以此须臾之物镌诸不朽之文字使读者自得之，遂觉诗人之言字字为我心中所欲言，而又非我之所能自言。"（《遗书》卷32，《清真先生遗事·尚论三》）因此所谓境界，其中

---

① 王国维对他自己的境界说，自我评价甚高；他说："词以境界为最上"，"沧浪（严羽）所谓兴趣，阮亭（王士祯）所谓神韵犹不过道其面目，不若鄙人拈出境界二字为探其本也"（《遗书》卷42，《人间词话·卷上》）。又说："言气质、言神韵，不如言境界。有境界本也，气质神韵末也"（同上，《人间词话·卷下》）。

便包括两个组成部分:(一)美的感受("所欲言"),(二)美的传达("所能言")。二者缺一,就不成其为艺术。就美的感受而论,则境界既包括自然的景物——这叫做"境",也包括人的感情——这叫做"意"。他说:"文学之工与不工,亦视意境之有无与其浅深而已。"(《遗书》卷 13,《苕华词·叙》)① 什么叫意境的有无,或者有意境? 他解释说:"文学有意境以其能观之也。"这个"观"即指"静观",静观既包括观我("意"),又包括观物("境")。所以他说"文学之事……意与境二者而已"(同上),又说"境非独谓景物也,喜怒哀乐亦人心中之一境界"(《遗书》卷 42,《人间词话·卷上》)。在这种意义上,境界就是意境,意境就是境界。返于自然就包括着返于感情或返于人性在内;而自然和人性正是等级制的反题。但境界还包括着另一个组成部分,即美的表达。就美的表达而论,则"能写真景物、真感情者谓之有境界,否则谓之无境界"(同上);又说"诗人之境界,惟诗人能感之而能写之"(《遗书》卷 32,《清真先生遗事·尚论三》)。艺术仅只有认识(美感或判断力)是不够的,还一定要能够把这种认识表达出来。② 《人间词话》中所举的,如"'红杏枝头春意闹',著一闹字而境界全出。'云破月来花弄影',著一弄字而境界全出矣"(《遗书》卷 42,《人间词话·卷上》),都是指表达。以上王国维所指出的第一方面(美的感受)即康德所谓的"欣赏",第二方面(美的表达)即康德所说的"天才"。康德说:"对于如是的美的对象加以品鉴的乃是欣赏;然而对于艺术,亦即这种对象的传达,则需要天才。"(康德《判断力批判》,第 48 节)而"天才就是为艺术而立法的才能"(同上,第 46 节)。又说:"自然美乃是一种美的事物,而艺术美则是对事物的美的表现。"(同上,第 48 节)王国维境界论的第一方面,即美的感受,就是康德的对美的事物的欣赏("自然美"),而王国维境界论的第二方面,即美的表达,就是康德对事物的美的表现("艺术美")。

由此可见,王国维的美学体系基本上不脱 18 世纪以来正统美学的观点。

---

① 按:《苕华词·叙》托名"山阴樊志厚"作,实即王国维本人所撰。

② 按:叔本华认为诗歌的最大问题在于传达。(见《意志与表象之世界》,英译本,卷 1,第 315 页)

他遵循这种正统观点，认为美并不存在于客体，美本身并没有客观的存在；美只是主观认识的一部分，只是一种特殊的主观认识状态。所以他说："一切境界无不为诗人设，世无诗人即无此种境界。"（《遗书》卷 32，《清真先生遗事·尚论三》）也就是说，既然美只是主观的一种特殊认识状态，所以就只能依靠主体的存在而存在。简单说来，美是主客体的结合，主体即纯粹的思维，客体即永恒的观念，两个形而上学概念的结合在一起就构成为"美"。在某些场合，王国维的"不隔"就指的是这样一种精神状态。

但在另外某些地方王国维却显著地脱离了叔本华，而具有若干朴素的反映论倾向。无论他的思想体系的逻辑结构如何，王国维始终不曾承认境界可以完全是主观的虚构。在他的美学里，正如在他的知识论里，他时常表现出在两条路线之间摇摆着、彷徨着；有时候他以为美是主观的创造，但也有时候他又认为精神（主观创造）必须服从自然（客观世界），并以二者相提并论；例如他提道："自然中之物，互相关系、互相限制；……虽如何虚构之境，其材料必求之于自然，而其构造亦必服从自然之法律。"（《遗书》卷 42，《人间词话·卷上》）他认为艺术家所创造的境界绝不能脱离自然，而必须"合乎自然"（同上）。因此，在某些场合，他的"不隔"又成为"自然而已矣"的同义语。这时的"自然"就不是叔本华式的观念，而且也不是任何意义上的观念；它指的就是客观世界。"自然"是他所提出的重要标尺之一；在个别的场合甚至于成为最重要的标尺。而且在他，自然不仅包括感情在内，也甚至于包括政治社会在内；他说"（文艺）以其自然故，故能写当时政治及社会之情状"（《遗书》卷 43，《宋元戏曲考》），甚至于还承认"诗之为道既以描写人生为事，而人生者非孤立之生活而家族国家及社会中之生活也"（《遗书》卷 15，《文学小言》）；又指出诗人不仅仅应该"忧生"而且应该"忧世"（《遗书》卷 42，《人间词话·卷上》）。这个"自然"已不是观念世界或任何主观的构造，而是包括有客观世界的全部。在这种返于自然的基本思想里透露出来了他倾向于朴素的清醒的理智。但是他的美学中的合理因素最远就到此为止，再进一步把这种思想推向前方，那就不是王国维所能上升的高度了。

正像他在哲学上的摇摆始终未能摆脱观念论的怀抱一样，在美学上他也始终未能摆脱。在更多的时候，王国维并不认为美是一种客观的合规律的产物，而只是那个被抽空了现实属性的"我"的主观思想状态。自然美如此，艺术美亦然。因此论及自然美时，他引黄山谷的话说："天下清景不择贤愚而与之，然吾特疑端为我辈设。"（《遗书》卷 32，《清真先生遗事·尚论三》）在论及艺术美时又说："画之高下视其我之高下，一人之画之高下又视其一时我之高下。"（《遗书》卷 10，《二田画廎记》）归根到底，构成王国维美学的基本原则仍然是康德的观念：判断力是美的立法者，以及叔本华的观念：艺术是天才的制造品，这两者的糅合。这里的"我"和"我辈"都指天才，一切自然美和艺术美都是这个"我"的主观思想状态在起作用的结果。所以王国维在重复尼采的"知力贵族主义"的说法时，公然说过"美术者上流社会之宗教也"①（《遗书》卷 15，《奏定经学科大学文学科大学章程书后》）的话。这种思想倾向使得他自相矛盾地抹杀了返于自然的理论路线而流于强调纯技巧的重要性（例如他所谓的"古雅"）。

王国维是一个弱者，他思想中的合理因素无力突破沉重地压迫在他身上的理论负担。他走的思想道路始终是到处碰壁，没有走通；哲学理论走不通就转入文艺，文艺又走不通就转入古史，古史学走半途就在湖水里结束了自己的遗老生活；这些都是他思想走入绝境的见证。但是我们也应看到他思想中某些清醒的、合理的成分；他在学术上，特别是在古史研究上，曾经做出过巨大的贡献（他的史学思想不属本文范围，拟另撰文论述）。那同样是有它的思想基础的。他在理论体系上接受了 19 世纪德国的唯心主义，但他本人的倾向却有着类似于 18 世纪法国启蒙思想的因素。

正如一个民族不会原封不动地接收一种外来思想一样，一个人也不会原封不动地接受别人的思想，而总是会按自己的方式加以改造。王国维的

---

① 王国维认为宗教绝对不能废止，因为宗教是以对来世的希望来补偿人们对现世的失望。如果废止了宗教，人们就要向鸦片烟里去寻找麻醉了；这等于承认宗教是人们精神上的鸦片烟。他又谈到宗教对"上流社会"是不适用的，因为上流社会有美术作为他们的宗教。这里明白如画地表明了他的偏见。

思想和理论深受康德、叔本华的影响，这一事实长期以来是世所周知的；但是似乎还很少有人提到，他思想中的积极因素却并不在于他受他们影响的地方，而恰好在于他能摆脱他们的影响而独抒己见的地方。本文特拈出此点，以就教于读者。

1979 年 6 月 20 日

原载《中国哲学》第四辑

略论梁启超的史学思想 [*]

  梁启超（1873—1929）在我国近代史上是一位具有多方面影响的人物，在近代学术发展史上占有重要的位置。

  清初的史学家们多治明史，其间每每寄托着他们的故国之思。后来清王朝加强文化专制主义的统治，屡兴文字狱，把大多数学者赶到远离社会现实的考订古代文献的道路上去，形成所谓汉学，或曰朴学、考据学。汉学鼎盛于清代乾嘉时期，所以又称之为"乾嘉汉学"或"乾嘉考据"。此时，汉学已经衍变为太平盛世的点缀，完全丧失了明清之际一些进步学者们那种启蒙思想的光芒和经世致用的精神。到了近代，由于外国资本主义列强的入侵，打开了中国紧闭着的大门，中国史学家的注意力逐渐由远离现实的繁琐考据的道路转移到广阔的世界视野上来，重新朝着经世致用定向。尽管当时他们的世界知识还很有限，但已睁开眼睛观看广阔的现实世界，而不再皓首穷经，埋头于故纸堆中。中国近代史初期的史学著作，如魏源的《海国图志》、何秋涛的《朔方备乘》、屠寄的《蒙兀儿史记》等，都已经不再局限于汉学家寻章摘句的文献考订，而开始面向世界，研究的史料范围和领域也在不断扩大。同时随着近代科学思想和科学方法的传播，新发现的实物和文献开始占有重要地位。到了 19 世纪末 20 世纪初，无论是改良派（如康有为），还有革命派（如章太炎），都从当时的现实需要出发，进而探索历史文化的精神所在，因之突破了汉学家们饾饤考据的史学，自觉地以时代精神去理解历史，并通过历史的研究而体现时代的精神。

* 本文系与友人冯佐哲先生合撰。

　　梁启超是这一新的史学思潮中的具有代表性的重要人物。他的有关史学的论著至为丰富，在晚年更把大部分精力集中在史学上，对近代史学有着开创性的贡献。

　　封建时代占统治地位的史学思想，是以封建伦理说教，即所谓"垂诫"为其指导原则的。它要通过一套善恶褒贬的道德说教来达到以古诫今的目的。作为近代新的历史学的代言人，梁启超的功绩就在于把历史学从善恶褒贬的伦理说教下解放出来，并赋之以追求客观规律的任务。这是史学思想从中世纪转入近代的一个划时代转变的契机。梁启超于 1901 年写了《中国史叙论》一文，其体例已经摆脱并背离了封建原则。次年他又写了《新史学》一文，正面提出了新的史学思想；文中指责封建旧史学只知有朝廷、有个人，而不知有国家、有群体。并说："兹学（史学）之发达二千年于兹矣，然而陈陈相因，一丘之貉，未闻有能为史学界开辟一新天地"[1]；从而表白了他自己要否定旧史学、建立新史学的抱负。这时梁启超为历史学下了一个崭新的定义，他说，"历史者，叙述进化之现象也"；再则说，"历史者，叙述人群进化之现象也"；三则说，"历史者，叙述人群进化之现象也而求得其公理公例者也"[2]。与封建史学之主张崇古论或循环论乃至倒退论相对立，梁启超明确提出了社会进化观；又与封建史学之标榜所谓善恶褒贬相对立，他明确提出了客观规律的观念，即所谓公理、公例。封建史学，特别是从宋代理学家朱熹《通鉴纲目》以来，所标榜的"书法"，曾紧紧地把史学思想束缚在一套正统、君统、道统的谬见之下，影响中国历史学的发展。同年，梁启超又写了《论正统》一文，尖锐地批驳了封建史学的正统论。他说："中国史家之谬，未有过于正统者也。言正统者，以天下不可一日无君也，于是乎有统；又以为天无二日，民无二主也，于是乎有正统。统之云者，殆谓天所立而民所宗也。正之云者，殆谓一为真而余为伪也。千余年来陋儒断断于此事，攘臂张目，笔斗舌战，支离蔓衍，不可穷诘；一言以蔽之曰：自为奴隶根性所束缚，而复以煽后人之奴隶根性而已，是

----

① 　梁启超：《饮冰室集》，壬寅（1902 年）总序。
② 　同上。

不可以不辩。"①他分析封建史学所谓的"正统"，无非是这样六条标准，即"以得地之多寡"、"以据位之久暂"、"以前代之血胤"、"以前代旧都所在"、"以后代所自出"、"以中国种族（汉族）"。他在文中论证了这六条标准纯属"自相矛盾"，没有一条是能成立的。他还引证历代贵族造反和农民起义的领袖作为反证，认为如果这些人稍微幸运一点的话，也会成为所谓正统的太祖高皇帝的。他还说把这些人捧为正统的帝王，丝毫也没有什么"大不敬"或"大逆不道"之处。梁启超在这里一翻封建史学陈陈相因的旧案，正面提出了自古以来原本就无所谓正统。因此可以说，这篇史学论文，是针对腐朽的封建史学观念的一次大涤荡，具有其解放史学思想的重大意义。接着他又写了《论书法》、《论纪年》两篇文章，从正面反对封建史学的善恶褒贬和所谓的"正朔"。这些文章和他同时所写的、力图以客观主义分析古代思想源流的《论中国古代学术思想变迁之大势》一文，都能开阔人们的视野，提出新的史学思路和观念，从而一扫封建史学寻章摘句乃至代圣立言的理论学风和思想方法。与此同时，他还写了一篇《论君政民政相嬗之理》的文章，试图以西方的政治社会学说阐明中国政体的历史变化轨迹；他在《中国地理大势论》一文中，以客观外在的物质原因，即地理因素，取代封建伦理准则来阐明历史文化现象（如南北朝经学、佛学之不同）；此外，他还写过一篇专门介绍自然科学史的文章《格致学沿革考略》。

这一时期梁启超所写的历史论文，其中心思想都在于引用西学观念来阐发和批判旧的历史学与史学思想，成为当时自西学立场出发重新估价中国历史与史学著述的代表作品。但是其中不可避免地也表现出他的偏见，尤其是他过分夸大精神作用的历史观；从他的改良主义立场出发，他虽然摆脱了封建史学理论的束缚，却根本无视历史的物质基础和广大人民群众的力量。最足以反映他史学思想的消极成分的，是他把中国这座历史舞台单纯看成是一个"大修罗场"，说二十四史只是一部人与人的"大相斫书"；并且特别对于中国历史上始终缺少一个强大的中等阶级表示惋惜。他认为

---

① 梁启超：《饮冰室集》，壬寅（1902 年）总序。

这后一点正是使得西方历史上的革命带来进步，而中国历史上革命则只是带来倒退的原因。所以他在同一年撰写的《释革》一文中就着意宣传和平改良，而反对暴力革命。这一点构成了支配他史学思想的一条重要线索。1904 年当革命派与改良派的分野已经开始明朗之际，他又撰写了《中国历史上革命之研究》一文，把中国历史发展的特点说成是："有上等下等社会革命，而无中等社会革命。"他还说："泰西革命之主动，大率在中等社会；盖上等社会则其所革者，而下等社会又无革之思想与革之能力也。"① 因此，尽管他是西学阵营的代表者，但他对于中国能否"入于泰西文明革命之林"，却是抱着怀疑乃至否定的态度的。他的论据是：中国没有一个强大的中等阶级，而人民群众在他看来不过是群氓，所以只能改良，不能革命。他的这一观点在中国近现代史学界曾有过一定的影响，钱穆就是其中之一。

梁启超一生写过许多历史人物的传记，其主导思想均不脱个人英雄史观，即把推动和改变历史的力量，最后归结为个别英雄人物主观意志与才智的作用。从他的《戊戌政变记》到《中国历史研究法》等一系列有关历史和史学思想的著作，他都强调个人的精神因素或心理因素在历史上起第一位的作用。他的个人英雄史观在《中国历史研究法》一书中有着比较系统的发挥。这部书应该说是近代中国第一部讲史学方法的专著，也是从章学诚《文史通义》以来唯一的一部，定稿于 1920 年，成书较晚。该书主要内容是他史学思想自戊戌时期以来酝酿多年的产物，是他一生史学思想的理论总结；他自谓"启超不自揆，盖志此业逾二十年，所积丛残之稿亦既盈尺，故不敢自信，迁延不敢问诸世"②。可见他是从戊戌变法失败后已开始撰述，20 年后才终于写成的。

把历史归结为英雄与群氓，认为左右历史发展的只是少数英雄，而群氓则只配扮演一种消极的角色；这种英雄史观在此书中得到比较系统的阐发。他说："罗素（1872—1970，英国哲学家）曾言：'一部世界史，试将

① 梁启超：《饮冰室全集》，文集第五册。

② 梁启超：《中国历史研究法》，自序，第 203、204、208 页。

其中十余人抽出，恐局面或将全变'。此论吾侪不能不认为确含一部分真理。试思中国全部历史如失一孔子，失一秦始皇，失一汉武帝……其局面当何如？"① 这里他把历史上的个别人物，等同于以他们为代表的历史发展本身，好像是如果历史缺少了某个人就不会有某些重大的发展似的；这就完全沦于纯意志论的诡辩。事实正好相反，历史的发展是不会以某个人的存在和意志为转移的，没有这一个人来代表，就会出现另一个人来代表；正如没有哥伦布这个人，新大陆也总是会被其他人发现的。这种被他绝对化了的英雄人物，他称之为"历史的人格"。他说："何以谓之'历史的人格者'。则以当时此地所演生之一群史实，此等人实为主动——最少亦一部分主动——而其人面影之扩大几于掩蓄其社会也。"② 由此再前进一步，他就把个人意志说成是可以使全部历史为之改观的决定因素："然则岂惟罗素所言，将历史上若干人物抽出，则局面将大变而已！此若干人者心里之动进稍易其轨，而全部历史可以改观；恐不唯独裁式的社会为然，即德谟克拉西（民主——引者）式的社会亦未始不然也。"③ 这些提法不禁使人想起帕斯卡的一句名言："克里奥巴特拉的鼻子，如果它短了一点的话，整个大地的面貌都会改观。"④ 梁启超在这里仿佛是在为帕斯卡的名言作注脚，全部历史都变成了纯粹的偶然性。

于是史学研究的任务和方法，到了梁启超的手里，就被归结为只不过是怎样从每一群史事之中"认取各该史迹集团之人格者"，因为每一群史事都"必有其人格者以为之骨干"。他曾以第一次世界大战后的巴黎和会为例说："在巴黎议和史一小集团中，可以认为克里孟梭、劳特佐治、威尔逊（按，分别为出席巴黎和会的法国总理、英国首相、美国总统——引者）为其'人格者'也。"⑤ 就连袁世凯这样的"人格者"，据说"倘使其性格正

---

① 梁启超：《中国历史研究法》，自序，第 203、204、208 页。
② 同上。
③ 同上。
④ 布伦士维格编：《帕斯卡著作集》，Hachehe 版，第 405 页。
⑤ 梁启超：《中国历史研究法》，第 176~216 页。

直或稍庸懦，则十年来之民国局面或全异于今日亦未可知"①。

梁启超晚年曾鼓吹过德国新康德主义者李凯尔特（1863—1936）的史学思想，把历史说成是"心力"作用的产物，而这种精神力量又是无从预见、没有规律可循的。他断言"历史为人类心力所造成的，而人类心力之动乃极自由而不可方物"②。这种说法比起他以前要求寻求历史公理、公例的理论来，显得是一个大退步，也表明他尽管曾突破过旧封建史学的束缚，但归根到底又和封建史学之以帝王将相、圣贤凡愚来概括历史发展，实质上并没有什么两样。

可以认为，梁启超的史学思想在其与封建历史理论和观念的斗争中，不失为这一历史时期史学领域中一个有建树的代表。他在这方面的功绩是同时代的人所不能比拟的，但他对当时和尔后史学的消极影响也是不容忽视的。

梁启超对中国历史的兴趣相当广泛，据他的弟子姚名达记述，他晚年决心集中精力研究中国历史；并打算编著一部巨型的中国通史，因去世过早而没有完成。但他所遗留下来的史学著作还是相当丰富的，其中尤以对先秦史和近代史的著作为多。

在社会史研究方面，他从 1906 年开始写了大量的文章。如 1906 年发表的《历史上中国民族之观察》，后来又写了《中国历史上之民族之研究》、《太古及三代载记》、《纪夏殷王业》、《春秋载记》、《战国载记》等一系列著作。关于中华民族形成与发展的观点，是他在近代史学思想上一项有价值的贡献。他在叙述中华民族的形成、发展过程和进一步的融合趋势与前途时，一定程度上批判了坚持狭隘的民族主义的封建观念，虽然他本人还没有完全摆脱大汉族主义的偏见。当然，梁启超这一历史观点也还有其与革命派的反满旗帜相对立的一面。郭沫若同志曾这样评价梁启超："平心而论，梁任公在当时确实不失为一个革命家的代表"，"他是资产阶级革命时代的

① 梁启超：《中国历史研究法》，第 176~216 页。
② 同上。

有力的代表者，他的功绩实不在章太炎辈之下。他们之间所不同的只是，后者（章）的主张要经过一次狭义的民族革命，前者（梁）以为这是不必要的破坏罢了。"① 这一评价还是值得研究者认真加以考虑的。

在古史研究方面，他把进化论作为研究我国古代历史的武器，认为历史是在不断前进的，一方面驳斥了封建史学家对于过去的美化，同时也具有反对西方殖民主义者对中国历史文化的某些歪曲的意义；但同时他也在试图以此来抗拒革命的理论。

梁启超一生是"不惜以今日之我反对昨日之我"的，这期间确实充满了思想上的自相矛盾；他始终在历史的必然性和偶然性之间徘徊。他曾经宣称历史进化有公理、公例可寻，但又宣称历史演变取决于"不可方物"的个人的"心力"；同时，又承认历史发展有其必然的发展趋势。例如他论述秦始皇的统一说："天下之趋统一，势也。不统于秦，亦统一于他国。而统一之愈分争，则明甚也。天将假手于秦，以开汉以后之局，夫谁能御之。而秦与他国，又何择焉。"② 他还说过："秦并六国，实古代千余年大势所趋，至是而成熟。非始皇一人所能为，并非秦一国所能为，其功罪尤非一人、一国所宜任受也。"③ 这样一来，又把他原来的个人英雄史观一笔勾销了。

另外，他对某些历史事实的考订、诠释也有不少真知灼见，发前人所未发，给予后人不少启迪。他对历史学的贡献还有一点是特别应该提到的，那就是他曾培养和造就了相当一批有造诣的近现代史学家，特别是在他晚年任教清华时期，人才辈出，值得称道。

此外，梁启超对清代学术又是躬逢其会的，他自称是清代学术思想的"结束人物"④。他特别是对与历史学有关的经学、子学、校注古籍、辨伪书、辑佚书、方志学、地理学、谱牒学、传记以及科学史等都能历历如数家珍，不仅显示出他史学知识的渊博，而且对当时史学界乃至整个学术界都有很

①　郭沫若：《少年时代》，第 125 页。
②　梁启超：《饮冰室全集》，专集四十六。
③　同上。
④　梁启超：《清代学术概论》。

大影响，可以说影响了整整两代的青年知识分子。

梁启超继承了章学诚宣扬的史家"四长"，即史德、史学、史实和史才，并反复强调历史研究必须忠于历史真相，实事求是，避免"夸大"、"武断"和"附会"，要做到"鉴空衡平"。这种以客观态度对抗封建"书法"，对近代历史学的形成是有贡献的。

总的说来，梁启超对我国近代历史学的形成的贡献在于他有破有立，这是很少有人能与他相比的；严格说来，中国近代的史学思想是到了梁启超的手里才正式奠定的。他曾经提到过，近代历史学在中国是从 20 世纪之初开始的。它一方面表现为新的史学思想的建立，另一方面表现为新史料的发现与新方法的运用。我们于此应该补充说，新史学思想的开创者正是梁启超本人，而新史料的发现与新方法的运用的开山者则是王国维。梁、王两位大师无愧于近代新史学的奠基人。

梁启超毕生是一个思想极其敏感的人，甚至于是一个极为超前的人；以戊戌变法前夕他针对中国的"君统太长"而倡言"民权平等之说"，到第一次世界大战结束时他从欧洲归来，写了《欧游心影录》，大谈其"科学万能迷梦之破产"，其间思想轨迹均于跑在时代的前面而不见容于世。问题是：在近代化的道路上，中国的发展较之西方慢了一拍，故而中国的思想到了 20 世纪还在补西方 19 世纪实证主义的课，这是理所当然的，也是势所必至的。但评论者似也不宜过分苛求前人，以至过多地指责或抹杀前人的贡献。我们越是能兼容并包，最大限度地容纳前人，就越能成就我们自己一代的博大和精深。

原载《齐鲁学刊》1985 年第 2 期

书前与书后

历史理性批判论集

批判的哲学与哲学的批判

——序朱高正《康德四讲》

本书作者台湾朱高正先生在国内主要是以社会活动家知名，似乎作为学者的朱先生反而多少被他社会活动家的盛名所掩。这里的《康德四讲》一书是他去岁在北京大学一系列的讲演，最近汇为一集，即将由上海华东师大出版社出版。读者于此不但能更全面地看到作者本人的学术与思想，同时也会更深一步地了解到哲学家康德的哲学全貌；这是值得庆幸的事。

就我所知，中国学术界接触到康德哲学迄今为止恰好整整一个世纪。最早是 20 世纪之初，梁启超在日本写了大量介绍西方学说的文章，其中有一篇就是论述"近世第一大哲康德"的学说的。与此同时，王国维也正在日夕浸沉于康德的著作之中，他有关这方面的工作收录在他早期的《静安文集》中。他是中国最早正式攻研并绍述康德哲学的人。但后来王先生转治文学、史学而放弃了哲学研究。随后西方思想学说大举被介绍给中国，大学的哲学系已开始讲授康德哲学。可惜的是，康德的大著《纯粹理性批判》一书迄无一部真正可读的中译本。这部书在 20 世纪 30 年代已先后有胡仁源和蓝公武两种译本，但读起来有如天书，简直不知所云，中译文比原文还要晦涩难读，大概没有人是从头到尾读完了的。一般讲哲学史或思想史（尤其是政治思想史，如浦薛凤的《西洋近代政治思潮》）自然免不了有论康德的专章，但中国人用中文写的讲康德哲学的专著，在 20 世纪上半叶仅有郑昕（秉璧）先生的《康德学述》一部，内容大致即是他在课堂上的讲稿。任何读哲学的人大概都会同意这样一种看法：讲哲学是绕不过康德这一关的，无论你同意他与否，你必须要过这一关。否则的话，就不免闹出例如把智性认同于理性，把智性认识认同于理性认识之类的错误的笑柄。

及至 40 年代早期我这一辈人作学生时，读康德的入门书照例是《纯粹理性批判》，读的还是 Meiklejohn 或 Max Mueller 的英译本，另外也参看 A. K. Smith 的《纯粹理性批判释义》一书作为导读。有时候读得有点晕头转向，就连什么是 constructive 和什么是 regulative 也搞不清楚，而且《纯粹理性批判》一书中似乎还有那么多的经院哲学的论证风格，使人感到闷气。我曾有一次向老友王浩感叹过：康德的书连王国维都读不懂，我怕是没有希望读懂的了。他说，不能那么说，我们的凭借比王国维的要好。王国维不懂近代科学，所以他无法理解康德。确实，康德本人就明确地说过，他的思想主要有两个来源，有关自然世界的是牛顿，有关人文世界的是卢梭。读了牛顿和卢梭的书之后，确实觉得康德也不像原来想象的那么难以理解。

开始读康德也曾听人谈过康德思想的重点乃在于其实践理性批判，而不在于其纯粹理性批判。无论如何，看来似乎他的《实践理性批判》一书要比他的《纯粹理性批判》一书更好懂一些，而且还似乎更进一步地启迪了读者的认识：哲学的论断只能是纯形式的，因为唯有纯形式的才有可能是普遍有效的。当时已知牟宗三先生努力在把康德引入儒学。但由于长期的闭关锁国，无论是牟先生还是海外其他新儒家都没有可能接触到。记得仅有一次与贺麟（自昭）先生闲谈往日哲学界的故事，贺先生提到，30 年代初牟先生在北大曾是贺先生班上的学生。作为 40 年代初的学生，我们大多都没有接触到过康德的第三批判和所谓的第四批判。

1949 年至"文革"的大约 20 年间，哲学界是奉斯大林的《辩证唯物主义与历史唯物主义》一书（其实是《联共党史》中的一节）为圭臬的，任何哲学都要放到这个尺度上面来加以审核：是唯心论还是唯物论？是形而上学还是辩证法？只有按照这个标准对前人做出一个鉴定，才算是研究，而成绩也就仅限于此而已。记得我译帕斯卡（B. Pascal）的《思想录》（*Pensées*）一书时写了一篇序言，出版社拿给一位专家去审定，这位专家看后大为不满地说：这么一篇文章，连个唯心论、唯物论都没有说出来！似乎哲学研究者的工作并不是要研究哲学问题，而只在于为哲学家鉴定成分，做出三榜定案。五六十年代哲学界的主要工作似乎就在于为前人整理出一份排队的名单。每一家思想的归属，就这样都有了定案。然而对哲学问题本身的探讨却难以深入进行。要感谢马克思、恩格斯经典著作中已对康德做了定论，所以康德幸免于被一棍子打死，虽则也没有得到应有的重视。相当长的一段时期内，学术界似乎只有对哲学的历史研究而没有对哲学问题本身的研究。所谓哲学研究大抵是以考据笺注代替了义理探讨。差不多20年之间，有关康德的工作只有关文运（琪桐）先生译的《实践理性批判》和唐钺先生重译的《道德形上学探本》，以及宗白华、韦卓民合译的《判断力批判》。韦译部分号称是译自原文，其实全系由英译本转译，而且连英译本的错误也还译错了，使人不堪卒读。此书足以代表康德晚年成熟的体系，实在大有重译的必要，何况改革开放业已20年，迄无一个可读的译本，未免令人遗憾。

1966年起，"文革"风暴席卷神州大地，似乎也谈不到读书，更读不到研究，然而事实上却又不尽然。我所知道的就不止一个例子。友人李泽厚兄的《批判哲学的批判》一书就是典型的一例。"文革"之初泽厚兄幸免于介入矛盾，实在是难得的幸运。随后在干校偷暇完成了此书。它不但是一部我国论述康德哲学的专著，而尤为难能可贵的是，它表达了一个真正有思想高度的思想家的思想。很长时期以来，国内学术界似乎已经没有思想家，要直到这时学人中间才有一位真正有自己思想的思想家脱颖而出，实在足以令人欣慰。毕竟中国思想界还在孕育着一派活泼泼的生机，并非是只有一片万马齐喑或万马齐鸣而已。此后，他一系列的著作一一相继问世，几乎是独领风骚，风靡了神州大陆。一个人的思想总是与自己时代的背景相制约的，无论是同意或不同意他的思想或论点，但任何人大概都无法否认他的著作在中国学术思想史上的重大价值、影响和意义。

改革开放以后的20年来，有关康德的著作又有了韩水法先生《实践理性批判》的新译本，承他赐我一册，我阅后还曾向他提过一个小小的建议。此书最后结论那段脍炙人口的名言（即"日在天上，德在心中"之语）说到人心中的道德律时，原文为"immer neuer"。关译本此处作"天天在翻新"，然而"翻新"一词在汉语中往往用于"花样翻新"，颇具贬义；韩译本作"始终新鲜不断增长",似稍觉费辞。我意以为此处莫若径用古语"苟日新、日日新、又日新",简作"日新又新",似较贴切。沈叔平兄译康德《法的形而上学原理》一书也在同时问世。而此书竟为沈叔平兄一生绝笔。老学长齐良骥先生毕生专攻康德,数年前齐先生遽归道山,而他所译的《纯粹理性批判》一书至今未见出版,诚为憾事。另外,颇为意外的则是在"文革"百学俱废的年代里,却竟然出版了康德的《自然通史与天体理论》一书的中译本(中译名《宇宙发展史概论》,上海,1972 年),或许是因为恩格斯《自然辩证法》对它有过很高评价的缘故。以上译文都谈不到如某些人所要求的什么明白流畅或通俗易懂。这里面有内容问题,也有文体问题。翻译的首要条件在于忠实于原文,不仅在文字上,而且也在文风上。18 世纪思想家们的文风往往冗长沉闷、拗口,而其力度恰好就存于这种执拗厚重的文风之中。学术思想著作毕竟不是儿童文学或通俗读物,而是往往要负载一长串的推论演绎。如果要求译文简单明白,那就最好不必读学术思想的著作,还是去读通俗读物或儿童文学吧。试想如果把康德、黑格尔乃至马克思都译得通俗流利,那还是康德、黑格尔或马克思吗?我们也不应该这样要求译文。另外,老一辈的学者冯文潜(柳漪)先生和沈有鼎(公武)先生均对康德有深湛的研究。惜乎冯先生一生从不从事著述;沈先生著述极少且未曾提及过康德,若干年来几乎不曾写过什么文章。老一辈的学人自重如此,远不是当今动辄以炒作千万言为其能事的弄潮儿所能望其项背的。

"文革"初期,自己并未投身于运动,甘当一个"逍遥派",整整有两年的时间蜗处家中陋室,偷偷又阅读了康德的三大批判和三小批判(即《导论》《探本》和《考察》),自我感觉较青年时别有一番会心之乐,遂径直往下阅读了他晚年的所谓"第四批判",感触甚深。康德晚年的思想,其兴趣的重点显然有转入人文(政治与历史)方面的趋向。当时他已年逾古稀,倘能假以时日,仍不是没有可能写出一部完整的第四批判来。不过,目前已经传世的这几篇文字,已经足以构成一幅第四批判的雏形了,是故卡西勒径直名之为"历史理性批判"。而自己却竟然是在"文革"的动乱之初,方始有缘读到他这几篇重要文字的。当时的感觉仿佛是柳暗花明、豁然开朗；过去所读过的一些历史哲学的著作都不如他的这几篇那么地深切著明。例如卢梭曾慨叹过：要为一个国家立法是那么艰难，必须是一个天使的民族而后可。而康德则反其道而引申其义说：那并不需要有一个天使的民族，哪怕是一群魔鬼也可以，只要他们有此智慧。这一论点表现出了何等之更加高明的智慧！卢梭为天使说法，另有的哲人在为某一部分人说法，而康德则是为包括魔鬼在内的一切众生而说法。卢梭是要强迫使人自由（他们"无往不在枷锁之中"），而康德却更跃进一层，直要使魔鬼成为天使。这一思想的跳跃真可谓青出于蓝而冰寒于水。这里我们看到的是一个 18 世纪的哲人们所喜欢称引的那种"世界公民"（Weltbürger）的面貌。真理是放之四海而皆准的，康德哲学的先验性更仿佛格外无比地保证了它是俟诸百世圣人而不惑的。在这里一个读者在一种仿佛是在受到了启蒙（enlightened）的心情之下一定会深刻地体会到的歌德的名言："每个人都可以有自己的真理，然而真理却仍然是一个"（卡西勒：《卢梭、康德、歌德》，普林斯顿，1963 年，97 页）。于是我就开始偷偷地进行翻译，当时只不过是逃于空虚、聊以自娱而已，从未梦想到过有一天居然能出版。其后宣传队进驻，我被关入牛棚，苦中作乐遂不得不告中止。三年后，尼克松访华，《参考消息》登了一条外电，说是新华书店又摆出了康德《纯粹理性批判》和卢梭《社会契约论》，表明中国是不会废弃人类文明的经典的。卢书原系拙译。受到这则消息的启发，干校归来后，我遂把康德的八篇论文全部重校过，加以整理，送交出版社，并径以《历史理性批判》为书名。出版社方面却认为这不是康德的原名，遂正名为《历史理性批判文集》。然而不意一拖又是十有五年，直至 1990 年才发行问世，诚可谓命途多舛。此后，我又译了康德早年的《对优美感和崇高感的考察》（译名作《论优美感与崇高感》），迄今又已六年，或者不久可以问世。日前清华大学 90 周年校庆会上得晤老学长王玖兴兄，因询及由他主编的六卷《康德文集》。据他告我前三卷进行顺利，而《纯粹理性批判》一书，即是他的译文。这是一位毕生精力尽瘁于德国古典哲学研究的学者。他的工作不但对他个人是一项深厚的回报，而且也是对我国学术界重大的贡献。以上所谈，仅限于大陆情况。关于台湾，我所知甚少，只知道研究康德者，代有其人，本书作者朱高正先生即是其一。

　　纯粹理性如果不经过一番自我批判，则其所得到的知识就只能是武断的形而上学；同理，实践理性、判断理性、历史理性也莫不皆然。然而在思想史上还不曾有人对历史理性进行过一番自我批判的洗炼。有之，应该说是自康德始。自然，他也留下了一大堆问题，有些是带根本性的（如历史认识能力的有效性），并没有解决。有些论断，也难以为后世的读者所同意。不过这项自我批判的工作却是历史理性认识之不可或缺的一项前导（prolegomena）。康德奠定了一个体大思精的哲学体系，人类的思想和文化只能是在前人已奠定的基础之上前进。如果真的是彻底砸烂了一切旧文化、旧思想，人类就只好是倒退到原始的蒙昧状态。马克思的无产阶级专政学说是指政治上的专政，不是思想上的专政。思想上的专政事实上是不可能的，理论上是说不通的。难道你有可能专得一切人都按你的想法去思想？

　　一切思想都只能是站在前人的肩膀上继续前进。不过，康德的《纯粹理性批判》确实是不大好读。我时常想，假如我们读康德能换一个顺序，不是第一、第二、第三、第四，而是反其道而行之，由第四而第三、第二以至于第一，或许就更容易领会康德哲学的实质。今高正先生此书重点在于评论康德的第四批判，颇有与鄙见不谋而合者，因而深感虽然隔海两岸，但心理攸同并无二致，颇有"逃空虚者，闻人足音，跫然而喜"的欣慰。高正先生全书文思精密、深入浅出，相信读者当能由此领会到一个更真实、更完整、也更容易理解的康德。这应该说是功德无量的事。高正先生书成之后索序于我，我遂不揣简陋，率尔操觚，仅赘数语如上。是为序。

何兆武谨记

2001 年春北京清华园

康德《论优美感与崇高感》译序

一

　　《论优美感与崇高感》是 1763 年康德撰写的一篇长文，次年在哥尼斯堡作为单行本出版，题名为《对优美感与崇高感的考察》。

　　通常在人们的心目中，康德是以这样一副形象呈现的：他是一位鼎鼎大名的哲学家，但同时也是一位枯涩的、刻板的纯哲学家。他一生足迹从未出过他的故乡哥尼斯堡[①]，生活有点古怪，没有任何嗜好，终生未婚，甚至也从没有过恋爱，每天、每月、每年都过着一成不变的刻板生活，以至于邻居们都以他每天固定的散步时间来校对自己的钟表。他的哲学也是枯燥无味的，文风沉闷而冗长，《纯粹理性批判》一书大概除了少数专业人士以外，一般读者是很少有人通读完了的。阿·赫胥黎（Aldous Huxley）曾有一篇谈旅行的散文，说到出门旅行的人行囊里每每总要带上两本书以供旅途消遣，有人在两本书之中就选有这部《纯粹理性批判》，但是直到旅行归来，实际上连第一页也没有看完[②]，似乎颇有点讥讽意味。这部书有两种中文译本，即 1949 年前胡仁源译的和 1949 年后蓝公武译的。这两部译文，中国读者读起来简直有如天书，比康德的原文还难懂[③]。而恰好这本

[①] 哥尼斯堡原为东普鲁士首府，意为"王城"，第二次世界大战后划归原苏联领土，更名为加里宁格勒，即加里宁城。

[②] 见 Aldous Huxley, *Along the Road*, Leipzig, The Albatross, 1939, p. 66。

[③] 就我所知，齐良骥先生晚年重译此书。但前年良骥先生遽归道山，不知这项工作已完成否，下落如何。

书是大学里读康德哲学的第一本必读书。30 年代初，何其芳在北大哲学系做学生时，就曾有"康德是个没趣味的人"之叹，这其实也是大多数中国读者一直因袭的看法。不但一般读者，就连哲学专业人士大抵也只读他的第一（《纯粹理性批判》）或者也还有第二（《实践理性批判》），所以得出以上的印象也就不足为奇。

我时常想，假如我们能从另一条途径去读康德，先读（或者哪怕是后读）他的第三批判，即代表他晚年力图打通天人之际的《判断力批判》以及所谓的第四批判，即《历史理性批判》，再加上某些前批判时期的作品——当然，首先是这部《论优美感与崇高感》，也许还有《自然通史和天体理论》以及《一个通灵者的梦》，那么我们大概就会看到另一个更有趣味的康德，而且也会更近于康德这个人和这位哲学家的真实面貌。批判哲学就像是一部哲学的《神曲》，它要带着你遍游天地人三界，第一批判带你游现象世界，第二批判带你游本体世界，最后第三批判则是由哲学的碧德丽采（Beatrice）——美——把你带上了九重天。哲学虽然包括三界，但是只有"无上天"（Empyrean Paradise）才是统合三界的最后归宿。

赫德尔（Herder）是康德的学生，两人后来虽然在历史哲学问题上意见相左，并有龃龉，但赫德尔对《论优美感和崇高感》一书却给予了高度的评价。他写道：

> 康德整个是一个社会观察家，整个是一个完美的哲学家。……人和人性之中的伟大和美丽、两性的气质和动机、德行，以及还有民族性；——这些就是他的世界，他非常之精密地注意到了细微的阴影，非常之精密地分析了最为隐蔽的动机，并且非常之精密地勾画出了许多细微的遐想，——他整个就是人道之优美与崇高的哲学家。在这种人性哲学上，他是一位德国的沙夫斯柏里。[①]

这是赫德尔对此书的总结和评价，但同时也反映了他那个时代人们的

---

① Herder, *Kritische Wälder*. 载赫德尔：《全集》第 4 卷，柏林，1878 年，第 175 页。

普遍看法。书中所展现的这位哲人，并不是一个枯涩无味的逻辑学家，单纯在做着概念的推导，而是对人性的丰富多彩（及其不足）充满着敏锐的感觉，而又是那么地细腻入微。这一点对于了解康德的全部思想理论，是至关重要的。此书虽不是一部哲学著作，但其中并不乏深刻的哲学思想。康德的哲学——和那些仅只根据《纯粹理性批判》来构想康德的人们的印象相反——乃是从大量的科学知识和对人生的灵心善感之中所概括、所总结和提炼出来的一个理论体系。这位宣扬"最高指令"（Kategorische Imperative）的人，并不是一个对生命的情操和感受茫然无知或无动于衷的人。把这些和他的三大批判联系起来看，我们庶几可以接触到他思想中一脉相承的线索，否则我们对他批判哲学的理解就难免是片面的。本书中已经流露出端倪的一些提法，如天人之际、道德的至高无上且又日新又新、事物的流变不居，但其中又有其普遍有效的成分等等，可供我们和后来的批判体系相参照，这样，我们对他的全部思想发展的历程庶几可以有一个更好的理解。

二

1790 年的第三批判，即《判断力批判》，奠定了近代美学理论体系的基石。当代研究中国哲学的学者们，有些人每好谈天人合一乃是中国思想的特征。其实这是一种无征不信、似是而非之说。因为古今中外一切哲学讲到最后，没有一家不是指向天人合一的，宇宙和人生最后终究是要打成一片的，天道、人道终究不可能不是一以贯之的。也可以说，凡不如此的，就不是哲学。问题只在于每个人各有其不同的讲法，这就成为了不同的哲学。康德毕生只写过两部美学著作，一部是他这部晚年集其理论之大成、力图打通天人之际（也就是天人合一）的那部大著；另一部则是在此前 27 年所写的这篇《论优美感和崇高感》。从这部前批判时期的《论优美感和崇高感》中，我们可以看到他是怎样考察和解释"人性"的，以及他是怎样考察和理解"美"的。并且我们还可以由两本书的比较看到他的思想的发展和演化的脉络。

《论优美感和崇高感》全书共四节，但第一节正面论述优美与崇高的性质的那部分仅有如蜻蜓点水，只不过浅尝辄止，并没有着意进行深入的分析和发挥，也没有多少哲学的推理可言。它只是一个楔子，重点则在后面的三节，但大抵都是作为经验的描述和归纳。第二节是谈这两种美感在人性中的一般表现及其特征的。第三节是论两性之美的不同，第四节是论不同的民族性。越是到后面的部分，越是没有谈什么纯哲学的地方，他倒反而好像是越发兴致勃勃地乐此不疲，各种事例随手拈来都妙趣横生，例如他谈到女性之美，谈到西班牙人那种唐·吉诃德式的斗牛精神，等等。本来，一个哲学家并不必一定要站在学院的讲坛之上，道貌岸然地宣然自己的高头讲章。道是无所不在的，所以讲道的方式也应该是无所不可的；正所谓"天道恢恢，岂不大哉！言谈微中，亦可以解纷"①。古希腊哲学的画廊学派或逍遥学派，大都是在漫步谈笑中间自然而然地、毫无修饰地表达和交流思想的。这使人能够更亲切地流露出自己的思想和风格。很多人之受到师友的思想启发，很多并非是通过他们讲什么大课，而更多地是从他们漫不经心海阔天空的闲谈之中得来的，而且所谈的甚至大多是与其专业仿佛无关却又有关的问题。

美之所以成其为美，关键就在于它是"无所为而为"（disinterestedness，这是朱光潜先生的译语，亦即与利害无关，或不考虑其实际的价值）。朱先生在他许多美学著作中曾大力介绍过的这一论点，早在30年代即已为中国的读者所熟知，此处无须赘叙。美之所以和人们的愿望、利害和知识无关，是由于它有其自己独立的立足点，或者说它是理性的一个独立王国。是故《判断力批判》开宗明义就有理性三分的提法（从此，美学也就在哲学中占有了合法的独立地位）。但是理性自身终究不能总是天下三分而是要复归一统的，天人是不能永隔而终究是要合一的。康德美学理论的重要性，不仅在于它是一种美学理论，而尤其在于它是打通天人之际的关键；

---

① 《史记·滑稽列传》。

由此，理性的三个方面就得到了最后的综合和统一。也可以说，宇宙的理性使人类的理性崇高，而人类理性的崇高则是宇宙理性（他使用的术语是"大自然"或"天意"）的归宿。

本文的主要内容有以下两点：一是优美与崇高的对立与统一，一是强调美的主观性。优美的观念是早在古希腊就已经受人重视的，他们的造型艺术总是讲求和谐匀称（如所谓"黄金分割"），讲求明媚窈窕（如各种女神的造像）。但是要到晚期罗马的朗杰努斯（Longinus）始特标"崇高"这一概念，尔后遂成为美学上的一个重要范畴或标准；近代以来，经过法国文艺批评权威布瓦罗（Boileau）的提倡，自17世纪起即蔚然成风。然而17至18世纪所谓的崇高，大都指的是外在事物，如宇宙的无限等等。而康德则在此之上加入了人的自身。人性自身的美丽和尊严，就在引导着自己的道德生活，这本身就是崇高的体现；它就是崇高。（在文中康德也常使用"高贵"或"高尚"一词来代替"崇高"。）由于这一点，康德早在他的《纯粹理性批判》之前就在美学上进行了一场哥白尼式的革命，亦即把美的基础从客观方面转移到主观方面来。在他以前，无论是理性派还是经验派都一致认同于美的客观属性，即认为所谓美乃是客观事物的属性使我们产生了美感；而那特别指的是，多样性的统一（多中有一，一中有多）所形成的和谐就成为美。但是康德在本文中却提出：多样性本身就是美，而无关乎多样性的统一与否。与此相关的另一个论点则是：美是个人情趣和美妙感受的表现。换句话说，它是某种主观的表现，而不是某种客观的反映。这就和当时流行的（尤其是和古典主义所强调的）美的客观规律的论点正相背道而驰。

优美与崇高，是当时流行的论题，很多人都用这个题目做过文章，最有名的是英国理论家柏克（Edmund Burke）的《崇高的与优美的观念之起源的哲学研究》一书，其中论述了崇高的产生乃是由于我们对某种强大有力的对象感到惊愕，继而我们意识到它对我们并没有危险，于是这种惊怖之感转化为一种愉悦之情。柏克认为优美的特性在于使人轻松愉快，而崇高的特征则在于它那巨大无匹的强力程度。康德是熟悉18世纪的美学的，也承袭了当时的术语：优美和崇高，但却赋之以新的意义而形成自己的体系。他的体系是批判的，他曾说过我们是生活在一个批判的时代里，一切都需要经过批判；就是理性本身，也应该受到批判^①。在这篇文章中他虽则没有采取《纯粹理性批判》的形式而提出"优美感和崇高感是如何成为可能的"这一问题，但全文中都在酝酿着对于这个问题的答案。

关于优美和崇高二者分野的界定，他只有简单的寥寥数语：

> 美有两种，即崇高感和优美感。每一种刺激都令人愉悦，但却是以不同的方式。
>
> 崇高感动人，而优美感则醉人。
>
> 崇高必定总是伟大的，而优美却也可以是渺小的。崇高必定是纯朴的，而优美则可以是经过装扮和修饰的。^②

换句话说，优美可以是具有多样性的，而崇高则始终是单一的，这似乎是对传统美学观念——美是多样性之寓于单一性之中——的一种否定。美并不是一定非"多寓于一"不可。至于传统美学中"多寓于一"的观念，则大致相当于康德在本文中所铸造的另一个术语，叫做"壮丽"（Prächtig）。

关于优美与崇高的分别，中国学人最早介绍并运用这一观念的，就我所知应是王国维。王国维在他的早年著作中对此曾有要言不烦的论述。

> 优美与壮美之别：今有一物，令人忘利害之关系而玩之不厌者，谓之优美之感情；若其物直接不利于吾人之意志而意志为之破裂，唯由知识冥想其理念者，谓之壮美之感情。^③
>
> 美之为物有两种：一曰优美，一曰壮美。苟一物焉，与吾人无利害之关系，而吾人之观之也，不观其关系而但观其物，或吾人之心中无丝毫生活之欲存，而其观物也，不视为与我有关系之物而但视为外

---

① 参看康德《纯粹理性批判》第 2 版序言。
② 《论优美感与崇高感》，康德《全集》第 2 卷，柏林科学院版，第 208~210 页。
③ 《静庵文集》29，见《王国维遗书》第 5 册，古籍书店影印本。

物，则今之所观者非昔之所观者也。此时吾心宁静之状态，名之曰优美之情，而谓此物曰优美。若此物大不利于吾人，而吾人生活之意志为之破裂，因之意志遁去，而知力得为独立之作用以深观其物。吾人谓此物曰壮美，而谓其感情曰壮美之情。①

这里王国维的"壮美"一词即是"崇高"。王国维早年治哲学，中年治文学，晚岁才转入史学。青年时期曾受过康德、叔本华和尼采的巨大影响，中年的文学研究和创作成绩斐然，而且深深带有早年哲学思想的烙印。《人间词话》一书思想之深邃，境界之高远，识见之透彻与夫文辞之晶莹，足以无愧于字字珠玑；但是多年以来，他似乎仅仅以古史学家而为人所称道。这对王国维本人是不公正的，对近代思想文化的历史面貌也是不公平的。

优美和崇高两者是不同的，那区别就在于优美使人欢愉，崇高使人敬畏。但是两者的关系却不是互相排斥的，而是互为补充、相反相成的。崇高如果没有优美来补充，就不可能持久；它会使人感到可敬而不可亲，会使人敬而远之而不是亲而近之。另一方面，优美如果不能升华为崇高则无由提高，因而就有陷入低级趣味的危险，虽则可爱但又不可敬了。一切真正的美，必须是既崇高而又优美，二者兼而有之，二者相颉颃而光辉。世界上是不会有独美的，它必须是"兼美"。（不知《红楼梦》的作者是不是也持此看法？）友情与爱情、悲剧与喜剧、感官之乐与思想之乐，总之一切优美的和一切崇高的，莫不皆然。在这一点上，康德透露出了一种重要的倾向，即这两者的结合不但有其审美的，而且尤其是有其道德的涵义。

由此，我们便涉及此书内容的另外几个重要的论点。第一，美感不是快感（或官能的享受），但也不是思辨原则所推导出来的结论。它虽不是这两者，然而它却是可以培养的，并且是和德行相联系的。美感可以培养，也就意味着人性是可以改善的，可以提高的。这种人性论就和已往大多数的人性论有着根本的不同了。已往的人性论大多是把人性看成某种给

---

① 《静庵文集》43、44。按，王国维这些有关的知识可能间接由叔本华得来，在他的"遗书"中找不到他曾读过康德本文或第三批判的记载。不过，这个观念脱胎于康德是毫无疑问的。

定的、一成不变的东西。到了康德这里，本性难移就被转换成了本性可移。本性不但可移，而且应移。我们应该不断地培养并追求更高的美。这些见解鲜明地表现出作为启蒙运动最卓越的代表之一的康德本人的精神面貌。庸俗的享乐（快感）并不需要培养或修养，只有更高级的美（那是一种精神活动或精神状态）才需要。例如，开普勒发现了行星运动定律，从而感受到宇宙之神秘的和谐那种欣喜，那是没有高度的科学修养和精神境界所永远不可能期望达到的。第二，人性之中也不尽都是美，这一点是康德所深刻了解的。这篇论文既是对生活中的种种人性事实在进行一番考察，当然就不是闭起眼睛而无视于人性中的丑恶面。他承认真正能做到德和美的高度统一的，毕竟只是极少数人。但是这并无伤大局。尽管大多数人都从自利出发，然而冥冥之中却仿佛是有一只看不见的手在推动着这一切趋向于一个目的，康德在本文中称为"无目的的合目的性"（Zweckmässigkeit ohne Zweck）。20 年后，他在他的《历史理性批判》中进一步地发挥这一论点，遂提出了"非社会的社会性"（ungesellige Geselligkeit），也就是说，人们虽然被自利所驱使，但是从总体上看却适足以成就大自然或天意的目的而成为天下之大公①。大自然或天意有其自身的目的，它是通过每个人不同的自利的目的而达到它自己的目的的。这个作意和王船山的"天假其私以行其大公，存于神者之不测"②以及黑格尔的"理性的狡猾"（die List der Vernunft）③是非常相似的。"大自然"亦即"天意"这一观念，在本文中已有萌芽。第三，本文中的一些提法，有些是当时流行的见解，是作者受时代所制约的。如，他把崇高分为三种，优美分为两种，人的气质分为四种；又如他认为女性更多的是属于优美，所以就不适宜于作一个学者。凡此种种大概已经不能为今天的读者所同意了，但是今天的读者却不宜在这些细节上去和古人斤斤计较，或者是脱离现实条件而苛责于他的时代。重要的是，他承认女性也是人，所以就应该享有人性的一切的美好，包括崇高在

---

① 《论优美感与崇高感》，康德：《全集》，第 2 卷，第 220 页。
② 王夫之：《读通鉴论》卷一。
③ 黑格尔：《小逻辑》，第 209 页。又，《历史哲学》及《精神现象学》中多处提到。

内。故此他谈到恋爱时就结论说：美丽迷人只不过是一阵过眼烟云，只有真正的敬意才能维持爱情于持久；所以培养情趣和提高品德才是爱情与婚姻的最好的保障。美与德的统一是他终生的祈向，这种祈向在这篇批判前期的论文中时有流露。进一步说，全人类都需要不断培养和提高优美和崇高的情操。本文的全篇大旨，不外如是。全文最后便从这个观点对西方精神文明的发展历程作了一番简短的历史回顾而告结束。

三

人性的美丽（优美）激发了感情，人性的尊严（崇高）则激发了敬仰。下面便是本文中为人们所经常引用的那段名言：

> 真正的德行只能是植根于原则之上。这些原则不是思辨的规律，而是一种感觉的意识，它就活在每个人的胸中。它就是对人性之美和价值的感觉，这样说就概括了它的全部。唯有当一个人使自己的品性服从于如此之博大的品性的时候，我们善良的动机才能成比例地加以运用，并且会完成成其为德行美的那种高贵的形态。①

最高的美乃是与善相结合、相统一的美，反之，最高的善亦然。道德高尚必须伴有美好的感情，美好的感情也不能缺少道德的高尚。美说到最后，更其是一种道德美而不是什么别的。美的地位，就这样极大地被提高到人类思想史上所空前未有的高度。中国思想史历来是把伦理道德崇之于至高无上的地位的。但是似乎还不曾有过哪一个思想家是把道德认同于美或把美认同于道德，或曾明确地论证过美就是打通天人之际的枢纽的。这或许是比较哲学中一个值得瞩目的问题。正有如西方哲人每每喜欢把知识认同于善，自从苏格拉底提出"知识就是德行"的名言以来，历代都有人强调知识本身的价值。浮士德博士为了想要知道宇宙的奥秘，不惜把灵魂卖给魔鬼。中国哲人是决不会去做这种事情的，因为中国哲人从不把知识

---

① 《论优美感与崇高感》，《全集》第 2 卷，第 217 页。

本身看作有什么独立的价值，值得人去献身；知识本身并不是目的，而只是有助于伦理目的（即所谓"上明王道，下挨人伦"或"王道之正，人伦之纪"）①的一种手段或工具。知识的价值只在于其为德行服务，知识（和美）本身都不是德行，而是从属于德行、为德行服务，并且统一于德行之下的（用当代的术语来说就是：科学为阶级政治服务）。但在康德这里，则智性、德行和审美三者各自既是独立的，但最后又复统一于更高一级的理性。

优美表现为可爱迷人，崇高则表现为伟大的气概。而最能使我们产生崇高感的，还是我们对于内心道德力量的感受。而崇高和优美又是分不开的，于是美和德行就这样终于合为一体。不仅如此，大自然或天意还设计了种种巧妙的补助方法，使得每个人按照自己的愿望去行事时，都在不自觉地完成大自然或天意的目的：

> 因为每一个人在大舞台上都按自己占统治地位的品性而行动时，他同时也就被一种秘密的冲动所驱使，要在思想上采取一种自身以外的立场，以便判断自己的行为所具有的形象在旁观者的眼中看来显得如何。这样，各个不同的群体就结合成一幅表现得华彩夺目的画面，其中统一性就在更大的多样性之中展示出它的光辉，而道德的整体也就显示出其自身的美和价值。②

尽管美和德行各自有其自身的价值，但是美却因道德而可以成为更高的道德美，正如德行由于美而可以成为更高的美的德行，而这也就"必定会对全体人类造成一种简直是奇迹般的销魂之美"。③

此文何以没有采取《纯粹理性批判》的论证方式，先来探讨美感是如何得以成为可能的这一问题，就径直把美感当作是某种现成给定的、理所当然而无需追问的经验事实而加以评论？对此，或许可以设想有如下一种答案：对于我们的认识对象来说，外物和内心是不同的。外物对我们呈现

---

① 杜预：《左传·序》。
② 《论优美感与崇高感》，《全集》第2卷，第227页。
③ 同上。

为形形色色的形象，它们必须通过我们的感性整理才能为我们所认识，然后就成为我们的感性认识。这一大堆感性认识，又必须再经过我们智性能力的一番整理才能为我们所理解，于是就成为我们的智性（或悟性）认识。但是我们对人心的认识则不然，它是我们不假感性知觉，不假智性思索，当下就可以直接认识或领会的。正是这一点，就为后来的新康德学派的发展提供了一个重要的契机，即对外物的认识，我们需要对感性知识进行一番智性的加工，才有可能使之成为智性知识。但是对于内心的认识，我们凭的是心灵的体验，我们不必凭借感性、智性的加工，就可以直指本心，从而明心见性（人性）。这也就是知识和体验的不同，也是人文学科与自然科学分野之所在①。现象和我们对现象的经验是不断变化的，但理性能力则是先验的，是不变的。哲学要研究的对象正是这个万古长青的理性能力，所以它在本质上就和一切的经验科学不同。康德的理性是比智性更高一级的、并把智性也统摄在内的理性。人类知识之分为感性认识、智性认识和理性认识三个层次，蔚为康德在人类思想认识史上最具特色的理论。所以他在谈了知识问题（第一批判）、道德问题（第二批判）之后，还必须继之以畅论天人之际的审美与目的论的第三批判，以成就一套完整的哲学体系三部曲。他所完成的哥白尼式的革命——不过所谓哥白尼式的革命也有人别有义解，这里暂不置论——不仅是在知识理论上，而且是在全部的理性能力上。他是一个彻头彻尾的理性哲学家，哲学就是研究理性或人的心灵能力（Gemuthsfähigkeit）的，尤其是，理性不但为世界立法，同时也在为理性自身立法；所谓批判云云，实际上也就是理性的自我批判，是理性在为自己确立一个有效性的范围。而且真假、善恶、美丑，归根到底并不是互不相干的，它们在更高一级的理性层次上是一致的、统一的。如果我们达到的是这样一个结论，那就和仅仅读《纯粹理性批判》所会呈现的康德面貌颇为不同了。

---

① 新康德学派有其绵密而合理的部分，是不应一笔抹杀的。但是自从第二国际社会民主党受其影响而打出"返于康德"的旗号之后，自然不免要殃及池鱼。这或许是新康德学派在我国很少有人研究的原因之一。

四

任何一种思想理论都不会是凭空产生的，而必定是渊源有自。自从中世纪经院神学的统治式微和近代的人文主义登场以来，近代思潮大体上就沿着两条路线在开展，一条是由笛卡尔所开创的以脑思维的路线（所谓理性派、经验派其实都是以脑思维），另一条是由帕斯卡所开创的以心思维的路线。两条路线每一条都代有才人；前一条路线的发展下迄当代的分析哲学，后一条路线的发展下迄当代的生命哲学。前一条路线认为不从分析入手就会不得其门而入，有似囫囵吞枣。后一条路线则认为不从本体把握，就会破碎支离，有如盲人摸象。这种情形有点类似中国道学中的理学与心学的对立，或者是类似历史学中的考据派与义理派的对立。考据派认为不从文字训诂的考证入手，你就永远也不会懂得史料，不懂史料，还谈得到什么理解历史。义理派是认为，你就是把古书中的每一个字都考订出来，皓首穷经，最多也不过是"死在句下"，仍然没有能触及理解历史的本质。分析派认为不从语言概念的明确分析入手，则一切玄谈无非都是毫无意义的形而上学的废话，无异乎痴人说梦；而生命派则认为一味分析语言概念而不触及根本要害，完全是言不及义。至于传统的说法，即所谓西方文化的内在矛盾乃是希腊主义与希伯来主义的冲突，则在双方许多人的身上都同时有所表现，例如帕斯卡就是一个明显的例子。

以心思维的这条路线，在我国思想界似乎不如以脑思维的那条路线那么受到研究者的重视。但是一种思想之是否为研究者所重视，并不就是反映它本身重要性的一个尺度。一方面人是一种以脑思维的动物，是一种智能的动物（homo sapien）或一种智能的机器；但是另一方面，他又不仅仅是在以脑思维的动物，他还在以心思维。智性（工具理性）和非智性（非工具理性）两种成分就合成为人，人性就包括两种成分都在内。如果人就是纯智性，那么一切问题倒都简单了，例如，人类也许根本就不会有战争，也不会有一切感情、热望或理想之类的东西，一切都严格按照机械的规律运转，人生也会无趣得就像是一架计算机。于是，在 17 世纪就开始走出来一大批人性学家或人性论者（moraliste），他们大都要写上一部或几部题名为《幸福论》或《爱情论》或其他类似名目的著作（帕斯卡就写过一部《爱情论》，或者至少有人认为那部书就是他写的）。当然，像是幸福或爱情之类人生中最重要的东西，都不是纯智性或工具理性所能为力的。从蒙田（Montaigne）、拉·罗煦福高（La Rouchefoucauld）、帕斯卡开始的人性论传统，到了 18 世纪又呈现为一种新的时尚，就是人们往往都要谈美或者美是什么，从而就出现了近代美学。1747 年贝利（John Baillie）出版了《论崇高》一书，但此书康德并未读到；继而 1757 年柏克出版了他的那部论崇高与优美的名著，一扫前人的成说。前人多以为优美或崇高都是使人欢愉的，柏克则认为两者是对立的、互相排斥的，并把崇高置于优美之上。康德读了他的书并受到他的影响（例如，康德倾向于认为优美终究是要以崇高为依归的），柏克的理论也通过康德而为欧洲大陆的读者所知。但是康德的思想还另有一个渊源，即他所受到的卢梭的影响。

康德思想所受到的巨大影响，在科学上是牛顿，在人文上则是卢梭，这一点是他自己曾经明确提到过的。一个有名的故事是：有一天他读卢梭入了迷，竟至于忘记了每天定时的散步，使得邻居们大为诧异。本文是在他阅读了卢梭的《爱弥儿》之后所写成的，故而文章结尾谆谆寄希望于培养青年一代的世界公民的教育。然而康德并非只是承袭了前人的成说而已，他永远都是在博采众家之长而又出之以自己的创造性的批判。当时的美学家大都是从客观立论，把美认作是事物的客观属性，而康德则反其道而行，把美认为是主观的感情。这种主观论在本文中还只流露出某些萌芽，有时候他仍然徘徊在主观论与客观论之间，直到 27 年以后的第三批判才完成了这场美学上（而且更其是哲学上）的哥白尼式的革命。这是康德理论的创造性的贡献。而本文则是上承人性学家的传统，可以说是康德的一篇人性论的著作。另外，他的崇高观是强调人自身的内在价值的，——正因为有其内在价值，所以人本身就是目的，而决不是其他别的什么东西的工具，——这一点或许有一部分可以溯源于他的家庭的虔诚教派（Pietismus）

的信仰①，这个教派略近于清教徒（Puritanism），可以说是对宗教改革（Reformation）的改革，他们鄙弃一切的教条和说教，而专重内心的严肃与虔敬。

本文是从美感着手而探讨人性的，到了批判哲学的成熟期，则转而从对先天能力的分析着手（第一批判），然后继之以探讨纯粹的实践理性（第二批判），终于由审美判断和目的论打通了天人之际，使理性的三方面复归于统一。看来他好像是绕了一个圆环，又回到了原来的人性起点。但这已非简单是原来的原点，而是在更高一个层次的复归。理性非经过这样一场自我批判的历程，就不是真正意义上的理性。因此，仅只停留在《纯粹理性批判》的字面上或概念上理解康德思想的人，或许始终是未达一间。

归根到底，人不是一架计算机。人总是要有计算的，是要计较得失的，完全非功利的人是没有的。但是人生又绝不仅仅是运用工具理性在计算、在计较功利与得失而已。哲学是研究人的学问，仅凭工具理性推导出来的哲学，当然也是人的一部分，所以也是必要的而且是有价值的，但是如果哲学仅只限于工具理性的推导，那就未免有如哈姆雷特所说荷拉修（Horatio）的话："天地间的事物要比你那哲学所能梦想的，更多得多。"②千变万化而又丰富多彩的思想和人生，不是任何一种概念体系或架构所能限定或规范得了的。哲学如其只是工具理性的一个逻辑框架或结构，那就必须还得有血有肉来充实它，赋给它以活泼泼的生命。这一点正是 17、18世纪人性学家伟大传统的所在。我们理解康德，不能只从纯粹理性这一方面来考察他，他同时也还是人性学家的传统的继承者和发扬者。尤其是，过去双方似乎是互不相干、各行其是的，到康德的手里才得到了一种崭新的综合，从而达到了一个远远突破前人的新高度。前人把理性简单地理解为就是智性或悟性，康德则赋之以更高的新意义，把一切智性的以及非智性的（道德的和审美的、意志的和感情的）都综合在内，于是理性便突破

---

① 参见 A. C. McGiffert, *Protestant Thought before Kant*, New York, Scribners, 1912, 第 9 章。
② 莎士比亚：《哈姆雷特》第 1 幕，第 5 场，第 166 行。

了智性的狭隘范围，理性哲学才成为名副其实的理性哲学，才上升到全盘探讨人的心灵能力的高度。近代自从文艺复兴以来的主潮，乃是人自身的尊严与价值的觉醒，它可以说是到了康德的手里才达到了最高的程度。不从纯粹理性进行分析，固然谈不到对于人有任何正确的理解，但是仅凭纯粹理性的分析，却是不够的。要理解人生的精义或真谛，就必须靠目的论来达到一种天人合一的、真正意义上的理性哲学。目的论的高扬，见之于第三批判，而其中的某些雏形观念则在《论优美感与崇高感》一文中已经透露了某些端倪。①

五

最后，顺便谈一下一种颇为流行的观念，即人们每每以 1781 年《纯粹理性批判》一书的问世为一条界线，把康德的一生划分为前批判时期和批判哲学时期两个阶段，以为只有批判哲学才是康德成熟的定论，至于所谓批判前期则照例是不予重视的。其实，康德的思想（乃至任何人的思想）前后并不存在一条截然不可逾越的鸿沟。一切成熟的东西，都是从不成熟之中成长起来的。一个人的思想总是有变化的，但又总是有其连贯性的，历史是在不断变化的，但又是不能割断的。全盘维护旧传统是不可能的，彻底砸烂旧传统也是不可能的。何况所谓前批判时期长达 30 年之久。岂有一个思想家在漫长的 30 年的岁月里竟然会完全乏善可陈之理？

属于这一漫长的前批判期的思想的，共有哲学著作十二篇，自然科学著作十篇，人类学著作两篇，教育学著作一篇。所有这些著作几乎都多少闪烁有某些哲学思想，是与后来的哲学的论点相照应的。例如，我们上面所提到的本文中的"无目的的合目的性"可以和他第四批判的"非社会的社会性"相照应，而尤其是大自然即是天意的这一理念——（Idea，理念是不能证实的，但又是非有此假定不可的），——它假手人间的万事万物

---

① E. Cassirer, *Kant's Life and Thought*, New Haven, Yale Univ. Pr., 1981, p. 327ff.

使之不自觉地在完成它自身的目的。该文无论对于理解他批判前期的思想，还是对于理解他的批判哲学体系，都是一份不可或缺的重要文献。又如，批判前期的另一部代表作，1753 年的《自然通史与天体理论》所提出的宇宙演化论，后经拉普拉斯于 1776 年发展成为一个较完整的宇宙演化的理论，对后世有着深远的影响。恩格斯在《自然辩证法》中对其所饱含着的辩证思想曾经给予极高的评价。近代的辩证法是由康德奠基的，批判哲学体系中有着对辩证法的明确的表述（如《纯粹理性批判》中有名的四对二律背反）。而康德思想的来源之一是莱布尼兹，莱布尼兹在巴黎时曾精研过帕斯卡，而帕斯卡——据布仑士维格（Leon Brunschvicg）说——也曾提出另一种的四对二律背反。[①] 这似可从另一角度表明我们面前所说的，康德的思想来源之一是近代早期的人性学家。

　　康德批判哲学的代表作，一般认为是他的三大批判，它们构成一套完整的理性哲学的理论体系。但此外，他还有一系列其他的哲学著作与之有关，它们也都是阐释这个理性哲学的问题的。其中，通常人们认为《未来形而上学导论》可以看作是第一批判的一个提要或导言、缩写本、改写本，《道德形而上学探本》可以看作是第二批判的一个提要或导言、缩写本或改写本。那么，《论优美感或崇高感》可不可以认为是第三批判的一幕前奏或提要呢？从技术角度上，或许不能这样说，因为本书中并没有明确地论证目的论。但是从人性学的角度而言——因为哲学就是研究人的理性能力或心灵能力之学，也就是人学或人性学——则本文和 27 年后的第三批判，二者的基本作意是相同的，作者的思路是由这一人性学的出发点而逐步酿成晚年的压卷之作的。此文中当然不免有许多早年不成熟的痕迹，是他晚年放弃了的。如道德行为的基础，本文仍可以大抵认为带有经验的成分，而后来的第二批判则完全置之于先验的理性之上。本书中若干羌无故实的分类（如对崇高的分类），后来也被作者放弃了。我们最好是把本书和第三批判看作是两篇独立的作品，本书并不是第三批判的前言，但它确

---

① 　Pascal, *Pensées et Opuscules*, L. Brunschvicg ed., Paris, Hachette, 1912, p. 178.

实又是第三批判的一阕变奏曲。这样就便于我们追溯作者思想演变的历程。另一方面，不承认美感是功利的，不承认美感是快感，认为美感不是官能的享受而是发自内心的情操，优美和崇高两者虽然不同却又是交织在一起的，而尤其是德行和美感的结合与统一和主观论的发扬——对这些基本观点的阐发，批判期的和前批判期的既有所不同，而同时又确是它的继承与发展。并不像有些人想象的，前后两个时期截然不同，竟至于批判哲学乃是对前批判期的全盘扬弃与否定，并且完全是另起炉灶。第三批判的精义全在于对目的论的发挥，而它显然是早在本文中"没有目的的合目的性"就已蕴含了的。

当然，我们也不可要求得那么多，以至于这本小书就足以囊括或阐述他那全部体大思精的批判哲学体系。但是应该承认，本文确实最早提出了一些观念是成为尔后第三批判的重大契机的。作为康德在第三批判之外唯一的一篇美学著作，本书要比其他任何一篇前批判期的著作都更能显示出作者的风格、人格与若干重要的思路。当世学人（我首先想到的是友人李泽厚兄）倘能以本书和他晚年定论的第三批判进行一番比较研究，那将是一项极有意义的工作。如果再能探索一下近代辩证法由帕斯卡到莱布尼兹到康德的发展历程，那更将是功德无量的事了。可惜的是，这部小书迄今始终未能引起我国研究者的重视，爰不揣浅陋，拉杂写来，草成兹篇以期抛砖引玉。世之读康德者，倪亦有感于本书与欤？

六

最初有意移译这部小书还是远在 50 年代中期的事了，其后人事倥偬，遂久经搁置。80 年代初，友人王浩兄曾建议我译出，当时也颇为动念，不意一拖竟又是十年。去岁乘访问曾经是新康德主义重镇的德国马堡大学之便，终于抽暇、但又确实是备尝艰苦地把它译完了。

就我所知，本书的英译本有两种，早一种为 1799 年伦敦出版的《康德的逻辑、政治及其他哲学论文集》所收入之英译，译者不详，迄今众说纷纭，莫衷一是；但今天看来，文字显然已经过时，不甚合用；晚一种的则是 1965 年 J. T. Goldthwait 的译本（柏克林，加州大学版）。此外，收入在各种康德英译本中的尚有几种不同的英译本，包括狄·昆赛（de Quincey）的在内，狄·昆赛以文学名家见称，并曾大力介绍康德给英国，但是他的译文却最不忠实、最不可靠。其他文字的译本，以法文的最多，仅现代的就有四种。遗憾的是，第三批判的两种英译本都很糟糕，其中 Meredith 的译本较晚出，似稍胜，而唯一的中译本则错误百出，尤其是韦卓民所译的后半部，把英译本的错误还都弄错了，使人无法卒读。这对中国读者是桩不幸的事，希望将来会有可读的译本问世。

译这样一部书的困难，不仅在于其思想理论的内涵和专门的名词术语，就连作者使用的一些常见名词和形容词，如 Empfindung，Gefühl 以及 annehmlich，gefällig 之类，也都很难酌定。为了顾及前后行文的一致，当然同一个字以只用同一个相应的中文译名为宜；但事实上，在不同的场合又无法都只用一个相应的中文词语来表达（如果是那样的话，翻译就真可以成为一架机器的工作了）。这诚然是无可如何的事。因而只好在译文之后附上一份简略的译名对照表，以供读者们参照。其他错误和不妥之处，倘蒙读者赐教，拜嘉无极。

现乘本书译竣之际，我要向友人王玖兴、武维琴、李秋零、肖咏梅几位的多方热情协助，并向马堡大学汉学系 M. Übelhör 教授和哲学系 R. Brandt 教授为我提供使用他们的办公室和图书馆的便利，深致感谢之忱。

原载《论优美感和崇高感》

（康德著，何兆武译，北京，商务印书馆，2001 年）

康德《历史理性批判文集》译序

　　本书收康德于 1784—1797 年间（60 岁至 73 岁）所写的论文八篇，包括康德有关历史哲学和政治哲学的全部主要著作在内。

　　18 世纪末的德国比起同时期的西方先进国家来，仍然是个分裂、落后的国家；资本主义生产关系虽然已在发展，但仍苦于封建制度的严重束缚。这就决定了德国中产阶级的特殊软弱性。当英国已经和法国正在采取革命行动推翻封建制度的时候，德国还只采取理论的形式。因此在论及由康德奠基的德国古典哲学时，经典作家指出："在法国发生政治革命的同时，德国发生了哲学革命。这个革命是由康德开始的。"[①]

　　18 世纪 70 年代以前，康德从事多方面自然科学的研究，具有唯物主义倾向和辩证法因素；特别是 1755 年的《自然通史和天体理论》（或作《宇宙发展史概论》）一书，运用牛顿的经典力学原理，提出了关于太阳系演化的学说（即星云说），对长期以来在科学思想上占统治地位的僵化的自然观"打开第一个缺口"。[②] 这个学说于 1796 年被拉普拉斯（1749—1827）重新提出，开始产生广泛的影响，所以又被称为康德—拉普拉斯学说。

　　18 世纪 70 年代以后，康德转入所谓批判哲学时期，这个时期他的主要活动是建立他的先验论哲学体系。自 1781 至 1798 年将近 20 年的时期里，是康德批判哲学的成熟期：《纯粹理性批判》出版于 1781 年，此后《未来形而上学导论》于 1783 年、《道德形而上学探本》于 1785 年、《纯粹理性批判》第二版（及其序言）于 1787 年、《实践理性批判》于 1788 年、《判

---

① 《马克思恩格斯全集》，第 1 卷，北京，人民出版社，1956 年，第 588 页。
② 《马克思恩格斯选集》，第 3 卷，北京，人民出版社，1972 年，第 450 页。

断力批判》于 1790 年、《纯理性范围以内的宗教》于 1793 年、《系科之争》于 1798 年相继问世。在这同一个时期所写的有关历史与政治的理论著作，作为其批判哲学体系的组成部分，则在通称的三大批判之外别有其丰富的思想内容，并对后世有着深远的影响，故而曾有"第四批判"或"历史理性批判"之称。这个历史时代正是美国资产阶级革命（1776—1783）和法国资产阶级革命（1789—1795）的高潮。在启蒙运动和法国革命思潮的强大影响之下所写成的这几篇论文，饱含着时代的色彩；它们所表现的要把历史提高为哲学理论的努力、它们之以启蒙运动的批判精神和人类不断在进步的观点对于历史的本质及其运动规律所做的一系列臆测、它们之从纯粹理性出发来论证天赋人权及其与幸福的联系，实际上是提供了一部法国革命的德国版。康德自 18 世纪 60 年代之初即开始读卢梭，并对历史和政治的理论感兴趣；从 1767 年起曾经多次讲授过"权利理论"。所谓历史理性批判，其内容实质不外是法国革命原则——（一）牛顿的自然法则,（二）卢梭的天赋人权,（三）启蒙时代的理性千年福祉王国学说，——在康德先验哲学体系中的提炼。

　　构成康德历史哲学的中心线索的是历史的两重性，即历史的合目的性与历史的合规律性；亦即人类的历史在两重意义上是有道理（理性）可以籀绎的:（一）它是根据一个合理的而又可以为人理解的计划而展开的，（二）它同时又是朝着一个为理性所裁可的目标前进的。就其当然而论，人类历史就是合目的的；就其实然而论，人类历史就是合规律的。目的的王国与必然的王国最后被康德统一于普遍的理性。统治这个理性的王国的原则是：正义和真理、自由和平等、不可剥夺的和不可转让的天赋人权。"现在我们知道，这个理性的王国不过是资产阶级的理想化的王国；永恒的正义在资产阶级的司法中得到实现；平等归结为法律面前的资产阶级的平等；被宣布为最主要的人权之一的是资产阶级的所有权；而理性的国家、卢梭的社会契约在实践中表现为而且也只能表现为资产阶级的民主共和国。18 世纪的伟大思想家们，也和他们的一切先驱者一样，没有能够超出他们自己的时代所给予他们的限制。"[①]

[①] 《马克思恩格斯选集》，第 3 卷，北京，人民出版社，1972 年，第 57 页。

　　和一切旧时代的历史理论一样，康德的历史哲学也没有能避免两个根本性的缺陷。第一是，他不能正确理解历史的物质基础，从而也就不可能揭示历史发展的客观规律性及其与物质生产发展的联系。第二是，他不能正确认识只有人民群众的实践活动才是历史的创造力；于是他把历史的发展单纯归结为理性原则自我实现的过程。披着世界公民的永恒的普遍理性这件外衣的，归根结底只不过是 18 世纪末德国中产阶级市民的悟性。这些局限性是我们"公正地把康德的哲学看成是法国革命的德国理论"[①] 时，所需要加以批判的。

　　译文根据普鲁士皇家科学院编《康德全集》，柏林 1912 年格·雷麦（Georg Reimer）版，卷八中的原文译出。有几处分段则根据的是罗森克朗茨（K. Rosenkranz）与舒伯特（F. Schubert）编《康德全集》，莱比锡 1839 年伏斯（L. Voss）版，卷七中的原文。据我所见，本文曾有狄·昆赛（Th. De Quincey）、阿斯吉（W. Hastie）及贝克（L. W. Beck）三种英译本，但没有一种可以称得上比较忠实；狄·昆赛以名家见称，他的译文却最不可靠。

　　译文中有几个名词需要说明一下：Idee 一般译作"理念"，我们在译文中采用"观念"；Verfassung 一般可译作（政治）体制，我们在译文中采用"宪法"；Bürger（bürgerlich）通常均译作"市民"（"市民的"），我们在译文中采用"公民"（"公民的"），因此通常译文中的"市民社会"、"市民宪法"我们在译文中均作"公民社会"、"公民宪法"。所以采用"观念"和"公民"，是希望它们更能符合作者的原意；所以采用"宪法"，是希望它更能照顾到本文与其他著作的前后一贯。

　　由于自己水平的限制，译文中的错误与不妥之处在所难免，希望得到读者们的指正。

译者

原载《历史理性批判文集》
（康德著，何兆武译，北京，商务印书馆，1990 年）

---

① 《马克思恩格斯全集》，第 1 卷，北京，人民出版社，1956 年，第 100 页。

帕斯卡《思想录》译序及附录

译序

本书作者帕斯卡（Blaise Pascal，1623—1662）是 17 世纪最卓越的数理科学家之一，他对于近代初期的理论科学和实验科学两方面都做出了巨大的历史贡献。他的以《真空论》为代表的一系列科学著作，基本上是唯物主义的并充满战斗风格，三个多世纪以来已成为科学史上和思想史上的光辉典籍。

帕斯卡的思想理论集中地表现在他的《思想录》一书中。此书于笛卡尔的理性主义思潮之外，另辟蹊径；一方面它继承与发扬了理性主义传统，以理性来批判一切，同时另一方面它又在一切真理都必然以矛盾的形式而呈现这一主导思想之下指出理性本身的内在矛盾及其界限，并以他所特有的那种揭示矛盾的方法（即所谓"帕斯卡方法"），从两极观念（他本人就是近代极限观念的奠基人）的对立入手，考察了所谓人的本性以及世界、人生、社会、历史、哲学知识、宗教信仰等多方面的理论问题。其中既夹杂有若干辩证思想的因素，又复浓厚地笼罩着一层悲观主义的不可知论。

本书的体系是唯心主义的，但在继承蒙田等"人性学家"的思想传统并宣扬普遍人性论而与以耶稣会为代表的天主教会官方的神学理论进行尖锐论战这一点上，却有其鲜明的反封建特权的历史进步意义。它（和作者本人的另外一部书《致外省人信札》）反映了近代初期西欧大陆中等阶级反对派的思想体系的一个重要活动方面。

书中有大量进行神学论战的地方，乍看起来或许会使一个现代的读者感到闷气；然而他思想中的一些光辉的片断往往就存在于神学的夹缝之中。他所继承的冉森（Jansenius，1585—1638）派教义，实质上是宗教改革中加尔文派的一个变种，代表着资本原始积累的要求。一切神学理论都不外是世俗利益的一种表现，只要把神学还原为世俗，就不难发见掩盖在神学外衣之下的思想实质。此外，冉森派与耶稣会的论战虽然是在一个狭小的神学领域范围之内进行的，帕斯卡本人的思想却在许多重要问题上突破了这个狭小的范围，既在思想内容方面也在思想方法方面。

近代辩证法奠基于康德，康德的来源之一是莱布尼兹。莱布尼兹于1672—1676年侨居巴黎时，结识了冉森派的主要代表人物之一阿尔诺（Antoine Arnauld，1612—1694），并深入研究了帕斯卡的手稿，受到他很大的影响。如所周知，莱布尼兹对自动机的研究就是由于受帕斯卡设计计算机直接启发的结果，这是近代计算技术的开端。极限概念则是又一个影响，它奠定了近代微积分学的基础。但帕斯卡对莱布尼兹的影响远不止此。近代思想史上的一个重要契机是古代奥古斯丁观点的复活。据控制论创始人维纳（N. Wiener，1894—1964）的看法，现代物理科学革命并非始自普朗克或爱因斯坦，而是始自季布斯（J. W. Gibbs，1839—1903）；控制论就是在宇宙的概率熵之不断增加这一季布斯的观点以及更早的莱布尼兹的信息观念的基础之上建立起来的。维纳认为季布斯所提出的概率世界在承认宇宙本身结构中有着一种根本性的机遇因素这一点上，非常之接近于奥古斯丁的传统。帕斯卡本人既是近代概率论的创始人；同时作为冉森派最突出的理论代表，他又在思想史上重新提出了奥古斯丁的观点。从而帕斯卡的思想就构成为古代与近代之间的一个重要的中间环节。从帕斯卡经莱布尼兹至康德的这一线索，提供了近代思想史上最值得探索的课题之一。然而这样一条线索，以及一般地近代思想的发展之与思想方法论之间的相互关系，却常常为历来的研究者们所忽视。此外，由于时代的、阶级的和他本人倾向性的局限，在他思想中所不可避免会出现的许多消极因素，以及它们与现代唯心主义某些流派（尤其是大陆的生命哲学）的密切渊源，——这些也都还有待于研究者们以批判的眼光加以进一步的探讨。

帕斯卡《思想录》一书本来是一部作者生前尚未完成的手稿，其中有些部分业已大致成章，斐然可读，文思流畅，清明如水；另有些部分则尚未定稿或仅有标目或提纲，言简意赅或竟致不成语，使读者索解为难。19世纪以来整理和注释帕斯卡著作的，前后已有多家，而以布伦士维格（Leon Brunschvicg）本最为精审，大体上已可以为《思想录》一书清理出一个眉目。译文凡遇有疑难之处，大抵均依据布伦士维格的解说；译文的注释部分也大多采自布伦士维格的注释加以增删，有时也间采其他诸家或间下己意，以期有助于理解原文。这是译文之所以根据布伦士维格本而没有根据较晚出的《帕斯卡全集》本（J. Chevalier 编，巴黎，Gallimard 版，1957 年）的原因。

布伦士维格本、布特鲁（Boutroux）本和《全集》本中的《思想录》部分，前两种本子的编排次序完全一样，而与后一种出入甚大；但是各本中每一段的文字内容并无不同。书中凡引用拉丁文的地方，各本多未加翻译，个别地方虽有译文，也很不忠实。因此凡遇有拉丁文，译文都重新译出；但由于自己水平有限，错误之处尚希读者教正。书中引用《圣经》经文的地方，因作者系凭记忆信笔写出，故往往与经文原文有出入，而且中文官话本的文字也嫌过时，所以书中凡引经文的地方，译文均依据作者的原文重行译出，而以官话本作为译注附入，以供参考。书中有几页是谈犹太经学的，我自己于此完全是外行，只能勉强酌加少量必要的注释，是否正确，不敢自保。有关帕斯卡的生平活动和他的科学贡献以及书中一些术语译文的说明，详见附录。

第二次世界大战后，先后出过四种《帕斯卡全集》，它们是：

① Chevalier 编，1957 年；

② Louis Lafuma 编，1960 年；

③ Jean Mesnard 编，1964 年；

④ L. Brunschvicg 与 P. Boutroux 编，1966 年重印（1908—1925 年）。

另外，关于帕斯卡的科学著作有 R. Taton 编《帕斯卡科学著作集》，1948 年。

本书翻译承同学友人顾寿观先生多所鼓励和帮助，并此致谢。

1979 年于北京

附录：帕斯卡的生平和科学贡献

17 世纪的法国基本上仍是一个封建农奴制的国家，但新的资本主义生产关系已经在封建制母体之内开始滋长。生产技术上的需要，在自然斗争的领域内向先进的科学家们提出了一系列的科学课题；意识形态上的需要，则在思想斗争的领域内向先进的思想家们提出了一系列的思想课题。在这两条战线上，本书作者帕斯卡都占有重要的历史地位；怀特海把他列为近代思想史上最有影响的 12 个伟大人物之一。

帕斯卡 1623 年 6 月 19 日生于法国奥维涅（Auvergne）州的克勒蒙 - 菲朗（Clermont-Ferrand）城；父亲艾基纳（Etienne Pascal）为克勒蒙城法庭庭长，以博学知名。帕斯卡 8 岁时，举家迁至巴黎。迁居巴黎后，艾基纳和当时社会上的科学家、作家和艺术家经常交往，也常携带帕斯卡参与各种学术集会。帕斯卡自幼生长在学术气氛浓厚的环境之中，并且受到他父亲的严格教育而没有受当时流行的经院教育；这为他后来的学术思想活动创造了有利的条件。

幼年的帕斯卡显示了他对研究自然的兴趣和卓越的才能。11 岁时他写了一篇关于声学问题的论文，探讨振动体一经摸触立即停止发音的原因。这篇文章给他父亲以深刻的印象，以致父亲怕他的智慧发展过早不利于成长而中止向他教授几何学。但帕斯卡却独自钻研几何学并掌握了大量的几何学知识。1639 年帕斯卡 16 岁时写成有名的论文《圆锥曲线论》，其中提出以他的名字命名的定理。这个帕斯卡定理，帕斯卡称之为"神秘的六边形"，即圆或椭圆的任意内接六边形的三组对应边的交点是在一条直线上。《圆锥曲线论》继承并发展了数学家德札尔格（Desargues，1593—1662）的工作，引出推论四百余条；笛卡尔看到后曾大为赞叹。帕斯卡就这样和笛卡尔、德札尔格一起开辟了近代的几何学。从此帕斯卡在科学界显露头角，并与当时有名的科学家和思想家笛卡尔、霍布斯、伽桑狄、德札尔格、费玛（Fermat，1601—1665）、梅尔森（Mersenne，1588—1648）、罗伯瓦（Roberval，1602—1675）等人建立了联系；帕斯卡一生的科学工作和思想发展与这些人有着密切的关系。

1641 年帕斯卡 18 岁时，开始设计计算机；他曾先后草拟过 50 种模型，终于根据齿轮系的转动原理制成了世界历史上第一架计算机，能够手摇计算出六位数字的加减法。计算机制造的成功是当时国际科学上的一件大事。也是在这时候，艾基纳病中得到一个冉森派医生的治疗，于是举家接受了冉森教义，这就是所谓帕斯卡的"第一次皈依"。

此后，帕斯卡开始从事大气压力的研究；在这个问题上，他完成了由伽里略所开始并由伽里略的弟子托里拆利（Torricelli，1608—1647）所进行的工作。空气有重量的事实至迟在 1630 年已经被人知道了；伽里略也知道空气是有重量的并做过测定空气重量的实验，但是他没有把水银柱的高度和大气压力联系在一起加以考察。1632 年伽里略在他的著作中曾谈到抽水机只能把水抽到一定高度为止，这个命题就在理论上蕴含了大气压力的问题在内，但他在思想上却仍然局限于"自然畏惧真空"的传统观念而未能对这一现象作出正确的解释。1643 年托里拆利用水银柱做实验，认识到不同气候条件下气压的变化。托里拆利的实验开辟了人类流体力学研究的新时代，它决定性地证明了大气是有压力的，并且奠定了测量大气压力的基本方法。但托里拆利对气压的观念是含混的、不明确的，还没有能确定气压变化的规律。1646 年，23 岁的帕斯卡重复做了托里拆利的实验。帕斯卡细心研究了水银柱在各种高度不同的地方的变化，从而使气压及其变化的规律问题获得了明确的科学概念。1647 年帕斯卡请他的姐夫比里埃（Périer）分别在山顶和山脚用水银柱反复进行测验，观察水银柱高度的变化。帕斯卡已确知山脚的空气要比山顶的空气浓厚，因此结论应该是水银柱的高度在高处比在低处更低，亦即气压随高度的增加而减小。1648 年 9 月 19 日比里埃在奥维涅州的普·德·多姆山（Puy de Dôme，海拔 1400 公尺）按照帕斯卡的设计进行了测验，测验证明在山脚和山顶水银柱的高度相差 3.15 英寸，使得当时在场的实验者们惊叹不止。这个实验震动了整个科学界，并且得到科学界的公认（它同时也标志着科学中心在 17 世纪中叶由意大利转移至西北欧）。在这个实验的基础上，帕斯卡写成他的《液体平衡论》和《大气重力论》两部著作，确立了大气压力的理论与流体静力学的基本规律。

　　1648 年的实验是科学革命史上最动人心弦的实验之一。它是自从阿基米德以来流体静力学历史上最重要的进步，同时它也是长期以来"在普遍的革命中发展着，并且它本身便是彻底革命的"[1]新兴科学向旧思想意识作战又一次光辉的胜利；它证明了水银柱的高度是大气压力作用的结果，从而彻底粉碎了经院哲学中"自然畏惧真空"的古老教条。帕斯卡的真空试验对近代思想所起的解放作用，可以和伽里略的落体实验[2]相媲美；两人同样以自己的实验打破了中世纪思想的束缚，开辟了近代实验科学和思想方法的新纪元。这一成功标志着思想领域内两条路线斗争的新高潮：一条路线是由伽里略所开始的近代实验科学的路线，另一条则是传统中世纪经院哲学的路线。帕斯卡就这样以其科学实验、以其通过观察与实验所总结的自然界的客观规律，有力地保卫并发展了近代实验科学的路线。

　　随着这一实验的成功，帕斯卡并且从思想方法的高度上总结出一套卓越的认识论理论。在题名为《真空论》的论文里，帕斯卡尖锐地攻击了当时"哲学上的权威"，并提出如下的论点：

　　（一）墨守古代权威的教条，绝不是追求真理的态度。他说："我们今天对古人的崇拜——本来在各个学科上，它都不应该具有那么大的分量的——已经到了这样的地步，竟致把他们全部思想和神话当成了神谕，竟致敢于提出新的创见来就不能没有危险，竟致一个作家的条文就足以摧毁最坚强有力的依据。"[3]这里的"一个作家"即指亚里士多德；亚里士多德的教条在中世纪是被经院学者奉为权威的。帕斯卡坚决反对经院哲学的这种崇古风尚。他认为古人的权威只能在神学和历史学，亦即在凭启示与记述

---

①　恩格斯：《自然辩证法》，北京，人民出版社，1955 年，第 6 页。

②　但伽里略在比萨斜塔上以轻重不同的两个球进行落体实验，从而打破了亚里士多德的教条这一长期以来广泛流传的故事，却并没有任何文献上的根据。（可参看伽里略：《两大世界体系对话录》，加州大学版，1953 年，页 xxii。）

③　《真空论序》。

的知识领域内，才能成为根据；"但在属于感觉与推理的题目上，情形就不同了，在这里权威是毫无用处的，唯有理智才能认识它。"[①] 事实是否认不了的；因此，他的结论就是我们决不可盲从古人与教条，一切科学真理唯有依靠实验和推理才能臻于完善，这是"科学的唯一准则"[②]。

（二）人和动物不同。动物的能力和技巧只是出于天然的需要，它们并不知其所以然，因而只能盲目地不自觉地重复。人则可以积累前人的经验，因而具有无穷的能力；积累是无止境的。古人若是活在今天，有着今天凭借，也会像今人一样高明。这并不是今人有什么特殊的优异，而是人类历史进步过程的自然结果。人类绵延相续，其情形正如一个永生不死的人在永远不断地进步一样。崇拜古人是错误的，因为古人实际上只是婴儿。古人的知识也不应该加以蔑视，这是"因为他们留给我们的知识，可以作我们自己知识的垫脚石"。[③] 学习古人乃是为了超越古人，所以不应该盲从古人。今人由于积累了更多的知识而超出于古人之上；"我们的见解更广"，"我们看到的比他们更多"[④]。所以，应该加以崇拜的并不是古人而是今人；可是人们却又何其颠倒："反对古人竟成了罪行，补充古人竟成了叛逆，竟仿佛古人再也没有留下来任何有待后人加以认识的真理似的。"[⑤] 我们不应该崇尚古人而应该崇尚真理。真理尽管是新发现，但它却比一切古人和古人的意见都更为古老。[⑥]

（三）"自然畏惧真空"的教条是荒谬的。1648 年的实验证明水银柱的高度是被大气压力所支持，而不是由于什么"自然畏惧真空"的缘故。帕斯卡质问道："说没有生命的物体也有感情和畏惧，说没有知觉、没有生命、甚至于不可能有生命的物体也有感情，还有什么能比这种说法更加荒谬的呢？而且，假如这种畏惧的对象果真是真空的话，那么真空又有什么可以

---

① 《真空论序》。

② 《真空论序》。

③ 《真空论序》。

④ 《真空论序》。

⑤ 《真空论序》。

⑥ 按，这个论点在本书中又有所发挥。

使它们害怕的呢？还有比这更无聊、更可笑的事情吗？不仅如此，假如它们体内真有逃避真空这样一条原则的话，难道说它们也有手，有脚，有肌肉，有神经吗？"[1]毫无疑问，自然本身是没有生命的，它绝不会畏惧什么真空。所谓"自然畏惧真空"，只是古人在他们当时的认识条件之下对自然所做的解释。

这篇论文里不但包含有他非常可贵的方法论，即认识真理不能仅凭信仰与教条而须依靠理智进行观察与实验；并且也包含有他的历史进步观，即人类的认识是不断积累的，历史是不断前进的。抱住古人教条不放的人，其实无非是今人抱住自己的利益和特权不放而已。文中充满了战斗精神，对封建经学笼罩之下的顽固思想进行了严厉的批判。但同时也可以看到，虽然论文以其颂今非古的宣言打破了历来的迷信，解放了人们的思想，提出了关于科学方法的理论，因而成为17世纪思想史与科学史上的一篇里程碑式的重要宣言；然而在积极因素之外，其中也透露出了确凿的认识乃是不可能的这样一种消极思想的萌芽。这一思想上的矛盾在十年以后的《思想录》一书中，得到更进一步的表现。

和这个实验相联系，帕斯卡还设想了一个逆实验，即以气压计的变化来测量山的高度；这个逆实验的工作后来由法国科学家马略特（Mariotte，1620—1684）所完成。帕斯卡又以大气压力解释虹吸现象，并发现气压的变化与气候条件有关，这对后来气象学的发展具有巨大的启蒙意义。

进行了气压试验之后，帕斯卡就转而研究液体平衡的一般规律，并发现了流体静力学最基本的原理，即封闭器内流体任何一点所受的压力以同等的强度向各个方向同样地传递，这就是有名的"帕斯卡定理"。这一定理的发现有着极大的理论上与实践上的价值，它奠定了近代流体力学的基础。

进行过一个时期的流体力学的研究，帕斯卡又回到数学工作上来。与帕斯卡同时而稍早的意大利数学家加伐丽丽（Cavalieri，1598—1647）曾

---

[1] 《真空论序》。这个论点在本书中继续有所发挥。

经提示过三角形的面积可以用划分为无数平行直线的办法来计算。帕斯卡在这个基础上做出了重大的新贡献。他指出加伐丽丽所谓的直线实际上乃是细小的长方形，由此遂导致了极限与无穷小的观念。这一不朽的研究开辟了近代的数学方法，为以后的微分积分学扫清了道路。

此外，帕斯卡还从事多方面的科学研究与技术设计。17 世纪在某些科学史著作中曾有"天才的世纪"[1] 之称。还在青年时代，帕斯卡就以他的光辉的科学贡献而侧身于 17 世纪的天才的行列。但"天才的世纪"的天才行列并不是凭空涌现的，它是新的资本主义生产方式刺激的结果。海外航行刺激了天文学的建立，水利工程刺激了流体力学的出现[2]，机器的采用"对当时的大数学家来说……就是使近代力学得以创造出来的实际的支点和刺激"[3]。没有这个社会物质基础，17 世纪就不会举行近代科学的奠基礼。

帕斯卡这些丰富的科学研究工作，是在疾病不断缠绕、身体极其衰弱的情况下进行的。从 18 岁起，他就没有一天不在病中，24 岁时又曾因中风而瘫痪。这段时期内，他和父亲与妹妹雅克琳（Jacqueline）同住在一起，受到他们两人的影响，逐渐注意思想和信仰的问题。

1651 年他的父亲去世，接着妹妹又入波·罗雅尔修道院。从这时候到 1654 年为止的两三年间，帕斯卡（28~31 岁）独居巴黎，过着世俗生活。现存的《爱情论》一文，大多数研究者都认为是帕斯卡的著作，并且是这一世俗生活时期的作品；这篇文章全文洋溢着伊壁鸠鲁主义的精神，表明他的冉森主义的思想已经遭遇危机。这时，他和当时的无神论者、自由思想者、人性学者戴巴鲁（Des Barreaux，1602—1673）、米东（Miton）、默雷（Méré，1610—1684）等人交游，特别受默雷的影响；同时他又深入钻研从艾比克泰德（Epictetus，50—135？）至蒙田（Montaigne，1533—1592）等人的著作。他在科学中、在哲学中、在沉思生活中又在世俗生活中，探求世界的真理问题和人生的幸福问题，并且往而不返地求之不倦。这一

---

① 怀特海（A. N. Whitehead）：《科学与近代世界》，伦敦，1933 年，第 50 页以下。
② 恩格斯：《自然辩证法》，第 150 页。
③ 马克思：《资本论》，第 2 版，第 1 卷，370 页，北京，人民出版社，1963。

段时期的世俗生活使他有机会比较深入地观察形形色色的社会生活与人世现象，从而为后来的《思想录》提供了多方面的素材。世俗生活的另一个侧面，赌博，则诱导了他着手研究概率论。

帕斯卡和费玛两人是概率论这一科学的创立人。据莱布尼兹说，17世纪的数学家们是从计算赌博中的机遇而开始奠定概率论的。帕斯卡的友人而兼赌客的默雷提出了如下的问题：赌博进行到任何一定阶段而告中断时，其胜负的机遇应该如何计算？这个问题在当时的学者中间曾轰动一时，帕斯卡就这样被引入概率论的研究。[①] 帕斯卡曾把自己的研究通知费玛，两人分别得出了自己的解答。莱布尼兹于1672—1676年侨居巴黎时读到帕斯卡的研究成果，深刻地意识到这一门"新逻辑学"的重要性，并且进行了认真的研究。继帕斯卡、费玛和莱布尼兹之后，历代的数学家如惠更斯、雅·贝努义、德麻福、拉卜拉司等人，都曾继续研究过并发展了概率论。由帕斯卡所开创的这一学科在近代科学技术的许多部门日愈获得广泛的应用，对于近代理论科学和哲学思想也有巨大的启发，它的重要的意义和价值已经为后来的科学实践所证实。

帕斯卡的世俗生活时期也是他丰富的科学创作时期。他的两篇著作《大气重力论》与《液体平衡论》均于1653年问世；次年他又完成了一系列数论和概率论的研究工作，代数学上沿用至今的有名的"帕斯卡三角形"（即二项式系数的三角形排列法）就是在这一年提出的。

1654年11月23日帕斯卡乘马车遇险，两匹马均坠死巴黎塞纳河中，而帕斯卡本人却奇迹般地幸免于难。这次事故刺激他经历了一番特殊的内心经验，这就是历来某些帕斯卡研究者所称的"第二次皈依"。此后，帕斯卡即入居波·罗雅尔修道院，终其余生全心全意地追求宇宙与人生的真理，而且是在激烈的斗争与痛苦之中追求着的。冉森派的风格是强调理智的，帕斯卡所遵循的基本路线也是理智的而非经院的，是哲学的、思考的，而非神学的、教条的。他短促一生的晚年所写的几部重要著作——1655年

---

① 莱布尼兹：《人类理智新论》，英译本第2版，芝加哥，1916年，第539页。

的《与沙西先生的谈话》，1656—1657 年的《致外省人信札》与 1658 年开始写作的《思想录》——都反映着这一思想特点。

自从投石党被镇压之后，耶稣会在法国的活动加强了。在 17 世纪法国思想战线上的那场尖锐斗争中，即冉森派反抗耶稣会的理论斗争中，帕斯卡作为冉森派突出的辩护人，曾以俗人的身份前后写了 18 封抨击耶稣会的信。这 18 封信成为当时反耶稣会的教权思想统治的重要历史文献，对新兴的人文主义思想起了鼓舞作用。这部《致外省人信札》和后来的《思想录》，以其论战的锋芒和思想的深邃以及文笔的流畅隽永已经成为思想文化史上的古典著作，它们对后世有着深远的影响。

即使在沉耽于哲学与宗教沉思的时期，他也没有放弃他的科学研究工作。他的《数学三角形论》经费玛修订后于 1665 年出版，书中第一次奠定了关于数学归纳法的证明方法。他晚年研究得最多和贡献最大的科学问题是旋轮线的问题。旋轮线的研究提供了 17 世纪由于工业技术的发展"运动和辩证法便进入了数学"[①] 的光辉例证，并为后来牛顿和莱布尼兹的工作奠定了基础。旋轮线是当时数学界最有名的曲线，笛卡尔、托里拆利、费玛等人都曾用心钻研过；他则解决了当时被认为是最困难的求积问题。随着这一问题的解决，他又提出了一系列的其他问题向科学界挑战，惠更斯等人都参加应战，他也公布了他本人对于这些问题的解法。这些研究直接促成了微分学的诞生。他的科学业绩曾被 18 世纪百科全书派的科学家达朗贝尔（d'Alembert，1717—1783）誉之为阿基米德的工作与牛顿的工作两者的中间环节，这个评价基本上是符合史实的。

晚年的帕斯卡又是反对耶稣会的坚决斗士。当波·罗雅尔几经统治当局的严厉打击已经濒于失败的关头，一些冉森派的代表人物都倾向于妥协，唯有他坚持要继续斗争。因此之故，他几乎与他的波·罗雅尔的朋友们决裂，并且终于在痛苦与疾病之中结束了他天才而又短促的一生。1662 年 8 月 19 日帕斯卡死于巴黎，享年 39 岁。冉森派与耶稣会的这场论战，作为

---

① 恩格斯：《自然辩证法》，第 217 页。

一场狭隘的神学理论的争论，早已成为历史陈迹；但是他在这场论战的过程中所酝酿的某些光辉的近代思想内容和近代思想方法，却超出神学范围之外而为思想史留下了一份值得重视的遗产。关于他的生平活动，他的姐姐吉尔贝特（Gilberte，即比里埃夫人）曾为波·罗雅尔版的《思想录》写过一篇帕斯卡传略，读者可以参看。[①]

每一个时代的哲学观点和思想方法论总是根据当时的科学成就和政治斗争总结出来的。17、18 世纪的思想家，其世界观与方法论的形成几乎无一不是和他们的科学工作（而在这一历史阶段里，主要的是数理科学）紧密地联系在一起的。但是除了与他们的科学知识和科学方法相制约而外，他们的世界观和方法论又是和他们的时代特征和政治特性相制约的。帕斯卡生于神学思想统治行将崩溃但还没有崩溃的时代，所以他的理论体系里往往采用神学的思想资料；他的社会地位又是属于近代早期中等阶级的市民反对派，所以其中又不可避免地带有大量唯心主义和不可知论的观点。这些都是我们在肯定他的历史贡献的同时，所应该注意并加以分析和批判的。

有关版本和译文的一些说明

帕斯卡身后的影响虽大，但《思想录》一书却长期未曾被人很好地整理过，显得杂乱无章；以致 17、18 两个世纪里，无论是赞成他的人还是反对他的人，都没有可能很好地阅读和理解《思想录》的内容和思想。一直要到 19 世纪的中叶，这位 17 世纪中叶思想家的遗著才逐步恢复它原来的面貌而呈现于读者的面前。

他死后不久，他的外甥女艾基纳·比里埃（Étienne Périer）就整理这部未完成的大书的片断草稿。整理过的草稿复经冉森派中心波·罗雅尔（Port Royal）修道院删订，特别是剔除了其中一些异端色彩过于浓烈，锋芒过于

---

① 这篇传略 1670 年波·罗雅尔版并没有刊登，第一次是刊登在 1684 年阿姆斯特丹的吴尔夫岗版上；布伦士维格编《思想录与著作集》（巴黎，1912）收入卷首。

外露的部分，于 1670 年出版；这是《思想录》最早的一个版本，通称波·罗雅尔本。事实上，这一最早的版本与著者原作的本来面貌大有出入，并且简牍错乱，难以卒读。

自波·罗雅尔本问世后，历代都有人研究帕斯卡，包括伏尔泰（Voltaire，1694—1778）、孔多塞（Condorcet，1743—1794）、夏多白里昂（Chateaubriand，1768—1848）等著名人物在内。历代也有过不同的版本问世，如 1776 年的孔多塞本、1779 年的鲍絮（Bossut）本、1819 年的勒斐弗尔（Le Fevre）本，但没有一种是接近原貌的。要到 1835 年的法兰丹（Frantin）和 1842 年的库赞（Cousin）才开始企图按照作者本人的原来设想来恢复本书的次序；1844 年的弗热（Faugère）本，是第一个大体上符合原书手稿状态的版本。此后的各家版本都在弗热本的基础上不断进行订正，它们是：1851 年阿韦（Havet）本，1854 年卢安德（Louandre）本，1857 年阿斯吉（Astie）本，1858 年拉于尔（Lahure）本，1873 年罗歇（Rocher）本，1877 年莫利尼埃（Mollinier）本，1881 年德雷乌（Drioux）本，1883 年冉南（Jeannin）本，1895 年维拉尔（Vialard）本，1896 年米肖（Michaud）本，1897 年狄狄奥（Didiot）本，1904 年布伦士维格（Brunschvicg）本，1907 年迦齐埃（Gazier）本，1911 年马吉瓦（Margival）本，1925 年马昔斯（Massis）本，1931 年斯特罗斯基（Strowski）本，1933 年苏瑞（Souriau）本，1937 年狄德（Dedieu）本，1949 年谢瓦里埃（Chevalier）本，1950 年斯图尔特（Stewart）本，1957 年谢瓦里埃《帕斯卡全集》本。弗热、阿韦、莫利尼埃、米肖、布伦士维格各家均对帕斯卡做过专门的研究与注释；其中布伦士维格本较为晚出，一般公认是最好的版本。此外，圣柏甫（Sainte-Beuve，1888）、斯特罗斯基、索尔铎（Soltau）、布特鲁（Boutroux）、克里昂（Criand）诸家也都以研究帕斯卡著称。关于帕斯卡的生平，他的姐姐比里埃夫人为波·罗雅尔本所写的"帕斯卡传"为后世留下了可贵的原始材料。关于波·罗雅尔的历史，圣柏甫的《波·罗雅尔史》（1842—1848 年）一书迄今仍不失为一部详尽的研究，其中对帕斯卡的评论也有一些独到的见解，虽则作者标榜客观主义。有关帕斯卡的详尽书目，可参看梅尔（A. Maire）编《帕斯卡书籍总目》和吉罗德（J. Giraud）编《十六、十七、十八世纪法国文学书目》（第148~161页）。至于较简明的书目，可参看梅纳（J. Mesnard）《帕斯卡的生平与著作》一书的附录（英译本。纽约，1952年，第202~208页）。

译文是根据布伦士维格编《帕斯卡思想录与著作选集》修订第六版（巴黎，Hachette版，1912年）的原文译出的。布伦士维格本虽然号称精审，但也有错误，甚至于是非常明显的错误，尤以注释及引文部分较多，正文部分也有一些；译文中已就个人所知加以改正，不再一一注明。译文及注释还参考过谢瓦里埃编订的《帕斯卡全集》（巴黎，Gallimard版，1957年）。这个本子的编次与布伦士维格本颇有不同，有些地方吸取了较近的研究成果。帕斯卡这部书本来就是一部未完成的草稿的残简，因此行文每嫌过于简略，许多地方甚至于不是完整的句子，从而使得历来的研究者莫衷一是。自己由于水平所限，错误更为难免，希望能得到读者的指正。

在翻译过程中参考过特罗特（W. Trotter）的英译本，部分地参考过黑塞（H. Hesse）的德译本（莱比锡，P. Reclam版）。英译本有特罗特、罗林斯（G. B. Rawlings）与沃灵顿（J. Warrington）三种，"人人丛书"本、"现代丛书"本及"哈佛古典丛书"本中的三种《思想集》都用的是特罗特的英译本，这个英译本虽然也不无可取，但错讹甚多，并且出现有整段整句的遗漏，次序上的颠倒混乱更是屡见不鲜。凡是布伦士维格本错误的地方，无论是正文还是注释，特罗特英译本大都承继下来以讹传讹；布伦士维格本原来不错的地方，特罗特英译本也弄出许多错误，有些是非常可笑的错误，例如把帕斯卡的友人米东（Miton）弄成了英国诗人弥尔敦（Milton，见《人人丛书·第874种》第192段，1931年）之类，使人啼笑皆非。

凡是作者原文中的错字或漏字经后人补正的，均用方形括号标出。至于书中若干本来就不完整的句子，除了后人已能确定其涵义者加以增补而外，其余均照原文逐字译出，以免缀补成文甚至增字解经，以致有伤原意。

翻译任何一部思想作品，最感棘手的莫过于名词与术语难以统一。虽然在翻译过程中对于重要的名词和术语尽量求其前后一致，但有时仍然不得不分别用几个不同的中文字来表示原文中的同一个字，甚至于原文中关键性的字。另一方面，大部分名词虽然照顾了前后的译名一致，但这种一致却又不可能不在不同的使用场合之下或多或少地偏离了原意。困难在于，没有一种文字可以完全精确地符合并表达另一种文字。

中文中的自然、人性、天性和由它们衍变来的形容词自然的、天然的、天赋的，在原文中是同一个字 nature 和它的形容词 naturel；但我们却在不同的场合中使用不同的对应词。中文中的成员、组成部分和肢体在原文中也是同一个字 member，这个字在国家则译成员，在整体则译组成部分，在个人则译肢体。

Esprit 这个字全书都译作精神。这个字大致相当于英文的 spirit，德文的 Geist，中文的精神、心灵、心智和头脑，在本书第一编中这个字实际指的是思想方式。所谓几何学精神与敏感性精神或"精微性的精神"（英译本作"直觉的精神"）的不同，即指几何学的思想方式与敏感性思想方式之不同。Esprit 这个字在 17、18 世纪有着远比我们今天所说的"精神"更微妙得多的涵义。一个字是不能不受时代的影响而不断改变它自身的质量和重量的。另一个情形相似的字是 philosophe（哲学家），在 17、18 世纪这个字的涵义在一定程度上不同于我们今天所称的哲学家，它是指有别于形而上学家——而"形而上学"这个字又和我们今天的涵义也有不同——的知识追求者。要用一种文字表达不同的时间、地点和条件之下另一种文字所表达的内容，几乎是不可能的事；因此就只能希望读者体会文字的精神实质，做到以意逆志而不以词害意。

另一个关键性的字是 raison。17 世纪的 raison 可以相当于 18 世纪的 Verstand（或英文的 understanding：理智、知性、理解、悟性），也可以相当于 18 世纪的 Vernunft（或英文的 reason，中文的理性）。这里我们必须注意到，无论是在帕斯卡本人还是在整个 17 世纪的思想里，Verstand 和 Vernunft 还没有获得后来它们在康德那里所被赋予的那种区别。这个字在帕斯卡的用法里分别指推理能力、理智、道理或理性，我们在书中大多译作"理智"，少数场合译作"理性"或"道理"。当然，德译本也可以把它译作 Vernunft，只要不把这个字理解为一个半世纪以后它在德国古典哲学中所获得的那种严格的意义。严格说来，更接近于 Vernunft 的，在帕斯卡的用语里应该是 pensée（思想）。帕斯卡用 pensée 这个字，大致相当于笛卡尔用 cogitatio（思想，即"我思故我在"中的"思"字）。笛卡尔说："我所谓的思想（cogitatio）是指我们意识到在自己心中活动着的全部东西。这就是为什么不仅仅是理智（understanding）、意志、想象而且还有感情，在这里都和思想是同一回事。"[①] 笛卡尔的"思想"包括知、情、意三方面，帕斯卡的"思想"也包括知、情、意三方面。可以说，笛卡尔和帕斯卡的"思想"大致相当于 Vernunft，而"理智"则大致相当于 Verstand。康德的提法是："全部心灵能力或者说能量（Seelenvermögen oder Fähigkeiten），可以归结为不能从一个共同的立场再进一步加以引申的如下三种，即认识能力、好恶的感情与愿望能力。"[②] 帕斯卡的命题是："心灵有其自己的理智（道理），这是理智所不认识的。"[③] 帕斯卡的"心灵"或"思想"接近于康德的"心灵能力"即理性，而帕斯卡的理智则接近于康德的认识能力。理智有所不能认识，但这一点却是靠理智自己来认识的。这个推论形式正如康德的纯粹理性乃是其自身认识能力的立法者一样；这里面谈不到有什么像文德尔班所指责的"悖论"。[④]

　　有的字相当于中文一个以上的意义，我们有时只采用一个译名。如 lumière 这个字既是光明又是知识，特别是对于某些理性主义者来说，理智的知识本来就是天赋的光明；我们在书中大多数是用"光明"而不用"知识"。另有些字既有字面的意义也有实质的意义；在这种情况下，译文大多采用其实质的意义。如 l'esprit de finesse 字面上应作"精微性的精神"，我们则用"敏感性的精神"[⑤] 以与"几何学的精神"相对应；又如 pyrrhonisme

---

① 笛卡尔：《哲学著作集》，剑桥版，卷一，第 222 页。

② 康德：《判断力批判》，莱比锡，P. Reclam 版，第 27 页。

③ 本书第 277 段。

④ 文德尔班：《近代哲学史》，卷一，第 373 页。

⑤ 可参看本书第 1 段译注。

字面上应作皮浪主义（皮浪是怀疑主义的创始人），译文则径作怀疑主义。

　　人名译音大多采用一般通用的，所以有些人名没有采用拉丁文的"乌斯"字尾，如 Virgilius 我们就用较通行的魏吉尔而不用魏吉里乌斯。法文专有名词的拼法和拉丁文或英文的都不一样，有些名字一般中文译名是以拉丁文或英文为根据的，在这种情形下，我们便不以法文为准。如赛尔苏斯我们便不根据法文形式 Celse，而根据较常见的拉丁文与英文的形式 Celsus；同样，阿达拿修斯就根据 Athanasius，而不根据法文形式 Athanase。

　　至于 religion chrétienne 之译作基督宗教而不译作基督教，是因为基督宗教不仅更符合原文，也更符合原意，它标志着帕斯卡由中世纪全神性的宗教朝向近代半神性半人性宗教的过渡。

原载《思想录》

（帕斯卡著，何兆武译，北京，商务印书馆，1985 年）

卢梭《论科学与艺术》译序

一

卢梭（1712—1778）是 18 世纪法国资产阶级民主革命前夜最杰出的思想先行者，他的《论科学与艺术》这篇论文是他最早的一篇重要作品。论文系应第戎学院的征文而作，原名为《论科学与艺术的复兴是否有助于敦风化俗？》。和卢梭的名字分不开的 18 世纪后半叶"返于自然"的思想，最初就是在这篇论文里得到了明确的表现。

关于这篇论文的写作，卢梭自己在《忏悔录》中有过记载，其大致经过如下：1749 年盛夏，卢梭由文桑尼（Vincennes）去巴黎访问他的好朋友、百科全书派的领袖狄德罗（1713—1784），途中小憩，偶然翻阅一份《法兰西信使报》(Mercure de France)，看到上面载有第戎学院如上的征文题目，一时有感，遂构成了这篇论文的论点[①]。卢梭见到狄德罗之后，谈起此事，得到了狄德罗的鼓励。论文写成之后，曾交狄德罗阅读，狄德罗甚感兴趣，还提出了一些修改意见。

曾有过一种流传甚广的说法，说是卢梭最初本想从正面回答这个征题的，但狄德罗劝他不如做反面文章，卢梭听从了狄德罗的劝告，才确定了本文的主旨。这种说法并无根据，因为本文所发挥的主旨和卢梭后来一贯的思想体系是一致的，实际上可以看作是他后来全部思想体系的一个前导。书中虽有一部分思想可能出自狄德罗的提示，但这应该视为是那个时代进

---

① 卢梭:《忏悔录》，第八卷。

步思潮的总倾向的一部分。

因为这篇论文是卢梭最早的（也是他成名的）作品，所以其中不可避免地还带有思想上某些不成熟的痕迹。卢梭在晚年回忆自己的这篇作品时，写道："这篇文章虽然充满了力量与热情，却完全没有逻辑与章法。在我笔下所曾写出过的一切作品中，以这一篇的论证最为薄弱，而又最缺乏比例与和谐。无论一个人生来的才分是多么大，写作的技巧决不是可以一蹴而就的。"①

二

作为革命民主主义阵营中小资产阶级的代言人，卢梭针对着 18 世纪法国旧制度（ancien régime）之下贵族社会的虚伪与腐朽，进行了尖锐而深刻的攻击。这篇论文的中心思想是：自然是美好的，出自自然的人是生来自由平等的，因此应该以自然的美好来代替"文明"的罪恶。这样，卢梭便以"自然"（以及人的自然权利）来与"文明"（以及贵族的特权）相对抗，从而从根本上否定了当时统治阶级的"文明"。他后来的一系列重要著作——包括宣扬天赋人权从而为资产阶级民主革命奠定理论基础的《社会契约论》，以及宣扬返于自然从而在文艺思想领域上开浪漫主义之先河的《新哀洛漪思》（一名《余丽》）——的基本观念都可以溯源于此书。

在当时的历史条件下，提出这样富于民主性和战斗性的思想是有着巨大的进步意义的。正因为如此，这篇论文才成为启蒙时代思想史上的里程碑之一，标志着美学理论的一个新高峰。卢梭虽然是一般地在谴责科学与艺术，认为科学与艺术的进步并没有给人类带来幸福；但是隐蔽在抽象的一般科学与艺术的名义之后，他所谴责的实质上只能是在那个特定的历史时代中占统治地位的贵族统治阶级的虚伪的科学与腐朽的艺术，也就是抨击以社会不平等为其基础的贵族统治阶级的"文明"。作为小资产阶级的

---

① 卢梭：《忏悔录》，第八卷。

激进民主主义者，卢梭不仅抗议封建等级制度，而且还在一定程度上谴责了资产阶级的文明。因此，他的结论中包含有历史逻辑的合理因素，我们对此应该加以历史主义的分析，而不应该笼统地看待或加以抽象的理解。

与伤风败俗的科学和艺术针锋相对，卢梭便举起了"自然"这面旗帜。所谓自然，也就是小私有者理想化了的社会生活；卢梭所维护的是一个小私有者理想社会之"外化"了的"自然"。这就是在政治观点上卢梭所以要美化自然状态，在美学观点上卢梭所以要美化自然感情的思想根源；它与文艺复兴以来以人与自然来对抗等级与特权的总思潮是一脉相通的。

卢梭出生于日内瓦一个钟表匠的家庭。小私有者对自由与平等的热望是贯穿着他一生著作与活动的主导思想。他在这篇论文里所反对的文明并不是，而且也不可能是一般的文明；他号召的返于自然也不是抽象的自然，而只是小私有者的民主主义者所理想化了的自由与平等的秩序。他在本文中曾指责统治阶级的科学与艺术乃是财富与奢侈的产物。后来他在一系列的政治著作中，如《论人类不平等的起源和基础》和《社会契约论》，则更进一步强调指出财富和贪婪是一切罪恶的根源。作为18、19世纪革命民主主义的浪漫主义的开创人，他在本文中谴责了"文明"社会风尚的堕落，并提出唯有平民、唯有"纯朴的灵魂"才可能具有深刻真挚的感情。卢梭断言科学、艺术是与人民相矛盾的，他揭橥富于人民性的真挚感情，用以反抗贵族文明的虚伪造作；这种归真返璞的要求反映了第三等级中的平民阶层对空虚腐化的贵族文化的抗议。这一观点后来在他的教育著作《爱弥儿》和小说《新哀洛漪思》中得到了系统的表述。《爱弥儿》描写一个不为人压迫人的"文明"社会所玷污、完全出于自然之手的理想人格，《新哀洛漪思》则更对这种理想赋之以艺术形象的表现。卢梭就这样以其对简单纯朴的自然与人性的赞颂和高度评价，开辟了启蒙时代文学的民主潮流，从而对资产阶级革命民主主义的文化思想起了重大的促进作用。

然而，另一方面，卢梭也像历史上一切杰出的思想家一样，不能不受到他自己的时代和阶级的局限；这主要表现为作者的唯心主义的观点和非历史的方法。他抗议18世纪统治阶级的腐化的文明，但他是从小资产阶级、小私有者的良心和人性发出他的抗议的。卢梭认为自然是永恒的，因此人的天性（自然和天性在原文中是同一个字）也是永恒的。人的天性中就包含着有自臻于完美之境的能力。经典作家指出："18 世纪的准备了革命的法国哲学家们……要求无情地毁灭一切与永恒理性相矛盾的东西。我们同样也已经看到，这个永恒的理性，实际上只不过是中等市民的理想化的悟性，这种中等市民，在那时正发展成为近代的资产者。"[①]

在他的唯心主义的世界观和方法论的指导之下，卢梭并不能理解历史发展过程的真实面貌及其趋势，他只能乞灵于小私有者的永恒的良心与理性。在他的眼中，历史的发展就体现为观念原则的更迭；具体的历史既被他还原为抽象的观念原则，这就使他不可能对于具体的历史作出科学的分析，尽管他的某些论点含有光辉的辩证法因素。因此，在评价这一部历史性的古典著作时，我们必须仔细分辨其中哪些思想是体现新的历史时代的要求与热望的民主性的命题，哪些又是作者所特具的那种小私有者的主观幻想。

由这篇论文所开始提出的返于自然的思想曾经风靡了整整一个历史时代。它深刻地影响了 18 世纪西方各国先进的思想家、作家（如德国狂飙运动的诗人）和政治活动家（如法国大革命时代的罗伯斯庇尔和圣鞠斯特），以及 19 世纪初的浪漫主义的思潮（如拜伦、雨果和乔治·桑）。可是与此同时，它的带有虚无主义色彩的那一面，也对于此后历史上的思想逆流起了推波助澜的作用，如 19 世纪初法国的著名诗人夏多布里安就是一个例子。

还应该提到：这一思想在 19 世纪末 20 世纪初也传到中国。严复在好几个地方曾提到过卢梭的这一思想，特别是在他评点的《老子》一书中。王国维在论《红楼梦》时（但并不是在他那篇有名的《红楼梦评论》里），也表现过类似的思想。卢梭强调纯朴感情的自然流露这一思想，有其人民性与民主性的一面；因此它受到现代资产阶级学者如白璧德（I. Babbitt）等人的歪曲和讥讽。而在新文化运动期间，白璧德是被"学衡"派所极力

---

① 　恩格斯：《反杜林论》，北京，人民出版社，1956 年，第 266 页。

宣扬过的。但是鲁迅在与"学衡"派论战之余，却对卢梭及其思想做出了完全不同的评价，他说："无破坏即无新建设，大致是的；但有破坏却未必即有新建设。卢梭……等辈，若用勃兰兑斯的话来说，乃是'轨道破坏者'。其实他们不单是破坏，而且是扫除，是大呼猛进，将碍脚的旧轨道不论整条或碎片，一扫而空……"①

　　鲁迅是在把卢梭看成"是扫除、是大呼猛进"的"轨道的破坏者"这种意义上来肯定卢梭的，这就鲜明地表明了在对待思想文化遗产上的两种不同态度：一种是取其糟粕而弃其精华，而另一种则是取其精华而弃其糟粕。

三

　　本书译文曾于1959年由商务印书馆出版，现将译文重行校订付诸再版，以纪念卢梭诞生二百五十周年。译文是根据1837年傅尔涅（Furnè）版《卢梭全集》第一卷所载的本文译出的。在翻译过程中曾参考过阿吉霭（Hatier）本的卢梭《论科学与艺术》一书和柯尔（Cole）的英译本。译注大部分亦摘采自傅尔涅和阿吉霭两种版本。由于自己的水平与时间所限，错误和不妥之处希望能得到读者们的指正。

1962年6月于北京

重印赘言

　　本书中译本第一版于1959年由商务印书馆刊行于北京；1962年全书又经重行校订一遍并于次年出第二版，前面增加了一篇简短的"译者序言"。这个序言今天看来早已过时，其中不乏观念论的陈词滥调；现仍置于篇首以存其真，用彰吾过，同时也作为一个时代的烙印。此次重印对译文中的

---

① 鲁迅：《再论雷峰塔的倒掉》，《鲁迅全集》第一卷，北京，人民出版社，1958年，第296页。

个别文字做了改动。

译者谨识
1995 年 6 月

附识

陈寅恪《元白诗笺证稿》（上海，古典文学出版社，1958 年，第 96~97 页）：

"昔王静安先生论《红楼梦》，其释'秉风情擅月貌便是败家的根本'，意谓风情月貌为天性所赋，而终不能不败家者，乃人性与社会之冲突。其旨与亚里士多德之论悲剧与卢梭之第雄论文暗合。"

按，所云卢梭之第雄（Dijon）论文即拙译本文《论科学与艺术的复兴是否有助于敦风化俗？》（Le rétablissement des Sciences et des Arts a-t-il coutribué à épurer les moeurs？），通常简称《论科学与艺术》（Sur des Sciences et des Arts）。陈先生此语以后各版不知为何删去，读者恐多未见，特此拈出，以供研究王、陈两先生者参考。

——译者附识

原载《论科学与艺术》（卢梭著，何兆武译，
北京，商务印书馆，1997 年，修订第三版）

孔多塞《人类精神进步史表纲要》译序

　　本书作者、18 世纪法国最后的一位"哲学家"（philosophe）孔多塞（Condorcet，Marie Jean Antoine Nicolas Caritat，Marquis de，1743—1794）是启蒙运动最杰出的代表之一，曾有法国大革命的"擎炬人"之称。

　　孔多塞早年就以数学研究而享有盛名，1769 年入法国科学院，1783 年入法兰西学院，1785 年负责法国科学院的工作；他和启蒙运动的领袖人物达兰贝、伏尔泰、屠尔哥等人相友善，并参与了《百科全书》的活动。

　　作为合理社会的一个必要条件，孔多塞认为社会政治研究必须引用数理方法，使之成为一门新学科，而概率论则是通向这门新学科的桥梁：我们对社会现象的叙述是不可能精确的，但是对这些现象的概率估值却是可以精确确定的。这种以数学方法处理人事问题的努力，使他和维科并列，成为 18 世纪建立"有效的"社会科学的努力中最有贡献的两个人。他的这一努力表现为他 1785 年和 1793 年的两篇论文（即 Essai sur l'application de analyse a la probabilité de decision rendue a la pluralité de vois 和 Tableau général de la science gui a pour l'objet l'application du calcul aux science politiques et morales），英译见英文本《孔多塞选集》（Indianapolis，1976）33~70 页，183~206 页。他的目的是要创立一门社会数学，从而使知识摆脱人们感情的蒙蔽而步入纯理性的王国。

　　在百科全书派的青年之中，孔多塞是唯一来得及亲身经历了并参加了大革命的人。革命前，他是经济自由、宗教宽容和废除农奴制人身依附的积极宣传者。自 1786 年起，他的家就成为大革命前夕最有影响的沙龙之一。大革命期间，他以共和派的身份参加立法会议，起草教育法案，提出了教育世俗化和普及义务教育的原则。由于他在政治上与吉伦特党有联系并参与了制订 1793 年的吉伦特宪法，被罗伯斯庇尔政府以反叛罪宣判死刑。他在短期逃匿之后，于 1794 年春被捕入狱，随即死在狱中。在逃亡期间，他写出了他的最重要的、也是最后的一部著作《人类精神进步史表纲要》，此书于 1795 年他死后出版（以下简称《史表》）。

在思想上，孔多塞受到卢梭和屠尔哥很大的影响。在社会观点上，他坚持自然法的理论，反对封建等级特权；在政治观点上，他颂扬自由、平等、民权、人道和启蒙，谴责殖民者的掠夺，并把战争看作是"最大的罪恶"；在哲学观点上，他坚持无神论和感觉主义。《史表》一书鲜明地反映了启蒙时代的历史观，在书中他努力想阐明历史发展规律、阶段和动力都是什么。

孔多塞是西方历史哲学中历史进步观的奠基者之一。作为启蒙运动对天命论和神学历史观的反题，他认为历史的进步是和人类理性在每一个时代的发展状况相制约的。历史并不是英雄人物所创造的英雄业绩，而是人类理性觉醒的产物。历史进步的阶段，基本上就相应于人类理性发展的阶段。因此，《史表》一书的主旨就在于表明，历史乃是人类理性不断解放的过程：第一步是从自然环境的束缚之下解放出来，第二步是从历史的束缚之下解放出来。进步的要义就在于扫除历史前进道路上的障碍，这些障碍来自两个方面：既来自在上者的专制主义和等级制度，也来自在下者的愚昧和偏见；但是这两者都可以、并且应该由政治的和知识的革命所扫除。历史也就是一幕理性力量自我发展的表现。人类必须服从自然律，但人类集体长期努力的结果，也反过来可以约束和利用自然力，而这仍然可以视为自然界的一个组成部分，也就是说，人之解放于自然界的束缚，这本身也是自然的。同样，人类自由的增长，其本身也是自然律的一部分。这样，18 世纪启蒙运动的历史观——进步取决于人类理性的发展，并且人们因此有理由对于未来寄予无限的信心和希望——就在他的《史表》中得到了鲜明的反映。

我们生活在两个世纪之后的人，今天读到两个世纪以前这些启蒙思想家的著作，似乎对于他们真诚的信仰和乐观的精神，只能够是艳羡。我们艳羡他们的幸福：他们的一生满怀着那么美好的热望。相形之下，两个世纪以后的我们在某种方面，虽然确实取得了他们所无法比拟的进步；但是20世纪却也见证了空前的愚昧、野蛮和残暴。能够说人类精神是在不断进步的吗？能够说这种进步就足以把人类历史逐步引入地上的天堂吗？假如是的，那立论也不能再仅仅是一种天真的信仰了。如果说物质享受（或金钱）就是幸福，我们今天大概要比他们幸福；但如果说物质享受（或金钱）并不就是（或不完全是）幸福，则我们对幸福的理解，就不能像他们那样仅仅诉诸对理性（或对人的"善意"）的信仰了。没有知识（启蒙）的人是愚蠢的，但有知识、有学问的人是不是就更仁慈、更宽容、更善良呢？看来，20世纪历史学家的义务，乃是要对18世纪的课题做出更深刻的探讨和更高明的解答。

《史表》本来是他计划中的一部更大的历史学著作的一篇提要，这部大著他酝酿了许多年，其中涉及普遍的科学语言、知识的十进分类法、人类文明各种因素对历史的作用等等，但没有来得及完成。他的声望和思想贡献主要地在于他这部匆促草就的《史表》，它被后世公认为代表着启蒙运动理论和理想的一个高峰。

本书手稿现存巴黎法兰西学院图书馆（Bibliothèque de l'Institut），编号885；它是作者偕维尔纳夫人（Mme Vernet）在逃亡途中写成的。在手稿中作者自注说，全书于法兰西共和二年一月十三日（即1793年10月4日，星期五）完稿。全稿显然是匆促之中写成的，有一部分且系写在废纸的背面，其中笔误甚多并有大量涂改。原稿题名为《人类精神进步史表大纲》（Prospectus d'un tableau historique des progrès de l'esprit humain），但现存于法兰西学院图书馆及法国国家图书馆（Bibiothèque nationale）中的作者有关本书的笔记都足以说明，作者早在逃亡以前多年即已在准备着本书的写作了。所以本书的写成虽然是急就篇，然而其思想却是经历了漫长的酝酿的。

本书最初出版于共和三年（1795年），印行3000册，这个初版版本的文字与学院图书馆手稿有若干不同，而且文字也更为流畅。这些改动究竟是根据作者本人后来改订的另一份手稿，抑系由别人加工，现在尚不能确定。1847 年出版了《孔多塞全集》，本书被收入其中的第六卷，它与初版的文字也有出入。据《全集》编者阿拉哥（Arago）说，它是"根据手稿"加以修订的，但他并未说明所根据的是什么手稿，这部《全集》是由孔多塞的女儿欧康纳夫人（Mme O' Connor）协助阿拉哥编订的，所以很有可能它根据的是欧康纳夫人所藏的另一份手稿。

目前一般采用的通行定本是由剑桥大学教授普雷尔（O. H. Prior）订正，后又经巴黎大学教授贝拉瓦（Yvon Belaval）重加整理的本子；中文译文就是根据这个定本译出的。原书系 1970 年巴黎 J. Vrin 哲学出版社出版，共247 页。翻译过程中曾参照了巴拉克劳（June Barraclough）的英译本（纽约，Noonday 出版社，1955；部分收入 K. M. Baker 编《孔多塞选集》，印第安纳波利，BobbsMerrill 公司，1976）。这个英译本的缺点是并非逐字逐句地严格符合原文，往往流于只是译述大意。

本书作为思想史上的古典文献，已翻译成许多国家（包括苏联）的文字。它似乎理所当然地也应当有中译本以供我国学术界的研究、参考和批判。今年（1989 年）正值法国大革命二百周年纪念，法国以及全世界的学术界都在准备举行盛大隆重的纪念活动。现谨以本书的中译本作为我们对法国大革命的纪念活动之一，以贡献于我国学术界。译文全文承友人中国社会科学院世界历史研究所许明龙先生精心校阅，谨此致谢。然而错误和不妥之处仍恐在所难免，我们衷心希望能得到专家们和读者们的指正。

译者谨识

1989 年 5 月

原载《人类精神进步史表纲要》（孔多塞著，何兆武、何冰译，北京，生活·读书·新知三联书店，1999 年）

梅尼克《德国的浩劫》译序

一

《德国的浩劫》一书的作者梅尼克（Friedrich Meinecke）是当代西方最负盛名的历史学家之一，古治（G. P. Gooch）称之为第一次世界大战以后德国史学界最令人瞩目的人物；布赖萨赫（Ernst Breisach）也称他是当代德国历史主义的首席代言人。

梅尼克于 1863 年 10 月 30 日生于萨茨威德尔（Salzwedel），1954 年 2 月 6 日死于柏林。幼年时，梅尼克曾目睹普法战争之后德军入布兰登堡门的凯旋式；以后，他亲身经历了俾斯麦的统一、第二帝国的强盛及其经济的和工人群众运动的蓬勃发展、第一次世界大战、魏玛共和、第三帝国的兴亡、第二次世界大战以及战后德国的残破和分裂。他是少数见证了整整一个世纪德国历史的历史学家之一。

梅尼克早年是德国历史学派大师德罗伊森（J. B. Droysen，1808—1884）的入室弟子，出入于这个学派多年。在他早期一系列的历史学著作中，主要包括 19 世纪初德意志民族反拿破仑侵略的解放战争（Befreiungskrieg）的历史及其领导者之一博因元帅（Feldmarschall von Boyen）的传记两卷。1901 年至 1906 年他任斯特拉斯堡大学教授，这时他的研究兴趣转移到政治理论和思想史方面来；1906 年至 1914 年他转任夫赖堡大学教授。这两座莱茵河畔的著名学府，使他有机会长期密切地与天主教会和法国文化相接触，并使他自己原来出身于普鲁士学派的思想越来越多地感染了自由主义的色彩。1914 年他转任柏林大学终身教授。1859 年德国历史学家西贝尔（Heinrich von Sybel，1817—1895）创办了有名的《历史杂志》（Historische Zeitschrift）。这个杂志上继兰克（Leopold von Ranke，1795—1886）的《历史政治杂志》（Historisch-politische Zeitschrift），成为从兰克以来一系相承的德国历史学派的大本营；西贝尔和特赖奇克（Heinrich von Treitschke，1834—1893）曾相继担任它的主编，把它作为宣扬德国民族精神的喉舌。1893年，主编职务由梅尼克接班，从此他一直担任这个杂志的主编，长达40年之久。

第一次世界大战以后，他在政治上拥护魏玛共和，观点也逐渐转变，对自己以往对国家理性（Staatsräson）的信仰发生了动摇。早年他曾信仰第二帝国的统一理想和普鲁士的传统，把国家政权当作是道德理想的体现；但这时，西欧自由主义和法国文化逐渐在他的思想里占有了更重要的地位，他日益强调历史文化的人文价值或人道价值，并谴责权力政治。这时他已经预感到法西斯势力的兴起及其危害性，他察觉到国家理性（这其实是权力政治的别名）中的"恶魔"性因素一旦失控，就会造成严重的后果。他赞同社会民主党的政策，并主张与西方联盟，而不是对西方采取敌对立场；但他仍然维护德国的民族本位文化，而不同意西方化。不久，法西斯当权，强化了思想专政，极力把绝对服从领袖这项原则贯彻到一切学术思想领域里去，历史学自然是首当其冲、在劫难逃。法西斯在思想上强行一致化（Gleichschaltung），当然会遇到根深蒂固的德国传统史学的抵抗；而作为这一传统最重要的代表人物的梅尼克，遂于1935年被解除了德国传统史学重镇《历史杂志》的主编职务。在法西斯专政时期，梅尼克始终坚持自己的反法西斯观点，心身都受到损害。当时，他有许多朋友、同事和学生纷纷流亡国外；但他本人不肯流亡，因为他相信自己留在国内可以为德国人民和德国民族文化的传统多做一些贡献。他和贝克（Ludwig Beck）将军是好友，对贝克参与1944年反希特勒的密谋是知情的，虽然他并未参加直接行动。

早期的梅尼克是一个青年兰克派（Jungrankeaner），这一派不同意以经济基础或物质基础来解释人类精神的历史，所以在本质上是一种唯心史观。

他和兰普雷喜特（Karl Lamprecht，1856—1915）两位历史学家之间所进行的那场德国史学史上有名论战，足以表明他当时的思想立场。他毕生的著作中，有一小部分是属于历史考订或纪事性质的，但大部分则是致力于探讨思想本身的历史的，这些著作背后透露出来的一种基本观点就是：思想或观念才构成为历史的动力。历史学中的"历史主义"（Historismus）一词，历来有着不同的用法和不同的涵义。[①] 梅尼克认为，在史学史上，是浪漫主义摒弃了古典意义的理性，从而开辟了历史主义的道路的。他本人之作为当代德国历史主义学派的主要代言人，也是在这种意义上。但是同时，由兰克奠基、中间经过德罗伊森、西贝尔和特赖奇克等人发扬光大而在西方史学界占统治地位的这一德国历史主义学派，也终于因法西斯的迫害而使它这位最后的代言人成为这一悠久的学派的鲁殿灵光。

19、20 世纪之交，西方史学研究呈现了一次重点转移，从传统的以政治史为史学研究中心，转移到以研究思想文化史为史学研究中心。在这方面，梅尼克也是其中代表人之一。这一次重点转移，和他本人前后的思想变化，同样都反映出德国历史学派本身内在的思想危机；相形之下，法西斯的迫害则只是一个外因。事实上，自从 19 世纪下半叶以来，德国上层知识分子所面临的问题就是如何解决或者调和如下三种相互矛盾着的潮流：即，（一）日益强烈的、几乎是压倒一切的民族主义的国家理性，（二）随着迅速的工业化而来的、不断在壮大着的工人群众运动，（三）在 18、19 世纪之际达到其高峰的德国古典文化的传统。对于梅尼克，正像对于他同时代的韦伯（Max Weber，1864—1920）、特罗什（Ernst Troeltsch，1865—1923）等人一样，他们一方面既眷恋着德国历史文化的传统，一方面又深切感到必须解决迫在眉睫的社会改革与进步的问题，并且同时使这二者还能适应强烈的民族主义情绪和利益。于是唯一的出路似乎就只有当时的社会民主主义。因而在第一次世界大战后，他们就转而赞成魏玛共和，实质

---

① 例如，波普尔（Karl Popper）所反对的那种历史主义（historicism），指的是历史决定论；它和这里所说的历史主义是完全不同的两回事。

上是走着一条温和的、保守的改良主义道路。在很大程度上，这也是《德国的浩劫》这本书所要解决的中心问题。

魏玛共和究竟应不应该，以及在多大程度上应该对法西斯的崛起和专政负责？是魏玛共和本身引致了法西斯专政，还是法西斯政权扼杀了魏玛共和？或者是两者兼而有之？把这个问题进一步推及于历史，那么人们就可以问：是德国的历史文化传统中有着某种"恶魔"式的因素，从中就产生了法西斯主义和法西斯政权吗？还是，法西斯对德国历史文化传统完全是一种外来的偶然因素？二者是风马牛不相干的两回事；也就是说，并不是德国历史文化传统引致了法西斯，而是法西斯摧残了德国历史文化传统。再进一步，这或许就可以追问到困扰了历来许多历史哲学家和历史科学家的一个问题：历史上的重大事变究竟是必然的呢，还是纯属偶然？梅尼克对德国的浩劫的答案，采取的是后一种观点。他认为法西斯专政和德国的历史文化传统两者毫无瓜葛，法西斯专政对于德国完全是一个偶然的事件。而且在本书的结尾，他还深情地寄厚望于德国的古典文化，认为它是一剂医疗劫后创伤的灵丹妙药。

从兰克到梅尼克的这段近代德国史学思想的主潮，通常被称为历史主义。这种历史主义已不仅仅是一种历史学研究的方法或观点，而且同时还是一种人生哲学、历史哲学和世界观。历史主义，在当时的德国，就意味着要摆脱或者背叛西方两千年来的"自然律"观念的支配或束缚。历史主义者企图以多样化的、丰富多彩的、内容上各不相同的具体历史经验，来取代认为世界上有着永恒的、绝对的、统一的、唯一的真理那种观念。在这一基本点上，梅尼克和特罗什是同调；两位历史学家都认为，一切历史研究都是在特定的历史条件之下进行的，所以就要受到历史现实的制约，而不可能有脱离具体历史条件之外或之上的客观真理或普遍规律。这实际上就取消了普遍的真理或真理的普遍性。于是，历史上所存在的一切就都只能是特定的、特殊的、个别的、个性化了的存在。此外，并不存在什么普遍性。在梅尼克和兰普雷喜特的那场有名论战中，后者是站在实证主义的立场上攻击德国史学思想中的唯心主义传统的。梅尼克虽然反对兰普雷喜特的实证主义思想，但同时也表现出他已不完全同意新兰克派的立场，他认为新兰克派在历史研究中标榜客观如实的态度，实际上是在回避道德伦理的和政治的义务。

兰克的思想中本来就包含有自由主义和保守主义两个方面。19 世纪末的青年兰克派或新兰克派，主要的是继承了兰克的保守主义那一面，可以说他们更靠近于特赖奇克的民族主义倾向；而梅尼克则更多地继承了兰克的自由主义那一面，在思想上可以说是更靠近于脑曼（Friedrich Naumann，1860—1919）的政治社会路线。如果说梅尼克早年曾是一个青年兰克派，那么中年的梅尼克由于接受了西方自由主义的影响，就和正统的兰克学派有了分歧，并且由于他的自由主义思想而往往被人列入新康德学派。毫无疑问，在思想路线上，梅尼克受到了新康德学派，特别是文德尔班（Wilhelm Windelband，1848—1915）、李凯尔特（Heinrich Rickert，1863—1936）、狄尔泰（Wilhelm Dilthey，1833—1911）和韦伯等人的影响。这些新康德学派的代表人物都着意于思想史的研究，而梅尼克之致力于思想史研究[1]，又特别以自由主义和民族主义作为 19 世纪以来的两条主线，这一见解在本书中也有所阐发。这一重视思想史研究的倾向，对于德国乃至整个西方青年一代历史学家都有着很大的影响。例如，20 世纪在西方史学界蔚为大观的法国年鉴学派，就曾深受这一德国学派的思想影响，伊格斯（Georg Iggers）乃至认为不考虑德国历史学派的遗产，法国年鉴学派就是不可想象的事。尽管年鉴学派所谓的"理解"（comprendre）已经超越了他们之前的德国历史学派多少不免拘束于考据观念的那种"理解"（verstehen）的涵义。

二

由兰克奠定的德国历史学派虽然以史料博洽、考据精详而闻名，但并非不讲究理论思维。不过这个学派理论思维的路数是针对黑格尔学派的路

---

[1]　也有人（例如克尔［Eckart Kehr］）认为梅尼克之治思想史，是由于他面临着是拥护还是反对权力政治这一困境而企图逃避的一种表现。

数而发的，并且与之背道而驰。黑格尔学派认为历史就是精神通过一系列辩证（黑格尔意义上的辩证）的历程而展开并实现它自己；反之，历史主义学派从兰克到德罗伊森、狄尔泰和梅尼克都认为精神并不体现为一个辩证的过程，而是体现为个别化或个性化的形态。这就是说，历史是由许多个别的实体所构成的，每个个别实体的本身都有其内在的、独立的结构和意义，而绝非只是过眼烟云般的流变过程的一个阶段而已。每个个人是个体，每个国家、民族或社会也都是个体，所以他们或它们就都要服从个体化的原则。个体性或个性化的原则并非只是一种单纯的现象，它是一种深刻地植根于现实性之中的观念。

梅尼克第一部重要的理论性著作《世界公民国度和民族国家》（Weltbürgertum und Nationalstaat）于 1908 年问世，书中他对比了自由主义的世界公民（Weltbürger）的理想和黑格尔所宣扬的普鲁士的国家精神，探讨了两者之间的歧异。贯穿着这部书的中心思想是德国历史学派所强调的现实精神性（das Realgeistige）：国家乃是思想之个性化或个体化的体现，而且总的来说，普遍的观念也只能体现于具体的个性之中。显然地，这一历史主义的唯心史观过分强调了思想的功能，亦即观念之作为历史主体的功能，从而无视于盲目的物质力量在历史上所起的巨大作用。它也没有能很好地解释历史上所出现的一幕又一幕的"理性的狡猾"（die List der Vernunft）。而另一方面，德国历史学派也和西方的，尤其是英国的古典自由主义不同，他们认为个人的自由只能是置诸国家的框架之中才有意义。此外，根本就不存在像古典自由主义者所设想的那种绝对意义上的个人自由。此后的十年中，梅尼克曾就这个主题写过二十多篇论文，于 1918 年结集为《普鲁士与德国》（Preussen und Deutschland）一书。

第一次世界大战摧毁了梅尼克之希望能调和强权与精神这二者的向往，他多年的理想破灭了。大战后不久，他于 1924 年写成《近代史中国家理性的观念》（Die Idee der Staaträson in der neuern Geschichte）一书，表现出他在这个问题上的深沉的幻灭感。此书所探讨的问题仍然是强权与道德两者的关系这一老问题，但在思路上则有所创新。他认识到了过去被奉之为神圣的国家政权，不仅可以创造文化，也同样可以毁灭文化。这时候，他对于强权中的"恶魔"因素已有了更深一层的看法。虽然他仍然在设想着所谓国家理性可以成为一座沟通政权（Kratos）和道德（ethos）的桥梁，但在他内心的思想里却又毋宁说对此是颇为悲观的。这部书标志着他思想上的另一次转折，因为他已经明确察觉到 Kratos 和 ethos 之间的悲剧性的冲突，那种冲突似乎是内在的、永恒的。所谓国家理性是不是有此权利可以只问目的、不择手段？或者说，我们在政治权威的利益之外和之上，是不是还有独立的道德准则？国家政权真的享有一种超乎个人理性之外和之上的理性和道德吗？这就是他这部书所要回答的问题。当然，他还不可能从根本上否定"国家理性"的神话，但他在大量考察了近代西方政治史和思想史之后，却达到了这样一个基本论点：国家权力的运用应该有一个限度，那就是应该以保护公民的权利和福利为其限度，而不可超出为这一目标所必需的限度之外。从而，他就力图以道德理想来为政治权力划定一条不可逾越的界限。

马基雅维里的《君王论》于 1513 年问世，它把政权的基础由神圣转到世俗，它向国家的内部去寻求国家的重心，而把道德理想和价值判断完全驱逐出政治思维的领域之外。《近代史中国家理性的观念》一书，则通过马基雅维里以后四个世纪的历史来探讨政治现实和道德理想的关系，作为他长期从事思想史研究的总结。全书的基本思想可以归结为：所谓国家的政治利益往往是和道德原则相矛盾、相冲突的。古治高度评价了这部书，认为自从狄尔泰之后还没有一个学者能以如此丰富而又绵密的见解来分析人类的意识和行为。然而在这里，在梅尼克的身上也表现出了一场历史学家和理想主义者之间的人格分裂。作为一个理想主义者，他坚持认为从一个人的个性深处所得出的任何东西都不可能是不道德的；而作为一个历史学家，他又不能不痛苦地看到政治权力的现实需要总是毫无道德可言的。

第二次世界大战以前，他于 1936 年写成了另一部著作《历史主义的兴起》（Die Entstehung des Historismus）。这部书是从广泛的西方思想史背景上考察从启蒙运动的理性主义到兰克学派和浪漫主义的史学思想，并特别考察了对于启蒙运动的"人"的观念的背叛。他那基调仿佛是在说：一切时代和一切思想在上帝的眼中都是平等的、等值的。《世界公民国度和民族国家》一书预示着魏玛时代的到来，而《历史主义的兴起》一书则伴随着魏玛时代的消逝。《历史主义的兴起》是作者一生史学事业最后的一部巨著，这一年他已 73 岁。此后的 21 年，他便以对德国历史文化进行反思式的观照而终其余年。这部书虽然被认为代表悠久的德国历史主义的一个思想高峰，但是他那个中心问题——权力和道德的关系问题——却始终没有能得到很好的解决。他本人的基本倾向是要推崇个人和个性的尊严以及其中所孕育着的不断进步和不断发展的能力；这一倾向也始终是德国历史主义思潮的一个主要内容。这种意义上的历史主义，可以溯源于 18 世纪后期的康德和赫德尔（J. G. von Herder，1744—1803），中间经过一个半世纪的演变，最后在梅尼克的这部书里得到了详尽的阐发。这种历史主义的特征之一是，它不相信绝对价值或实证主义或客观规律。历史是人创造的，如果历史是被规定好了的话，那就谈不到人的创造了。

这种历史主义自然不免带有相对主义的乃至不可知论的色调。梅尼克也感到了这个缺陷，所以他要努力维护个人良心的至高无上的地位，借此以弥补这种缺陷。所谓的国家理性——法国人所称之为 raison d'etat 的，梅尼克也在使用这个法文术语——也就是马基雅维里主义，这种主义仅仅着眼于考察政治权力本身的运动规律，而把其他一切伦理的、道德的考虑置之于度外。但是它却恰好忽视了伦理道德正是人生之中，因而也是历史之中所不可或缺的一个组成部分。权力原则和道德理想这两者如何能统一的问题，就成为长年困扰着理想主义或唯心主义历史学家的一个中心问题。长期以来，德国的理想主义或唯心主义的史学传统的解决办法是把国家认同于道德观念的体现，从而使两者得到统一。梅尼克在 1908 年的《世界公民国度和民族国家》一书中，也是把德国的统一当作是民族国家观念的发展的结果。但是到了第一次世界大战以后，他已经摒弃了这一观点。《历史主义的兴起》广泛而深入地讨论了历史学的理论和方法论，重点在于强调历史现象的单一性和个别性，而不承认历史的发展有客观的规律。作为德国历史主义的晚期代言人，他虽然继承的是一个悠久的传统，然而他在书中随处都流露出来的思想彷徨，却表明了这个传统的危机。

三

第二次世界大战后的翌年，1946 年，梅尼克以 83 岁的高龄写出他晚年的压卷之作《德国的浩劫》。这部书从两个世纪的德国历史文化背景着眼，对于导致法西斯专政的原因给出了自己的答案，它是思想史家的梅尼克在历尽浩劫之后对德国历史文化所进行的反思和再评价。书中虽然并没有正面论述传统的德国历史学派，但在他对历史的重新理解和批判之中，却在很大程度上蕴含着这一点。这部书并非是鸿篇巨帙；它不是一部纪事的历史著作，而是一部出之以个人回忆、理解和感受形式的史论，或者说是文化批评。如果说，每一个时代的历史著作也都是历史的一部分，是历史时代精神的记录，那么，每一个时代的史论或文化批评就同样也是历史的一部分，是历史时代精神的反省和自我批判。本书以个人的、非正式的、但不失其深刻的沉思的笔触，概括评论了自歌德时代的古典自由主义直到法西斯覆亡为止的德国思想文化的全景。作者不纠缠于考订细节、缕述史实，而是径直探讨一些重要历史线索背后的思想潮流。他这种论述思想文化史的演变的个人风格，是读者们在他的许多著作里所熟悉的，但是代表他晚年最成熟思想的这部史论，或许是其中最为典型的一部。在这部书里，历史真正的精髓和动力不是求之于社会的组织形态，而是求之于人们思想深处的观念。它又不只是一部史论，它同时还是历史学家本人暮年的思想总结。

问题的核心，我们或许可以这样表述：这场浩劫及其成因，是不是为德国文化的精神所独具、所固有？抑或，这一现象并不必然只限于德国文化，而是某种具有普遍历史意义的东西，也可以同样地为其他民族文化所共有？（难道其他民族就没有，或者不可能出现法西斯吗？）而且，是否随着希特勒及其纳粹党的破产，导致浩劫的因素就永远消失了？这些问题是值得深思的，是摆在德国的和世界的历史学家们面前而必须给出答案的。

这些因素之中，有哪些是应该溯源于民族性及其思想文化的素质的，又有哪些是应该归咎于特定的社会物质条件的？两者之间有其必然的内在联系吗？历史学家不能不认真加以考虑的，还有这样一个比较历史学的问题：何以其他同时代、同等发展水平、面临着同样的或类似的社会经济境况的民族国家，例如英国，在民族主义和社会主义——这是本书所特别指出在冲击着当代德国的两大浪潮——交相激荡之下，就可以较为平稳地渡过，而在德国却出现了纰漏，并终于引致了法西斯？梅尼克本人对于德国民族的思想文化传统的感情是太深厚了，他不能承认法西斯专政是出自德国历史文化中的某种必然。他认为那无论在事实上还是在理论上，都完全是一幕偶然，和德国的历史文化丝毫没有瓜葛。然而，如果历史上的重大事变纯粹出于偶然，这又怎么可能说得通呢？梅尼克对此所做的答案是：如果我们追溯历史，我们就可以发现这场浩劫的根源并不在德国的古典思想文化之中，而是在于人们对启蒙运动的理性主义和法国革命的乐观主义的幻灭。因此可以说，它并不是继承了德国古典文化，而是背叛了德国古典文化。因此，它就不是一个德国历史文化的问题，而是整个西方世界的历史文化的问题。希特勒及其纳粹党和德国的历史文化之间并没有任何内在的有机联系，所以它对德国就不是一幕必然，而是一幕偶然。例如，他举出了兴登堡个人的错误和弱点，等等。或者，从更深一层的思想文化背景来说，希特勒及其纳粹党的法西斯专政，乃是由于政权与精神文化、世界公民理想与民族国家利益互相冲突而未能一致的结果。梅尼克本文似乎从来就不曾感到过（或者不肯承认）德国古典文化中的唯心主义思想传统会有什么内在的问题。在这一点上，他和同时代的特罗什就表现出明显的分歧。

梅尼克在反对和谴责法西斯的同时，却全盘在为德国传统文化而辩护，并且是在辩护德国传统文化的全部。他从来没有想到过或指出过，其中也可能有某些东西有朝一日会成为德国的祸根。他认为成为祸根而毒害了德国民族和人民的，完全在于普鲁士军国主义中那种马基雅维里的精神，而不是什么别的。他全心全意维护德国古典文化的理想，认为这一理想和法西斯的实践之间毫无共同之处。即使在德国民族最艰难困苦的岁月里，他也没有动摇过自己对德国历史文化传统的信心。他不肯承认在德国的历史文化传统里，正如在任何历史文化传统里一样，总是会有好的和坏的，——尽管最微妙、最棘手而最难于解决的正好在于，好的和坏的往往是同一件事物的两个方面，是难分难解地纠缠在一起的。他虽然承认非理性的"恶魔"原则似乎在历史上起着主导作用，可是他又不承认它和德国古典文化传统之间有任何牵连。这个思想矛盾一直伴随着他的一生，并在他晚年定论的这部史论之中也随处有着鲜明的反映。当然，书中也表现出作者暮年以劫余之身对自己早年所信奉的教条以及早年对国家权利和伦理道德的一致性的那种乐观态度产生了怀疑；所以说起话来，早年那种充满信心的肯定语气已经消失了。无论如何，这部代表他晚年看法的书，其中所运用的思想方式和研究路数是有其特色的，并且是值得思想史的研究者参考和批判的。同时，作为作者个人的思想总结，它也不失为当代德国思想上和史学上一份有价值的文献。

也许，本书的中心论点可以换一种方式表述如下。二次大战结束时，西方思想界流行的看法是：希特勒纳粹党及其所造成的浩劫，乃是德国近代历史文化的必然产物。梅尼克则挺身为德国历史文化辩护；他要论证那只是出于历史的偶然，而非必然。这里就涉及，历史上的重大事变究竟是出于偶然抑或出于必然这个问题。本书第八章专门讨论了历史中的偶然与必然。偶然论抹杀了历史发展的内在的合规律性，而必然论则又取消了人类意志的作用和价值。如果说，必然性是通过偶然性而表现的，那么也仍然需要回答：必然性何以要采取这样一场浩劫的偶然形式来表现它自己。梅尼克的论述正面触及了这个问题，虽则远远未能真正解答这个问题。

梅尼克一生追求的是能在互相矛盾和冲突着的思想之间找到调和，他要调和国家政权和个人价值、民族主义和自由主义、历史传统和社会进步、文化精英和劳动群众、德国精神和世界公民。这个工作在有些地方是做得比较好的，例如他提出唯有通过德国文化的民族化才能真正丰富世界的文化；另有的地方则远没有成功，例如他对歌德时代的古典文化就缺乏具体的分析。晚年的梅尼克在经历了浩劫之后，痛定思痛，已经更深入地体会到了国家权力中的"恶魔"成分了；这时候，他仍能以一种真诚的人道主义的精神在向往着精神文化和政治权力之间可以达到一种更高的、更健全而美好的平衡和统一。全书的结论仍然念念不忘德国古典文化的永恒价值，寄希望于这一高度精神文化能够东山再起，它不仅将复兴德国民族，并将对世界做出它的独特贡献。或许这可以看作是不失为一个历史学家的温柔敦厚之旨吧。对于一般读者，这种想法会多少予人以不切实际之感。但对于像梅尼克那样一个从深厚的德国历史主义的土壤里成长起来的历史学家而言，这却正是须臾不可离弃的头等大事。

这部书许多地方闪烁着一种老年人的成熟的智慧，然而它也难免老年人那种恋旧的心情，乃至一切都率由旧章的思路。梅尼克在 1954 年去世，享年 92 岁，已来不及目睹第二次世界大战以后西方和全世界发生的一系列重大的历史变化。假如他能活到今天并能思考的话，书中的许多观点将无疑地会有所改变。或许在本书的结尾部分他就不会提出那些发思古之幽情式的建议，并把它们看作是德国民族精神生活的唯一出路了。然而作为事实、作为历史，并不成其为真实的东西；作为思想、作为史论，却又有其真实性并因而有其价值。其中所反映的德国老一代的史学思想，那本身就是一种历史见证。这部书曾被《美国政治学评论》评为写出了德国历史的内在冲突。它和另一部著作，即李特尔（Gerhard Ritter）的《欧洲和德国问题：关于德国国家思想的历史特点的考察》（*Europa und die deutsche Frage: Betrachtungen über die geschichtliche Eigenart des deutscher Staatsdenkens*），在西方被认为是德国思想自我反省的两部代表性的著作。此后在他一生最后的几年里，他没有再写任何专著，只有几篇文章和讲演。1948 年他写了一篇纪念 1848 年革命一百周年的文章，1949 年又写了一篇评论德国历史所走过的错误道路的文章。两篇文章继续提出要高举解放战争时期的那种崇高理想的旗帜。

一个历史学家不但同时也必然是一个思想家，而且还必须首先是一个思想家，然后才有可能谈到理解历史。对历史理解的高下和深浅，首先取决于历史学家本人思想的高下和深浅。对历史的认识和理解，首要的条件并不在于材料的堆积而在于历史学家本人的思想方式。历史之所以可能成为人们的知识，乃是由于历史学家的思想之创造性的劳动的结果；历史学家本人思想的高度和深度要比其他任何条件都更积极而有效地在形成着人类知识中的历史构图。清理史料只不过是机械性的工作，只有历史学家的思想才能向一大堆断烂朝报注入活的生命。所以历史理论和史学理论就成为历史学中带有根本意义的一环，而史论的重要性就并不亚于历史著作的本身。读者也许可以从这个角度来估价和评论这部德国思想文化史论。

本书以 1946 年初版于威斯巴登（Wiesbaden），最初英译本是哈佛大学历史学教授费（Sidney B. Fay，1876—1967）翻译的，1950 年出版于哈佛大学。费在中国历史学界不是个陌生的名字，早在几十年前，他的《（第一次）世界大战的起源》一书就被列为大学历史系的近现代史参考书。费对此书采取了意译的方式，译文不大忠实于原文，还有不少遗漏和失误；当然，原书行文的风格和思想的翳影有时候是译文所难以精确表达的。梅尼克晚年任柏林大学校长；他死后，柏林大学的梅尼克研究所于 1957—1963 年出版过他的一套《选集》，共六卷。1969 年赫茨费尔德（Hans Herzfeld）编订的《梅尼克全集》在斯图加特出版，是迄今最完备的结集。关于研究他的专著，可以提到贺佛（Walter Hofer）的《历史学和世界观：梅尼克著作研究》（*Geschichtsschreibung und Weltanschauung: Betrachtung zum Werk F. Meineckes, Müuchen*, 1950）。关于他本人的著作以及对他的研究，《历史杂志》第 174 卷第 503~523 页上载有一份完备的目录。

中译文是根据赫茨费尔德编《梅尼克全集》（*Stuttgart, Koehler Verlag*, 1969）第八卷第三编第 323~445 页所载《德国的浩劫：思考和回忆》（*Die Deutsche Katastrophe——Betrachtungen und Erinnerungen*）一书的原文译出的。翻译过程中得到中国社会科学院哲学研究所张文杰和甘阳两同志的鼓励和帮助，并此致谢。

原载《德国的浩劫》（梅尼克著，何兆武译，北京，生活·读书·新知三联书店，1991 年）

《18世纪哲学家的天城》译序

　　本书作者卡尔·贝克尔（Carl Becker，1873—1945）为20世纪美国著名的历史学家，曾任康奈尔大学教授、《美国社会哲学杂志》主编、美国历史学会主席、美国科学院院士，曾获耶鲁、哥伦比亚等校名誉博士。他的主要著作有《论〈独立宣言〉：政治思想史研究》（1921年）、《近代史》（1931年）、《18世纪哲学家的天城》（1932年）、《人人都是他自己的历史学家论文集》（1935年）、《进步与权力》（1936年）、《人类文明史》（1938年）、《近代民主政治》（1941年）；他去世后，Phil. L. Synder编有《贝克尔史学论文集》（1958年）。

　　青年时代的贝克尔受业于边疆史学派大师特纳（F. J. Turner，1861—1932），不久即成为美国"进步派"新史学阵营的代表人物之一。但在主张历史学应该为现实世界的进步服务时，贝克尔却有他本人颇为独特的史学观。贝克尔一反传统的史学观点，——认为分析可以得出确凿的事实，而综合则可以作出客观的叙述，——他不承认脱离主观的（个人的、时代的、民族的、集团的、党派的等等）认识之外还有所谓客观事实，而认为历史认识只是主观经验与见解的一种推导，一切历史理解或评价都以历史学家的主观经验为基础，否则就不可能形成任何客观的形象。这种史学观最后就总结在他1931年就任美国历史学会主席的那篇著名讲演中，即《人人都是他自己的历史学家》。因此他的历史思想浸透着一种浓厚的实用主义和相对主义的色彩，并且有日益悲观的趋向。但第二次世界大战的爆发给他晚年的思想带来了若干新的希望。他拥护反法西斯战争，写下了不少文章，并认为人类毕竟是应该热爱真理并追求真理的；虽则我们的理性是有限的，但毕竟乃是我们的理性发现了这种局限性的。

在18世纪的法国，Philosophe（哲学家）一词并非指今天意义上的专业哲学家，而是特指当时"启蒙运动"的思想家、理论家和宣传家。通常人们都认为他们是"近代"意识形态的先驱者；但贝克尔在本书中却提出一种相反的论点，他认为所谓"理性时代"远不是理性的，那批"哲学家"所做的工作只不过是以新的材料在重新建造另一座中世纪奥古斯丁式的"天城"而已。这部多少是震世骇俗的著作，与历来的一般看法迥不相侔，所以一经问世就引起了学术界的轰动。60年来对此书的评价一直争论不休，以致《美国历史评论》杂志断言，本书将永远成为思想史上的一部经典著作。我们中国的读者当然也有权根据自己的见解对于18世纪的"哲学家"作出自己的评价。无论如何，本书在有助于读者理解18世纪"哲学家"的思想和20世纪美国的思想史研究与美国史学思想这两方面，都不失为一部有价值的著作。译文根据的是1971年耶鲁大学出版社（康州，新港）第35次印行的原文。

本书原为作者对专业研究者所作的一系列讲演，其性质为史论，事先假定听众对有关史实已有一定知识，故于史实阐述甚少。读者倘对本书感兴趣，最好能参阅一些有关的历史书籍并对照一下早期中世纪神学权威圣·奥古斯丁的《天城》（或译为《上帝之城》）一书。

译者谨识
1998年于北京清华园

原载《18世纪哲学家的天城》（卡尔·贝克尔著，何兆武译，北京，生活·读书·新知三联书店，2001年）

盖伦和他的《科技时代的心灵》

《科技时代的心灵》一书的作者阿诺德·盖伦（Arnold Gehlen）是当代德国著名的哲学家和社会学家。他于 1904 年 1 月 29 日生于莱比锡，就读于莱比锡大学，获博士学位；随后相继在莱比锡、哥尼斯堡（Konigsberg）、维也纳、斯培尔（Speyer）、亚琛（Aaschen）各大学及瑞士高等工业大学任教多年，晚岁于 1976 年 1 月 14 日在汉堡去世，享年 72 岁。盖伦一生著作宏富，主要的有：

《意志自由的理论》，1963、1965

《国家与哲学》，1935

《人——他的本性和他在世界中的地位》，1940

《工业社会的社会心理学》，1949，1957 年再版易名为《科技时代的心灵》

《社会学》，1955

《原始人与后来的文化》，1956

《时间——图像》，1960

《人类学研究》，1961

《社会学与人类学研究》，1963

《道德与超级道德》，1969

《洞见》，1975

作为当今西方哲学人类学的主要代表之一，盖伦继承了德国古典哲学（尤其是费希特）的思想传统，进而发展出一套功能学派的社会人类学与哲学人类学。作者在莱比锡大学就学时，师从当代哲学家杜里舒（Hans Dreisch，1867—1941）。杜里舒在 20 世纪 20 年代即曾被引入我国，这个名字对我国的学术思想界当不陌生。后来盖伦即继杜氏任莱比锡大学的哲学教授。盖伦的研究路数是从生物学和社会学的观点出发，对人类心灵作出一番新的哲学解释。在哲学上，他反对本体论和形而上学以及任何一种心物二元论和知行二元论；他力图结合米德（G. H. Mead，1863—1931）的实用主义（社会行为主义）、席勒（F. C. S. Schiller，1864—1937）的知识相对论与伊林格（Rudolph Jhering，1818—1892）的整合主义（Integrationalism）、斯宾格勒（O. Spengler，1880—1936）以及海德格尔（Martin Heidegger，1889—1976）的文化批判哲学而建立起一套新观点。他的新观点大致是这样的：历史上起决定作用的因素并非是个人的价值而是体制的功能。对人的心灵的研究，一方面他反对使用自然科学的实验方法，另一方面又反对"精神科学"（Geisteswissenschaft）的"理解"方法。他认为，要解释各种社会文化的体制，就必须采用现象学的方法。人是社会文化体制的产物，故而起强大的决定作用的乃是思想的力量而不是脆弱的生物本能，也就是说，人的生存状态更多的是有赖于并取决于社会的技术手段。这里指的是广义的社会技术手段，包括语言乃至神话都在内。人就是这样地创造出来了约定俗成的共同文化传统，而这一传统的环境就通过一定的体制而得以延续下来，于是便形成了国家、家庭、法律、经济生活等等。正是社会文化体制才把自主性赋予了个人，因之使他得以参加到一个"秘密的协议"（entente sécrèt）中来。这便是社会文化体制的作用。所谓真理不仅仅是指通常人们所认为的"符合论"（即我们的认识与外在的对象相符合）或是"融贯论"（即我们认识的自身在逻辑上的融通一贯）的产物，而且更是体制这一传统所形成的习惯与信念的产物，——它尽管并不具备理性上的或实验上的论据，却并不妨碍其具有不容置疑的确凿性。正是社会文化体制才形成了人们的"指导思想"（idées directrices）和他们的行为，这是任何科学知识所无法取代的。

盖伦大体上是以颇为暗淡的眼光在看待现代文明的。他认为现代文明的特征乃是传统体制的解体并趋向于一种无政府状态的知识化（intellectuation）。物质生活水平不断地提高远远不是意味着人类的进步，反而是意味着在炮制永远不能餍足的欲求；——它是与人性中的道德义务背道而驰的，它包含着人们精神生活日愈庸俗化的危险，还会剥夺人们政治生活中的高贵与尊严。科学的日益专门化反而使得群众日愈陷入蒙昧状态，而世界的一体化则又导致人们日益丧失自己的独立与自由。因此，哲学的任务就是要指明这些衰落的迹象，并且能够挺身而出维护传统体制中种种"合法的"成分。盖伦的这些论点，无论正确与否，似乎都对当前正在经历迅速的现代化和后现代化历程的世界不失为一种值得思考的意见。同时，对于所有想要在哲学与社会科学之间重建密切联系的人们来说，他那种力图综合欧洲与美国双方思想理论的尝试，也不失为了一个有趣的参照系。

在学术思想研究的领域中，有时候提出问题的价值并不亚于给出结论的价值。盖伦本书的价值或许更多的是应向此中求之。全部人类的文明史，不外是前后两大阶段，即传统农业时代的社会与近（现）代化的科技社会。前者基本上是静态的，无论是太平盛世还是动乱时代，一个人的终生乃至若干世代的延续，其生活环境与生活内容大抵是延续不变的。于是人类在几千年文明史的漫长过程之中，便逐步形成了种种固定的社会制度、行为规范、思想模式与心态。然而近代社会和以往几千年的传统社会大为不同，它是一个工业化的、技术的社会，而工业和技术是日新月异的；于是人类就不得不告别以往基本上是稳态的、常规的社会，而步入一个急剧变化着的社会。随之，人类以往备受尊敬的、习以为常的而且似乎是理所当然的种种制度、习俗、规范、思想、理论乃至感情和心态，也就被迫要不断地改变，自己去面迎这种日新月异的挑战。但是人类文化生活在这些方面的改变，却远远赶不上而且适应不了工业技术的迅猛变化。现代人类文明社会的一切问题、一切矛盾和冲突，归根结底大都可以溯源于此。它不是人类文明某个方面（哲学的、艺术的、政治的、经济的等等）的危机，而是整个人类文明坐标系的危机。本书内容就环绕着这一中心论点而展开，作者在书中提出了不少自己的独特的见解。当然，对于这样一个带有根本性的问题，我们不必期待任何一部著作——包括作者这部篇幅不大的、简明扼要的著作在内——能够做出最后的答案。无论如何，现代化文明的内在矛盾及其所造成的现代人的心理失调和灵魂中的阴影，乃是每一个人文科学家和社会科学家所无法回避的问题。盖伦的努力或许有助于学者们对这一问题做进一步的思考和探索。

　　在所有物种之中，人类是唯一在知识上和技能上可以不断积累的物种，因此大体上人类的知识和技能就总是日新月异不断地提高。而其他一切物种则只能是简单地重复他们前辈的本能的生活，从零开始，所以无法提高。但是另一方面，人的道德情操或精神境界却是无从积累的；这方面，后人不会在已有的基础上不断提高，每一代依然是从零开始。于是人类的文明就出现了一场理性的分裂：纯粹理性（或工具理性）不断地在飞速前进时，而同时实践理性（或道德理性）却牛步迟迟永远都从原点上重新起步。毫无疑问，今人的知识是古人所望尘不及的；但是今人的德行也比古人高尚吗？我们似乎没有任何根据可以这样肯定。（例如，能说今天"满街都是圣人"吗？）是不是人类文明史就永远注定了是在这样一场理性的二律背反之中摸索着前进的呢？

原载《博览群书》2001 年第 2 期

《历史理性批判散论》自序

收集在这本小书里的，是近几年间写的几篇小文章。其中绝大多数都是属于赶任务的急就章，决不是什么多年的积累或深思熟虑的成果，加之自己的才学浅陋，则其质量不问可知①。之所以应我故乡湖南教育出版社的善意督促而终于贡献读者之前者，是因为总觉得许多有关史学理论的问题，只有经过更深一步的探讨，我国史学界才有希望建立自己独立的史学理论，——既不效颦外国（西方的或苏联的）的理论模式，也不盲目地闭门造车、炮制自己的公式。② 假如这本小书能在抛砖引玉方面略尽绵薄，对自己就不失为一种安慰了。

由幼年到青年时期，正值从"九一八"、"一二·八"、"七七"到二次大战烽火连天的岁月，人类的命运、历史的前途等问题深深吸引了自己，所以终于选择了历史作为专业。不久又对理论感兴趣，觉得凡是没有上升到理论高度的，就不能称为学问；于是可走的路似乎就只有两途，一是理论的历史，二是历史的理论。其实，刚入大学的青年，对任何专业的性质，

---

① 如本集收入的《自然权利的观念与文化传统》一文，自己重读后就深感不满，因为我素来不赞成用观念论——即以某种抽象观念，如光明与黑暗、正义与邪恶、勤劳勇敢与懒惰怯懦之类——来区分和概括活生生的历史；而此文却恰好落入观念论的窠臼。

② 如一部中国史就是儒法斗争史之类，乃至得出了凡儒家都卖国、凡法家都爱国之类的结论。我不相信孔孟之道，但也不相信凡接受孔孟之道就必然卖国。这种思维方式的流风余泽之所及，前两年还有人宣传要读一点唐诗宋词，据说是可以加强爱国主义云云。准此而言，则伪满洲国那批老汉奸郑孝胥、罗振玉之流，其旧诗词的根底是那么好，就应该是最好的爱国者了。我自然绝无反对读唐诗宋词之意，我只是不相信那和爱国有什么联系。甚至 1953 年匈牙利足球队以 6∶3 胜英国队，当时报纸大肆宣扬这就证明了社会主义优越性。我对这类"证明"是持怀疑态度的。同时也使我深感思维方式在历史研究中的重要性。

根本就谈不上有任何理解。

当时教中国通史的是钱穆先生，《国史大纲》就是他讲课的讲稿。和其他大多数老师不同，钱先生讲课总是充满了感情，往往慷慨激越，听者为之动容。据说上个世纪末特赖齐克（Treitschke）在柏林大学讲授历史，经常吸引大量的听众，对德国民族主义热情的高涨，起了很大的鼓舞作用。我的想象里，或许钱先生讲课庶几近之。据说抗战前，钱先生和胡适、陶希圣在北大讲课都是吸引了大批听众的，虽然这个盛况我因尚是个中学生，未能目睹。钱先生讲史有他自己的一套理论体系，加之以他所特有的激情，常常确实是很动人的。不过，我听后总感到他的一些基本论点令我难以折服，主要是因为我以为他那些论点缺乏一番必要的逻辑洗炼。至今我只记得，他发挥民主的精义更重要的是在于其精神而不在于其形式，这一点给我留下了很深的印象。

陈寅恪先生当时已是名满天下的学术泰斗，使我们初入茅庐（西南联大的校舍是茅草盖的）的新人（freshman）也禁不住要去旁听，一仰风采。陈先生开的是高年级的专业课，新人还没有资格选课。陈先生经常身着一袭布长衫，望之如一位循循然的学者，一点看不出是曾经喝过一二十年洋水的人。陈先生授课总是携一布包的书，随时翻检；但他引用材料时却从不真正查阅书籍，都是脱口而出，历历如数家珍。当时虽然震于先生之名，其实对先生的文章一篇也没有读过。翌年先生去香港后（本是取道香港去英国牛津大学讲学的，因战局滞留香港），我才开始读到先生的著作。当然，先生的学问，我只有望洋兴叹，佩服得五体投地；但是我却时常不免感到，越是读它，就越觉得从其中所引征的材料往往得不出来他那些重要的理论观点来。这引导我认为，历史学家的理论并不是从史料或史实之中推导出来的，反倒是历史学家事先所强加于史实之上的前提；也可以说，历史学家乃是人文（历史）世界真正的立法者。或者，用 60 年代的术语来表达，即是说历史研究事实上并非是"论从史出"，而是"史从论出"。陈先生自称是"平生为不古不今之学，思想囿于咸丰同治之世，议论近乎湘乡南皮之间"，就典型地代表着新旧文化交替方生方死之际一个学人的矛盾心情；

他似乎毕生都在把自己愠时抚事的感伤寄情于自己的学术研究之中，这样就使他的历史观点也像他的诗歌一样，浓厚地染上了一层他自己内心那种感慨深沉的色调。一个人的思想和理论，毕竟首先而且根本上乃是时代现实的产物，而不是前人著作的产物。

陈先生上课堂带书，是备而不用，而雷海宗先生上课则是从不带片纸只字；雷先生从来不看讲稿，他根本就没有稿子，一切的内容都在他的满腹学问之中。我曾整整上过他三门课，我想大概任何一个上过他的课的人都不能不钦佩他对史事记得那么娴熟。那么多的年代、人名、地名、典章制度和事件，他都随口背诵如流。三年之中我记得他只有两次记忆略有不足，一次是他把《格列佛游记》的作者 Jonathan Swift 说成 Dean Swift，另一次是一个波兰人的名字他一时没有想起，不过迟疑了一下，马上就想起来了。雷先生有他自己一套完整的历史理论，脱胎于斯宾格勒，而加以自己的改造。其中主要的一点是他认为每种文化都只有一个生命周期，只有中国文化有两个周期，——以公元 383 年淝水之战为界。假如那场战争失败了，中国就极可能会像古罗马文明一样地破灭，而让位给蛮族去开创新的历史和新的文化了，——他展望着中国历史还会有第三个周期。

1939 年秋的一个夜晚，林同济先生在西南联大昆中南院南天一柱大教室作了一次公开讲演："战国时代的重演"，当场座无虚席，林先生口才也确实是好，全场情绪活跃而热烈。讲完后，大家纷纷提问。记得有一位同学问道，马克思认为历史将由阶级社会进入无阶级社会，重演论对此如何评论？林先生回答说：马克思是个非常聪明的人，但聪明人的话不一定都是正确的，马克思是根据他当时的认识这样说的。此后不久，就在林先生（以及雷先生）的主持下出版了《战国策》杂志。就我所知，当时国外风行一时的地缘政治学（Geopolitics）也是由他们这时介绍进来的，雷先生还作了一次讲演，题目是《大地政治、海洋政治和天空政治》。解放后，战国策派被批判为法西斯理论，其实当时即已有不少人（包括右派）是这样批判它的了。有一次讲演中林先生公开答辩说：有人说我林同济是法西斯，我会是法西斯吗？那次讲演他的大意是说（事隔多年，已记不太清楚，大意或许如此）：古今中外的政治，总是少数领导多数；他是赞成这种意义上的贵族制的。观乎当时英国工党左翼领袖克利普斯（Stafford Cripps）来华在昆明讲演公开抨击当政的张伯伦政府，而那次讲演是由林先生作翻译的 ①；又，新加坡失守后，林先生以公孙震的笔名在《大公报》上写了一篇轰动一时的论文《新加坡失守以后的盟国战略问题》，以及"二战"后林先生欧游的通讯（也载在《大公报》上）；法西斯这顶帽子似乎对于林先生并不见得十分合适。即以文化形态学的代表斯宾格勒（汤因比的著作当时尚未完成）而论，也曾被人批为法西斯的理论先驱，其实希特勒要建立的是一个唯我独尊的千年福第三帝国，而斯宾格勒却在宣称西方的没落，也并不很投合纳粹党的胃口。

1941 年春，雷先生在云南大学作了一次公开讲演，系统地阐发了他的文化形态史观；讲完以后，主席林同济先生称美这个理论是一场"历史家的浪漫"（他的原文是 the romance of a historian）。我承认作为一种传奇（romance）来看待，这个理论确实颇为恢宏壮丽、引人入胜（尤其是它那宏伟的视野和深层的探索）；但生物学的方法毕竟不是科学的唯一的方法，更不是历史学的方法。何况雷先生对年代数字的神秘性之入迷，几于达到刘伯温式推背图的地步（这一点他在讲课中也经常流露出来）。普遍存在的东西，并不能径直被认同为充分理由。万有引力是普遍存在的，就是在没有人的沙漠里，万有引力也是存在的；但是我们毕竟不能由此结论说，用万有引力就可以充分说明人文的历史。林黛玉伤心时流下眼泪，她的眼泪是朝下流，并不朝上流，这是万有引力在起作用；但用万有引力定律并不能解说林黛玉的多情和感伤。不但物理的规律、生物的规律不能（文化生命周期的观念是搬用生物的规律），就连经济的、社会的规律也不能。人的思想和活动（即历史）当然要受物理的、生物的、经济的、社会的规

---

① 林先生是政治学家，他当然知道克氏的立场和态度，倒是我们这些青年听到一位有名望的公民，居然在战时可以公开向外国人抨击本国的战时政府和领袖（张伯伦当时尚是首相），对英国政治制度有了一些直接的感受。多年以后，我在美国两次遇到他们大选，双方也是相互猛烈攻击对方的领袖。

律所支配，但是任何这类规律或所有这些规律，都不足以充分说明人文现象之所以然。它们分别属于不同的活动层次。凡是企图把历史规律（假如有规律的话）归结为自然的或社会的规律的，都不免犯有上一个世纪实证主义者那种过分简单化的毛病。历史学并不是一门实证的学科，凡是单纯着眼于普遍规律的，可以说对人文现象都不免是未达一间。这是我不能同意雷先生观点的原因。雷先生最多只是描述了历程，但并未能充分解说历史运动的内在机制。及至抗战后期，有几位先生（包括雷先生和冯友兰先生在内）和青年学生之间在政治观点上的差距日愈增大了，这也妨碍了双方在学术思想上进一步地做到同情的理解。

教我们史学方法论的是北大历史系主任姚从吾先生。姚先生讲授内容主要是依据 Bernheim 的《史学方法论》一书，当然也还有一些出自 Lamprecht 和 Langlois，Seignobos 两人的标准课本，但是此外并没有发挥过什么他本人的理论见解。同学们当时的一般印象是，姚先生的学问和讲课都只平平。记得有一个同学曾向我说过：上姚先生的课也曾认真想记点笔记，但是两节课听了下来，只记了不到三行字。本来在我的期待中是极富吸引力的一门课程，却成了一门并无收获可言的课；只因为是必修，才不得不修学分而已。此外，他还教过我们宋史。姚先生在政治上是国民党，后来去台湾任"中央研究院"院士。前些年听说，他在台湾的若干年间做出了不少成绩，当今港台中年一代的骨干历史学者，率多出自姚先生的门墙，有些甚至就是姚先生亲手培养出来的。前些年他死于办公室的书桌之前。这使我联想到另一位哲学系同学殷福生，他原是个极右派，去台湾后（用殷海光的名字）竟成了自由主义的一面旗帜，是港台和海外许多青年学人（现在也都是中年的学术骨干了）的最有号召力的思想导师；后被软禁，死于寓所。甚矣，知人之难也。两位先生的晚境，使我不禁有"从此不敢相天下士"之感。

历史哲学本来是跨史学与哲学之间的一门两栖学问，京剧术语所谓"两门抱"；哲学系的老师们理应有人对此感兴趣。但当时北大哲学系的先生们大多走哲学史的道路；自己当时的想法总以为哲学史研究不能代替哲学研究，正有如数学史之不能代替数学或物理学史之不能代替物理学。一位物理学家总要研究原子结构，而不能代之以研究留基波或德谟克利特的原子论是怎么讲的，或者《墨经》中有无原子论。历史哲学理所当然地是哲学而不是哲学史。我猜想北大哲学系之走上以哲学史代哲学的这条路，恐怕与胡适先生之主持文学院有关。对哲学，胡先生"非其所长"（金岳霖先生语），而殷福生在课堂讨论上曾公然指责："胡适这个人，一点哲学都不懂！"（但他到台湾后，在政治上却推崇并接近胡适。）胡先生虽不长于哲学，却是个有"考据癖"的人。由于他是当时学术界的权威（北大、清华、南开三校联合组成西南联大，最初文学院长是他，当时他已去美国，由冯友兰先生代，后来冯先生才真除）；北大哲学系走上哲学史的道路，似乎是很自然的；既然不搞哲学，也就没有人搞历史哲学或科学哲学。清华哲学系的先生们大多走逻辑分析的道路，也没有人搞历史哲学，连分析的历史哲学也没有人搞。有一次我问王浩兄为何不读历史，他说他只对 universal〔普遍的〕感兴趣，而对 particular〔特殊的〕不感兴趣。这大概可代表清华哲学系的一般心态。冯友兰先生（他是北大出身，在清华任教）的《贞元六书》中，有一些是谈中西历史文化的。但是今天的中青年学者大概已很难体会半个世纪以前的青年们对冯先生的那种反感了；那大抵是因为他过分紧跟当权派的缘故，故而也很少有人认真看待他的哲学。（虽说他的《中国哲学史》几乎是文科学生的必读教本。）①

和冯先生形成对照的是张奚若先生。张先生对冯先生一贯评价不高，有一次讲课时谈到：现在有人在讲"新"理学，看了一看，实在也没什么

---

① 这种情形有点像我们今天在荧屏上看到连篇累牍地宣扬张少帅，大概中青年的观众已不会知道当年"九一八"以后的张少帅，几乎是第一号国人皆曰可杀的人物。冯先生原来曾自命为"新统"，解放后首开毛泽东思想一课，历次思想运动的自我批判来了一场彻底的全盘自我否定。"文革"期间的经历，众所周知，毋庸赘述。至80年代初再去美国哥伦比亚大学接受荣誉学位，哥大当局隆重地表彰他的（早已自我否定了的）学术贡献，而他接受时的答词谈的则是"周虽旧邦，其命维新"云云，似乎双方全然对不上口径，但也照样行礼如仪。晚年的思想又复归真反朴，颇有"语不惊人死不休"之论。中国近代思想史发展之诡谲，当无有逾于此一幕者矣。真正要按照历史本来的面貌去理解历史，又谈何容易！

新。张先生授西方政治思想史和近代政治思想两门课，其实只是一门，19
世纪以前归前者，19世纪以后归后者。张先生的学问极好，但极少写什么
著作。他的两门课使我自此喜欢上了从前自己不大看得起的思想史，使我
感到读思想史不但有助于深化自己的思想，而且不了解思想就无以了解一
个历史时代的灵魂。他所指定的必读书之中，有从柏拉图到霍布士、洛克、
卢梭等经典著作，也有马克思的《共产党宣言》和列宁的《国家与革命》。
这是我最初读到《宣言》（英文本），因为全书难得，还特地手抄了一份。
当时斯大林的《辩证唯物论与历史唯物论》亦已有中文单行本，我读后倒
感觉它在很大程度上恰好是它所号称要反对的那种形而上学；至于历史唯
物论部分也大抵是描述性的（descriptive），没有讲出其内在的逻辑，所以
不足以阐明其普遍的必然性。喜欢上张先生的课，还因为他敢于针对现实，
讥评时政。早在抗战前，他就以写了《冀察当局不宜以特殊自居》一文，
名重一时，《独立评论》也因此受到查禁处分。（当时日本正要求"华北特
殊化"。）抗战时，他任国民参政会参政员，每次去重庆开会归来，都在课
堂上有所评论。记得他不止一次说过，现在已经是"民国"了，为什么还
要喊"万岁"。有一次讲到自由，他说，自由这个字样现在不大好听，"当
局一听自由两个字，无名火就有三丈高"——刻画当局者的心态，可谓入
木三分。他讲到暴力革命论时，沉吟说到，或许暴力是不可避免的；不过，
接着他又引 Laski 的话说：You are not justified in not trying to do so（指走议
会选举的道路）。

　　我最初获得较多的有关历史理论的知识，是从噶邦福先生那里。噶先
生是白俄，名字是 Ivan J. Gapanovitch，他说他的姓后面原来还有一个"斯
基"的，后来取消了。他出身于旧俄的圣彼得堡大学，是世界知名的古代
史泰斗 M. Rostovtzeff（1870—1952）的入室弟子，第一次世界大战时曾应
征入伍参过战。革命后 Rostovtzeff 去美国威斯康星大学任教，噶先生本人
经历了一番坎坷（他没有向我具体谈过），辗转来到远东的海参崴大学任教，
于 1930 年（或前后）来清华大学任西洋古代史教授。此课在当时历史系
并非必修，学生甚少，不过寥寥六七个人。我选此课的用意并非是真想学

希腊、罗马，而是因为噶先生不能讲中文，是用英语授课，可以借此机会提高自己专业英语的应用能力。但我不久就发现，自己得益的不仅是希腊、罗马，专业英语，也还有历史理论。噶先生写过一部书《历史学的综合方法》（*Synthetic Method in History*），抗战前夕完成，次年（1938）商务印书馆出版。当时正值战争初起，兵荒马乱，此书又是用英文写成，虽在国内出版，却迄今不大为人所知。但在近代中国史学史或史学思想史上，仍有一提的价值；它是我国国内出版的第一部这方面的著作。噶先生不大为世所知，他本人也安于寂寞；然而他的思想却极为丰富。这是我后来和他谈话多了，才逐渐领会到的。后一个学年我又选了他的俄国史一课，人数更少，只有三数人，其中还有一位墨西哥的华侨女同学，也是不能讲中文的。噶先生很健谈，可以从克里奥巴特拉的鼻子谈到社会达尔文主义，谈到Sorokin 的文化周期论。他也评论过雷先生的中国史周期说。噶先生不但是我接触到历史理论与史学理论的启蒙老师，还教导我对西方思想史、文化史的研究方法。例如，他曾向我推荐，要了解俄罗斯的灵魂，不能只看普希金和屠格涅夫（我是喜欢看屠格涅夫的），还需要看托尔斯泰和陀思妥耶夫斯基。我虽然也喜欢某些托尔斯泰，而尤其是老陀，但是由于自己的中国文化背景，始终未能逾越那道不可逾越的难关，即成其为俄罗斯之谜的那种宗教信仰。我时常想中国（至少汉民族）是一个极其现实的（或重实利的）民族，所以她可以毫不在意地接受任何信仰（如三教并存，各种宗教与巫术并存，乃至再加上洪秀全的天父、天兄），其实正是由于她并不真正信仰任何东西。轻而易举地就接受一种信仰，轻而易举地就放弃一种信仰，都是出于同一个原因。因此，我们就很难真正窥见俄罗斯民族（或别的民族）的灵魂深处。这正如西方汉学家之研究中国历史文化，资料不可谓不多，功力也不可谓不勤，然而对中国文化的精神却总嫌未能（像鲁迅那样一针见血地）触及要害。噶先生对现实也很敏感，当时是抗战中期，少数人大发横财。噶先生有一次向我感叹说：抗战到底（这是当时的口号），有的人就是一直要抗到你们的底。1949 年后，噶先生去南美，后去澳大利亚，病逝于澳洲。其女公子噶维达女士现任澳大利亚国立大学汉语教授，经常来中国。1988 年西南联大 50 周年校庆在昆明举行，维达女士还奉噶师母远涉重洋来与盛会，并和当年历史系校友们合影留念。

以上絮絮谈了一些往事，是想就自己的亲身经历从一个侧面回忆当年一个小小的学园里有关史学理论的情况和氛围；再过些年，恐怕知道的人就不会很多了。同时，也如实地谈了自己的感受；这里绝无信口雌黄、不敬师长之意。相反地，我以为如实地谈自己的想法，正是对师长的尊敬。一个导师应该善于启发学生自己的思想，谈出自己的看法，而绝不是要求学生在口头上把自己的话当作字字是真理。

1949 年以后，我有幸多年在历史研究所参加侯外庐先生的班子，作为他的助手，从而又有机会重新学一点思想史。可惜时间虽长，干扰也多；大部分时间都没有用在正业上，而是被种种国家任务、革命需要、思想改造、劳动锻炼等等的名义挤掉了。（难道科学研究就不是国家任务和革命需要吗？）侯先生去世后，不少纪念文章都提到侯外庐学派。这个学派的特色，自非浅学如我者所能窥其堂奥而妄加论列。但我以为以侯先生的博学宏识和体大思精，确实是我国当代一派主要历史学思潮的当之无愧的奠基人。侯先生是一个真正的马克思主义者。我这里所谓真正的马克思主义者并非是说，别人都是假马克思主义者；而是说侯先生是真正力图以马克思本人的思想和路数来理解马克思并研究历史的，而其他大多数历史学家却是以自己的思想和路数来理解马克思并研究历史的。马克思主义不是中国土生土长的东西，而是一种舶来品。大凡一种外来思想在和本土文化相接触、相影响、相渗透、相结合的过程中，总不免出现两种情况：一种是以本土现状为本位进行改造，但既然被中国化了之后，即不可能再是纯粹原来的精神和面貌了；另一种则是根据原来的准则加以应用，强调其普遍的有效性，从而保存了原装的纯粹性。前一种史学家往往号称反对西方中心主义，却念念不忘以西方历史作为标准尺度来衡量中国的历史；我以为侯先生是属于后一种历史学家的，这类史家为数较少，却真正能从世界历史的背景和角度来观察中国的历史。（虽然有时也被人说成教条化；50 年代末苏联学术界就有人评论过侯先生以恩格斯《德国农民战争》中的社会分析用之于中国是否妥当。）侯先生的文风有时显得晦涩难解，这或许是由于先生专注于理论的思维而不肯在雕琢文字上多所费力的缘故。先生给我最大的启发是：他总是把一种思想首先而且在根本上看作是一种历史现实的产物，而不单纯是前人思想的产儿；他研究思想史决不是从思想到思想，更不是把思想当作第一位的东西。这一观点是真正马克思主义的，即存在决定意识而不是意识决定存在。旧时代讲思想史的，总是从理论本身出发，前一个理论家所遗留下来的问题就由后一位理论家来解决；这样就一步一步地把人送上了七重天。新时代有不少人沿着这个方向走得更远了，干脆认为思想是决定一切的，历史就是沿着人的思想所开辟的航道前进的。此外，侯先生对辩证法的理解基本上也是马克思主义的（有时虽也不免偏离），即矛盾双方是由对立斗争而达到更高一级的统一；而流行的见解则认为那是一场你死我活的斗争，以光明的一方彻底消灭黑暗的一方而告结束，把辩证法讲成了一种现代版的拜火教。"文革"中侯先生遭遇不幸，仅从理论思维方面看，似乎也理所当然地是在劫难逃。

我自己这一代人是从古典思维方式的训练中出身的。友人郑林生有一次向我谈过，他学物理学是从经典体系入门的，相对论、量子论等等都是后来才学的，所以遇到问题总是先从经典的思路去考虑；只有当想不通的时候，他才想到去用相对论、量子论等等。我想这就好比我们的母语是汉语，我们首先总是用汉语进行思维，只有当实在找不到合适的词句来表达时，我们才想到某些外文词句。我们从少年时代起所学的就是欧氏几何、牛顿力学和纳氏文法（Nesfield 这个名字，今天的青年们大概已经生疏了，当年是人人必读的），那些都简直有如切豆腐干一样地整齐明快而又易于掌握。后来读理论，从笛卡尔到亚当·斯密的古典传统也都具有这种优点，极其明晰易懂，初读即有眼明之乐。但是这种思维方式却也是个很大的包袱，它使人难于理解或接受现代化的思维方式。我对现代化的思想几乎全不理解，而且格格不入；不但对自己是外行的东西（如现代绘画、现代音乐）不能接受，就连有关本行的东西（如现代史学理论）也不能。这就妨碍了自己真正能够仰望现代历史学的高度。一个人的思想和人的自身一样，也是要衰老、僵化而终于被淘汰的。这是不可抗拒的自然规律。一个人应该谦逊地承认自己的局限和缺欠。由于自己习惯于古典的东西，故于当代作家看得极少。但其中也有一些自己是衷心欣赏的，如于中国喜欢鲁迅，于西方喜欢 Maurois，Merezhkovsky，Unamuno 和 Santayana。我喜欢鲁迅对于中国民族的灵魂是那么毫不容情地鞭辟入里，我喜欢 Maurois 以其灵心善感探索人生，喜欢 Merezhkovsky 以其微言大义提示（历史）背后的哲理，喜欢 Santayana 那种以成熟的智慧观察人生（虽然我不懂他的哲学），喜欢 Unamuno 要说那说不出的或不可说的东西。

我时常想：历史学既是科学，又不是科学，既有其科学的一面，又有其非科学的一面。历史研究的对象是人。人是生物人，但又不仅只是生物人；人是经济人和社会人，但又不仅只是经济人和社会人。对于历史研究来说，自然科学和社会科学都是必要的，但都不是充分的。人性不就是生物性的总和，也不就是社会性的总和。人文科学（历史学）本质上不同于自然科学或社会科学。当代各派新史学（如年鉴派）尽管对史学也做出了巨大的贡献，但其缺点正在于把人性单纯地归结为社会性。自然科学或社会科学对它所研究的对象，在价值上是（或至少应该是或可以是）中立的。如一个化学家，对于化学反应的研究，在价值上是中立的。但是人（包括以研究人为自己专业的历史学家）则是有感情、有意志、有愿望、有好恶、有思想、有取舍的活着的人生整体；他不单是观察者，而且同时还是参与者和演出者。而科学家（如经济学家）却不必参与演出（如参与股票交易）。假如一个经济学家以其对股票的分析而引起了股票市场的波动，这时候他就是以历史学家的身份参与演出了。历史学家以自己的研究（如以善善、恶恶、贤贤、贱不肖的书法）而参与了人类史诗的演出。追求人生的美好，不是化学家的任务，也不是经济学家的任务，但它永远是一个历史学家所不可须臾离弃的天职。很难想象一个不是为追求人生的美好这一崇高的理想所鼓舞的历史学家，能够写出一部真正有价值的历史著作来。（但一个科学家却不必。）但愿这或许不是一种奢望：将来有一天，历史学家能把传统史学的人文理想和价值、自然科学和社会科学的严格纪律和方法、近现代哲人对人性的探微这三者结合起来，使人类最古老的学科（历史学）重新焕发出崭新的光辉来。它将吸收其他各种学科（文学、哲学、自然和社会科学），而又不是任何学科的附庸。它将是一门独立的人文科学，而历史研究所的牌子之上也将不必再缀以"社会科学院"的字样；正有如社会科学如经济研究所政治研究所之上，不必再缀上一块"历史科学院"的牌子。（虽然它们都离不开历史学，但它们并不附属于历史科学。）人文科学与社会科学二者之间不存在隶属或依附的关系。

　　最后，在自己"终生碌碌"，"愧则有馀，悔又无益，诚大无可如何之日"中，写完这篇短序之后，不禁忆及友人中的几位。王浩和郑林生从中学时就是同学，几乎是朝夕相处度过了最难忘的一段漫长的青年岁月。他们两位的专业，我自己一窍不通。但他们的思路却在日常闲谈中不断深深地启发了我。这说来好像奇怪，但确实就是事实。杨超和我共事多年，又是好友。古人所谓史家四长：德、才、学、识，杨超可以说是当之无愧。在举世滔滔一片咆哮着的人海声中，他仍然尊严地不肯放弃自己的高贵与洁白，最后不惜演出一幕屈原式的悲剧，以身殉之。大概历史和人生最微妙难解的问题莫过于，不以人的意志为转移的规律怎样和人的善良意志相统一了。今天看来，史家四长之中终究须以史德为第一要义，史识次之，才、学又次之。杨超的英年早逝，不禁使我悲伤之余别有感触：社会进步的规则（不是指规律 law，而是指 the rule of the game）本来应是择优汰劣；但有时候历史的现实却反其道而行之，把它最优秀的分子淘汰掉了；这就远非是一个我们这些苟活下来的后死者的道义和伦理的问题了，而更其是一个社会应该怎样进步的问题。或许，人类历史上伟大的进步就必须要付出这类极其惨痛的、但又必不可少的代价，如近代史上划时代的三件大事：资本主义的原始积累，工业革命的农村破产，苏联社会主义的历次肃反。自己有时候就用这种（或许是不能成立的）理由来安慰自己。杨超比我年轻，但在思想上和为学上经常是我的益友而兼良师。

　　本书所收各篇大多曾经发表过，此次只在文字上略加改正和修订。其中有三篇是论及康德的《历史理性批判》的。第一篇付梓后觉得甚不满意，遂另写第二篇，写完后仍不满意，本应就此搁笔，而《读书》编者又命再写一篇。三篇虽然不伦不类，但本书却因之而有了它现在的题名《历史理性批判散论》。

书中各篇内容拉杂，语多重沓，体例与文风前后不一，构思、写作与发表的时间跨度甚大；且写作时原系各自独立成篇，其间本无整体的构想或中心线索之可言，所以无法就时间次序在思路上理出一个有内在联系的头绪来，这是要告罪于读者的。假如一定要勉强说出也有一个什么作意贯穿其间的话，那作意便是当代中国的历史学也需要认真进行一番"历史理性的重建"。历史学家们往往看不起形而上学，以为撇开了形而上学，他们就可以自由地发挥自己的思想。这种情形正有如那位有名的哲学家所说的：飞鸟在空气中飞翔，总觉得不自由，它总在想最好是没有空气，它就可以自由自在地飞翔了。殊不知空气的阻力正是它得以飞行的必要条件。研究历史而不事先从事探讨和认识历史是什么、历史学是什么以及（尤其是）我们对历史认识的性质是什么，就盲目地径直去探讨所谓历史的客观规律；——这正是地地道道的历史学的形而上学，是飞鸟要想赶过自己的影子。对于历史学或历史认识的本性首先进行一番批判，——这是历史研究所必不可少的一项前导（Prolegomena）工作。历史学家是不可能超出自己的认识之外去研究历史的。或者说，任何历史认识都只能局限于历史学家自身的认识。史学理论的首要工作就是批判其自身的历史认识的本性。

在本书的编辑过程中，承湖南教育出版社聂乐和同志大力协助组织和编排并提出许多建议，清华大学文化研究所的青年友人彭刚和张淑琴两同志曾多方帮助我借书、抄写和复印，谨借此机会致以衷心的感谢。

作者谨识

1993 年孟春，北京清华园

原载《历史理性批判散论》（何兆武著，长沙，湖南教育出版社，1994 年）

《何兆武学术文化随笔》跋

收入这本小书里的是近些年在不同情况下零零碎碎写的一部分小文，其中大多数已发表过；此次又应编者之邀重行编订一册，收入《学术文化随笔》丛书中。同时还要求我须按本丛书的体例写一篇跋，简单交代一下自己学习的经历。我不敢冒充学者，实在谈不上任何治学的方法和心得。由此联想到一件小事。1942年春在校作学生时，教我们中西交通史一课的向达先生去西北考古，临行前的一个夜晚姚从吾老师（北京大学历史系主任）主持了一个小型茶话会送别。会上有的同学坚请向先生谈一谈自己治学的经历和方法。向先生很谦虚，他说他自己谈不上有什么治学的心得，他愿意介绍一位前辈老先生的为学方法，随即介绍了王国维先生。不才如我，则连介绍前辈老先生都不够格，勉强能谈的就只是自己的无能和惭愧而已。

确切地说，自己应该是属于一个报废了的群体之中的一个，——这里所谓报废当然不是说所有同时代的人都属于报废之列，"江山代有才人出"，每个时代都会有才俊之士脱颖而出，各擅风骚。但大抵上，我所属的这一代人的那个群体，大多数都没有上一代人的国学基础，也没有上一代人的西学基础，更缺乏某一门或几门的现代学术训练，缺乏从语言文字到人文的以及社会科学的和自然科学的理论和实践。而比起年轻一代的人来，我们虽也反复读过选集和语录，但总不如他们那样运用自如得心应手，能以阶级分析为武器真正做到政治挂帅。自己一遇问题，内心里总会不知不觉地走向逻辑挂帅，或者可以叫作形而上学的世界观吧。我自己所属的这一代人虽已赶不上五四运动，却是在五四的强大思想影响之下成长的。年轻时候所接受的东西很容易先入为主，甚至于出主入奴，形成了思想定势，要再改变就困难了；这就好像一个人年青时候所形成的乡音，到老再也改不了一样。一个人应该正视自己的局限和缺陷，这不但有助于提高我们自己的认识和境界，也有助于理解和体会他人的思想。

40 年代初，作为一个在校的学生，我对当时许多历史学著作最感不能同意的就是它们有着太多的毫无根据的、教条式的武断。其所由以出发的基本前提假设，几乎完全缺乏任何批判精神的洗练，就径直被强加之于读者。这就引导我的兴趣逐渐由思想史过渡到历史哲学以及历史学的知识论上面来。最初是张奚若老师两门政治思想史的课启发了我对思想史的兴趣和重视。历史学研究的是人文史而不是自然史，而人文史之所以成其为人文史，则端恃其中自始至终贯穿着人文思想。没有人的思想，也就没有人文史。都是人的思想赋给了历史以活的生命。假如没有理想、热望、感情、德行、思索乃至贪婪、野心、狂妄、愚昧和恶意等等，也就无谓人的历史了。这一点是人文研究有别于自然科学研究的地方。在自然科学的研究中，研究的主体是人，人是有思想的生命；而其所研究的客体则是没有思想的乃至没有生命的自然界。而在人文研究中，研究的主体是人，研究的客体也是人，是人在研究他自己。所以它那研究的路数和方法就自然有别于自然科学的。自然科学的对象是没有思想、感情和意志的，所以研究者对它的态度是价值中立的、超然物外的。历史当然也是整个自然世界的一部分，就此而言它也要服从自然界的规律而莫之能外（如物理的规律、生物的规律等等）。但因为它又是从自然界异化出来的那一部分；就此而言，它就不再是单纯的自然史，它也不再单纯地仅只受自然的规律所支配，它既有不以人的意志为转移的成分，又复有以人的意志为转移的成分（不然，什么努力与决心等等便全无意义了）。历史归根到底乃是人的有意识的、有意志的（而非单纯自然的）产物。从而历史学的研究既有其科学的一面，又有其非科学的一面。或者说，它具有科学与非科学、自由与必然的两重性。康德曾用一个寓言来说明这一点：大自然（即天意）一旦创造了人，就把自由交给了人，从此以后历史就是人的创造了；如果历史仍像自然界那样服从必然的规律，它就谈不上是自由人的自由事业了。仿佛是上帝把必然给了自然，而把自由给了人。自然世界只有一重性，而人文世界则有两重性：作为自然世界的一部分而言——毕竟人是自然界的一部分，不可能脱离自然世界之外——它要服从必然的法则，但同时作为人文世界的那部分而言，它又服从自由的法则。一切人文价值，其前提都在于自由。如果不存在自由，如果不是"事在人为"，如果一切历史都不以人的意志为转移，则一切人文活动（好的和坏的）、一切努力便都毫无意义，人也就不需要对自己的行为负任何的责任了。在这一点上，我以为新康德主义是有贡献的。不过经过多年的搁置之后，我现在已无法给出一个十分明确具体的答案来。

除了一些师长而外，某些近代和当代的作家也曾影响了我。这个影响是有选择的。一方面是根据自己的倾向而对某些作家有所偏爱，但另一方面自己所偏爱的作家也影响了自己的倾向和思路。老友之中，王浩对我有很深的影响。我们在中学、大学和研究生都是同年同学，相互间经常海阔天空无拘无束的论辩是青年时代最美好的精神享受之一，可谓"此乐令人至死难忘"。每逢意见不一时，便反复诘难。一起去看电影，看后我所欣赏的，他可以找出理由来反对；而我所反对的他又可以找出理由来欣赏。（幸好当时还没有学会"上纲"，采用扣政治帽子的战术。）我想大概由于自己是从一个深厚的中国文化背景所熏染出来的缘故，所以想一切问题总是理所当然地从一个以德为本的坐标系出发，一切一切都在这个坐标系中有其预定的确切不移的位置，即总是习惯于从"善善、恶恶、贤贤、贱不肖"的思路出发，先有结论，再去找根据来"证明"自己的论点。而他辩论起来，似乎全无任何预定的倾向性，只是跟着推论走，对可能达到的任何结论都欣然接受，并不预存任何好恶之感，有时给我以一种似乎喜欢诡辩的感觉。他的兴趣倒不在于结论如何，而更其在于那推论的过程如何。他常常会一视同仁地欣然接受由另一种推论方式所达到的另一种完全不同的结论。慢慢地，他的思想方法给了我一种深心的启迪：思想不应该预设结论。人们不应该为了达到什么结论而去论证。反之，我们应该是通过论证而达到毫无预先设定的任何结论。思想不应该是在某种有预定倾向性的指导原则之下进行，这是唯一正确的思想方式。可是这看起来又和人文研究中不可离弃的价值观有了矛盾。历史学的本性是，或者应该是怎样的？我们又应该怎样采取一种正确的思想方法才能认识它？就成了自己多年所感兴趣的问题之一。

研究思想理论的历史似乎有两种途径：一种是就理论本身研究它的是非得失，另一种是从现实的背景去探讨它的社会历史的具体内涵。前一种思想方式是法理的或非历史的，后一种则是历史的。19世纪的历史主义对18世纪理性思维的反弹，就提供了一个最好的例证。这也涉及我们通常所说的政治与学术的关系问题。这个问题委实是一个最为微妙难解的问题了。应该承认，古今中外没有一种学术理论（包括自然科学的）是不产生直接或间接的政治冲击和反弹的；但是政治直接出面干预学术思想，又总会扼杀学术思想的自由生机。古代大一统的定于一尊，当代纳粹德国反对犹太人的物理学，社会主义苏联批判资产阶级的各种所谓反动的伪科学，均属此类。怎样能摸索出一条平坦的大道，是需要人类大智慧的事情。一个半世纪以来，中华民族内忧外患、灾难深重，使得政治与学术的联系格外密不可分。当前的政治需要成为压倒一切的统帅，学术为当前政治服务成为了理所当然的天经地义。而其末路所及，则是学术思想的独立与自由、勇于怀疑和探讨的精神就逐渐消失不见了。返观历史，意识形态的独断与对教条的无限崇拜乃是导致中世纪走入黑暗时代的原因。

历史的思维方式与非历史的（或法理的）思维方式两者或许并非是互不相容的，而是可以、并且应该相辅相成的。返观人类的思想文化史，两种思维方式都曾有过重大的贡献。但是学者的路数不同，往往容易陷于门户之见，党同伐异，遂使两者看来有时似乎是水火不容。一种思想理论若想能卓然有立，必须有其纯理论上的立足点，这是毫无疑义的；但同时，任何思想理论在根本上又首先是现实生活的产物而非单纯是前人思想的产物。就此而言，历史学家首先乃是把自己的思想加之于历史材料而不是从历史材料之中引申出自己的理论。他是历史数据的烹调师，数据本身不能自行给出一幅完整的历史图像来，完整的历史图像乃是史家运用这些数据炮制出来的。没有一种预先假设的世界观，就无从着手历史研究；而其流弊所及，则是实践的历史学家们往往沉溺于挑选出某些材料来"证实"自己那永远无法证实的前提假设，这就是我们所习见的说法：历史就"证明"了什么什么云云。

予生也晚，已赶不上五四时期胡适先生讲中国哲学史大纲了，后来作学生是听冯友兰先生的中国哲学史和中国哲学史研究两门课。冯先生是从理论到理论，未能紧扣历史发展自身的内在逻辑。冯先生所讲每有胜义和卓识，是不可轻率抹杀的；然而却往往有失历史的真相，只是一个理论家在理论上的自我满足。近年来海内外研究冯先生有呈显学之势，但所论主要仍是他自己早已否定了的"贞元六书"的体系，尚未见有人根据他几十年来历次的自我检讨去探究冯先生的思想历程。其实，他那些思想检讨与自我批判倒更足以反映他思想体系的理论与实践，同时也是一个时代的历史证词。历史唯物主义的基本观点应该是存在决定意识而不是意识决定存在。然而号称马克思主义者的却有人一味强调思想的第一性，一切都是思想领先，仿佛是思想在决定一切似的，结果竟把自己置之于最狂热的历史唯心主义的鼓吹者的地位，即历史是沿着某种思想所开辟的航道前进的。历史理性的狡猾之捉弄人，竟有如是者。

50 年代起，我曾在侯外庐先生领导的班子中工作多年。在中国思想史的研究方面，我以为侯先生是真正从马克思主义出发的，他研究前人的思想首先是从社会史入手，而不是单纯就思想论思想。我自己浮浅的感受，这样的研究路数，比较更近于历史的真相。然而从物质基础到思想理论却需经历一次质的飞跃，不能简单地把思想理论径直等同于社会基础，否则就有陷于庸俗唯物论的危险。周敦颐《爱莲说》赞美莲花是"出淤泥而不染"，毕竟莲花虽出于污泥，却不能简单地等同于污泥。而要捕捉前人的这一飞跃，则又需以史家自己的思想为其前提条件，真是谈何容易。

欧几里得假设的是一个在物质世界中并不存在的点。从那样的一个点出发，他可以严谨地推导出一套几何学。（当然，从另外的出发点，也可以推导出一套或若干套非欧几何学。)亚当·斯密的理论体系是从假设一个纯经济人出发。马基雅维里的则是从假设一个纯权力人出发。孔孟及后来的儒家则从道德人出发推导出一个彻头彻尾伦理化了的宇宙构架。"文化大革命"则从阶级人出发,推导出一套无产阶级专政条件下继续革命的理论。各家的理论都是从人的一个方面出发,而且就该片面的领域而言,还很可能是提出了非常深邃而正确的思想。但历史学家所观察的对象不应该只是某一片面的"能人"(homo faber),而应该是全面意义上的"智人"(homo sapiens)。他对人生的态度应该是 M. Arnold 评价莎士比亚:"He sees life steadily and sees it whole"。这一点似乎是陈义过高,难以企及;但这不应该成为使历史学家望而却步的理由。即使一个历史学家穷毕生精力考订出了一个数据(例如,曹雪芹究竟死于哪一年),但那究竟不等于他就谈得上理解了历史或历史学。

前人的思想有可能被理解吗? 白居易说:"唯有人心相对间,咫尺之情不能料。"相对之间尚且如此,则萧条异代之间其难可知;然而假如不是知难而进,一个历史学家就是背弃自己的职业道德了。最后,我想以 17 世纪帕斯卡有关"思想的苇草"的一段名言作为结束:

> 思想形成了人的伟大。
>
> 人只不过是一根苇草,是自然界最脆弱的东西;但他是一根能思想的苇草。用不着整个宇宙都拿起武器来才能毁灭他;一口气、一滴水就足以致他于死命了。然而纵使宇宙毁灭了他,人却仍然要比致他于死命的东西更高贵得多;因为他知道自己要死亡以及宇宙对他所具有的优势,而宇宙对此却是一无所知。
>
> 因而我们全部的尊严就在于思想。正是由于它、而不是由于我们所无法填充的空间和时间,我们才必须提高自己。因此,我们要努力好好地思想;这就是道德的原则。
>
> 能思想的苇草——我应该追求自己的尊严,绝不是求之于空间,而是求之于自己思想的规定。我占有多少土地都不会有用;由于空间,

宇宙便囊括了我并吞没了我，犹如一个质点；由于思想，我却囊括了宇宙。(《思想录》，Brunschvicg 本，第 346~348 节)

只不过帕斯卡这里所说的是人对自然世界，而历史学家所面对的则是人和人文世界。

原载《何兆武学术文化随笔》

(何兆武著，北京，中国青年出版社，1998 年)

历史坐标的定位[*]

　　40年代之初在西南联合大学读书时，曾选了向达先生的"中西交通史"一课，这是我接触到这个领域的开始，当时向先生已是名闻海内外治中西交通史的权威了。向先生讲课的内容极其细致，每每也发挥自己一些精辟的理论见解（例如，他认为汉唐时期中华民族的心态是健全的，宋代以后开始出现病态的扭曲），给我留下了深刻的印象。考试是写一篇读书报告。我的报告经向先生仔细阅过，还改正了错字，给了我80分。其后多年人事倥偬，遂长期搁置了这个题目。

　　50年代后期我在中国科学院历史研究所工作时，侯外庐先生撰写《中国思想通史》第四卷，嘱我准备一份有关明清之际西学传入中国的资料。我当时接触到的材料有很大一部分就是向先生30年代在英法两国访书的手抄本，可称是珍贵的史料。这些资料后来一直放在我们的研究室内。"文化大革命"期间几度更换领导，人多手杂，历经搬迁，这些珍贵的资料现已下落不明，实在是很可惜的事。我在着手之初，本来是准备把收集到的材料分门别类做出一份资料长编供侯外庐先生参考的。不意侯先生即在此资料长编的原稿之上加工改订遂成定稿，作为全书中的一章。到了60年代初期，由于接受上级布置的任务，准备帝国主义文化侵略的资料，曾经两次去上海和南京访书。第一次是随林英先生访上海徐家汇图书馆和圆明园路的基督教三自图书馆，勾留了数月之久。第二次是短期随李学勤先生去上海三自图书馆和南京金陵神学院访书和借书。这一工作后来由于形势

---

* 　本文为《中西文化交流史论》（何兆武著，北京，中国青年出版社，2001）自序。

转移而停顿下来。

"文化大革命"以后虽又断续几次接触到这一领域，但均颇为短暂。已故北京大学王重民教授于 50 年代曾撰写有《徐光启传》，但仅为草稿，最后部分迄未完成。"文革"后期，王先生不幸辞世。"文革"以后，王夫人刘修业先生嘱我加工补充写成定稿，我也乐于从事这项工作，作为对生死两位友人的纪念，遂对全稿进行修订、加工和补充，由上海人民出版社出版。

稍后到了 80 年代之初，老友何高济先生翻译了利玛窦的《中国札记》一书，嘱我校订，我遂重为冯妇，又一次接触到了这个题目，和他合作一起进行这项工作。后来，何高济先生去世，他所遗留的《中国史稿》中有关清代中西文化交流一节遂亦由我承担。因之，这一时期断续写过几篇有关这方面的文字，现均收入这本集子以供读者们批判。

有关这一领域的研究，除了 20 年代"非基运动"的若干文字而外，研究者们大抵都是以赞许的态度在看待西方传教士对中西文化交流的贡献的。解放以后，学术研究奉行政治挂帅的路线，对这一领域的研究则是以反帝国主义反殖民主义的文化侵略为其中轴线。近年来的研究似乎又再反其道而行，一味颂美西方传教士的贡献而置整个历史潮流的大局于不顾；似乎唯有这批代表中世纪传统的反改革的旧教传教士，才是这一时期世界文化交流史上的代表人物。甚矣，做出正确的历史评价之为难也。

研究思想文化史所遇到的最微妙的问题，莫过于政治与学术二者的关系了。一方面，可以说学术从来就没有可能脱离政治。任何学术都要受一定政治条件的制约，而反过来又必定影响及于政治。这连纯粹的自然科学也不例外。直到仅仅是前几年，罗马教廷才正式宣布为三个多世纪以前对伽里略宣扬哥白尼的定谳平反，就是一个显著的例子。但同时，事情又还有其另一方面。任何思想学说一旦诞生，就具有了它自己独立的存在，而与它的母体（即它的创造者或发明者）脱离了关系，它从此就获得了它自身的独立生命，不管它原来的发明者或创造者的政治属性是什么，是哪党哪派，是什么阶级，是为谁的利益服务的。一切学术、科学和艺术，我们都只能就其本身的真伪、善恶、美丑来加以判断，甚至于可以完全不知道作者为谁。拉斐尔的绘画、帕格尼尼的音乐（这两个例子是恩格斯所例举的）或是毕达哥拉斯定理、阿基米德原理，我们都只就其本身来考虑其价值，我们甚至可以完全不考虑作者其人。任何学术思想都是以其自身的价值而存在的，而并不以其作者的政治立场为转移。这或许可以说是：既不以人取言或废言，也不以言取人或废人。人与言二者是各自独立的。如果学术是彻头彻尾为政治服务，完全沦为政治需要的哈巴狗，那么学术就没有进步可言了。希特勒的"犹太人的物理学"、苏联的米丘林—李森科学说、朝鲜所谓经络系统的"奉汉小体"，均已成为思想文化史上荒唐的笑柄。学术真理是古往今来全人类智慧的结晶，是全人类共同的财富，它对一切人是一视同仁的，是为一切人服务的，它并不特别钟情于某个特定的国家、民族、时代、阶级、党派、集团或个人。科学并不偏爱某种政治，专门为它而服务；反之，政治倒是必须服从科学，不然就会受到科学的惩罚。此所以马克思才特标他自己的理论为科学的社会主义，以有别于一切非科学的或不科学的社会主义。科学社会主义之不同于其他形形色色的社会主义，端在于它是科学的。因此，我以为在马克思看来，口号就不应该是"科学为无产阶级政治服务"，而恰好应该是反之："无产阶级政治服从科学。"

由此出发，我们似乎承认学术就其本身而言便具有两重性。一方面是它本身所具有的真理性，即"真"的价值。同时另一方面，它又具有其社会的、政治的功能，它可能而且也必然对政治与社会产生影响乃至冲击。这可以说是"善"的价值。看来我们似应该执此以评论历史上一切思想文化的是非功过。我们评价近代早期的中西文化交流也应该同时考虑到它的两面性，即它本身的价值如何以及它对历史发展的行程起了什么作用。简单地说，我以为：第一，就其本身而言，当时西方传教士所传入的西学，从世界观到方法论、从它的世界构图到它的理论体系，完全是中世纪的目的论，谈不到有任何近代思想文化的因素；也因此，第二，就它的历史作用或意义而言，它就谈不到有助于中国之迈向近代化。而如何走出中世纪迈向近代化的大道毕竟是当时中国唯一的大事。我们不宜撇开这个唯一的坐标去侈谈什么伟大的贡献。

任何历史评价总需首先为自己定位在一个一定的坐标上。没有一个标准，我们就无从进行评价。当然，每个读史者可以各有其自己不同的坐标，因而也就得出了各不相同的评价。但从根本上说，终究是应该有一个大体上为大家所能一致认同的大前提作为标尺。否则，就会成为"人人都是他自己的历史学家"（卡尔·贝克尔），那就没有一部人类共同的历史可言了。毕竟，人类只有一部共同的历史，我们大家都活在这唯一的同一部历史里。

自然科学家在其研究的全过程中，自始至终是价值中立的。只是在这个过程的之前和以后，才以一个价值判断者的身份介入其中。而人文研究者则相反，他在自己的研究过程之中自始至终都贯彻他的价值判断；不是这样，就不成其为人文研究了。人文现象之所以成其为人文现象而有异于自然现象者，全在于其间贯彻始终的人文精神，亦即价值判断。人文研究有其不可须臾离弃的价值观；也可以说，可离弃者非人文研究也。它之不可离弃，亦正有如自然研究之不可不完全摈弃任何的价值判断。知识并不是某种现成给定的客体（Gegenstand），而是主体客体相结合所形成的一种状态（Zustand）。可是问题就在于：自然研究的对象是给定的，在价值上是中立的，而人文研究的对象（人）其本身就是彻头彻尾贯穿着人文动机的，一切人文现象都是人文动机（而不是自然）的产物，因此它就不可能有自然科学意义上的那种不以人的意志为转移的客观规律。没有人文动机就不会有人文现象，恰如有了人文动机就不成其为自然现象。因而历史学的研究就必须为自己设定一个价值坐标或评价标准，一切历史现象都在这个坐标上给自己定位。自然现象本身无所谓美丑善恶，而人文现象之成为人文现象却有赖于形成这一人文现象的人文动机。研究历史而不为其人文动机定位，那就成了演哈姆雷特而不要丹麦王子了。

然则具体到近代早期的中西文化交流的问题，这个坐标又应该置于何处？我个人以为：全部人类的文明史大抵无非是两大阶段，即传统社会与近代社会。其间最为关键性的契机便是：人类历史是怎样由传统社会步入近代社会的，亦即如何近代化或现代化（均是 modernization）的问题。人类历史上所曾出现过的各个伟大文明中（8 个或 21 个或 26 个），其中只有西欧是最早（也是唯一自发地）步上了近代化的道路的。然而问题却在于，一旦有了某一个文明早着先鞭，率先进入了近代化，则别的文明也必将步它的后尘进入近代化。这个近代化的潮流一旦出现，便浩浩荡荡沛然莫之能御，任何民族或文明要想抗拒近代化乃是绝不可能的事。只要有某一个文明率先迈步走上了这条路，所有其他的也都必然只能是一往无前地而又义无反顾地也走这同一条道路。近代化是唯一的历史道路，其间并无中外之别、华夷之辨。民族特色当然是会有的，但那只是近代化过程中的不同形式或风格，究其实质并无二致。科学使用的符号，西方可以用 a、b、c 来表示，中国可用甲、乙、丙来表示，但其内容并无不同。一切近代化的内容（科学、民主等等）也莫不皆然。

西方在 15 世纪末、16 世纪初已大踏步走上了近代化的征程，这是马克思《资本论》所明确提到的。也正在此时，中国传统的皇权专制体制已进入了没落阶段。但何以中国方面未能比较顺利地展开一场近代化运动，其故安在？我以为就内因方面而论，可能比较复杂，非一言能尽。但就外因方面而言，则当时这批西方文化的媒介者、这批旧教的传教士们，却是对中国起了一种封锁近代科学和近代思想的恶劣作用。假如当时传入中国的，不是中世纪神学的世界构图而是近代牛顿的古典体系，不是中世纪经院哲学的思维方式而是培根、笛卡尔的近代思维方式；中国思想意识的近代化有没有可能提前 250 年至 300 年？若然，则中国的思想史将会是另一番面貌，而不必待到再过两三个世纪西方的洋枪洋炮轰开了中国的大门之后才憬然萌发近代化的觉悟了。有人说当时传教士传来的，即使不是最先进的东西，但有一些（如三棱镜之类的奇器）总要比没有好些。这样的似是而非之论出之于历史学家之口，恐怕就是完全昧然于历史发展契机的要害所在了。这一漫长历史时期，中国历史的根本课题就在于：当时她所需要完成的任务乃是近代化，而不是什么别的。印第安红人的少数子遗，今天也能坐上林肯牌或卡迪拉克牌的轿车、波音 747 乃至协和式的飞机了。但是，这又何补于他们整个民族悲惨的沦亡？历史的坐标应该只能是定位在近代化上；如果不是这里，又能有什么别的地方呢？

当然，以上所谈的只是个人的一孔之见、一得之愚；而且自己深知它会是颇为不合时宜的。但是我也深深以有侯外庐先生、李约瑟先生、席文（N. Sivin）先生这些杰出的学者们的首肯而增加了一点信心。侯先生同意我的看法，所以径直引用在他的巨著里。李约瑟先生的巨著中曾明确指出当时西方传教士的世界观远远落在中国人之后。多年以前在斯坦福大学校园里曾和美国科学史家席文先生有过一次畅谈，他同意我的观点并深有感触地说：当时这些西方传教士实在不是中西文化交流的好的媒介者。至于就这些媒介者的个人而论，我自然绝无意于否定像利玛窦那样卓越的才智和锐利的眼光，以及汤若望、南怀仁一辈人在科技方面的诸多贡献。不过这些远不是历史的主流与本质之所在。而且无疑地，这正是导致中国错过了她近代化的大业的重要背景之一。

1999 年秋于北京清华园

原载《读书》2000 年第 4 期

也谈"清华学派"*

　　自从八年前王瑶老学长提出了"清华学派"之说以来，不少人都谈论过所谓"清华学派"。在近代中国学术史、思想史上，究竟存在不存在一个学派是可以称之为"清华学派"的？我想，那答案或许应该是在疑似之间。从20世纪初（1911年）清华学校创立到20世纪中叶（1952年）院系调整的40年岁月之间，清华学园人才辈出；然而他们各有自己的思想和路数，从来没有形成过一个通常意义的所谓学派，亦即有着一致的立场、观点和方法，一致的主题、方向和兴趣的一个有组织的学术团体。把他们联系在一起的，只不过是共同生活和工作在同一个校园之内而已。在这种意义上，可以说并不存在一个所谓"清华学派"的学派。但在共同的时代与文化的背景以及共同的生活与工作的条件之下，又自然不可避免地在他们中间会产生某些共同之处。这些共同之处在有意无意之中当然会浸润到几代清华学人们的倾向。这些广义的乃至泛义的共同之处，就自然而然地形成了一种共同的情趣和风貌。这或许理所当然地就被人们称之为"清华学派"。

　　这种或这些共同的情趣和风貌又是什么呢？我以为那大抵上可以归结为，他们都具有会通古今、会通中西和会通文理的倾向。17世纪初杰出的科学家徐光启曾有名言曰："欲求超胜，必先会通。"近代中国的学术思想欲求超胜，就必先会通古今、中西、文理；否则就只能自甘于抱残守缺、故步自封而为时代所淘汰。20世纪以来，中国学术界局限于一家一隅的思想的，固然已经逐渐少见了，但并非是每个学派、每个学人都会自觉地去

* 本文为《释古与清华学派》（徐葆耕著，北京，清华大学出版社，1997）一书序言。

追求这种会通。清华学派有着得天独厚的条件，所以能卓然成为这一方面的先行者而开一代风气。他们大都有着深厚的旧学根底，这是我们这一代后人所无法望其项背的。毕竟中国文化有着五千年的积累，而近代的新文化却须从 19 世纪末年算起，至今不过一百年。这个悠久的传统是无法彻底抛弃或砸烂的。它可以说是（借用"文革"的术语）融化在我们民族的血液里，落实在我们民族的行动中。这里不是一个应该不应该的问题，而是一个可能不可能的问题。我们事实上是无法告别历史，与过去一刀两断进行最彻底的决裂的。你不去正视它，不敢深入虎穴去研究它、理解它，那就只能落得像鸵鸟一样，把自己的头埋在沙漠里，受到愚昧的俘获和惩罚。另一方面，同样无法避免的是，近代中国已经无可逆转地步入了世界大家庭，这一进程只能是一往无前而义无反顾的。近代以来，确实有人也曾想要闭关自守，甚至以天朝上国的姿态妄自尊大，俯视环宇，结果只是落得一场唐·吉诃德式的闹剧的幻灭。而恰好当时的这批清华学人中的代表又正是得近代风气之先而能放眼世界的人们。以早期有名的四大导师而论，梁启超在近代思想文化史上的功绩固然非止一端，但 20 世纪初大力介绍西方学说，影响了整整一个时代的思想至深且巨，当不失为他一生最为重要的贡献。还记得自己小时候曾看过一本题名为《泰西学案》的书，当是民国初年的出版物了，其序言就推崇当时西学的两位巨擘一是梁启超，一是严复。而在梁启超介绍泰西学说思想之际，王国维则浸沉在德国哲学康德、叔本华和尼采之中，由此转入整理中国古典历史文化，从而开创了新时代中国文化研究的新局面。随后梁、王两位先生都由西学转治史学。陈寅恪先生继之以兰克学派的家法治史，蔚为一代宗师。陈先生曾留学德国多年，惜乎其受兰克学派的熏陶和影响，至今仍未能受到当代治史学者的重视。与人们通常的观念相反，兰克学派决不仅以考据为尽史学研究之能事。在他们考订史学的背后，是有着深厚的世界观和哲学信念作为其指导思想的。所谓"客观如实"的那个"如实"，乃是指符合他们的世界观和哲学信念的体系。陈先生是清华学派史学研究的突出代表。他的中学为体、西学为用的思想虽然源自张之洞，但其具体内涵却和张之洞一辈人的大不相同。张之洞的"体"仍然是封建纲常，陈先生的体则是对传统文化的一种"乡愁"或"怀乡病"（所谓 nostalgia）。例如，我们大概不会在陈先生的思想里找到有一点张之洞所极为重视的"君为臣纲"的影子。又如陈先生文章中几乎极少提到他的尊人、名诗人陈三立，又如在他与夫人的唱和诗以及晚年精力荟萃的《柳如是别传》中所充分流露出来对女性的赞美和尊重，都可以看出他和构成为传统中学主体的三纲，距离得何等之遥远。赵元任先生是世界级的语言学大师，但他对自然科学有着精湛的研究。把自然科学有意识地、系统地引入人文研究，赵先生当为近代开山之第一人。随后，在考古学方面，李济、梁思永、夏鼐各位先生相继大规模使用近代科学方法。有人认为我国当代人文学科的研究，应数考古学的成绩最佳，而这一最佳成绩的取得则是和他们与近代自然科学的结合分不开的。近代各个学科之间的互相渗透和互相促进，乃是大势所趋。一门学科单独自足自立的日子是一去不复返了。

　　这一学术思想的潮流，实际上乃是这个学派大多数学人的共同倾向。例如吴宓先生教授西洋文学，陈岱孙先生教授西方经济学，金岳霖先生、贺麟先生教授西方哲学，但他们的中学素养都是极为深厚的。朱自清先生、闻一多先生教授中国文学，但都深入研究过西方文学。尤其是在当时新旧文学界的畛域之分还很深刻、老死不相往来的时候，两位先生都是兼通新旧两个领域的大师。冯友兰先生教授中国哲学史，但他所承袭和运用的理论建构却是西方的新实在主义，以致被张奚若先生讥之为"'新理学'听了听，实在也没什么'新'"。这一点更可反映出清华学派当时在学术思想上所鲜明表现出来的同中有异的个性。又如，传统中国哲学偏重于心性义理，而于逻辑分析则不甚措意，而近代西方哲学的特点之一则是把分析方法引入哲学思辨，使得分析哲学蔚为现代哲学的大国。中国近代教育引入数理逻辑的是张申府先生和金岳霖先生。当时西方流行的分析哲学随之也在中国开始萌发。解放后学习苏联，这条学术道路就理所当然地被否定了，未能继续得到发展。多年之后，王浩兄曾感叹地说，倘如这项学术研究能够得到继续发展的话，或许中国学者在这方面已经在国际学术界占有应有的一席地位了。雷海宗先生讲中国史，但他的理论体系是脱胎于斯宾格勒而经他自己改造过的文化形态史观。皮名举先生讲西洋史（他是晚清经学大师皮锡瑞的孙子）每每喜欢引用贾谊《政论》中的文字。陈寅恪先生论中国文化史，征引了圣·奥古斯丁、帕斯卡和卢梭作为对比。凡此都是没有对中西文化深入了解的人所做不到的。应该说，相当大的一部分知名的清华学人，如杨振声、刘崇鋐、萧公权、浦薛凤、钱钟书等先生也都是属于这个会通古今中西的行列的。

　　以上举例限于文科。对于当时清华学派的社会科学研究情况我不甚了了。然而就我所知这些领域"清华学派"的特色也是值得称引的。例如，传统经济学是不大运用高深的数学工具的，而数学工具的使用当时已大举渗入西方经济学，乃至有些经济研究非高等数学家就无法胜任。而当时经济系的一些先生们，尤其是中青年中间，已开始在运用数学工具进行作业了，计量经济学的研究已在展开。解放后经过多年单纯地以阶级斗争作为考察和研究经济规律的唯一工具之后，近年来数学工具的应用在经济研究上才又受到重视，被提上了日程。又如在社会学的领域，潘光旦先生研究优生学。这门学科不但在当时仅此一家，即使到今天也还没有正式起步。潘先生一方面大量引用了当代生物学与遗传学的成果，一方面又结合中国传统文献，写出了清代伶人血缘研究、明清两代嘉典望族研究等著作，迄今不失为这一方面开创性的尝试。至于其成绩如何，则尚有待于来者的努力。1943年，第二次世界大战方酣，但盟国已转入全面反攻，胜券可操、胜利在望。这一年，钱端升先生就在政治学系开设了"战后问题"这门课，为当时国内高校中的首创。这从另一个侧面表现了清华学人对时代的敏感和学术思想上的领先。这种会通精神同样表现在理、工科老师们的身上。王竹溪先生是物理学的大师（他是杨振宁作研究生时的导师），他编写了一部中文字典，据语言学家朱德熙兄语我，那是迄今最好的一部中文字典。曾昭抡先生是化学界的权威（他曾多年任中国化学学会会长），却同时从事民主运动和多种社会活动，还作过许多次公开讲演，有一次的讲题是"战后苏联在国际上的地位"。刘仙洲先生是机械工程界的元老，他赠给同学们的书是《史记》和《汉书》，还写过《诸葛亮木牛流马考》的论文。这种会通的风格就和当时某些流行的学风形成鲜明的对照。当时中央大学中文系系主任是汪辟疆先生。新生入系，汪先生开宗明义就告诫说："本系力矫时弊，以古为则"，驯致我们中央大学附中的学生都被教导要做文言文。而入西南联大之后，读一年级国文，系里（系主任是朱自清先生）却规定，作文必须用白话文，不得用文言文。读一年级英文所选的文章很有几篇都是"On Liberal Education"和"The Social Value of the College-based"之类，其意也在养成通识和通才教育，大概因为这是"会通"之所必需。

全盘抛弃或砸烂本民族的文化传统是不可能的事，但死抱住旧传统不放而排斥一切外来的思想文化也是行不通的。人文学科要想摈拒自然科学与技术进步的成果是办不到的，反之，它们必须最大限度地利用一切可能的自然科学的知识和技术，才可望与时俱进；但是另一方面，一味企图把人文学科的研究对象简单地等同于或转化为自然科学意义上的那种科学规律，也是不可取的。因为那样就忽视了乃至抹杀了双方本质上的差异。人文学科研究的对象是彻头彻尾贯穿着人的意志、人的愿望和努力的，它本质上乃是人的作用的结果，而一切自然界的现象却并没有人的意志、愿望和努力参与其中，也不是他们作用的结果。所以人文学科发展的途径，就只能是会通古今、会通中外、会通文理。既是会通，就不是简单地非此即彼，一个吃掉一个，或者说一场你死我活的斗争；而是融会和贯通，即你中有我，我中有你，正反双方不断朝着更高一层的综合前进。这一方向固然在近代已成为我国思想史上的一股潮流，然而清华学派得风气之先而引导时代的潮流却是不争的事实。而其间先后几代清华学人在这方面的贡献之大也同样是不争的事实。我以为所谓清华学派从根本上说，应该是指这个趋势或祈向，而不是意味着清华学人都有某种共同一致的观点或见解。每个人的观点和见解各不相同，表现为多；他们同中有异，又复异中有同。多寓于一，一又寓于多。而此处的一或统一性，或可理解为就落实到这种三位一体的"会通"上面。以上是我个人对于所谓清华学派的一点浮浅而不成熟的理解。

《释古与清华学派》一书评论清华学派每每别有会心，故而全书胜义迭出，使读者恍如行山阴道上应接不暇。例如，他把会通分为三种类型即体用型、精糟型和解释型，但其间又并不存在一条截然不可逾越的界限。这不愧为充满辩证光辉的一种提法。恩格斯曾反复申说，辩证法就是不承认有一条僵硬不变的界限。他用的原文是英文 "hard and fast line"，作者葆耕先生于此拈出了"疑古"本身就是一种"释古"，所以"疑古"与"释古"就不可以绝对划分为两橛。那么准此而言，则"信古"与"崇古"也应是一种"释古"。再准此而言，则在"精糟说"的精华与糟粕二者之间也并不存在一条 "hard and fast line"。马克思、恩格斯本人强调辩证法是与形而上学对立的。但人们却往往以形而上学的态度看待辩证法，把精华和糟粕看成是互不相关的两极，而尤其是把两者都看作是事物自身永世不变的客观属性，从而一笔勾销了其间流变不居的互相渗透和转化的关系。确切说来，所谓精华与糟粕都不是就事物本身的属性而言，而是就人的主观而言。日月星辰、山河大地、花开花落乃至鸦片、寄生虫、传染性病毒，等等，就其本身作为客观存在而言，并无所谓精华与糟粕之分，所以其本身也就无所谓好坏、优劣或美丑之分。那分别全在于我们主观对它如何加以运用。运用得好，腐朽可以化为神奇；运用得不好，神奇可以化为腐朽。同一个不龟手之药，善用者可以打胜一场战争，不善用者则不免于世世。宋人资章甫而适越，但越人却断发文身，无所用之。糟粕与精华倒不在于事物本身，而在于人们如何运用，而运用之妙则存乎运用者的一心。鸦片可以用作为疗效极好的药物，也可以用作为害人的毒品。因此我们对于精华与糟粕之分似应有更深一层的理解，不宜停留在天真幼稚的法庭的终审判决上。倒不如说，精华与糟粕之分并不存在于对象本身，而存在于我们对它的运用。如果这种看法成立，那么此前流行的精糟两分就似乎有彻底改弦更张、另起炉灶的必要了。当然以上所说，只是我个人读后妄加引申，深恐未能很好体会作者的原意。

同时，我们也切不可把清华学派认为就是他们之间的意见一致。他们虽有共同的兴趣或关怀或祈向，但每个人又都有其自己独特的思想和风格。

学生在课堂上公开不同意老师的意见，是家常便饭。这一点应该认为是清华学派的特色之一，是清华学派之所以成为清华学派者。上面提到的张奚若先生不同意，乃至不同情冯友兰先生也是一例。冯先生一生以紧跟著称，却无奈"人间沧海朝朝变"，当权者的浮沉及其面孔的变换更新，使得冯先生的为学也得不断地随之而变换更新。冯先生的"释古"实即所以"释今"。然则，这又岂止是冯先生个人悲剧的见证而已。今天研究冯先生已成为当代显学，惜乎尚不大有人结合冯先生思想变化的历程（尤其是他多年历次精彩绝伦的自我检讨）来研究他的学术。几经变化的不只是冯先生一人而已。张奚若、朱自清、闻一多各位先生的一生，前后都经历过不少的变化。或许研究者们下笔时用心良苦，想方设法为尊者讳、为贤者讳。越讳，就去真相越远。结果，为尊者讳、为贤者讳，倒成了给他们涂粉或抹黑。他们是活生生的人，因而是充满了矛盾的人。闻先生拍案而起，挺身走出书斋之时，温德教授就摇头叹息说，他（闻先生）是一包热情，搞政治可不能凭一包热情啊！西安事变时，几位先生的态度（当然还不止他们几位）今天大概已经很少有人能认同或理解或秉笔直书了。我们不必苛责于今人，但我们应实事求是地理解前人。不仅在现实政治的层次上，即使在学人们所赖以安身立命的对待传统文化的学术态度上，其间也大有轩轾。西洋文学教授吴宓先生是终生一贯衷心尊孔的，而中国古典文学教授闻一多却是激烈反中国文化传统的，他不仅反儒家，而且也反道家，他那态度不禁使人联想到恐怕只有稍早的鲁迅先生可以与之媲美。在整个近代中国文化思想史上，坚决维护和弘扬传统民族文化已成为一种根深蒂固的情结，而猛烈抨击和否定传统民族文化，也已成为一种根深蒂固的情结；但近代的中国文化思想就是在这一二律背反之中前进着的。当今研究闻先生的人，大抵都只着重谈他民主斗士和民主烈士那一面，而对于成其为斗士或烈士的那种激烈的反传统文化的思想理论基础，却不知何以往往不肯深入涉及。对这个学派的研究，还有待于学术界更进一步地努力。目前，葆耕先生的这部文集，可以说是对这一研究做出了一个可贵的开端，足以启发今后从事这一研究的学者们的。

收集在这部书里的是葆耕先生近年有关释古和清华学派的论文。葆耕先生于付梓之前，嘱我写一个序言，或许是鉴于我的出身也和这个学派略有渊源的缘故。其实，我虽出身于西南联大，但对于这个学派却从未能窥其门径。更何况我于文学是外行，竟然提笔作序，诚难免佛头着粪之讥。但由于文集多篇是谈清华学派的，其中涉及一些当年的师长，我于有幸率先拜读之余，偶尔自然也不免触发一些感受和联想，爰拉杂书之如上，以就教于葆耕先生和本书的读者。

1997 年 1 月清华园

原载《读书》1997 年第 8 期

也谈对学衡派的认识与评价

我对学衡派的活动毫无研究，本来没有资格饶舌，但于拜读龙文茂女士的《再谈学衡派与新文化运动》之后，引发了自己对近代新文化运动的一些联想。尤其是书中论及的三位学衡派的代表人物吴宓先生、汤用彤先生、陈寅恪先生还曾是自己的老师，尽管我对三位老师只有感性的印象，谈不上对他们学问的理解。日前阅读本书时，虽已时隔半个世纪以上，但三位老师的音容笑貌仍恍然如在眼前，爰不揣浅陋，聊赘数语。

三位先生的学术贡献是世所熟知的。除了他们各自的专业领域而外，三位先生的根本出发点似都可以归结为一个宗旨，即中西文化的综合与创新。而这本来也是一个多世纪以来困扰中国学人的根本问题所在。对于这一根本问题的探索，每个人的态度也各不相同。有的人不过是在玩弄辞藻，最多也只是哗众取宠于一时。而三位先生则是全心全意地投入，在他们学术思想的背后是有着他们的人格和风范贯彻始终的；而其流风余泽之所及也还深深影响了他们下一代乃至几代的学人。本书作者以"现代文化中的唐·吉诃德"一词形容吴先生，不禁使我想起吴先生生平的爱情故事，那是当时校园内众所熟知的，先生本人亦直言无忌，从不隐讳。对这件事，陈先生不以为然，曾加以劝阻和批评，并且指出吴先生的思想根源仍然是新旧两种文化思想的矛盾和冲突。最近看到李又宁教授《胡适和他的朋友》一书中一篇纪念胡适的文章，也提到这样一桩故事。北大老校长蒋梦麟先生丧偶之后再婚，胡适出面劝阻并代他设计了详尽的方案。一桩个人私生活的事，今天即使是最要好的朋友恐怕出面干预的事也是不多见了，而老一辈的学人如陈先生、胡先生却出面劝阻并加以指责，岂不足以表明他们的学术思想和他们的生活实践是如此之一致，在他们身上以及被他们所指责的生平好友身上真正体现了歌德的名言："诗人是最真实的人"。吴先生是诗人，是真实的人；陈先生是诗人，是真实的人；就连备受批判的胡适也不失其真实的本色。这种真实不仅表现在他们的学术思想上，同样也表现在他们的人格和风范上。吴先生在课堂上多次阐述过他的女性观。他理想的女性是一种被圣洁化了的女性偶像，是歌德所讴歌的那种 Das Ewige Weibliche（永恒的女性）的理想，是柏拉图式的永恒的爱，是但丁心目中的碧德丽采。陈先生批评他是两种人生观的交战，应当说是符合实际的。吴先生毕生服膺孔子教义，但也多年一直讲授西洋浪漫诗人。两种文化的不同价值和理想之体现在一个人的身上，是一个带有普遍性的时代课题；但或许只有少数人、少数灵心善感而又忠厚笃实的灵魂才被特选为这个时代课题的承担者而受苦受难。于是吴先生和他的终生挚友陈先生就扮演了为此而受苦受难的角色。在这种意义上，他们是把生命献给了真理了的。

中国文化自古以来就在世界上处于领先地位，所以在心态上自然也很容易以天朝上国自居而睥睨夷狄。但是到了近代，中国却落后了。这个落后的事实，中国人在心态上是难以接受的。18 世纪的英国已经成为近代世界上遥遥领先的唯一超级大国，而乾隆在接见英国使臣时仍然视之为化外的蕞尔蛮夷之邦。一直到 19 世纪中叶以后，接连吃了不断的败仗下来，才不得不承认夷人船坚炮利的长技是不能不学的。随着不断的失败，认识也慢慢加深，逐渐意识到了技术也需要有声光化电之类的基础科学知识作为依据。再进一步又认识到科学技术的发展不仅是科学技术本身的问题，还需要有一定的政治社会条件与之配套，于是涌现了要求变法维新、开议院、定国是的潮流。及至 20 世纪初，思想认识更深入了一步，便有大规模介绍西方思想文化（与物质文明相对而言）之举，从进化论和天赋人权论直到五四时期的科学与民主；——中国就这样走过了她现代化历程的第一个阶段，从形而下的器走向了形而上的道，对于现代化有了直接感受和认知。在这样一场中西文化的碰撞与融合的过程中，必然会呈现各种复杂的情况，决非非此即彼的简单二分法可以一言定案的。

近年来似乎有一种见解，想要翻五四新文化运动的案，似乎是五四新文化对旧传统否定得太多了。但事实上，五四新文化运动的那批代表人物全都是从旧学营垒里走出来的，如陈独秀、胡适、钱玄同、鲁迅诸人，他们的旧学根底是极其深厚的，不知要比今天指责他们抛弃了旧传统的人高多少倍，是今天大讲孔孟之道的人所望尘不及的，——他们全部的著作都可以作证。当然，其间每个人由于背景不同，做出的反应也不同；这是正常的，也是自然的，不足为异。当时学衡派的先生们给人最深的印象之一、也是最为人所诟病的，是他们偏爱古文，反对白话。我以为这应该说是他们一个很大的错误。不过无论如何，文字毕竟只是工具，是一种载运工具。"文以载道"，更重要的是要看它所载的是什么道；例如，是封建的专制主义之道，还是近代的民主主义之道。争论的要害所在，道比载道之文更为重要。即如林琴南，曾在五四白话文运动中充当了反白话文的急先锋，斥白话文为"引车卖浆者流"的低等文化；他化名"荆生"写的那篇声讨白话文的檄文，长期以来竟成了一篇不可多得的笑柄文章，为人传诵不衰。但事情也还有另外的一面。正是这位平生不解西文的林琴南，却穷毕生精力以桐城派笔法翻译了（应该说是笔述了）好几十部西方小说，计两千余万言，为当时中国的文化界开辟了一个崭新的天地，使中国人憬然于原来夷人不光是船坚炮利，也同样有他们的精神生活。他的功绩应该可以和严复介绍的西学相媲美。所以严死后，林挽严联有"江湖犹是说严林"的话，也以与严复并称自许。盖棺论定，他也应该不失为属于"向西方追求真理"行列中的先行者之一。

在这场"向西方追求真理"的大行列里，学衡派是属于中间路线的温和派。一方面他们不同于激进派，而是更多地倾向于尊崇和维护传统；但另一方面也不同于守旧派之复古，而是主张汲取和融化西方的思想文化。这种立场自然会不见容于激进和保守的双方，更何况 20 年代马克思主义思潮在中国已开始显露头角。鲁迅先生即曾对学衡派有过尖辛的讽刺和责难。先生的指责，我以为有些是中肯的。本来嘛，"修辞立其诚"，"辞达而已矣"，遣词用句又何必一定要用——如先生所讥之为的——"英吉之利"

和"法兰之西"那样的笔调。至于先生所特有的那种嬉怒笑骂，我以为那倒毋宁说是学术思想上正常的，乃至可喜的现象。百家争鸣是文化进步不可或缺的条件，只有封建的、法西斯的思想文化专制主义才自命是金口玉言，要求定于一尊，听不得一点不同意见。何况这里面临的乃是中国文化的现代化取向这样一个无比复杂的问题。

大体上自从文艺复兴以来，中国文化在世界史上的领先地位即呈现为逆转的形势。当西方大踏步迈入近代之际，中国却牛步迟迟仍停留在中世纪的阶段。相应地，中国思想文化的步伐也比西方晚了一个历史阶段。这是不以人的意志为转移的无可奈何的事。我们到了 20 世纪尚在走西方 18、19 世纪的路，崇拜科学乃至唯科学主义以及对启蒙和民主的要求都是在补历史的课。本书的作用说，吴先生是"被一个世纪的社会变局击垮了、碾碎了"，实际上，这里所说的也是与吴先生类似的那一代学人的命运，尤其是陈先生。"落红不是无情物，化作春泥更护花。"今天人们仍在认真地研究他们，深情地怀念他们，岂不正足以说明他们以心血铸就的贡献的不朽价值么？他们所面迎的这一幕巨大的近代化浪潮乃是一场"两千年未有之变局"。在这种形势面前，遂有激进派和国粹派的分野，仿佛是二者必居其一，第三条道路是没有的。而学衡派的选择恰好把自己定位在第三条道路上。他们和激进派的分歧是显而易见的，故而被激进派视之为与国粹派沆瀣一气也是理所当然的。然而正如本书作者深具慧眼所指出的，他们与国粹派并不相同；不同在于国粹派表面上一味崇古复古，而其骨子里则是一味崇洋媚外。学衡派则表面上既非一味崇古复古，骨子里也决不一味崇洋媚外。他们所祈求的是在中国的和西方的原有基础之上得出一种综合创新。至于这一鹄的究竟实现得如何，则有待于读者们的评说。

与此相关，作者又指出学衡派在文化批判理论上的另一贡献就在于他们察觉到了传统的中学之弊在于过分重视实用、实践，致使纯粹学术思想的基础理论得不到发展。作者于此引陈先生的论断说："'传统旧学'惟重实用不究虚理，其长处短处均在此。长处即修齐治平之旨；短处即实事之利害得失观察过明，而乏精深远大之思。"理论与实践、基础学科与应用技术，双方总是既有分又有合的，是相反相成的。通常所习惯的"理论与实践相结合"的提法，正需以二者的相分离为其前提。如果二者只有合而没有分，就成了浑然一体，谈不到所谓结合了。只强调合或只强调分，都失之于片面。两者的关系应该是有分有合，互相促进。惜乎中国思想文化的传统只重统与合，而无见于分与别，因而始终不免局促于浅薄的实用主义，而不善于开拓更高一层的精微的理论思维的堂庑。单纯的实用主义必然是行之不远，在这一点上学衡派的见解无疑是有深度的，今天仍然值得人们认真思考。历史上，中国的实用技术曾领先于世界（如四大发明），但何以到了近代反而落后了？从纯理论的角度来说，岂不正由于缺少了为近代科学的建立所必需的脱离实际的抽象思维：欧氏几何与牛顿体系以及作为其前提的形而上学的假设？科学研究固然不能完全脱离实际，但却不能完全以实用为其取向，片面地以实用为归宿。学术的目的是求真，不是为了什么利益而服务。当然，人们可以利用它为自己的目的服务，但首先必须是无条件地承认它的独立性和中立性，而不是以它能为自己服务为条件。

与此相关的还有学衡派的另一个观点，即他们看到了人文学科与自然科学在性质上的不同，这是他们高出于当时流行见解的地方，因而他们并没有陷于当时（乃至后来）流行的唯科学主义的倾向，即力图把人文学科置之于自然科学的行列之中或之下的倾向。这个问题似乎今天仍未得到很好的解决。学衡派在当时即曾指出："现代文明理念之一大失误是将道德与物质进步混为一谈。"人类的精神文明或文化，是不能单纯地等同于物质进步的。究竟应该如何为自己的文明和文化定位，这一历史上的永恒问题在近代中国的巨变中来得格外突出而又重要。由于学衡派特别珍视精神文明，所以他们珍惜历来的文化传统，而不赞同打倒或砸烂旧传统。他们就像是 18 世纪的柏克（E. Burke）那样小心翼翼地一意要维护已成为多少世纪以来人们智慧的结晶的传统文化，唯恐它会被破坏、被打碎。他们把那种文化虚无主义的态度称之为汪达尔主义或"番达主义"。中世纪初期日耳曼民族大迁移，其中汪达尔一族人由中欧北部向西南远征，跨海进入北非，一路上以野蛮地破坏古典文化和文物出了名，这种行径被人称为汪达尔主义。在一个历史剧变的时代，必然会有人倾向于砸烂旧传统，也必然有人倾向于维护旧传统。一个旧的统治政权无疑是可以或者是应该彻底推翻的，但是一种悠久的文化传统有无可能或者是否应该彻底砸烂就成为问题了。一切新文化总是在以往的文化基础之上建立的。从事实的层次来谈，没有旧文化的基础，就不可能有新的文化，没有前人积累的基础，就不可能有后人的创新。从理论的层次来谈，真、善、美本身是无所谓新旧的。它们只有真假之分、善恶之分、美丑之分，但并无所谓新旧之别。如果说，文化或文明的价值就在于对真、善、美的追求，那么问题就不是新的砸烂旧的，而是真的、善的、美的取代假的、恶的、丑的。然而新旧两派的门户之见却往往使得双方都不免意气用事而未能冷静地对待这个问题。时至今日，又已距当年的争论七十多年了，何况还又曾经历了一场史无前例的文化浩劫，是不是我们对这个问题也应该有更高一层的看法和更深一层的理解，从而使过去各个不同的派别都能从不同的方面和角度有助于丰富我们今天的认识呢？

这就引向另一个更带有根本性的问题，那就是历史的演化历程有没有一种放之四海而皆准的普遍规律？抑或每个国家和民族各有其自己独特的道路，此外并不存在一条共同的道路；故而也就并不存在一条普遍的共同的价值标准，所以我们也就不能用同一个尺度来衡量和评判各个不同民族和各个不同时代的文化？对于这个问题，我们今天大概可以回答说：现代化是全世界一切国家和民族的共同取向，是古今中外任何文化所莫之能外的。现代化在很大程度和范围上就意味着共同化、普世化、全球化和一体化。然则，所谓的现代化是仅限于物质生活的层面呢，还是也包括精神文明（例如价值观）在内？物质文明的现代化，其普遍性和共同性是不言而喻的。例如，谁的飞机好，全世界都有共同一致的标准。但是精神文明是否也有共同一致的标准。例如谁的人权记录好，是不是也有共同一致的标准呢？抑或各有各的标准呢？学衡派于呼唤精神文明时，是把希望寄托于古今中西文化可以有融会贯通的一致之点上面的。这可以说是代表了一种极堪称道的向往；而早在他们以前的一个世代，梁启超就呼吁过并期待着古今中西文化的融合可以为未来的新文化孕育宁馨佳儿了。但是理想主义者的《学衡》主持人吴先生似乎未能摸索到一条切实可行的道路以实现自己的理想。相反地，他的向往和理想往往显得不合时宜，甚至于为时所摈。当时的一位名作家还写过一篇讽刺小说，是嘲讽一位"新学究"的，据说就是以吴先生为模特儿。吴先生毕生所服膺的是他的老师白璧德（I. Babbit）和黄晦闻以及他的终生挚友陈寅恪先生。但是他这种新人文主义的精神并未得到当时广大的知识分子，尤其是青年知识分子的认同。我以为究其原因倒不在于它本身的理论方面，而是在于它太远离当时政治社会现实的迫切要求了。当时压倒一切的时代课题是要求国家的统一、安定和富强，是抵抗外敌的侵略、救亡图存。凡是能直接面迎这个时代课题的，就会博得人们的认同。不幸的是，恰好在这一根本之点上，学衡派表现得是那么的"迂远而阔于事情"。就这个要害方面而论，学衡派甚至显得远远落在了自由主义的现代评论派的后面。

作者还有一个基本论点是十分精辟的，那就是她认为"近代以来中国人的文化心理一直徘徊于大国沙文主义与民族自卑情绪之间"。我以为作者在这里提供了一条解释近代中国思想文化心态的根本线索。也可以说，整个一部中国近代史在心态上全都可以归咎为始终没有摆好自己与外面世界（尤其是发达国家）的关系，而是不断反复地从一个极端摇摆到另一个极端，从极端的自高自大一摆就摆到极端的自卑自贱，又从极端的自卑自贱一摆就摆到极端的自高自大。中国近代史也就在这二律背反之中跌跌撞撞地匍匐前进，既不知彼也不知己，关起门来就自吹自擂，打开门来就奴颜婢膝。在这二律背反之中，崇洋媚外和保存国粹双方的基本出发点却又是出奇地一致，双方都是以西方尺度作为标准。所以国粹派的爱国主义就表现成为西学源出中国论，仿佛学者们只消考订出我们有点什么东西比西方早了多少年，于是就满足了自己的那点阿Q心态。说穿了，他们认为成其为文明的标准的，仍是那些属于西方的专利品。而与此同步并行的，却是另一个耐人寻味的现象：近代以来侧身于先知先觉行列中的中国知识分子一方面是充满了爱国的热情，同时另一方面却又对自己民族文化的传统采取极为鄙弃的态度。他们寻求救国救民的真理不是向自己民族文化的传统里去寻求，而是向西方去寻求。这在世界历史上几乎是罕见的例外。按照通例，一个民族当遭受外来侵略时，总是要向自己民族的文化传统中去寻找鼓舞爱国情操的力量。19世纪初，希腊人反抗土耳其的统治，就曾极力诉之于希腊古典文化的传统。20世纪的苏联为了激励反法西斯的卫国战争，就极力弘扬俄罗斯民族文化的光辉历史，历史上的人物，学者如罗蒙诺索夫、将军如库图佐夫，乃至过去曾被批判过的作家如陀思妥耶夫斯基等都大为走红。相形之下，中国的情形却正好相反。在中国，国粹与爱国二者并不是同一回事。国粹主义者往往并不爱国，爱国主义者又往往鄙夷国粹。五四新文化运动固然是鄙弃传统的，但是能说他们比国粹派更不爱国吗？伪满洲国的一批老汉奸（如郑孝胥、罗振玉之流）其旧文化的修养都是高水平的，能说他们比对传统旧文化毫无修养的青年人更爱国吗？在更深层的意义上倒是更可以说：正是顽固派以旧文化传统作为其抗拒新思潮的堡垒，才迫使得新文化的激进派对旧文化传统发起了全面猛烈的攻击。鲁迅先生就曾感叹说过：我们要保存国粹，也要国粹能保存我们。实际上，国粹派的所作所为是既不要保存国粹，也不要保存人民。看来这个问题还涉及许多复杂的纠葛，不像它表面上那样看来似乎片言可决。表面上似乎是对立的派别，骨子里的思路原来竟然是一家；骂别人崇洋媚外的，原来自己正是最崇洋媚外的；而表面上极其反对民族传统文化的，又竟是极其爱国的。

　　人类文明的进步大抵说来不外乎两途，即革命的途径和改良的途径。政治上的剧烈变革每每是通过革命的手段；但是文化的变革无论多么剧烈，都不是革命的手段所能奏效的。你可以砸烂一个政权，你不可能砸烂一种思想，思想是砸不烂的。无论古今中外的统治者曾经怎样力图在思想上实行全面的专政，定于一尊，但一尊终究是不可能人为规定的。因此在文化上，看来只能是通过逐步改进的途径而进步。作者的论断说："学衡派的文化主张更接近改良派。"这个论断是符合事实的，或者也可以理解为学衡派的文化主张是更为符合思想史的运动规律的。思想的运动不是采取革命的形态而是采取改良的形态在运作的。即如陈先生的思想，大家都知道他是一贯主张中体西用说的，他自己也坦承自己"思想囿乎湘乡南皮之间"。不过也必须看到他那中体西用已和清末洋务派的中体西用大有不同，甚而已脱胎换骨。洋务派的中体仍是三纲五常，陈先生的中体则早已抛弃了三纲五常。洋务派的西用还只限于声光化电之类"形下之粗迹"，而陈先生的西用则已深入到其"形上之真髓"（"形下之粗迹"及"形上之真髓"均为王国维语）。假如仅以字句的雷同，便遽尔指两者是同一回事，则不免失之甚远。过去人们往往以守旧目陈、吴几位先生，实际上都和他们新人文主义的宗旨和理想全不相干。只不过他们的这种宗旨和理想在当时的现实条件之下并没有实现的可能。故此，作者才评论他们说：他们的"立意是可取的，尽管学衡派诸公在多大程度上实现了此一立意，有待进一步考察"。读到这里，我很想套用陈先生自己的一句话来说："呜呼，世之读史者倘亦有感于斯言欤！"学衡派的苦心孤诣每为当时的人所误解，这固然是学衡派的悲剧所在，但又岂止是学衡派诸公的悲剧而已！

原载《读书》1999 年第 5 期

回忆吴雨僧师片断

一

早在抗日战争以前，自己还是在北平（京）师范大学附中做中学生的时候，就知道清华园里有位大名鼎鼎的吴宓先生，是号称"情圣"的。可惜当时自己太小，还无缘亲聆教诲，只有每逢假日和同学骑车去西山游玩的途中，遥遥望园兴叹。

第一次瞻仰先生的风采，是1939年秋入西南联合大学做学生，在昆中南院的一间教室里听先生讲"欧洲文学史"。我不是外文系的学生，听文学史的课纯粹是出于个人兴趣，有似北京观众们所说的"听蹭"。当时这类的自由旁听是校园内的一种风气；据说当年老北大有很多外面来听课的人，并非是正式学生，从远地来到沙滩租一间公寓住了下来，一听就是一年、两年。另一位陕西籍老师张奚若先生的两门课"西方政治思想史"和"现代西方政治思想"，我也是在两年时间里从头到尾旁听了下来的。

对吴先生的初次印象，倒不是先生讲授的内容，而是他那发音。他的英文发音实在不怎么好，夹杂着浓重的乡音；吴先生是哈佛大学出身，有名的哈佛标准英语，发音竟然如此，不免有点暗自惊异。只是到了后来才逐渐体会到，一个人的学识和他的发音是风马牛不相及的两回事。吴先生的挚友陈寅恪老师是当代学术界的泰斗，但连他那中文的发音，实在也是远不够标准的。学识好就是外语好，外语好就是口语好，口语好就是发音好；这一流俗的以言取人的偏见自昔已然，于今尤烈，却不知误尽了天下多少苍生。其实，吴先生是很重视学生的基本训练的。学生选课，他总是要学生先选语音学，把基础先打好。在课堂上，他也屡次指出我们中文基础不够，——我们一代人和吴先生一代人的文化背景不同，吴先生一代人是从旧学发蒙的，所以旧学根底都非常之好；我们一代人所受的已是新式教育，从小是文、史、地、数、理、化、音、体、劳一起都上，所以就没有老一辈那种深厚的旧学基础了。先生要我们从文字学入手，并特别推荐吴契宁的《实用文字学》一书，要我们认真阅读。对细微处，吴先生是很认真的。有一次他指责我们说："英国小说家 Thackeray 不是 Thackery，你们总是把语尾的 -ray 写成 -ry。"又一次，先生摇头感叹地说：林语堂写了一篇小说，名字叫《风声鹤泪》；大家都知道，淝水之战谢玄击破苻坚，八公山上"风声鹤唳，草木皆兵"；鹤还会流眼泪（The Tears of the Storks）？每次考试，先生必定有一道题目是要学生默写出自己所能背诵的最长的一篇诗文，并且往往还有一道题目是评论一部文学名著。大都意在强调学生的基本功。

二

1939 年秋，同学们请吴先生在昆中北院作过一次公开讲演，先生选的题目是"我的人生观"。这是先生在昆明的几年中少数几次公开讲演之一（另有一或两次是讲《红楼梦》）。先生以非常诚恳的语调把自己的人生观归结为四个字：殉情、殉道。应该说，先生这次所讲的内容在当时的时代气氛下，显得多少有点不合时宜；但是这一点正足以见先生对文化深层意义的追求那种锲而不舍的精神。今天回顾起来，这同样是一个民族文化所不可或缺的东西。18、19 世纪之交，德国面临着政治分裂，经济落后，在异族侵略的铁蹄之下山河破碎；而德国的哲人和才士却执着于去追求那种玄之又玄、脱离现实的诗歌、乐曲和哲学理论。一个社会的优越性不仅仅表现在它的物质生活上，也表现在它的精神生活上。当时的德国民族就在精神生活上大放异彩而表现出令人叹止的优越性。先生的这种精神也贯穿在他常年讲授的课程里。那时候，先生每年都开两门课，一门是欧洲文学史，为必修课；另一门是选修课，课程名称每年不同。1942年我听课的那年，先生开的选修课程是"文学与人生"。先生自己说，课程名称虽变，但思想是一贯的。选修课的内容，也就是广义的"我的人生观"。先生博通今古，学贯中西，讲起课来旁征博引，信手拈来，都成妙谛。但我的印象，主要内容是三个方面：一为先生所服膺的柏拉图哲学（《柏拉图对话录》的最早中译本，就是在先生指导下进行的），一为先生所热爱的《红楼梦》，一为先生平素喜欢以理论联系实际的方式所阐发的人生哲学的精义。

先生是熟读中国小说的，掌故之熟，一时无两。有一次谈到吴沃尧，先生就顺口解释说，吴沃尧自署"我佛山人"，大家都以为他是"我佛""山人"，其实他是广东佛山人，故而自称"我""佛山人"。当时金岳霖老师亦以博览小说闻名。记得有一次金先生讲演，题目是"小说与哲学"，系应北京大学文科研究所之邀，由罗常培老师主持。罗先生介绍金先生时说：金先生所读的西洋小说之多，不下于吴先生所读的中国小说。可见两位先生在同侪人心目中的地位。先生还有一次说及，当年在清华做学生时，他曾和汤用彤先生两人合撰过一部小说，书中主人公的籍贯是贵州修文，因为他们觉得修文这两个字非常好。在课堂上谈论《红楼梦》时，先生对书中的全部诗词都能脱口而出，背诵如流，这时候听者也觉得自己仿佛是沉浸在其中；那真可以说是一场精神的享受。不仅古今中外的名著，就连一些流行的通俗小说，如张恨水的《春明外史》、《金粉世家》等，他也熟读。有一次他曾提到，《金粉世家》是仿《红楼梦》的，所记为钱能训（浙江嘉善人，北洋时期曾任国务总理）家事。张恨水是鸳鸯蝴蝶派，按一般看法，是不能登学院讲坛的。于此可见先生的眼界之广与识见之卓，他从没有（如人们想象的）把自己局限于所谓士大夫的狭小天地里（我以为陈寅恪先生也是如此）。

先生改造了柏拉图哲学，其要旨是把世界分成两个：一个先生名之为the World of Truth，另一个则名之为 Vanity Fair（均为先生的原文）；真、善、美必须求之于前者，而名利场中人则执迷于后者。先生即以此两个世界的学说来解说古今中外文学作品的义谛。例如，贾宝玉一流就是属于前一个世界的，而王熙凤一流则是属于后一个世界的。先生曾撰有一篇长文，发挥此义，载在当时的《旅行》杂志上，还亲笔写了一则广告张贴在校园的墙壁上。先生讲《红楼梦》，要求每个同学都写出自己的心得，集中放在图书馆里面，供大家借阅，相互交流。至今我还记得其中两篇的大意。一篇是评论探春的，认为作者把探春作为一个正面形象，着意描写，过于美化；其实探春对于自己生身母亲赵姨娘采取那么鄙薄而苛刻的态度，是叫人无法同情的。一篇是说，宝玉并非用情不专，事实是宝钗所要求于宝玉的是一套世俗的东西，宝玉也报之以一套世俗的名利；黛玉所要求于宝玉的是崇高的爱情，宝玉也报之以崇高的爱情。在先生的领导之下，实际上（虽然不是在组织形式上）形成了一个红学会和红学专刊。尤其在一个烽火连天的年代，还能有一批青年人专心致志地探讨思想和学术的真理，至少在西南联大的校史上，也是一阕难忘的插曲。

当代讲红学的，大抵似可分为三派。一派是义理派，由王国维先生《红楼梦评论》发其端，而先生继之，旨在从中寻找人生的哲理。一派是索隐派，以蔡元培先生《红楼梦索隐》为鼻祖，下迄"四人帮"红学所谓的"阶级斗争的教科书"论，都是根据现实政治的需要，从中寻找微言大义，硬把自己的政治意图强加于古人。一派是考据派，以胡适先生的《红楼梦考证》为始作俑者。平心而论，胡文对于《红楼梦》的研究，功不可没。随后，俞平伯先生的《红楼梦辨》又别开生面，拓展疆域，其贡献也是不能一笔抹杀的。然而无可讳言的是，自哙而下，考据派的路子却越走越狭隘，由自我作茧驯致走火入魔，把红学弄成了曹学，支离破碎、繁琐不堪且又言不及义。曹雪芹之所以重要、之所以有价值，在于他写了一部不朽的艺术品；现在撇开这部不朽的艺术品的价值不顾，而一味捕风捉影，专门去考据一些与红学毫无关系的私人起居注，终至沦于"演丹麦王子而不要哈姆雷特"的魔障。今后红学的发展，恐怕需要某些红学家们对自己工作的方向和方法乃至价值观首先进行一番必要的自我批判。义理派是要求对《红楼梦》这部不朽的艺术品作出思想理论上的理解和评价的；因此，考据派对于义理派似乎应该给予更多的重视，包括吴先生（和他当年教导的那批青年学生）的贡献在内。惜乎当年先生指导之下以手抄形式流传的许多篇习作文章，历经离乱，如今恐怕是都已荡然无存了。

三

先生是率真的人，是诚挚的人，在他身上没有丝毫言行不符或虚假造作的痕迹。先生不吸烟，室内便赫然贴有一张"请勿吸烟"的告示。先生平生的恋爱事迹是大家耳熟能详的，先生自己亦从不隐讳。有一次讲诗，先生说到诗有以含蓄为佳者，但亦有直抒胸臆者；随即各举数例。而后者的例子之一，就是先生自己的《诗集》中的"吴宓苦恋毛彦文，三洲人士共知闻"；先生之率真有如此者。一次讲红学，一个同学问到：听说当年清华园内，先生以妙玉自况，不知有无其事；同学为之哄堂。先生从容答道：妙玉和大观园内其他的女孩子们是同样地年轻、热情而又才华横溢，为什么她就没有权利去追求自己的理想和幸福呢？有一桩小事是大家当年都知道的：昆明文林街开了一家小饭馆，取名"潇湘馆"，先生大不以为然，前去说服，饭馆终于改名为"潇湘食堂"。另有一桩小事，大概是很多人不知道的了：当时有位同学为了感情问题很烦恼，遂写了一封信给先生，说明自己思想的苦闷，请求先生指教。先生立即以极其工整的墨迹写了一封回信说：请把我看作是一个虔诚的宗教徒，请信任我，有什么痛苦请尽情告诉我。这位同学果然去请教了先生，并从先生那里得到不少教益和安慰。为学和为人，在先生乃是一回事。先生生平不求闻达，在学院的圈子之外，亦无籍籍之名；而学生遇到困难时，却把先生看作真正是自己的导师和引路人的。先生毕生执教，桃李满天下，其间人才辈出，不少都是蜚声海内外的学者，如钱钟书、李赋宁诸位先生，我想他们受益于先生的风格者，恐怕并不亚于受益于先生的学问。

先生不但是学人，而且是诗人，是至性中人。有一次上课，先生说到前一天曾和沈有鼎先生相与讨论，说到沈先生是真性情中人；又说到，假如要沈先生和我（先生自称）去搞政治，去做官，那真会叫我们痛苦死了。

接着，先生就把前一天两人的讨论内容画了一张七级浮屠式的图，把对权力的追逐放在最下层，以上各层依次是对物质的追求、对荣誉的追求、对真理的追求、对艺术创造的追求。他说，沈先生看了以后提出，应该把宗教置于顶层。先生自己非常欣赏沈先生的这一补充，说话时流露出一种深沉的欣慰。先生是那么执着认真，又是那么易于动情；有一次看到一匹马负重倒毙在路旁，不禁唏嘘地对我们说："我觉得我自己就是那匹忍辱负重的马。"

关于先生的天真和诚挚，我的记忆里还保留着几件事。一次先生说到，学校里应该把教师授课当成隆重的大事，他曾建议教师授课应该穿上大礼服以昭郑重，但终以格于舆论，未能实现，他很引为憾事。又一件事是，先生曾经不止一次提到，他自己任清华国学研究院主任时，聘请了梁启超、王国维、陈寅恪、赵元任几位大师担任导师，学生不多，却大都已卓然成家，这是他最感欣慰而引以为荣的事。先生说这话时的神情，就像一个小孩子那样地得意，使人深深感到"诗人者，不失其赤子之心者也"。还有一件是对我个人的事，那是先生离去昆明的前夕，在百忙之中还曾亲手为我做研究生的课程细心拟定了一个读书计划和一份书目，使我终生难忘。

四

1944 年秋，先生终于离开了自己求学任教长达 30 年之久的母校清华大学（西南联大）。其中原委之一是由于和系主任陈福田先生之间闹矛盾。这里面固然有两人性格、思想和作风上的分歧，然而或许更多的是出于两人文化背景的熏陶不同的缘故。吴先生是一个深厚的古典主义者而兼人文主义者（当然，也是浪漫主义者），屡屡称颂他所敬仰的两位业师白璧德（Irving Babbitt）和黄闻晦，这在当代是很罕见的，也是与陈先生迥然不同之处（陈先生是由美国归国的华侨）。甚至于吴先生讲浪漫诗人时，也偏爱拜伦，和我们学生一辈之偏爱雪莱或济慈者，就颇有差距。因之，先生有时候就显得与世寡和，这也是意料之中的。

谈到这里，似乎应该提一下与先生一生颇为有关的《学衡》。这桩公案迄今已近 70 年，似乎是应该做出历史评价的时候了。《学衡》的学术立场和文化立场是众所周知的。如果把学术等同于政治，虽然貌似简单，实际上倒把问题弄复杂了。反之，如果把学术和政治截然分开，则又把问题简单化了。困难的是：学术既不能等同于政治，而又是不可能和政治截然分开的。二者不是一回事，而二者又总是交相影响的。尤为困难的是：文化中的精华与糟粕，往往是互相转化的，其间并不存在一道永恒的、不可逾越的鸿沟。神奇可以化为腐朽，腐朽也可以化为神奇。那全赖我们如何去加以领会、吸收和运用。在 18 世纪的法国，无神论曾经是民主革命理论来源的一个重要组成部分；而在《红楼梦》里，无神论却是王熙凤弄权铁槛寺贪污受贿的理论基础。50 年代汤用彤先生写过一篇文章，自我思想检查，曾提到当年他参加《学衡》是一个错误。现在又已为时三十多年，我们是否也应该站到更高的一个层次上来观察这个问题呢？

每一种历史文化传统之中，总有一些成分是有价值的，应该作为人类的共同财富而加以继承和发扬光大；又总有某些成分是过了时的，乃至已经成了前进的阻力的，就不能不加以摒弃了。总有些人会倾向于肯定得多一些，而否定得少一些；又总有些人会倾向于否定得多一些，而肯定得少一些。这本来是很自然的、很正常的事。不过，在一个剧烈变动的时代里，这种现象往往会表现得格外突出，而且采取激烈论战的形式。法国大革命是近代史上影响最为巨大的事变，而当时的柏克（Edmund Burke）就反对革命的破坏行为。他认为历史文化是人类智慧历代努力的结晶，任何人都无权以革命的名义一笔抹杀这份珍贵的遗产。今天看来，柏克的论点也并非全无可取。以我们的亲身经历而论，"文化大革命"是要彻底砸烂旧文化的；但事实上或许不如不去砸烂它，倒更能为我们的民族及其历史文化多保留一份元气。

《学衡》反对白话文，这无疑是个很大的错误，因而曾被鲁迅先生讥之为其行文言必称"英吉之利，法兰之西"。汤先生思想检讨中也提到过，这种文风是由于他欣赏传统士大夫的情调所致。或许是如此，然而文体或文风之争，终究还只是个形式，而过去人们较为看重的，却大多在这一方面。但另外那更为重要的方面，即《学衡》所宣扬的文化论点究竟应该如何评价，至今似乎尚没有进行过认真的、深入的研究和评论。无论如何，人类认识的进步、思想文化的繁荣，总是要通过各种不同见解的交锋而促成的，定于一尊就不免要引向僵化和停滞。不同意见的争鸣，总比一言堂要好。诗人哲学家居友（M·J·Guyau）曾在一个多世纪以前就说过：人类的文明需要有千万只眼睛、千万只耳朵，才能适应事物发展的无限繁复性。一个百花齐放、百家争鸣的繁荣局面，是不是也应该包括给予已经成为历史的各家各派以一席合法的地位呢？吴先生生平的业绩固然远远不止于《学衡》一端；但其他各端大抵上应该是受到高度评价的，不致有什么分歧的意见了，唯独《学衡》仍然给今天的研究者留下了一项课题。假如能有人对当年《学衡》与当时思想文化的关系做出进一步的研究，这项工作应不失为对先生一种最好的纪念。这个研究应该是实事求是的，即使是这段历史应予全盘否定，也无损于先生的高风亮节。毕竟，先生是一个真实的人，是诗人、是学人，而不是一个虚假的完人、圣人。

五

最后，补充有关先生的两件小事，作为尾声。

1943 年我即将毕业时，尚缺体育课一学期未修，请示了梅校长，梅校长要我去找体育主任马约翰老师商量。马先生向我说：体育不及格也是不能毕业的；吴宓是大教授了，当年在我（马先生）的体育课上跳远不及格，就不能毕业。我只知道有一次闹学潮，学校开除了一批学生；后来学生们都写了悔过书，又复了学。吴先生也在内。当时唯有先生的好友白屋诗人吴芳吉不肯写悔过书，便失去了学籍。但我不知道先生有因体育不及格而不能毕业的事。既然此事是马先生亲口向我说的，想来不致有误。而按规定，不毕业是不能出国的。研究吴先生传记的同志们可以核实一下，吴先生有没有毕业，或是推迟毕业，或是以什么别的方式毕了业（我是写一篇读书报告，代替一学期的体育课，由马先生批准的）。

吴先生与贺麟先生几十年来谊兼师友。1981（或 1982）年我去看望贺先生，贺先生谈起：有一个夜里，他梦见了吴雨僧（贺先生是这样称呼吴先生的），醒来觉得很奇怪，怎么多年不见，故人忽然又入梦来，后来才知道吴雨僧就是在第二天逝世的。

今年是先生诞辰 96 周年，有关各界在西安召开纪念会，爰草此篇以为纪念，并志哀思。

原载《吴宓先生纪念文集》

（西安，陕西教育出版社，1989 年）

释"国民"和"国民阶级"

——兼忆侯外庐先生

一

侯外庐先生在他的著作中，曾多次使用"国民"或"国民阶级"或"国民权利"一词。如他的《中国古代社会史论》一书在论述中国古代贵族法权的特点时说：

> 这种尊彝常用的词语是"子子孙孙永宝用"或"子孙世享"。这是氏族贵族专政的权利的表现。这一开始就不是希腊的国民（着重点是引者的，下同）权利关系的形态。（第 228 页）

同书又以古代中国对比了古希腊，认为中国古代社会与希腊之不同在于一个是以血缘纽带为基础，另一个则否：

> 据《家族、私有财产及国家的起源》人民出版社 1957 年版所说，梭伦的立法，大体上如下：
>
> （一）国民的权利义务，按他们所有土地的财产分别规定，因此地域单位代替了氏族单位。
>
> （二）商业、手工业者在当时成为重要的国民，他们得到了法律的保护。货币的胜利使氏族丧失了最后的地盘。氏族贵族不再是特权的政治集团，雅典人都可以不受氏族血族纽带的限制。（同上第 373~374 页）

今按，恩格斯《家庭、私有制和国家的起源》（人民出版社 1957 年版）有关上述论述的一段话是这样写的：

> 它开始不依亲族集团而依地域的居住地来划分人民了。
>
> 现在须要防止这种使自由的雅典人变为奴隶的情形之重演，……对于宪法也加以修改……
>
> 这样，在宪法中便加入了一个全新的因素——私人所有制。国家公民的权利与义务，是按他们土地财产底多寡来规定的，有产阶级既开始获得了势力，于是旧的血缘亲族关系的集团就开始被排斥了；氏族制度又遭受新的失败。（第 110~111 页）

以上中译文，这里引用不是《马克思恩格斯选集》四卷本的标准中文本，而是较早的人民出版社发行的单行本，因为它是当时侯先生所依据的本子。恩格斯这段话的德文原文为：

> "Nun aber kam es darauf an die Widerkehr solcher Versklavung der freien Athener zu verhindern."
>
> "Hier wird also ein ganz neues Element in die Verfassung eingeführt : der Privatbesitz. Je nach der Grösse ihres Grundeigentums werden die Recht und die Pflichten der Staatsbürger abgemessen, und soweit die Vermögensklassen Einfluss gewinnen soweit werden die alten Blutsverwandtschaftkörper verdrängt ; die Gentilverfassung hatte eine neue Niederlage erbitten."
>
> （Berlin, Dietz, 1953, S. 114-5）

这里的"私人所有制"，原文为 Privatbesitz 而不是 Privateigentum ；但通常中文的"所有制"或"所有权"一词，均系与 Eigentum 一词相对应；而 Besitz 一词在中文则通常作"占有"。（请参看侯外庐《中国思想通史》第 4 卷序）。这段话的英译文为：

"But now a way had to be found to prevent such re-enslavement of the free Athenians."

"Thus, an entirely new element was introduced into the constitution : private ownership. The rights and duties of the citizens were graduated according to the land they owned ; and as the propertied classes gained influence the old consanguine groups were driven into the background. The gentile constitution suffered another defeat."

（Moscow，Foreign Languages Pub. House，5th imp., p. 187-9）

这里的"自由的雅典人""私人所有制""国家公民"和"有产阶级"的德文原文（和它们的英文译文）分别为：

frei Athener（free Athenian），Privatbesitz（private ownership），Staatsbürger（citizen），Vermögensklassen（propertied classes）。

因此，自由人、公民、土地私有者和有产阶级指的是同一个内容。这也就是侯先生著作中"国民"一词的涵义。（至于 1949 年 9 月周恩来在第一届政协报告中对于国民和人民所做的划分，则是把国民界定为没有公民权的非自由民；就和这里的意义及用法完全不同了。）

二

在中国人民大学编的《马克思恩格斯著作名目索引》中，并没有"国民"或"国民阶级"条目，只有"国民军"和"国民工厂"。（中国人民大学编的《列宁全集索引》中也没有"国民"和"国民阶级"，但有"国民公会""国民收入""国民教育""国民经济"诸条目。）看来，侯先生是沿用了"公民"（即 Staatsbürger，citizen）的旧译法，称之为"国民"的。但是与"国民"一词相关的，尚有"平民"一词。

　　古典罗马时期的"平民"称为 Pleb（源出 Plebiji 一词），他们属于自由民，但是与"贵族"Patricia 相对立。平民的最初来源是移民以及拉丁区的被征服者，而在早期罗马组成氏族公社并享有公民权的，仅仅是贵族。平民一不能享有公社土地（他们只能根据私有权享有份地），二没有参政权，三不得与贵族通婚。阶级或等级的划分是严格的。平民主要的是小土地耕种者，但是他们却掌握着工商业。公元前 6 世纪赛尔维乌斯·图里乌斯（Servius Tullius）实行改革，把平民列为自由民，这是平民对贵族斗争的第一次胜利。公元前 5 世纪罗马共和国时期，平民与贵族之间的敌对和斗争日益尖锐。平民由掌握有土地，遂进一步要求国家土地、消灭债务和债务奴隶，并分享与贵族同等的政治权利。公元前 5 世纪中叶组成平民大会，颁布十二铜表法，继而获得了与贵族通婚的权利。公元前 4 世纪，平民的债务减轻了，他们获得了国家土地，并可以出任执政官。公元前 4 世纪又废除了罗马公民的债务奴隶。公元前 3 世纪初，确定平民大会的决议有法律效力。公元前 3 世纪末，平民在公民权和参政权两方面都获得了与贵族完全平等的地位。贵族和平民此前是按氏族来划分的，但这时已完全由财富原则所代替。然而，平民在其社会地位上升的漫长历程中，也出现了分化过程。富裕的平民担任高官并进入元老院，与富裕的贵族相埒，这种新贵族称为 Nobilite，他们都是大土地领主并掌握着政权。而同时大多数的平民在法权上虽然也号称平等，但事实上仍居于自由民中贫困的下层，于是平民 Pleb 一词遂逐渐专指享有法权但无财产的公民。

　　马克思、恩格斯使用"平民"一词，看来是很严格的。《共产党宣言》提到以往的人类历史是阶级斗争史时，说：

　　　　自由民和奴隶，贵族（Patricii）和平民（Plebii），地主和农奴……在古代的罗马，有贵族、骑士、平民和奴隶。（《马克思恩格斯全集》第四卷，第 466 页）

在《资本论》中又指出：

　　　　古代世界的阶级斗争，就主要是以债权者和债务者之间的斗争的

形式进行的；在罗马，这种斗争是以负债平民的破产，沦为奴隶而告终。（第一卷，第 156 页）

一旦罗马贵族的高利贷把罗马的平民，小农彻底毁灭，这种剥削形态也就到了末日，纯粹的奴隶经济就取代了小农经济。（第三卷，第 673 页）

又说：

（罗马）贵族们不是把平民所需的商品如谷物、牛、马等等直接给他们，而是把对自己没有用处的铜借给他们，而利用这个地位来榨取惊人的高利贷利息，使平民变为自己的债务奴隶。（第三卷，第 677 页）

马克思并引征 16 世纪西欧（由于地理大发现和贵金属的大量输入而引起的）的价格革命和 19 世纪美国南北战争的事例，来说明古代罗马平民地位的转化：

贵金属的价值的跌落在欧洲引起的大规模的社会革命，和平民用来缔结债务的铜的价值的高涨在古罗马共和国初期引起的性质相反的革命，同样是众所周知的事情。（《政治经济学批判》，第 110 页）

又说：

联邦（指美国——引者）南部的真正的奴隶主的数目未超过 30 万人，它是与数百万所谓贫困的白人对立的一个狭小的寡头集团，这些贫困的白人的数目由于土地财产的集中而不断增长，他们的境况只好与罗马帝国极度衰微时期的罗马平民（Roman Plebians）相比拟。（《论美国内战》，第 49 页）

恩格斯在《家庭、私有制和国家的起源》（人民出版社 1957 年版）中，有关罗马平民的提法，也有着明确的界定：

这些（罗马的）新的臣民……，都是在旧的氏族、"库里亚"及部落以外的，从而未构成 populus romanus，即原有罗马人的一部分。他们在人格上是自由人，得占有土地，并须纳税和服兵役。但是他们却不能担任任何官职，既不能参加"库里亚"大会，又不能参与被征服的国有土地的分割。他们构成被剥夺了一切公权的 Plebs（平民）。由于他们人数日增，由于他们的军事训练及武装，他们成了一种对抗那如今紧闭门户不容一切外来人加入的 the old populus（旧人民）的可怕力量了。加以土地似乎差不多平均地分配于人民与平民之间，而商业与工业的财富主要是握在平民的手中。（第 124 页）

按，这段话中的"氏族"一词，原文为 Gent。罗马原由 3 个部族（Tribus）所组成。在罗马王政时期，每个部族分为 10 个库里亚（curia），每个库里亚分为 10 个氏族，每个氏族分为 10 个家族。Populus romanus（罗马人民）为全体享有公民权的人，他们唯一的集会形式即库里亚大会。但在赛尔维乌斯改革之后，库里亚大会便逐渐丧失其原有的权力而仅只保留着形式。所以同书又说：

在罗马，氏族社会转化为一种闭关自守的贵族主义，在它以外有为数众多、只有义务而无权利的平民；平民的胜利摧毁了旧的氏族制度，而在它的废墟上面建立起了国家，但氏族的贵族与平民在国家之中不久都完全消解了。（第 162~163 页）

此处的"氏族的贵族"原文为 Gentilaristokratie，即 gentile aristocracy；平民则为 plebs，即 plebians。

上述引文可以表明：侯先生所使用的"国民"一词，其涵义即相当于马克思、恩格斯论述古典罗马社会时所说的平民。平民（Plebii，Plebejer，Plebs，plebians）是与氏族贵族（Patricii，Patrizier，patricians）相对立的自由民。恩格斯认为历史上国家在氏族制度废墟上的出现，曾有过三种主要的形式，即雅典的、罗马的和日耳曼的。侯先生书中主要是以中国古代与雅典（即恩格斯所称"最纯粹、最典型的形式"）相比较并使用了"国民"

一词。假如我们转而以中国古代与罗马进行比较时,则"国民"一词即相当于"平民"。

三

侯先生在他的研究过程中,习惯于深入钻研每一个重要概念的确切涵义;每每遇到一个重要概念时,不弄清楚,不肯罢休。作为他的助手,我曾多次协助他翻阅马克思、恩格斯的原文,反复推敲,以求明确各词的原文原意之所在。印象最深的一次、也是工程最大的一次,是侯先生为《中国思想通史》第二、三、四卷所写的序论补,副标题是《封建主义生产关系的普遍原理与中国封建主义》。那是 1960 年初前后,侯先生已酝酿成熟这篇文章的基本论点,他和杨超同志充分交换过意见,由杨超同志执笔写成初稿。杨超同志在研究和写作时,由我协助他改订马克思某些根本概念的明确解释。我先请杨超同志为我讲述文中的基本论点和他本人的见解,那天杨超同志不厌其详地为我缕述两个多小时,主旨是阐明古代与近代的所有制概念的不同,以及我们为什么不能以近代的所有制的概念去理解古代的所有制。他的热情使我深受感动,并且获益匪浅。随后的几个星期里,我们两人就投身于这项工作,查证一些重要术语(如财产、私有制、所有制、占有权、使用权、运动的所有权以及非运动的所有权,等等)的意义和用法,彼此对勘,真是感受到了有如古人所说的"疑义相与析"之乐。记得有一次杨超同志曾向侯先生提到:verschachern(Verschacherung)一词在德文中只有"卖"的意思而无"买"的意思;侯先生回答说:有买就有卖,有卖就有买;于是问题就这样解决了。当然,明确概念还只是初步的工作。杨超同志以他所特有的细密的理论思维,终于写出了草稿,经与侯先生多次商讨之后,由侯先生最后删改完稿,这就是现在《中国思想通史》第四卷上卷卷首的那篇总论的由来。这也使我学习到,一个学者的思想成果要经历何等严谨而又艰辛的劳动过程。

侯先生在对待基本概念上这种一丝不苟、务穷其源的习惯,本来是极为有价值的工作。事实上，多年以来我们在许多问题上之所以纠缠不清，乃至出了纰漏的，有很大一部分根源就都出在概念不清上面。

现在侯先生已经离开我们一周年了，中国社会科学院历史研究所中国思想史研究室的同人们（侯先生多年来一直兼任这个研究室的主任），准备为文纪念，我也应命，谨草此文，以志哀思，同时并怀念一位极有才华而又品德高尚的友人杨超同志在"文革"中不幸夭折。犹忆去岁当侯先生辞世时，中国思想史研究室内的同人曾经聚首一堂，谈论过如何继承和发扬光大侯外庐学派。侯外庐学派的特色，自非浅学如我者一言半语所能穷其堂奥；不过，我以为对于自己进行研究所运用的原理的基本概念加以正确而深入的理解和澄清，应该是其中的一个重要的构成部分，是值得我们认真继承和加以发扬光大的。

1989 年初于北京

原载《纪念侯外庐文集》

（西安，陕西人民教育出版社，1991 年）

怀念王浩

　　王浩竟然离开这个世界而去了，到哪里去了呢？是马克思那个各尽所能，各取所值的现实世界？是歌德要向奔流的瞬间呼唤"请停留下来吧，你是那样的美丽！"的那个尘寰中的乐土，还是柏拉图那个永恒的理念世界？这些世界多年来都曾为他憧憬过。

　　综观浩兄生平——除了抗战时期作学生时的那段年代物质生活颇为困苦而外（同时那精神生活却是异常之丰富的），——可谓是一帆风顺，功成名就；然而他的一生却又始终"充满着矛盾"，无论是在思想上、学术上还是在生活上，这矛盾不但是属于他个人的，也是属于整个时代的和民族的苦难历程的一部分。

　　他出生在一个知识分子的家庭，少年和青年时代一直以优异的成绩在当时全国最负盛名的中学和大学里求学，随后以最快的速度读完了研究生，被母校清华大学保送，获美国国务院奖金入哈佛大学学习，师从当代名家Quine 教授，又仅以一年零八个月的时间便获得了哈佛大学博士学位。此后成绩、荣誉和地位接踵而来，被公认是那位自莱布尼兹以来最伟大的数理逻辑学家和哲学家 Gödel 教授的衣钵传人。除了几十年连续不断的教学和研究生活而外，他还一度在 IBM 公司兼过工作，收入颇丰，但他生平不善理财，大概不会有什么积蓄。

　　他在数理逻辑的研究方面曾做出过开创性的贡献，使他年纪尚轻就已经成为世界级的权威；但在 50 年代一面倒的日子里，数理逻辑被苏联批判为资产阶级唯心主义概念游戏，于是就不免殃及池鱼。当时他极想回国服务，便转而研究计算机，想搞一点回国后可以有用的东西。北京大学马寅初校长还曾写信给他，邀他回北大任教，但他自己却又不能忘情于哲学，他的哲学路数在当时英美哲学界显得颇为"不合时宜"，他又不愿放弃自己的路数去搞风行一时的分析哲学，尽管如果他走那条道路的话，肯定是会走得极其成功的。一再蹉跎就到了"文化大革命"，当时再想归国，已经势有不能。

他在政治上是一名左派，——至少是在国外，1972 年中美之间打开僵局以后，他参与了第一个归国访问美籍学者代表团，从此他一头钻进了马克思主义，恒兀兀以穷年，直到"四人帮"被粉碎后，"文革"的黑暗而逐渐揭发了出来，使得海外的左派陷于我们在国内难以想象的尴尬境地。（例如在国内，大概谁也不必担心会受到质问：你为什么昨天还拥护，今天就喊打倒？）这时候他深深受到一种幻灭感的侵袭，情绪低沉，转而想超脱于现实之外，从事纯哲学的探讨，比较全面地探讨哲学的根本问题。迄逝世前他完成了《超越分析哲学》（MIT 出版社，1986）、《关于哥德尔的思考》（MIT 出版社，1987）和《一次逻辑的旅程，从哥德尔到哲学》（将在 MIT 出版社出版）等三部著作。另外，他较早的《从数学到哲学》（Routledge & Kezan Paul，1974）一书，虽已有多种外文译本，但中文译本约稿至今虽亦已十余年，却迄未与国内读者见面；他去岁谈及此事，还颇引为遗憾。

和我们国内同时代许多知识分子之历尽坎坷、挨批挨斗、不务正业，乃至业务荒疏、一事无成、终生报废的大为不同，王浩在国外的一生从表层上看，是如此之顺利而又平稳，几十年来他一直是英国牛津大学、美国哈佛大学和洛克菲勒大学的名教授；但是矛盾和烦恼却依然伴随着他的一生，他那些名重当世的卓越成就，恰好是他所无意于着力的方面，他一直在想从逻辑入手弄出一套系统哲学，晚年已逐渐放弃了这个野心，但仍念念不忘想解答人生的三个基本问题；在感情生活上他一生也经历了许多波澜，这是老友们所熟知的。

哲学归根到底是研究人的学问，这里要求的不仅有工具理性的运用，而且还要求一个人思想和感情的全部投入。在纯粹理性的操作上，他不愧为当今世界上一位杰出的大师，但在需要以心灵去搏人生的真谛时，他往往表现得天真而幼稚，有时又像孩子那样地烂漫而任性，他曾想以一套完整的哲学体系囊括世界和人生，然而到头来（这一点他自己晚年也有所察觉）也许正像 Hamlet 所说 Horatio 的话：这个世界要比你那哲学更广阔得多。他在青年时曾喜欢追问：什么是幸福？他引用过纪德的话：人是为幸福而生的。如果不是幸福，又还应该是什么呢？人生追求的是幸福，而不是光荣、知识、权力、地位乃至崇高或圣洁或其他的什么东西；虽然他也承认这些和幸福有关，人往往是要通过光荣才能达到心安理得（peace of mind）的；但是直到老年，他似乎并没有追求到他早年所企求的那种幸福。当然，学术研究、友情、恋爱、民族、祖国都曾给他带来由衷的欢愉和慰藉，但是这些还不足以径直等同于幸福。他似乎就以自己的一生为哲学研究提供了一个例证：究竟什么是哲学？以及，一个人究竟应该怎样去研究或追求哲学？可以说，他既把自己的思想和理论，也把自己的生活实践都献给了哲学，虽然前一方面是有意识的，而后一方面则是无意识的。无论如何，他是一个把自己的思想、生活和生命都献给了哲学的人。浩兄于我，可谓"平生风谊兼师友"；倘若地下有知，不知他是否会同意我这里所写的这些怀念他的话？

原载《西南联大校友会简讯》1995 年 10 月

冯佐哲《清代政治与中外关系》序

　　老友冯佐哲先生在他的文集杀青之际，嘱我写一篇短序。佐哲先生毕生瘁力于清史研究，著作宏富，而我于清史纯系外行。然而多年的友谊使我深感盛情难却，不能不勉为其难，故谨赘数语于篇首。

　　作者和许多他的同辈人一样，在学术研究的道路上可谓生不逢辰、历尽坎坷。1964年他从北京大学历史系毕业后，分配到中国科学院（今中国社会科学院）历史研究所工作，值风华正茂之年，研究工作尚未正式开始，就奉命下乡参加两次"四清"（正式名称是"社会主义教育运动"）。第二次运动尚未完结，十年"文革"就接踵而来，真正的学术研究自然也就无从谈起。每天从清晨到夜半，无数的早请示和晚汇报，雷打不散地背诵"再版前言"，用语录狠斗别人的和自己的私字一闪念，还要斗那些"五一六"反革命阴谋集团死不悔改的顽固分子以及各色各样牛鬼蛇神的滔天罪行。似水年华就在这种其乐无穷的与人斗争之中流逝了。一直要待到70年代从五七干校回来之后，佐哲先生是属于憬悟较早转而潜心于学术研究的第一批人中的一个。自此以后大约有十年时间，他几乎是整天浸沉于中国第一历史档案馆的浩瀚史料之中，从而为他的清史研究工作奠定了坚实的基础。学术研究的成果也随之源源问世，《和珅评传》一书和其他一系列的论文就属于这一阶段的工作。

　　及至80年代以后，整个学术界的大气候已大为改观，这时佐哲先生的学术研究也进入了自己的成熟时期，研究领域也更加开阔了。除了清代前期的历史而外，中外关系史（尤其是中日文化交流史）、清中叶的白莲教以及其他民间文化都是他丰收的领域。他去日本访问期间，还搜集了不少域外的有关资料。二十多年的辛勤劳动，终于结出了大量丰硕的果实。我曾建议他写一部乾隆传或 18 世纪的中国史，因为这段时期乃是中国的传统社会与文化最为成熟和最高度发达繁盛的时期，继此以往中国就走入了衰世。今后中国再度繁荣昌盛也将会是以现代化的面貌出现，传统的社会文化面貌是不可得而再了。作为一位清史专家，对这段历史似乎有不可不记的责任。佐哲先生亦颇有意于此，但迄今似尚未正式着手。让我们祝他的这项工作能早日问世。

　　一个研究历史的人首先是生活在现在、生活在当前的现实之中，而不是生活在过去的时代里。当前的现实不可能不反映到并作用于他的思想，这或许就是人们通常所称之为的时代性。而在一个激烈变革和动荡的时代，情形尤其如此。这时，我们总会看到有一些善于顺潮流而动、长袖善舞、左右逢源的弄潮儿；又总会看到有一些不肯随波逐流而自甘寂寞的好学深思之士。也许两种人都是为时代所需要而同样是不可缺少的。历史本来就是在二律背反之中前进的。在历史的这个前进的行程之中，佐哲先生把自己摆入了后一种类型。在席卷当前的大潮之中，他从不肯以有损于自己的尊严与清白的方式去博取世俗的荣名、头衔和实利。为本书写序，他也宁愿邀我这样一个既无德又不才、既无名又无位的默默无闻的老友，而不愿去找一位名人或权威；虽然他明明知道名人或权威写的序足以增加他的著作的分量和实惠。但在为学和为人上，他是不失"粪土当年万户侯"的那种气概的。这似乎也就是他始终未能获得为某些人所艳羡和追求的那些头衔和地位的原因。

　　80 年代以后，佐哲先生的为学进入了一个更为成熟的阶段。歌德《浮士德》(《序曲》) 中曾有名言曰：

　　　"Was glänzt, ist für den Augenblick geboren, Das Echte bleibt der

Nachwelt unverloren."　①

　　意思是说，光彩炫目的东西只不过是一阵过眼烟云，只有真正的精金美玉才为后世所宝。我以为这里所指的应该不仅是一个学者的学术，而且也应该是一个学者的风格和人格。中国自古以来的史学理想是一个史家应具备德、才、学、识四长，而四长之中又以史德为首。这应该不愧为千秋万世的史学准则。假如一个自称史家或被封为史家的人，在现实生活的面前可以二三其德、翻云覆雨，可以呼卢为卢、喝雉成雉，你能相信他不厚诬千百载之上已死无对证的古人吗？今尚如此，何况于古！真理不是猎取功名利禄、阿谀取容的手段；除了学者自身的风格和人格之外，没有什么别的可以保证真理的独立性和尊严性。我们应该少迷信头衔，多相信真理。我不懂清史，对本书的内容不敢妄加评论。但是我相信，以作者的史德，是决不会、也不屑于欺世媚俗乃至卖论取荣以博取个人名利的。这也是使得我敢于率尔操觚为佐哲先生本书作序的原因。

何兆武拜序

1997 年 10 月 22 日

原载《清代政治与中外关系》（冯佐哲著，

北京，中国社会科学出版社，1998 年）

---

①　这句话 A. Latham 和 W. Kaufmann 的译文分别如下："Tinsel is born for the moment's pleasure；The sterling gold will future ages treasure." 和 "Glitter is coined to meet the moment's rage；The genuine lives on from age to age."

笔谈四则

一　世纪之交的历史学：回顾和展望

任何学科都是由材料和理论而形成的一个辩证整体，两者既对立又结合，既分离又统一。历史学亦然。历史材料不断有新发见、新积累，历史观念不断在变革、在更新，所以历史就不断在重写。历史事实一旦成为过去，就是固定不变的了；但对它的研究和解释却不断在革新。材料的新发见，不仅是简单地指发现了新的材料，而且更多地是指用新的观念去研究原有的旧材料，于是旧材料就转化为新材料，被赋予了新的内容和意义。理论首先是时代的产物（而非材料的产物），是随着时代而变化的；把死材料变成为活生命的，往往是靠观念的革新。观念的革新有助于开创历史学的新面貌。

中国近代面临着一个"两千年未有之变局"，中国近代历史学正式告别两千年的旧传统而别开生面，应该是从 20 世纪初年算起，至今恰值一个世纪。首先正式举起新史学的大旗的是梁启超那几部有系统的、发聋振聩的理论著作；随后，王国维运用新的方法发掘并整理新史料，做出了远迈前人的成绩。从此，历史学脱离了旧传统的樊篱而开始形成新的传统。20至 30 年代，马克思主义传入中国并被引入历史研究。解放后史学界沿着这条路线展开，曾取得大量成果；但它有时不免陷于简单化的武断，甚至被加以僵化的理解或歪曲，例如把《联共（布）党史》中有名的那一节话当成教条，以之取代了对马克思主义进行科学研究和以马克思主义的批判精神进行历史研究。现在，马克思主义应该恢复其作为科学的尊严。辩证唯物主义作为一种世界观，并不能代替或包办各种具体的科学理论；历史唯物主义作为一种世界观，并不能代替或包办历史学的具体理论，也不能取代或包办任何一门具体的科学（如社会学）。历史学的研究应该有、而且必须有其自己的理论。任何一门学科的研究者都无权作思想上的懒汉，把理论看成是给定的真理，自己的工作则只不过是怎样运用它来说明问题而已。任何学科的进步都同时必然包括着理论的进步。真理并不是现成地摆在那里的，只待自己用材料去填充它、去给它作注脚；然后就结论说：这就再一次证明了某项理论的真理云云。材料和理论二者是相辅相成的，不可能只有材料的进步，而没有理论自身的进步。史学理论的进步，乃是历史学家自身责无旁贷的义务；否则，号称是理论结合实际，就成了理论彻底脱离实际了。记得有一次和庞朴同志谈起我国历史学今后如何发展的问题，他认为重点首先应该是放在史学理论上。许多年来，历史学在材料方面的进步（尤其是在考古发掘方面），是有目共睹的。而相形之下，理论方面的进步就显得较为薄弱或贫乏；虽然清官、贪官和儒法斗争之类的所谓理论也曾喧阗一时，但终究只是过眼烟云，并非是什么称得上理论的理论。

各门学科在现代正以加速度的节奏飞跃发展，它们间互相渗透、互相影响、互相促进。历史学本来是最为古老的一门学问，但在现代化的过程中，它却远远落后于其他学科。我曾问过一位专家，历史学应该如何现代化？他的回答是：科学现代化是指自然科学的现代化，至于历史学则谈不到什么现代化的问题。然则，难道历史学被开除科学的学籍了么？

我以为，历史学的现代化应该包括操作手段的现代化和思维方式的现代化。操作手段的现代化，可以取代已往很大一部分的历史研究工作（因为以往的历史研究包括很大一部分的机械性工作），这并非是坏事，它可以把历史学家从机械性的工作中解放出来，转而从事创造性的思维。思维方式的现代化则必须包括尽可能地引进其他学科的丰富理论成果，融会贯通，借以探索新的观念和新的思路。令人感到遗憾的是，现代那么多学科的理论成果，至今基本上都还与我国的历史学界无缘：艺术的、哲学的、逻辑学的、语言学的、心理学的、社会学的、经济学的、应用数学的、控制论的、各种物理科学的、生命科学的和技术科学的——史学家们似乎大都对于这些不愿或者不屑问津，极少数人参野狐禅，也往往是尚未得其皮毛，便浅尝辄止。怎样使史学界真正关心各种具体的科学理论，认真地把它们纳入开创历史研究新局面的轨道上来，乃是世纪之交史学界的当务之急。

中国的历史学有着悠久的传统和无比富厚的遗产，只要我们在思想上不故步自封，善于博采和利用其他的学科，善于批判继承古今中外历史学优秀成果来丰富自己，善于在思想和认识上不断分析与综合、不断地前进和创新，我们在即将来临的下一个世纪中，就必将能以崭新的面貌对世界历史学做出自己所应有的、更多更大的贡献。

原载《史学理论研究》1992 年第 4 期

二　史学理论应该有一个大发展

这里所说的"史学理论"一词是用在我国当前通用的意义上，即包括历史理论和史学理论两者在内。对任何学科，理论和资料是不可偏废的，两者互相促进，相辅相成，缺一不可。没有资料，理论就无从发展；反之，资料进步了，理论就不可能（并且也不应该）不发展。然而多年以来，历史学界似乎形成了一种思想习惯，把理论看成是某种给定的、现成的、不变的真理，这种真理是无需历史学家再去萦心加以研究的，他所要做的工作只不过是用材料或例证来充实或疏证这个现成的、给定的真理架构而已。在这方面，你能做出一分工作，就算有了一分成绩；能做出两分工作，就算有了两分成绩。历史学家的工作似乎仅此而已。即使有所谓理论研究，但究其实质，也大抵仍是以考据代理论，是在对理论进行考据研究，而不是在对理论进行理论研究。至于以义理（而不是以考据或辞章）研究义理，则似乎并不是属于历史学家分内的工作。因此，尽管对具体历史问题的资料研究，积累了不少的成绩，——尤其以考古材料的新发现之成绩斐然，是有目共睹的事实，——但理论方面并没有取得相应的发展。之所以如此，很可能是既有心理上的原因（唯恐误触禁区，如历史思维的立体性之类的问题），也有习惯上的惰性（如只满足于考订形而下的器，而不肯深一步去思考在它背后但与之不可分割的形而上的道）。但是任何学科如果只有资料的积累而没有理论的钻研和创造，从长远来说是不会有真正的进步的。物理学家不能把自己只限于引用数据和事例来说明或证实牛顿的原理；生物学家也不能把自己只限于引用数据和资料来说明或充实达尔文的原理。物理学家和生物学家在搜集和整理他们的事实材料的同时，也必须要研究自己立论所依据的理论本身，并从中做出日新又新的总结来。认为真理已经是明摆在那里，有如日月之经天、江河之行地，而研究者的工作则只不外是找出新的事例来给既定不变的真理增添上一条新的注脚而已，——应该说这是经学的方法，不是科学的方法。任何科学都随着时代而进步，而它的理论也要与时俱进，不断在修订、在改造、在创新。不仅我们对理论的认识有一个不断深化（修订和改造）的过程，而且理论自身也有一个不断深化（发展和创新）的过程。历史学不是经学，所以它不能走以经解史或以史解经的道路。认为理论本身是永恒不变的，而且是不可究诘的，我们的工作仅只是通过例证来增加自己对它的信仰，——这也是经学的态度而不是科学的态度。

　　有人认为，历史学和自然科学不同：自然科学研究的是物性变化的规律，对于物质我们可以进行受控的实验，积累新资料，并以之修改旧理论或另创新理论；历史学研究的是人性（包括阶级性）变化的规律，但对人性我们却无法进行受控的实验，因此就无从对理论进行实证。不过在这里，似也适用恩格斯所说过的话，即辩证法是不承认有什么固定不变的界限的。人性也并非就不能进行实验。事实上，历史是每天都在进行着人性的实验的。（例如，通货膨胀就是对人的物质的和心理的应力在进行实验，正有如以高压或高温在实验某种物质材料的应力是一样的。）我国的历史学有着几千年绵延不断的悠久传统，我国的历史曾经经历了堪称是盖世无双的种种实验。可以毫不夸张地说，她那有关人性的资料的积累是举世之中当之无愧的第一位。我时常想：前不久那场史无前例的"文革"，对于许多学科来说，固然不免是一场损失；但唯独对某些人文学科（其中历史学是首要的，也许还有某些艺术，如小说）却理应是一场人性学的大丰收。几乎中国几千年的全部文明（或野蛮）史，都在其中的每一个细节的枝头动荡着、震颤着、颤抖着。这种对历史的警觉性，大概是任何其他时代和任何其他国度所永远不可能感受到的，所永远不可能企及的。但是缺少了这一环，一纸平面上的死文字就永远也不会在历史学家的心目之前涌现为一副活生生的惊涛骇浪的立体。历史是不断在发展的，理论首先是现实的产物，而不是任何给定的指示（或启示）的产物，它是随着现实而在不断发展变化的。历史学和任何学科一样，从根本上说是不可能只有资料（克罗齐称之为"编年"）的进步，而不伴之以理论的进步的。当代中国的历史学界实在没有理由辜负自己这份如此之得天独厚的遗产，他们理应责无旁贷地迎接中国史学的现代化（科学现代化理所当然地包括史学的现代化），立足中国，面向世界，在资料积累和理论进步两个方面都做出与自己的地位相称的贡献来。这种现代化的史学理论应该是既有自己的独立性、自己的风格和特色，同时又不自外于人类历史理论和史学理论的普遍真理；并且它恰好是以自己的独创性而丰富全人类历史思维的宝库。

原载《史学理论研究》1992 第 4 期

三　历史哲学与历史学哲学

（一）

历史哲学无论在中国还是在西方，都是渊源已久；因为人们不但想要知道历史都是些什么事或都有些什么事，而且还想要理解这些历史事件的所以然，或者说要懂得这些事情是何以会发生的。仅仅知道了历史事实，并不等于就理解了历史。史实仅仅是历史研究的对象。有关历史事实的资料无论积累得多么丰富，其本身都不能自行成为历史学。历史学乃是史家对史料进行理论加工所炮制出来的成果。这项理论化的思维工作就是通常所谓的历史哲学。这一点和自然科学的情况是一样的。气象台积累了丰富的资料：温度、气压、湿度、风力、雨量，等等。无论这些资料有多么丰富——当然，积累丰富的资料对任何学科来说都是极为重要的、不可或缺的——但其本身并不就是气象学，气象学乃是气象学家对于这些资料进行研究而从理论上做出的总结，这种理论总结应该提供可以说明或解释这些现象之所以然的道理。历史学家的工作归根到底就是要解释历史现象的所以然。否则，那工作就是一个档案保管员的工作，而不是应该历史学家的工作了。这种从理论加以理解的工作是以我们的世界观、人生观为其哲学前提的，这就成其为历史哲学。

（二）

历史哲学是要解释历史的所以然，但是历史学家在反思历史哲学之前，首先就应该反思历史学的哲学，即历史学之成其为历史学的所以然。不首先反思历史学的本性，即历史学如何可能成其为历史学，就径直去探讨历史的本质，便不免有陷于盲目的独断论的危险。因此从逻辑上说，研究历史学哲学就应该先行于历史哲学。因此历史学家的工作就不仅是对历史进行理论上的反思，而且首先还需对历史学的本身进行理论上的反思。遗憾的是，这一方面却往往被大多数实践的历史学家所忽略了。不了解历史学的本性以及历史学如何才成为可能，不对历史学之所以成其为历史学首先进行一番批判的反思（即历史学是一种什么样性质的学科以及我们怎样才能认识历史），不经过一番逻辑的洗炼，就一头栽入对历史的认证，以为不要形而上就可以讲形而下，结果就必然要受到形而上学的惩罚。大抵上或许可以说，历史哲学就是历史的形而上学（这里的"形而上学"一词是中性的，不含贬义），而历史哲学则是历史的知识论。假如我们不首先认识历史学是什么，我们又怎么可能认识历史呢？在这种意义上，历史哲学就理所当然地是历史哲学的有机组成部分，也可以说是它的必要的前提条件或"前导"（Prolegomena）。没有这样一番必要的前导，任何未来的科学（广义的科学）的历史学都是不可能的。历史哲学之所以要包括历史学哲学在内，就因为历史学首先必须通过自我批判而认识它自己。这里的区分大致上相当于（但并不严格地等同于）流行的思辨的历史哲学与分析的历史哲学之分。凡不能把历史事实总结为理论的，就不是真正的史学理论。

（三）

就中国古代的历史哲学而论，古代儒家向往着三代以上的圣人之治，古代道家向往着归真返璞，要求返于太古的自然状态；这些都反映了他们的历史观或历史哲学。战国阴阳家的五德终始之说更提出了一套较完整的历史哲学。他们的"德"的观念虽带有神秘的色彩，但在很大程度上已摆脱了人格神那种意志论的内涵：即历史一幕幕的演出乃是自然力（和超自然力）之必然的演替程序。这一体系当然仍是一种循环论，而不是一种进化论。历史进步和进化的明确观念，在人类的历史上也只是近代的事。在传统的社会中，人们的生活方式基本上是因袭不变的，不断创新的观念是不可能出现的，历史哲学中的五德终始说，正如自然哲学中的五行说一样，就以其客观演变的规律性而取代了超自然的天意论。这应该看作是历史哲学观念的一大进步。历史的演变终究是有规律可循的。然而降及汉儒阴阳怪气的谶纬，又被注入了大量的迷信。其后宋代的元世运会的历史哲学，基本上仍然继承的是周而复始的循环论，对于作为历史的主人的"人"的作用，并未能提出突破性的新理论。一直要到近代的康有为才发挥了公羊家的三统三世的学说，同时却注入了某些近代的新思想因素，即把历史看作是一幕进步的历程。不过康有为的理论仍停留在一种猜想或臆想的层次上，缺乏任何科学的论据。从孔子作春秋而乱臣贼子惧直到康有为三统三世的大同理想，中国的历史理论走的是一条伦理说教的道路，而始终没有采取一种价值中立的态度，所以它始终没有上升到严格意义的历史哲学，这一点当然也制约中国历史学的哲学。所以中国对历史学（不是对历史）的研究也是论述历史学实际操作的技术（如"书法"）要远远多于历史学哲学（即我们如何认识历史）方面的探讨。唐代刘知几的《史通》和清代章学诚的《文史通义》是这个领域里的代表作；然而刘知几对历史学哲学的理论探讨不甚措意，章学诚虽有非常深刻而敏锐的洞见（如论对历史的理解途径有高明与沉潜之分），但他未能提出一套比较完整的历史学认识论。

真正近代意义上的历史学，或者说近代新史学。在中国要从 19、20 世纪之交算起，至今恰好整整一个世纪。这一个世纪的近代新史学前后又可分为两个阶段：前一个阶段是从根本观念上扬弃了旧史学，由伦理说教转为客观的、实证的研究；后一个阶段则是马克思主义（后来尤其是毛泽东思想）独领风骚的半个世纪。前一个阶段从根本上摆脱了"善善、恶恶、贤贤、贱不肖"的价值判断，而希望以客观实证的坐标来为历史学定位，但他们没有能很好地看到人文学科与自然学科二者本质上的不同，他们仍沿着 19 世纪西方实证主义道路前进，而这条道路在西方却已日益过时。自然科学所研究的是物质性的客体，而人文研究的对象却是彻头彻尾的人文动机所造成的人文现象和人文景观。在自然科学中主（研究者）与客（研究对象）是对立的、互不相干的，而历史学所研究的客体（与自然物相对应的人文主体）就是主体自身。

马克思主义的历史学（或至少是号称马克思主义的历史学），半个多世纪以来其成绩和贡献是有目共睹的，而其缺陷和错误也难以讳言。在历史学的实践上，过分的政治实用主义往往有损于学术的独立与尊严，使求真沦为单独为了满足某种当前政治需要而服务的工具。在理论上，往往以经学的态度对待经典著作，把不同时代、不同历史文化背景所产生的思想理论统统被等同于永恒不变的具有同等有效性的教条。原教旨主义终于引向了荒谬的结论：理论的真理是已经摆好在那里的，历史学家的工作就只是去寻找一些实例去填充它，去证明"这就应了经上的话"。

近些年来，随着学术界新局面的展开，历史学界也出现了新气象。原教旨主义那种思想上的懒汉态度已逐渐为人放弃，理论的探讨已不局限于经学笺注的方式。历史学领域以外的各种科学或学科的成果正被引进到历史研究的作品中来，它们和历史学彼此互相影响、互相促进。例如，过去对待西方学术曾有过这样一种僵化的看法：凡是马克思以前的，作为古典学术著作，是可以公开出版的；凡马克思以后的非马克思主义著作就必定是资产阶级的反动的，即使有必要出版，也只能是内部发行。这样在学术思想的研究上，结果就只能是封闭了总结。即如 19 世纪以来新康德主义在分辨历史学与自然科学的性质不同上，当代的分析学派在对语言和观念的清理工作上，均不失有独到之处，是值得我们借鉴和思考的，如果不是博采众长、综合创新，我们又怎么可能希望我们的学术走上世界的前沿？中国历史学是世界历史学的重要组成部分，世界的历史学不可能缺少中国的历史学、中国的历史学也不可能自外于世界的历史学。

湛江师范学院组织一项有关中国历史哲学的笔谈，也嘱我写一篇随笔，匆促之间拉杂写一点个人的感受如上，以就教于历史哲学和史学理论的同行。

原载《湛江师范学院学报》1999 年第 3 期

四　社会形态与历史规律

有关社会形态的构想在中外史学思想史上都是源远流长的。中国古代的五德终始、三统三世乃至 100 年前康有为大肆鼓吹的据乱世、升平世、太平世，都可以说是有关社会形态更迭的历史理论。在西方，古希腊亚里士多德的政体形态更迭的理论、中世纪奥古斯丁的天城论、近代孔德的历史发展三阶段论和马克思的社会发展理论，以及 20 世纪 30 年代由斯大林总结的五种生产方式论，也都是有关社会形态的理论。就当代中国的史学思想而言，以五种生产方式为核心的社会形态论始终占有无可争议的独尊地位，它规范着史学研究的构架并指导着它的方向。

社会形态更迭的相续，大体上也就是通常人们所说的规律。我想对规律这一概念，我们不妨有两种不同的理解。一种姑且称之为"描叙性的"，另一种姑且称之为"规范性的"。前者只是在陈述事实上的前后相续；后者则是绝对命令式的规定，是必然的、给定的、非如此不可的。

马克思确实提到五种社会形态的相续，但我的理解是，他的这一提法只是对西方历史发展历程的一番描述性的说明，并无意以此作为一种所谓不以人的意志为转移的（亦即"非如此不可"的）普遍必然的规律，即有似于 19 世纪实证主义者所设想的（并且刻意追求的）那种自然科学意义上（而尤其是经典物理学那种意义上）的绝对不可更改的规律。它只不过是对历史的一项描述，而不是一种规定或者说一种先天的立法。及至 20 世纪 30 年代，斯大林在《联共（布）党史简明教程》的"辩证唯物主义与历史唯物主义"一节中把它体系化并传入我国之后，它就由第一种意义上的规律日益转化为第二种意义上的规律，亦即与自然科学规律一样的规律。由此出发，便在逻辑上先验地得出了一系列的历史定论。其中之一便是它断言一切民族都必然会自发地产生出资本主义，中国当然也不例外。但这一论点并没有史实的根据。因为在全世界的历史上，只有西欧是自发地步入了资本主义社会。孤证不足为例。虽然随后有些国家也已经步入了资本主义，但都是由于外来因素的激发，而非由于其本身内在发展的成熟。但是研究者们却先验地认定它们也非走入资本主义不可，并由此引申出一系列想当然尔的论断，例如要到处去寻找所谓资本主义的萌芽。

上述观点还蕴含着一个逻辑上的矛盾。既然历史的进程不以人的意志为转移，那么人的意志的努力对于历史的进程便无能为力，也无所作为；努力也罢，不努力也罢，都是毫无意义的和不起作用的。但事实却又大谬不然。全部人类的历史乃是彻头彻尾贯穿着人为的努力的；没有人的意志的作用，就没有人类的文明史，而只能是一部人类的自然史（可以与蚂蚁史、蜜蜂史或猴子史之类等量齐观），——尽管历史结局往往不符合人们原来的愿望。归根到底，历史终究是人的思想和意志所创造的，没有它就没有人类文明（或野蛮）的历史。故而经典的说法便有：人民、只有人民，才是创造世界历史的动力。因此，就不应该认定存在有某种先天规定好了（即不以人的意志为转移）的规律，像是一个多世纪以前实证主义科学观所设想的那样。否则，还要努力奋斗做什么？科学认识和知识是人类智慧的产物，规律也是人们认识的产物，而认识是不断发展和不断变化的，所以大概也不会有万世不变的永恒规律。18、19世纪的人们认定世界只可能有一种唯一的真理或规律，牛顿则是唯一的幸运儿，是他发现了这条唯一的真理或规律，自此以后，人们的工作就只不过是去运用他的真理或规律而已。

五种社会形态的理论对现代中国历史学的发展有着巨大的影响，它有助于人们更深入、更科学地认识历史。然而任何理论过了头之后就会走向僵化的教条主义，科学就会朝着自己的对立面——经学（即神学）转化。于是反经学的科学在其自己反经学的过程中，也就逐步转化为经学式的那种形而上学的武断。其情形竟好像是：历史学家的任务并非是要从历史研究中得出理论，理论是给定好了的，历史学家的任务只不过是找出一些事实来"填充"或者"证明"那个现成的理论而已。犹如《圣经》上提到某些事实时总是说"这就应了经上的话"云云，然而在历史上任何科学或学科都是理论与实践双方相辅相成不断携手并进的产物。实践不可能是先验地被给定的，理论亦然。

随着现代科学的进步，19世纪僵化的科学观已经逐渐褪色了。人文学科作为与自然科学在本质上不同的学术，也应该是不断地发展自己；二者的不同主要在于，自然现象不夹杂有任何人的意志和思想在内，而一切人文现象（也就是历史）则是自始至终贯彻着人的意志和思想的，它本身就是人的意志和思想的表现。

回顾中国的史学史，恰好是在100年前，梁启超、王国维等老一辈史学家开创了中国的新史学，涤荡了传统的旧观念，使史学呈现出一番崭新的局面，在半个世纪里为史学做出了重大贡献。大约50年前，又出现了另一次新的史学革命，以唯物史观的新视角来观察历史，从而产生另一番面目一新的历史学。50年的时间又过去了，我们的史学界是不是又面临着再一次创新，从历史学的认识论入手把史学理论的建设推向更新、更高的阶段呢？

原载《历史研究》2000年第2期

历史学家、历史学和历史

从一个历史工作者的专业角度来说，历史、历史学和史学史三者组成了一个三位一体，这实际就是我们通常所说的或所理解的"历史"。历史本来是指过去所发生过的（思想上与行动上的）事件，但这些事情要能传达给我们，则必须要靠一个载体，这个载体就是历史学（通常所采用的形式是历史著作）。没有它，我们就不知道历史。人们的思想与活动构成为历史，人们对历史的研究和认识则构成为历史学。也可以说，没有历史学，我们就不知道有历史；或者说，对于我们的历史认识而言，历史和历史学以及历史学本身的历史（史学史）乃是一个不可分的整体。我们不了解历史学和史学史，也就不可能真正理解历史。我们所知道的历史都是历史学告诉我们的，所以我们不可以得鱼而忘筌。

20 世纪初美国历史学家古奇（G. P. Gooch）写了一部《19 世纪的史学与史学家》，名噪一时，为一般研究西方史的人所必读。目前 20 世纪即将结束，而中国的新史学（与传统史学相对而言）又恰好与 20 世纪相终始。它的第一个阶段始自梁启超的新史学和王国维的古史新证，第二个阶段则是马克思主义独擅风骚的半个世纪。是不是我国的史学家也应该有人出来写一部《20 世纪中国的史学与史学家》呢？我们如果不了解 20 世纪的史学与史学家，也就不可能很好地理解历史，因为我们理解的历史毕竟是由历史学家那里获得的。这个工作自然有其特殊困难。古奇的书只凭他的现成材料就可以写出来。但由于当代中国学术的特色，即"政治挂帅"和"科学为无产阶级政治服务"，所以作者不仅需要掌握大量材料，且尤其必须深知当时阶级斗争的内情，否则就只能是流于白纸黑字的汇编，谈不到著作。能作这一工作的人选也还是不少的。尹达同志应该是其中之一，可惜他已去世十多年了，况且他在世时也只是带中国史学史的研究生，而似乎无意于写一部当代的中国史学史。又由于这样一部著作必然要涉及错综复杂的现实利益，难于落笔，是不是可以先来作一项现代史学史资料长编的工作。

最近很高兴读到了《往事与沉思》传记丛书中的最初四卷，它们都是有关当代史学家的第一手材料：傅振伦、何兹全两先生的自传自然是第一手的，顾颉刚、谭其骧两先生的传记系出自亲属或弟子之手，多有为外人所不知的事迹，也近乎是第一手的，如写顾先生在历史所多年与所领导尹达同志之间的矛盾。"文革"中，顾先生是历史所最早被揪出的反动权威之一。我相信，顾先生在别的单位恐怕亦难免于此厄，不过其间的具体经历就会有所不同了。就是第一手材料也不可能没有缺欠和不足。顾先生的传记，我感到联系当时历史所的阶级斗争（或者随便你叫它什么斗争）的具体背景颇嫌不够，因而也未能触及顾先生当时内心思想的幽微。1968年底工宣队进驻学部和历史所不久，顾先生、谢国桢先生和我三个人被关进先秦史组的一个小套间牛棚里将近半年之久。作为阶级敌人是被剥夺了参与政治运动的权利的，每天是在牛棚里面对小红书检查自己的罪行。两位先生于我为前辈，本是极好的请教机会，但这又自然是不可能的事。我见到两位先生身处逆境时反映的态度截然不同。顾先生终日正襟危坐，一言不发；谢先生则每当无人监督时，依旧海阔天空谈笑风生，一到工宣队和革命群众进来巡视时，马上低下头去阅读最高指示。两位先生的不同心态当然也体现着他们各自的历史觉解。后来谢先生和我成了很要好的忘年交。干校回来后，谢先生以耄耋之年亲自来我家看我，写诗赠我，我请他吃了他亲口点的西单峨嵋酒家的干烧鱼。谢先生的豁达有如是者。顾先生则和我远无私交（或可以说是春秋之义吧）。我希望谢先生和我两人的闲谈，也许会给囚禁中的顾先生带来一丝轻松吧。

不过这些都属于题外的话了。历史学家也像诗人和哲学家一样，是以探讨人生为其对象的。自然科学家以探讨自然为其对象，他要把自然对象放在各种不同的场合（如高温、超高温、高压、超高压）之下加以考验才能了解物性。人性既不可能进行实验，就只好凭在特殊的非常态的情况下进行观察了。就此而论，"文革"期间光阴虚掷对于研究自然科学的人是一场损失，而对于研究历史的人来说，却是一场收获；不然的话，假如真是天下太平四海无事，他们又向哪里去体验、去认识历史和人生的深处？甚至不妨说，凡是没有在"文革"中挨过整的人，就既不能很好地了解人生，也不能很好地了解历史。此所以我们读到海外汉学家的作品时，每会有隔靴搔痒之感。顾先生晚年居然有缘亲身体验到几千年漫长的历史之被高度浓缩到短短的几年之间，必然会对历史别有一番更深沉、更成熟的觉解。可惜我们已无从见到这位一代史学大师的心曲了。这个遗憾不仅是对顾先生一个人，也是对众多的老一代学人。即如《陈寅恪的最后二十年》是近年来最为畅销的一部书，作者曾付出巨大的精力蒐集陈先生晚年的资料，但美中不足的是全书的论述与陈先生晚年心力荟萃的著作未能紧密扣合，未能深入挖掘陈先生晚年在其中所寄托、所反映的内心的思想，不免给读者留下若干遗憾。何兹全先生的书是自传，但最后部分对自己晚岁的思想亦未详谈。史学家的思想和他所讲述的历史是一个整体的两面，不了解史家的思想，便很难了解他所讲述的历史，而我们对历史的知识又是从史家的叙述得来的。了解历史学家的重要性就在于此。我曾有缘认识顾、何两位先生，读他们两位的传记所引起的感触也就多一些。

陈启能、于沛、姜芃几位同志能有此慧眼和学识，不辞艰辛编辑出一套当代史学家的传记，第一辑已出五册，今后仍将继续编纂当代史学史的史料集成，诚可谓嘉惠士林、功德匪浅。让我们祝愿今后连续不断出版这类传记，它必将成为史学领域的一桩不朽的伟业而载入史册。

原载《史学理论研究》1998 年第 3 期

《读书》通讯五则

一　若干回忆

顷阅《读书》（1995 年第 5 期）王学典先生《痛苦的人格分裂》一文，记"50 年代初期的史界传统学人"顾颉刚先生，使我不免联想起一两桩小事。

1957 年鸣放之初历史所的会上就有人提到：前岁顾先生由上海调来北京时，迟迟未能成行，当时有位领导就说：顾颉刚不来，难道还在等着变天吗？反右运动开展后，顾先生在历史研究所院中贴出了长篇大字报，作自我批判，长达数十页之多。其中有云：这次运动有许多平日亲密的友人纷纷沦为右派，我自己是个漏网之鱼。以"漏网之鱼"自命，在运动里尚属罕见。

"文革"中，顾颉刚、谢国桢和我被禁闭在牛棚一起学习小红书。据我所见，顾谢两位身处逆境中的反应迥然不同。顾先生终日正襟危坐、愁眉苦脸、一言不发，一似重有忧者。到吃饭时就打开自己的布包，从中取出两个冷大饼，夹两块豆腐干，喝一点热水吃。谢先生则似乎毫不在意，当有人监视时，谢先生也埋头看小红书；一旦无人监视时，依然是谈笑风生，若无其事。有一次不知怎么兴致勃勃地谈到了赤壁之战。他讲起当时诸葛亮是 27 岁，周瑜是 36 岁。我接口说，可是京剧这出戏里诸葛亮是老生扮，周瑜却是不挂髯口的小生。我一时谈得兴起，竟然未注意到这时已有旁人在场。谢先生忽然喝了一声：好好学习。于是，我们两个人又低下头来读小红书。幸而谢先生警觉，才避开一场可能的麻烦。后来我与谢先生成为忘年之交。下干校之后，谢先生还用毛笔楷书写过几首诗私下赠我，至今仍保留着作为纪念。顾、谢两位先生均已归道山十有余年，这里只是如实记录下自己当时的片断印象，作为对王文的补充。

原载《读书》1995 年第 10 期

二　似应提到张申府

刚刚拜读了《读书》1996 年第 1 期朱学勤先生《让人为难的罗素》一文，很受启发。文中深入谈到了罗素与中国，却未提及张申府的名字，似不免使人有缺欠之感。五四时期张申府在北大哲学系任教，曾屡屡为文介绍当时来华之罗素，不仅介绍了他的哲学和思想，且介绍了他的数理逻辑，当为中国介绍此学之第一人。数十年来，张申府一直醉心于罗素，罗素每有著作，他必立即设法找来阅读。50 年代初，我偶然阅及当时罗素领诺贝尔奖的演说词，顺便向他提到，他马上到我处向我索去阅读。

张申府从事革命活动甚早，是周恩来入党介绍人，朱德也是他吸收入党的。抗战前，"一二·九"运动时，他在清华哲学系任教，倡导新启蒙运动，成为当时学生运动极有声望的思想导师。抗战期间，他在重庆从事民主运动，仍念念不忘罗素，曾大力宣扬：中国的未来必须是孔夫子、马克思和罗素的三结合。他的这一三结合理论也曾受到当时进步人士的批评，但他持之弥坚，虽九死其无悔。抗战胜利后，他和张东荪两人主持民主同盟，从事民主运动。张东荪在燕京哲学系任教，接梁漱溟手，任民盟秘书长，张申府则主持民盟北方支部。虽然二张后来均因受政治问题牵连，未能继续从事学术活动；但当今研究中国现代思想史的学者，每每有重视熊（十力）梁（漱溟）而忽视二张的倾向，似乎对于历史的本来面貌有失偏颇。中国学者至今尚无研究张申府的专著，倒是一个美国人 Vera Schwarcz 写了一部张申府传（《与张申府对话录》），1992 年由耶鲁大学出版。

另外，就我所知，解放前罗素在中国青年学子中间还是很有影响的。他在《自传》中曾有专章谈到他在中国的经历（中译文载《中国哲学》第

15 辑），其中似乎并没有什么很不愉快的回忆。他在其他地方多次谈到中国的人和事，也大都是带着高度欣赏的意味的。随手拈出，作为对朱文的补充。

原载《读书》1996 年第 6 期

三　有关汉学家的汉语

顷阅《读书》本年三月号许章润先生《内行的外行话》一文，鞭辟入里，读后深受启发。但该文中有两点似可商榷。

许文第一段有云："其学为'汉学'，其人为'汉学家'，杰出者如已故费正清先生、李约瑟先生……单听他们那一口流利的汉语，……不得不钦佩他们下的苦工夫。"

按，这一辈的汉学家下了苦工夫，固无疑义；但是说"他们那一口流利的汉语"，则未必尽然。李约瑟先生我曾几次见过，还听过他几次讲演，从未听他说过一句汉语，永远是靠翻译。费正清先生我曾在哈佛访问过他，他先是说汉语，但是词不达意，乃至语不成声，几分钟之后便不得不全部改用英语了。这一辈老汉学家大多是不能讲汉语的，更谈不上"流利"。即如目前健在的狄百瑞教授年已八旬，是美国当今汉学家的泰斗了，但从来不讲一句汉语，甚至于来中国开汉学会议，亦只讲英语，再请人译为汉语。这是事实，既无菲薄之意，也不关乎他们的汉学研究；因为口语能力与学识并无直接关系。年轻一代的洋人汉学家倒有不少人是汉语流畅了，然而功力恐未必能及老一代的。

许文末段有云："马克思和雨果激烈抨击八国联军的兽行。"

马克思逝世于 1883 年，早于八国联军十有七年，雨果逝世于 1885 年，早于八国联军十有五年，两人激烈抨击的似应为英法联军？

原载《读书》1997 年第 7 期

四　茶花女、维特、斯宾诺莎

顷读本年《读书》第 2 期载金克木先生之《孤独的磨镜片人》一文。文中指出：

"20 世纪初年法国小仲马的《茶花女》通过林纾的文言译本震惊了中国读书界，影响了一代青年。到 20 年代德国歌德的《少年维特之烦恼》通过郭沫若的译本又在中国青年思想中轰动一时，正好接上易卜生的《娜拉》。"

读后拟稍作补充如下。

一、《茶花女》一书林译本题名为《茶花女遗事》，署名亦非林纾，而是"冷红生"。开篇有云："晓斋主人（按即杭县魏易）归自巴黎，语冷红生曰：'巴黎小说悉出名手，而仲马父子尤著'，因以《茶花女》一书授林纾。"故严格地说，此书并非林译，而是晓斋主人"口授"，冷红生"达辞"也。此书风靡一时，故时人有诗叹曰："可怜一卷茶花女，荡尽支那浪子肠。"

二、金先生是前辈，"20 年代还是少年"时，读了郭沫若译歌德的《少年维特之烦恼》。我是 30 年代的中学生，当时此书仍甚流行，我也曾几次读过它的中文本和英文本。金先生谓卷首有郭译诗一首，手头无书，背出来试试：

"青年男子有谁不善钟情？/ 妙龄女子有谁不会怀春？/ 这本是人性中的至神至圣，/ 为什么这里反有惨痛飞进？/……请看他出穴的精灵正在向你们目语：/ 要做个堂堂男子哟，不要步我的后尘。"

金先生谓此诗"完全是郭沫若的早期诗的风格"，信然。不过金先生所记文字与我的记忆微有不同。事隔一个甲子，我亦手头无书，姑且背出来试试。郭氏原文似是：

"青年男子谁个不善钟情？

妙龄少女谁个不善怀春？

这是我们人性中之至神至圣，

啊，怎么从此中有惨痛飞进？

可爱的读者哟，你哭他，你爱他，

请从非毁之前救起他的名闻；

你看他出墓的精灵正在向你目语：

请做个堂堂男子哟，不要步我后尘。"

我的记忆是否更近郭氏原文，不敢自保。

三、"磨镜片人"者，即大陆理性主义的宗师之一斯宾诺莎。古今盖棺论定，评斯氏其人者甚夥，然似无出新康德学派大师文德尔班一语之右者：

"为真理而死，难；为真理而生，更难。"（"Es sei schwer für die Wahrheit zu sterben，aber schwerer für es zu leben."）

此语系斯氏诞生三百周年纪念会上，文氏所作之悼词。未审金先生以为何如？

原载《读书》1999 年第 7 期

五　陈衡哲谈妇女缠足

《读书》1999 年第 10 期刊有杨兴梅先生《小脚美丑与男权女权》一文，对中国历史上的妇女缠足（这一现象堪称为中国传统文明的特色之一）做了一番心理分析，读后使我忆及前辈学人陈衡哲先生多年前从另一个角度谈妇女缠足的一番议论。

那大概是 1940 年的春季，西南联大历史系邀请了陈衡哲先生来讲话。陈的盛名引来了大批听众，以致昆中北院那间大教室挤满了听众，座无虚席。陈先生说，她本来以为只是和历史系一些同学做一次小型座谈会的，不意竟成了一次正式讲演，使她毫无准备。事隔多年，那天陈先生都讲了些什么，我已记不起来了，只记得她谈了些史学方法训练的必要。但是她关于中国妇女缠足的那几段话，我倒是印象颇深，大致未忘。

她说，她发现缠足现象在中国北方要盛于南方；我自己过去也曾发现此现象，我以为那是由于南方妇女较多从事劳动而北方妇女则较少的缘故。

而据陈先生说，她猜测（仅只是猜测）那是由于中国历来蛮族总是从北方入侵的结果。历代北方蛮族的入侵，其意都在于掠夺子女玉帛。缠足妇女行动不便，蛮族入侵者嫌其携带不便，所以往往弃之不顾。这就越发引致了汉族妇女要把脚缠得小小的，越小就越可以对自身起到保护作用，避免沦为异族入侵者的俘虏。这是北方缠足之风盛于南方的原因。这种生活风尚深入人心之后，久而久之，便滋长成为一种夷夏之辨的意识，缠足就成为民族感情的一个标志。汉族就以此自别于非我族类的侵略者，它反映一种思想上的反抗。然而由此也滋长了许多不健康的因素，使人们在心理上、情操上以及身体上受到极大的损害。所谓"东亚病夫"不仅是指身体上，而且也在心态上和情操上，以自我摧残来苟延生命。我自己对这个问题一无所知，只是当时觉得她所谈的也颇合情合理，故而印象颇深。不知道60年后今天的研究者们对这个问题又是如何看法。

陈先生和她的夫君任鸿隽先生均是前辈学者，与胡适先生关系密切是众所周知的事，无待赘叙。但陈先生似乎一直是以"女作家"，而不是以"女学者"的声名为当世所知的。其实陈先生是一位专业历史学家，20年代即任北京大学的西洋史教授，是北京大学第一位（或至少是北大历史系第一位）女教授，曾为商务印书馆撰有新学制高级中学教科书《西洋史》上下两册，风行一时。此书现在看来，自然不免浅薄，但内容浅显、文笔清通、叙事明白，在当时是一部优秀的教科书，尤其在政治上没有任何意识形态的说教，是颇为难得的。但20年后陈先生仍在撰文呼唤中国的"文艺复兴"，就显得过于天真乃至幼稚了。

抗战时期，傅斯年、陈衡哲都已不在北大任教了；但傅仍兼北大文科研究所所长，陈先生也和历史系有联系，她的女公子任以都当时就学于西南联大历史系，女承母业，后以她母亲（英文名 Sophia Chen）奖学金赴美留学，多年来一直在美国宾州大学任教。去岁北大百年校庆，她有意回国参与母校盛会，我曾托北大历史系刘桂生教授与北大历史系联系，北大历史系乃不知有陈衡哲其人，任以都教授亦未能如愿躬逢北大盛会。又，据说陈先生是位个性极强的人，从不愿被人称为女士。1942年在重庆召开中国历史学会，主席称她为女士，她当场拂袖而去，满座为之惊讶；这是我听北大历史系主任姚从吾老师讲的。解放后对陈先生如何评价我就不清楚了，或许文学界的人应该比史学界的人知道得更清楚。

原载《读书》2000 年第 1 期

从一本书联想到的

偶然读到了一本书《胡风集团冤案始末》，仿佛又回到了四十多年前的那个夏天。那时候神州大地正掀起一场大张旗鼓的镇反运动，人人都聚精会神整天在学习《关于胡风反革命集团的材料》，重点在于深入领会那些评语的精神和实质，理论联系实际，交代、揭发、检举、批判。即使到了夜阑人静的花前月下，那心情怕也难得片时平定下来。往事历历在目。

《始末》一书提到这样一段故事：有位十八九岁的后生，与胡风素无瓜葛，只缘酷爱文学，不知为了一个什么问题，写了一封信，向当时这位闻名的文学家请教。胡风给他亲笔复了一封信。运动一来，这位小青年把信呈交了上去；但是白纸黑字终究是赖不了的；于是理所当然地被定为"胡风分子"，从此终生历尽坎坷。待到拨乱反正的年代才予以平反，而小青年已经是皤然一老翁了。《圣经》的第一篇《创世纪》不正是以神话寓言的方式解说了人类一有知识、认识了善与恶，就是堕落的开始吗？普罗米修斯被囚系在高加索的山顶上，饱受鹰鹫摧残之苦，岂不就因为他偷了知识和智慧之火给了人类吗？知识越多越反动，在那个年代，是一个基本的信条。

书中又提到胡风一案直接受株连者达一千人。一千人在当时的六亿神州之众中只是极少数；但是有千百万人卷入了运动——整人的和被整的、主动的和被动的——其为数就大为可观了。读此书时，不禁使我联想到了当时的一位胡风分子吕荧。吕荧原名何佶，抗日战争前是北京大学历史系学生。和当时的很多青年一样，抗战一起，就参加抗战，休了一段学，其后又回到后方的西南联合大学来复学。1942年毕业于历史系，只高我一班。

我和吕荧是历史系同学，仅差一年，也曾多次有过见面之谊，但却从未交谈过一句话。我那时知道他已经是校园内有名的才子了，曾发表过许多文章，且其为人格调高雅、气宇轩昂，使人不觉自惭形秽，不敢去高攀。假如当时曾有所接触的话，运动中大概至少也少不了要反复交代。那时我曾几次听到姚从吾老师（北京大学历史系主任）称赞何佶的学问好与俄文好。大约就在那时，他翻译了普希金的《叶甫根尼·奥涅金》。那时候，学俄文似乎也反映一个人的政治倾向更有甚于只是一种单纯的业务学习。解放后从报上得知，他去山东大学任中文系主任时，因为在思想改造运动中不肯接受别人的批判或同志们的帮助，竟然拂袖扬长而去，远离了山东。这在当时的条件下，大概也要算是极其罕见的例外。到了 50 年代的中期，有一位和他相识的友人告诉我，他去人民出版社作为编外人员，每月领取 100 元的生活费；友人还拿出了他新译的莎士比亚《仲夏夜之梦》给我看。《仲夏夜之梦》的情调是欢愉的、开朗的；我猜想他那时的心情也不至于太坏，否则就未免过于不合拍了。

不久，"反胡风运动"开始；有一天我在《人民日报》上读到了如下这样一则多年来令我难于忘却的报道：全国文联（或类似的机构）召开批判胡风的大会，谴责胡风的反革命罪行；会上胡风分子吕荧发言，企图为胡风辩护，受到了与会者的一致驳斥云云。头上戴了一顶胡风分子的帽子，其重量可想而知。而居然在那样的大会上欲以双手而挽狂澜于既倒，——这就不只是罕见，简直是绝无仅有的事了。又过了数年，50 年代末有一天的《人民日报》曾以整版篇幅刊发了一篇关于美学（？）的论文，署名吕荧，文前有一小段编者按语。那按语自然就意味着为他平反。不过此后，仍不大见有他写的东西。继而"文革"的狂飙骤起，就不知道他的遭遇何如了。以一个像他那样卓尔不群的性格和才气，兼之又有前科，大概日子也不会太好过。后来，仍然是那位友人告诉我，吕荧先生已经是妻离（记得当年在校园里时常见到他和一位女同学在一起，不知是否即是他后来的夫人，可惜我不知道那位女同学的名字）子散，他自己也患了神经病，不久就谢世了。关于他的生平，当年北大的老同学（如近代史研究所的孙思白先生）

或许应该知道得更多。

昔人有云"古来才命两相妨"（李商隐句），这种说法似乎未必全面。事实上是，才与命有相妨者，也有不仅不相妨而且相得益彰者。这一定程度上取决于一个人的性格和个性，故而就因人而异了。陈寅恪先生《元白诗笺证稿》就勾画了同时代两个不同风格的诗人：与白居易相较，元才子便是一位左右逢源而飞黄腾达的弄潮儿。每个时代大约都会有这样的两种人。一种人的德，只在于其本身所具有的内在价值；它没有价格，所以不是功名利禄的工具，它本身的内在满足就是它的报酬，而且是它唯一的报酬。另一种人的德，则是换取功名利禄的工具；仿佛是有了德，就有了一切，没有德就丧失了一切。飞黄腾达的首要条件是德。我时常想，不妨为莫尔的《乌托邦》画蛇添足地再加上一段：在有的时代，德行本身就是它自己的报酬，此外它没有任何其他的报酬（如孟老夫子所艳称的"乍见孺子将入于井"那种例子）；但是也有的时代，德行会成为换取名利和地位的商品，从而反过来，利禄和等级地位也就成了衡量德行的尺度。封建时代做官，首先是要凭德（德言身判，乃至升官图中的德才功赃），所以官越大就表示德愈高，而德愈高也就官越大。故此，就连顽固不化的那位班固老夫子以至锋芒毕露的青年章太炎都不免喟然感叹，仁义道德早已变成了换取功名利禄的工具。什么大树特树、什么高举，说穿了无非是树他自己、举他自己，——可谓是至理名言。然而，即使是在一个"滔滔者天下皆是也"的时代，也总还是会有特立独行之士。我想如果将来修史，吕荧或吕荧一类的人物，大概应该是人独行传而不是人文苑传的。

政协的《文史资料丛刊》多年来连续出版，累积已经数以百计，其间大多数为当事人所撰写的回忆录，从而为后世保留了许多珍贵的第一手材料，可以说是功德无量的事。但是解放后的当代史，那情况反而相形见绌。我时常想，江青一死竟带走了一部中国现代史、尤其是一部活生生的"文革"史；这真是中国史学史上无可弥补的巨大损失。经历了"文革"的重要人物，已有不少人先后辞世了，但也有不少人、不少重要的人还健在。是不是应该抓紧时间抢救这份极其珍贵的当代历史资料呢？我们自身经历的事情，只有我们自己知道最清楚。为什么我们自己这一代人不尽到自己的责任，如实地记录下来，一定要留给子孙后代再去煞费苦心地挖掘那些已经不可再现的历史事实呢？

胡风一案至今已有 40 年了。当年某些个人之间的风风雨雨和恩恩怨怨，现在都已成为历史，没有必要过于算细账了。但是历史事实本身的客观存在，却是应该如实地加以记录下来的。胡风一案的第一手材料，至今尚未见有当事人撰写；而现存的有资格撰写的人，已经为数不多了。这些先生于笔耕不辍之余，是不是也有意写几篇，甚或一整部自己所知道的胡风集团始末，为后世保留一份第一手的史料呢？犹忆"文革"后，恢复了研究生制度，当时我所在的历史研究所，在尹达同志的名下招收两名中国史学史的研究生。我曾和研究室内的同人谈到，尹达最好还是去写一部回忆录，这比他带研究生对研究中国史学史的贡献要大得无法比拟。中国史学史的研究生，是很多别人都可以培养的，不必非尹达同志不可。至于写一部回忆录，忠实记录下来活的当代中国史学史的内幕，那却是任何别人都代替不了的；因为尹达同志也许比任何别人都更有资格作为当代中国史学史的最重要的见证人了。不幸的是，尹达同志也已经去世十多年。20 世纪初古治（G. P. Gooch）写了一部著名的《19 世纪［西方］的史学与史学家》；现在已经到了 20 世纪末，我曾建议友人田昌五先生写一部《20 世纪中国的史学与史学家》。此书之难写不在于资料，而在于其作者必须亲身参与过当代一系列的史学斗争，详知其内情。否则就只能是隔靴搔痒，就文字上做排比工夫，而不能触及要害。我以为田昌五先生应该是最适当的人选之一。这里所要处理的不仅是学术史，而且更其是当代的政治史和意识形态斗争的历史（例如，海瑞）。

有些历史研究是任何人都可以做的，并且可以做得很好；然而第一手材料则除非是当事人撰写的亲身经历，否则任何别人都无法越俎代庖。就此而言，不仅是我们希望有一天能看到有关胡风集团始末的第一手回忆录，也希望能看到有更多的当事人撰写的各式各样有关当代史事的实录。早在 1925 年鲁迅就感叹过，中华民国虽然还只有 14 年，但这 14 年并没有人好好地写下来，已经被人忘得差不多了。今天，时代的精神和面貌也早已不同于往昔，我们能不能采取一种更开放的态度对待各个不同当事人的证词呢？在法庭上，一个人也应当有为自己辩护的权利。当然，这并不是意味着他的证词就必须被公众、被法庭所接受。但是，每个人的发言权和自我辩护之权是应该受到维护的，——这个权利，即每个人都有为自我辩护之权，怕也应该是"不可剥夺的"和"不可转让的"，正有如其他各种天赋人权是一样的。

第二次世界大战过后不久，非但赫尔、丘吉尔、艾森豪威尔、戴高乐等人的回忆录一一问世，就连反面人物的材料和证词，如戈倍尔日记、齐亚诺日记、赖伐尔日记等等，也都纷纷出版。甚至前两年，所谓希特勒日记还曾一度曝光，沸沸扬扬地轰动一时，英国的"二战"权威史家 Trevor-Roper 在鉴定这份日记的真伪上还栽了个跟头，差一点弄得身败名裂。日记虽假，但日记（哪怕是希特勒的）之可以公开出版行世则是真的。是真理，就不会害怕谎言；害怕谎言的，就不是真理。假如对此仍不免忧心忡忡的话，那么也可以引进一下外国的经验和技术：把原始文献锁在银行的保险柜里，等到 50 年后、100 年后再启封。

原载《博览群书》1997 年第 12 期

"中学"与"西学"
——从李陵说起

一

《万象》2000 年 12 月号载有李一航先生《幸亏只有一个李陵》一文，是作者阅过钟晶的新著《李陵》一书的读后感。钟书我尚未有缘阅读，无从评说。但李文却引发了我不少的联想：想到李陵，想到中国传统文化的心态，还想到有关伦理评价的一些问题。

从小就知道汉代有位李陵是个降将军，颇有玷于他的先人飞将军李广的盛名，即那位千载之下还被唐代诗人王昌龄所讴歌的"但使龙城飞将在，不教胡马度阴山"的飞将军李广。记得小时候，《苏武牧羊》一曲几乎是人人会唱的："苏武留胡节不辱，雪地又冰天，寝草十九年，渴饮雪，饥吞毡，牧羊北海边。"没有听说过有人讴歌李陵的。大概为李陵作过辩护的，亘古以来唯有司马迁老先生一人而已。记得 1937 年抗日战争爆发后，大批人文学者和知识分子纷纷内迁，胡适和北大的同人曾劝周作人南下，周作人复函，自明本志，说是希望大家把他看作是冰天雪地里持节的苏武而不是被俘降敌的李陵。周作人这位苦雨苦茶的性灵小品家，抗日战争不久就做了汉奸，却仍以自己是苏武而不是李陵自辩，亦足以见传统的价值观是何等之深入人心。中国文化的传统历来是只有断头将军而无降将军的。一篇《正气歌》所讴歌的正是张巡、许远那类"鬼神泣壮烈"的英勇不屈的斗士。至于历史上战败投降的将军，如洪承畴一流人，就连他们的新主子后来修史时也都鄙夷他们，特意为他们别立《贰臣传》，把他们打入另册，以示区别。就连征服者的满人，在这一点上也接受了被征服者的汉人的文化价值观。19 世纪海通以来，连叶名琛那样昏庸颟顸的封疆大吏也还是对敌坚守"不战不和"、"不死不降"的原则。抗日战争期间，有个集团军总司令叫做庞炳勋的军阀，叛国投敌，国民党当局尚且出面为他粉饰，硬说这位总司令被俘时原是准备自杀成仁的云云。可见投降一举即使在一个腐朽政权的眼里，也是颇为不光彩的事。《古文观止》一书从前是人人必读的，其中收有一篇李陵的《答苏武书》，中学学国文时是必须背诵的名篇之一。此篇为赝品，早在宋代苏东坡即已指出过，那种四六骈文体的格调只能是"齐梁小儿为之"。不过那篇文字背诵起来，倒也不失为荡漾着一股悲愤填膺的怨气，似乎英雄末路也颇值得同情。千古以来为李陵翻案的文字流传下来的，大概仅此一篇而已。看来对这位降将军的定案，仍然是铁板钉钉子。与此相对照，还有一位降将军是大家耳熟能详的，那就是京剧《四郎探母》中的杨四郎杨延辉。解放后，京剧《四郎探母》已经绝迹于舞台多年，那原因是此剧有为降将叛徒翻案之嫌。不过近年来这出戏又在舞台上大为走红。是不是其间也有胡适所喜欢引用的那句名言"理未易明、善未易察"的缘故在内呢？还是传统观念在现代化的大潮冲击之下已经褪色了呢？

　　降将军不只中国有，外国也有。"二战"中就有个现成的例子。1941年 12 月 7 日，日本偷袭珍珠港，发动太平洋战争，打了英美一个措手不及。日本军队迅速席卷了东南亚和南洋群岛。当时在菲律宾的美军司令温赖特（Wainwright）中将节节败退，率众退守巴丹（Bataan），奋战至 1942 年 4 月 9 日，终于无法支持，举起白旗投降，他本人也被俘虏；后来日美双方交换俘虏，他才得以回国。温赖特回国后，在公开场合一露面，就受到成千上万群众像是迎接凯旋的将军般地欢呼，这有当时新闻电影记录为证。尤为可怪——至少在中国人眼中觉得可怪——的是如下的一幕：1945 年 9 月 3 日，日本在密苏里号战舰上签投降书，代表盟国统帅部签字的是总司令麦克阿瑟，代表美国签字的是太平洋舰队总司令尼米兹海军五星上将，而站在尼米兹身旁作为特邀代表的竟赫然是温赖特中将。可见不但美国民众，还有美国官方，都对这位降将军怀有何等崇敬的热情。这在我们中国文化传统所积淀的心态之中，怕是不可想象的事。既然已经英勇战斗过了，而且还打得很出色，那么在已经绝望的条件之下继续作无谓的牺牲就没有意义了。这种说法能够成为论证投降之举的正当性的充分理由吗？这仅仅是一种伦理价值的判断呢？抑或有其更为深远的文化心理的积淀呢？这种做法会不会产生消极的影响呢？无论如何，它在当时并没有对美国人民作战的热情造成消极的影响，那影响反倒是积极的。这显然似乎更加令人难以索解了。

二

一个多世纪以前，中国文化思想界曾经爆发过一场中学与西学之争的大论战，那实质上是一场保守与进步之争、守旧与维新之争。本来，所谓"学"（"学术"或"科学"）是只有正确与错误之分、真与伪之分，而无所谓中与西之分的。学术者，天下之公器也，并无所谓中西。几何学源出于希腊（或埃及），没有理由说几何学是"希学"或"埃学"。代数学源出于阿拉伯，也没有理由说代数学是"阿学"。别的民族一样可以学好几何学和代数学，甚至于比古希腊人的几何学或中世纪阿拉伯人的代数学来得更加高明。中国人历史上有过四大发明，但也不能说那就是中学，别的民族是不能有的，就是学也学不好的。任何学都不是某一个民族所能垄断的专利，所以没有理由可以挂上一个中学或西学或英学、法学之类的招牌。任何学是任何民族都可以学到手的，而且完全有可能青出于蓝。就"学"之作为学而言，本来无所谓中西。总不能说马克思主义是"德学"，尽管马克思本人是德国人。不过，百年前的那场大论战却并不是没有意义的。在当时的历史条件之下，所谓的中学有其具体的内涵，所谓的西学也有其具体的内涵。当时的中学是指三纲五常，西学是指声光化电。"中学为体、西学为用"的具体涵义就是说：我这个君主专制政体的绝对权威是不能动摇的，虽则科学技术的用处也还是少不了的。及至后来，历史条件变了，再标榜中学、西学就没有任何意义了。在今天，你怎么界定中学、西学？

难道西方学术就不研究伦理道德？难道中国学术就不研究物理学、化学？五四时期所揭橥的民主与科学两面旗帜已经是全人类共同的价值取向，其内容实质并不存在什么中西之别。然而一百年后神州大陆竟又掀起过一阵中学、西学之争，实在是叫人觉得有点不知所云了。难道时代竟然倒流，乃至我们又回到了一百年以前的思想认识的水平了么？

　　然则，究竟有没有中学和西学呢？也可以说是有的，但只能是限于在下述的意义上：某些学术在历史上最初是出现在中国的，我们就简称之为中学；最初是出现在西方的，就简称之为西学。一种学术的出现当然和它的具体社会历史条件有关，但并不和某个民族有必然的内在联系。别的民族处于相同的条件下，也完全可能做出相同或类似的贡献。几何学也好，印刷术也好，帝王专制也好，仁义道德也好，莫不皆然。其间当然也有偶然的个人因素在起作用，但那无关乎本质的不同。所谓中学西学之分，不外是历史发展的不同，但其间并没有一条不可逾越的鸿沟。所有的民族大体上都要走全人类共同的发展道路。毕竟真理是放之四海而皆准的，其间并无中西之分或者华夷之辨。在学术上谈不到什么以夷变夏或以夏变夷，而应该是通常所说的"坚持真理，修正错误"、"取其精华，弃其糟粕"。这里并不存在任何先天注定了的本质之不同，像是吉卜林（R. Kipling）口出狂言所说的什么"东方是东方，西方是西方，他们永远也不能会合"。

　　任何民族的文化或学术既是与一定历史条件相制约的产物，所以也就必然会随历史条件的改变而改变。这一点是不言而喻的。一百年前中学与西学之争的那一幕，到了"五四"就已经寿终正寝了。此后再继续这一争论（如"全盘西化"或"保存国粹"之类）就成了毫无意义的语句。不过在那场争论中以及在前几年再度被炒起来的那场争论中，似乎有一个根本之点却是往往被人忽略了的，没有受到应有的重视，那就是中西历史不同的具体背景长期以来所形成的中西文化心态之不同，也可以叫作"情结"的不同吧。上面提到的对降将军所持的态度不同，即是一例。又如恩格斯《起源论》中提到过日耳曼人比起古典的古代来，历来就比较尊重女性，也是不同的文化心态之一例。文化心态固然也不必一定永世长存，但它又确实是在漫长的时期内一直在渗透人们的心灵的，这也是不争的事实。与其浪费口舌纠缠一些假问题的无谓之争，何如认真地探讨一下具体的历史条件之下所形成的具体的心态这类真问题。长期以来历史教科书大抵是空洞说教的成分多，而具体的心态分析和解读的内容少；假如能跳出空洞的概念之争，进入实质性的心态研究，或许会更有助于我们理解历史，并能更公正地判断历史。威尼斯画派喜欢画裸体美女，倘若被一个严肃的卫道者看到了，他必定要斥责说这哪里是什么艺术，分明是道德败坏、腐化堕落；而另一个浪漫的艺术家则会称赞这是最美好的艺术、最崇高的理想，哪里会有什么道德败坏和腐化堕落。假如让双方来进行一场辩论，大概是谁也说服不了谁。归根到底，双方的不同无非只是不同文化背景所积淀的价值观或心态不同罢了。一个人固然免不了要采取某一种观点，但如果同时也能学会多以另外不同的观点来思考，或许就更能深化自己的认识和提高自己的境界。我没有研究过李陵，本文也毫无为李陵定案或翻案之意，只不过觉得如果能从具体的文化心态的角度切入，或许更能得出较为深层的看法，——尽管深层的看法也未必就是确凿不移的结论。

由此联想到最近的一条新闻。据近来媒体报道，台湾政坛爆出了台版的莱温斯基事件，而此中爆出的最大冷门新闻则是：这桩公案背后的发难者竟然是那位副座吕女士，她正企图以此作为夺取正席宝座的手段。假如此说属实，倒确实是反映了中国文化心态的某种典型特色，因为法定接班人希望搞掉正座，可以说是中国文化悠久的传统之一了。最近媒体上不是还在报道有副市长谋害正市长希望抢班夺权的新闻吗？

因而忆及在历史学界前辈北大邓广铭先生谢世后，曾看到有一篇纪念文章提到：有一次（当然已是"文革"之后）邓先生在系里闲谈曾有这样的话：老实说，我（邓先生）在"文革"中并没有吃太大的苦头，因为我的原则是"好汉不吃眼前亏"。"好汉不吃眼前亏"——这条原则在伦理上能成立吗？不妨设想假如你是单身一个人黑夜里遇到暴徒手持武器，勒令你放下钱包。如果这时候你同他英勇地进行生死搏斗，当然是不失为一个维护正义的英雄好汉。但是若是你老老实实地交出钱包来，那恐怕也不失为明智之举。权衡利害得失，一个人又何必一定要舍命不舍财呢？不过这项灵活性与原则性相结合的有效性，应该允许推行到一个什么限度呢？所谓好汉不吃眼前亏，就必然是以牺牲原则性为其代价的，它必然导致说假话、办亏心事等等。邓先生本人若是在"文革"中说了真话，大概也是不会不吃很大的苦头的。故而说假话、办亏心事怕也是属于悠久的传统文化心态之一。雍正皇帝当年不杀曾静，为的是不但要给他那部《大义觉迷录》留下一个反面的活教材，而且还要逼得大小臣工争先恐后地纷纷表态，为文作诗，摇笔乞怜，一面詈骂曾静罪不容诛，一面就肉麻地歌颂天子圣明。这种具体的心态，难道不是比空洞的理论更值得研究么？

历史研究者往往喜欢引用一句谚语：历史决不重演。具体的历史事件自然是不会重演的。但是某些历史的精神，即一个民族根深蒂固的文化心态却可以不断持续地重演，直到它能自觉地进行一场理性的自我批判为止。历史研究这门行业大概本来是宜于大处着眼、小处着手的吧。

原载《博览群书》2001 年第 5 期

原子、历史、伦理

——读《费米传》书后

一

早在 20 世纪初叶，爱因斯坦就从理论上论证了原子中蕴藏着无比的能量。随后在 20 年代后期，费米在罗马大学物理系从实验上证明了这一点。在 20 世纪群星灿烂的核物理研究星座中，爱因斯坦和费米堪称最为辉煌的两颗。有关爱因斯坦生平传记的中文著作和中译本已屡见不鲜，而关于费米的传记中文著作或译本尚不多见。由费米夫人劳拉·费米所写的这部传记以通俗的语言叙述了人类对原子的解密直至原子弹使用的全过程，颇便于一般非专业读者的阅读。同时她又以家庭成员的身份，记录下了诸多饶有趣味的身边琐事，使读者从一个侧面亲切地了解到一个卓越科学家的日常生活和情趣。这里随手例举几则如下：

故事一：1942 年费米领导的研究小组在芝加哥大学网球场实验加速器获得成功。当晚恰值费米夫妇宴请小组的同人，每个与宴的客人来到他家的第一句问候都是："祝贺你"。由于当时严格保密，费米夫人全然不知道实验的事。当她听到每个客人都向费米祝贺时，感到惶惑不解，就问客人祝贺什么？但所得到的，全是答非所问。如，有的客人王顾左右而言他，有的客人就含糊其辞地说，费米不是很聪明能干吗？不该祝贺吗？来客中独有一位唯一的女工作人员伍兹小姐回答得十分具体。她悄悄告费米夫人说：他击沉了太平洋上的一艘日本主力舰。什么？费米远在芝加哥，居然击沉了太平洋上的一艘日本主力舰，当时还没有导弹，德国最早的飞弹 V-1

也只是 1944 年才从西欧打到英伦。费米夫人疑问道，难道是发明了激光武器（即第一次世界大战时被称为"死光"的）？

故事二：战时参与原子弹研制工作的重要科学家，每人都配备有一名保镖。在阿拉莫斯时的一次假日，费米想去郊游，但是战时汽油配给限制是极为严格的，非因公得不到批准。这使费米犯了难。此时他的保镖鲍迪诺就自告奋勇向费米说：你去郊游是因私，按照规定不得配给汽油。我的任务是随时随地跟踪保护你。我伴随你，无论到哪里去，都是因公。于是鲍迪诺以此为由，正大堂皇地因公领了汽油，费米也就顺便搭乘了鲍迪诺的车子。

故事三：战时参与原子弹研制工作的每个科学家都须使用一个假名。康普顿在芝加哥，他去西部阿拉莫斯基地时用一个假名，到东部时另用一个假名。一次在飞机上，空中小姐问他的姓名，他揉揉睡眼望着窗外，反问说："我们现在是在什么地方？"因为在东部和西部，他各有一个不同的名字。

原子裂变的成功使得人类第一次掌握了太阳能以外的能源。在此之前，万事万物都是要靠太阳的；但自此而后，万事万物就不必非再靠太阳不可了。从此人类也就可以和太阳分庭抗礼，也可以说是人类对于上帝恩赐的一种挑战、一种背叛。但是上帝是一个骄横狂傲的上帝，他不能容许人类和他抗衡，他要惩罚人类。人类凭什么和他较量？就凭知识。知识是禁果，吃了禁果，人就可以和上帝一样高明。因此在各个民族的古老传说里，知识都是被诅咒的。仓颉造了字使得天雨血、鬼夜哭。普罗米修斯偷了天火给人类，所以被缚在高加索山顶上，长年受巨鹫的啃啮。人类的祖先亚当和夏娃吃了禁果，从此被逐出乐园，"满面流汗、终生荆棘"，连累得我们这些子孙都要背负着永恒的原罪。看来知识就是罪恶，而知识的承担者也就理所当然地生来就犯有原罪。究竟核能这种人类空前的大知识，会不会带来人类空前的大灾难？——这就只好有待历史来作见证了。

二

说来像是讽刺，对第二次世界大战研制原子弹贡献最大的两个人都来

自法西斯国家。爱因斯坦来自德国，因躲避法西斯的迫害，1933 年移居美国（普林斯顿），1940 年归化入美籍。费米是意大利人，最初的贡献也是在意大利做出的，曾在意大利被吹捧为是法西斯主义在科学上的胜利。费米本人早就对法西斯心怀不满，1938 年他趁被授予诺贝尔奖去瑞典领奖之际，由瑞典转赴美国，不再返回意大利。"二战"中他是以敌侨身份参与原子弹研制工作的。5 年以后，他才归化入籍，取得美国公民身份。

1939 年秋第二次世界大战在欧洲爆发，此时德国科学家哈恩和迈特纳在德国境内以慢中子轰击铀已获得成功。这个消息促使在美国的几位核科学家敦请爱因斯坦出面写一封信致罗斯福总统，促使他注意原子弹可能发展的情况。这封信已成为一份重要的历史文献，本书中载有原信的影印件。罗斯福总统决定立即着手进行，于是原子弹的研制计划由此正式揭开序幕。工作场最初设在芝加哥大学，代号为"冶金实验室"，由费米主持这项与人类命运攸关的实验。自持链式反应实验成功后，实验基地与工作场迁至新墨西哥州的洛斯·阿拉莫斯沙漠区，代号更名为"曼哈坦计划"，移交给军方主持，由格罗夫斯少将负责组织工作，奥本海默负责科学工作，仍由费米负责实验工作。

1945 年 7 月 16 日在新墨西哥州的沙漠里，成功地爆炸了人类历史上第一颗原子弹。制造工作紧锣密鼓地加速进行。8 月 6 日由一架 B-29 超级空中堡垒型轰炸机在日本广岛上空投下了第一枚用于实战的原子弹，当量为 20000 吨 TNT。当时的重型炸弹一般为一吨左右，故在火力上大致相当于 20000 枚重磅炸弹。广岛受害人数为 16 万人，全城的 3/5 完全毁灭。8 月 8 日苏联对日宣战，出兵我国东北。8 月 9 日第二枚原子弹又投在了长崎。8 月 14 日，日本公告接受波茨坦宣言，9 月 2 日本在东京湾的密苏里号战舰上签订了投降书。

究竟在多大程度上，原子弹的投掷加速了，乃至决定了日本的投降？这个问题众说纷纭，迄无定论。有人（包括有些科学家）认为，德国既已于 5 月 7 日签署投降书，形势所趋，盟国的胜利大局已定，日本的战败指日可待，已完全没有使用原子弹的必要。否则，还很有可能在政治上产生消极的影响。美国军方则持另一种态度。他们的估计是：如不使用原子弹，战争还要继续一年以上。此时已做好计划，准备次年（1946 年）在日本本土的九州、四国登陆，但鉴于太平洋塞班、硫磺各岛攻防战的损失重大，所以估计美军尚须付出死伤 100 万人以上的代价。投掷原子弹便可以（而且确实是）提前结束战争，减少数以百万计的美军伤亡，还不用提日本军民可能为数更大得多的伤亡。持此说者还有史料方面的根据：当日本最高当局在最后关头和战不定之际，是天皇一纸诏书最后拍板定案的。天皇的诏书中说：最近敌人方面使用了一种新型炸弹，为了减少人民的牺牲，所以我决定停止战争云云。似乎由此可见，原子弹是在最后起了决定作用的。按我国 40 至 50 年代的说法，则红军出动是击败日本的决定因素。近年来的说法则是：中国是击败日本的主力。看来这个问题恐怕还要争辩下去，一时难以遽下定论。不过其间曾涉及的一个争论之点似应一提。

原子弹是大规模的杀伤武器，遽然使用，很可能引起人们思想情绪的强烈反应和反弹。因此有人建议，应该事先向日本或者向全世界发出一个警告，并在无人区做一次示范表演，使日本和全世界都了然于它的威力。假如日本仍不投降，再来投掷原子弹，就在道义上更可以说得过去了。这看来是一种更稳妥的、也是更有风范的做法。然而当时的美国陆军部长史汀生——此人在胡佛总统期内任国务卿，对"九·一八"事变曾提出过以他的名字出了名的所谓史汀生"不承认主义"——事后所写的回忆录则是说：当时原子弹成功与否，尚无完全把握。如果事先作出警告而临场却未爆炸，就不免贻笑世人，成为一场笑柄了。所以这一建议终于未被采纳。史汀生的回忆又说：投在日本的两颗原子弹，乃是当时美国武器库中所仅有的两颗。如要再投，尚需加工赶制。日本当时并不知道这一点。不过他又进一步解释说：促使日本投降的，并不仅仅是那两颗投在日本本土上已经爆炸了的原子弹，而是还有必将继之源源而来的千百颗原子弹，是这个可怕的前景，促使日本决定投降的。史汀生的这一番解说，看来似也颇为言之成理。大势所趋和人心所向，日本的战败固然已经无可怀疑；但是原子弹究竟应该使用与否及其利弊得失，仍然是当代史中一个议论不休的问题。

三

留给后世的更严重的问题，是一个伦理问题。广岛一颗原子弹消灭了16 万人，绝大多数都是非武装的平民。日本有不少人谈到此事，至今耿耿于怀，愤懑难平。不过，可以反问一下，假如是德国或日本当时已领先掌握了原子弹，难道就绝不会使用它攻击对方了吗？恐怕未必吧。1940 年夏，法国溃败投降。同年秋的大不列颠之战中，德国入侵英国（所谓的"海狮计划"付诸实施）已迫在眉睫；当时的英国作好了准备，一旦德军入侵，就毫不迟疑地使用毒气。使用毒气是违反人道的，第一次世界大战后国际上已同意禁止使用。但是古今中外任何一个政权或当权者，面临自己的生死关头，大概唯一考虑的就只是自己的存亡，而绝不是什么人道或人民的生命。"二战"后，纽伦堡国际法庭审判德国战犯，许多战犯都被控犯有反人道罪，即在战时杀害过无辜的平民。而多数被告者的辩护词几乎照例是：在战争中，残酷的行为是不可避免的。后来 1954 年，德国总理阿登纳访问莫斯科，与苏联领导人会谈。会上苏联领导人赫鲁晓夫、莫洛托夫等人就指责德国战时的残暴行为。阿登纳回答说，任何战争都是免不了残暴行为的，红军进攻德国时也曾有过残暴行为。这个说法当即受到赫、莫诸公的严词驳斥。他们强调指出，最根本的要害是：双方是在进行两种性质不同的战争，一方是正义的，另一方是非正义的，绝不允许混为一谈。大概人类有史以来，从没有任何战争是绝对不曾伤害无辜的。其间的界限应该怎么划？是不是目的就可以辩护（justify）手段，乃至可以走到只问目的、不择手段的地步，像是马基雅维里所主张的；抑或，你不能用一个坏手段达到一个好目的，只有手段是正当的才能辩护目的是正当的，像是洛克所主张的。

热核武器诚然是威力要大大超过传统武器，但二者并没有性质的不同，都是要杀害人的；正如在历史上热兵器的威力要大于冷兵器，但二者的性质是一样的，其功用并无不同。1937 年日本侵华并没有配备核武器，但是只用热兵器和冷兵器（例如代表大和魂的军刀），仅仅南京一座城市就屠杀了中国人民 30 万之众，那数量远远超过了广岛原子弹之下的无辜受难者。简直无法想象，根据什么尺度，南京大屠杀就比广岛原子弹来得更仁慈一些。中国人会觉得奇怪，为什么有些日本人一提到广岛就耿耿于怀，却不肯也同时提到南京大屠杀呢？是不是人类普遍的行为准则就是：只看到别人身上的错，而看不到（像福音书中所云）自己眼中的刺呢？严于责人而宽于恕己，大概是人性的普遍弱点，是难以根除的。使用核武器屠杀无辜者，固然应该是受到谴责的，但是难道用常规武器、冷武器乃至不用武器而杀害无辜者，就是可原谅的而不该受谴责么？

　　发明原子弹是少数专家的事，费米小组最初在罗马只有三五个人，到芝加哥后组织扩大了，但即使最后到阿拉莫斯研制成功，真正了解并参与机密的也不过为数寥寥的少数人。其余的工作人员乃至科学家们的眷属，根本就不知道他们做的是什么性质的工作，是为着什么一个最后目的。然而原子弹一旦出世之后，它就不再是少数科学家的事了，而是成为了关系到全世界数十亿人民的命运和人类前途的大事，其中也包括各个国家的核专家和当权者在内。尽管绝大多数人都不懂得原子的奥秘，但那奥秘却又和每个人的命运息息相关。20 世纪的 20 年代，西方有一批年青的核物理学家聚集在德国哥廷根大学，过着清贫却富有诗意的学院生活，围绕着像玻恩这样的大师，满怀热情在探索原子的奥秘，费米也曾经是其中的一个。30 年以后，时移事去，原子弹已经爆炸，"二战"亦已结束。接着 50 年代初，一场麦卡锡的歇斯底里席卷了美国大地。连原子弹计划的主持人、战后任原子能委员会顾问委员会主席的奥本海默本人（他战时是支持对日本投掷原子弹的），在这场浩劫中也未能逃脱厄运，被牵连进了所谓的反美活动，受到政治迫害。主持制造原子弹的人，从而深深左右了世界上亿万生灵命运的人，到头来却不但掌握不了原子弹，也掌握不了自己的命运。这真是一幕悲剧，使人无法不沉思人类的命运究竟往何处去？

　　早在 1945 年 8 月，几乎在人们沉溺于胜利最初的一阵放歌纵酒的同时，就听到有不同的声音，在社会上、也在科学家们中间出现了谴责的论调，认为原子弹乃是人类道德的沦亡。科学家们在战争情绪高涨的年代里，纷纷走下大学讲坛去直接从事更实际的战时工作，为争取胜利而奉献自己，——这难道有什么不对吗？然而应该想到，武器归根到底并不是掌握在发明它的人们的手里，而是掌握在当权者的手中。谁能保证举世的当权者之中就绝不会有一个野心家，在狂热之中或在绝望之中，不惜孤注一掷以求一逞呢？谁又能保证原子秘密永远不会扩散，除了现有的核国家而外，就再不可能有别的国家加入到核俱乐部里来呢？科学家们忧心忡忡地想到这一点时，也曾提出过要成立一个国际管制委员会的建议。但费米不肯在这个建议上签名，他认为它太不现实，是实现不了的。确实，这个建议始终也没有实现。核裁军半个多世纪以来始终也只停留在善良愿望的口头阶段上。"二战"以后的半个世纪里之所以没有发生核战争，或许是因为核威慑的力量制止了人们的轻举妄动（有如某些理论家所断言的那样），也或许是因为——这要感谢上帝了——手里掌握了核武器的人（毕竟人数不多，至今全世界也只有 5 个核国家）并不想打一场核大战；而不惜乃至一心想要动用核武器的少数战争狂人，手里却又没有掌握核武器。如果是由于前一种原因，那实在是一种太危险的势力均衡了。有朝一日这种均衡一被打破（任何均衡终究是不断要被打破的，不会永世长存），人类的前途将不堪设想；更何况随着不可避免的核扩散，终究无法保证核武器就永远不会落入战争狂人、野心家、冒险家之手。已故的法国戴高乐将军对这一前景是悲观的。他认为武力不比金钱，一个守财奴的手里积累了大量钱财，可以永远都不去花费；但是手中积累了巨大武力的人而永远不去加以使用的，历史上尚无先例。

费米 1901 年生于罗马，1924 年获意大利比萨大学博士学位，1927 年任罗马大学物理学教授。在柴德维克发现了中子的基础之上，费米钻研原子核的构造，发现了多种同位素以及慢中子活动增长的现象，并首先使用了水和石蜡作为缓冲剂。1938 年费米获诺贝尔奖，借去瑞典领奖的机会转道去美国，任哥伦比亚大学教授；"二战"爆发后，去芝加哥大学领导建造第一座原子反应堆，随后去洛斯·阿拉莫斯领导研制原子弹的工作。战后，他重返芝加哥大学，同时兼任原子能委员会顾问。奥本海默事件发生后，他曾出面为奥本海默辩护。1954 年这位被认为是伽里略以后意大利最伟大的物理学家死于癌症，春秋五十有三。

写这篇短文时，恰值在电视上看到放映一部旧影片《攻克柏林》，其中有德国庆祝希特勒 50 寿辰的历史记录镜头，半个多世纪以前的历史场面又一幕幕地呈现在眼前。今天我们大多数人固然不相信希特勒了；但是如果不理解当年那么多德国人的那份狂热，简单地斥之为发疯，则恐怕对于历史和人性的理解仍有未达一间。这就又回到一个老问题：人类的历史是在不断进步吗？从物质文明方面来看，那答案应该是灼然无疑的。人类的物质文明，一代胜于一代。今天的物质文明，比起仅仅半个世纪以前的"二战"时期，又已不知高明了多少。1940 年大不列颠之战，英国所用以抗击德国空军铺天盖地而来的狂轰滥炸，也不过只有当时最先进的 800 架飓风式和喷火式战斗机，其航程不过 600 公里，速度每小时只半个多马赫。而不到 40 年之后，英法合制的协和式巨型客机已经是以每小时两个马赫的速度横渡大西洋了。

可是，在精神文明方面，人类的历史也是在不断进步吗？能说人们今天的精神境界比起半个多世纪以前的"二战"时期（如 1937 年中国的举国抗战，1940 年英国的大不列颠之战，1941 年苏联列宁格勒的围城），比 100 年前、1000 年前、甚至上溯到无怀氏之民和葛天氏之民的时代，就更为高尚了吗？恐怕没有人能给出一个肯定的答复来。剩下来的唯一借口也许就是：我们必须把恶认为和善一样，也是历史进步必不可少的条件（像是康德所论证的那样）。也许人类的命运就注定了总是卑鄙和高贵、血腥和圣洁、圣徒和敌基督者、人道和反人道双方不可分割地构成一个统一整体。片面地强调道德理想而全然不顾生活现实，固然未免是"迂远而阔于事情"；但片面地强调生活现实而无视道德理想，也未免短见而未能把握历史和人生的全貌。人活着总是要吃饭的，但人活着又不仅仅是吃饭而已。人这个物种之异于禽兽就在于，他毕竟是有一点精神的（好的和坏的）。没有精神的追求，也就没有人类的历史。

知识就是力量。但力量究竟被引向何方，是造福人类，还是为祸人类？

这却不是知识本身、因而也就不是科学本身的事了。在这种意义上，知识不是德行，也不能等同于德行。知识是要由德行来引导的。可是德行又由谁来领导呢？据说人类和其他物种不同，人类乃是智人（Homo sapiens）。知识是力量，但不是智慧。但愿原子弹出现在人类历史上这件大知识，也能对人类的大智慧给以启迪。

原载《博览群书》1997 年第 3 期

重提一个老问题

距今两百零四年之前，即 1797 年，哲学家康德写下了他那篇名文《重提这个问题：人类是在不断朝着改善前进吗？》。康德是启蒙运动杰出的代言人，他的答案自然是乐观的。不过不管答案如何，这个问题似乎是一个永恒的问题。今天得知费赖比（Thomas Ferebee）逝世的消息，不禁又联想到了这个老问题：人类是在不断朝着改善前进吗？

费赖比于今年 3 月 16 日逝世了，享年 81 岁。费赖比？他是何许人也？恐怕大多数人对这个名字是有点陌生的，不过他生前所干下的那桩大事恐怕是无人不晓的。是他，在 1945 年 8 月 6 日的清晨把第一颗原子弹投在了日本广岛上空，从而正式揭开了人类热核时代的新纪元。费赖比其人于 1919 年出生于美国北卡罗莱那州的一个农家，年轻时一心想将来能作一个棒球运动员，但是 1941 年美国卷入"二战"改变了他的命运。和当时大多数的美国青年一样，他应征入伍，当上了空军飞行员。接着被派往英国，任务是驾驶当时有名的空中堡垒型远程轰炸机去轰炸欧洲的德国占领区。当时盟国所采取的大规模战略轰炸行动，损失是颇为可观的。他曾执行过 63 次轰炸任务，却居然活了下来。他执行任务时，担任机长的多次都是提贝特（Paul Tibbets），提贝特以技术高超，于 1944 年便被告知"曼哈坦（Manhattan）计划"（即原子弹工程）并受命去驾驶 Enola Gay 号轰炸机执行此项任务，费赖比则被他选为投弹手。他们在太平洋的狄宁（Tinion）岛上经过反复训练，并由心理医生鉴定为健全合格。而且每个人都配带有剧毒剂氰化钾，以备一旦被俘可以马上自尽，以免受刑逼供。日本当时对待战俘经常是要砍头、挖心、剖腹的。战后日本某个医院的医生和护士曾因为吃过美国被俘的飞行员的心脏而被判犯有反人道罪。

1945 年 8 月 6 日第一枚原子弹投掷成功。据信，当下即有 7 万人丧生，随后又有大批的人因受辐射而死去。据估计，受难者的总数达 16 万人以上，当然绝大多数是平民。（按，同年 3 月对东京的常规大空袭，死亡数目估计为八万三千之众。）两天以后即 8 月 8 日，苏联对日宣战、出兵我国东北。（司令为马林诺夫斯基元帅，后于赫鲁晓夫时期任国防部长。）次日即 8 月 9 日，第二枚原子弹投在了长崎。6 天之后，即 8 月 15 日，日本宣告投降。

核能的释放自然标志着人类物质文明的空前进步。但是，原子弹的使用是不是也同样意味着人类精神文明的进步呢？对于这个问题，历来的答案是赞成者有之，反对者亦有之，至今聚讼纷纭，莫衷一是。赞成者说，你看，使用原子弹不是提早结束了战争，加速了反法西斯战争的胜利吗？反对者说，使用大规模杀害平民的武器只能是意味着道德的沦丧，意味着人类正在加速朝着自我毁灭的道路堕落下去。费赖比本人也曾多次被人问过，在投掷原子弹的时候，是不是感到自己在犯罪？（请想，一个人杀害了另一个人尚且心神不宁，何况是一举手就屠灭了十万之众？）他照例回答说，他并不觉得自己犯了罪。而且要追究罪责的话，问题还要复杂得多。那天 Enola Gay 号轰炸机上还有他十一个同僚，他们是不是同样有罪呢？他们只是执行命令而已，责任要由下令的司令官来负。而司令官也是根据命令行事，责任要由华盛顿的空军元帅安诺德、参谋总长马歇尔和武装部队总司令杜鲁门总统来负。而杜鲁门也是中途接过罗斯福手中的接力棒跑下去，曼哈坦工程的启动本是由罗斯福拍板定案的。而罗斯福又是根据爱因斯坦的建议才启动这项工程的。早在 1939 年 8 月 2 日，即欧战正式爆发前的一个月，爱因斯坦就致函罗斯福通报了费米、齐拉德和约里奥·居里的实验成功证明原子核的链式反应是可行的，不久就可以应用；而且鉴于德国有可能制成原子弹，所以他建议美国应早日着手准备。此信是当时几个顶尖的科学家商讨的结果，由爱因斯坦出面署名写给罗斯福总统。

6 年以后，即 1945 年，原子弹爆炸的成功却困扰了爱因斯坦的道德和人道的关怀，尤其是因为正是他的物理学理论才导向了原子核链式反应试验的成功。爱因斯坦首先是一个真诚的、彻底的和平主义者（这一点，他和同时代的罗素是一样的），尤其是他又是一个犹太人，正是由于纳粹的迫害，才迫使他逃亡到美国的，他自然会极其关切德国是否可能率先制造出原子弹。爱因斯坦不但是一个和平主义者，同时也是一个反暴政、反专制的斗士。和平主义者当然是反暴政的斗士，反暴政的斗士当然是和平主义者；这两者在他是一而二、二而一的。然而这里面却仿佛包含着一个不可调和的二律背反：用暴力去对抗并消灭暴力，其结果就有可能使自己也转化为暴力的主人或者暴力的奴隶。（这大概是导致了甘地非暴力理论的逻辑基础。）费赖比本人则是持类似爱因斯坦的那种观点的，即认为原子武器可以缩短战争。及至"二战"以后，还出现过另一种观点，即认为毁灭性的核威慑力量正是和平的保证。正是因为双方都理解一旦爆发核大战，结局只能是同归于尽，所以才避免了可能的核大战。无论如何，自从近代的 400 年以来，大约每 30 年左右就有一次大战，而无论如何，"二战"以后有半个多世纪并没有爆发大战。

鉴于近代文明的进步，——更何况有鉴于所有各个国家的领导人，无论是正在当权的还是过了气的，都信誓旦旦地一致担保人类的前途光明，——所以对人类的前景似乎并没有悲观的理由。但是鉴于人类的野蛮和残暴也在同步发展（也可以说是人道的堕落和倒退），自从工业革命以来人类的贪得无厌的空前恶性膨胀就是以"强奸地球"（罗素语）、"种族绝灭"、"思想上的全面专政"、"奥斯维辛"和"布痕瓦尔德"或"古拉革群岛"为其惨痛的代价。甚至于有人断言，人类有能力造出"绝对炸弹"来，只要一颗就足以把地球炸得粉碎。和人类物质文明的突飞猛进相对比，人类的精神文明似乎并没有什么显著的长进。能说今天唯利是图的人们，其精神境界就比千载以上的古人——例如孔孟的居仁由义，老庄的归真返璞，基督的望、信和爱——来得更高尚吗？恐怕未必吧！从物质生活着眼，可以说是"历史决不重演"；但就精神境界而言，又可以说是"天下无新事"。原子弹的早期史就提供了一个例证。即使是使用原子弹确实是缩短了战争，从而减少了千百万人的死亡，是不是这就可以论证使用原子弹是有道理的或者是正当的呢？费赖比说：当时人人都愿望早日结束战争，这也是我的愿望。假使再从反面着想，假如德国或日本抢先制成了原子弹，难道他们不会使用它吗？按这种逻辑推论，那么发动一场先发制人的预防性战争就是有道理的或正当的了。1940 年法国溃败后，希特勒发动的"大不列颠之战"，不也是一场毁灭性的横扫一切的战役吗？——只不过他当时手里还没有掌握原子弹罢了。这样一个伦理问题纠缠至今，诚可谓是"理未易明、善未易察"。整整半个世纪之后，1995 年美国华盛顿的国家航空航天博物馆曾计划在一次纪念"二战"的展览中展出当年的那架 Enola Gay 轰炸机，但终因格于有关广岛被炸一事争论不休而告作罢。据说，爱因斯坦后来还说过这样的话：自己宁愿作一个钟表匠，也不愿意作一个物理学家。是不是因为作一个物理学家的他，精神负担太沉重了呢？

谈到原子弹，人们应该不会忘记那两位主持研制原子弹工程的鼎鼎大名的科学家费米（Enrico Fermi，1901—1954）和奥本海默（Robert Oppenheimer，1904—1967）。难道责任也应该追究到他们两人的身上吗？费米又是诺贝尔奖的获得者，被誉为是伽里略之后意大利最伟大的物理学家。费米又是一个反法西斯主义者，1938 年借去瑞典领诺贝尔奖的机会逃出了意大利，转道去了美国。美国参战前，他就参与并主持了在芝加哥大学建造第一座原子反应堆的工作，随后又是洛斯·阿拉莫斯实验室曼哈坦工程的主要领导人。然而"二战"以后有人提出建议，要求成立一个原子能国际管制委员会时，他却不肯在建议上签名，理由是那太不现实了，是不可能实现的。战后，他任美国原子能委员会顾问，曾挺身而出为奥本海默所受的政治迫害辩护。1954 年他以英年早逝，当时他的心绪状态恐怕是难得开朗、乐观和愉快的吧。而奥本海默的遭遇就更其具有悲剧的色彩了。奥本海默是曼哈坦工程的主持人，领导数以百计的科学家从事原子弹的研制，表现了卓越的科学才能和组织才能。1945 年 7 月 16 日第一颗原子弹在新墨西哥州沙漠中试验成功，8 月 6 日就用于实战，投掷在了广岛；——而且当时奥本海默本人是赞成投在一个城市里，而不是像有些人主张的应该投在荒无人烟的地区仅仅作为一种威慑。1946 年奥本海默任美国原子能委员会顾问委员会主席，1949 年该委员会尚建议美国政府不要制造氢弹，但是当时适逢苏联制成原子弹，所以这一不合时宜的建议未被采纳。50 年代初，一场中世纪镇压女巫式的歇斯底里，即麦卡锡主义，席卷了美国大地，奥本海默以涉嫌里通外国苏联的间谍、泄露国家机密而受到政治迫害。一个研制出了原子弹的人，不但掌握不了原子弹，而且也掌握不了自己的命运。这真是人道的一场悲剧，是对人道的一场污辱和讽刺。只是到了晚年，他以 60 高龄才获原子能委员会的费米奖，次年被允在洛斯·阿拉莫斯实验室向少数听众作过讲演。

相信历史有必然的规律可循的人，大抵都不相信人类的意愿可以改变历史的行程，这叫作不以人的意志为转移。而相信人类自身才是历史的创造者的人，则大抵都不相信历史有什么必然的规律。这里，历史理性本身仿佛也有它的二律背反。历史自身就是一个充满了两重性的悖论。既然历史的行程不以人的意志为转移，人类要下定决心去创造历史就是不可能的事，也是毫无意义之举。反之，如果历史是人的创造的结果，那么它就是以人的意志为转移的，故而也就谈不到什么必然的规律。这个问题落实到现实生活的层面上：既然历史是人创造的、那么人理所当然也就可以造成其自身的毁灭（例如所谓的"绝对炸弹"）。反之，假使历史不是人的创造，那么人的意志的任何努力便都是无效的。或者用另外一种话语来表达，我们可以问：人类有能力使我们的世界和我们的历史渐渐入于佳境吗？还是，物质文明的进步与人文精神的滞后，二者之间永远存在着巨大的差距乃至无可弥补的分裂。也就是，人类所创造的世界越来越和人类美好的愿望是在背道而驰的。或许历史只不过表明它自身永远是在自由与命定这一二律背反之中行进着的。于是，我们就不得不回到哲学家康德的那个老问题，要不断地向自己：

重提这个问题：人类是在不断朝着改善前进吗？

2000 年 5 月　北京清华园

原载《万家》2000 年第 10 期

后　记

　　90 年代之初，我应故乡湖南教育出版社之约，把几年来的长短文字会编一个文集，因为内容以涉及历史理性批判的为多，故题名为《历史理性批判散论》。该书印数不多而错字不少，并且久已脱销，今已七年之久。

　　最近母校清华大学出版社约我把其后几年来写的文字再出一个文集，我遂设想以前书为基础，补充近年发表的若干论文，重新编排，而内容仍以"历史理性批判"为主。这就是目前此书的由来。

　　我的师辈均已谢世，我的同辈友人也已日渐凋零。自己终生碌碌，及至暮年更无所作为，不过是托无能之词遣有涯之日而已。现在的中青年比我们当年的条件要好得多。我相信"江山代有才人出"，希望寄托于来者。

　　本书得以问世，承青年友人岳秀坤、彭刚两君多所协助，谨此致谢。

作者谨记

2000 年初秋　北京清华园